Catecismo Católico de los Estados Unidos para los Adultos

CONFERENCIA DE OBISPOS CATÓLICOS DE LOS ESTADOS UNIDOS

Conferencia de Obispos Católicos de los Estados Unidos
Washington, DC

El *Catecismo Católico de los Estados Unidos para los Adultos* fue desarrollado por el Comité Ad Hoc para la Supervisión del Uso del *Catecismo de la Iglesia Católica* de la Conferencia de Obispos Católicos de los Estados Unidos (USCCB, por su sigla en inglés). Fue aprobado por la asamblea plenaria de los obispos en su Asamblea General de noviembre de 2004, recibiendo seguidamente el *recognitio* de la Santa Sede, y ha sido autorizado para su publicación por el abajo firmante.

Mons. David J. Malloy, STD
Secretario General, USCCB

ISBN 978-1-57455-904-0

Primera impresión, enero de 2008
Octava impresión, octubre de 2018

ÍNDICE

Prefacio: Nuestro Primer Obispo Estadounidense ix

Abreviaturas xiii

Introducción xv

Primera Parte. El Credo: La Fe Profesada

Capítulo 1. Mi Alma Te Busca a Ti, Dios Mío (Sal 41:2) 3

Capítulo 2. Dios Sale a Nuestro Encuentro 13

Capítulo 3. Vayan por Todo el Mundo y Prediquen el
Evangelio a Toda Creatura (Mc 16:15) 23

Capítulo 4. Hacer Brotar la Obediencia de la Fe 37

Capítulo 5. Creo en Dios 53

Capítulo 6. El Hombre y la Mujer en un Principio 71

Capítulo 7. La Buena Nueva: Dios Ha Enviado a Su Hijo......... 83

Capítulo 8. Los Acontecimientos Salvíficos de la Muerte
y Resurrección de Cristo 95

Capítulo 9. Reciban el Espíritu Santo (Jn 20:22) 109

Capítulo 10. La Iglesia: Reflejando la Luz de Cristo 121

Capítulo 11. Los Cuatro Atributos de la Iglesia 135

Capítulo 12. María: La Primera y Más Eminente
Miembro de la Iglesia 151

Capítulo 13. Nuestro Destino Eterno 161

Segunda Parte. Los Sacramentos: La Fe Celebrada

Capítulo 14. La Celebración del Misterio Pascual de Cristo 177

Capítulo 15. El Bautismo: Hacerse Cristiano 193

Capítulo 16. La Confirmación: Consagrados para la Misión 213

Capítulo 17. La Eucaristía: Fuente y Cumbre de
la Vida Cristiana 225
Capítulo 18. El Sacramento de la Penitencia y
de la Reconciliación: Dios Es Rico en Misericordia 247
Capítulo 19. La Unción de los Enfermos y de los Moribundos 265
Capítulo 20. El Sacramento del Orden 277
Capítulo 21. El Sacramento del Matrimonio 293
Capítulo 22. Sacramentales y Devociones Populares 311

Tercera Parte. La Moralidad Cristiana: La Fe Vivida

Capítulo 23. La Vida en Cristo — Primera Parte 325
Capítulo 24. La Vida en Cristo — Segunda Parte 343
Capítulo 25. El Primer Mandamiento: Cree en
el Dios Verdadero 361
Capítulo 26. El Segundo Mandamiento: Respeta
el Nombre de Dios 373
Capítulo 27. El Tercer Mandamiento: Ama
el Día del Señor 383
Capítulo 28. El Cuarto Mandamiento: Fortalece
Tu Familia 395
Capítulo 29. El Quinto Mandamiento: Promueve
la Cultura de la Vida 409
Capítulo 30. El Sexto Mandamiento:
La Fidelidad Matrimonial 427
Capítulo 31. El Séptimo Mandamiento: No Robes —
Actúa con Justicia 443
Capítulo 32. El Octavo Mandamiento: Di la Verdad 457
Capítulo 33. El Noveno Mandamiento: Practica
la Pureza de Corazón 469
Capítulo 34. El Décimo Mandamiento: Abraza
la Pobreza de Espíritu 477

Cuarta Parte. La Oración: La Fe Orada

Capítulo 35. Dios Nos Llama a Orar 493
Capítulo 36. Jesús Nos Enseñó a Rezar. 515

Conclusión y Apéndices

Conclusión: Una Fuente de Significado y Esperanza 533
Apéndice A. Glosario 537
Apéndice B. Oraciones Tradicionales Católicas 567
Apéndice C. Bibliografía 577

Reconocimientos 580

Índice Bíblico 583

Índice General 589

CONGREGATIO PRO CLERICIS
DECRETO

Prot. N. 20052247

En una carta fechada el 10 de enero de 2005, Mons. William S. Skylstad, Presidente de la *United States Conference of Catholic Bishops* [Conferencia de Obispos Católicos de los Estados Unidos], de acuerdo con las disposiciones de la *Consitución Apostólica: Pastor bonus*, número 94, canon 775§2, del *Código de Derecho Canónico*, y número 285 del *Directorio General para la Catequesis*, habiendo obtenido el consentimiento previo de los obispos de la Conferencia Episcopal de los Estados Unidos, solicitó a la Santa Sede el *"recognitio"* necesario para el catecismo titulado *Catecismo Católico de los Estados Unidos para los Adultos*.

Tal y como se requiere, el texto fue examinado tanto por la Congregación para el Clero como por la Congregación para la Doctrina de la Fe, dentro de los parámetros de referencia de sus respectivas competencias. En una carta fechada el 5 de octubre de 2005 (Prot. N. 78/2005-21822), la Congregación para la Doctrina de la Fe indicó sus dictámenes respecto al texto.

Las modificaciones requeridas por ambas Congregaciones se han amalgamado y se adjuntan. La inclusión de estas modificaciones al texto es una condición necesaria para otorgar el *"recognitio"*.

Dicho esto, la Congregación para el Clero, mediante este Decreto, por la presente, otorga el *"recognitio"* solicitado, de acuerdo con su autoridad anteriormente mencionada, al texto titulado *Catecismo Católico de los Estados Unidos para los Adultos*, presentado el 10 de enero de 2005.

Con la concesión de este *"recognitio"*, y la previa incorporación de las modificaciones indicadas, este texto se convertirá en el "Texto Definitivo" del *Catecismo Católico de los Estados Unidos para los Adultos*. Cualquier revisión posterior requerirá que se obtengan las aprobaciones necesarias, de acuerdo con la ley.

Este Decreto debe ser publicado en su totalidad al principio del texto del *Catecismo Católico de los Estados Unidos para los Adultos*.

Dado en la Sede de la Congregación para el Clero.
22 de noviembre de 2005
Festividad de Santa Cecilia.

Cardenal Darío Castrillon Hoyos
Prefecto

✠ Csaba Ternyák
Arzobispo Titular de Eminentiana
Secretario

CONGREGATIO PRO CLERICIS
DECRETO

Prot. N. 20090825

En una carta fechada el 25 de agosto de 2008, su Eminencia el cardenal Francis George, OMI, Presidente de la Conferencia de Obispos Católicos de los Estados Unidos, de acuerdo con las disposiciones de la *Constitución Apostólica: Pastor bonus*, número 94, canon 775 §2, del *Código de Derecho Canónico*, y número 285 del *Directorio General para la Catequesis*, habiendo obtenido el consentimiento previo de los obispos de la Conferencia de Obispos Católicos de los Estados Unidos, solicitó a la Santa Sede el *"recognitio"* necesario para la revisión al catecismo titulado *Catecismo Católico de los Estados Unidos para los Adultos*.

Tal y como se require, el texto fue examinado tanto por la Congregación para el Clero como por la Congregación para la Doctrina de la Fe, dentro de los parámetros de referencia de sus respectivas competencias. En una carta fechada el 12 de marzo de 2009 (Prot. N. 294/70-29004), la Congregación para la Doctrina de la Fe indicó sus dictámenes con respecto al texto.

Por la presente, la Congregación para el Clero, mediante este Decreto, ortoga el *"recognitio"* solicitado, según la autoridad anteriormente mencionada, al texto titulado *Catecismo Católico de los Estados Unidos para los Adultos*. Cualquier revisión posterior requerirá que se obtengan las aprobaciones necesarias, de acuerdo con la ley. Con la concesión de este *"recognitio"*, este texto se convertirá en el *"Texto Definitivo"* del *Catecismo Católico de los Estados Unidos para los Adultos*.

Este decreto debe ser publicado en su totalidad al principio del texto del *Catecismo Católico de los Estados Unidos para los Adultos*.

Dado en la Sede de la Congregación para el Clero,
el sábado, 13 de junio de 2009

Cardenal Claudio Hummes
Prefecto

✠ Mauro Piacenza
Arzobispo Titular de Vittoriana
Secretario

PREFACIO:
NUESTRO PRIMER OBISPO ESTADOUNIDENSE

El primer obispo de Estados Unidos fue ordenado el día de la fiesta de la Asunción en 1790. El acontecimiento tuvo lugar en la capilla de Santa María del Castillo Ludworth, hogar ancestral de la familia Weld, en Inglaterra. La familia Weld había sido católica durante siglos, manteniéndose fiel durante y después de la Reforma. El Obispo Charles Walmsley ofició la ordenación. El Padre John Carroll, de Maryland, eligió este lugar histórico para su ordenación.

John Carroll nació en 1735, en una familia adinerada y con tierras en Upper Marlborough, Maryland. Estudió en una escuela jesuita en San Omer, Francia. Durante la mayor parte de su vida adulta joven como sacerdote jesuita, John Carroll fue profesor de religión y otros cursos. Después de su graduación ingresó en la Orden de los Jesuitas, se ordenó sacerdote y enseñó francés en las escuelas de la Orden. Tras la supresión de los Jesuitas en 1773, el Padre Carroll se convirtió en sacerdote de parroquia y continuó respondiendo a su llamada a comunicar el Evangelio por medio de la predicación y la enseñanza. Su amor por la enseñanza perduró durante toda su vida.

Cuando tenía cuarenta años, el Padre Carroll regresó a la casa de su madre en Rock Creek, y allí sirvió como sacerdote en una parroquia, mientras que el conflicto entre Inglaterra y las colonias crecía y alcanzaba su cenit. Después de la Guerra de Independencia de Estados Unidos, el Padre Carroll fue elegido primer obispo de Baltimore, Maryland; su ordenación tuvo lugar el 15 de agosto de 1790. Durante los veinticinco años siguientes, él marcó las pautas a seguir para la Iglesia Católica en Estados Unidos. El Obispo Carroll ideó un papel creativo para la Iglesia en un nuevo tipo de país.

Un año después de convertirse en obispo, convino un sínodo —una reunión oficial de sus sacerdotes— para tratar las necesidades pastorales de la Iglesia diocesana y para asegurarse de que las prácticas universales de la Iglesia se estaban llevando a cabo en Estados Unidos. El 7 de noviembre de 1791, veinte sacerdotes se reunieron en la casa del obispo en Baltimore. La primera sesión del sínodo trató sobre las reglas para administrar el Bautismo y la Confirmación. Otra sesión desarrolló las reglas para la admisión de los niños a la Primera Comunión. Antes de recibir el sacramento se esperaba que los niños hubiesen cumplido la edad de la razón, recibido una enseñanza firme sobre la doctrina cristiana y que se hubiesen confesado.

La cuarta sesión trató sobre la necesidad de que los sacerdotes recibieran autorización del obispo para escuchar confesiones. Durante la quinta sesión tuvo lugar una larga discusión sobre las preocupaciones pastorales respecto al sacramento del Matrimonio. El sínodo acabó siendo un éxito y recibió grandes elogios tanto en su propio país como en el extranjero. La manera de dirigir el sínodo ayudó a dar forma a los concilios provinciales y plenarios de Baltimore hasta bien entrado el siglo XIX e incluso posteriormente. Las cuestiones tratadas reflejaban el compromiso del Obispo Carroll de ser un atento maestro, obispo y pastor.

Durante los años siguientes, el Obispo Carroll tuvo gran influencia en la creación de escuelas católicas, la instauración de congregaciones religiosas y la creación de nuevas diócesis y parroquias. También fue muy efectivo a la hora de organizar su muy amplia diócesis, la cual incluía los trece estados originales, el Territorio del Noroeste y, más tarde, el extenso territorio que conformaría la Compra de Louisiana. El Obispo Carroll preparó el terreno para la fuerte comunidad de la Iglesia en Estados Unidos. Construyó los sólidos cimientos sobre los que la comunidad podría crecer, y sobre los que creció.

En 1808, el mismo día en el que el Santo Padre estableció las Diócesis de Boston y Bardstown, la sede de Baltimore fue elevada a archidiócesis. Como resultado de ello el Obispo Carroll se convirtió en el primer arzobispo de Estados Unidos.

Durante sus años como obispo, y luego arzobispo, de Baltimore, la política estadounidense muy propia de libertad religiosa empezaba a tomar forma. La Declaración de Independencia empezaba con la presuposición de una fe en Dios. El primer artículo de las diez enmiendas a la constitución de Estados Unidos, llamadas conjuntamente la Carta

CATÓLICOS ESPAÑOLES, FRANCESES Y NATIVOS AMERICANOS

A los pocos años del primer viaje de Cristóbal Colón, la presencia e influencia de la Iglesia Católica ya era evidente en zonas del "Nuevo Mundo" que más tarde serían parte de Estados Unidos. Las extensas tierras de lo que llegaría a convertirse en los Estados Unidos continentales eran el hogar de los nativos americanos, así como de católicos de habla hispana en California, Colorado, Arizona, New Mexico, Texas y Florida, y en partes de Arkansas, Oklahoma y la península Olympic en el estado de Washington. De igual forma, católicos de habla francesa encontraron un hogar en el extenso territorio que se incluiría en la Compra de Louisiana, así como en el corazón de Estados Unidos y en el área noroccidental pacífica, donde los nativos americanos fueron evangelizados por misioneros jesuitas franceses. Desde principios del siglo XVI, la Misa era celebrada en las tierras que hoy son Florida, Texas y los estados del suroeste de Estados Unidos. El primer mártir católico en este país fue el sacerdote misionero franciscano Juan de Padilla, OFM, quien fue asesinado en 1542 por sus esfuerzos evangelizadores entre los nativos de Quivira, lo que hoy es Kansas.

No mucho después, se empezaron a establecer diócesis en los territorios que son ahora Estados Unidos. La vida católica, la predicación del Evangelio, la recepción de los sacramentos, la celebración de la Eucaristía y la enseñanza y testimonio del catolicismo también empezaron a crecer en aquellas partes del continente que más tarde se convertirían en las Trece Colonias originales.

Para cuando el Obispo John Carroll fue nombrado pastor de la naciente comunidad católica de Estados Unidos (los católicos sumaban 35,000 de una población total de cuatro millones), el catolicismo florecía en muchas partes del continente. A lo largo de este libro citaremos ejemplos que ilustran la continua influencia que ejercen las primeras generaciones de católicos de esta nación.

de Derechos (*Bill of Rights*), prohibía al congreso sancionar leyes relacionadas con la designación de una religión como la oficial, así como aquellas que prohibieran la libre participación en una religión.

El Arzobispo Carroll murió en 1815. El catolicismo había progresado muchísimo durante sus veinticinco años de liderazgo episcopal. El número de católicos se había cuadruplicado. El número de sacerdotes que los servían se había duplicado. El Arzobispo Carroll estableció tres seminarios para la preparación de sacerdotes, tres universidades para varones y varias academias para mujeres. Con este apoyo, las Hermanas de la Caridad de Santa Elizabeth Seton se extendieron por toda la costa este y hasta la frontera del oeste. Otras congregaciones religiosas masculinas y femeninas vinieron de Europa y florecieron. El Arzobispo Carroll guió a la joven Iglesia de Estados Unidos con fe, inteligencia y caridad.

En este *Catecismo Católico de los Estados Unidos para los Adultos* se presentan numerosas historias con el fin de invitar a la reflexión sobre las enseñanzas católicas. Es por esto por lo que parece apropiado usar la historia del Arzobispo Carroll en el prefacio. Él siempre trató de cumplir fielmente su papel de maestro y pastor. Este es un ideal compartido por los obispos estadounidenses de hoy en día.

ABREVIATURAS

Documentos de la Iglesia

AG   Concilio Vaticano Segundo, *Decreto sobre la Actividad Misionera de la Iglesia (Ad Gentes Divinitus)*

CIC   Catecismo de la Iglesia Católica

CCIO   Código de los Cánones de las Iglesias Orientales *(Codex Canonum Ecclesiarum Orientalium)*

CDC   Código de Derecho Canónico *(Codex Iuris Canonici)*

DD   Papa Juan Pablo II, *Carta Apostólica sobre la Santificación del Domingo (Dies Domini)*

DS   H. Denzinger y A. Schonmetzer, *Enchiridion Symbolorum*

DV   Concilio Vaticano Segundo, *Constitución Dogmática sobre la Divina Revelación (Dei Verbum)*

EE   Papa Juan Pablo II, *Encíclica sobre la Eucaristía en su Relación con la Iglesia (Ecclesia de Eucharistia)*

EN   Papa Pablo VI, *Exhortación Apostólica acerca de la Evangelización en el Mundo Contemporáneo (Evangelii Nuntiandi)*

EV   Papa Juan Pablo II, *Encíclica sobre el Valor y el Carácter Inviolable de la Vida Humana (Evangelium Vitae)*

FC   Papa Juan Pablo II, *Exhortación Apostólica sobre la Misión de la Familia Cristiana en el Mundo Actual (Familiaris Consortio)*

GS   Concilio Vaticano Segundo, *Constitución Pastoral sobre la Iglesia en el Mundo Actual (Gaudium et Spes)*

HV   Papa Pablo VI, *Carta Encíclica sobre la Regulación de la Natalidad (Humanae Vitae)*

LG   Concilio Vaticano Segundo, *Constitución Dogmática sobre la Iglesia (Lumen Gentium)*

NA   Concilio Vaticano Segundo, *Declaración sobre las Relaciones de la Iglesia con las Religiones No Cristianas (Nostra Aetate)*

NMI   Papa Juan Pablo II, *Carta Apostólica al Concluir el Gran Jubileo del Año 2000 (Novo Millennio Ineunte)*

PO   Concilio Vaticano Segundo, *Decreto sobre el Ministerio y la Vida de los Presbíteros (Presbyterorum Ordinis)*

RICA   Rito de Iniciación Cristiana de Adultos

RVM   Papa Juan Pablo II, *Carta Apostólica sobre el Santo Rosario (Rosarium Virginis Mariae)*

SC   Concilio Vaticano Segundo, *Constitución sobre la Sagrada Liturgia (Sacrosanctum Concilium)*

UR   Concilio Vaticano Segundo, *Decreto sobre el Ecumenismo (Unitatis Redintegratio)*

UUS   Papa Juan Pablo II, *Encíclica sobre el Empeño Ecuménico (Ut Unum Sint)*

Libros de la Biblia

Antiguo Testamento

Gn	Génesis
Ex	Éxodo
Lv	Levítico
Nm	Números
Dt	Deuteronomio
Jos	Josué
Jc	Jueces
Rt	Rut
1 S	1 Samuel
2 S	2 Samuel
1 R	1 Reyes
2 R	2 Reyes
1 Cro	1 Crónicas
2 Cro	2 Crónicas
Esd	Esdras
Ne	Nehemías
Tb	Tobías
Jdt	Judit
Est	Ester
1 M	1 Macabeos
2 M	2 Macabeos
Jb	Job
Sal	Salmos
Pr	Proverbios
Qo	Eclesiastés (Qohelet)
Ct	Cantar
Sb	Sabiduría
Si	Eclesiástico (Sirácida)
Is	Isaías
Jr	Jeremías
Lm	Lamentaciones
Ba	Baruc
Ez	Ezequiel
Dn	Daniel
Os	Oseas
Jl	Joel
Am	Amós
Abd	Abdías
Jon	Jonás
Mi	Miqueas
Na	Nahum
Ha	Habacuc
Sof	Sofonías
Ag	Ageo
Za	Zacarías
Ml	Malaquías

Nuevo Testamento

Mt	Mateo
Mc	Marcos
Lc	Lucas
Jn	Juan
Hch	Hechos
Rm	Romanos
1 Co	1 Corintios
2 Co	2 Corintios
Ga	Gálatas
Ef	Efesios
Flp	Filipenses
Col	Colosenses
1 Ts	1 Tesalonicenses
2 Ts	2 Tesalonicenses
1 Tm	1 Timoteo
2 Tm	2 Timoteo
Tt	Tito
Flm	Filemón
Hb	Hebreos
St	Santiago
1 P	1 Pedro
2 P	2 Pedro
1 Jn	1 Juan
2 Jn	2 Juan
3 Jn	3 Juan
Judas	Judas
Ap	Apocalipsis

INTRODUCCIÓN

[El Catecismo de la Iglesia Católica*] está destinado a favorecer y ayudar la redacción de los nuevos catecismos de cada nación, teniendo en cuenta las diversas situaciones y culturas, pero conservando con esmero la unidad de la fe y la fidelidad a la doctrina católica.*

—Papa Juan Pablo II, *Guardar el Depósito de la Fe*
(*Fidei Depositum*), IV, no. 4

El 11 de octubre de 1992, el Papa Juan Pablo II publicó su constitución apostólica *Guardar el Depósito de la Fe,* promulgando la publicación del *Catecismo de la Iglesia Católica* (CIC). Eligió la fecha de publicación para marcar el décimotercer aniversario de la apertura del Concilio Ecuménico Vaticano Segundo.

El Papa Juan Pablo II visionó el *Catecismo* como un texto de referencia seguro y auténtico para enseñar la doctrina católica y, en particular, para preparar los catecismos locales. Seguidamente, los obispos de Estados Unidos discutieron con profundidad lo que deberían hacer para responder a la llamada del Papa para preparar un catecismo local. Este tendría que tener en cuenta la situación y cultura locales, a la vez que preservar la unidad de la fe y la fidelidad a la enseñanza católica comunicada en el *Catecismo de la Iglesia Católica*. En junio de 2000, los obispos decidieron que un catecismo nacional para adultos sería una forma efectiva de conseguir este objetivo.

Antes de describir el contenido y enfoque de este catecismo para los adultos, se deben presentar varios asuntos preliminares. En primer lugar, se ha de señalar que históricamente la palabra *catecismo* ha tenido varios significados. Proviene de una palabra griega que significa "hacer eco". Antes de la invención de la prensa en 1450, tanto en la Iglesia como en todas partes el aprendizaje era mayoritariamente una experiencia oral. Una enseñanza de la Iglesia era recitada, y a quien la escuchaba se le pedía que hiciera "eco" de ella, es decir, que la repitiese hasta que la aprendiese. Esta forma de aprender ha existido desde antes de la Silesia. Los maestros judíos, antes y después de Jesús, enseñaban las Sagradas Escrituras haciendo que los alumnos repitiesen una y otra vez los versículos.

La invención de la prensa hizo posible adaptar el método catequético de "decir y hacer eco" a un formato de pregunta-respuesta que pudiese ponerse por escrito. La Iglesia adoptó este método. Esto es especialmente evidente en los influyentes catecismos de San Pedro Canisio (1521-1597) y de San Roberto Bellarmino (1542-1621).

EL *CATECISMO ROMANO*, 1566

Una tercera etapa en el desarrollo de los catecismos tuvo lugar cuando los obispos reunidos en el Concilio de Trento en 1563 decidieron producir una catecismo impreso que fuese una presentación completa y sistemática de las enseñanzas católicas. San Pío V completó esta obra y la publicó como el *Catecismo Romano* en 1566. Quería presentar las verdades católicas desde el punto de vista de su coherencia y valor innatos para instruir a los fieles. Este catecismo se convirtió en la fuente duradera escrita para los catecismos locales hasta su última edición en 1978.

Hasta la segunda mitad del siglo XX, para millones de católicos en Estados Unidos la palabra *catecismo* quería decir el *Catecismo de Baltimore*, el cual se había originado en la Tercera Sesión Plenaria del Concilio de Baltimore en 1884, cuando los obispos de Estados Unidos decidieron publicar un catecismo nacional. Contenía 421 preguntas y respuestas en treinta y cinco capítulos. El *Catecismo de Baltimore* dio unidad a la enseñanza y el entendimiento de la fe para millones de inmigrantes católicos que poblaban las ciudades, pueblos y granjas. Su impacto se hizo sentir hasta el amanecer del Concilio Vaticano II en 1962.

En aquella época, el Beato Juan XXIII articuló una visión para los Padres del Concilio Vaticano II que los encomendó a guardar y presentar con mayor efectividad el depósito de la doctrina cristiana para hacerlo más accesible a los creyentes cristianos y a todas las personas de buena voluntad del mundo contemporáneo.

EL *CATECISMO DE LA IGLESIA CATÓLICA*, 1992

Finalmente, estaba claro que el desarrollo de un nuevo catecismo universal sería beneficioso, especialmente porque había habido un incremento significativo de temas e ideas en la Iglesia y la sociedad desde 1566. En 1985, un sínodo de obispos se reunió en Roma para celebrar el vigésimo aniversario de la clausura del Concilio Vaticano II. Muchos de los padres del concilio expresaron el deseo de tener un catecismo universal que fuese referencia para los catecismos que se prepararían en las distintas regiones. La propuesta fue aceptada y su resultado fue el *Catecismo de la Iglesia Católica*, publicado en 1992. Una nueva edición, que contenía algunas modificaciones, salió a la luz en 1997.

Este *Catecismo de la Iglesia Católica* está organizado en cuatro partes: "La Profesión de la Fe", "La Celebración del Misterio Cristiano", "La Vida en Cristo" y "La Oración Cristiana". Su contenido es fiel a la Tradición Apostólica, las Sagradas Escrituras y el Magisterio. Incorpora la herencia de los Doctores, Padres y santos de la Iglesia. Ilumina, a su vez, con la luz de la fe, situaciones, problemas y cuestiones contemporáneos.

El *Catecismo* comienza con la Revelación de Dios, a la cual estamos llamados a responder con fe, adoración, testimonio moral y una vida de oración. Todo el texto está guiado por el hecho de que la vida cristiana está cimentada en la rebosante manifestación creativa y providencial de la Santísima Trinidad. El *Catecismo* se centra en la vida, enseñanzas, muerte y Resurrección de Jesucristo, el Hijo de Dios e Hijo de María, mediante las cuales nos trajo la salvación. Este texto es una obra hecha por la Iglesia y de la Iglesia.

El objetivo del *Catecismo de la Iglesia Católica* es ayudar a facilitar la conversión de la persona en su totalidad, a lo largo de su vida, a la llamada del Padre a la santidad y la vida eterna. Su núcleo es la celebración de los misterios cristianos, especialmente la Eucaristía y la vida de oración. Los usuarios del *Catecismo* están llamados a ser testigos de Cristo, de la Iglesia y del Reino de salvación, amor, justicia, misericordia y paz mundial de Dios.

Mientras que el *Catecismo* está dirigido a diferentes audiencias — obispos, sacerdotes, maestros, escritores—, está escrito para todos los fieles que quieren profundizar en su conocimiento de la fe católica. Es más, se ofrece a todas las personas que quieran saber qué es lo que la Iglesia Católica enseña.

EL *CATECISMO CATÓLICO DE LOS ESTADOS UNIDOS PARA LOS ADULTOS*

El *Catecismo Católico de los Estados Unidos para los Adultos* es una adaptación del *Catecismo de la Iglesia Católica*, y se presenta a los católicos de Estados Unidos que son miembros de las Iglesias latinas y orientales, con el entendimiento de que las Iglesias orientales pueden desarrollar su propio catecismo para adultos, enfatizando sus propias tradiciones.

El texto de este *Catecismo* sigue la misma estructura de contenidos que la del *Catecismo de la Iglesia Católica*: "El Credo", "Los Sacramentos", "La Vida Moral" y "La Oración". Enfatiza la Santísima Trinidad, Jesucristo, los sacramentos, los principios morales y la herencia de los Doctores y santos de la Iglesia. Es una expresión orgánica y sistemática de la Tradición Apostólica, expresada de forma inspirada en las Sagradas Escrituras e interpretada con la autoridad del Magisterio de la Iglesia. Este texto también refleja el lenguaje, prácticas y disciplina sacramentales de las Iglesias orientales hasta el nivel necesario para ofrecer información básica de las Iglesias orientales a los católicos latinos.

La Estructura de Cada Capítulo de Este Libro

1. Historia o Lección de Fe
2. Enseñanza: Su Fundación y Aplicación
3. Recuadros
4. Relación de la Doctrina Católica a la Cultura
5. Preguntas para la Reflexión y el Debate
6. Enseñanzas
7. Meditación y Oración

CANONIZACIÓN

Hoy en día una canonización es la declaración oficial de la Iglesia, por medio de una decisión del Papa, de que una persona es santa, que verdaderamente está en el cielo y que es digna de veneración e imitación pública. El proceso comienza nombrando a la persona "Venerable", un "Siervo de Dios" que ha demostrado una vida de virtudes heroicas. La siguiente fase es la beatificación, por medio de la cual la persona recibe el título de "Beato". Esta fase requiere un milagro atribuido a la intercesión del Siervo de Dios. Para la canonización se necesita un segundo milagro, atribuido a la intercesión del Beato y ocurrido después de la beatificación de la persona. No se requieren milagros para los mártires. El Papa puede prescindir de algunas de las formalidades o pasos del proceso.

1. Historias o Lecciones de Fe

Los Beatos y Santos de América acompañan con solicitud fraterna a los hombres y mujeres de su tierra que, entre gozos y sufrimientos, caminan hacia el encuentro definitivo con el Señor. Para fomentar cada vez más su imitación y para que los fieles recurran de una manera más frecuente y fructuosa a su intercesión, considero muy oportuna la propuesta de los Padres sinodales de preparar "una colección de breves biografías de los Santos y Beatos americanos. Esto puede iluminar y estimular en América la respuesta a la vocación universal a la santidad".

—Papa Juan Pablo II, *La Iglesia en América*
(*Ecclesia in America*), no. 15

El prefacio y la mayoría de los capítulos comienzan con historias de católicos, siendo muchos de ellos de Estados Unidos. Cuando es posible, este *Catecismo Católico de los Estados Unidos para los Adultos* relaciona las enseñanzas de la Iglesia con la cultura de Estados Unidos, tanto para afirmar los elementos positivos de nuestra cultura como para desafiar los negativos. Una forma de hacer esto se encuentra en las historias con las que comienza cada capítulo. La mayoría de estas narraciones son perfiles biográficos de santos americanos y de otros católicos sobresalientes que representan la variedad racial y étnica de quienes han dado testimonio de una forma de vida católica. Estas historias nos dejan entrever cómo los católicos han participado en el desarrollo de la cultura de Estados Unidos desde la época colonial hasta nuestros días. Los que han sido elegidos para estos ejemplos son católicos cuyas vidas o acciones ilustran una enseñanza de la Iglesia en particular. Desde los principios de la Iglesia, cuando San Atanasio escribió la vida de San Antonio del Desierto (San Antonio Abad), ha estado claro que contar historia de santos y de personas santas ha animado a otros a querer ser como ellos, y es una manera efectiva de enseñar la doctrina católica.

2. Enseñanza: Su Fundación y Aplicación

En cada capítulo, a la historia introductoria le sigue la presentación de una enseñanza en concreto. Esta enseñanza fundacional ofrece exposiciones sobre aspectos del Credo, los sacramentos, los Mandamientos y la oración. Es apropiado hacer algunos comentarios sobre cada una de estas secciones.

A. El Credo: La Fe Profesada

Cuando rezamos o recitamos el Credo podemos recordar que el catolicismo es una religión revelada. Dios es el autor de nuestra fe. Todo en lo que se espera que creamos se resume en la revelación de Jesucristo. Dios nos ha comunicado todo lo que es necesario para nuestra salvación en Jesús, la Palabra hecha carne. Dios también nos da el don de la fe que hace posible que respondamos, aceptemos y vivamos la Revelación Divina y sus implicaciones. En esta primera sección del libro se exponen claramente los papeles de la Tradición Apostólica, las Sagradas Escrituras y el Magisterio de la Iglesia.

PADRES Y DOCTORES DE LA IGLESIA

El título de "Padre de la Iglesia" se ha otorgado a aquellos cuya santidad y enseñanza sirvieron para ayudar a otros a entender, defender y comunicar la Fe. Aquellos que han recibido tal distinción han vivido desde los primeros tiempos de la Iglesia hasta el último Padre de Occidente (hoy en día Europa Occidental), San Isidoro de Sevilla (siglo VI), y el último Padre de Oriente (hoy en día sureste de Europa y Asia Menor), San Juan Damasceno (siglo VII).

La época dorada de los Padres durante los siglos IV y V incluye figuras tales como San Basilio, San Juan Crisóstomo, San Atanasio, San Ambrosio y San Agustín en la Iglesia occidental.

El título de "Doctor de la Iglesia" se ha otorgado a personas de cualquier época de la historia de la Iglesia cuya santidad y escritos han tenido una profunda influencia en el pensamiento teológico y espiritual. Entre los Doctores de la Iglesia se encuentran figuras como Santo Tomás de Aquino, Santa Catalina de Siena, San Antonio de Padua, Santa Teresa de Ávila, San Juan de la Cruz, San Roberto Bellarmino y Santa Teresa de Lisieux.

B. Los Sacramentos: La Fe Celebrada

La segunda sección del texto trata de la celebración del misterio cristiano en la liturgia y los sacramentos. Por medio de los sacramentos, el Espíritu Santo nos ofrece los misterios de la revelación de Dios en Cristo. En la liturgia encontramos los dones salvadores del ministerio de Cristo, y estos nos son ofrecidos. Esto es evidente en los Sacramentos de Iniciación (Bautismo, Confirmación, la Eucaristía), los Sacramentos de Curación (Penitencia y la Unción de Enfermos) y los Sacramentos al Servicio de la Comunión (Matrimonio y las Santas Órdenes). Por medio de los sacramentos, Dios comparte su santidad con nosotros para que nosotros, a nuestra vez, hagamos al mundo más santo.

C. La Moralidad Cristiana: La Fe Vivida

La tercera sección del texto ofrece una extensa presentación de los cimientos de la vida moral cristiana. Los temas de la alianza, la gracia, la felicidad, el pecado, el perdón, las virtudes, la acción del Espíritu Santo, la llamada a amar a Dios y al prójimo, la dignidad de la persona y la doctrina social de la Iglesia son parte de los elementos fundacionales de la moralidad. Es por ello que, cuando se presentan los Diez Mandamientos, es más fácil ver cómo primero es la Alianza con Dios y cómo los Mandamientos son formas en las que podemos vivir esta Alianza. En el Discurso de la Montaña, Jesús nos presenta un resumen de la Nueva Alianza en las Bienaventuranzas. Por ello, los Mandamientos son más que leyes morales; nuestro compromiso de vivirlos fluye de nuestra respuesta a la Alianza que tenemos con Dios como miembros de la Iglesia fortalecida por el Espíritu Santo.

D. La Oración: La Fe Orada

La última sección de este texto mantiene una relación esencial con la segunda sección sobre la liturgia, la cual es la vida de oración de la Iglesia misma. Esta sección trata de la oración hablada, la meditación y la contemplación, y de las clases de oración —adoración, petición, intercesión, acción de gracias y alabanza. Un capítulo especial está dedicado a un comentario sobre el Padre Nuestro, el cual es la oración del Señor. Parece apropiado reconocer aquí el vínculo entre doctrina y oración para que una Iglesia que enseña no sea vista como una idea abstracta y para que la oración no exista sin unos sólidos cimientos doctrinales.

3. Recuadros

A la sección doctrinal de cada capítulo le sigue un recuadro compuesto de tres preguntas con respuestas tomadas del *Catecismo de la Iglesia Católica*. Esta es una de las diferentes maneras en las que se invita al lector a explorar los extensos recursos del *Catecismo* universal. A lo largo del texto, cuando se considera apropiado, aparecen otros recuadros sobre diferentes temas.

4. Relación de la Doctrina Católica a la Cultura

La siguiente sección de cada capítulo vuelve al tema de relacionar la doctrina de la Iglesia con la sociedad estadounidense en su diversidad. Hay muchos temas que tratar, como son: la dignidad humana, la igualdad, el respeto, la solidaridad y la justicia. Cada capítulo contiene una reflexión sobre cómo puede su enseñanza aplicarse a nuestra cultura. A veces hay elementos positivos; en otras ocasiones, hay retos que aceptar. Temas como la incredulidad, el relativismo, el subjetivismo y las diferencias sobre la moralidad subrayan los conflictos entre la doctrina de la Iglesia y la cultura. El objetivo de esta sección en cada capítulo es poner de relieve la manera en la que la Iglesia proclama la salvación a la cultura, basada en la confianza en la validez y relevancia de la doctrina católica.

También puede ayudar el poner de manifiesto que, manteniendo la práctica cultural de Estados Unidos, el texto original en inglés usa lenguaje inclusivo horizontal, es decir, describiendo a las personas humanas de acuerdo a los dos géneros: masculino y femenino.* La única excepción a este uso es cuando el *Catecismo*, o alguna otra fuente, es citada directamente. Las referencias a Dios en este texto mantienen el uso tradicional.

5. Preguntas para la Reflexión y el Debate

Después de la sección en cada capítulo que trata de los aspectos de la fe aplicados a la cultura estadounidense, se presentan preguntas que invitan al lector a explorar modos personales y comunitarios de interiorizar la doctrina de la Iglesia.

6. Enseñanzas

Después de cada historia de fe y de un análisis conciso de la doctrina de la Iglesia y su relación con la cultura, cada capítulo contiene un resumen de los puntos doctrinales presentados en el mismo.

---

*   Respecto al género, la traducción al español ha seguido las normas establecidas por la Asociación de Academias de la Lengua Española (nota del traductor [n.d.t.]).

7. Meditación y Oración

En la medida de lo posible, este libro está destinado a conducir al lector a una actitud de oración hacia Dios. Cada capítulo concluye con una meditación tomada de un santo o de un escritor espiritual. Un catecismo necesita ser más que un resumen de enseñanzas. Dios nos ha llamado a todos a la oración y a la santidad. Las doctrinas son condensaciones de la oración y la razón hechas posibles por la dirección del Espíritu Santo de la Iglesia. La oración es la puerta que nos guía hacia un entendimiento más profundo de la Palabra de Dios y hacia los tesoros escondidos de las enseñanzas doctrinales. Una oración formal se presenta aquí en cada capítulo. Normalmente está tomada de la liturgia de la Iglesia para que la persona se pueda familiarizar con la vida de oración de la Iglesia universal. Hay también una colección de algunas oraciones tradicionales católicas en el Apéndice.

Glosario

Finalmente, al final de este libro hay un glosario alfabetizado de muchas palabras. Las definiciones son breves. Se recomienda que el lector también consulte el *Catecismo de la Iglesia Católica*, el cual tiene un amplio glosario. Los lectores pueden, mientras estudian el *Catecismo Católico de los Estados Unidos para los Adultos*, consultar estos glosarios para buscar definiciones de palabras con las que no estén familiarizados.

CONCLUSIÓN

Es nuestra esperanza que este *Catecismo Católico de los Estados Unidos para los Adultos* sea una ayuda y una guía para profundizar en la fe. Puede servir como un recurso para el *Rito de Iniciación Cristiana de Adultos* y para la catequesis continua de los adultos. También será de interés para aquellos que quieran conocer mejor el catolicismo. Finalmente, puede servir como invitación a todos los fieles para que continúen creciendo en su entendimiento de Jesucristo y su amor salvador hacia todos los hombres.

PRIMERA PARTE

EL CREDO:
LA FE PROFESADA

1 MI ALMA TE BUSCA A TI, DIOS MÍO (Sal 41:2)

LA BÚSQUEDA HUMANA DE DIOS
—CIC, NOS. 27-43

LA BÚSQUEDA DE UNA MUJER

Elizabeth Bayley provenía de una adinerada familia episcopal de New York. Nacida en 1774, dos años antes de la firma de la Declaración de Independencia de Estados Unidos, vino a un mundo de lealtades opuestas —monárquicos, a favor de Inglaterra, y revolucionarios, a favor de la independencia. Su padre se alineó con la Revolución de Estados Unidos.

A los dieciséis años, Elizabeth se enamoró de William Magee Seton, un acaudalado hombre de negocios. Tres años más tarde, a principios de 1794, Elizabeth se casó con William y con el paso de los años dio a luz a tres hijas y dos hijos. La pareja solo llevaba casada unos pocos años cuando una serie de problemas empezaron a afectar a la familia. En 1801, los negocios de William se deterioraron, así como su salud.

William y Elizabeth aceptaron una oferta de la familia Fillichi de Livorno, Italia, de viajar allí para que William mejorase. Sin embargo, al poco de llegar a Italia, a finales de 1803, con su mujer e hija mayor, William murió. Los Fillichis consolaron a la viuda e hija, a quienes les impresionó su fuerte fe católica. Mientras estaban en Italia, Elizabeth dedicó mucho tiempo a visitar las distintas iglesias católicas y pasó tiempo en ellas rezando frente al Santísimo Sacramento.

Tras unos seis meses, Elizabeth regresó a New York, donde se reunió con sus otros hijos, y decidió convertirse al catolicismo. Un año más tarde era recibida a la plena comunión con la Iglesia Católica, el 4 de marzo de 1805, por el Padre Matthew O'Brien, párroco de la Iglesia de Saint Peter, al sur de Manhattan. Su familia y sus amigos la abandonaron, pero Antonio Fillichi —que se encontraba en New York en esos momentos— la apoyó.

Ahora ella necesitaba ganarse la vida y proveer para su familia. Quería abrir una escuela. Recibió una invitación del Obispo John Carroll para abrir una escuela para niñas cerca del seminario de Saint Mary, en la calle Paca de Baltimore. Esta se convirtió en los cimientos de una trayectoria que la llevaría a convertirse en la fundadora de las Hermanas de la Caridad Americanas, y que asentaría las bases para el sistema de escuelas católicas de Estados Unidos. Ella ofrecía una educación gratuita a los pobres, a la vez que aceptaba dinero de aquellos que podían permitirse pagar la matrícula.

Cecilia O'Conway de Philadelphia se sumó a sus esfuerzos. Hablaron de empezar una congregación religiosa para asegurar el futuro de su ministerio. El Obispo Carroll apoyó la idea. En poco tiempo, su sueño se había convertido en realidad. Se compró una propiedad en Emmitsburg, Maryland. Otras mujeres se unieron a Elizabeth y Cecilia, y juntas formaron el núcleo de una nueva comunidad. La Madre Seton —como ahora se la conocía— fundó orfanatos en Philadelphia y New York. Sus sucesoras llegaron a fundar una sorprendente variedad de servicios caritativos.

La Madre Seton no descuidó a sus propios hijos. Las hijas fueron educadas en su escuela. Los hijos recibieron su educación en Georgetown College. Animó a su hijo William a que se hiciese banquero. Sin embargo, él decidió hacerse marino mercante. Finalmente él se asentó, se casó y tuvo dos hijos, uno de los cuales más tarde sería nombrado arzobispo.

Elizabeth Ann Seton murió en 1821 a la edad de cuarenta y seis años y fue canonizada en 1975, convirtiéndose en la primera santa nacida en Norte América. Su fiesta se celebra el 4 de enero.

Santa Elizabeth Seton y su camino de fe nos muestran la realidad de que en todos nosotros existe el deseo de conocer a Dios y de acercarnos cada vez más a Él. La historia de cómo ella respondió a ese deseo es una introducción apropiada para nuestra primera lección sobre el deseo de Dios y nuestra capacidad de Dios.

EL DESEO UNIVERSAL DE DIOS

El deseo de Dios está inscrito en el corazón del hombre,
porque el hombre ha sido creado por Dios y para Dios.

—CIC, no. 27

El ser humano siempre ha hecho preguntas fundamentales: ¿quién soy yo? ¿De dónde vengo? ¿A dónde voy? ¿Por qué necesito luchar para alcanzar mis metas? ¿Por qué es tan difícil amar y ser amado? ¿Cuál es el significado de la enfermedad, la muerte y el mal? ¿Qué sucederá después de la muerte?

Estas preguntas están relacionadas con la existencia humana. También hacen que nos preguntemos acerca de lo divino pues tienen que ver con la existencia de Dios. Cuando las preguntas provienen de una reflexión profunda, estas ponen al descubierto un deseo interior de Dios. Estas reflexiones y preguntas retan nuestras mentes, pero las respuestas de la mente no son siempre suficientes. También debemos estar atentos al misterioso anhelo del corazón humano.

Dios ha plantado en cada corazón humano el hambre y el anhelo por lo infinito, por nada que no sea Dios mismo. San Agustín, un teólogo del siglo V, lo dijo de la mejor manera posible: "Nuestro corazón está inquieto mientras no descansa en tí" (San Agustín, *Las Confesiones*, lib. 1, cap. 1, 1; cf. CIC, no. 30).

¿Cómo se despierta nuestro anhelo por Dios? Dios primero nos busca; esto nos mueve a que lo busquemos a Él, para quien hemos sido creados. El *Catecismo* presenta tres vías de acceso por las cuales cualquier persona puede llegar a Dios: la creación, la persona humana y la Revelación. En el próximo capítulo, la Revelación será presentada como la mayor y más esencial vía de acceso a Dios. Se le descubre también por medio de la creación y a través del misterio de nuestra vida interior.

A TRAVÉS DE LA CREACIÓN

El cielo proclama la gloria de Dios.

—Sal 18:2

Pues las perfecciones invisibles de Dios, como su poder eterno y su divinidad, resultan visibles desde la creación del mundo para quien reflexiona sobre sus obras.

—Rm 1:20

San Agustín nos pide que observemos la belleza del mundo y que dejemos que esta nos lleve a Dios. "Interroga a la belleza de la tierra, interroga a la belleza del mar, interroga a la belleza del aire que se dilata y se difunde, interroga a la belleza del cielo [...] interroga a todas estas realidades. Todas te responde: Ve, nosotras somos bellas. Su belleza es una profesión. Estas bellezas sujetas a cambio, ¿quién las ha hecho sino la Suma Belleza ('Pulcher'), no sujeto a cambio?" (San Agustín, Sermón 241, 2; cf. CIC, no. 32).

A lo largo de toda la historia de la Iglesia, los cristianos han entendido el universo como evidencia de la existencia de Dios. El orden, la armonía y la belleza del mundo nos indican la existencia de un Creador inteligente. El fin de la creación, desde lo inanimado hasta la vida humana también indica la existencia de un Creador sabio. El hecho de que todas las cosas visibles hayan llegado a existir y que finalmente dejarán de serlo en este mundo, indican la existencia de un Creador eterno, que no tiene ni principio ni fin y que sostiene todo lo que Él ha creado (cf. CIC, no. 32).

A TRAVÉS DE LA PERSONA HUMANA

Te doy gracias, porque me has formado portentosamente.

—Sal 138:14

Cada persona humana busca conocer la verdad y experimentar el bien. El bien moral nos atrae. Atesoramos nuestra libertad y nos esforzamos en mantenerla. Escuchamos la voz de nuestra conciencia y deseamos seguirla en nuestras vidas. Anhelamos la felicidad absoluta.

Estas experiencias nos hacen conscientes de la existencia de nuestras almas, de nuestra naturaleza espiritual. Cuanto más conscientes somos de estas verdades, más somos atraídos a la realidad de Dios, quien es el Bien Supremo. Estas son las semillas de la eternidad que llevamos dentro de nosotros y que solo tienen su origen en Dios. San Agustín confirmó esta idea cuando rezó: "Que me conozca a mí mismo, para así poder conocerte a Ti" (versión del traductor [v.d.t.]).

Si esto es verdad, ¿por qué hay tantas personas que no han conocido a Dios?

DEL CATECISMO

1. ¿Cómo ha expresado la gente su búsqueda de Dios a través de la historia?

De múltiples maneras, en su historia, y hasta el día de hoy, los hombres han expresado su búsqueda de Dios por medio de sus creencias y de sus comportamientos religiosos (oraciones, sacrificios, cultos, meditaciones, etc.). A pesar de las ambigüedades que pueden entrañar, estas formas de expresión son tan universales que se puede llamar al hombre un ser religioso (cf. Hch 17:26-28). (CIC, no. 28)

2. ¿Qué queremos decir con "pruebas" de la existencia de Dios?

Creado a imagen de Dios, llamado a conocer y amar a Dios, el hombre que busca a Dios descubre ciertas "vías" para acceder al conocimiento de Dios. Se las llama también "pruebas de la existencia de Dios", no en el sentido de las pruebas propias de las ciencias naturales, sino en el sentido de "argumentos convergentes y convincentes" que permiten llegar a verdaderas certezas. Estas "vías" para acercarse a Dios tienen como punto de partida la creación: el mundo material y la persona humana. (CIC, no. 31)

3. ¿Podemos conocer a Dios?

La Iglesia enseña que el Dios único y verdadero, nuestro Creador y Señor, puede ser conocido con certeza por sus obras, gracias a la luz natural de la razón humana (cf. Concilio Vaticano I: H. Denzinger y A. Schonmetzer, *Enchiridion Symbolorum* [DS] 3026). (CIC, no. 47)

Existen muchas razones para explicar la falta de familiaridad con Dios. La presencia de tanto sufrimiento y dolor en el mundo desalienta a algunos y los lleva a rebelarse contra la idea de un Dios que permite que esto suceda. Algunas personas no saben quién es Dios porque nadie ha compartido con ellos la buena nueva de su revelación de sí. La ignorancia sobre la religión o indiferencia hacia ella son otras de las causas.

El comportamiento escandaloso de algunos creyentes frecuentemente aleja de la religión a aquellos que honestamente están buscando respuestas a sus inquietudes. La conducta pecaminosa debilita la habilidad de muchos de asumir responsabilidad por sus acciones y los lleva a esconderse de Dios (cf. Gn 3:8; Jn 3:19ss.). Otros pueden resistirse a reconocer a Dios porque no desean seguirlo y obedecerlo. También hay otros que pueden dejar que sus vidas se desbarajusten tanto, vayan a un paso frenético o estén tan ocupadas que solo queda un pequeño espacio para Dios en ellas.

A lo largo de la historia, la gente ha anhelado a Dios. A pesar de obstáculos y momentos de violenta oposición a creer en Dios, millones de personas han continuado buscando a Dios. El dinamismo espiritual del corazón humano, teniendo su origen en Dios, perdura en innumerables e inspiradoras formas. A menudo justo cuando la sombra de la duda y el escepticismo aparentan haber acabado con la búsqueda, nuestro deseo de Dios surge de nuevo para dar testimonio de la luz del atractivo inherente de Dios en la vida humana.

UNA GENERACIÓN CON INQUIETUDES RELIGIOSAS

Aquellos que tienen inquietudes religiosas en Estados Unidos viven en una cultura que de varios modos importantes ofrecen apoyo a la creencia en Dios mientras que a la vez también, en la práctica, desanima y corroe la fe. Es alentador el hecho de que muchos estén encontrando el movimiento hacia el secularismo como una actitud insatisfactoria y continúan en busca de un significado de la vida más profundo.

Particularmente alentador es el número de jóvenes que en un momento dado se habían alejado de la fe, y hoy están buscando una conexión con la comunidad eclesial. De entre las muchas causas de esta hambre de Dios, destacan dos: la experiencia de tener hijos que necesitan una educación y crianza apropiada y la experiencia personal de anhelar dirección, significado y esperanza.

El catolicismo en Estados Unidos continúa atrayendo a miles de nuevos miembros cada año a medida que el Espíritu Santo trabaja en la Iglesia para despertar sed del Señor. El Rito de Iniciación Cristiana de Adultos, el proceso pastoral para la iniciación de nuevos miembros de la Iglesia, está siendo de ayuda a un gran número de estas personas con inquietudes. La Iglesia los está guiando hacia el saber de las verdades de la fe, a la celebración de los siete Sacramentos, al compromiso de la vida moral — incluyendo la formación de una conciencia social— y a la práctica de la oración y, a la vez, la Iglesia responde a su deseo de comunidad.

La Iglesia hace más que dar la bienvenida a nuevos miembros; crea discípulos. Aquellos que buscan pueden comenzar a encontrar en la Iglesia la plenitud de los deseos de sus corazones. Están invitados a participar en un viaje espiritual enfocado en Jesucristo y su Reino de salvación, amor, justicia y misericordia. Jesús nos recuerda que su Reino está ya entre nosotros y que como discípulos suyos estamos llamados a ayudarlo a hacerlo llegar a su plenitud.

Esta es la invitación de la Iglesia a aquellos que quieren descubrir respuestas que satisfagan su hambre espiritual. La invitación de la Iglesia es amplia: a los buscadores, mayores y jóvenes, y a aquellos que se consideran marginados o indiferentes, la Iglesia les ofrece a Jesucristo y su amor, la plenitud de la esperanza. La Iglesia ofrece un modo de pertenecer que enseña las verdades que liberan a la persona del pecado y su poder. La Iglesia inicia a sus miembros en una relación íntima con Dios —de hecho, en una participación en la vida divina donde uno encontrará la alegría y la plenitud genuinas. Todo esto es posible gracias a Jesucristo y su amor.

PARA LA REFLEXIÓN Y EL DEBATE

1. ¿Qué estás buscando en la vida? ¿Cuáles son tus metas e ideales? ¿Qué papel juegan Dios y la Iglesia en lo que estás buscando? ¿Cómo es tu vida una jornada hacia Dios?

2. Como buscador, ¿cómo buscas la verdad? Cuando escuchas hablar sobre la verdad, o contemplas la belleza o vives la bondad, ¿qué piensas? Si buscas a Dios, ¿qué has hecho que eso sea posible? ¿Qué has encontrado por ahora en tu búsqueda?

3. Como católico, ¿cómo buscas a Dios? ¿Por qué el buscar a Dios hace que tu relación con Él se mantenga dinámica? ¿Cómo te ayuda la Iglesia en tu búsqueda por Dios? ¿Cuál es el efecto de tu familia en tu fe?

ENSEÑANZAS

- Dios ha colocado en cada corazón humano un hambre y un anhelo por lo infinito —por nada menos que Él mismo.
- Solo en Dios encontraremos la verdad, la paz y la felicidad, las cuales nunca cesaremos de buscar. Creados a imagen de Dios, estamos llamados a conocer y a amar al Señor.
- Se puede conocer a Dios con certeza a través de sus obras en la creación y de la naturaleza espiritual de la persona humana bajo la luz de la razón natural, aunque existen muchas dificultades a la hora de alcanzar este conocimiento debido a la condición histórica y pecaminosa de la humanidad.
- Por medio de nuestra apertura al bien y la verdad, de nuestra experiencia, de nuestro sentido de bondad moral, de nuestra atención a la voz de la conciencia y de nuestro deseo por la felicidad, nosotros podemos discernir nuestra alma espiritual y podemos llegar a ver que esta solo podría tener su origen en Dios.
- Podemos hablar de Dios incluso si nuestro limitado lenguaje no puede agotar el misterio que es Él.
- Aunque podemos llegar a conocer algo de Dios por medio de nuestra habilidad natural de razonar, existe un conocimiento más profundo de Dios que nos llega por medio de la Revelación Divina.

MEDITACIÓN

¿Dónde Te encontré, que llegué a conocerte? No estabas en mi memoria antes de que supiera de Ti. Entonces, ¿dónde Te encontré antes de que Te conociera, si no fue en Ti mismo, más allá de mí? [...]

¡Tarde Te amé, Hermosura tan antigua, siempre nueva, tarde Te amé! [...] Las cosas creadas me mantenían lejos de Ti; y sin embargo, si no hubiesen estado en Ti, no habrían existido. [Oh, verdad eterna, verdadero amor y amada eternidad. Tú eres mi Dios. Por Ti suspiro día y noche.] [...] Tú estabas conmigo pero yo no estaba contigo. Las cosas creadas me mantenían lejos de Ti; sin embargo, si no hubiesen estado en Ti, no habrían existido. Me llamaste, me gritaste y rompiste mi sordera. Tú brillaste, Tú resplandeciste y disipaste mi ceguera. Soplaste Tu fragancia sobre mí. Respiré y ahora jadeo por Ti. Te he saboreado, y ahora tengo hambre y sed de más. Me tocaste, y ardo por Tu paz.

—San Agustín, *Las Confesiones*, lib. 10, cap. 26, 27.37 (v.d.t.)

ORACIÓN

Como busca la cierva
corrientes de agua,
así mi alma te busca
a ti, Dios mío;
tiene Sed de Dios,
del Dios vivo:
¿cuándo entraré a ver
el rostro de Dios?
Las lágrimas son mi pan
noche y día.
Mientras todo el día me repiten:
"¿Dónde está tu Dios?"
Recuerdo otros tiempos,
y desahogo mi alma conmigo:
cómo marchaba a la cabeza del grupo,
hacia la casa de Dios,
entre cantos de júbilo y alabanza,
en el bullicio de la fiesta.
¿Por qué te acongojas, alma mía,

por qué te me turbas?
Espera en Dios que volverás a alabarlo:
"Salud de mi rostro, Dios mío".

—Sal 41:2-7a

Dios nos ama a cada uno de nosotros como si solo existiese
uno de nosotros al que amar.

—San Agustín (v.d.t.)

2 DIOS SALE A NUESTRO ENCUENTRO

DIOS REVELA SU DESIGNIO AMOROSO
—CIC, NOS. 50-67

DIOS REVELA SU SANTO NOMBRE

Moisés pastoreaba el rebaño de su suegro, Jetró, sacerdote de Madián. Llevando el rebaño más allá del desierto, llegó hasta Orbe, el monte de Dios. Allí se le apareció un ángel del Señor en una llama de un zarzal. Cuando Moisés miró se asombró que la zarza, aunque ardía, no se consumía. Y se dijo, "Voy a ver de cerca esa cosa tan extraña, por qué la zarza no se quema".

Al ver el Señor que Moisés se acercaba para verla más de cerca, Dios lo llamó desde la zarza, "¡Moisés, Moisés!"

Moisés respondió, "Aquí estoy".

Dios dijo, "¡No te acerques! Quítate las sandalias, porque el lugar que pisas es tierra sagrada. Yo soy el Dios de tus padres, el Dios de Abrahán, el Dios de Isaac y el Dios de Jacob. He visto la opresión de mi pueblo en Egipto, he oído sus quejas contra los opresores. ¡Ven! Te mandaré al faraón para que saques a mi pueblo, los israelitas, de Egipto".

Pero Moisés dijo, "¿Quién soy yo para presentarme ante el faraón y sacar de Egipto a los hijos de Israel?"

Dios respondió, "Yo estaré contigo y ésta será la señal de que yo te envío: Cuando hayas sacado de Egipto a mi pueblo, ustedes darán culto a Dios en este monte".

Moisés le dijo a Dios, "Pero cuando me presente a los hijos de Israel y les diga, 'El Dios de sus padres me envía a ustedes', si me preguntan cuál es su nombre, ¿Qué les voy a responder?"

Dios le contestó, "Mi nombre es Yo-soy". Y añadió, "Esto les dirás a los israelitas: 'Yo-soy me envía a ustedes' (...) Este es mi nombre para siempre. Con este nombre me han de recordar de generación en generación".

Pero Moisés le dijo al Señor, "Por favor, Señor, yo nunca he sido hombre de palabra fácil, ni aún después de haber hablado tú con tu siervo; sino que soy torpe de boca y de lengua".

El Señor le dijo, "¿Quién ha dado al hombre el don del habla y a nadie más? ¿No soy yo, el Señor? Así pues, vete, que yo estaré en tu boca y te enseñaré lo que debes decir".

Pero Moisés insistió, "¡Por favor, Señor, envía a alguien más!"

Entonces el Señor cedió, "¿No tienes a tu hermano Aarón, el levita? Sé que él habla bien. Él hablará por ti al pueblo, él será tu vocero. Yo les ayudaré a ustedes dos, y les enseñaré lo que tienen que hacer". (adaptación de Ex 3:1-15; 4:10-16)

El Antiguo Testamento está lleno de numerosas ocasiones donde Dios se revela a sí mismo, como lo hace a Moisés en este pasaje del Éxodo. El acontecimiento de la autorrevelación de Dios a Moisés en la zarza ardiente es una excelente introducción al misterio de los eventos reveladores de Dios, una verdad que es el tema central de este capítulo.

DIOS REVELA SU DESIGNIO AMOROSO PARA SALVARNOS

Mediante la razón natural, el hombre puede conocer a Dios con certeza a partir de sus obras. Pero existe otro orden de conocimiento que el hombre no puede de ningún modo alcanzar por sus propias fuerzas, el de la Revelación divina.

—Concilio Vaticano I, *Constitución Dogmática sobre la Fe Católica* (*Dei Filius*), no. 1870 (DS 3015)

Haciendo uso de la razón, podemos aprender mucho sobre Dios tanto por medio de la creación como de la conciencia, pero la Revelación nos permite aprender acerca de la vida interior de Dios y su designio amoroso para salvarnos del pecado y compartir su vida divina. Por mucho que pensemos, nunca podríamos penetrar tal misterio sin ayuda alguna. Dios decide libremente compartir este misterio escondido con nosotros. El compartir de Dios fue un acto de amistad para con nosotros, revelándose a sí mismo como quien revela su corazón a un amigo. El amor hace tales cosas.

La Revelación de Dios se ha desarrollado a través de la historia. "Queriendo abrir el camino de la salvación sobrenatural, se manifestó, además, personalmente a nuestros primeros padres ya desde el principio. Después de su caída alentó en ellos la esperanza de la salvación, con la promesa de la redención" (Concilio Vaticano II, *Constitución Dogmática sobre la Divina Revelación* [*Dei Verbum*; DV], no. 3; cf. Gn 3:15).

Dios continuó a lo largo de los siglos proveyendo su cuidado providencial a aquellos que creó a su imagen y semejanza. Llamó a Abrahán para hacer de él una gran nación, un pueblo elegido por medio del cual la salvación vendría al mundo. En el encuentro de Dios con Moisés, Dios se revela a sí mismo como "Yo-soy". Estas palabras revelan algo sobre Dios quien, sin embargo, sigue siendo misterioso. Se revela a Dios como fuente de todo lo que existe, pero quién Él es será revelado aún más a medida que continúa su amorosa obra por su pueblo. Los profetas, reflexionando sobre las acciones de Dios, dejarán clara la naturaleza de Dios. Pero la más clara Revelación tendrá lugar en Jesucristo.

"En distintas ocasiones y de muchas maneras habló Dios en el pasado a nuestros padres, por boca de los profetas. Ahora, en estos tiempos, nos ha hablado por medio de su Hijo" (Hb 1:1-2). Este Hijo fue Jesucristo, la plenitud de la Revelación. Verdaderamente maravilloso es este misterio de nuestra fe en Jesucristo, como lo decimos al profesarla: "Él ha sido manifestado en la carne, / justificado en el Espíritu, / aparecido a los ángeles, / proclamado a los gentiles, / creído en el mundo, / levantado a la gloria" (1 Tm 3:16).

La Revelación es cuando el Dios viviente se da a conocer a sí mismo. Dios se muestra a sí mismo de ambas maneras, por medio de grandes acontecimientos, como lo narran para nosotros las Sagradas

Escrituras, y a través de las palabras que iluminan el significado de estos acontecimientos (cf. DV, no. 2). En la Revelación se tiende un puente sobre el tremendo abismo entre Dios y la raza humana. Dios desea más profundamente tener una relación íntima con todas las gentes. El proceso de la Revelación, que tardó siglos en desarrollarse, alcanzó su magnífica plenitud en la vida, muerte y Resurrección de Jesucristo.

La Revelación es un acto por medio del cual Dios habla a un pueblo formado por Él por medio de su alianza.[1] La alianza entre Dios y la humanidad se estableció primero con Noé después del Diluvio Universal, cuando Dios en su misericordia prometió que nunca más habría una catástrofe que amenazara la existencia de toda la humanidad. Dios estableció más tarde una alianza con Abrahán. Después con el pueblo de Israel, bajo el liderazgo de Moisés, durante la época del éxodo, cuando eran esclavos en Egipto. Dios afirmó que ellos siempre serían su pueblo.

Este es el gran drama del diálogo entre Dios y su pueblo que tiene lugar en la historia vivida del pueblo envuelto por su amor. Incluye la interpretación inspirada que el pueblo hace de los acontecimientos históricos, que refleja un mayor entendimiento de la voluntad y presencia de Dios a medida que avanzan en su peregrinar a través de los siglos.

Responder a la palabra reveladora de Dios y percibir la acción divina en la historia requiere fe. Los hay quienes no tienen fe, o quienes rechazan conscientemente vivir en la fe. No pueden o no quieren percibir la presencia o acción de Dios en el mundo y a veces se burlan o mofan de quienes lo hacen. Pero para mucha gente, Dios hace la fe posible y, con la orientación del Espíritu Santo, la fe ayuda a esas personas a apreciar continuamente más como Dios ha actuado en la historia para amarnos y salvarnos.

La Revelación de Dios perturbó y cambió a los patriarcas, profetas, Apóstoles y otros. Cuando Moisés se encontró con Dios en la zarza ardiente, Moisés tembló y se quitó las sandalias, ya que estaba en tierra sagrada (cf. Ex 3:1-6). Isaías contempló la gloria de Dios, y cuando la

---

1   Una alianza era originalmente un tratado en el cual un señor y un vasallo aceptaban ciertas responsabilidades hacia con el otro. En el Antiguo Testamento, esta idea de la alianza se convirtió en la principal analogía de la relación entre Dios y su pueblo.

DEL CATECISMO

1. ¿Cómo se revela libremente Dios a sí mismo?
Lo hace revelando su misterio, su designio benevolente que estableció desde la eternidad en Cristo en favor de todos los hombres. Revela plenamente su designio enviando a su Hijo amado, nuestro Señor Jesucristo, y al Espíritu Santo. (CIC, no. 50)

2. ¿Qué respuesta a la Revelación planeó Dios para el hombre?
Al revelarse a sí mismo, Dios quiere hacer a los hombres capaces de responderle, de conocerle y de amarle más allá de lo que ellos serían capaces por sus propias fuerzas. (CIC, no. 52)

3. Si la Revelación está completa, ¿cuál es el próximo paso?
Aunque la Revelación esté acabada, no está completamente explicitada; corresponderá a la fe cristiana comprender gradualmente todo su contenido en el transcurso de los siglos. (CIC, no. 66)

visión desapareció se vio a sí mismo de una forma nueva: "¡Ay de mí!, estoy perdido, porque soy un hombre de labios impuros" (Is 6:5). Ante la revelación del poder divino de Jesús, Pedro rogó: "¡Apártate de mí, Señor, porque soy un pecador!" (Lc 5:8). La Revelación pide una respuesta de fe y conversión, no solo en el pasado, pero también hoy en día.

Ya que la alianza cristiana es definitiva, no tendrá lugar una nueva Revelación pública hasta la gloriosa manifestación final de Jesucristo al final de los tiempos (DV, no. 4). Todo lo que se necesita para la salvación ya ha sido revelado. Lo que se llaman *revelaciones privadas*, es decir, mensajes como los dados por la Santísima Virgen María en Lourdes y Fátima, no añaden nada a lo que fue revelado públicamente hasta Cristo y por medio de él. Pero las revelaciones privadas pueden ayudar a inspirar un compromiso más profundo a aquello que ha sido revelado a través de la Revelación pública.

EL EVANGELIO Y LA CULTURA

La ruptura entre Evangelio y cultura es sin duda alguna el drama de nuestro tiempo.

—Papa Pablo VI, *Acerca de la Evangelización en el Mundo Contemporáneo (Evangelii Nuntiandi), no. 20*

La religión no existe en una burbuja, aislada. Opera en una cultura determinada en un momento determinado del tiempo. El entendimiento de un Dios vivo que ha revelado un designio amoroso para salvarnos tiene lugar en tiempo real. Hay muchas cosas en nuestra cultura que son buenas y favorables a la fe y la moralidad. La libertad para practicar nuestra fe es un principio atesorado por nuestra sociedad.

Pero hay desarrollos preocupantes. La mayoría de la historia se enseña hoy en día desde un punto de vista secular. Tal actitud tan prevalente a menudo dificulta a los creyentes darse cuenta que existe un punto de origen en la Revelación de Dios a la hora de comprender la historia humana. La cultura en la que vivimos es, de muchas formas, individualista, secular y materialista. Esto crea un reto para los cristianos y otros creyentes a quienes se les pide que respondan con fe a Dios, quien se ha revelado a sí mismo. A menudo requiere gran paciencia y mucha virtud vivir una vida llena de fe, transmitir los valores del Evangelio a los hijos y otras personas, y relacionarnos con gente —a menudo los jóvenes— cuyas vidas se ven afectadas por las corrientes culturales que van en contra del cristianismo.

Las actitudes y comportamientos en Estados Unidos han fomentado, de diferentes formas, una "cultura de incredulidad". La Primera Enmienda, la cual prohíbe establecer una religión estatal, ha sido interpretada de tal forma que ha marginado de forma excesiva a la religión. La sociedad ha llegado hasta un punto en el cual las gentes de fe son presionadas a actuar en público como si la religión no importase. Esto ha causado que muchos creyentes piensen que su fe es un tema estrictamente privado y que no debería ejercer ninguna influencia en la sociedad y la política.

La respuesta de la Iglesia es la de hacer presente al Evangelio en nuestra cultura para así construir sobre lo que es positivo en ella y para cambiar lo que no lo es. Este es un aspecto de la evangelización, la proclamación del Evangelio a todas las gentes. Asume que primero debemos ser evangelizados nosotros mismos, llamándonos mutuamente a una relación íntima con Jesucristo. Esto significa abrazar la verdad, la belleza y la bondad allí donde se encuentren en nuestra sociedad, mientras que a la vez eliminamos la falsedad e injusticia de nuestra tierra.

Debemos recordar que no todo es oscuridad. Hay rayos de luz en nuestra cultura que provienen de Jesús, la Luz del Mundo. Hay semillas de la Palabra en nuestra sociedad sembradas por Jesús, el incansable Sembrador de amor y verdad. No trabajamos solos. El Espíritu Santo es nuestro maestro y guía.

Los cambios culturales llevan tiempo, pero tienen lugar por medio de la perseverancia y la gracia de Dios. Los evangelizadores necesitan una amplia visión así como sabiduría, coraje, fortaleza y perseverancia. Evangelizar una cultura depende de profundas ideas, fruto de la reflexión, sobre los misterios de nuestra fe y una acertada visión para entender las bases de nuestra cultura.

Una cultura no es solo algo abstracto; es la suma de las creencias, actitudes y prácticas de individuos y comunidades. Evangelizar una cultura significa tratar con gente. Requiere más que simplemente persuadir a la gente de la verdad de Cristo y la Iglesia. Compartir el Evangelio con los demás significa ofrecerles su poder transformador, no solo para sus mentes, pero también para sus corazones. En nuestra oración diaria, necesitamos ofrecer a nuestros compatriotas y sus necesidades a Dios, quien se preocupa por ellos con amor.

La Iglesia Católica nos provee con numerosas maneras de atestiguar y enseñar la verdad y el amor de Jesucristo. La historia de la Iglesia muestra que la renovación de la fe está acompañada frecuentemente por un retorno a las verdades de la fe y testimonios sobre ellas. Tal renovación de la fe influenciará gradualmente a nuestra cultura.

███ PARA LA REFLEXIÓN Y EL DEBATE ███

1. Cuando los amigos y familiares conversan entre ellos, ¿qué revelan de sí mismos? ¿Qué nos revela Dios de sí mismo al tratarnos como sus amigos y familiares? ¿Cómo da significado a nuestras vidas la Revelación de Dios?

2. ¿Qué quiere decir cuando decimos que tenemos una religión "revelada"? ¿Cuáles son algunos aspectos positivos de nuestra cultura? ¿Cómo se puede convertir y transformar la cultura gracias al Evangelio?

3. ¿Qué te ayudaría a pasar más tiempo leyendo y rezando la palabra de Dios revelada en las Sagradas Escrituras? ¿Por qué podemos decir que crecer en nuestra fe nos fortalecerá para influir, con nuestras creencias, la política pública?

███ ENSEÑANZAS ███

- Revelación es cuando el Dios vivo se da a conocer a sí mismo y a su plan para salvarnos. La Revelación nos muestra que Dios desea una relación íntima y de amor con cada uno.

- El proceso de la Revelación tardó siglos en desarrollarse. Dios comunicó gradualmente el misterio divino por medio de palabras y obras.

- Desde el principio Dios estableció una relación personal con nuestros primeros padres. Tras la Caída, Él los animó con la esperanza de la Salvación prometiéndoles la Redención.

- La Revelación de Dios resultó en una relación con las personas. A esta relación se la llama "alianza" en las Escrituras. Las Escrituras nos narran que Dios estableció una alianza con Noé y con todos los seres vivientes (cf. Gn 9:16).

- La Revelación es un acto por el cual Dios habla a un pueblo formado por Él por medio de su alianza, empezando con Abrahán. Después eligió a Moisés por medio del cual la ley divina fue dada al pueblo de la alianza.

- Mediante los profetas Dios preparó al pueblo de la alianza para mirar hacia la futura venida del Mesías, quien traería la salvación destinada para todas las gentes.

- La Revelación alcanzó su plenitud en el Hijo de Dios, Jesucristo. El Hijo es la Palabra definitiva del Padre. No tendrá lugar ninguna revelación pública nueva antes de la manifestación final y gloriosa de Jesucristo.

- La Revelación de Dios se nos transmite por medio de la Tradición Apostólica y las Escrituras. Este es el tema de nuestro próximo capítulo.

MEDITACIÓN

Jesucristo es la revelación definitiva de Dios:

> Cristo, el Hijo de Dios hecho hombre, es la Palabra única, perfecta e insuperable del Padre. En Él lo dice todo, no habrá otra palabra más que esta. San Juan de la Cruz, después de otros muchos, lo expresa de manera luminosa, comentando Hb 1:1-2: "Porque en darnos, como nos dio a su Hijo, que es una Palabra suya, que no tiene otra, todo nos lo habló junto y de una vez en esta sola Palabra, y no tiene más que hablar; porque lo que hablaba antes en partes a los profetas ya lo ha hablado en el todo, dándonos al Todo, que es su Hijo. Por lo cual, el que ahora quisiese preguntar a Dios, o querer alguna visión o revelación, no sólo haría una necedad, sino haría agravio a Dios, no poniendo los ojos totalmente en Cristo, sin querer otra alguna cosa o novedad".

> —CIC, no. 65, citando a San Juan de la Cruz,
> *Subida al Monte Carmelo* 2, 22, 3-5

ORACIÓN

Tu palabra, Señor, es eterna,
Más estable que el cielo;
Tu fidelidad de generación en generación,
Igual que fundaste la tierra y permanece.
Lámpara es tu palabra para mis pasos,
Luz en mi sendero.

—Sal 118:89-90; 105

Esfuércense en añadir a su buena fe buena conducta.

—2 P 1:5

3 VAYAN POR TODO EL MUNDO Y PREDIQUEN EL EVANGELIO A TODA CREATURA (Mc 16:15)

LA TRANSMISIÓN DE LA REVELACIÓN DIVINA
—CIC, NOS. 74-133

TRANSMITIENDO LA FE

El Beato Juan XXIII (Papa de 1958 a 1963) creía que la Iglesia necesitaba una renovación pastoral que permitiría a la Iglesia servir más efectivamente a la sociedad contemporánea. En su época él se dio cuenta que se necesitaban nuevas formas de comunicar la doctrina cristiana para revelar el atractivo inherente del Evangelio, protegiendo a la vez su integridad. Dijo en su discurso dirigido a los obispos con motivo de la apertura del Concilio Vaticano II en 1962: "La doctrina cristiana debería ser custodiada y enseñada con mayor efectividad" (v.d.t.). Cuando habló acerca de la Iglesia como fuente de la unidad de todas las gentes, basó su enseñanza en Jesucristo, el único Salvador, quien durante la Última Cena oró "para que todos sean uno, como tú, Padre, en mí y yo en ti somos uno" (Jn 17:21). En su discurso inaugural a los obispos el 11 de octubre de 1962, el Beato Juan XXIII explicó su visión para el Concilio Vaticano II, el vigésimo primer Concilio Ecuménico.[2] Propuso cinco puntos para conseguir ese objetivo:

---

2   Un Concilio Ecuménico es una asamblea de los obispos de todo el mundo convocados por el Papa o con su aprobación. El Concilio Vaticano II tuvo lugar de 1962 a 1965.

1. *Rebosar de esperanza y fe. No seáis profetas de perdición.* "La Divina Providencia nos guía hacia un nuevo orden en las relaciones humanas, las cuales, mediante el propio esfuerzo de los hombres e incluso más allá de sus propias expectativas, nos dirigen hacia el diseño superior e inescrutable de Dios".

2. *Descubrir maneras de enseñar más eficazmente la fe.* "La mayor preocupación del concilio ecuménico es esta: que el sagrado depósito de la doctrina cristiana sea custodiado y enseñado con mayor eficacia".

3. *Ahondar en nuestro entendimiento de la doctrina.* La auténtica doctrina "debería ser estudiada y expuesta por medio de los métodos de investigación y las formas literarias del pensamiento contemporáneo. La sustancia de la venerada doctrina y depósito de fe es una cosa, y la forma en la que esta es presentada es otra".

4. *Hacer uso de la medicina de la misericordia.* "Los errores desaparecen tan pronto como aparecen, como la niebla ante el sol. La Iglesia siempre se ha opuesto a estos errores. Frecuentemente los ha condenado con la mayor severidad. Hoy en día, la Esposa de Cristo prefiere hacer uso de la medicina de la misericordia en lugar de esa severidad. Ella considera que responde a las necesidades de hoy al demostrar la validez de sus enseñanzas en vez de hacerlo condenando".

5. *Buscar la unidad dentro de la Iglesia, con los cristianos que están separados del catolicismo, con aquellos que profesan religiones no cristianas y con todos los hombres y mujeres de buena voluntad.* "Tal es el fin del Concilio Vaticano II, el cual (...) prepara, por así decirlo, y consolida el camino hacia la unidad de la humanidad donde reina la verdad, donde la caridad es ley y cuyo final es la eternidad". ((Beato) Papa Juan XXIII, *Gaudet Mater Ecclesia,* Discurso de apertura del Concilio Vaticano II (11 de octubre de 1962) (v.d.t.))

El Papa Juan Pablo II indicó que el Concilio Vaticano II debe mucho al pasado reciente. Él escribió lo siguiente:

El Concilio Vaticano II constituye un acontecimiento providencial (...) Se piensa con frecuencia que el Concilio Vaticano II marca una época nueva en la vida de la Iglesia. Esto es verdad, pero a la vez es difícil no ver cómo la Asamblea conciliar ha tomado mucho de las experiencias y de las reflexiones del período precedente, especialmente del pensamiento de Pío XII. En la historia de la Iglesia, "lo viejo" y "lo nuevo" están siempre profundamente relacionados entre sí (...) Así ha sido para el Concilio Vaticano II y para la actividad de los Pontífices relacionados con la Asamblea conciliar, comenzando por Juan XXIII, siguiendo con Pablo VI y Juan Pablo I, hasta el Papa actual. (Papa Juan Pablo II, *Carta Apostólica Como Preparación del Jubileo del Año 2000 (Tertio Millennio Adveniente)*, no. 18)

TRANSMITIENDO LA REVELACIÓN DE DIOS

La Tradición y la Sagrada Escritura "están íntimamente unidas y compenetradas. Porque surgiendo ambas de la misma fuente, se funden en cierto modo y tienden a un mismo fin".

—CIC, no 80, citando DV, no. 9

El Beato Juan XXIII y el mismo Concilio Vaticano II ilustran cómo la Iglesia constantemente recurre a la Tradición y las Sagradas Escrituras. Este capítulo examina estos fundamentos de la enseñanza de la Iglesia porque es a través de la Tradición y las Sagradas Escrituras que la Iglesia conoce la Revelación de Dios y la transmite de generación en generación.

LA SAGRADA TRADICIÓN

Jesucristo, el Hijo Divino de Dios hecho hombre, es la plenitud de la Revelación por medio de sus enseñanzas, testimonio, muerte y Resurrección. En el camino a Emaús, Jesús resucitado enseña a los dos discípulos cómo es que las enseñanzas de los profetas se habían cumplido en él y habían sido proclamadas por sus propios labios. Justo antes de su Ascensión, Cristo comisionó a los Apóstoles a proclamar el Evangelio a todos aquellos cuyos corazones estuvieran abiertos a recibirlo. La Palabra de Dios Revelada en el Evangelio sería para todos una fuente de la verdad de salvación y de la disciplina moral.

LA BIBLIA

La Iglesia acepta y venera la Biblia como inspirada. La Biblia está compuesta de los cuarenta y seis libros del Antiguo Testamento y los veintisiete libros del Nuevo Testamento. Juntos estos libros forman las Sagradas Escrituras. La unidad del Antiguo y el Nuevo Testamento surge de la unidad revelada del amoroso designio de Dios para salvarnos. Los libros del Antiguo Testamento incluyen el Pentateuco, los libros históricos, los libros de los Profetas y los libros de la Sabiduría. El Nuevo Testamento contiene los cuatro Evangelios, los Hechos de los Apóstoles y las cartas de San Pablo y otros Apóstoles, y concluye con el Libro del Apocalipsis.

El *canon* de la Biblia, término que se refiere a los libros que contiene la Biblia, fue fijado en los primeros siglos de la Iglesia. Estos libros que forman el Antiguo y el Nuevo Testamento fueron reconocidos por la Iglesia como textos divinamente inspirados. En ocasiones hubo gente que desafió el carácter de inspiración divina de algunos de los libros de la Biblia. En 1546, el Concilio de Trento declaró que todos los libros del Antiguo y el Nuevo Testamento habían sido inspirados en su totalidad. Esta declaración fue confirmada más tarde por ambos concilios, el Concilio Vaticano I (1869-1870) y el Concilio Vaticano II (1962-1965). Aquellos libros cuya inspiración divina fue cuestionada aparecen en las Biblias no católicas identificados como "Libros Deuterocanónicos" o como "Apócrifos".

Él ordenó a los Apóstoles a proclamar y dar testimonio de su Reino de amor, justicia, misericordia y curación, anunciado por los profetas y cumplido en su Misterio Pascual. Jesús les mandó el Espíritu Santo para hacerlos capaces de cumplir esta gran comisión, para darles la fortaleza necesaria y para ayudarlos en su trabajo evangelizador.

Con la gracia del Espíritu Santo, los Apóstoles hicieron lo que Jesús les había ordenado. Esto lo hicieron oralmente, por escrito, por medio de la santidad heroica de sus vidas y asegurándose que hubiese sucesores que continuaran esta misión. La primera comunicación del Evangelio se hizo por medio de la predicación y el testimonio. Los Apóstoles proclamaron a Jesús, su Reino y las gracias de la salvación. Llamaron a la obediencia de la fe (escuchando y obedeciendo la Palabra de Dios), la recepción del Bautismo, la formación de comunidades de creyentes, la reunión para la Eucaristía y la generosidad hacia los pobres.

Los Apóstoles escogieron hombres como obispos para que los sucedieran y les transmitieron a ellos lo "que estos recibieron de las enseñanzas y del ejemplo de Jesús y lo que aprendieron por el Espíritu Santo" (CIC, no. 83). El Papa y los obispos en comunión con él son los sucesores de los Apóstoles y reciben de ellos como herencia la responsabilidad de la enseñanza autoritativa. Llamamos a este oficio de enseñanza: *Magisterium*, el Magisterio de la Iglesia. "El oficio de interpretar auténticamente la palabra de Dios, oral o escrita, ha sido encomendado sólo al Magisterio vivo de la Iglesia" (CIC, no. 85, citando DV, no. 10).

Todos los fieles comparten esta comprensión y transmisión de la verdad revelada. "La totalidad de los fieles [...] no puede equivocarse en la fe. Se manifiesta esta propiedad suya, tan peculiar, en el sentido sobrenatural de la fe [*sensus fidei*] de todo el pueblo: cuando 'desde los obispos hasta el último de los laicos cristianos' muestran estar totalmente de acuerdo en cuestiones de fe y de moral" (CIC, no. 92, citando el Concilio Vaticano II, *Constitución Dogmática sobre la Iglesia* [*Lumen Gentium*; LG], no. 12). Otra forma de entender esta verdad es el principio que establece que el Espíritu Santo, que reside en la Iglesia, lleva a todos los creyentes a creer aquello que pertenece verdaderamente a la fe. "Con ese sentido de la fe que el Espíritu Santo mueve y sostiene, el Pueblo de Dios, bajo la dirección del magisterio, al que sigue fidelísimamente, recibe no ya la palabra de los hombres, sino la verdadera palabra de Dios (cf. 1 Ts 2:13), la fe dada de una vez para siempre a los santos (cf. Judas 3)" (LG, no. 12).

La Tradición es la transmisión viva del mensaje del Evangelio en la Iglesia. La predicación oral de los Apóstoles y el mensaje escrito de la salvación bajo la inspiración del Espíritu Santo (la Biblia) son preservados y transmitidos como Depósito de Fe por medio de la Sucesión Apostólica en la Iglesia. Ambos, la Tradición y las Sagradas Escrituras

LOS EVANGELIOS

Los cuatro Evangelios y el resto de los libros del Nuevo Testamento fueron escritos a lo largo del tiempo por aquellos Apóstoles y otras personas asociadas con ellos que trabajaron bajo la inspiración del Espíritu Santo (cf. CIC, no. 76, citando DV, no. 7). De entre todos los libros de las Sagradas Escrituras, los Evangelio tienen un lugar de honor porque nos cuentan sobre Jesucristo, su persona y mensaje. Los Evangelios fueron creados en tres etapas:

1. *La vida y enseñanzas de Jesús*: La Iglesia afirma que los Evangelios transmiten fielmente lo que Jesús hizo y enseñó para nuestra salvación (cf. CIC, no. 126, citando DV, no. 19).
2. *La tradición oral*: Lo que Jesús dijo e hizo, los Apóstoles predicaron a otros. Ellos dieron a su predicación un entendimiento más profundo de lo que habían vivido, habiendo sido instruidos por los acontecimientos de la vida de Cristo e iluminados por el Espíritu Santo (cf. CIC, no. 126, citando DV, no. 19).
3. *Los Evangelios escritos*: "Los autores sagrados escribieron los cuatro Evangelios escogiendo algunas cosas de las muchas que ya se transmitían de palabra o por escrito, sintetizando otras o explicándolas atendiendo a la condición de las Iglesias, conservando por fin la forma de proclamación, de manera que siempre nos comunicaban la verdad sincera acerca de Jesús" (CIC, no. 126, citando DV, no. 19).

escritas tienen como fuente común la revelación de Dios en Jesucristo. Esto es particularmente importante para entender y creer cuando uno se encuentra frente a la actitud postmoderna que dice que no se puede confiar en la Tradición y que lo que la Iglesia enseña como Tradición es en realidad solo una reflexión de ciertos juicios y prejuicios. Saber que lo que la Tradición nos enseña tiene su base en Jesucristo, ayuda a la persona de fe a responder a la Tradición con confianza. Las tradiciones teológicas, litúrgicas, disciplinarias y devocionales de las iglesias locales contienen la Tradición Apostólica a la vez que se distinguen de ella (cf. CIC, Glosario, "Tradición").

LAS SAGRADAS ESCRITURAS

Las Sagradas Escrituras están inspiradas por Dios y es la Palabra de Dios. Por ello, Dios es el autor de las Sagradas Escrituras, lo que significa que Él inspiró a los autores humanos, actuando en ellos y por ellos. Así Dios se aseguró de que los autores enseñaran, sin error, aquellas verdades necesarias para nuestra salvación. *Inspiración* es la palabra que se usa para referirse a la asistencia divina dada a los autores humanos de las Sagradas Escrituras. Esto significa que guiados por el Espíritu Santo, los autores humanos hicieron uso total de sus talentos y habilidades mientras que, a la vez, escribían lo que Dios quería. Hay muchas personas en la sociedad moderna que encuentran increíble la creencia de que las Escrituras contienen la palabra inspirada de Dios y, por ello, rechazan la Biblia como una colección de historias y mitos. Hay otras personas que profesan su creencia en el Dios Triuno, quienes incluso se les identifica como "eruditos bíblicos" que trabajan para "desmitologizar" las Escrituras, es decir, quitan o explican lo que es milagroso así como las referencias a las palabras y obras reveladoras de Dios. Es importante entender que, ante tales retos contra la Escritura, esta no es simplemente el trabajo de autores humanos como algunos críticos alegan, sino que verdaderamente son la Palabra y la obra de Dios.

INTERPRETACIÓN DE LAS ESCRITURAS

Cuando se interpretan las Sagradas Escrituras, tenemos que estar atentos a lo que Dios quiso revelar, por medio de los autores, para nuestra salvación. Tenemos que ver las Escrituras como una unidad, con Jesucristo en el centro. Debemos también leer las Escrituras dentro de la Tradición viva de toda la Iglesia, de tal manera que podamos obtener una interpretación más verdadera de las Escrituras. La tarea de dar una interpretación autoritativa de la Palabra de Dios ha sido encomendada al Magisterio de la Iglesia. Por último, necesitamos recordar y reconocer que existe coherencia entre las verdades de la fe contenidas en las Sagradas Escrituras (cf. CIC, nos. 112-114).

La Iglesia reconoce dos sentidos de las Escrituras, el literal y el espiritual. Al examinar el significado literal de los textos, es necesario determinar su forma literaria, tal como la historia, himnos, dichos sapienciales, poesías, parábolas u otras formas de lenguaje figurativo. El *sentido literal* "es el sentido significado por las palabras de la Escritura y descubierto por la exégesis [el proceso que los eruditos usan para determinar el significado del texto] que sigue las reglas de la justa interpretación [...] 'Todos los sentidos de la Sagrada Escritura se fundan sobre el sentido literal'" (CIC, no. 116, citando a Santo Tomás de Aquino, *Summa Theologiae* I, 1, 10, ad 1).

Los sentidos espirituales de las Sagradas Escrituras derivan de la unidad del designio de Dios para nuestra salvación. El texto de las Sagradas Escrituras revela el designio de Dios. Las realidades y acontecimientos de los que hablan también pueden ser signos del designio divino. Hay tres sentidos espirituales de las Sagradas Escrituras:

1. El sentido *alegórico*. Podemos adquirir una comprensión más profunda de los acontecimientos reconociendo su significación en Cristo; así, el paso del Mar Rojo es un signo de la victoria de Cristo y por ello del Bautismo.
2. El sentido *moral*. Los acontecimientos narrados en las Escrituras pueden conducirnos a un obrar justo. [Como dice San Pablo], fueron escritos "para nuestra instrucción" (1 Co 10:11).
3. El sentido *anagógico*. Podemos ver realidades y acontecimientos en su significación eterna, que nos conduce (en griego: "anagoge") hacia nuestra Patria. Así, la Iglesia en la tierra es signo de la Jerusalén celeste. (CIC, no. 117)

Se espera que los estudiosos bíblicos de la Iglesia trabajen según estos principios para desarrollar un mejor entendimiento de las Sagradas Escrituras para el bien del pueblo de Dios. La interpretación de las Escrituras está sujeta en última instancia al juicio del Magisterio de la Iglesia, el cual lleva a cabo la comisión divina de guardar e interpretar autoritativamente la Palabra de Dios.

DEL CATECISMO

1. ¿Por qué se debe transmitir la Revelación?
Dios "quiere que todos los hombres se salven y lleguen al conocimiento de la verdad", es decir, al conocimiento de Cristo Jesús. Es preciso, pues, que Cristo sea anunciado a todos los pueblos y a todos los hombres y que así la Revelación llegue hasta los confines del mundo. (CIC, no. 74, citando 1 Tm 2:4; cf. Jn 14:6)

2. ¿Cómo está unida la Tradición Apostólica a la Sucesión Apostólica?
Cristo nuestro Señor [...] mandó a los Apóstoles predicar a todos los hombres el Evangelio. (CIC, no. 75, citando DV, no. 7; Mt 28:19-20; Mc 16:15)

Para que este Evangelio se conservara siempre vivo y entero en la Iglesia, los apóstoles nombraron como sucesores a los obispos, "dejándoles su cargo en el magisterio". (CIC, no. 77, citando DV, no. 7; San Irineo, *Adv. Haeres*)

3. ¿Por qué la Iglesia venera las Sagradas Escrituras?
La Iglesia ha venerado siempre las divinas Escrituras como venera también el Cuerpo del Señor. No cesa de presentar a los fieles el Pan de vida que se distribuye en la mesa de la Palabra de Dios y del Cuerpo de Cristo. En la Sagrada Escritura, la Iglesia encuentra sin cesar su alimento y su fuerza. (CIC, nos. 103-104; cf. DV, no. 21)

OTRAS INTERPRETACIONES BÍBLICAS

Nuestra respuesta a la llamada de Dios a la santidad requiere el estudio asiduo y con devoción de las Escrituras. "Es tan grande el poder y la fuerza de la palabra de Dios, que constituye [...] firmeza de fe para sus hijos, alimento del alma, fuente límpida y perenne de vida espiritual" (CIC, no 131, citando DV, no. 21).

Estudiosos bíblicos católicos han contribuido con distinción a los estudios bíblicos. Su servicio sobresaliente a la Iglesia ha ayudado a los creyentes a crecer en su fe mediante un auténtico entendimiento de las Escrituras. Dos de los varios retos que afrontan provienen de interpretaciones ofrecidas, por un lado, por aquellos que interpretan la Biblia solo de una forma literal y, por otro, por aquellos que niegan los aspectos supernaturales de los Evangelios.

Literalismo Bíblico

En Estados Unidos, un cierto número de cristianos de muchas denominaciones —a menudo llamados *fundamentalistas*— han adoptado la supremacía de las Escrituras como su única base. También enfocan las Escrituras desde el punto de vista de una interpretación privada. Hacen esto con el más estricto sentido literal sin apreciar las distintas formas literarias que los autores bíblicos usaron dentro de las circunstancias culturales específicas en las que escribían.

La Iglesia responde al fundamentalismo diciendo que la Revelación se transmite, conjuntamente, por medio de la Tradición Apostólica y las Escrituras. La Iglesia y la Tradición Apostólica existieron antes de que el Nuevo Testamento fuese escrito. Sus Apóstoles predicaron el Evangelio oralmente antes de escribirlo. Los Apóstoles designaron obispos para que estos los sucedieran con la autoridad de continuar sus enseñanzas. Las Sagradas Escrituras por sí solas son insuficientes. Una enseñanza autoritativa también es necesaria. Esta nos es dada a través del oficio magistral de la Iglesia. Los católicos, por tanto, aceptan las Escrituras y la Tradición como un único "depósito sagrado de la palabra de Dios" (CIC, no. 97, citando DV, no. 10). Aunque esto nos diferencia de aquellos que creen solo en la Biblia como su fuente de la revelación, los católicos aceptan y honran igualmente a las Escrituras y a la Tradición "con el mismo espíritu de devoción" (CIC, no. 82, citando DV, no. 9).

Como respuesta al literalismo bíblico, la Iglesia sostiene que "los libros de la Escritura enseñan firmemente, con fidelidad y sin error, la verdad que Dios quiso consignar en las sagradas letras para nuestra salvación" (DV, no. 11). Al mismo tiempo, la Iglesia reconoce que el intérprete necesita estar atento a los géneros literario —como lo son el poético, simbólico, de parábolas, histórico, de cantos, de oración— en los que está escrita la Biblia. Es un deber que el interprete "investigue el sentido que intentó expresar y expresó el hagiógrafo en cada circunstancia según la condición de su tiempo y de su cultura, según los géneros literarios usados en su época" (DV, no. 12).

Reduccionismo Histórico

Otro reto proviene de estudiosos y otras personas que niegan los aspectos supernaturales de los Evangelios, como la Encarnación, el Nacimiento Virgen, los milagros y la Resurrección. Llamamos a esto *reduccionismo* porque reduce las Escrituras al orden natural y elimina la realidad de la intervención divina.

La Pontificia Comisión Bíblica de la Iglesia ha tratado este tipo de enfoques en sus publicaciones *La Verdad Histórica de los Evangelios* y *La Interpretación de la Biblia en la Iglesia*. La Pontificia Comisión Bíblica lista cinco suposiciones falsas que están presentes en distintos tipos de interpretación bíblica:

1. La negación del orden supernatural.
2. La negación de la intervención de Dios en el mundo mediante la revelación.
3. La negación de la posibilidad y existencia de milagros.
4. La incompatibilidad entre la fe y la verdad histórica.
5. Y una negación, casi a priori, del valor histórico de la naturaleza de los documentos de la revelación. (Pontificia Comisión Bíblica, *La Verdad Histórica de los Evangelios* [1964], no. 5)

La Iglesia trata las Sagradas Escrituras como la Palabra de Dios revelada. Sus autores escribieron bajo la dirección e inspiración del Espíritu Santo. La Biblia es más que una obra humana; es la palabra de Dios comunicada en palabras humanas. Siempre será una fuente de fe para aquellos que la lean con un espíritu de oración.

■■■■■ PARA LA REFLEXIÓN Y EL DEBATE ■■■■■

1. Lee de nuevo las palabras del Beato Juan XXIII sobre el compartir y extender la fe de una forma más efectiva. ¿Cómo te ayudarían a compartir tu fe con otros? Cuando reflexionas en la forma en que Dios escogió transmitir su revelación, ¿qué encuentras a la vez consolador y desafiante?
2. ¿Por qué podrías decir que tiene sentido para Jesús comisionar seguidores para que continúen con su misión salvadora? ¿Cómo continúan la visión de Jesús los líderes de la Iglesia Católica hoy en día?
3. ¿Cómo te ayuda la Iglesia a entender la Biblia? ¿Cómo se aseguran los obispos, en comunión con el Papa, que el Evangelio vivo pleno será siempre preservado en la Iglesia?

■■■■■ ENSEÑANZAS ■■■■■

- Jesucristo, la plenitud de la Revelación, confió su misión a los Apóstoles. Estos transmitieron el Evangelio de Cristo a través de su testimonio, predicación y escritos —bajo la dirección del Espíritu Santo— dirigido a todas las gentes hasta que Cristo regrese con gloria.
- La Revelación Divina es transmitida por medio de la Tradición Apostólica y de las Sagradas Escrituras, que brotan de la misma fuente divina y trabajan en comunión hacia la misma meta.
- "La Iglesia, en su doctrina, en su vida y en su culto perpetúa y transmite a todas las generaciones todo lo que ella es, todo lo que cree" (DV, no. 8 §1). Esto es lo que se entiende por el término *Tradición*.
- A causa del don divino de la fe, el Pueblo de Dios como pueblo nunca cesa de recibir y reflexionar sobre el don de la Divina Revelación.
- La autoridad docente de la Iglesia, el Magisterio —es decir, el Papa y los obispos en comunión con él— tiene el oficio de interpretar autoritativamente la Palabra de Dios, contenida en las Sagradas Escrituras y transmitida en la Sagrada Tradición.

- Las Sagradas Escrituras están inspiradas por Dios y contienen verdaderamente la Palabra de Dios. Esta acción de Dios recibe el nombre de *Inspiración*.
- Dios es el autor de las Sagradas Escrituras, inspirando a los autores humanos, actuando en ellos y por ellos. De esta forma, Dios se aseguró que los autores enseñaran, sin error, la verdad divina y salvadora.
- La Iglesia Católica acepta y venera como inspirados los cuarenta y seis libros del Antiguo Testamento y los veintisiete libros del Nuevo Testamento. La unidad del Antiguo y el Nuevo Testamento brota de la unidad revelada del plan amoroso de Dios para salvarnos.
- Nuestra respuesta a la Revelación de Dios es la fe, por la cual nos sometemos enteramente a Él.

MEDITACIÓN

Lléguense, Pues, Gustosamente, al Mismo Sagrado Texto: Del Concilio Vaticano II sobre la Biblia

El Santo Concilio exhorta con vehemencia a todos los cristianos [...] a que aprendan "el sublime conocimiento de Jesucristo", con la lectura frecuente de las divinas Escrituras. "Porque el desconocimiento de las Escrituras es desconocimiento de Cristo". Lléguense, pues, gustosamente, al mismo sagrado texto, ya por la Sagrada Liturgia, llena del lenguaje de Dios, ya por la lectura espiritual, ya por instituciones aptas para ello, y por otros medios, que con la aprobación o el cuidado de los Pastores de la Iglesia se difunden ahora laudablemente por todas partes. Pero no olviden que debe acompañar la oración a la lectura de la Sagrada Escritura para que se entable diálogo entre Dios y el hombre [...]

Como la vida de la Iglesia recibe su incremento de la renovación constante del misterio Eucarístico, así es de esperar un nuevo impulso de la vida espiritual de la acrecida veneración de la palabra de Dios.

—DV, nos. 25-26

ORACIÓN

Deja que tus Escrituras sean mi casta delicia [...]
¡Oh Señor, perfeccióname y revélame esas páginas!
Mira, que tu voz es mi gozo. Dame lo que amo [...]
Que los secretos más íntimos de tus palabras
Me sean expuestos cuando llame.

Esto te lo ruego por nuestro Señor Jesucristo en quien están
ocultos todos los tesoros de la sabiduría y de la ciencia (Col
2:3). Estos son los tesoros que busco en tus libros.

—San Agustín, *Las Confesiones*,
lib. 11, cap. 2, 2-4 (v.d.t.)

Manténganse firmes y conserven la doctrina
que les hemos enseñado de viva voz o por carta.

—2 Ts 2:15

4 HACER BROTAR LA OBEDIENCIA DE LA FE

LA FE COMO RESPUESTA DEL HOMBRE A LA REVELACIÓN DE DIOS
—CIC, NOS. 142-197

MISIONERO AL PUEBLO DE ESTADOS UNIDOS

Isaac Thomas Hecker nació en la ciudad de New York en 1819, hijo de John y Carolina Freund Hecker, ambos inmigrantes de áreas que hoy son parte de Alemania. Isaac era uno de los tres hijos de esta familia. Aunque se sabe que su madre había tenido vínculos con la Iglesia metodista, no parece que ninguno de los hijos hubiese recibido instrucción religiosa. Isaac tampoco recibió educación académica. En cambio, se educó a sí mismo. Su sed por saber lo inició en su viaje de fe.

Cuando era un adulto joven, Isaac se encontró atraído por la grave situación de la clase trabajadora. En un principio intentó la política, pero pronto se desilusionó con el clima político de entonces, el cual estaba dirigido en su mayoría por un deseo de poder, en vez de por la preocupación por los miembros de la sociedad. Finalmente, inspirado por su amigo Orestes Brownson, Isaac fue bautizado por el Obispo John McCloskey en New York, en enero de 1844.

La pasión de Isaac por la fe creció. Solo un año después de su bautizo, se unió a los redentoristas en Bélgica y fue ordenado sacerdote en 1849. Al regresar a Estados Unidos en 1851, Isaac estaba decidido a traer la fe católica a los demás. Se convirtió en uno de los principales oradores de Estados Unidos sobre la fe católica, llenando al completo auditorios en New York, Boston, Detroit, Chicago, Saint Louis y otras ciudades. Entendió su misión como evangélica: traer la plenitud de la fe a la población no-católica —y, a menudo, hostilmente anticatólica— de Estados Unidos.

En 1857, Isaac Hecker viajó a Roma para encontrar una solución a un problema que había surgido entre los redentoristas estadounidenses y sus superiores. La reunión no terminó bien y resultó en la expulsión de Isaac y de otros cuatro de la orden. El Beato Pío IX, habiendo sido informado de la difícil situación de Hecker y sus compañeros, los dispensó de sus votos redentoristas y los animó a fundar una nueva congregación con un énfasis misionero. Al poco tiempo, Isaac Hecker se convirtió en el primer superior del "Missionary Society of Saint Paul the Apostle", más tarde conocidos como los "Paulistas".*

Durante toda su vida, Isaac trabajó diligentemente para promover la evangelización en la cultura estadounidense, particularmente mediante los medios de comunicación impresos. Organizó la Sociedad de Publicaciones Católicas, fundó la revista *The Catholic World* (*El Mundo Católico* (v.d.t.)), fue director de *Catholic Youth* (Juventud Católica (v.d.t.)) y fue autor de tres libros. Hizo todo esto mientras continuaba siendo el primer superior de los Paulistas, predicando incansablemente a millares de personas por todo el país.

La motivación detrás de estos esfuerzos fue siempre el instinto de enseñar a todos la belleza y verdad de la fe católica. Fue el amor por esta fe lo que llevó a Isaac Hecker a dedicar su vida a servir a Cristo y a los católicos estadounidenses. Hoy los Paulistas, siguiendo los pasos de su fundador (quien murió en 1888 tras una larga enfermedad), están presentes en parroquias, en la pastoral escolar y universitaria, en centros de información en grandes ciudades, en editoriales y en los medios de comunicación electrónicos, impresos y de emisión.

Conocer nuestra fe y después compartirla con los demás es la responsabilidad de todo católico. El Padre Isaac Hecker es un buen ejemplo de alguien que vivió esa responsabilidad.

---

*   "Missionary Society of Saint Paul the Apostle" es una congregación de origen estadounidense que no se debe confundir ni con la Sociedad Misionera de San Pablo Apóstol (Misioneros Paulinos), fundada por el Padre José De Piro, ni con la congregación de la Misión o Congregación de los Padres Paulinos (los Vincentinos) (n.d.t.).

EN EL ACTO DE FE RESPONDEMOS A LA REVELACIÓN AMOROSA DE DIOS

Por su revelación, "Dios invisible habla a los hombres como amigo, movido por su gran amor y mora con ellos para invitarlos a la comunicación consigo y recibirlos en su compañía". La respuesta adecuada a esta invitación es la fe.

—CIC, no. 142, citando DV, no. 2

Dios se da a conocer a sí mismo por medio de la Revelación tanto para darnos algo como para que surja de nosotros una respuesta. Ambas de estas cosas, este don de Dios y nuestra respuesta a su Revelación, son llamadas *fe*. Por la fe, somos capaces de someter nuestras mentes y corazones a Dios, de confiar en su voluntad y de seguir la dirección que Él nos da. San Pablo describe esta respuesta como "la obediencia de la fe" (Rm 16:26). Tenemos muchos ejemplos de fe. Por ejemplo, en las Sagradas Escrituras leemos sobre Abrahán, quien confió en la promesa de Dios de hacer de él una gran nación, y sobre Moisés quien, con fe, respondió a la llamada de Dios a sacar a su pueblo de la esclavitud en Egipto y guiarlo a la Tierra Prometida. La Virgen María es el modelo perfecto de fe. Desde su "sí" a Dios en la Anunciación, hasta su asentimiento silencioso junto a la Cruz, la fe de María permaneció firme. Por eso no nos extraña escuchar como se aclama la fe de María en los Evangelios: "Dichosa tú, santísima Virgen María, que has creído, porque se cumplirá cuanto te fue anunciado de parte del Señor" (Lc 1:45).

Nuestra respuesta a Dios con la fe es un acto tan rico en su significado que el *Catecismo* explora su complejidad de diferentes maneras.

CREE EN EL SEÑOR JESÚS (HCH 16:31)

Nuestra fe es una gracia o un don que nos lleva hacia una comunión personal y de amor con el Padre, el Hijo y el Espíritu Santo. Esta gracia hace posible que podamos, a la vez, escuchar la Palabra de Dios y guardarla. Las cualidades de la fe que se enumeran aquí nos recuerdan las formas básicas en las cuales expresamos nuestra creencia en Dios y que nos desafían a aplicar nuestra fe en nuestras vidas diarias:

1. *La fe es una relación personal y comunitaria.* "La fe es ante todo una adhesión personal [...] a Dios; es al mismo tiempo e inseparablemente el asentimiento libre a toda la verdad que Dios ha revelado" (CIC, no. 150). Una fe personal dice: "*Yo* creo en Dios". Este es un acto de fe en el Dios único, verdadero y vivo. Es como si reuniésemos todo lo que somos y, agradecidos, le diésemos nuestros corazones y mentes a Dios. Tenemos una relación personal con el Dios Triuno, Padre, Hijo y Espíritu Santo. Pero la fe también es algo comunitario. No es simplemente un acto privado. En la asamblea de creyentes en la Misa, profesamos nuestra fe juntos y unimos nuestros corazones mientras que nos sentimos nosotros mismos como el Cuerpo de Cristo. Nuestra fe personal nos lleva a una relación con el Pueblo de Dios, y la fe de todo el Pueblo nos fortalece en nuestra relación con Dios.

2. *La fe busca comprender y es amiga de la razón.* La fe como gracia o don de Dios hace posible ganar entendimiento de todo lo que Él nos ha revelado, incluyendo la totalidad de su designio así como los muchos misterios de la fe. Crecer en el entendimiento de la Revelación de Dios es un proceso para toda la vida. La teología y la catequesis nos ayudan. Nunca entendemos completamente estos misterios divinos, pero a menudo obtenemos ideas profundas sobre ellos. En este contexto, la fe y la razón trabajan juntas para descubrir la verdad. El suponer que el pensamiento humano o la investigación científica pueden o deberían estar en conflicto con la fe es una idea equivocada porque esta posición niega la verdad básica que dice que todo ha sido creado por Dios. Investigaciones eruditas y científicas que son llevadas a cabo de una manera fiel a la razón y a la ley moral no estarán en conflicto con la verdad como esta ha sido revelada por Dios (cf. CIC, no. 159).

3. *La fe es necesaria para la salvación.* "Creer en Cristo Jesús y en aquél que lo envió para salvarnos es necesario para obtener esa salvación" (CIC, no. 161). "La fe es necesaria para la salvación. El

Señor mismo lo afirma: 'El que crea y sea bautizado, se salvará; el que no crea, se condenará'" (CIC, no. 183, citando Mc 16:16).[3]

4. *La fe es un don de la gracia.* Dios no solo nos habla, sino que también nos da la gracia para responderle. Para creer en la Revelación necesitamos el don de la fe. Pedro fue capaz de ver que Jesús era el Mesías, no por "la carne y la sangre", es decir, no por medio de la razón o el sentido común, sino por la gracias del Padre (cf. Mt 16:16-18). Cuando por la fe y el Bautismo entramos en la Iglesia, ya compartimos la vida eterna. La fe percibe esto de formas aún más profundas, como a través de un cristal oscurecido.

5. *La fe es un acto humano y libre.* La fe es un don de Dios que nos permite conocer y amar a Dios. La fe es una forma de conocer, al igual que lo es la razón. Pero vivir en fe no es posible salvo que nosotros actuemos. Mediante la ayuda del Espíritu Santo, somos capaces de tomar la decisión de responder a la Revelación Divina y de seguir adelante viviendo nuestra respuesta. Dios nunca nos impone su verdad ni su amor. Él se revela a nosotros como seres humanos libres, y nuestra respuesta de fe en Él se toma dentro del contexto de nuestra libertad. En Cafarnaún, Jesús preguntó a sus Apóstoles: "¿También ustedes quieren dejarme?" Pedro responde por ellos: "Señor, ¿a quién iremos?" (Jn 6:67-68). La respuesta de Pedro es buscada con libertad y dada con libertad. Lo mismo sucede con cada uno de nosotros.

6. *La fe cree con convicción en un mensaje.* Hemos visto que la fe es una relación con Dios. Ahora apuntamos que es también una creencia en un mensaje. El mensaje se encuentra en las Sagradas Escrituras y en la Tradición y se nos es trasmitido a través de muchos medios como lo son las oraciones litúrgicas y los Credos. La fe nos llena con convicción porque Dios garantiza la veracidad de lo que Él ha revelado. "Nuestra predicación del Evangelio entre ustedes no se llevó a cabo sólo con palabras, sino también con la fuerza del Espíritu Santo, que produjo en ustedes abundantes frutos" (1 Ts 1:5). El Espíritu nos ayuda a ser creyentes: "La fe es la forma de

---

3   Sobre la enseñaza de la Iglesia sobre la salvación de aquellos que no han conocido a Cristo o el Evangelio, cf. CIC, no. 1260, y capítulo 11 de este libro.

LA FE REQUIERE SUMISIÓN

El Cardenal John Henry Newman (1801-1890) escribió a menudo sobre la fe y sus implicaciones. Había nacido y crecido en Inglaterra. De niño, había estado expuesto al cristianismo protestante de una forma muy general. Cuando tenía alrededor de quince años, tuvo una experiencia de conversión que lo llevó finalmente a buscar la ordenación como sacerdote anglicano. Incluso antes de su ordenación, la cual tuvo lugar cuando él tenía veintitrés años, Newman trabajó como maestro en la Universidad de Oxford, donde sus enseñanzas, predicaciones y escritos lo llevaron a examinar su fuerte posición anticatólica. Se hizo miembro de la Iglesia Católica en 1845, se ordenó sacerdote en 1847 y finalmente fue nombrado cardenal en 1879. Pasó gran parte del resto de su vida enseñando y escribiendo sobre la fe católica y la Iglesia Católica. Su influencia a nivel universitario hizo que muchos otros lo siguieran y se hiciesen miembros de la Iglesia Católica. A causa del trabajo universitario del Cardenal Newman y su éxito a la hora de enseñar la fe, los centros católicos de fe y culto en las escuelas de educación superior y universidades seculares en Estados Unidos a menudo se llaman "Newman Centers".

En 1849, el entonces Padre Newman publicó un ensayo sobre la necesidad de confiar en la Palabra de Dios y someterse en fe al Magisterio de la Iglesia. Las palabras de Newman, dadas las corrientes contemporáneas que invitan a decidir por uno mismo en qué creer, pueden hoy ser leídas y ser objetos de reflexión:

> [En tiempos de los Apóstoles] [...] un cristiano estaba obligado a aceptar sin dudar todo lo que los Apóstoles habían declarado como revelado; si los Apóstoles hablaban, él tenía que otorgar un asentimiento mental interno [...] la sumisión inmediata e implícita de la mente era, en la época de los Apóstoles, el único requisito necesario de la fe [...] Nadie podía decir: "Yo decidiré mi propia

religión, yo creeré en esto, yo no creeré en aquello; no me comprometeré a nada; creeré mientras me plazca y después no más; lo que yo creo hoy, mañana lo rechazaré si eso es lo que decido. Creeré en lo que los Apóstoles han dicho hasta ahora, pero no creeré en lo que puedan decir en un futuro". No; o los Apóstoles eran de Dios, o no lo eran; si lo eran, todo lo que predicaban tenía que ser creído por los oyentes; si no lo eran, entonces no había nada para los oyentes en qué creer. Creer un poquito, creer más o menos, era imposible; contradecía la mera noción de creer. (John Henry Newman, "Faith and Private Judgment", en *Discourses to Mixed Congregations* ["La Fe y el Juicio Privado", en *Discursos a Congregaciones Mixtas*] [1849] [v.d.t.])

poseer, ya desde ahora, lo que se espera y de conocer las realidades que no se ven" (Hb 11:1).

EL PEREGRINAJE DE FE

La fe es por ello una relación con Dios, así como un compromiso con las verdades que Él revela. En otras palabras, la fe se refiere al acto por el cual aceptamos la palabra de Dios, así como al contenido de lo que Él nos ha revelado.

Abrahán, a quien la Iglesia llama nuestro "padre en la fe", y María, la primer apóstol, muestran mediante sus actos de confianza en Dios que la fe es un proceso de crecimiento, día tras día. Como cualquier otra relación, nuestra comunión de fe con Dios se desarrolla en etapas. Es un viaje, un peregrinaje. En este viaje, habrá períodos de tentación, preocupación, sombras y oscuridad. Muchos santos vivieron este tipo de pruebas. Pero Jesús nos ha mandado al Espíritu Santo para iluminarnos y guiarnos en el camino.

Nuestro encuentro de fe con el mensaje revelado de Dios nos lleva tiempo y madurez para descubrir su significado y adquirir un indicio de la admiración y majestad hacia las que apuntan las verdades divinas. Hay una luz brillante así como hay sombras. Somos peregrinos de amor y verdad buscando y deseando siempre una mejor unión con Dios.

El objetivo final de una vida de fe es la unión eterna con Dios en el cielo. Mediante el don y la experiencia de la fe, somos capaces no solo de mirar hacia lo que nos espera sino también de vivir ahora algo de la vida divina de Dios, "gustar de antemano" de nuestra vida compartida con Él para siempre (CIC, no. 163). Mientras que vivir una vida de fe que crece pueda parecer como una pérdida de tiempo y energía a los escépticos y los no creyentes, en ambos casos porque los objetos de la fe no pueden siempre ser probados y porque la fe a menudo "produce" pocas cosas cuyo valor se pueda medir, los creyentes conocen la fortaleza, la sabiduría, la confianza y la esperanza que otorga una vida de fe.

RETOS A LA FE

La cultura de Estados Unidos ha sido fuertemente influenciada por el período de la Ilustración del siglo XVIII, también llamada la Época de la Razón. Esa filosofía coincidió con la revolución científica y estaba basada en la premisa de que la razón y el sentido común deberían ser nuestras únicas guías. Su homólogo religioso fue el Deísmo, el cual establecía que mientras que Dios existe, Él simplemente creó el mundo y después nos abandonó a nuestra suerte.

Los padres fundadores de Estados Unidos fueron influenciados por la Ilustración y las promesas de la ciencia. Aunque algunos se sentían atraídos por el Deísmo, apoyaron la libertad religiosa e indicaron el valor de la religión para la estabilidad de la sociedad y el orden moral. De hecho, ellos esperaban que la fe afectara el orden social.

A pesar de algunos problemas importantes que la Iglesia enfrentó en este país, la fe católica creció y prosperó aquí. Pero la temprana influencia de la Ilustración en los orígenes de este país continúa de formas inesperadas y presenta temas preocupantes para la fe. El principio fundacional del país de la libertad religiosa, originariamente con el

DEL CATECISMO

1. ¿Por qué decimos que la fe es tanto personal como comunitaria?
La fe es un acto personal: la respuesta libre del hombre a la iniciativa de Dios que se revela. Pero la fe no es un acto aislado. Nadie puede creer solo, como nadie puede vivir solo. Nadie se ha dado la fe a sí mismo, como nadie se ha dado la vida a sí mismo. El creyente ha recibido la fe de otro, debe transmitirla a otro. (CIC, no. 166)

2. ¿Qué deberíamos recordar de las *fórmulas* de fe, como por ejemplo aquellas que se encuentran en los Credos?
No creemos en las fórmulas, sino en las realidades que estas expresan y que la fe nos permite "tocar" […] Sin embargo, nos acercamos a estas realidades con la ayuda de las formulaciones de la fe. Estas permiten expresar y transmitir la fe, celebrarla en comunidad, asimilarla y vivir de ella cada vez más. (CIC, no. 170)

3. ¿Qué papel juega la Iglesia en la transmisión de la fe?
La Iglesia, que es "columna y fundamento de la verdad", guarda fielmente "la fe transmitida a los santos de una vez para siempre". Ella es la que guarda la memoria de las Palabras de Cristo, la que transmite de generación en generación la confesión de fe de los Apóstoles. (CIC, no. 171, citando 1 Tm 3:15; Judas 3)

objetivo de simplemente preservar la independencia y la dignidad de la Iglesia y el Estado, ha evolucionado en un "muro" de separación que parece decir que la fe no debería impactar al Estado o a la sociedad.

La Iglesia, sin embargo, continúa aplicando los principios que brotan de su fe a la política social, especialmente su enseñanza sobre la dignidad de la persona humana y la cultura de la vida. La abogacía de la Iglesia a favor de los pobres, los ancianos, los niños y los inmigrantes son algunos ejemplos más del compromiso de la Iglesia para avanzar la justicia social en Estados Unidos. La incansable posición de la Iglesia a favor de la vida es un ejemplo sobresaliente de la llamada a nuestra sociedad y gobierno a proteger la vida desde el momento de la concepción hasta la muerte natural.

El Deísmo, o por lo menos una de sus formas, ha sido reemplazado por un secularismo ideológico, una creencia que postula que somos autosuficientes, que nos podemos explicar a nosotros mismos y que no necesitamos una fe religiosa. La respuesta de la Iglesia a este secularismo ideológico encuentra ayuda al unirse a gente que reflexiona y que hace preguntas básicas: ¿Quiénes somos? ¿Cuál es el significado del sufrimiento, el mal y la muerte? ¿Por qué no ha eliminado esto el progreso moderno? ¿Cuál es el valor de los logros de nuestro país teniendo en cuenta lo que estos cuestan a la dignidad humana y a la vida?

Estas preguntan nos dirigen hacia los orígenes trascendentales de la humanidad. La discusión resultante nos puede despertar las semillas de eternidad plantadas por Dios en cada una de las almas.

Finalmente, necesitamos afirmar de nuevo nuestra fe en que Jesucristo nos puede enseñar a todos el camino —a los creyentes hacia una fe más fuerte y a los demás llevarlos a la fe. Cuando estemos recién conscientes del poder del Espíritu Santo de transformarnos a nosotros y a los demás, entonces tendremos tanto la energía como la imaginación para encontrar sendas que lleven a la fe a los que lo necesitan. Siempre necesitamos redescubrir la verdad que dice que la clave de nuestra historia se encuentra en Jesús, el Señor de la historia. Bajo todos los cambios rápidos en nuestra cultura, existe aún mucha gente que tiene y vive valores perdurables con raíces en Cristo, quien "es el mismo ayer, hoy y siempre" (Hb 13:8). Necesitamos depender de nuestra fe en Cristo cuando reflexionamos sobre el misterio y la dignidad del hombre y la mujer, a la vez que enfrentamos los retos a la fe y su relación con la cultura.

▄▄▄▄ PARA LA REFLEXIÓN Y EL DEBATE ▄▄▄▄

1. ¿Qué dificultades encuentras a la hora de compartir tu fe en situaciones públicas? ¿Has sido capaz de aplicar tu fe a situaciones familiares, al desarrollo comunitario y a decisiones políticas?
2. ¿Qué pasos puedes tomar para hacer que tu fe sea más efectiva en nuestra cultura? ¿Qué tipo de ayuda esperas de la Iglesia en este campo?
3. ¿Quiénes son modelos de fe sobresalientes que te inspiran a profundizar en la fe y su puesta en acción? ¿Cómo te lleva tu fe hacia Dios y hacia un entendimiento más profundo de su mensaje?

▄▄▄▄ ENSEÑANZAS ▄▄▄▄

- La fe es un don de Dios. Él no solo establece una relación con nosotros, sino que también nos da la gracia o ayuda para responder con fe.
- Con la fe sometemos enteramente quienes somos a Dios, quien se ha revelado a nosotros. Esto requiere un asentimiento del intelecto y de la voluntad a la Revelación que Dios ha realizado en palabras y obras.
- Mediante la fe, establecemos una relación de confianza en Dios así como una creencia en el mensaje de la verdad que Él nos ha revelado.
- La fe es un acto humano, consciente y gratuito. La fe es una forma de saber, al igual que lo es la razón, aunque es diferente de la razón. La fe requiere de todo nuestro ser. Ayudados por el Espíritu Santo, hacemos uso de la fe de una manera que corresponde a nuestra dignidad humana.
- La fe es un acto principalmente personal: "Yo creo". También es comunitario, teniendo lugar dentro de la vida y culto de la Iglesia. En la asamblea de creyentes durante la Misa, cuando nos reunimos en la Profesión de Fe (el Credo), vivimos lo que significa ser el Cuerpo de Cristo.

- Mediante la fe creemos con convicción en todo lo que contiene la Palabra de Dios, escrita o transmitida, lo cual la Iglesia ofrece para ser creído como revelado divinamente.
- La fe es necesaria para la salvación. "Creer en Cristo Jesús y en aquél que lo envió para salvarnos es necesario para obtener esa salvación" (CIC, no. 161).
- Tenemos dos formas del Credo que usamos para la oración y el culto: el Credo de los Apóstoles, el antiguo Credo bautismal de la Iglesia de Roma, y el Credo Niceno, de los dos primeros Concilios Ecuménicos —el de Nicea en 325 y el de Constantinopla en 381.
- Un Credo es una declaración o profesión resumida, normativa y breve de la fe cristiana. A los credos también se les llama Símbolos de Fe.

MEDITACIÓN

Cuando Dios revela hay que prestarle "la obediencia de la fe" (Rm 13:26; cf. 1:5; 2 Co 10:5-6), por la que el hombre se confía libre y totalmente a Dios prestando "a Dios revelador el homenaje del entendimiento y de la voluntad", y asistiendo voluntariamente a la revelación hecha por El. Para profesar esta fe es necesaria la gracia de Dios, que proviene y ayuda, a los auxilios internos del Espíritu Santo, el cual mueve el corazón y lo convierte a Dios, abre los ojos de la mente y da "a todos la suavidad en el aceptar y creer la verdad". Y para que la inteligencia de la revelación sea más profunda, el mismo Espíritu Santo perfecciona constantemente la fe por medio de sus dones.

—DV, no. 5

ORACIÓN

"Creo" (Símbolo de los Apóstoles): Es la fe de la Iglesia profesada personalmente por cada creyente, principalmente en su bautismo. "Creemos" (Símbolo de Nicea-Constantinopla, en el original griego): Es la fe de la Iglesia confesada por los obispos reunidos en Concilio o, más generalmente, por la asamblea litúrgica de los creyentes. "Creo", es también la Iglesia, nuestra Madre, que responde a Dios por su fe y que nos enseña a decir: "creo", "creemos".

—CIC, no. 167

El Símbolo de los Apóstoles, llamado así porque es considerado con justicia como el resumen fiel de la fe de los apóstoles. Es el antiguo símbolo bautismal de la Iglesia de Roma. Su gran autoridad le viene de este hecho: "Es el símbolo que guarda la Iglesia romana, la que fue sede de Pedro, el primero de los apóstoles, y a la cual él llevó la doctrina común".

—CIC, no. 194

El Símbolo llamado de Nicea-Constantinopla debe su gran autoridad al hecho de que es fruto de los dos primeros Concilios ecuménicos (325 y 381). Sigue siendo todavía hoy el símbolo común a todas las grandes Iglesias de Oriente y Occidente.

—CIC, no. 195

El Credo de los Apóstoles — Símbolo de los Apóstoles

Creo en Dios, Padre Todopoderoso,
Creador del cielo y de la tierra.
Creo en Jesucristo, su único Hijo,
Nuestro Señor,
que fue concebido por obra y gracia del Espíritu Santo,
nació de Santa María Virgen,
padeció bajo el poder de Poncio Pilato
fue crucificado, muerto y sepultado,
descendió a los infiernos,
al tercer día resucitó de entre los muertos,
subió a los cielos
y está sentado a la derecha de Dios, Padre todopoderoso.
Desde allí ha de venir a juzgar a vivos y muertos.

Creo en el Espíritu Santo,
la santa Iglesia católica,
la comunión de los santos,
el perdón de los pecados,
la resurrección de la carne
y la vida eterna.
Amén.

Credo de Nicea-Constantinopla

Creo en un solo Dios, Padre Todopoderoso,
Creador del cielo y de la tierra,
de todo lo visible y lo invisible.
Creo en un solo Señor, Jesucristo,
Hijo único de Dios,
nacido del Padre antes de todos los siglos:
Dios de Dios,
Luz de Luz,
Dios verdadero de Dios verdadero,
engendrado, no creado,
de la misma naturaleza del Padre,
por quien todo fue hecho;
que por nosotros, los hombres, y por
nuestra salvación bajó del cielo,
y por obra del Espíritu Santo se encarnó
de María, la Virgen, y se hizo hombre;
y por nuestra causa fue crucificado
en tiempos de Poncio Pilato;
padeció y fue sepultado,
y resucitó al tercer día, según las
Escrituras, y subió al cielo, y está sentado
a la derecha del Padre; y de nuevo vendrá
con gloria para juzgar a vivos y muertos,
y su reino no tendrá fin.

Creo en el Espíritu Santo,
Señor y dador de vida,

que procede del Padre y del Hijo,
que con el Padre y el Hijo recibe
una misma adoración y gloria,
y que habló por los profetas.

Creo en la Iglesia, que es una,
santa, católica y apostólica.

Confieso que hay un solo Bautismo
para el perdón de los pecados.
Espero la resurrección de los muertos
y la vida del mundo futuro.
Amén.

La fe es garantía de lo que se espera;
la prueba de las realidades que no se ven.

—CIC, no. 146, citando Hb 11:1

5 CREO EN DIOS

FE EN DIOS COMO MISTERIO Y COMO TRINIDAD;
CREENCIA EN DIOS, PADRE TODOPODEROSO,
CREADOR DE CIELO Y TIERRA
—CIC, NOS. 199-349

UN CATÓLICO INTELECTUAL

Cuando el brillante Orestes Brownson abrazó la fe católica a mediados del siglo XIX, escribió que una mente católica intelectual es servida por el magisterio de la Iglesia de la misma manera que un marinero es guiado por los mapas y cartas marítimas. Brownson era uno entre aquellos que inquietamente buscaban la religión y cuyas últimas paradas antes del catolicismo fueron el unitarianismo y el trascendentalismo.[4]

Brownson nació en Stockbridge, Vermont, en 1803. Él y su hermana gemela eran los más jóvenes de seis hijos. Su padre murió cuando Orestes era un niño. La pobreza obligó a su madre a dejarlo con una familia de crianza durante varios años. Había memorizado gran parte de las Sagradas Escrituras para cuando tenía catorce años. En 1827 se casó con Rally Healy. Se hizo predicador de la Iglesia universalista y siete años más tarde cambió para ser ministro unitario.

Más tarde se sintió atraído por un grupo de pensadores llamados trascendentalistas. Entre ellos estaban Henry David Thoreau, Ralph Waldo Emerson, Margaret Fuller y Elizabeth Peabody. Ellos sostenían que Dios estaba de alguna forma inmanente en la naturaleza humana y en el alma

---

4   Unitarianismo es un sistema de creencias monoteísta, no compatible con la fe católica, que mantiene la salvación universal y que ve la razón y la conciencia como las bases para practicar cualquier fe. El trascendentalismo es una filosofía que afirma que existen realidades espirituales más allá de lo que vemos y que llegamos a conocer estas realidades mediante la intuición.

humana. Estaban reaccionando contra lo que percibían era una visión calvinista de un Dios enojado y de una naturaleza humana depravada. El movimiento duró unos doce años, pero su visión tuvo una influencia mucho más duradera. Se le recuerda principalmente en los aforismos de superación personal de Emerson, los ensayos de Thoreau y en el breve experimento comunitario de la granja Brook Farm.

Al buscar una justificación a la cualidad divina de la gente, Brownson se sintió frustrado por el pecado humano. La premisa del bien natural no era suficiente. Encontró una respuesta satisfactoria en las doctrinas católicas de la Encarnación y la Redención. Él y su familia fueron bautizados por el Obispo John Fitzpatrick de Boston el 20 de octubre de 1844.

Durante la mayoría de los siguientes veintiséis años, Brownson publicó su revista *The Review*, escribiendo la mayoría de los artículos él mismo. Como periodista y crítico, examinó los temas religiosos, morales y políticos más importantes de su época. Cuando fundó *The Review*, dijo: "Esperé sorprender. Intenté deliberadamente ser tan paradójico y extravagante como pudiese sin violentar mi propia razón y conciencia" (v.d.t.). Como cambiaba a menudo de opinión, a veces era denunciado por los liberales por ser muy conservador y por los conservadores por su liberalismo.

A lo largo de su carrera, Brownson enfatizó la misión renovadora de la Iglesia y las responsabilidades de los católicos para con la cultura y la civilización. Murió el 17 de abril de 1876. Está enterrado en la cripta de la Basílica de Sacred Heart en el campus de la Universidad de Notre Dame.

La historia de Brownson nos interesa porque su camino de fe lo llevó a reconocer la revelación de Dios mismo como Padre, Hijo y Espíritu Santo. Mientras que luchaba con el misterio de Dios, también reflexionaba sobre el misterio del mal. Encontró la respuesta satisfactoria en el don de la fe que lo trajo al catolicismo.

DIOS ES MISTERIO DIVINO

Es justo y necesario cantarte a ti, bendecirte, alabarte,
darte gracias, adorarte — porque tú eres Dios,
inefable, inconcebible, invisible, incomprensible,
siempre existiendo y siempre el mismo,
tú y tu Hijo unigénito, y tu Espíritu Santo.

—Anáfora de la Liturgia de San Juan Crisóstomo (v.d.t.)

Dios "habita en una luz inaccesible y a quien ningún hombre ha visto ni puede ver" (1 Tm 6:16). La Revelación nos dice que Dios es un Dios vivo y personal, profundamente cercano a nosotros, creándonos y sustentándonos. Aunque es totalmente diferente, oculto, glorioso y maravilloso, Él se comunica con nosotros por medio de la creación y se revela a sí mismo mediante los profetas y, sobre todo, en Jesucristo, con quien nos encontramos en la Iglesia, especialmente en las Escrituras y en los sacramentos. De estas muchas formas, Dios habla a nuestros corazones donde podemos acoger su amorosa presencia.

No debemos confundir la palabra *misterio* con el término que se usa en historias de detectives o con un enigma científico. El misterio de Dios no es un enigma para ser resuelto. Es una verdad para ser reverenciada. Es una realidad demasiado rica como para ser completamente comprendida por nuestras mentes, de tal forma que mientras continúa desenvolviéndose, siempre permanece en su mayoría más allá de nuestra comprensión. El misterio de Dios está presente en nuestras vidas, y sin embargo permanece oculto, más allá del alcance de nuestras mentes.

Dios, quien siempre permanece más allá de nuestra comprensión, se ha mostrado a sí mismo a lo largo de la historia de la salvación. Su relación con Israel está marcada por toda clase de obras de amor. Él, siempre fiel e indulgente, es a la larga vivido por los seres humanos mediante su Hijo, Jesucristo, y el Espíritu Santo. Su amor es más fuerte que el amor de una madre por su hijo o que el de un novio por su amada. San Juan proclama: "Dios es amor" (1 Jn 4:8). Jesús ha revelado que la esencia de Dios es amor.

DIOS ES TRINIDAD

El misterio de la Santísima Trinidad es el misterio central
de la fe y de la vida Cristiana.

—CIC, no. 261

El Antiguo Testamento nos muestra a Dios como uno, único, sin igual. "Escucha, Israel: El Señor, nuestro Dios, es el único Señor" (Dt 6:4; Mc 12:29). Él creó el mundo, estableció una alianza con su pueblo, y es el Padre del pobre, del huérfano y de la viuda.

En los Credos profesamos nuestra fe en Dios que es "Padre Todopoderoso". Su paternidad y poder se iluminan mutuamente mediante su cuidado por nosotros, adoptándonos como sus hijos e hijas en el Bautismo y siendo rico en misericordia al perdonar nuestros pecados. Las Escrituras constantemente alaban el poder universal de Dios como "el Fuerte de Jacob" y "Señor de los Ejércitos" (Gn 49:24; Is 1:24ss.). El poder de Dios es amor, porque Él es nuestro Padre.

Esta ternura paternal de Dios puede ser expresada también mediante la imagen de la maternidad que indica más expresivamente la inmanencia de Dios, la intimidad entre Dios y su criatura. El lenguaje de la fe se sirve así de la experiencia humana de los padres que son en cierta manera los primeros representantes de Dios para el hombre. Pero esta experiencia dice también que los padres humanos son falibles y que pueden desfigurar la imagen de la paternidad y de la maternidad. Conviene recordar, entonces, que Dios transciende la distinción humana de los sexos. No es hombre ni mujer, es Dios. Transciende también la paternidad y la maternidad humanas aunque sea su origen y medida: Nadie es padre como lo es Dios. (CIC, no. 239)

Jesús reveló a Dios como *Padre* en un nuevo sentido. Dios es Padre en su relación con Jesús, su Hijo unigénito. En la Última Cena, Jesús llama a Dios "Padre" cuarenta y cinco veces (cf. Jn 13–17). El Hijo es divino, como lo es el Padre (cf. Mt 11:27). En un capítulo más adelante se hablará de Jesús como la Segunda Persona de la Santísima Trinidad.

Antes de la pasión, Jesús prometió mandar el Espíritu Santo como maestro, guía y consolador. La aparición del Espíritu Santo el día de Pentecostés, y en otros acontecimientos en el Nuevo Testamento, dan amplia evidencia del Espíritu Santo como la tercera Persona de la Santísima Trinidad. Esto, también, será discutido en un capítulo más adelante.

El misterio de la Santísima Trinidad es el misterio central de la fe y vida cristianas. Dios se revela a sí mismo como Padre, Hijo y Espíritu Santo. La doctrina de la Trinidad incluye tres verdades de fe.

Primero, la Trinidad es Una. No hablamos de tres dioses sino de un solo Dios. Cada una de las Personas es completamente Dios. Son una unidad de Personas en una naturaleza divina.

Segundo, las Personas Divinas son distintas una de la otra. Padre, Hijo y Espíritu Santo no son tres apariencias o modos de Dios, sino tres personas identificables, cada una totalmente Dios de una manera distinta de las otras.

Tercero, las Personas Divinas están en relación una con las otras. La distinción de cada una solo se entiende en referencia a las otras. El Padre no puede ser Padre sin el Hijo, ni tampoco puede el Hijo ser Hijo sin el Padre. El Espíritu Santo está relacionado con el Padre y el Hijo, son ambos quienes lo envían.

Todos los cristianos son bautizados en el nombre del Padre, y del Hijo, y del Espíritu Santo. La Santísima Trinidad ilumina todos los otros misterios de fe.

DIOS ES CREADOR DE CIELO Y TIERRA

La primera línea de la Biblia dice: "En el principio creó Dios el cielo y la tierra" (Gn 1:1). Los tres primeros capítulos del libro del Génesis han moldeado el pensamiento religioso de los judíos y cristianos; de hecho, han moldeado la literatura del mundo occidental —sobre Dios como "Creador del cielo y de la tierra" (Credo de los Apóstoles), "de todo lo visible y lo invisible" (Credo de Nicea) y sobre la creación de la raza humana, de la Caída y de la promesa de la salvación mediante la historia de Adán y Eva. Estos tres capítulos deben ser leídos por todo aquel que quiera entender el significado del mundo y de la humanidad.

La catequesis sobre la creación es de gran importancia. ¿De dónde venimos? ¿A dónde vamos? Estas dos preguntas sobre nuestro origen y fin son los temas subyacentes de la búsqueda del ser humano por significado. Estas son las preguntas que la Biblia nos ayuda a responder.

Empezando por Génesis, todas las Escrituras exponen las siguientes verdades en relación a la obra de creación de Dios:

- *Dios creó el mundo a partir de su sabiduría y amor.* La creación no es el resultado ni de un destino ciego, ni de una total casualidad.
- *Dios creó el mundo "de la nada".* Esto quiere decir que el mundo no es una "parte" de Dios, ni que fue creado a partir de algo que ya existía. El mundo depende de Dios para existir; Dios es independiente de su creación y distinto de ella, aunque la creación es sustentada por su Providencia: "ya que en él vivimos, nos movemos y somos", como San Pablo predicó a la gente de Atenas (Hch 17:28).
- *La creación refleja la bondad y sabiduría de Dios.* La historia de la creación en Génesis confirma la bondad de la creación: "Vio Dios todo lo que había hecho y lo encontró muy bueno" (Gn 1:31). Ya que el universo está destinado a la familia humana, a quién Él llama a una relación personal con Él mismo, este está ordenado de tal manera que permite al intelecto humano percibir la mano de Dios obrando en él y a través de él. Como la *Constitución Dogmática sobre la Divina Revelación* (*Dei Verbum*) del Concilio Vaticano II enseña: "Dios, creándolo todo y conservándolo por su Verbo (cf. Jn 1:3), da a los hombres testimonio perenne de sí en las cosas creadas" (DV, no. 3; cf. Rm 1:19-20).

Las respuestas ofrecidas a las preguntas sobre los orígenes del mundo y de la humanidad por la propia Revelación de Dios están íntimamente ligadas al significado y propósito del mundo y de la humanidad. Esto ofrece una visión del mundo particular que difiere dramáticamente de aquellas formadas por otras filosofías y puntos de vista. En el Panteísmo, el desarrollo del mundo es identificado con el desarrollo de Dios. En el Dualismo, nuestros orígenes se explican mediante el perpetuo conflicto entre el bien y el mal. Según el Deísmo, Dios abandona al mundo, una vez creado, a sí mismo. También está el materialismo, en el cual el mundo es entendido como procediendo de materia preexistente que se desarrolló de forma natural y no como el resultado de ningún tipo de acción o plan divinos.

LOS ÁNGELES

Es una verdad de fe que Dios, el "creador [...] de todo lo visible e invisible", creó un reino de seres espirituales que no comparten las limitaciones de un cuerpo físico y que sin embargo existe como resultado de su acto todopoderoso y amoroso de la creación. Llamamos a estos seres espirituales *ángeles*. "En tanto que criaturas puramente espirituales, tienen inteligencia y voluntad: son criaturas personales e inmortales. Superan en perfección a todas las criaturas visibles. El resplandor de su gloria da testimonio de ello" (CIC, no. 330). Los ángeles glorifican a Dios y trabajan para nuestra salvación. La Iglesia celebra el memorial de ciertos ángeles (San Miguel, San Gabriel y San Rafael), quienes fueron mensajeros de Dios.

Algunos de los ángeles se rebelaron contra Dios y fueron expulsados del cielo al infierno. Su líder es Satanás y son referidos como diablos o demonios en las Escrituras. Ellos nos tientan al mal (cf. CIC, nos. 391, 1707). Pero su poder es limitado y nunca es mayor que el de Dios.

EL MUNDO VISIBLE

En la primera de las dos historias de la creación (cf. Gn 1–2:4), las Escrituras describen la creación del mundo visible como una sucesión de seis días de "trabajo" divino, tras los cuales Dios "descansó" el séptimo día, el sábado. Desde los primeros tiempos, los escritores cristianos y eruditos bíblicos han sido conscientes de que el lenguaje en la historia es simbólico, ya que los seis "días" de la creación difícilmente podrían ser días solares, ya que Génesis dice que el sol no fue creado hasta el cuarto día. La secuencia de la creación narrada en el capítulo 1 del libro del Génesis no es ni literal ni científica, sino poética y teológica. Describe una jerarquía de criaturas en la que los seres humanos son la cima de la creación visible. Al acabar la secuencia de la creación con el sábado, la historia apunta a la adoración de Dios el Creador como el foco central de toda la obra de la creación. "El cielo proclama la gloria de Dios, / el firmamento pregona / la obra de sus manos" (Sal 18:2).

La *Constitución Dogmática sobre la Divina Revelación* del Concilio Vaticano II nos recuerda que "hablando dios en la Sagrada Escritura por hombres y a la manera humana", y que si nosotros queremos "comprend[er] lo que El quiso comunicarnos, debe[mos] investigar con atención lo que pretendieron expresar realmente los hagiógrafos" (DV, no. 12). Sigue diciendo que, "para descubrir la intención de los hagiógrafos, entre otras [*inter alia*] cosas hay que atender a los géneros literarios". Los capítulos 1 y 2 de Génesis usan lenguaje simbólico para transmitir verdades fundamentales sobre Dios y nosotros mismos.

Nos puede ayudar acordarnos lo importante que son los símbolos en la vida diaria de los seres humanos. Siendo una unidad de cuerpo y espíritu, expresamos y percibimos realidades espirituales mediante símbolos materiales. Dios también nos habla mediante la creación visible: la luz y las tinieblas, el viento y el fuego, el agua y la tierra, los árboles y sus frutos. Las Escrituras usan todo esto para hablar de Dios y simbolizar su grandeza y cercanía.

En el lenguaje, los símbolos son usados a menudo para comunicar una verdad. El lenguaje simbólico en las Escrituras, como lo es en la literatura en general, puede hacer uso de la poesía, las parábolas, comparación de historias o metáforas, u otras formas literarias. En el mundo de hoy en día, a menudo usamos novelas, películas, obras de teatro, canciones y otras obras creativas para comunicar la realidad de una forma que una simple presentación de los hechos no puede hacer tan eficazmente.

Mediante las historias de la creación en los capítulos 1 y 2 de Génesis, Dios se revela a sí mismo como Creador de todo lo que existe, particularmente demostrando un amor tierno por la cima de su creación, el hombre y la mujer. La majestad y sabiduría de la creación de Dios son celebradas en la elocuencia de los profetas, en el liricismo de los Salmos y en los escritos Sapienciales del Antiguo Testamento. Mediante su Encarnación, muerte y Resurrección, Jesucristo renueva toda la creación, haciéndola suya y llenándola con el Espíritu Santo.

LA DIVINA PROVIDENCIA

Dios guía a su creación hacía su plenitud o perfección mediante lo que llamamos su *Divina Providencia*. Esto quiere decir que Dios tiene absoluta soberanía sobre todo lo que ha creado y que guía a su creación según el designio divino de su voluntad. Al mismo tiempo, tanto la evidencia del mundo que descubrimos mediante el esfuerzo humano, como el testimonio de las Sagradas Escrituras, nos demuestran que para que su designio se desarrolle, Dios usa causas secundarias, incluyendo las leyes físicas, químicas y biológicas, así como la cooperación de nuestros propios intelecto y voluntad humanos. El Padre de todo continúa obrando con su Hijo, quien es la Sabiduría eterna, y con el Espíritu Santo, quien es la inagotable fuente de vida, para guiar la creación y la humanidad hacia la plenitud de la verdad, la bondad y la belleza de Dios.

LA REALIDAD DEL MAL

Si Dios creó todas las cosas para ser buenas y cuida providencialmente de su creación, ¿por qué existe el mal? No existe una respuesta rápida para esta pregunta desafiante. La fe cristiana, tras siglos de reflexión sobre las respuestas reveladas en la Biblia, ofrece la única respuesta completa. Esta respuesta incluye el drama del pecado, el amor de Dios quien mandó a su único Hijo para ser nuestro Redentor y Salvador y la invitación de Dios a la humanidad pecaminosa de arrepentirse y de responderle amándolo.

Nos podemos preguntar por qué Dios no creó un mundo tan perfecto de tal forma que el mal no pudiese existir en él. Dios libremente quiso crear un mundo que no estuviese inmediatamente a un nivel de perfección absoluta, pero sí quiso que fuese uno que tuviese que dirigirse hacía la perfección a lo largo del tiempo. "Este devenir trae consigo en el designio de Dios, junto con la aparición de ciertos seres, la desaparición de otros; junto con lo más perfecto lo menos perfecto; junto con las construcciones de la naturaleza también las destrucciones" (CIC, no. 310). Así el mal físico puede coexistir con el bien físico, porque la creación no ha alcanzado su perfección última. En este caminar, las realidades creadas se mantienen limitadas y por tanto sujetas a la corrupción y la muerte.

Como criaturas inteligentes y libres, tanto los ángeles como los seres humanos deben caminar hacia su destino último haciendo uso de su inteligencia y su voluntad de tomar decisiones libres. Ellos pueden y deben decidir entre amar a Dios —quien les ha mostrado su amor por ellos en la creación y la Revelación— y amar otra cosa. Por ello, el mal moral —el mal del pecado— también puede existir en este caminar (cf. CIC, nos. 309-313). Dios permite este mal moral en parte por el respecto hacia el don de la libertad con el que fueron dotados los seres creados. Pero su respuesta al mal moral es un acto de amor aún mayor, mediante el envío de su Hijo quien ofrece su vida para llevarnos de vuelta a Dios. "Porque él ha pagado por nosotros al eterno Padre la deuda de Adán, y ha borrado con su sangre inmaculada la condena del antiguo pecado [...] Necesario fue el pecado de Adán, que ha sido borrado por la muerte de Cristo. ¡Feliz la culpa que mereció tal Redentor" (Pregón Pascual [*Exsultet*]).

Santa Catalina de Siena dijo a "aquellos que están escandalizados y que se rebelan contra lo que les sucede a ellos": "Todo proviene del amor, todo está ordenado para la salvación del hombre, Dios no hace nada sin tener en cuenta esta meta" (*Diálogo sobre la Providencia*, cap. IV, 138 [v.d.t]).

CUESTIONES DE FE Y CIENCIA

La filosofía y teología católicas tradicionalmente han sostenido que el intelecto humano llega a conocer la verdad mediante hallazgos científicos y el razonamiento filosófico y puede incluso llegar a un conocimiento de Dios y muchos de sus designios por medio de un entendimiento de las realidades creadas.

La *Constitución Pastoral sobre la Iglesia en el Mundo Actual* (*Gaudium et Spes*; GS), del Concilio Vaticano II, enseña que "la investigación metódica en todas las disciplinas, si se procede de un modo realmente científico y según las normas morales, nunca estará realmente en oposición con la fe, porque las realidades profanas y las realidades

DEL CATECISMO

1. ¿Qué significa creer en Dios?
Significa reconocer la grandeza y la majestad de Dios.
Significa vivir en acción de gracias. Significa reconocer
la unidad y la verdadera dignidad de todos los hombres.
Significa usar bien de las cosas creadas. Significa confiar en
Dios en todas las circunstancias, incluso en la adversidad.
(CIC, nos. 222-227)

2. ¿Por qué comienza el Credo por Dios?
Nuestra profesión de fe comienza por Dios, porque Dios
es "el Primero y el Ultimo" (Is 44:6), el Principio y el Fin de
todo. El Credo comienza por Dios Padre, porque el Padre es
la Primera Persona Divina de la Santísima Trinidad; nuestro
Símbolo se inicia con la creación del Cielo y de la tierra, ya
que la creación es el comienzo y el fundamento de todas
las obras de Dios. (CIC, no. 198)

**3. ¿Cuál es la importancia de la Revelación de Dios sobre
la creación?**
La creación es el *fundamento* de "todos los designios salvíficos de Dios", "el comienzo de la historia de la salvación",
que culmina en Cristo. Inversamente, el Misterio de Cristo
es la luz decisiva sobre el Misterio de la creación; revela
el fin en vista del cual, "al principio, Dios creó el cielo y
la tierra": desde el principio Dios preveía la gloria de la
nueva creación en Cristo. (CIC, no. 280, citando el *Directorio
Catequístico General*, no. 51, y Gn 1:1)

de fe tienen su origen en el mismo Dios. Más aún, quien con espíritu
humilde y ánimo constante se esfuerza por escrutar lo escondido de
las cosas, aun sin saberlo, está como guiado por la mano de Dios, que,

sosteniendo todas las cosas, hace que sean lo que son" (CIC, no. 159, citando GS, no. 36).

Esto no quiere decir que no hayan existido conflictos entre la ciencia y la religión. Por ejemplo, en el siglo XVII Galileo, basándose en previos descubrimientos, mantuvo firme su convicción de que la tierra se movía alrededor del sol. Esto no era considerado aceptable por muchos de sus contemporáneos, incluidas las autoridades eclesiásticas. Como resultado, fue objeto de una investigación por parte de la Iglesia y puesto bajo arresto domiciliario por el resto de su vida. El Papa Juan Pablo II ordenó un estudio del caso de Galileo, el cual resultó en su exculpación en 1992.

En tiempos modernos, la enseñanza científica sobre la evolución también ha resultado conflictiva para algunos cristianos. Desde 1925, el famoso "juicio del mono" en Dayton, Tennessee, ha tenido un efecto duradero en la forma popular de entender la evolución. El famoso orador y frecuente candidato presidencial William Jennings Bryan defendió los principios de una interpretación literal de la Biblia. Clarence Darrow, su homólogo agnóstico, ridiculizó su enfoque como algo contrario al progreso científico. A causa de las representaciones dramáticas que siguieron, como *Heredarás el Viento*, en el teatro y el cine, este debate ha impreso en la mente estadounidense la falsa noción de que, en el debate sobre la evolución, la única opción es entre el literalismo bíblico y el darwinismo, cuando, de hecho, hay quienes reconocen la evolución física y biológica como la obra del Creador divino.

Sin embargo, la Iglesia Católica ha continuado apoyando el principio que establece que no existe un conflicto intrínseco entre la ciencia y la religión. En su encíclica de 1959 *Respecto a Algunas Opiniones Falsas que Amenazan con Destruir los Cimientos de la Doctrina Católica* (v.d.t.) (*Humani Generis*), el Papa Pío XII aplicó este principio a las controversiales teorías de la evolución, las cuales han sido a menudo usadas en un sentido materialista o agnóstico para argumentar en contra de la intervención divina en la obra de la creación. "El [Magisterio] de la Iglesia no prohíbe que, conforme a la presente situación de las ciencias humanas y la sagrada teología, la investigación y discusiones, de parte de la [gente] con experiencia en ambos campos, tenga lugar respecto a

DEL PAPA JUAN PABLO II

La Biblia misma nos habla del origen del universo y de su composición, no para ofrecernos un tratado científico, sino para establecer la correcta relación de la humanidad con Dios y el universo. La Sagrada Escritura simplemente desea declarar que el mundo fue creado por Dios. (Papa Juan Pablo II, Discurso a la Academia Pontificia de las Ciencias [3 de octubre de 1981] [v.d.t.])

la doctrina de la evolución, en la medida en que examine el origen del cuerpo humano como procedente de una materia viva y preexistente" (no. 36 [v.d.t.]). Al mismo tiempo, el Papa Pío XII reiteró la doctrina de que cada alma humana es inmortal y creada individualmente por Dios.

El Papa Juan Pablo II hizo, más adelante, un comentario sobre este tema en su Mensaje a la Plenaria de la Academia Pontificia de Ciencias en 1996. Mientras que reconocía la evidencia científica a favor de la evolución, advirtió que las teorías de la evolución que consideran al alma humana como la sede del intelecto y la voluntad mediante las cuales la persona humana llega a conocer y a amar a Dios "como emergiendo de fuerzas de materia viva" no serían compatibles con la verdad sobre la dignidad de la persona humana como enseña la Revelación. Esta posición no está en conflicto con la naturaleza de la metodología científica en los distintos campos, ya que su método es uno de observación y correlación. La dimensión espiritual de la persona humana es de un orden diferente que está relacionado con el mundo material pero que lo trasciende, y que no es reducible simplemente a los aspectos físicos de nuestro ser, los cuales pueden ser estudiados fácilmente mediante el método científico.

Entre los científicos continúa existiendo un vivo debate sobre los aspectos de la teoría de Darwin sobre la selección natural como la clave de la hipótesis evolutiva. La fe cristiana no requiere la aceptación de ninguna teoría de la evolución en particular, ni tampoco la prohíbe, siempre y cuando la teoría en particular no sea estrictamente materialista ni niegue lo que es esencial a la esencia espiritual de la persona humana, es decir, que Dios crea directamente cada alma humana para compartir la vida inmortal con Él. A nivel popular en nuestro país, todavía hay una controversia acalorada entre personas que se encuentran a ambos extremos del asunto, especialmente en lo que se refiere a lo que es apropiado en la educación de sus hijos. El debate es a menudo avivado, por un lado, por los "creacionistas" u opiniones bíblicas fundamentalistas que no toman en consideración los géneros literarios de la Biblia y el principal objetivo teológico de sus enseñanzas, y por otro lado, por el uso de estas teorías de la evolución que apoyan una interpretación materialista y antirreligiosa del mundo y de la humanidad. La Biblia no es un libro de texto científico y nunca se debería leer como tal; revela, más bien, lo que Dios quiere que sepamos para el bien de nuestra salvación.

■■■■ PARA LA REFLEXIÓN Y EL DEBATE ■■■■

1. Sabiendo que Dios es rico en misericordia y que Él es amor, ¿cómo afecta esto tu actitud hacia Él? ¿Hacia tu prójimo?
2. ¿Cómo reveló Dios progresivamente su misterio como una unidad de tres Personas? ¿Cómo enseñarías a otros la doctrina sobre Dios?
3. ¿Cuáles son algunas formas prácticas en las que podrías responder a los creacionistas y los evolucionistas ateos? ¿Por qué es necesario y valioso el diálogo entre la religión y la ciencia?

■■■■ ENSEÑANZAS ■■■■

* Dios es un santo misterio. Como canta la Iglesia bizantina: "Tú eres Dios, inefable, inconcebible, invisible, incomprensible, siempre existiendo y siempre el mismo, tú y tu Hijo unigénito, y tu Espíritu Santo (v.d.t.) (Anáfora de la Liturgia de San Juan Crisóstomo).
* El Antiguo Testamento revela a Dios como Uno, único y sin igual. "Escucha, Israel: El Señor, nuestro Dios, es el único Señor" (Dt 6:4; Mc 12:29).

- Nuestra fe en Dios, el Único, nos lleva a adorarle como nuestro origen y destino, y a amarlo con todos nuestros corazones.

- Dios es verdad. "Sí, Señor, tú eres Dios y tu palabra es verdadera" (2 S 7:28). Sus palabras no nos pueden engañar. Por esto es que podemos confiar en su verdad y fidelidad. San Juan va más allá cuando escribe: "Dios es amor" (1 Jn 4:8).

- El misterio de la Santísima Trinidad es el misterio central de la fe y vida cristianas. Solo Dios se revela a sí mismo como Padre, Hijo y Espíritu Santo.

- Jesús reveló a Dios como *Padre* con un sentido nuevo. Dios es Padre en relación a su único Hijo. El Hijo es divino, como lo es el Padre. El Padre da testimonio de la relación única que tiene Jesús con Él como su Hijo durante el bautismo de Jesús en el río Jordán y durante la Transfiguración: "Este es mi Hijo muy amado" (Mt 3:17, 17: 5).

- Antes de la Pasión, Jesús prometió mandar el Espíritu Santo como maestro, guía y consolador. La revelación del Espíritu Santo el día de Pentecostés y durante el resto del Nuevo Testamento da testimonio de su divinidad.

- No hablamos de tres dioses en la Trinidad, sino de un Dios. Padre, Hijo y Espíritu Santo no son tres modos de Dios, pero tres Personas distintas que son el mismo ser divino. También lo son en relación a ellas mismas, ya que las tres Personas trabajan juntas en las obras de la creación, redención y santificación.

- Dios es todopoderoso. La Iglesia a menudo se dirige a Dios como todopoderoso, creyendo que nada es imposible con Él. Muestra su tremendo poder al convertirnos del pecado y al restaurarnos a la gracia.

- Para algunos, la presencia del mal en el mundo plantea interrogantes. Sin embargo, Dios ilumina la comprensión del misterio del mal mediante la muerte y Resurrección de su Hijo. Fe en la Resurrección nos da esperanza. Un entendimiento completo tendrá lugar solo en la vida eterna.

- Solo Dios creó el mundo, libremente y sin ayuda alguna. Ninguna criatura puede crear o llamar a existir algo o alguien "de la nada", como lo hizo Él.

- Dios creó al mundo para proclamar y compartir su divina gloria. Estamos llamados a compartir en su verdad, bondad y belleza.
- Dios mantiene al mundo en su existencia mediante el poder del Hijo y del Espíritu como dador de vida. Mediante la Divina Providencia, Dios guía todas las criaturas con sabiduría y amor hacia su destino final.
- Los ángeles son criaturas espirituales que glorifican a Dios y trabajan para nuestra salvación. La Iglesia venera a los ángeles, quienes la ayudan en su peregrinaje hacia Dios y protegen a cada ser humano.
- Algunos ángeles se rebelaron contra Dios y fueron expulsados de su presencia. Guiados por Satanás y sus seguidores, llamados demonios, ellos nos tientan al mal.

MEDITACIÓN

El Cuidado Providencial de Dios

Dios ama de una forma especial a cada persona humana y tiene un plan especial para cada uno de nosotros. Muy a menudo, el plan de Dios no es lo que nosotros esperábamos. Mira la vida de grandes personajes, como el Papa Juan Pablo II o la Beata Teresa de Calcuta. Durante la Segunda Guerra Mundial, Karol Wojtyla (el Papa Juan Pablo II) trabajó como obrero y como actor, pero guiado por Dios, ingresó en un seminario clandestino. Nacida en Albania, la Beata Teresa se encontró buscando a los moribundos en las calles de Calcuta. ¿Se desarrollaron las vidas de estas dos personas según sus planes originales? Claro que no. Si, y cuando, aceptamos el amor de Dios en nuestras vidas, Él nos puede pedir cosas sorprendentes y a veces desafiantes.

¿Por qué muchos de nosotros tendemos a dejar a un lado el plan que Dios tiene para nosotros en nuestras vidas? Parece ser que es porque nos cuesta imaginar como es que Él nos ama tanto, especialmente en ambientes embarazosos. Sin embargo, si la divina Palabra de Dios podía hacerse uno de nosotros tomando nuestra naturaleza humana con la cooperación de una joven mujer en Nazaret, Dios puede con toda seguridad tocar nuestras vidas.

ORACIÓN

Acto de Fe

Dios mío, porque eres verdad infalible, creo firmemente todo aquello que has revelado y la Santa Iglesia nos propone para creer.

Creo expresamente en ti, único Dios verdadero en tres Personas iguales y distintas, Padre, Hijo y Espíritu Santo.

Y creo en Jesucristo, Hijo de Dios, que se encarnó, murió y resucitó por nosotros, el cual nos dará a cada uno, según los méritos, el premio o el castigo eterno.

Conforme a esta fe quiero vivir siempre. Señor, acrecienta mi fe.

Mi Señor y mi Dios, dame todo aquello
que me lleva más cerca de ti.

—San Nicolás de Flue (v.d.t.)

6 EL HOMBRE Y LA MUJER EN UN PRINCIPIO

LA CREACIÓN DEL HOMBRE Y LA MUJER,
LA CAÍDA Y LA PROMESA
—CIC, NOS. 355-421

LA CASA DE LA MISERICORDIA

La noche antes de morir, en 1926, Rose Hawthorne Lathrop (conocida hoy en día como Madre Alfonsa) escribió una carta al editor del *New York Times* sobre su trabajo con los enfermos de cáncer terminal sin recursos económicos algunos:

Mucha gente no sabe nada de nuestro trabajo con los enfermos de cáncer pobres, y si alguien se les acercara para pedirles una donación, estos darían alguna cantidad sólo por educación, preguntándose a si mismos, "¿Qué organización benéfica es esta de la que nunca he oído?" Nosotros somos lo suficientemente prácticos como para querer que todo el mundo sepa qué es lo que hacemos, para que den un poquito porque se les ha movido el corazón, para que nos ayuden a construir esta casa de misericordia.[5]

Este ángel de la misericordia, fundadora de las Servidoras Dominicas del Alivio para el Cáncer Incurable, nació en 1851. Era la más joven de los tres hijos del famoso novelista Nathaniel Hawthorne y su mujer Sophia (Peabody). Al poco de nacer Rose la familia se mudó a Liverpool, Inglaterra, donde Nathaniel estuvo destinado como Cónsul de Estados Unidos.

---

5   Diana Culbertson, OP, ed., *Rose Hawthorne Lathrop: Selected Writings* (Mahwah, NJ: Paulist Press, 1993), 83, 183 (v.d.t.).

Acabado su tiempo de servicio, la familia pasó dos años en Italia antes de regresar a Estados Unidos, a la zona de New England.

Nathaniel murió cuatro años más tarde. Sophia regresó a Europa con su familia. Cuando tenía veinte años Rose se casó con George Lathrop, de diecinueve años de edad, en Londres en 1871. La joven pareja se mudó a Cambridge, Massachussets, donde George trabajó como editor asistente para *The Atlantic Monthly*. Durante aquellos años, Rose escribió poesía y relatos cortos para revistas como *Harper's Bazaar* y *Scribner's*. Su único hijo, Francis, murió cuando tenía cuatro años. En 1891, el padre paulino Alfred Young recibió a los Lathrop como miembros de la Iglesia Católica. George Lathrop murió en 1898.

La historia de una modista pobre que murió de cáncer en la Isla de Blackwell fue el acontecimiento que ocasionó un cambio espiritual en la vida de Rose. "Se prendió un fuego en mi corazón, donde todavía arde (...) me dediqué por completo a consolar a los enfermos de cáncer pobres" (v.d.t.). En la época de Rose, los enfermos de cáncer eran marginados por la sociedad, tal y como ha ocurrido en la historia reciente con los pacientes de SIDA (Síndrome de Inmunodeficiencia Adquirida). Sin embargo Rose se dio cuenta de que eran más que gente enferma pobre. Ellos estaban hechos a imagen de Dios.

Rose dedicó los treinta y tres siguientes años de su vida a cuidar de los enfermos de cáncer incurable. Demostró que era una hábil administradora y recaudadora de donaciones, estableciendo varios hospicios en el área de New York para los enfermos de cáncer. Rose y su amiga Alice Huber ya vivían de una forma semimonástica en la ciudad, cuando el padre dominico Clement Theunte las recibió como miembros terciarios de la orden.

Fue entonces, como Hnas. M. Alfonsa y M. Rosa, que ellas establecieron la Congregación Dominica de Santa Rosa de Lima, incorporada como las Servidoras Dominicas del Alivio para el Cáncer Incurable. Fundaron un hospicio para enfermos de cáncer en Hawthorne, New York. Consiguieron fondos gracias a las peticiones que la Madre Alfonsa realizaba a través de su revista *Christ's Poor* (Los Pobres de Cristo). Se fundaron otros hospicios por todo el país.

La Madre Alfonsa escribió ensayos que eran publicados en cada número de *Christ's Poor*. Creía que era posible que cada parroquia tuviese dos casas para ayudar a los enfermos pobres. Respondió a la llamada de Dios con fe, energía e imaginación. Su espíritu continúa ardiendo hoy en día a través de su congregación y de los pobres que todavía necesitan de su ayuda.

Este capítulo trata de dos aspectos fundamentales de la naturaleza humana vista desde la fe: estamos hecho a imagen de Dios y, sin embargo, estamos marcados por el Pecado Original. Estas verdades son responsables de los conflictos interiores que experimentamos. Como personas hechas a imagen de Dios, nos encontramos naturalmente atraídos hacia Él. Como personas que cargan con el Pecado Original, tenemos la tendencia de alejarnos de Dios.

Escogimos la historia de Rose Hawthorne Lathrop en este contexto principalmente porque ella vio la imagen de Dios en los enfermos de cáncer pobres de su tiempo. Pero ella también nos enseña cómo podemos, alentados por Dios, vencer al egoísmo causado por el Pecado Original.

CREADOS A IMAGEN DE DIOS

Dios quiso la diversidad de sus criaturas y la bondad peculiar de cada una, su interdependencia y su orden. Destinó todas las criaturas materiales al bien del género humano. El hombre, y toda la creación a través de él, está destinado a la gloria de Dios.

—CIC, no. 353

"Y creó Dios al hombre a su imagen [...] hombre y mujer los creó" (Gn 1:27). Con un lenguaje figurativo y simbólico, las Sagradas Escrituras describen a Dios creando al primer hombre y la primera mujer, Adán y Eva, y colocándolos en el Paraíso. Fueron creados en amistad con Dios y en armonía con la creación. La Iglesia enseña que en ese entonces ellos se encontraban en un estado de santidad y justicia original, sin sufrimiento ni muerte (cf. CIC, no. 376; GS, no. 18).

El primer hombre y la primera mujer eran cualitativamente diferentes y superiores de todos los otros seres vivientes de la tierra. Habían sido creados de una manera única a imagen de Dios, como lo son todos los seres humanos, sus descendientes. ¿Qué significa esto? La imagen de Dios no es una imagen estática, tatuada en nuestras almas. La imagen de Dios es una fuente dinámica de energía espiritual interior que atrae nuestras mentes y corazones hacia la verdad y el amor, hacia Dios mismo, fuente de toda verdad y amor.

El ser creado a imagen de Dios incluye cualidades específicas. Cada uno de nosotros es capaz de conocerse a sí mismo y de entrar en comunión con otras personas por medio de la entrega de uno mismo. Estas cualidades —y la herencia común de nuestros primeros padres— también es la base del vínculo de unidad que existe entre todos los seres humanos. El ser creado a imagen de Dios también une a los seres humanos como buenos administradores que cuidan de la tierra y de todas las demás criaturas de Dios.

Otro aspecto importante de nuestra creación es que Dios nos ha hecho una unidad de cuerpo y alma. El alma humana no es solo la fuente de vida física de nuestros cuerpos, sino que también es el centro de nuestras habilidades espirituales de saber y amar. Mientras que nuestros cuerpos llegan a existir por medio de procesos físicos, nuestras almas son creadas directamente por Dios.

Dios creó al hombre y a la mujer como iguales, tanto como personas como por su dignidad. Cada uno es completamente humano y está creado para complementar al otro en una comunión de personas, lo que se evidencia más claramente en el matrimonio.

Finalmente, debemos reconocer que Dios creó los primeros seres humanos en un estado de santidad y justicia original, por lo cual somos capaces de vivir en armonía con su plan divino. Gracias a su generosa voluntad, Dios nos ha dado la habilidad de conocerlo y amarlo, y por tanto nos llama para que compartamos su vida. Nuestros primeros padres tuvieron también el derecho a la libertad y por eso podían ser tentados por cosas creadas alejarse del Creador.

LA CAÍDA

La doctrina del pecado original es, por así decirlo, "el reverso" de la Buena Nueva de que Jesús es el Salvador de todos los hombres, que todos necesitan salvación y que la salvación es ofrecida a todos gracias a Cristo.

—CIC, no. 389

¿Cómo es que, aun con las mejores intenciones, nos resulta tan difícil hacer lo que está bien? Podemos buscar una explicación a esta pregunta en los primeros capítulos del libro del Génesis. Aquí la aparente lucha sin fin que existe entre el bien y el mal es descrita a través de la imagen de la serpiente tentando a Adán y Eva con el fruto prohibido.

Dios les dijo: "Pueden comer de todos los árboles del jardín; pero del árbol del conocimiento del bien y del mal te mando que no comas, porque el día en que comas de él, morirás sin remedio" (Gn 2:16-17). Sin embargo, el tentador dijo: "Eso de que ustedes van a morir no es cierto. Al contrario, Dios sabe muy bien que, si comen de esos frutos, se les abrirán los ojos y serán como dioses, pues conocerán el bien y el mal" (Gn 3:4-5). Adán y Eva escogieron sus propios deseos, basados en una mentira, contra la voluntad y el plan de Dios. El pecado entró en el mundo a través de esta decisión de preferirse a ellos mismos en vez de a Dios y su designio.

Por medio de la Caída de Adán y Eva, también se destruyó la armonía de la creación. Si continuamos leyendo el libro del Génesis, vemos como Adán y Eva se dieron cuenta de su condición pecadora, cómo fueron expulsados del Edén y fueron forzados a vivir con el sudor de su frente. La belleza y la armonía del plan creativo de Dios fueron perturbadas. Así no era como tenía que ser. Una vez que el pecado entró en la vida y en nuestro mundo, se destruyó la armonía con Dios, con uno mismo, con los demás y con el mundo que nos rodea. Nos referimos a la Caída y a sus consecuencias como "el Pecado Original".

Cada uno de nosotros es el heredero de Adán y Eva. Su pecado rompió la armonía creada por Dios, no solo para ellos, sino también para nosotros. Vivimos en nuestra vida diaria los efectos del Pecado

Original. Esto explica el porqué nos resulta tan difícil hacer lo que está bien o lo que deberíamos hacer.

ENTENDIENDO EL IMPACTO DEL PECADO ORIGINAL

Las Escrituras usan un lenguaje figurativo para describir la Caída en Génesis 3, pero afirman un acontecimiento que sucedió al comienzo de la historia del hombre. El lenguaje es figurativo, pero la realidad no es una fantasía. El don de la libertad, dado al primer hombre y a la primera mujer, se suponía que tenía que acercarnos más a Dios, a cada uno de nosotros y a nuestro destino. Dios les pidió —como nos lo pide a nosotros— que reconocieran sus límites humanos y que confiaran en Él. En la tentación, fueron engañados a intentar ser más que seres humanos. Ustedes "serán como dioses" (Gn 3:5). Abusaron de su libertad, no confiaron en Dios y desobedecieron su mandamiento. Perdieron su paraíso y sus dones. Y la muerte se hizo parte de la experiencia humana. Para la gente del antiguo Israel, el pecado era una muerte espiritual que lleva a la separación de Dios, fuente de vida, en consecuencia, a la muerte del cuerpo.

El pecado de Adán y Eva se ha denominado Pecado Original desde la época de San Agustín (354-430 d.C.). Pero la creencia de la Iglesia en un alejamiento de Dios desde los orígenes del hombre ha sido parte de la Revelación divina desde un principio.

¿Qué es el Pecado Original? Es una privación, una pérdida de la santidad y rectitud originales con las que nuestros primeros padres fueron creados. Cuando Dios los creó, llenó a Adán y a Eva de toda la gracia y la virtud que iban a necesitar, y experimentaron una relación muy íntima con Dios que va más allá de nuestra capacidad de entenderla. Debido a la unidad del género humano, todos estamos afectados por el pecado de nuestros primeros padres, al igual que, a su vez, la correcta relación entre la humanidad y Dios es reestablecida por Jesucristo. "Así como por un solo hombre entró el pecado en el mundo y por el pecado entró la muerte [...] Y así como por la desobediencia de uno, todos fueron hechos pecadores, así por la obediencia de uno solo, todos serán hechos justos [...] Donde abundó el pecado, sobreabundó la gracia" (Rm 5:12, 19, 20b). Aunque el Pecado Original ha tenido unas consecuencias de

DEL CATECISMO

1. ¿Cuáles son algunas de las implicaciones que conlleva haber sido hechos a imagen de Dios?
De todas las criaturas visibles sólo el hombre es "capaz de conocer y amar a su Creador" (GS, no. 12); es la "única criatura en la tierra a la que Dios ha amado por sí misma" (GS, no. 24); sólo él está llamado a participar, por el conocimiento y el amor, en la vida de Dios. (CIC, no. 356)

2. ¿Cuál es el principal resultado del Pecado Original?
Por su pecado, Adán, en cuanto primer hombre, perdió la santidad y la justicia originales que había recibido de Dios no solamente para él, sino para todos los humanos. (CIC, no. 416)

3. ¿Por qué no impidió Dios que el primer hombre pecara?
Dios nos dio la libertad de voluntad y no interferiría en el uso de nuestra libertad de voluntad.

La gracia inefable de Cristo nos ha dado bienes mejores que los que nos quitó la envidia del demonio. (CIC, no. 412, citando a San León Magno, Sermón 73, no. 4)

gran alcance, mayores consecuencias ha tenido la misericordia de Dios para con nosotros a través de la muerte y resurrección de Jesucristo.

¿Cometemos nosotros el Pecado Original? "El Pecado Original [...] es un pecado 'contraído', 'no cometido', un estado y no un acto" (CIC, no. 404). Cada uno de nosotros hereda el Pecado Original, pero no es una falta personal nuestra. Nos priva a cada uno de nosotros de la santidad y justicia originales. Esta herencia nos deja en un mundo sujeto al sufrimiento y a la muerte, así como en un ambiente en el cual los pecados y faltas de los demás se acumulan, perturbando la paz y el orden.

¿Cuáles son los efectos del Pecado Original en nosotros? El Pecado Original está implicado en todos los demás pecados y hace que nuestras habilidades de saber y amar estén debilitadas. Estamos sujetos a la ignorancia, lo cual nos dificulta saber la verdad y, para algunos, incluso los lleva a cuestionar la existencia de la verdad misma. También somos víctimas del sufrimiento y de la muerte, nuestros apetitos están desordenados, y nos inclinamos al pecado. Esta inclinación se llama *concupiscencia*. Debido a que el pecado nos aleja a unos de los otros, también debilita nuestra habilidad para vivir plenamente el Mandamiento de Cristo de amarnos unos a los otros.

Jesucristo es quien nos libera del Pecado Original y de nuestros propios pecados. Por el Bautismo compartimos en el acto de redención de la muerte y Resurrección de Jesús, somos liberados del Pecado Original y fortalecidos contra el poder del pecado y de la muerte. Somos reconciliados con Dios y nos hacemos miembros de su pueblo santo, la Iglesia.

ENTENDIENDO EL PECADO

Últimamente se escuchan las siguientes preguntas: ¿qué le ha sucedido al pecado? ¿A dónde se ha ido el pecado? Se percibe que existe en nuestra cultura una cierta incomodidad con la noción del pecado como un mal por el cual tenemos que responder ante Dios, nuestro Creador, Redentor y Juez. Esta tendencia se aplica no solo a las malas obras de cada día, sino incluso aún más al Pecado Original, algo que parece que no tiene mucho que ver con nosotros. El origen de esta actitud puede encontrase en un sentido poco desarrollado de la Revelación: "Sin el conocimiento que ésta [la Revelación] nos da de Dios no se puede reconocer claramente el pecado, y se siente la tentación de explicarlo únicamente como un defecto de crecimiento, como una debilidad sicológica, un error [...] Sólo en el conocimiento del designio de Dios sobre el hombre se comprende que el pecado es un abuso de la libertad que Dios da a las personas creadas" (CIC, no. 387).

Relacionado con esto es la noción o actitud popular de la auto-ayuda, de la superación personal. Según esta actitud, lo único que necesitamos hacer es llenar nuestra mente con una gran cantidad de conocimientos que nos inspiren y buscar ideas que nos iluminen. Desde este punto de vista nosotros somos capaces de resolver todos nuestros defectos por nosotros mismos. Pero el pecado no es una debilidad que podamos superar por nuestros propios esfuerzos. Es una condición de la que debemos ser salvados. Jesús es nuestro salvador.

Un aspecto central de nuestro peregrinaje de fe es el ser conscientes de las fuerzas dentro de nosotros mismos que se oponen mutuamente y causan conflictos. Una de estas fuerzas proviene de haber sido creados a imagen de Dios, con todos los dones y habilidades que esto conlleva. La otra fuerza es un resultado del Pecado Original, la cual nos puede llevar a actuar con egoísmo y malicia. En su Carta a los Romanos, San Pablo describe su propia experiencia con este conflicto: "No acabo de comprender mi conducta, pues no hago lo que quiero, sino que hago lo que aborrezco [...] Pues no hago el bien que quiero, sino el mal que aborrezco" (Rm 7:15, 19). San Pablo se había encontrado realmente con Jesús resucitado, nuestro Señor, en una visión extraordinaria en el camino a Damasco, y más tarde vio la gloria eterna misma (cf. 2 Co 12:2). Pero aún así, Pablo experimentó ese conflicto interior en su alma causado por los efectos del Pecado Original. Lleno de frustración Pablo exclamó: "¡Pobre de mí! ¿Quién me librará de este cuerpo, esclavo de la muerte?" (Rm 7:24). Fue su fe la que en "donde abundó el pecado, sobreabundó la gracia" (Rm 5:20).

No importa lo pecaminosos que seamos, nuestro deseo por Dios nunca desaparece mientras estemos en este mundo. No importa que crezcamos en santidad, el aguijón del mal siempre nos corroe* a causa de los efectos del Pecado Original. San Pablo compartió con nosotros su lucha espiritual interior en su camino a la santidad. Él nos da fortaleza. En Jesucristo nosotros podemos derrotar el poder del pecado, pues es el deseo del Señor que todos seamos salvados.

---

* Una referencia a *La Serpiente en el Seno*, un relato corto de Nathaniel Hawthorne, padre de la Madre Alfonsa, Rose Hawthorne (n.d.t.).

■■■ PARA LA REFLEXIÓN Y EL DEBATE ■■■

1. Cuando escuchas que se te describe como creado a imagen de Dios, ¿qué te viene a la cabeza? ¿Qué te ayudaría a darte cuenta de que ser creado a imagen de Dios te anima a realizar obras buenas? ¿Cómo debería vivir una persona creada a imagen de Dios?

2. ¿Por qué crees que algunas personas no se sienten cómodas con las enseñanzas sobre el Pecado Original y los pecados personales? San Pablo escribe: "Puesto que no hago el bien que quiero, sino el mal que no quiero" (Rm 7:19). Él descubrió una lucha interior entre el mal y el bien. ¿De qué manera te puedes identificar con el análisis de San Pablo?

3. ¿Por qué hay gente que piensa que se pueden salvar por sí solos? ¿Por qué es esa una actitud equivocada? ¿Por qué es Jesús la respuesta a nuestra necesidad de ser salvados?

■■■ ENSEÑANZAS ■■■

- Dios creó al hombre y a la mujer a su imagen, como criaturas suyas llamadas a amarlo y servirlo, y a cuidar de la creación.

- Cada persona es una unidad de cuerpo y alma. Dios crea directamente el alma inmortal de cada ser humano.

- Dios creó a los seres humanos como hombres y mujeres con igualdad como personas y con una misma dignidad. El hombre y la mujer se complementan mutuamente en una comunión de personas.

- "Debido a la comunidad de origen, *el género humano forma una unidad.* Porque Dios 'creó, de un solo principio, todo el linaje humano' […] 'Esta ley de solidaridad humana y de caridad', sin excluir la rica variedad de las personas, las culturas y los pueblos, nos asegura que todos los hombres son verdaderamente hermanos" (CIC, nos. 360-361, citando Hch 17:26 y al Papa Pío XII, *Summi Pontificatus*, no. 3).

- La Revelación nos enseña el estado de santidad y justicia originales del hombre y de la mujer antes del pecado. La felicidad de ambos surgía de su amistad con Dios.

- La narración de la Caída en Génesis 3 usa un lenguaje figurativo, pero afirma un acontecimiento primordial: el pecado tuvo lugar al principio de la historia de la humanidad (cf. CIC, no. 390).
- Tentados por el Maligno, el hombre y la mujer abusaron de su propia libertad. Se opusieron a Dios, y ellos mismos se distanciaron de Él.
- "Por su pecado, Adán, en cuanto primer hombre, perdió la santidad y la justicia originales que había recibido de Dios no solamente para él, sino para todos los humanos" (CIC, no. 416).
- Adán y Eva transmitieron a las futuras generaciones una naturaleza humana herida por su pecado y privada de la santidad y justicia originales. Esta privación se llama Pecado Original.
- Debido al Pecado Original, la naturaleza humana está sujeta a la ignorancia, al sufrimiento, la muerte, el desorden de nuestros apetitos y la inclinación al pecado —una inclinación llamada concupiscencia.
- Pero la victoria sobre el pecado que Jesús consiguió aporta bendiciones aún mayores que las que el pecado quitó. "Donde abundó el pecado, sobreabundó la gracia" (Rm 5:20). El Bautismo nos libera del Pecado Original.
- Porque cada ser humano está creado a imagen de Dios, cada persona desea su unión con Dios. La humanidad ha sido reconciliada por los acontecimientos redentores de la muerte y Resurrección de Jesucristo.

MEDITACIÓN

Creado por Dios en la justicia, el hombre, sin embargo, por instigación del demonio, en el propio exordio de la historia, abusó de su libertad, levantándose contra Dios y pretendiendo alcanzar su propio fin al margen de Dios. Conocieron a Dios, pero no le glorificaron como a Dios. Obscurecieron su estúpido corazón y prefirieron servir a la criatura, no al Creador. Lo que la Revelación divina nos dice coincide con la experiencia. El hombre, en efecto, cuando examina su corazón, comprueba su inclinación al mal y se siente anegado por muchos males, que no pueden tener origen en su santo Creador. Al negarse con frecuencia a reconocer a Dios como su principio, rompe el hombre la debida subordinación a su fin último, y también toda su ordenación tanto por lo que toca a su propia persona como a las relaciones con los demás y con el resto de la creación.

Es esto lo que explica la división íntima del hombre. Toda la vida humana, la individual y la colectiva, se presenta como lucha, y por cierto dramática, entre el bien y el mal, entre la luz y las tinieblas. Más todavía, el hombre se nota incapaz de domeñar con eficacia por sí solo los ataques del mal, hasta el punto de sentirse como aherrojado entre cadenas. Pero el Señor vino en persona para liberar y vigorizar al hombre, renovándole interiormente y expulsando al príncipe de este mundo (cf. Jn 12:31), que le retenía en la esclavitud del pecado (cf. Jn 8:34). El pecado rebaja al hombre, impidiéndole lograr su propia plenitud.

A la luz de esta Revelación, la sublime vocación y la miseria profunda que el hombre experimenta hallan simultáneamente su última explicación.

—GS, no. 13

ORACIÓN

Te adoramos, oh Cristo, y te bendecimos,
Porque con tu Cruz has redimido al mundo.

Por cada obra buena, cada pensamiento bondadoso, o cada acto de humilde ayuda por pequeño que sea, Dios nos recompensa.

—Rose Hawthorne Lathrop, 225 (v.d.t.)

7 LA BUENA NUEVA: DIOS HA ENVIADO A SU HIJO

HIJO DE DIOS, HIJO DE MARÍA,
MISTERIOS DE LA VIDA DE CRISTO
—CIC, NOS. 422-570

UN BUEN HOMBRE EN NEW YORK

"Pierre Toussaint, usted es el hombre más rico que conozco. ¿Por qué no deja de trabajar?"

"Porque entonces, madame, no tendría suficiente para los demás".

Pierre Toussaint nació en Haití en 1766 y se crió como esclavo cuando esta era una colonia francesa. Un pequeño grupo de dueños de esclavos amasaron inmensas fortunas comerciando azúcar, café, índigo, tabaco y fruta. Setecientos mil esclavos negros, brutalmente apaleados y aterrorizados, lo hicieron posible.

Bautizado y criado como católico, Toussaint fue uno de los afortunados, al ser un esclavo que trabajaba en la casa, en lugar de hacerlo en la granja. Habiéndolo tratado humanamente, la familia Berard se lo llevó consigo a New York cuando escapaban la futura rebelión de los esclavos. Llegaron alrededor de cuando George Washington tomaba posesión como primer presidente de Estados Unidos.

El señor Berard asignó a Pierre a ser aprendiz de un tal Sr. Merchant, uno de los principales peluqueros de la ciudad. Pierre se dio cuenta que tenía talento para este tipo de trabajo y pronto tuvo éxito en ese campo. Mujeres adineradas gastaban grandes cantidades de dinero para tener los peinados de moda. Los Berards dejaban que Pierre se guardase una porción de las ganancias.

Mientras tanto, en Haití, los esclavos se rebelaron y expulsaron al gobierno francés. Un intento de la fuerza invasora de Napoleón de retomar el país falló. Los Berards perdieron sus propiedades y fuente de ingresos. Berard murió y dejó a su mujer sin mucho con que vivir. Toussaint discretamente se hizo cargo de la señora Berard y de la familia. Para demostrar su gratitud, la señora Berard lo liberó de su posición como esclavo, tras lo cual él se casó con Juliette Noel. Hizo uso de sus considerables ganancias para apoyar proyectos benéficos. Recaudó fondos de sus clientes ricos, de diferentes creencias religiosas, para construir un orfanato católico. La Madre Elizabeth Seton mandó a tres hermanas para que empezasen el orfanato. Él, personalmente, cuidó de víctimas de la plaga.

Trabajó para disipar prejuicios religiosos y raciales en la ciudad. Uno de sus clientes, Emma Cary, escribió sobre su dignidad y su testimonio católico:

> Su vida era tan perfecta, y explicaba la enseñanza de la Iglesia con una simplicidad tan inteligente y valerosa, que todo el mundo lo honraba como católico. Explicaba la devoción a la Madre de Dios con mucha claridad, o mostraba la unión de los dones naturales y supernaturales en el sacerdote.[6]

Pierre trabajó hasta sus últimos dos años de vida, cuando murió a los ochenta y siete años de edad en 1853. Junto con muchos otros, los periódicos de New York lamentaron su muerte. El *New York Post* informaba: "Describen todos a Toussaint como un hombre de la más cálida y viva benevolencia" (v.d.t.). Fue enterrado junto con su mujer Juliette y su sobrina Euphemia en el cementerio Old Saint Patrick, en la calle Mott Street en New York.

El Papa Juan Pablo II lo declaró Venerable —un paso importante hacia la causa de canonización de Toussaint— en diciembre de 1996. Desde entonces su cuerpo ha sido exhumado y enterrado en la cripta de los arzobispos en la Catedral de Saint Patrick en la ciudad de New York. Si es canonizado, se convertiría en el primer negro de Estados Unidos en ser declarado santo.

Como un hombre casado, él pudo mostrarnos cómo un esposo puede realizar admirablemente la llamada de Dios a la santidad.

La Sagrada Escritura nos dice que tan pronto como nuestros primeros padres pecaron, Dios se apresuró a prometerles la esperanza de la

---

6   Citado, en inglés, en Boniface Haley, OFM, *Ten Christians* (Notre Dame, IN: Ave Maria Press: 1979), 34 (v.d.t.).

redención. Dios nos amó tanto que envió a su único Hijo, Jesucristo, para salvarnos. En este capítulo repasaremos los misterios de Jesús que se encuentran en los Evangelios y en las enseñanzas doctrinales sobre él que fueron enseñadas por los primeros Concilios de la Iglesia. El Venerable Pierre Toussaint estuvo motivado por un profundo amor hacia Jesucristo y su inspiradora historia nos lleva acertadamente hacia un estudio orante de nuestro bendito Señor.

RETRATOS DE JESÚS EN LOS EVANGELIOS

Si queremos conocer a Jesús, tendríamos que conocer la Sagrada Escritura. Esto es ciertamente verdadero en el caso de los Evangelios de Mateo, Marcos, Lucas y Juan, los cuales fueron escritos "para que ustedes crean que Jesús es el Mesías, el Hijo de Dios, y para que, creyendo, tengan vida en su nombre" (Jn 20:31).

Consideramos la persona de Cristo y sus palabras y hechos terrenales en términos de *misterio*. Su vida terrenal revela su divina filiación oculta y su plan para nuestra salvación. Sus parábolas, milagros, sermones y dichos sapienciales nos ayudan para que "conociendo a Dios visiblemente, Él nos lleve al amor de lo invisible" (Primer Prefacio de la Navidad).

Los Evangelios nos cuentan mucho de lo que sabemos sobre Jesús. En dos de los Evangelios, escuchamos su nacimiento en la ciudad de Belén, de una joven virgen llamada María. Ninguno de los Evangelios cuenta mucho de los primeros treinta años de su vida. Sabemos que vivió en la ciudad de Nazaret con su madre y su padre adoptivo, San José, y que aprendió a ser carpintero como su padre adoptivo. Los Evangelios se concentran principalmente en los acontecimientos de su vida o ministerio públicos, lo cual empezó cuando tenía alrededor de treinta años. Jesús pasó los últimos tres años de su vida viajando por las tierras del antiguo Israel, enseñando a la gente el Reino de Dios y confirmando su identidad como Hijo de Dios mediante los milagros y maravillas que realizó. Reunió alrededor de sí muchos discípulos de entre los cuales eligió a doce que se convertirían en los Apóstoles.

En los Evangelios vemos y escuchamos a Jesús llamar a los demás a aceptar, vivir y compartir el Reino de Dios. La proclamación del Reino de Dios es fundamental en la predicación de Jesús. El Reino de Dios es su presencia entre los seres humanos, llamándolos a una nueva forma de vida, como individuos y como comunidad. Este es un Reino de Salvación del pecado y un compartir de la vida divina. Esta es la Buena Nueva que termina en amor, justicia y misericordia para todo el mundo. El Reino se realiza parcialmente en la tierra y permanentemente en el cielo. Entramos en este Reino mediante la fe en Cristo, la iniciación bautismal que nos lleva a la Iglesia y la vida en comunión de todos sus miembros.

Las palabras de Jesús, expresadas en sus parábolas, en el Sermón de la Montaña, en sus diálogos y en el discurso de la Última Cena son una llamada a la santidad mediante la aceptación de su Reino y salvación. Jesús no abolió la Ley del Sinaí, sino que más bien la llevó a su plenitud (cf. Mt 5:17-19) con tal perfección (cf. Jn 8:46) que reveló su significado absoluto (cf. Mt 5:23) y redimió las trasgresiones contra ella (cf. Hb 9:15). Los milagros y otras obras de Jesús son actos de compasión y signos del Reino y de la salvación.

En el misterio de la Transfiguración obtenemos una muestra del Reino. Un himno de la liturgia bizantina nos lo explica con claridad:

Te transfiguraste en el Monte, oh Cristo Dios, y tus discípulos vieron tu gloria en cuanto pudieron; para que cuando Te vieran crucificado, comprenderían que Tu sufrimiento era voluntario, y proclamarían al mundo que Tú en verdad Eres el Esplendor del Padre. (Liturgia bizantina, Kontakion de la Fiesta de la Transfiguración; de Patriarcado de Antioquía, Iglesia Católica Apostólica Ortodoxa, Santiago de Chile)

Sobre todo es en el Misterio Pascual, el acontecimiento salvífico de la Pasión, muerte y Resurrección de Jesús, mediante el que participamos en el misterio de Cristo de la manera más profunda. Aquí está el corazón del Reino de la salvación al que estamos llamados. En Cristo morimos a nosotros mismos y al pecado. Resucitamos para participar en su vida divina mediante la Resurrección. Esto es posible para nosotros por medio de los sacramentos.

Nuestro acceso a los Evangelios es posible al leer con fe los sagrados textos, al escucharlos en la liturgia de la Iglesia y al atestiguar su mensaje en nuestras vidas y en las vidas de los demás. Nos podemos beneficiar altamente del gran número de comentarios bíblicos disponibles, así como de los grupos de estudios bíblicos que son organizados por las parroquias locales.

DIOS VERDADERO Y HOMBRE VERDADERO

¿Quién es Jesucristo? Él es la Segunda Persona de la Santísima Trinidad, concebido por el Espíritu Santo y nacido de la Virgen María. Él es Dios verdadero y hombre verdadero.

El acontecimiento único y totalmente singular de la Encarnación del Hijo de Dios no significa que Jesucristo sea en parte Dios y en parte hombre, ni que sea el resultado de una mezcla confusa entre lo divino y lo humano. El se hizo verdaderamente hombre sin dejar de ser verdaderamente Dios [...] La Iglesia debió defender y aclarar esta verdad de fe durante los primeros siglos frente a unas herejías que la falseaban. (CIC, no. 464)

Debido a las diferentes herejías que se alejaron de la Tradición Apostólica, la Iglesia tuvo que defender y clarificar el verdadero ser de Cristo. El primer movimiento herético de gran importancia, el Gnosticismo, negaba la humanidad de Cristo. Sus defensores enseñaban que el cuerpo no era un hogar digno donde Dios pudiese residir. Pensaban que la Encarnación no podía haber tenido lugar. La Iglesia afirmó la verdadera venida de Cristo en carne mortal, nacido de la Virgen María. Lo que es más, Cristo, en un cuerpo verdadero, realmente sufrió y murió en la Cruz.

El Hijo de Dios [...] trabajó con manos de hombre, pensó con inteligencia de hombre, obró con voluntad de hombre, amó con corazón de hombre. Nacido de la Virgen María, se hizo verdaderamente uno de los nuestros, semejantes en todo a nosotros, excepto en el pecado. (GS, no. 22)

PRINCIPALES CONCILIOS
(CF. CIC, NOS. 465-468)

Nicea (325 d.C.): Jesucristo es el Hijo de Dios por naturaleza y no por adopción. Él es "engendrado", no creado, de la misma sustancia que el Padre.

Éfeso (431 d.C.): Ya que él que nació de la Virgen María es divino, es correcto llamar a María "Madre de Dios".

Calcedonia (451 d.C.): Jesucristo, Hijo de Dios, es verdadero Dios y verdadero hombre. Sus naturalezas divina y humana permanecen juntas sin confusión, sin cambio, sin división y sin separación.

Constantinopla II (553 d.C.): No hay más que una sola hipóstasis (o persona), que es nuestro Señor Jesucristo. Los actos humanos de Jesús deben ser atribuidos a su persona divina.

Es importante entender que Jesús tenía un alma humana. También estaba dotado de un verdadero conocimiento humano, el cual siempre funcionó en armonía con la sabiduría divina a la cual el conocimiento de Jesús estaba unido. Jesús también poseía una verdadera voluntad humana, la cual siempre cooperó con su voluntad divina.

Otra herejía importante, llamada Arianismo porque fue promulgada por un hombre llamado Arrio, afirmaba que Jesús no era Dios. Este sacerdote alejandrino argumentaba que la "Palabra" que se hizo carne en Jesús no era Dios, sino un ser creado, maravilloso pero, no obstante, creado. Arrio y sus discípulos creían que no era ni siquiera adecuado pensar que un ser humano podía ser Dios. Para contestar a Arrio, el Concilio de Nicea (325 d.C.) reafirmó la fe de la Iglesia en que Jesús era realmente Dios, "engendrado, no creado, de la misma naturaleza del Padre".

Una tercera herejía, el Nestorianismo, negó la unidad de Jesucristo como Dios y como hombre. Los nestorianos argumentaban que el divino Hijo de Dios residía dentro del ser humano Jesús de Nazaret, pero que no

DEL CATECISMO

1. ¿Qué significa el nombre de Jesús?
Jesús quiere decir en hebreo: "Dios salva" […] Ya que "¿Quién puede perdonar pecados, sino sólo Dios?", es él quien, en Jesús, su Hijo eterno hecho hombre "salvará a su pueblo de sus pecados". (CIC, no. 430, citando Mt 1:21)

2. ¿Por qué es Jesús llamado Cristo?
Cristo viene de la traducción griega del término hebreo "Mesías" que quiere decir "ungido". No pasa a ser nombre propio de Jesús sino porque él cumple perfectamente la misión divina que esa palabra significa. (CIC, no. 436)

3. ¿Cómo modela Jesús para nosotros el discipulado?
Toda su vida, Jesús se muestra como nuestro modelo: él es el "hombre perfecto" que nos invita a ser sus discípulos y a seguirle: con su anonadamiento, nos ha dado un ejemplo que imitar; con su oración atrae a la oración; con su pobreza, llama a aceptar libremente la privación y las persecuciones. (CIC, no. 520, citando GS, no. 38)

eran verdaderamente una realidad como una sola persona. Insistían que María podía ser llamada "Madre de Jesús", pero no "Madre de Dios", como si Jesús, el hombre, y el Hijo, divino, fuesen dos personas distintas. El Concilio de Éfeso (431 d.C.) rechazó esta herejía y profesó que María es la Madre de Dios, la *Theotokos* ("Madre de Dios"). Jesucristo es el divino Hijo de Dios que se hizo carne en el seno de la Virgen María. El que nació de la Virgen María es el mismo —la misma persona— que ha existido con el Padre y el Espíritu Santo desde la eternidad.

Entender que Jesús es tanto completamente humano como completamente divino es algo muy importante. La Iglesia ha defendido constantemente esta enseñanza ante los intentos de presentar uno o el otro como algo menos. Si la Crucifixión y la Resurrección fueron acontecimientos que implicaban solo a Dios, entonces no estamos salvados. Si Jesús no fue divino, él habría sido simplemente un buen hombre cuya muerte y Resurrección no nos podrían haber salvado. Es necesario creer que el misterio de la Encarnación significa que Jesús era completamente tanto Dios como hombre.

JESÚS ES EL SALVADOR DE TODOS

Ningún otro puede salvarnos, pues en la tierra no existe ninguna otra persona a quien Dios haya constituido como salvador nuestro.

—Hch 4:12

Al comienzo del tercer milenio, el mundo celebró una concienciación global y la diversidad de las culturas. La revolución en los medios de comunicación, el transporte y las tecnologías de computadoras nos está haciendo consciente de los pueblos y de la diversidad de maneras raramente vividas tan directamente en el pasado. Estados Unidos mismo es un caso práctico primordial respecto a la continuidad de la diversidad cultural, especialmente siendo testigo del gran número de hispanos y asiáticos.

Entre la excitación generada por la concienciación global, ayuda destacar que el plan de Dios para salvar al mundo ha sido global desde el mismo principio. Las últimas palabras de Jesús a sus Apóstoles presentan precisamente la escala global de su misión: "Vayan, pues, y enseñen a todas las naciones" (Mt 28:19).

Los energéticos misioneros de la Iglesia han llevado la Buena Nueva de Jesucristo a todas las partes de la Tierra. Repetidas veces la Iglesia ha encarnado el Evangelio en una nueva y fascinante cultura. Si alguien es un experto en pluralidad cultural, esa es la Iglesia, cuyo alcance evangélico ha evangelizado las antiguas Judea, Grecia y Roma, Egipto y el norte de África, las comunidades tribales que penetraron el norte de Europa, los mundos de la Edad Media y el Renacimiento, las distantes tierras de Asia y los nuevos campos que se abrieron con el descubrimiento de América.

En tiempos recientes, la misión revitalizada de la Iglesia en África y Asia es ahora un nuevo capítulo en su proclamación de Cristo al mundo.

Mientras que celebramos, correctamente, la rica variedad de las culturas, también se nos recuerda que la unidad y la armonía en Cristo constituyen el mayor valor y esperanza para la comunidad humana. No debería haber un enfrentamiento entre culturas o civilizaciones, sino más bien el crecimiento del respeto universal por la dignidad humana de todos. Buscamos la unidad a la vez que honramos la diversidad étnica y cultural. Esta es una unidad que refleja la unidad de la Santísima Trinidad misma. La misión de la Iglesia Católica es el plan del Señor de unir a todas las gentes en el amor de Jesucristo, el Salvador de todos. Esta unidad nunca puede restar valor al carácter único de las culturas, el cual el pluralismo reconoce y respeta.

PARA LA REFLEXIÓN Y EL DEBATE

1. ¿Por qué es importante para ti apreciar la verdad de que la persona, palabras y obras de Jesús como aparecen en los Evangelios son misterios que nos revelan el plan de Dios para nuestra salvación? Y al revés, ¿qué pasa cuando se nos olvida esto?
2. El Nuevo Testamento y los primeros Concilios de la Iglesia afirman con fe que Jesús es Dios verdadero y hombre verdadero. ¿Cuál es el valor para nuestra fe de apreciar esta verdad de la Revelación? ¿Qué sucede si olvidamos cualquiera de los aspectos de la identidad de Cristo?
3. ¿Cuál es tu experiencia de la diversidad cultural? ¿Cómo ha influenciado esta diversidad tu sensitividad hacia los demás? ¿Por qué es el plan de Dios el unir a todas las gentes mediante el amor de Cristo un valor incluso mayor?

ENSEÑANZAS

• "La vida entera de Cristo fue una continua enseñanza: su silencio, sus milagros, sus gestos, su oración, su amor al hombre, su predilección por los pequeños y los pobres, la aceptación total del sacrificio en la cruz por la salvación del mundo, su resurrección, son la actuación de su palabra y el cumplimiento de la revelación" (CIC, no. 561).

- El nombre *Jesús* significa "Dios Salva". "Ningún otro puede salvarnos, pues en la tierra no existe ninguna otra persona a quien Dios haya constituido como salvador nuestro" (Hch 4:12). El título *Cristo* significa "Ungido" (*Mesías*).

- El título *Hijo de Dios* se refiere a la verdad de que Jesucristo es el único y eterno Hijo del Padre. En el bautizo y la Transfiguración de Cristo, el Padre dice de Jesús: "Este es mi Hijo muy amado" (Mt 3:17; 17:5). Profesar a Jesús como *Señor* es creer en su divinidad.

- El único Hijo del Padre, la Palabra eterna, se hizo hombre a la hora precisa, sin cesar de ser Dios. Fue concebido por el Espíritu Santo y nació de la Virgen María.

- Jesucristo es verdadero Dios y verdadero hombre, unido en una sola Persona divina.

- "El Hijo de Dios [...] trabajó con manos de hombre, pensó con inteligencia de hombre, obró con voluntad de hombre, amó con corazón de hombre. Nacido de la Virgen María [...] semejante en todo a nosotros, excepto en el pecado" (GS, no. 22).

- En la Encarnación, contemplamos el misterio de la unión de las naturalezas divina y humana en la persona del Hijo de Dios. De alguna manera, de una forma que no podemos comprender completamente, Jesús poseía tanto conocimiento y voluntad humanos como conocimiento y voluntad divinos.

- Como discípulos de Cristo, estamos llamados a modelarnos como él, hasta que él se forme en nosotros.

- Los misterios de la infancia y del período oculto de la vida de Cristo nos invitan a identificarnos con la obediencia de Cristo a María y José, así como con el ejemplo de su santidad en las tareas diarias de la familia y en el trabajo durante los largos años en Nazaret.

- Los misterios de la vida pública de Jesús nos llevan a aprender el discipulado de las enseñanzas de su bautismo, su tentación en el desierto, su predicación y testimonio del Reino de Dios, su Transfiguración, su viaje voluntario a Jerusalén para afrontar su

Pasión y su entrada en Jerusalén, donde él completó la obra de salvación mediante su muerte y Resurrección.

MEDITACIÓN

¿Por Qué Se Hizo Carne la Palabra?

La Palabra se hizo carne para salvarnos del pecado y reconciliarnos con Dios. "Tanto amó Dios al mundo, que le entregó a su Hijo único, para que todo el que crea en él tenga vida eterna" (Jn 3:16).

Por la Encarnación somos conscientes de la profundidad del amor que Dios nos tiene. "El amor que Dios nos tiene se ha manifestado en que envió al mundo a su Hijo unigénito, para que vivamos por él" (1 Jn 4:9).

Cuando el Hijo de Dios se hizo hombre, él se convirtió para nosotros en modelo de santidad. "Este es mi mandamiento: que se amen los unos a los otros como yo los he amado" (Jn 15:12).

Dios se hizo hombre para que nosotros podamos participar de la naturaleza divina. "Nos han sido otorgados también los grandes y maravillosos bienes prometidos, para que por ellos puedan ustedes [...] participar de la naturaleza divina" (2 P 1:4).

ORACIÓN

Señor Jesucristo, Hijo del Dios vivo,
Ten misericordia de mí, un pecador.

Nunca puedo dejar de hablar de Cristo, pues él es nuestra verdad y nuestra luz.

—Papa Pablo VI

8 LOS ACONTECIMIENTOS SALVÍFICOS DE LA MUERTE Y RESURRECCIÓN DE CRISTO

EL MISTERIO PASCUAL, LA UNIDAD DE
LAS OBRAS SALVADORAS
—CIC, NOS. 571-664

CANTANDO LAS ALABANZAS DEL SEÑOR — CON UN RETO

En el funeral de la Hermana Thea Bowman, el 2 de abril de 1990, el Padre John Ford preguntó: "¿Quién fue la Hermana Thea?" Se dieron muchas respuestas. Alguien dijo: "Ella nos desafió a vivir nuestra individualidad, sin embargo nos rogaba que fuésemos uno solo en Cristo. Ese fue su elocuente canto". Otra persona la llamó "la primavera en la vida de todos". Se la elogió como "la voz dorada de Dios enviada a danzar, mecerse, a hacerse obvia en nuestras vidas".

¿Quién era la Hermana Thea?

Nacida con el nombre de Bertha Bowman en 1937, en Yazoo, Mississippi, hija de un médico, Theon E. Bowman, y de una maestra, Mary E. Coleman Bowman, Bertha prosperó en un clan familiar afroamericano rico en su complejidad. Cuando las escuelas locales no ofrecieron la posibilidad de una buena educación, su madre la matriculó en una escuela de las Hermanas Franciscanas de la Perpetua Adoración de La Crosse, Wisconsin. Bertha se convirtió al catolicismo a los nueve años, y seis años más tarde ella entró en la congregación que le había enseñado. Cuando se hizo hermana, tomó el nombre *Thea*.

Fue maestra desde 1959 hasta su muerte en 1990, primero de estudiantes de la escuela primaria y después de una audiencia más amplia. Obtuvo un título de postgrado en literatura inglesa de la Universidad Católica en Washington, D.C. No importaba donde estuviese, ella llevaba en su corazón y en su voz las canciones, historias y valores de la rica herencia cultural de la comunidad afroamericana del sur rural de Estados Unidos. Como si fuese una versión moderna de los poetas cantantes de la Sagrada Escritura, los bardos de la antigua Grecia y los cuentacuentos de África, ella compartió el Evangelio y los dones de los afroamericanos con todos aquellos que la escuchaban. Demostró una conciencia social en muchas ocasiones.

Habló a los obispos estadounidenses el 17 de junio de 1989, durante su reunión en la Universidad Seton Hall en South Orange, New Jersey. Sufriendo de cáncer óseo, les habló desde una silla de ruedas. De entre los retos que presentó, había uno sobre las escuelas católicas.

Tengo que decir una cosa más. A ninguno de ustedes les va a gustar esto pero no pasa nada. La Iglesia ha preguntado repetidamente a los negros, ¿qué es lo que quieren? ¿Qué puede hacer la Iglesia por ustedes? Y los negros de todo el país están diciendo: Ayúdenos con la educación. Necesitamos educación. El camino para salir de la pobreza es la educación. No podemos ser Iglesia sin la educación, porque la ignorancia nos mata y nos atrofia. Los negros estamos todavía pidiendo a la Iglesia educación. ("To Be Black and Catholic", *Origins* (6 de julio de 1989): 117 (v.d.t.))

Al finalizar su discurso —recibido por los obispos como un cálido y conmovedor mensaje— invitó a los obispos a unirse a ella cantando "We Shall Overcome" ("Venceremos" (v.d.t.)), con sus brazos entrelazados para unirlos más. A menudo ella decía: "No queremos cambiar la teología de la Iglesia. Simplemente queremos expresar la teología dentro de las raíces de nuestra cultura espiritual afroamericana" (citado en Mary Queen Connelly, "Sr. Thea Bowman (1937-1990)", *America* (25 de abril de 1990) (v.d.t.)).

Al proseguir nuestra reflexión sobre la muerte y Resurrección de Jesús, vemos que la irresistible historia de la Hermana Thea nos muestra que ella fue testigo del misterio de Cristo. Cargó su cruz con entereza y aún así podía cantar aleluyas desde su silla de ruedas —viviendo el Misterio Pascual cada día. Hacia los últimos días de su vida dijo: "Vayamos más allá de nosotros mismos, yendo más allá de nuestras áreas de comodidad para unirnos nosotros mismos al trabajo redentor de Cristo. Partamos pan juntos. Vivamos de nuevo el santo y redentor misterio" (citado en Catholic News Service, "Sr. Thea Bowman's Posthumous Plea: Really Live Holy Week" (30 de marzo de 1990) (v.d.t.)).

LEVANTEN LA CRUZ EN ALTO

Tanto en el sufrimiento como en la muerte, su humanidad se hizo el instrumento libre y perfecto de su amor divino que quiere la salvación de los hombres.

—CIC, no. 609

Jesús avisó, de muchas maneras, a sus seguidores que el dolor y la muerte eran parte esencial de su misión. Justo después de nombrar a Pedro como la roca sobre la que la Iglesia sería edificada, Jesús predijo su Pasión. "Comenzó Jesús a anunciar a sus discípulos que tenía que ir a Jerusalén para padecer allí mucho de parte de los ancianos, de los sumos sacerdotes y de los escribas; que tenía que ser condenado a muerte y resucitar el tercer día" (Mt 16:21). Cuando Pedro protestó contra esta posibilidad, Jesús lo reprochó diciendo: "Tu modo de pensar no es el de Dios, sino el de los hombres" (Mt 16:23). Jesús predijo su Pasión de nuevo tras la Transfiguración (cf. Mt 17:22-23).

Jesús no solo aceptaría la Cruz, sino que esperaba lo mismo de sus discípulos. "Si alguno quiere acompañarme, que no se busque a sí mismo, que tome su cruz de cada día y me siga" (Lc 9:23). Jesús explicó esta verdad en mayor profundidad mediante una imagen agrícola. "Si el grano de trigo, sembrado en la tierra, no muere, queda infecundo; pero si muere, producirá mucho fruto" (Jn 12:24). Jesús indicó que la máxima expresión del amor es morir por quien se ama. "Nadie tiene amor más grande a sus amigos que el que da la vida por ellos" (Jn 15:13).

Ya que el sufrimiento y la muerte de Cristo fue el instrumento de la salvación, ¿de qué nos salvó? Necesitábamos ser salvados del pecado y de sus efectos perjudiciales. El plan de Dios para salvarnos requería que el Hijo de Dios viniese a este mundo para ser como nosotros en todo excepto en el pecado. El amor divino hizo esto posible.

Jesús, el Hijo de Dios, fue enviado por el Padre para restaurar la armonía entre Él y la humanidad que había sido trastornada por el pecado. Vino a enseñarnos y a mostrarnos el amor. Jesús estaba libre de pecado, pero en su naturaleza humana, él estaba sujeto a todo el sufrimiento que padecen los seres humanos, incluyendo el odio de otros, la tortura y la muerte misma. Él proclamó la venida del Reino de Dios mediante sus palabras y obras, en obediencia a la voluntad de su Padre. Enseñó el significado total de todo lo que había sido revelado en el Antiguo Testamento. Pero algunos no quisieron escuchar este mensaje. Se opusieron a él y lo entregaron a la administración del Imperio Romano en Palestina para que fuese ejecutado.

En la Cruz, Jesús libremente dio su vida como un sacrificio. Su sacrificio fue un acto de expiación, es decir, nos hace de nuevo uno con Dios mediante el poder de la misericordia divina, que nos extiende el perdón del Padre por nuestros pecados. Su sacrificio también se llama un *acto de satisfacción* o *reparación*[7] porque él vive completamente la llamada que hace el Padre a los seres humanos de ser fieles a su plan para ellos, y así conquistar el poder del pecado. También es una *expiación*[8] de nuestros pecados, lo cual es la forma bíblica de entender que Dios toma la iniciativa a la hora de llevar a cabo la reconciliación con Él mismo. En palabras de la Tradición cristiana, el sacrificio de Jesús merece la salvación nuestra porque mantiene para siempre el poder de atraernos hacia él y hacia al Padre.

¿Quién es responsable de la muerte de Jesús? Cada uno de nosotros que, desde el principio de la historia hasta el fin de los tiempos, con orgullo y desobediencia ha pecado es de alguna forma responsable. Históricamente, algunos líderes judíos entregaron a Jesús a Poncio Pilato, el gobernador romano que condenó a Jesús a morir en la Cruz.

---

7   La palabra "reparación" significa "desagraviar por el mal hecho, o por una ofensa, especialmente por el pecado, que es una ofensa contra Dios. Con su muerte en la Cruz, el Hijo de Dios ofreció su vida por amor al Padre para reparar por nuestra desobediencia pecadora" (CIC, Glosario).

8   La palabra "expiación" significa "el acto de redención y reparación por el pecado que Jesucristo nos consiguió con el derramamiento de su Sangre en la Cruz, por su amor lleno de obediencia 'hasta el final' (Jn 13:1)" (CIC, Glosario).

Es incorrecto acusar al pueblo judío de la muerte de Cristo como a menudo se ha hecho en la historia. "La Iglesia no duda en imputar a los cristianos la responsabilidad más grave en el suplicio de Jesús, responsabilidad con la que ellos con demasiada frecuencia, han abrumado únicamente a los judíos" (CIC, no. 598). En el Concilio Vaticano II, la Iglesia hizo la siguiente declaración respecto al pueblo judío:

> Lo que se perpetró en su pasión no puede ser imputado indistintamente a todos los judíos que vivían entonces ni a los judíos de hoy [...] no se ha de señalar a los judíos como reprobados por Dios y malditos como si tal cosa se dedujera de la Sagrada Escritura. (CIC, no. 597, citando el Concilio Vaticano II, *Declaración Sobre las Relaciones de la Iglesia con las Religiones No Cristianas* [*Nostra Aetate*; NA], no. 4)

El Credo de los Apóstoles profesa que después de su muerte y entierro, Jesús descendió a los infiernos. En el lenguaje de la Iglesia primitiva, esto quería decir que Jesús fue al reino de los muertos, desde el cual llamó a todas las personas justas que habían vivido antes que él a entrar con él a la gloria del Reino del Cielo. Un icono popular de las Iglesias orientales muestra a Jesús resucitado introduciendo sus manos en el reino de los muertos para extraer a Adán y Eva.

> Cristo muerto, en su alma unida a su persona divina, descendió a la morada de los muertos. Abrió las puertas del cielo a los justos que le habían precedido. (CIC, no. 637)

¡CRISTO HA RESUCITADO! ¡ALELUYA!

La Resurrección de Cristo es objeto de fe en cuanto es una intervención trascendente de Dios mismo en la creación y en la historia.

—CIC, no. 648

Cuando hablamos del Misterio Pascual, nos referimos a la muerte y Resurrección de Cristo como un solo e inseparable acontecimiento. Es un misterio porque es un signo visible de un acto invisible de Dios. Es pascual porque es el paso de Cristo a través de la muerte a la nueva vida. Para nosotros esto quiere decir que ahora podemos morir al pecado y su dominación de nuestras vidas, y pasamos ya aquí en la tierra a la vida divina y lo haremos más completamente en el cielo. La muerte es conquistada en el sentido de que no solo nuestras almas sobreviven la muerte física, sino que incluso nuestros cuerpos se levantarán de nuevo al final de los tiempos en el Juicio Final y la resurrección de los muertos.

Las narraciones de la Resurrección en los cuatro Evangelios —aunque difieren en los detalles a causa de los distintos puntos de vista de los diferentes autores— mantienen una estructura similar en la narración de los acontecimientos. Al amanecer del Domingo tras la muerte de Cristo, María Magdalena y una compañera van a la tumba para ungir el cuerpo sin vida de Jesús. Encuentran la tumba vacía. Se encuentran a un ángel que proclama la Resurrección de Jesús: "No está aquí; ha resucitado" (Mt 28:6). Se les dice que lleven la Buena Nueva a los Apóstoles. María Magdalena es quien se pone al frente y es celebrada en la liturgia de la Iglesia como el primer testigo de la Resurrección.

A continuación surgen las narraciones de las apariciones de Jesús cuando este se aparece a los Apóstoles y los discípulos en distintas ocasiones. San Pablo resume estas apariciones en su primera Carta a los Corintios (cf. 1 Co 15:3-8). Finalmente, los discípulos reciben la comisión de llevar el Evangelio al mundo.

Mientras que la tumba vacía no prueba la Resurrección, ya que la ausencia del cuerpo de Cristo podría tener otras explicaciones, es una parte esencial de la proclamación de la Resurrección porque demuestra el hecho de lo que Dios ha hecho al resucitar a su Hijo de la muerte en su propio cuerpo. Cuando San Juan entró en la tumba vacía, "vio y creyó" (Jn 20:8).

UN HECHO HISTÓRICO

La Resurrección es un hecho histórico porque realmente tuvo lugar en un lugar y tiempo específicos, y por ello hubo testigos de su impacto. María Magdalena se encontró a Cristo Resucitado y abrazó sus pies. El Apóstol Tomás vio a Jesús y sus llagas y dijo: "¡Señor mío y Dios mío!" (Jn 20:28). Dos discípulos caminaron junto a Jesús de camino a Emaús y lo reconocieron en la Fracción del Pan (Lc 24:13-35). Todos los Apóstoles lo vieron (cf. Jn 20:19-23). San Pablo nos cuenta que él se encontró a Cristo Resucitado en el camino a Damasco (cf. Hch 9:3-6). También escribe que quinientas personas vieron a Jesús en una misma ocasión (cf. 1 Co 15:3-8).

Ninguno de los testigos de la Resurrección de Jesús se lo esperaba. De hecho, estaban desmoralizados a causa de la ejecución de Jesús. Incluso cuando lo vieron, algunos tenían dudas persistentes. "Al ver a Jesús, se postraron, aunque algunos titubeaban" (Mt 28:17). En otras palabras, no se convencían fácilmente, ni tampoco se vieron envueltos en algún tipo de alucinación mística o histeria. Algunos de ellos incluso murieron como mártires en vez de negar lo que ellos habían presenciado como testigos. Desde esta perspectiva, su testimonio, que decía que la Resurrección fue un hecho histórico, es más convincente (cf. CIC, nos. 643-644).

UN HECHO TRASCENDENTE

La realidad de la Resurrección de Cristo también es algo que va más allá del campo de la historia. Nadie vio la Resurrección en sí. Ningún evangelista la describe. Nadie nos puede decir como es que sucedió físicamente. Nadie se percibió cómo el cuerpo terrenal de Cristo pasó a una forma glorificada. A pesar de que Jesús resucitado podía ser visto, tocado, escuchado y que se podía comer junto a él, la Resurrección permanece siendo un misterio de fe que trasciende la historia.

Su cualidad trascendente puede ser deducida del estado del cuerpo resucitado de Cristo. No era un fantasma, Jesús los invitó a tocarlo. Pidió un trozo de pescado para mostrarles que podía comer. Pasó tiempo con ellos, a menudo repitiendo las enseñanzas que había repartido antes de la Pasión, pero ahora lo hace con la perspectiva de la Resurrección. Tampoco era un cuerpo como el de Lázaro, quien volvería a morir. Su cuerpo resucitado nunca volvería a morir. El cuerpo de Cristo estaba glorificado, no está sujeto al espacio o al tiempo. Puede aparecer y desaparecer ante los ojos de los Apóstoles. Las puertas cerradas no le impiden el paso. Es un cuerpo de verdad, pero glorificado, que no pertenece a la tierra sino al Reino del Padre. Es un cuerpo transformado por el Espíritu Santo (cf. 1 Co 15:42-44). La acción del Espíritu Santo "ha vivificado la humanidad muerta de Jesús y la ha llamado al estado glorioso de Señor" (CIC, no. 648).

¿Qué aprendemos de la Resurrección de Cristo? Si Jesús no hubiese resucitado, nuestra fe no significaría nada. San Pablo deja esto claro en su primera Carta a los Corintios: "Si hemos predicado que Cristo resucitó de entre los muertos, ¿cómo es que algunos de ustedes andan diciendo que los muertos no resucitan? Por si los muertos no resucitan, tampoco Cristo resucitó; y si Cristo no resucitó, nuestra predicación es vana, y la fe de ustedes es vana" (1 Co 15:12-14). También aprendemos que, al resucitarlo de entre los muertos, el Padre ha dejado su sello sobre la obra realizada por su Hijo unigénito mediante su Pasión y muerte. Ahora vemos la plenitud de la gloria de Jesús como Hijo de Dios y Salvador.

LA ASCENSIÓN AL CIELO

El Misterio Pascual culmina con la Ascensión de Jesús. Tras su aparición aquí en la tierra con su cuerpo resucitado, y "después de dar sus instrucciones, por medio del Espíritu Santo, a los apóstoles que había elegido" (Hch 1:2), Jesús "se fue elevando a la vista de ellos, hasta que una nube lo ocultó a sus ojos" (Hch 1:9):

La ascensión de Jesucristo marca la entrada definitiva de la humanidad de Jesús en el dominio celeste de Dios de donde ha de volver (cf. Hch 1:11) [...] Jesucristo, cabeza de la Iglesia, nos precede en el Reino glorioso del Padre para que nosotros, miembros de su cuerpo, vivamos en la esperanza de estar un día con él eternamente. Jesucristo, habiendo entrado una vez por todas en el santuario del cielo, intercede sin cesar por nosotros como el mediador que nos asegura permanentemente la efusión del Espíritu Santo. (CIC, nos. 665-667)

DE LA DUDA A LA FE

Cuando las mujeres informaron de la Resurrección a los Apóstoles, "todas estas palabras les parecían descarríos y nos les creían" (Lc 24:11).

DEL CATECISMO

1. ¿Cómo pudo Jesús salvarnos a todos?
Ningún hombre aunque fuese el más santo estaba en condiciones de tomar sobre sí los pecados de todos los hombres y ofrecerse en sacrificio por todos. La existencia en Cristo de la persona divina del Hijo, que al mismo tiempo sobrepasa y abraza a todas las personas humanas, y que le constituye Cabeza de toda la humanidad, hace posible su sacrificio redentor por todos. (CIC, no. 616)

2. ¿Por qué murió Jesús en la Cruz?
Jesús vino para "dar su vida en rescate por muchos" (Mt 20:28). Mediante su obediencia amorosa al Padre, él cumplió la misión expiatoria del Siervo doliente, él fue "traspasado por nuestras rebeliones, triturado por nuestros crímenes [...] Por sus llagas hemos sido curados" (Is 53:5) (cf. CIC, nos. 599-618).

3. ¿Cómo es la Resurrección una obra de la Santísima Trinidad?
Las tres personas divinas actúan juntas a la vez [...] Se realiza por el poder del Padre que "ha resucitado" a Cristo, su Hijo [...] Jesús se revela definitivamente "Hijo de Dios con poder, según el Espíritu de santidad, por su resurrección de entre los muertos". (CIC, no. 648, citando Rm 1:3-4)

En cuanto al Hijo, él realiza su propia Resurrección en virtud de su poder divino [...] él afirma explícitamente: "doy mi vida, para recobrarla de nuevo". (CIC, no. 649, citando Jn 10:17-18)

Los Apóstoles pensaron que estaban viendo a un fantasma cuando Jesús se les apareció a ellos por primera vez. Tomás rechazó creer al menos que pudiese tocar las llagas hechas por los clavos.

Unas pocas décadas después surgieron herejes que negaron la Resurrección porque no creían que Jesús hubiese tenido un cuerpo. Los griegos creían solo en la inmortalidad del alma. El cuerpo no duraba más allá de la muerte. La Resurrección era algo imposible. Sin embargo, los Apóstoles y otros testigos que llegaron a tener fe en la Resurrección predicaron su realidad y su centralidad en la fe. Si no hubiese sucedido, no habría ni Iglesia ni Eucaristía. Miles de los primeros cristianos creyentes murieron por su fe en Cristo Resucitado y su salvación.

En nuestra cultura actual, hay quienes presentan nuevas negaciones de la Resurrección. Trastornan el lenguaje del Nuevo Testamento para respaldar su incredulidad. Reinterpretan arbitrariamente lo que los autores del texto dijeron y quisieron comunicar. Desde su punto de vista, las "apariciones" tras la Resurrección fueron cálidos recuerdos de Jesús, proyecciones de sus necesidades interiores o experiencias espirituales internas —y no apariciones reales, a pesar de las descripciones concretas en los documentos del Nuevo Testamento. Tales escépticos parecen querer decir: "Era imposible, y por eso no sucedió".

La Resurrección hace creíble todo lo que Jesús dijo e hizo. Revela como fue que Jesús llevó a cabo el eterno plan de Dios para nuestra salvación. Mediante ella, podemos tener un anticipo de los dones celestiales y de la gloria de los tiempos futuros. El poder de la Resurrección recuerda a nuestra cultura que la gracia es siempre más poderosa y efectiva que el pecado y el mal.

■■■■■ PARA LA REFLEXIÓN Y EL DEBATE ■■■■

1. Cuando Jesús dice que nuestro discipulado requiere la Cruz, ¿qué significa esto para ti? ¿De qué maneras ves que te estás resistiendo a esta parte de la llamada de Cristo? ¿Cuál es tu "Vía Crucis"?

2. ¿Cómo podrías ayudar a la gente a tener fe en la Resurrección de Cristo? ¿Por qué es algo tan central para tu fe?

3. ¿Cómo podrías llegar a entender o vivir la necesidad de un Salvador? ¿Por qué están unidas la Cruz y la Resurrección en el Misterio Pascual?

ENSEÑANZAS

- Para muchos en Israel, Jesús parecía actuar en contra de la Ley, el Templo y su fe en el único Dios.
- Cristo sufrió porque fue "rechazado por los ancianos, los sumos sacerdotes y los escribas" quienes lo entregaron "a los paganos para que se burlen de él, lo azoten y lo crucifiquen" (Mc 8:31; Mt 20:19).
- Jesús no abolió la Ley del Sinaí. Él la hizo realidad y reveló su significado último (cf. Mt 5:17-19; 6:43-48).
- Jesús respetó el Templo, al que viajaba con ocasión de las principales fiestas y el cual Jesús amó como morada de Dios en la tierra.
- Al perdonar pecados, Jesús se manifestó a sí mismo como el Salvador (cf. Jn 5:16-18). Aquellos que no lo aceptaron como el Salvador, lo vieron solo como un hombre que afirmaba ser Dios, un blasfemo (cf. Jn 10:33).
- Nuestra salvación brota del amor que Dios nos tiene, porque "Él nos amó primero y nos envió a su Hijo, como víctima de expiación por nuestros pecados" (1 Jn 4:10). "Cristo murió por nuestros pecados, como dicen las Escrituras" (1 Co 15:3).
- Jesús vino "a dar la vida por la redención de todos" (Mt 20:28). Mediante su obediencia amorosa al Padre, él cumplió la misión expiatoria del Siervo doliente, "traspasado por nuestras rebeliones, / triturado por nuestros crímenes [...] / Por sus llagas hemos sido curados" (Is 53:5).
- El Hijo de Dios que se hizo hombre verdaderamente murió y fue enterrado, pero su cuerpo no sufrió la corrupción. En su alma humana unida a su persona divina, Cristo muerto descendió a la morada de los muertos y abrió el cielo a los justos que le habían precedido (cf. CIC, no. 637).
- La Resurrección de Cristo es un hecho que es atestiguado históricamente por los Apóstoles que verdaderamente se encontraron al Resucitado. La Resurrección es también un misterio trascendente porque Dios Padre resucitó a su Hijo de entre los muertos por el poder del Espíritu Santo.

- La tumba vacía ayudó a los discípulos a aceptar el hecho de la Resurrección. Cuando San Juan entró en la tumba, "vio y creyó" (Jn 20:8).

- Cristo es "el primogénito de entre los muertos" (Col 1:18) y por ello es el principio de nuestra propia resurrección, ahora por la salvación de nuestras almas, y al fin de los tiempos, cuando se dé una vida nueva a nuestros cuerpos.

- La Ascensión de Cristo marca la entrada definitiva de su humanidad en el cielo. Cristo nos precede allí para que nosotros, los miembros dé su cuerpo, podamos vivir con la esperanza de estar con él por siempre. Jesús intercede constantemente por nosotros como nuestro mediador y nos asegura la efusión constante del Espíritu Santo.

- Al fin de los tiempos, Jesucristo vendrá con Gloria para juzgar a vivos y muertos.

▬ MEDITACIÓN ▬

Haz Santa la Semana Santa

Vallamos más allá de nosotros mismos, saliendo de nuestras zonas de confort para unirnos a la obra redentora dé Cristo. Nos unimos a la obra redentora de Jesús cuando hacemos la paz, cuando compartimos la buena noticia de que Dios está en nuestras vidas, cuando reflejamos la curación y el perdón de Dios a nuestros hermanos y hermanas. Partamos pan juntos. Vivamos de nuevo el misterio santo y redentor. Hagámoslo en memoria de él, reconociendo con fe su verdadera presencia en nuestros altares.[9]

---

9   Thea Bowman, FSPA, *Mississippi Today* (abril de 1990). Estas palabras provienen de un artículo que la Hermana Thea escribió la misma semana en la que murió (v.d.t.).

ORACIÓN

Ahora que hemos visto la Resurrección de Cristo,
Adoremos al todo santo Señor Jesús, el único sin pecado.
Nos postramos en adoración ante tu Cruz, Oh Cristo,
Y alabamos y glorificamos tu Resurrección,
Porque tú eres Dios, y no tenemos a ningún otro,
Y magnificamos tu nombre.
Todos los que sois fieles, vengan: adoremos la santa
    Resurrección de Cristo,
Porque he aquí, que por la Cruz el gozo ha venido al
    mundo!
Bendigamos siempre al Señor, cantemos su Resurrección,
Porque al aguantar por nosotros el dolor de la Cruz, él ha
    derrotado
A la muerte con su muerte.

—Himno del Domingo de Pascua, Oraciones Diarias Bizantinas

Sé que mi Redentor vive.
¡Qué gozo da esta bendita promesa!
Vive, vive quien había muerto;
¡Vive mi eterna cabeza!

—Samuel Medley (v.d.t.)

9 RECIBAN EL ESPÍRITU SANTO (Jn 20:22)

LA REVELACIÓN DEL ESPÍRITU, MISIÓN CONJUNTA DEL HIJO Y DEL ESPÍRITU
—CIC, NOS. 683-747

FUE GUIADA POR EL ESPÍRITU SANTO

Kateri Tekakwitha nació en 1656 en Ossernenon, un pueblecito de los nativos americanos Mohawk en lo que hoy es Auriesville, New York. Era la hija de un jefe Mohawk y de una mujer cristiana de la tribu Algonquin, quien había acabado viviendo con los Mohawks tras ser capturada en Trois Rivieres, Québec. Kateri tenía cuatro años cuando sus padres y su hermano chiquito murieron de viruela. Kateri también se contagió de la enfermedad, la cual desfiguró su rostro. Dos tías y un tío la adoptaron. La familia se mudó a Caughnawaga, que ahora es Fonda, New York. Kateri demostró ser una mujer joven trabajadora, pero no mostró interés en casarse.

Cuando estaba en su adolescencia, misioneros jesuitas vinieron a su pueblo. Se sintió atraída al catolicismo pero sufrió la oposición de su familia y tribu. El Padre James de Lamberville comenzó a reunirse con ella regularmente, enseñándole la fe y cómo rezar y abrir su corazón a Dios. Cuando tenía veinte años, Kateri fue bautizada el Domingo de Pascua y recibió el nombre de Catherine, o *Kateri* en el idioma Mohawk.

Como sus paisanos mostraron mucha hostilidad hacia su nueva fe, Kateri decidió dejar su hogar e irse a una colonia de indios cristianos cerca de Montreal. Allí paso el resto de sus años. Prometió permanecer virgen. Dedicó su vida a la oración, a la penitencia y al cuidado de los ancianos y los enfermos. Cada mañana, a las 4, llegaba a la capilla para asistir a Misa y para realizar contemplación. Era devota a la Eucaristía y al misterio de la Cruz.

Murió el 7 de abril de 1680. Testigos dijeron que sus últimas palabras fueron: "Jesús, te amo". También testificaron que las cicatrices de la varicela en su cara habían desaparecido. A su muerte, ella estaba radiante y bella.

La Beata Kateri Tekakwitha es la primera nativa norteamericana, hombre o mujer, en haber sido declarada Beata. Su festividad es el 14 de julio. Junto con San Francisco de Asís, ella es la patrona del medioambiente y la ecología. Se la conoce popularmente como "el Lirio de los Mohawks".

El Papa Juan Pablo II se dirigió a seiscientos nativos americanos con ocasión de la beatificación de Kateri. Apuntando que la Beata Kateri es un ejemplo de su fe, el Papa dijo,

> Ustedes han venido a regocijarse en la beatificación de Kateri Tekakwitha. Es momento de detenernos y dar gracias a Dios por la cultura única y la rica tradición humana que ustedes han heredado y por el mayor don que alguien puede recibir, el don de la fe. (*L'Osservatore Romano* (22 de junio de 1980), 13 (v.d.t.))

El Espíritu Santo trabaja en los corazones de todos los que están bautizados, pero el poder de sus dones es evidente de mayor forma en las vidas de los testigos extraordinarios de la fe, como la Beata Kateri.[10]

JESÚS NOS DA EL ESPÍRITU TRANSFORMADOR

Justo antes de su Ascensión, Jesús dijo las siguientes palabras a sus Apóstoles: "Cuando el Espíritu Santo descienda sobre ustedes, los llenará de fortaleza y serán mis testigos en Jerusalén, en toda Judea, en Samaria y hasta los últimos rincones de la tierra" (Hch 1:8).

Estas palabras de Cristo a sus Apóstoles también están dirigidas a cada uno de los creyentes. El Espíritu Santo viene a nosotros como un maestro del significado y profundidad de la Revelación. También nos llena de poder, de la gracia de entender las enseñanzas de la Iglesia y de

---

10 Para más información sobre la Beata Kateri, véanse los textos del Tekakwitha Conference National Center reproducidos en línea en *www.cin.org*.

la sabiduría para ver como estas se aplican a nuestras vidas. Finalmente, el Espíritu nos da valentía en nuestros corazones para que podamos ser testigos de lo que creemos tanto ante los creyentes como ante los no creyentes.

Los Hechos de los Apóstoles muestran como el Espíritu Santo transformó a los Apóstoles de ser unos discípulos temerosos, escondiéndose tras puertas cerradas, a valientes testigos por Cristo.

El día de Pentecostés, todos los discípulos estaban reunidos en un mismo lugar. De repente se oyó un gran ruido que venía del cielo, como cuando sopla un viento fuerte, que resonó por toda la casa donde se encontraban. Entonces aparecieron lenguas de fuego, que se distribuyeron y se posaron sobre ellos; se llenaron todos del Espíritu Santo y empezaron a hablar en otros idiomas, según el Espíritu los inducía a expresarse. (Hch 2:1-4)

Comenzando con el don del Espíritu Santo en Pentecostés, los discípulos se convirtieron en dinámicos misioneros. Llenó a esos discípulos con el don de la fortaleza para que así nada los detuviese de proclamar el amor de Cristo por toda la gente.

Cuando aprendemos a estar abiertos al Espíritu Santo, él comparte con nosotros el don del entendimiento el cual contiene el poder de conocer a Jesús y de dar testimonio de él. En nuestro Bautismo, el Espíritu actúa por medio de las aguas que quitan el Pecado Original y los pecados actuales, y nos da vida nueva en el Dios Triuno. En la Confirmación, el Espíritu Santo es otorgado mediante la unción con el crisma, mediante el cual el obispo nos marca para que el Espíritu Santo pueda darnos la fuerza para continuar la misión de Cristo de transformar el mundo. En cada Misa, el Espíritu Santo transforma el pan y el vino en el Cuerpo y la Sangre de Cristo mediante el ministerio del sacerdote.

El Espíritu Santo es dinámico, transformando nuestros cuerpos en templos de Dios y nuestras almas en moradas para Cristo. A veces llamado el *Paráclito*, una palabra que lo describe como el abogado y consolador, el Espíritu Santo quiere llenarnos de inspiración y ánimo.

Puede que no tengamos que hacer grandes cosas, pero estamos llamados a llevar a cabo los deberes diarios con gran amor. El Espíritu

Santo es, esencialmente, Amor. El amor puede cambiar a aquellos con quienes nos encontramos y nos puede cambiar a nosotros mismos en cada encuentro. Gracias al Espíritu Santo nuestro ser, en su totalidad, mente, corazón, alma y cuerpo, puede ser impregnado con Amor.

> "Dios es Amor" y el Amor que es el primer don, contiene todos los demás. Este amor "Dios lo ha derramado en nuestros corazones por el Espíritu Santo que nos ha sido dado". (CIC, no. 733, citando 1 Jn 4:8, 16 y Rm 5:5)

Un rico ejemplo del poder transformador del Espíritu Santo se puede ver en la vida de la Santísima Virgen María, la madre de Jesús. Ella es la obra maestra de Dios, transformada por ello en una luminosa testigo de la gracia desde el momento de su concepción. El ángel Gabriel correctamente se dirigió a ella como "llena de gracia". Es también por el poder del Espíritu Santo que la Virgen María concibió a Jesús, el Hijo de Dios.

> En fin, por medio de María, el Espíritu Santo comienza a poner en Comunión con Cristo a los hombres "objeto del amor benevolente de Dios", y los humildes son siempre los primeros en recibirle: los pastores, los magos, Simeón y Ana, los esposos de Caná y los primeros discípulos. (CIC, no. 725)

EL ESPÍRITU SANTO ES REVELADO GRADUALMENTE

El Espíritu Santo es la última de las Personas de la Santísima Trinidad en ser revelada. San Gregorio Nacianceno (329-389 d.C.) nos ofrece una excelente imagen del método pedagógico de Dios, el cual revela lentamente la verdad sobre la Trinidad. La Sagrada Escritura revela la verdad sobre la Trinidad en tres etapas:

> El Antiguo Testamento proclamaba muy claramente al Padre, y más obscuramente al Hijo. El Nuevo Testamento revela al Hijo y hace entrever la divinidad del Espíritu. Ahora el Espíritu tiene derecho de ciudadanía entre nosotros y nos da una visión

más clara de sí mismo. (CIC, no. 684, citando San Gregorio Nacianceno, *Orationes theologicae* 5, 26)

Llevó tiempo reconocer y proclamar el hecho de que el Espíritu Santo es Dios —igual que el Padre y el Hijo en su ser, de la misma naturaleza divina que ellos (*consubstancial* a ellos), la Tercera Persona de la Santísima Trinidad. En el Antiguo Testamento, el Espíritu Santo está oculto, aunque activo. "Cuando la Iglesia lee el Antiguo Testamento, investiga en él lo que el Espíritu, "que habló por los profetas", quiere decirnos acerca de Cristo" (CIC, no. 702). Tanto la palabra hebrea como la griega para *Espíritu* querían decir originalmente un "soplo", "aire" o "viento". Se entendía así al Espíritu como fuente de inspiración, vida y movimiento dentro del pueblo de Dios.

De entre estos textos sagrados, la Iglesia honra la promesa de que el Espíritu del Señor descansará sobre el Mesías y lo dotará de dones espirituales (cf. Is 11:1-2), y la profecía de que el Mesías será conmovido por él para "anunciar la buena nueva a los pobres, / curar a los de corazón quebrantado, / [...] pregonar el año de gracia del Señor" (Is 61:1-2).

Los Evangelios nos muestran la acción dinámica del Espíritu Santo. Es mediante el Espíritu que Jesús es concebido en el seno de la Virgen María. El Espíritu Santo aparece en forma de paloma sobre Jesús durante su bautismo en el Río Jordán. Guía a Jesús al desierto antes de comenzar su misión pública. En el discurso de la Última Cena en el Evangelio de Juan, capítulo 16, Jesús habla con largura sobre la revelación prometida y el envío del Espíritu Santo.

El Espíritu Santo es de nuevo revelado en Pentecostés, cuando las siete semanas después de Pascua habían concluido. "La Pascua de Cristo se consuma con la efusión del Espíritu Santo que se manifiesta, da y comunica como Persona divina: desde su plenitud, Cristo, el Señor, derrama profusamente el Espíritu" (CIC, no. 731).

Los Hechos de los Apóstoles y las diferentes epístolas del Nuevo Testamento nos dan más evidencias aún de la presencia y acción del Espíritu Santo en el primer siglo de la Iglesia. Más tarde, como respuesta a una negación de la divinidad del Espíritu, el I Concilio de Constantinopla (381 d.C.) declaró la divinidad del Espíritu Santo como una constante de la fe de la Iglesia.

Aunque el Espíritu Santo es la última Persona de la Santísima Trinidad en ser revelada, debemos comprender que, desde un principio, él es parte del designio amoroso de nuestra salvación del pecado y del ofrecimiento de la vida divina. Él tiene la misma misión que el Hijo en la causa de nuestra salvación. Cuando el Padre envía al Hijo, también envía al Espíritu Santo:

> Cuando el Padre envía su Verbo, envía también su aliento: misión conjunta en la que el Hijo y el Espíritu Santo son distintos pero inseparables. (CIC, no. 689)

El Espíritu Santo continúa dándonos conocimiento de Dios, viviendo y actuando en la Iglesia. El *Catecismo* delinea ocho formas en las que el Espíritu Santo nos ofrece una experiencia de la presencia de Dios (cf. CIC, no 688):

- Cuando estudiamos y rezamos la Sagrada Escritura, la cual fue inspirada por el Espíritu Santo, podemos sentir su presencia en las palabras bíblicas.
- Cuando leemos las vidas de los santos, sus enseñanzas y sus testimonios, podemos ser motivados hacia la santidad mediante sus ejemplos, los cuales fueron formados por el Espíritu Santo.
- Cuando asentimos con obediencia a las enseñanzas del Magisterio de la Iglesia, somos guiados por el Espíritu Santo. Su presencia es sentida de una forma única en los Concilios Ecuménicos.
- Cuando participamos activamente en las liturgias y sacramentos de la Iglesia, entramos en un momento sagrado cuando el Espíritu Santo nos abre a la experiencia de Dios, especialmente en la Eucaristía.
- Cuando nos damos a la oración, así sea el Rosario, la Liturgia de las Horas, la meditación u otras oraciones, el Espíritu Santo ora dentro de nosotros e intercede por nosotros.
- Cuando nos ofrecemos a los distintos esfuerzos misioneros o apostólicos de la Iglesia o vemos señales de estos signos, podemos sentir al Espíritu Santo activo en el mundo.

DEL CATECISMO

1. ¿Cuál es nuestra fe respecto al Espíritu Santo?
Creer en el Espíritu Santo es, por tanto, profesar que el Espíritu Santo es una de las personas de la Santísima Trinidad Santa, consubstancial al Padre y al Hijo, "que con el Padre y el Hijo recibe una misma adoración gloria". (CIC, no. 685, citando el Símbolo de Nicea-Constantinopla)

2. ¿Cuáles son las imágenes del Espíritu Santo en las Sagradas Escrituras?
En las Sagradas Escrituras, algunas de las imágenes del Espíritu Santo son el fuego, la nube y la luz, el sello, la mano, el dedo de Dios y la paloma (cf. CIC, nos. 696-701).

3. ¿Cómo son el agua y la unción símbolos del Espíritu Santo?
El *agua* [...] es significativ[a] de la acción del Espíritu Santo en el Bautismo, ya que, después de la invocación del Espíritu Santo, ésta se convierte en el signo sacramental eficaz del nuevo nacimiento. (CIC, no. 694)

La *unción* [...] con el óleo es también significativ[a] del Espíritu Santo [...] En la iniciación cristiana es el signo sacramental de la Confirmación, llamada justamente en las Iglesias de Oriente "Crismación". (CIC, no. 695)

- Cuando reconocemos los carismas y ministerios que ayudan a construir la Iglesia, también entendemos que es el Espíritu Santo quien nos provee con el liderazgo que necesitamos.
- Cuando habitamos en la gran Tradición de la Iglesia, su maravillosa historia y su ejército de santos testigos, sentimos el poder sustentador del Espíritu Santo en todo ello.

DONES Y FRUTOS DEL ESPÍRITU SANTO

Dones del Espíritu Santo: Sabiduría, Entendimiento, Consejo, Fortaleza, Ciencia, Piedad y Temor de Dios (cf. Is 11:1-2).

Frutos del Espíritu Santo: Caridad, Gozo, Paz, Paciencia, Longanimidad, Bondad, Benignidad, Mansedumbre, Fidelidad, Modestia, Continencia y Castidad (cf. CIC, no. 1832; Ga 5:22).

EL ESPÍRITU ES LA PRESENCIA CERCANA DE DIOS

Aunque reflexionamos frecuentemente sobre la naturaleza secular o mundana de nuestra cultura en Estados Unidos, debemos también poner de relieve que nuestro país es uno de los más religiosos de entre todas las naciones industrializadas. Esto es verdad respecto a que un alto porcentaje de nuestra gente son miembros activos en las iglesias, sinagogas y mezquitas. Además, existe una cualidad aparentemente única a nuestra cultura que mueve a millones de nuestra gente a buscar una experiencia inmediata de Dios. Esto es mayormente evidente en el enfoque en el Espíritu Santo de un amplio espectro de los creyentes cristianos. En la Iglesia Católica, una devoción al Espíritu Santo es evidente en movimientos tales como la Renovación Carismática, Encuentros Matrimoniales, Cursillo, TEC (Encuentro de Jóvenes con Cristo, por sus siglas en inglés [n.d.t.]) y otras expresiones de fe similares.

Las parroquias católicas a menudo son testigos del poder transformador del Espíritu Santo y celebran este poder cuando se celebra el sacramento de la Confirmación y en el apoyo de las parroquias en el caminar de los candidatos para el Rito de Iniciación Cristiana de Adultos. De una forma especial, la cercanía del Espíritu Santo en la vida de la Iglesia se recuerda el Domingo de Pentecostés, cuando escuchamos las narraciones sobre los Apóstoles y los discípulos reunidos en la Habitación Superior y recibiendo el Espíritu Santo.

PARA LA REFLEXIÓN Y EL DEBATE

1. ¿Cuándo dirías que has sentido la presencia de Dios en tu vida? ¿Cuáles fueron estas ocasiones y cuáles los valores de estas experiencias?
2. El Espíritu Santo es el Santificador que nos llama a la santidad. Cuando escuchas sobre ser llamado a ser santo, ¿qué te viene a la cabeza? ¿Qué tendrías que hacer para ser más santo?
3. ¿Cómo ves los dones y frutos del Espíritu Santo activos en gente que conoces?

ENSEÑANZAS

- Antes de su Ascensión, Jesús dijo a los Apóstoles: "Cuando el Espíritu Santo descienda sobre ustedes, los llenará de fortaleza y serán mis testigos en Jerusalén, en toda Judea, en Samaria y hasta los últimos rincones de la tierra" (Hch 1:8).
- Sea a donde sea que el Padre envía a su Hijo, Él también envía a su Espíritu: sus misiones son inseparables.
- La vida de la Santísima Virgen María nos muestra el poder del Espíritu Santo. Ella fue convertida por el Espíritu Santo en una testigo de la gracia desde el momento de su concepción. Es también por el poder del Espíritu Santo que la Virgen María concibió a Jesús, el Hijo de Dios.
- Mediante la unción del Espíritu Santo en su Encarnación, el Hijo de Dios fue consagrado como Cristo (*Mesías*).
- En Pentecostés, Pedro dijo de Jesús que "Dios ha constituido Señor y Mesías al mismo Jesús" (Hch 2:36). Desde esta plenitud de su Gloria, Jesús derramó el Espíritu Santo en los Apóstoles y la Iglesia.
- El Espíritu Santo edifica, anima y santifica la Iglesia. Nos prepara para ir y traer a los demás a Cristo. Nos abre las mentes para entender la muerte y Resurrección de Cristo. Nos hace presente el misterio de Cristo, especialmente en la Eucaristía, y nos lleva a la comunión con Dios para que podamos dar mucho fruto (cf. CIC, no. 737).

MEDITACIÓN

En la vida de fe siempre hay dos movimientos: Dios buscándonos y nosotros buscando a Dios. El poeta Francis Thompson describió los intentos de Dios de alcanzarnos refiriéndose a Él como el "sabueso del cielo". Thompson dijo que sintió a Dios que venía tras él, deseando darle amor. Pero el poeta no estaba preparado:

> Me escape de Él, por los caminos laberínticos
> De mi propia mente [...] Me escondí de Él.

Al mismo tiempo, Dios ha marcado en nuestras almas el desearlo a Él. Nacemos con un deseo por lo divino que no puede ser satisfecho por nada o por nadie salvo por Dios. Somos creados para buscar inquietamente el amor absoluto, el cual es Dios. Thompson no solo sintió a Dios persiguiéndolo como un sabueso, sino que también sintió su propia hambre y sed de Dios. Un día dejó de correr, se dio la vuelta y regresó apresuradamente hacia Dios:

> ¡Desnudo, espero la caricia de tu amor que me levanta!
> Mi arnés, pieza por pieza, tú me ha quitado [...]
> Estoy indefenso, completamente.

Y Dios, el otro personaje que busca inquietamente en este drama espiritual dice:

> "Levanta, toma mi mano, y ven!"

El Espíritu Santo presidió esta aventura espiritual. Es la misión del Espíritu ayudarnos a acercarnos a Dios. Cuando el Espíritu Santo está presente y activo en nuestras vidas, entonces podemos tener una experiencia de su presencia.

ORACIÓN

Ven Espíritu Santo, llena los corazones de tus fieles
y enciende en ellos el fuego de tu amor.
Envía tu Espíritu y serán creadas todas las cosas
Y renovarás la faz de la tierra.

Oremos:
¡Oh, Dios, que has instruido
los corazones de tus fieles
con luz del Espíritu Santo!,
concédenos que sintamos rectamente
con el mismo Espíritu
y gocemos siempre
de su divino consuelo.
Por Jesucristo Nuestro Señor. Amén.

Cuando venga el Espíritu de verdad, él los irá guiando hasta
la verdad plena.

—Jn 16:13

10 LA IGLESIA: REFLEJANDO LA LUZ DE CRISTO

IMÁGENES Y MISIÓN DE LA IGLESIA
—CIC, NOS. 748-810

PEDRO ES UNA ROCA Y UN PASTOR AMOROSO

La narración en el capítulo 16 del Evangelio de Mateo comienza con la llegada de Jesús y de los Apóstoles a Cesarea de Filipo, una ciudad a veinticinco millas al norte del Mar de Galilea. En este lugar, Jesús pregunta a los Apóstoles que quién cree la gente que es él. Ellos le respondieron que algunos pensaban que Jesús era Juan el Bautista, otros que él era Elías, o Jeremías, o uno de los profetas. Se preguntaban si Jesús era uno de los grandes profetas que había regresado de la muerte.

Jesús les preguntó: "'Y ustedes, ¿quién dicen que soy yo?' Simón Pedro tomó la palabra y le dijo: 'Tú eres el Mesías, el Hijo de Dios vivo'" (v. 16). Jesús alabó la respuesta de Pedro, indicando que no había llegado a esa conclusión usando sus propias habilidades humanas. Pedro había recibido una revelación de Dios y había hablado desde su fe. "¡Dichoso tú, Simón, hijo de Juan, porque esto no te lo ha revelado ningún hombre, sino mi Padre que está en los cielos!" (v. 17).

Entonces Jesús procedió a hacer de Pedro la *roca* sobre la que edificaría la Iglesia. Con un templo construido sobre roca, dedicado para el culto idólatra de un emperador como telón de fondo, Pedro, cuyo nombre significa "roca", es elegido para guiar a la Iglesia de Dios. "Y yo te digo a ti que tú eres Pedro y sobre esta piedra edificaré mi Iglesia" (v. 18). Jesús fue más allá y prometió dar a Pedro "las llaves del Reino de los cielos", es decir, la autoridad para ser pastor de la Iglesia. Jesús también prometió que las puertas del infierno no prevalecerán ante la Iglesia. Estas palabras nos recuerdan que, aunque el desorden y el caos puedan amenazar a la Iglesia, nunca prevalecerán sobre la Iglesia porque Cristo la protege. La escena termina con la predicción de Cristo de su sufrimiento y muerte.

Juan 21:15-17 narra una escena tras la Resurrección. Cristo resucitado habló a un Pedro arrepentido, quien está lleno de tristeza a causa de su triple negación de Cristo: "'Simón, hijo de Juan, ¿me amas más que estos?' Él le contestó: 'Sí, Señor, tú sabes que te quiero'. Jesús le dijo: 'Apacienta mis corderos'". Jesús repitió la pregunta dos veces más, y Pedro profesó su amor con firmeza. Cada vez Jesús le encarga apacentar y pastorear a sus corderos y ovejas, es decir, a los miembros de la Iglesia.

Esta escena complementa la otra en Mateo. Allí, Jesús llama a Pedro a ser la roca de la Iglesia. Aquí, Cristo llama a Pedro a ser el pastor que ama a Jesús y al pueblo de la Iglesia.

Pedro era uno de los Doce Apóstoles, todos elegidos por Jesús para ser los cimientos de su Iglesia. A la cabeza de los Doce, Jesús colocó a Pedro. De Jesús, los Doce recibieron el mandato de predicar el Evangelio a todas las naciones. Pedro, finalmente, viajó hasta Roma, donde murió como mártir. Al establecer a los Doce Apóstoles con Pedro como su cabeza, Jesús dio a la Iglesia la estructura básica para su liderazgo.

LA IGLESIA COMO MISTERIO

Es propio de la Iglesia ser a la vez humana y divina, visible y dotada de elementos invisibles, entregada a la acción y dada a la contemplación.

—CIC, no. 771, citando al Concilio Vaticano II, *Constitución sobre la Sagrada Liturgia (Sacrosanctum Concilium*; SC), no. 2

La Iglesia es un santo misterio a causa de su origen en la Santísima Trinidad y de su misión de ser Sacramento de Salvación (el signo e instrumento del designio de Dios de reunir todas las cosas en Cristo).

La Santísima Trinidad es el origen de la Iglesia. El Padre llamó a existir a la Iglesia. El Hijo instituyó la Iglesia. El Espíritu Santo llenó a la

Iglesia con el poder y la sabiduría en Pentecostés. La Santísima Trinidad habita siempre en la Iglesia, creativa y providencialmente. La Iglesia, mediante el poder del Espíritu Santo, trae la salvación de Cristo al mundo. Ella es el instrumento de la llamada universal de Dios a la santidad. Al mismo tiempo, la Iglesia está compuesta por un pueblo pecador. Sin embargo, aún con la pecaminosidad personal de sus miembros, la Iglesia permanece santa mediante la presencia de Jesús y del Espíritu Santo, quienes la impregnan.

SIGNIFICADOS DE LA PALABRA *IGLESIA*

La palabra *Iglesia* es una traducción de dos palabras bíblicas: la hebrea *qahal* y la griega *ekklesia*, ambas de las cuales significan "convocación o asamblea del pueblo" para celebrar el culto religioso. Se usó primero para designar al pueblo de Israel que había creado Dios. La Iglesia también es creada por Dios. Respondiendo a la proclamación del Evangelio iniciada por los Apóstoles, hombres y mujeres abrazan el don de la fe que nos da Dios y, mediante el Bautismo, se convierten en miembros de la comunidad de la Iglesia.

La palabra *Iglesia* significa el pueblo que Dios reúne en una sola comunidad, guiada por los obispos, quienes son los sucesores de los Apóstoles y cuya cabeza es el Obispo de Roma, el Papa. La palabra *Iglesia* también se usa para referirse a las específicas comunidades geográficas llamadas diócesis. También se usa para referirse a los edificios donde los creyentes se reúnen para celebrar los sacramentos, especialmente la Eucaristía, y también para referirse a las familias, las cuales son llamadas iglesias domésticas.

DISEÑADA POR EL PADRE

¿Cómo vino a existir la Iglesia?

Desde un principio, la Iglesia era parte del designio de Dios de compartir su divina vida con todos los pueblos. Hubo una formación gradual de la familia de Dios mediante una serie de acontecimientos descritos en el Antiguo Testamento: la alianza de Dios con Abrahán, como padre de una gran nación, la liberación del antiguo Israel de la esclavitud en Egipto y su asentamiento en la Tierra Prometida, y su solidificación como una nación mediante el reinado de David.

INSTITUIDA POR JESUCRISTO

Jesús llevó a su plenitud el designio de Dios para la Iglesia primero mediante su predicación y dando testimonio de la Buena Nueva del Reino, con sus dones de salvación del pecado y participación en la vida divina. La semilla y el principio del Reino de Dios fue el pequeño rebaño que Jesús pastoreó como si fuese su familia. Jesús instituyó los principios de una estructura visible de la Iglesia que permanecerán hasta que el Reino sea totalmente una realidad, mediante su elección de los Doce Apóstoles, con Pedro como cabeza.

Mediante su Cruz, Jesús dio a luz a la Iglesia:

Pero la Iglesia ha nacido principalmente del don total de Cristo por nuestra salvación, anticipado en la institución de la Eucaristía y realizado en la Cruz. "El agua y la sangre que brotan del costado abierto de Jesús crucificado son signo de este comienzo y crecimiento". "Pues del costado de Cristo dormido en la cruz nació el sacramento admirable de toda la Iglesia". Del mismo modo que Eva fue formada del costado de Adán adormecido, así la Iglesia nació del corazón traspasado de Cristo muerto en la Cruz. (CIC, no. 766, citando LG, no. 3, y SC, no. 5)

REVELADA POR EL ESPÍRITU

El Espíritu Santo reveló la Iglesia en Pentecostés, descendiendo sobre los Apóstoles y los discípulos con el fuego transformador, formándolos en una comunidad visible y dándoles el poder necesario para proclamar el Evangelio de Jesucristo.

Los primeros Padres de la Iglesia enseñaron que existía un lazo inseparable entre el Espíritu Santo y la Iglesia: "Donde está la Iglesia, también allí está el Espíritu de Dios; donde está el Espíritu de Dios, allí está la Iglesia" (San Irineo, *Contra Herejes*, III, 24.1 [v.d.t.]). La presencia del Espíritu Santo es tan fuerte en la vida de la Iglesia primitiva que la narración del Nuevo Testamento que relata el crecimiento inicial de la Iglesia, los Hechos de los Apóstoles, es llamado a menudo el "Evangelio del Espíritu Santo".

Los Hechos de los Apóstoles y la historia inicial de la Iglesia muestran como el Espíritu Santo otorgó dones a la comunidad de creyentes de acuerdo a sus funciones y responsabilidades en servicio a la Iglesia. Este fue un proceso dinámico que ilustró la presencia y acción continua del Espíritu Santo junto con un aumento del entendimiento de la fe. A partir de Pentecostés en adelante, la Iglesia empezó su peregrinaje terreno, que alcanzará su meta un día en la gloria. El Espíritu Santo mantiene la estabilidad, durabilidad y continuidad de la Iglesia, en circunstancias históricas tanto favorables como desfavorables.

LA IGLESIA MANIFIESTA LA SANTÍSIMA TRINIDAD

La Iglesia es la manifestación continua del Padre, del Hijo y del Espíritu Santo. La Iglesia existe por la voluntad de Dios Padre y su designio de unir a todas las gentes bajo el señorío de su Hijo. Como Cabeza de la Iglesia, Jesucristo continúa llenándola con su vida y gracia de salvación, derramando en ella el Espíritu Santo con los dones de la unidad, la paz y el amor.

LA IGLESIA COMO SACRAMENTO DE LA SALVACIÓN

Decir que la Iglesia es un sacramento es decir que es un misterio, siendo a la vez visible y espiritual.

La Iglesia visible es una institución pública, con un gobierno jerárquico, con leyes y con costumbres. Es visible en su membresía universal de millones de creyentes que se reúnen en hogares cristianos, parroquias, diócesis, monasterios, conventos y santuarios para alabar a Dios y luego salen a dar testimonio de Cristo y a servir al mundo con amor, justicia y misericordia.

La Iglesia también es una realidad espiritual, con lazos interiores de fe y de amor forjados por el Espíritu Santo. La Iglesia, a la vez visible y espiritual es descrita tradicionalmente como el Cuerpo Místico de Cristo. Es un cuerpo vivo, sustentado por la acción oculta del Espíritu Santo.

La complejidad que caracteriza a la Iglesia como una institución visible y, a la vez, una realidad espiritual hace que algunos no se den cuenta de la unidad básica de la Iglesia. El Espíritu Santo es la fuente de la unidad de todos los aspectos de la Iglesia. El Espíritu Santo integra los aspectos visibles de la Iglesia con los aspectos invisibles, de tal modo que la Iglesia es siempre una unidad de ambos aspectos.

> En la unidad de este cuerpo [del cual Cristo es la cabeza] hay diversidad de miembros y de funciones. Todos los miembros están unidos unos a otros, particularmente a los que sufren, a los pobres y perseguidos. (CIC, no. 806)

La Iglesia es el sacramento de la salvación. "La Iglesia es en Cristo como un sacramento o signo e instrumento de la unión íntima con Dios y de la unidad de todo el género humano" (CIC, no. 775). La Iglesia es un sacramento de la unión de todas las gentes con Dios y un sacramento de la unión de todas las gentes entre sí, ya que la Iglesia une gente "de todas las naciones y razas, de todos los pueblos y lenguas" (Ap 7:9).

El Espíritu nos comunica la salvación ganada para nosotros por Jesucristo mediante la Iglesia y sus siete sacramentos. "La Iglesia 'es el proyecto visible del amor de Dios hacia la humanidad' que quiere 'que todo el género humano forme un único Pueblo de Dios, se una en un único Cuerpo de Cristo, se coedifique en un único templo del Espíritu Santo'" (CIC, no. 776, citando al Papa Pablo VI [22 de junio de 1973]).

LA IGLESIA ES EL PUEBLO DE DIOS

[Dios] quiso santificar y salvar a los hombres no individualmente y aislados, sin conexión entre sí, sino hacer de ellos un pueblo para que le conociera de verdad y le sirviera con una vida santa.

—CIC, no. 781

El segundo capítulo de la *Constitución Dogmática sobre la Iglesia* (*Lumen Gentium*) da prominencia a la imagen bíblica y patrística de la Iglesia como Pueblo de Dios. El Padre empezó este proceso de formación con los Israelitas y lo llevó a su plenitud en la Iglesia. Una persona es iniciada en el pueblo de Dios no por su nacimiento físico, sino mediante su nacimiento espiritual mediante su fe en Cristo y el Bautismo. El pueblo de Dios incluye a los papas, patriarcas, obispos, sacerdotes, diáconos, laicos y religiosos, cada grupo con su misión y responsabilidad especiales.

Jesucristo es la cabeza de su pueblo, cuya ley es el amor de Dios y del prójimo. Su misión es ser sal de la tierra y luz del mundo y el germen de la posibilidad de la unidad, esperanza, salvación y santidad para la humanidad. Su destino es el Reino de Dios, el cual ya está presente en la tierra y que será conocido en su plenitud en el cielo. Todo el pueblo de Dios, mediante su Bautismo, participa de las funciones de Cristo como sacerdote, profeta y rey.

UN PUEBLO SACERDOTAL

Todos los bautizados comparten el sacerdocio de Cristo. Esta participación es llamada "el sacerdocio común de todos los fieles". Sus obras, oraciones, actividades de familia y de la vida matrimonial, sus proyectos apostólicos, la relajación e incluso los sufrimientos y obstáculos de la vida se pueden convertir en ofrendas espirituales placenteras a Dios cuando se unen al sacrificio de Cristo. Estos actos del pueblo de Dios se convierten en tipos de culto divino que, por su designio, santifican al *mundo*.

El sacerdocio ordenado, ministerial, está basado en el sacerdocio común de todos los fieles y está dirigido al servicio de este. El sacerdocio se confiere mediante el sacramento del Orden.

El sacerdocio ministerial difiere esencialmente del sacerdocio común de los fieles porque confiere un poder sagrado para el servicio de los fieles. (CIC, no. 1592)

En un capítulo más adelante reflexionaremos sobre el papel único del Orden sacerdotal y sobre el servicio especial que ofrece a todo el Cuerpo de Cristo.

UN PUEBLO PROFÉTICO

El pueblo de Dios también comparte del carácter profético de Cristo. Esto significa tanto enseñar como dar testimonio de la Palabra de Dios en el mundo. Un verdadero profeta, mediante enseñanzas y el buen ejemplo, lleva a otros hacia la fe. San Francisco de Asís una vez dijo: "Prediquen siempre. Algunas veces usen palabras". Sacerdotes, laicos y religiosos pueden todos colaborar en la actividad misionera y evangelizadora de la Iglesia, así como en su ministerio catequético, en la enseñanza teológica y en el uso de todos los medios de comunicación contemporáneos. Mientras que dar testimonio es esencial, deberíamos siempre estar atentos a las oportunidades de compartir mutuamente nuestra fe verbalmente y con todos aquellos quienes todavía no la profesan. Esta función profética es ejercitada bajo la dirección de los obispos, quienes tienen una responsabilidad especial respecto a la enseñanza, la cual les fue otorgada por Cristo.

UN PUEBLO REAL

El pueblo de Dios comparte en la misión regia de Cristo, la cual es guiar a otros mediante el servicio amoroso a ellos. Jesús "no ha venido a ser servido, sino a servir y a dar la vida por la redención de todos" (Mt 20:28). Estamos llamados, a imitación del Señor Jesús, a ser gente que nos ofrecemos a nosotros mismos libremente en servicio a los demás. Estas obras de servicio pueden indicar el Reino de Dios, de amor, justicia, misericordia y salvación a todas las personas, culturas, gobiernos y otras estructuras sociales. También estamos llamados a una vida de servicio a la Iglesia misma. El liderazgo de servicio es una responsabilidad de todo el pueblo de Dios dentro de sus respectivas funciones y responsabilidades. Los obispos tienen una responsabilidad especial en el liderazgo y gobierno de la Iglesia.

En la Iglesia, "los fieles laicos pueden cooperar a tenor del derecho en el ejercicio de la potestad de gobierno". Así, con su presencia en los Concilios particulares, los Sínodos diocesanos, los Consejos pastorales; en el ejercicio de la tarea pastoral de una parroquia; la colaboración en los Consejos de los asuntos económicos; la participación en los tribunales eclesiásticos, etc. (CIC, no. 911, citando el *Código de Derecho Canónico* [*Codex Iuris Canonici;* CDC], can. 129 §2)

LA IGLESIA COMO COMUNIÓN

La imagen de la Iglesia como Comunión tiene el valor de conectar las verdades sobre la Iglesia de una manera fructífera y harmoniosa. Empezamos con una definición de la Iglesia como Comunión.

La Iglesia como Comunión es nuestra asociación y unión de amor con Jesús y con otros cristianos bautizados en la Iglesia, el Cuerpo de Cristo, la cual tiene su fuente y cumbre en la celebración de la Eucaristía mediante la cual nos unimos en amor divino a la comunión del Padre, del Hijo y del Espíritu Santo. (cf. CIC, Glosario)

La Iglesia, el Cuerpo de Cristo, es la asamblea de gente unida por el Bautismo y su participación en los sacramentos, especialmente la Eucaristía, lo cual abre sus mentes y corazones a la Santísima Trinidad, una comunión de amor de personas divinas. En esta comunión de la Iglesia, los miembros están llamados a amar a Dios, a los demás y a sí mismos, y de esta manera a ser testigo comunitario del amor por el cual Cristo salvó al mundo. Por el amor divino nos unimos en comunión con el Padre, el Hijo y el Espíritu Santo.

En el corazón del mensaje del Evangelio está el deseo de Dios de compartir con nosotros la comunión de la vida Trinitaria. Jesús vino para invitar a todos a participar en la comunión de amor que el Padre, el Hijo y el Espíritu Santo tienen entre sí. Toda la creación está destinada a enseñarnos el plan de amor de la Trinidad por nosotros. Todo lo que Jesús hizo apuntaba a esta meta.

DEL CATECISMO

1. ¿Como relacionó el Concilio Vaticano Segundo a Cristo como la luz de los pueblos a la Iglesia?

"Cristo es la luz de los pueblos. Por eso, este sacrosanto Sínodo, reunido en el Espíritu Santo, desea vehementemente iluminar a todos los hombres con la luz de Cristo, que resplandece sobre el rostro de la Iglesia, anunciando el evangelio a todas las criaturas" [...] Así, el Concilio muestra que el artículo de la fe sobre la Iglesia depende enteramente de los artículos que se refieren a Cristo Jesús. (CIC, no. 748, citando LG, no. 1)

2. ¿Qué aprendemos de las imágenes bíblicas de la Iglesia, tales como la Iglesia como Cuerpo de Cristo, rebaño, campo cultivado y templo?

Las imágenes tomadas del Antiguo Testamento constituyen variaciones de una idea de fondo, la del "Pueblo de Dios". En el Nuevo Testamento, todas estas imágenes adquieren un nuevo centro por el hecho de que Cristo viene a ser "la Cabeza" de este Pueblo el cual es desde entonces su Cuerpo. En torno a este centro se agrupan imágenes "tomadas de la vida de los pastores, de la agricultura, de la construcción, incluso de la familia y del matrimonio". (CIC, no. 753, citando LG, no. 6)

3. ¿Cómo es la Iglesia Templo del Espíritu Santo?

"Lo que nuestro espíritu, es decir, nuestra alma, es para nuestros miembros, eso mismo es el Espíritu Santo para los miembros de Cristo, para el Cuerpo de Cristo que es la Iglesia" (San Agustín, Sermón 267, 4) [...] El Espíritu Santo es "el principio de toda acción vital y verdaderamente saludable en todas las partes del cuerpo" (Pío XII, "*Mystici Corporis*": DS 3808). (CIC, nos. 797-798)

En la Iglesia, el Espíritu Santo obra en nosotros para alcanzar el mismo objetivo. Cuando decimos que Dios es amor, estamos haciendo algo más que aplicar una cualidad abstracta al Señor. Damos testimonio, con fe, que Dios como Trinidad quiere relacionarse con nosotros y estar involucrado en nuestro mundo.

Esta verdad no disminuye de manera alguna el misterio de Dios como totalmente un otro, único, maravilloso, majestuoso y pura santidad. Pero el amor dentro de la Santísima Trinidad hace posible una intimidad divina con nosotros. El amor preserva el misterio y, sin embargo, salva lo que podría haber sido un abismo entre nosotros y Dios. La unidad y la comunión con Dios en la Iglesia también nos llaman a ser fuentes de unidad entre todas las gentes.

SOBRE ESTA ROCA — UNA COMUNIDAD DE AMOR

En nuestra cultura, hay quien se resiste a las instituciones. Nuestra historia nos recuerda la libertad en los terrenos fronterizos del oeste estadounidense, donde los ranchos eran algo central y las praderas no tenían fin, aunque tradiciones como las de las caravanas de carretas, la construcción de graneros con la ayuda de la comunidad y las brigadas de bomberos voluntarios nos muestran que incluso en la libertad de la frontera del oeste estadounidense se necesitaba de algún tipo de estructura. Pero el sentido de una libertad sin límites está a veces en tensión con el pertenecer a la Iglesia como una comunidad de creyentes.

En lo que se refiere a la Iglesia, hay quienes dicen que sus necesidades institucionales han afectado los valores de la comunidad y de las relaciones humanas. Las instituciones requieren tiempo, dinero y trabajo para su mantenimiento. Ya que el Concilio Vaticano II subrayó la imagen de la Iglesia como Pueblo de Dios, ¿no quiere decir esto que nuestras energías deberían estar dirigidas hacia la gente y no hacia los edificios, comités, leyes y reglas? ¿No deberíamos volver a la simplicidad de la relación de Cristo con sus discípulos y la intimidad de la Iglesia naciente como lo describen los Hechos de los Apóstoles?

En respuesta a esto, diríamos que esto no es una situación en la que solo se puede elegir una de las dos posibilidades. No cabe duda de que la

Iglesia está llamada a ser una comunidad de amor en Dios Padre, Hijo y Espíritu Santo. El mismo Jesús resucitado presentó un modelo de liderazgo eclesial basado en el amor cuando solicitó de Pedro tres afirmaciones de amor (cf. Jn 21:15-17). Sin embargo, al mismo tiempo, la Iglesia tiene muchas estructuras que son necesarias para fortalecer el vínculo de amor.

El mismo Jesús estableció una de esas estructuras de la Iglesia cuando nombró a Pedro como la roca de la Iglesia, cabeza de los Apóstoles (cf. Mt 16:18). A la vez que San Pablo nos enseñó que el amor es el más grande de los dones del Espíritu Santo (cf. 1 Co 13:1-13), él también enumeró la administración como uno de los dones del Espíritu (cf. 1 Co 12:28).

La Iglesia necesita una estructura institucional para su estabilidad, continuidad y su misión de servir la causa del Evangelio y de ayudar a la gente a escuchar la llamada de Dios a la santidad. Problemas con la institución no son argumentos para que esta sea eliminada, sino para que sea renovada. Al igual que el Hijo de Dios tomó nuestra carne humana y al igual que el alma necesita de un cuerpo, así la comunidad necesita estar organizada para servir y ser servida. La Iglesia es una comunidad que es servida por múltiples estructuras.

PARA LA REFLEXIÓN Y EL DEBATE

1. ¿Cómo se entiende a la Iglesia como misterio? ¿Qué ves como el vínculo entre la Iglesia, como misterio, y tu fe?
2. ¿Por qué es importante la imagen de la Iglesia como el Pueblo de Dios? ¿Qué se quiere decir cuando se describe a la Iglesia como Sacramento de la Salvación?
3. ¿Cómo influye en tu fe el entender a la Iglesia como el Cuerpo de Cristo? ¿Por qué es tan vital el vínculo entre el Espíritu Santo y la Iglesia?

ENSEÑANZAS

• La palabra *Iglesia* proviene tanto de la palabra griega *ekklesia* como de la hebrea *qahal*, que significan la reunión de la comunidad. Se usó primero para referirse al pueblo de Israel, a quien Dios creó. La

Iglesia fue diseñada y creada por Dios, quién unió en una comunidad a aquellos que aceptaron el Evangelio.

- Dios Padre preparó la formación de la Iglesia mediante una serie de acontecimientos de la Alianza descritos en el Antiguo Testamento. Jesús llevó a la plenitud el designio divino que Dios tenía para la Iglesia mediante su muerte y Resurrección salvadoras. El Espíritu Santo manifestó a la Iglesia como un misterio de salvación.

- La Iglesia es una sociedad visible y una comunidad espiritual; es una institución jerárquica y el Cuerpo de Cristo; es una Iglesia terrenal y una llena de los tesoros celestiales. Por ello, la Iglesia es una compleja realidad que tiene elementos humanos y divinos.

La realidad del misterio de la Iglesia es expresada de las variadas formas que siguen a continuación:

- La Iglesia es el sacramento de la salvación, el signo e instrumento de nuestra comunión con Dios (cf. CIC, nos. 774-776).
- La Iglesia es el Pueblo de Dios. "Ustedes son estirpe elegida, sacerdocio real, nación consagrada a Dios [...] Ustedes, los que antes no eran pueblo, ahora son pueblo de Dios" (1 P 2:9-10). Nos convertimos en miembros del Pueblo de Dios mediante la fe y el Bautismo (cf. CIC, nos. 781-786).
- La Iglesia es el Cuerpo de Cristo. Cristo es la cabeza y nosotros los miembros. En la unidad de este cuerpo hay diversidad de miembros y de funciones, y sin embargo todos están unidos a través del amor y la gracia de Cristo, especialmente los pobres, los que sufren y los que son perseguidos (cf. CIC, nos. 787-795).
- La Iglesia es la Esposa de Cristo. "Cristo amó a su Iglesia y se entregó [a la muerte] por ella para santificarla" (Ef 5:25-26; cf. CIC, no. 796).
- La Iglesia es el Templo del Espíritu Santo. "Nosotros somos el templo de Dios vivo" (2 Co 6:16; cf. 1 Co 3:16-17; Ef 2:21; cf. CIC, nos. 797-801).
- La Iglesia es una comunión. El punto de origen de esta comunión es nuestra unión con Jesucristo. Esta nos da parte en la comunión de las Personas de la Santísima Trinidad y también nos lleva a la comunión entre hombres y mujeres (cf. CIC, nos. 813, 948, 959).

- Estas verdades acerca de la unidad y comunión en la Iglesia nos llaman a convertirnos en fuentes de unidad para todas las gentes.

MEDITACIÓN

Los cristianos no constituyen un hogar de Dios hasta que no sean uno en la caridad. La madera y la piedra deben encajar según un plan ordenado, deben ser unidos en perfecta armonía, deben ofrecerse apoyo mutuo como si este fuese de amor, porque si no, nadie entraría en el edificio. Cuando tú ves que las piedras y las vigas de un edificio se sujetan con seguridad, tú entras en el edificio con más tranquilidad [...]

La obra que vemos completada en este edificio es física; debería encontrar su homólogo espiritual en sus corazones.

—San Agustín, Sermón 336, 1, 6 (v.d.t.)

ORACIÓN

Señor Dios nuestro, que has congregado a tu Iglesia
y has hecho de ella el cuerpo de tu Hijo:
haz que tu pueblo, reunido en tu nombre,
te venere, te ame, te siga y, llevado por ti,
alcance el Reino que le tienes prometido.
Por nuestro Señor Jesucristo, tu Hijo.
Amén.

—Oración de la dedicación de una iglesia,
Liturgia de las Horas, vol. III, 1589

Ustedes son estirpe elegida, sacerdocio real,
nación consagrada a Dios
y pueblo de su propiedad.

—1 P 2:9

11 LOS CUATRO ATRIBUTOS DE LA IGLESIA

LA IGLESIA ES UNA, SANTA, CATÓLICA Y APOSTÓLICA
—CIC, NOS. 811-962

QUISE SER MISIONERO

En 1749, el Padre Junípero Serra pidió a su provincial franciscano permiso para ser misionero tras haber servido como profesor de teología durante diez años en la isla de Mallorca, en la costa de España. Él escribió: "Toda mi vida he querido ser misionero. He querido llevar las enseñanzas del Evangelio a aquellos que nunca han escuchado de Dios y del Reino que Él ha preparado para ellos" (v.d.t.).

Recibió el permiso y partió hacia México, donde trabajó entre la población nativa durante veinte años. Cuando el gobierno español decidió completar la conquista de California, el Padre Serra y otros quince misioneros franciscanos acompañaron al ejército. En los años que siguieron, el Padre Serra fundó nueve de las veintiuna misiones californianas. Muchas de estas se convirtieron luego en ciudades, como San Diego, San Gabriel, San Luis Obispo, San Francisco, San Juan Capistrano, Santa Clara, San Buenaventura y San Carlos (hoy en día Monterrey-Carmel).

Durante los quince años de su apostolado californiano tuvo que enfrentarse a las autoridades militares y civiles en lo concerniente al maltrato de los nativos americanos. Presentó un memorando de treinta y dos puntos al virrey para la mejora de la situación; algunos de estos puntos fueron implementados y otros no. Aún con una pierna ulcerada de carácter crónico, el Padre Serra visitó muchas veces sus numerosas misiones. Bautizó y confirmó a miles de nativos americanos. Mientras que se concentraba en sus necesidades espirituales, no ignoraba las materiales. Se enseñó a los nuevos conversos métodos de cultivo, de criar ganado y diversos oficios y artes. De esta forma, se les ayudó a pasar de su pasado nómada a una forma de vida doméstica estable. Los extensos informes objetivos del Padre Serra sobre sus obras misioneras revelan a un hombre que amó a su pueblo.

En 1987, cuando el Papa Juan Pablo II decidió beatificar al Padre Serra, algunos nativos americanos alzaron una protesta, argumentando que los soldados y misioneros españoles habían intentado erradicar el lenguaje, cultura e identidad de sus gentes en California. El Papa se reunió en Phoenix con los líderes de los nativos americanos. El Papa defendió el legado de los misioneros franciscanos.

Admitió que habían existido excesos. También hizo notar que el peso de la evidencia indicaba que el Padre Serra nunca había sido culpable de maltratar a los nativos americanos. De hecho, los había defendido del maltrato. El Papa fue luego a la misión de San Carlos (Monterrey-Carmel) y rezó ante la tumba del Padre Serra. Beatificó al Padre Serra el 25 de septiembre de 1988 en la Plaza de San Pedro. Elogió al Padre Serra como "un modelo ejemplar del evangelizador desinteresado, un ejemplo resplandeciente de virtud cristiana y del espíritu misionero" (v.d.t.).

Una estatua del Beato Junípero Serra se encuentra en la Sala Nacional de las Estatuas (*National Statuary Hall*) del capitolio de Estados Unidos en Washington, D.C. Una estatua de bronce del Padre Serra se encuentra también en el Golden Gate Park de San Francisco. Su nombre ha sido adoptado por una organización laica conocida como el Serra Club, que hace mucho para promover las vocaciones al sacerdocio y la vida religiosa en Estados Unidos y en otros países. El Padre Serra murió en 1784.

El Beato Junípero, ahora en el último paso hacia la santidad, dio testimonio de la santidad de la Iglesia. Como un misionero extraordinario, el Padre Serra es un ejemplo excepcional de la llamada apostólica de la Iglesia a predicar y dar testimonio del Evangelio a todas las gentes. De esta forma, el Padre Serra exhibió de una forma extraordinaria dos de los cuatro atributos que caracterizan a la Iglesia.

LOS CUATRO ATRIBUTOS DE LA IGLESIA

Es Cristo, quien, por el Espíritu Santo, da a la Iglesia
el ser una, santa, católica y apostólica, y Él es también
quien la llama a ejercitar cada una de estas cualidades.

—CIC, no. 811

En las primeras profesiones de fe, la Iglesia Católica se identificó a sí misma como "una, santa, católica y apostólica". Encontramos estas palabras en el Credo Niceno que se profesa durante la Misa dominical. Tradicionalmente se refieren a lo que se conoce como los cuatro atributos de la Iglesia, características que identifican a la Iglesia ante el mundo.

Unidos inseparablemente el uno al otro, estos cuatro atributos indican características esenciales de la Iglesia y de su misión en el mundo. Cada atributo está unido a los otros de tal manera que forman una idea coherente e interrelacionada de lo que la Iglesia de Cristo debe ser. Fortalecen la fe del creyente a la vez que atraen a los que no son católicos a investigar en mayor profundidad lo que es la Iglesia. A causa de la pecaminosidad de los miembros de la Iglesia, estos atributos no son siempre vividos en su plenitud, así que debemos verlos como una realidad y, a la vez, como un reto.

LA IGLESIA ES UNA

El atributo de ser "una" refleja la unidad de la Santísima Trinidad. El Espíritu Santo, el vínculo de amor entre el Padre y el Hijo, une a todos los miembros de la Iglesia en un pueblo de Dios. La Iglesia profesa un solo Señor, una sola fe y un solo bautismo y forma un solo cuerpo (cf. CIC, no. 866) bajo la dirección del Santo Padre, el sucesor de Pedro el Apóstol. Dentro de la Iglesia existe una variedad de razas, naciones, culturas, lenguas y tradiciones, las cuales son mantenidas unidas en una común unión mediante el don del amor del Espíritu Santo. La unidad que Cristo otorgó a su Iglesia es algo que ella nunca puede perder (cf. Concilio Vaticano II, *Decreto sobre el Ecumenismo* [*Unitatis Redintegratio*; UR], no. 4; CIC, nos. 813, 815).

Trágicamente, algunos miembros de la Iglesia han cometido ofensa contra su unidad y, a través de los siglos, se han desarrollado divisiones entre los cristianos. Ya en el siglo V, desacuerdos doctrinales llevaron a la separación del principal cuerpo de la Iglesia de algunos cristianos de la región oriental del Imperio Romano. Más perjudicial fue la ruptura entre Roma y Constantinopla en el año 1054 d.C. En el siglo XVI, Europa occidental sufrió las divisiones que surgieron tras la Reforma protestante.

La Iglesia Católica siembre ha estado comprometida a restaurar la unidad entre todos los cristianos. Este compromiso se intensificó con el Concilio Vaticano II y llevó a la Iglesia a participar en lo que es llamado el movimiento ecuménico. La palabra *ecuménico* significa "de toda la tierra" y, según el pensamiento católico, describe el propósito de "reconciliar a todos los cristianos en la unidad de la única Iglesia de Jesucristo" (UR, no. 24; CIC, no. 822). Esto tiene que ser una comunión visible. "La plena unidad se realizará cuando todos participen de la plenitud de medios de salvación que Cristo ha confiado a su Iglesia" (Papa Juan Pablo II, *Sobre el Empeño Ecuménico* [*Ut Unum Sint*; UUS], no. 86). "La comunión de las Iglesias particulares con la Iglesia de Roma, y de sus obispos con el Obispo de Roma, es un requisito esencial —en el designio de Dios— para la comunión plena y visible" (UUS, no. 97). El ecumenismo incluye esfuerzos de rezar juntos, estudiar juntos las Sagradas Escrituras y las tradiciones de cada uno, una acción común por la justicia social y un diálogo en el que los líderes y teólogos de las diferentes iglesias y comunidades discutan en profundidad sus posiciones doctrinales y teológicas para un mayor entendimiento mutuo y para buscar la "unidad en la verdad" (UUS, nos. 18, 29). En el diálogo, la obligación de respetar la verdad es absoluta. "La unidad querida por Dios sólo se puede realizar en la adhesión común al contenido íntegro de la fe revelada" (UUS, no. 18). A nivel mundial, estos diálogos están patrocinados por parte de la Iglesia mediante el Pontificio Consejo para la Promoción de la Unidad de los Cristianos, una oficina del Vaticano que responde directamente ante el Papa.

La Iglesia Católica mantiene las estructuras del liderazgo episcopal y de la vida sacramental que son los dones de Cristo a su Iglesia (cf.

CIC, nos. 765, 766) y que trazan sus orígenes a la época apostólica. Al mismo tiempo, la Iglesia Católica reconoce que el Espíritu Santo hace de otras iglesias y comunidades eclesiales "medios de salvación cuya fuerza viene de la plenitud de gracia y de verdad que Cristo ha confiado a la Iglesia católica" (CIC, no. 819; LG, no. 8). Dependiendo de los elementos de salvación y verdad y del número de estos (UR, no. 3) que estas comunidades han mantenido, ellas participan de una cierta, aunque imperfecta, comunión con la Iglesia Católica. También existen verdaderas diferencias. En algunos casos "hay discrepancias esenciales no sólo de índole histórica, sociológica, psicológica y cultural, sino, ante todo, de interpretación de la verdad revelada" (UR, no. 19). (La palabra *iglesia* se aplica a aquellas comunidades de cristianos que tienen un liderazgo o jerarquía episcopal válido, mientras que el término *comunidades eclesiales* se refiere a aquellas comunidades de cristianos que no tienen una jerarquía apostólica).

LA IGLESIA ES SANTA

La Iglesia tiene su origen en la Santísima Trinidad, y esta es la fuente de su santidad. En su designio para la salvación de la humanidad, Dios Padre deseó la existencia de la Iglesia. Jesucristo, el Hijo de Dios, estableció la comunidad de discípulos y murió en la Cruz para el perdón de los pecados. El Espíritu Santo, enviado por el Padre y el Hijo, actúa dentro de la Iglesia para mantener a sus miembros fieles al Evangelio. La Iglesia es santa en su Fundador, en sus santos y en los modos de salvación.

A través del Bautismo y la Confirmación, los católicos se convierten en un pueblo consagrado por el Espíritu Santo para la gloria de Dios por medio de Jesucristo. Los cristianos crecen en santidad al dedicarse a vivir en conformidad con el Evangelio de Jesús y, de esta manera, para convertirse aún más como él, especialmente en la totalidad de su amor por los demás demostrado en su propio sacrificio en la Cruz. Pero los cristianos también permanecen sujetos a la tentación y el pecado y por ello necesitan de la misericordia y perdón de Dios. Al enseñar a sus discípulos como orar, Jesús incluyó la siguiente petición al Padre: "Perdona nuestras ofensas, como también nosotros perdonamos a los que nos ofenden".

"FUERA DE LA IGLESIA NO HAY SALVACIÓN"

Del *Catecismo*, nos. 846-847:
¿Cómo entender esta afirmación tantas veces repetida por los Padres de la Iglesia? Formulada de modo positivo significa que toda salvación viene de Cristo-Cabeza por la Iglesia que es su Cuerpo: "El santo Sínodo […] basado en la Sagrada Escritura y en la Tradición, enseña que esta Iglesia peregrina es necesaria para la salvación. Cristo, en efecto, es el único Mediador y camino de salvación que se nos hace presente en su Cuerpo, en la Iglesia. Él, al inculcar con palabras, bien explícitas, la necesidad de la fe y del bautismo, confirmó al mismo tiempo la necesidad de la Iglesia, en la que entran los hombres por el bautismo como por una puerta. Por eso, no podrían salvarse los que sabiendo que Dios fundó, por medio de Jesucristo, la Iglesia católica como necesaria para la salvación, sin embargo, no hubiesen querido entrar o perseverar en ella". (LG, no. 14; cf. Mc 16:16; Jn 3:5)

Esta afirmación no se refiere a los que, sin culpa suya, no conocen a Cristo y a su Iglesia: "Los que sin culpa suya no conocen el Evangelio de Cristo y su Iglesia, pero buscan a Dios con sincero corazón e intentan en su vida, con la ayuda de la gracia, hacer la voluntad de Dios, conocida a través de lo que les dice su conciencia, pueden conseguir la salvación eterna". (LG, no. 16; cf. DS 3866-3872)

Los sacramentos, los Diez Mandamientos, la virtud de la caridad y la oración serán presentados más adelante en este catecismo como fuentes de santidad para la Iglesia.

LA IGLESIA ES CATÓLICA

La palabra *católica* significa "universal". La Iglesia Católica ha vivido y continúa viviendo en una diversidad de culturas y lenguajes porque es guiada por el Espíritu de Cristo para llevar el Evangelio a todas las gentes. Ha aprendido a aceptar lo que es verdadero y bueno en todas las culturas y, al mismo tiempo, a infundir la verdad y la bondad de su tradición y vida en ellas. El proceso de enculturación incluye esta dinámica.

La Iglesia también es católica debido a su presencia universal y en las comunidades locales conocidas como diócesis, o eparquías en el caso de las Iglesias orientales, y que son llamadas "Iglesias particulares".

Esta Iglesia de Cristo está verdaderamente presente en todas las legítimas comunidades locales de fieles, unidas a sus pastores. Estas, en el Nuevo Testamento, reciben el nombre de Iglesias [...] En ellas se reúnen los fieles por el anuncio del Evangelio de Cristo y se celebra el misterio de la Cena del Señor [...] En estas comunidades, aunque muchas veces sean pequeñas y pobres o vivan dispersas, está presente Cristo, quien con su poder constituye a la Iglesia una, santa, católica y apostólica. (CIC, no. 832)

Estas comunidades locales están unidas entre sí mediante su comunión con la Iglesia de Roma y su obispo, el Papa.

En la Iglesia Católica, la palabra *Iglesia* también se usa para referirse a aquellas comunidades que tienen sus propias variedades de "disciplinas eclesiásticas, de ritos litúrgicos, de patrimonios teológicos y espirituales" (CIC, no. 835). Es por esto que hablamos de la Iglesia latina y de las Iglesias orientales. Varias de estas Iglesias orientales tienen estructuras oficiales en Estados Unidos. En este país, hay eparquías o diócesis de los católicos armenios, católicos greco-melkitas, católicos sirios, católicos maronitas, católicos ruteno-bizantinos, católicos ucranianos, católicos rumano-bizantinos, católicos caldeos y católicos siro-malabares.

La Iglesia es también católica debido a su relación con todos los pueblos. Ante todo, "la Iglesia se siente unida por muchas razones con todos los que se honran con el nombre de cristianos a causa del bautismo, aunque no profesan la fe en su integridad o no conserven la unidad de la comunión bajo el sucesor de Pedro" (CIC, no. 838, citando LG, no. 15). Por ello, existe una comunión imperfecta entre la Iglesia Católica y las otras Iglesias cristianas y comunidades de fe.

La Iglesia Católica también reconoce su especial relación con el pueblo judío. El Concilio Vaticano II declaró: "Pueblo, según la elección, amadísimo a causa de los padres; porque los dones y la vocación de Dios son irrevocables" (LG, no. 16). Cuando Dios llamó a Abrahán a salir de Ur, le prometió convertirlo "en una gran nación". Pertenece al pueblo judío, a quien Dios ha hablado primero, "la adopción filial, la gloria, las alianzas, la legislación, el culto, las promesas y los patriarcas; de todo lo cual procede Cristo según la carne" (CIC, no. 839, citando Rm 9:4-5). Al mismo tiempo, "consciente del patrimonio común con los judíos, e impulsada no por razones políticas, sino por la religiosa caridad evangélica, [la Iglesia] deplora los odios, persecuciones y manifestaciones de antisemitismo de cualquier tiempo y persona contra los judíos" (NA, no. 4).

La Iglesia también reconoce que tiene una relación única con los musulmanes. "El designio de salvación comprende también a los que reconocen al Creador. Entre ellos están, ante todo, los musulmanes, que profesan tener la fe de Abrahán y adoran con nosotros al Dios único y misericordioso que juzgará a los hombres al fin del mundo" (CIC, no. 841, citando LG, no. 16).

La Iglesia dialoga no solo con los musulmanes, sino también con hindúes y budistas. "Considera con sincero respeto los modos de obrar y de vivir, los preceptos y doctrinas que, por más que discrepen en mucho de lo que ella profesa y enseña, no pocas veces reflejan un destello de aquella Verdad que ilumina a todos los hombres" (NA, no. 2). Estos diálogos se llevan a cabo a nivel local así como a nivel internacional mediante el Pontificio Consejo para el Diálogo Interreligioso.

El diálogo es un modo de evangelización. Es una manera de dar a conocer a los demás a Cristo y su Evangelio, mientras que a la vez respeta su libertad de conciencia y su pertenencia a sus propias tradiciones religiosas. La Iglesia ha recibido de Cristo el mandato de darlo a conocer a todas las gentes. Ella lo hace de muchas maneras. El diálogo es una de ellas, pero otra forma es mediante la actividad misionera de la Iglesia.

Mediante el trabajo de los misioneros (sacerdotes, hombres y mujeres consagrados y laicos), la Iglesia da a conocer a Cristo a medida que enseña el Evangelio a otras personas mediante palabras y obras, invitándolos a responder a esta proclamación a través de un compromiso de fe.

LA IGLESIA ES APOSTÓLICA

La Iglesia está construida sobre los cimientos de los Apóstoles, quienes fueron elegidos por Cristo mismo, y a cuya cabeza puso a Pedro. Toda la comunidad de cristianos recibió la proclamación del Evangelio de los Apóstoles, y es por esto que la Iglesia en su totalidad es llamada "apostólica". Bajo la dirección del Espíritu Santo, la Iglesia permanece, y siempre permanecerá, en su totalidad fiel a las enseñanzas de los Apóstoles. Esto es lo que se llama la indefectibilidad de la Iglesia, porque nunca se alejará del Evangelio.

Para asegurar aún más la fidelidad de la Iglesia al Evangelio, Cristo ha querido que los Apóstoles fuesen sucedidos por los obispos. Los Apóstoles actuaron juntos como un cuerpo, con Pedro como cabeza, en su liderazgo de la Iglesia. Por esto la Iglesia los llama un "colegio". El colegio de obispos ha sucedido al colegio de los Apóstoles, y es el Obispo de Roma, el Papa, quien ha sucedido a la función de Pedro como cabeza del colegio. Por eso la Iglesia los llama un "colegio", y su unidad esencial como un cuerpo se entiende como el principio de colegialidad.

Cada obispo trabaja en su propia diócesis en su función como pastor y maestro sacerdotal. Posee la plenitud del sacerdocio y por eso es el principal celebrante de los sacramentos, especialmente la Eucaristía, a través de la cual la Iglesia crece en santidad y unión con Cristo. También es el principal pastor de la diócesis y por ello es responsable del gobierno compasivo y amoroso del pueblo encomendado a él. Y es el principal maestro de la diócesis, responsable de la auténtica proclamación del Evangelio.

La misión de enseñar del colegio de obispos se llama "Magisterio". Cuando todos los obispos del mundo, junto con el Papa, en la plenitud de su tarea de ser maestros, proclaman una doctrina que ha sido divinamente revelada, esta debe ser aceptada con la obediencia de la fe por todo el Pueblo de Dios. "La Iglesia, mediante su Magisterio, ha sido encomendada con la tarea de interpretar auténticamente lo que contiene la Revelación, de tal modo que de 'este único depósito de la fe saca todo lo que propone como verdad revelada por Dios que se ha de creer' (DV, no. 10). En algunos casos, estas doctrinas han sido explicadamente definidas; en otros, son universalmente consideradas elemento esencial e inmutable de una única fe católica" (USCCB, *The Teaching Ministry of the Diocesan Bishop* [*El Ministerio de Enseñar del Obispo Diocesano*], 1992 [v.d.t.]).

Sin embargo, hay veces que los obispos se reúnen en un Concilio Ecuménico con el Papa y enseñan y proclaman una doctrina que debe ser aceptada con fe porque ha sido divinamente revelada. Los obispos del mundo definieron y proclamaron una doctrina divinamente revelada en el Concilio Vaticano I (1869-1870). Fue cuando proclamaron que bajo ciertas condiciones el Papa mismo puede proclamar una doctrina que ha sido divinamente revelada y que debe ser creída por todos. Esto es lo que se llama el dogma de infalibilidad papal.

La Iglesia en su totalidad, como un cuerpo, es infalible porque el Espíritu Santo asegura que ella no errará en cuestiones de fe y moral. Pero esta infalibilidad es ejercida de una manera especial por el Papa y los obispos cuando juntos enseñan lo que ha sido revelado divinamente a través de sus enseñanzas diarias, de modo ordinario, o de forma extraordinaria mediante un Concilio Ecuménico o por el Papa mismo.

El Papa y los obispos juntos también pueden enseñar verdades que manan de la Revelación Divina o que están íntimamente relacionadas con ella. A veces enseñan estas verdades como definitivas, lo que quiere decir que deben ser aceptadas y sostenidas firmemente. A veces enseñan de una forma menos definitiva, lo que requiere una sumisión religiosa de la voluntad y la mente.

LOS LAICOS

Mediante el Bautismo, cada miembro de la Iglesia participa de las funciones de Cristo como sacerdote, profeta y rey (que se entiende esta última en término de ser pastor de su pueblo). Los laicos realizan esto en el contexto de sus vidas dentro de sus familias, comunidades parroquiales, comunidades cívicas y en los puestos de trabajo. El don diario que son ellos mismos cuando aman y cuidan de los demás, a menudo con un costo personal muy alto, es una ofrenda sacerdotal que es unida al sacrificio de Cristo en la Eucaristía. A través de palabras y obras fieles al Evangelio, ellos evangelizan a los demás, cumpliendo así con su papel profético. Al buscar la construcción del bien común de la sociedad, basados en principios morales, ellos fortalecen las comunidades cívicas y así cumplen su papel regio o pastoral.

Los laicos están en una posición privilegiada de poder infundir el Evangelio directamente en la cultura y en la sociedad. Pero también contribuyen a la vitalidad de la vida de la Iglesia mediante sus ministerios como catequistas y otros muchos ministerios. La mayoría son voluntarios, pero algunos han sido llamados a servir como ministros asalariados. Trabajando con sus pastores, ellos permiten a la Iglesia dar testimonio de la fe y del amor cristianos ante el mundo.

En el período postconciliar ha surgido un grupo de ministros laicos muy nuevo y diferente en la Iglesia en Estados Unidos. Dicho grupo, formado por mujeres y hombres laicos, desempeña funciones en diversos niveles de liderazgo y de administración pastoral en parroquias, agencias y organizaciones de Iglesia a nivel diocesano y nacional. Lo hacen de manera pública, estable, reconocida y autorizada. Más aún, cuando estos ministros laicos hablan de su responsabilidad, lo destacan de tal manera que se diferencien, aunque en forma complementaria, del ministerio ordenado. Muchos de ellos expresan también su profundo sentido de vocación como parte de su identidad personal y motivación al desempeño de sus funciones. Muchos han alcanzado grados académicos y certificación diocesana en preparación para su ministerio. (Subcomité para los Laicos de USCCB, *El Ministerio Laico de la Iglesia: El Estado de las Interrogantes* [Washington, DC: USCCB, 1999], 9)

DEL CATECISMO

1. ¿Son los no católicos culpables de separarse de la Iglesia?
Los que nacen hoy en las comunidades surgidas de tales rupturas "y son instruidos en la fe de Cristo, no pueden ser acusados del pecado de la separación y la Iglesia católica los abraza con respeto y amor fraternos [...] justificados por la fe en el bautismo, se han incorporado a Cristo; por tanto, con todo derecho se honran con el nombre de cristianos y son reconocidos con razón por los hijos de la Iglesia católica como hermanos en el Señor". (CIC, no. 818, citando UR, no. 3)

2. ¿Qué significa *Iglesia particular* para los católicos latinos?
Se entiende por Iglesia particular, que es en primer lugar la diócesis [...] una comunidad de fieles cristianos en comunión en la fe y en los sacramentos con su obispo ordenado en la sucesión apostólica. Estas Iglesias particulares están "formadas a imagen de la Iglesia Universal. En ellas y a partir de ellas existe la Iglesia católica, una y única". (CIC, no. 833, citando LG, no. 23)

3. ¿Cuál es la principal vocación de los laicos en la Iglesia?
Los laicos tienen como vocación propia el buscar el Reino de Dios ocupándose de las realidades temporales y ordenándolas según Dios. (CIC, no. 898, citando LG, no. 31)

LA VIDA CONSAGRADA

Desde los orígenes de la Iglesia, han existido hombres y mujeres que han elegido vivir dando testimonio de Cristo de una forma radical, imitándolo en lo más posible en su pobreza, castidad y obediencia. A través de los siglos, este compromiso se hizo cada vez más visible mediante el establecimiento de monasterios, órdenes y congregaciones religiosas y otros tipos de institutos. Hombres y mujeres profesaron públicamente los "consejos" (votos) evangélicos de pobreza, castidad y obediencia, comprometiéndose a una vida de estabilidad dentro de sus comunidades.

El Beato Junípero Serra fue franciscano, miembro de una orden religiosa que se remonta a San Francisco de Asís (1181-1226). Esta es una forma de vida consagrada de entre las muchas que se han desarrollado a lo largo de la historia de la Iglesia. Estas enriquecen a la Iglesia no solo por la radicalidad con la que aceptan los consejos evangélicos, sino también por los muchos apostolados (por ejemplo, educación, cuidado de la salud) mediante los cuales imitan a Cristo en su compasión y cuidado de los demás.

HAGAN DISCÍPULOS

Este capítulo ha puesto al descubierto las riquezas de la Iglesia Católica al provenir esta de su fuente en Dios mismo. Hoy los católicos están invitados a compartir esta vida de la Iglesia con otros, y así hacer posible que conozcan a Cristo. Esto es la evangelización. El Padre Alvin Illig (1926-1991), un sacerdote paulista, dedicó su vida a hacer de la evangelización una prioridad en la Iglesia de Estados Unidos. Nos ayudó a recuperar la gran Comisión de Jesucristo de evangelizar al mundo. Diseñó algunas formas prácticas para evangelizar en el contexto estadounidense. Estas son algunas de sus ideas:

1. Piensa en la gran Comisión de Cristo de evangelizar (Mt 28:18-20) como una vocación espiritual contenida en nuestro compromiso bautismal.

2. Sé positivo y lleno de esperanza. Como mensajeros de Dios y pueblo Pascual, tenemos la Buena Nueva que compartir con los demás.

3. Incluye las principales maneras de evangelizar: (a) diálogo interpersonal, (b) programas parroquiales, (c) administración diocesana. El método interpersonal es el más efectivo. Amigos, parientes y vecinos son cuatro de las cinco personas que se convierten al catolicismo.

4. Empieza con la situación humana de la persona. Esto puede ser los cuatro temores básicos de la gente: fracaso, rechazo, dolor y muerte. Plantea preguntas sobre la existencia y la vida futura. Muestra como Jesús comprende estos temores y ofrece una salvación que es la mejor respuesta.

5. Haz uso de las experiencias de fe. Comparte el amor de la gente por la belleza, la música y el arte. Date cuenta de esto en la religión popular de grupos étnicos y de inmigrantes —y las experiencias de fe en Cursillo, Encuentro Matrimonial y la renovación carismática.

6. Evangelízate a ti mismo mediante la renovación espiritual diaria en unión con Cristo. (*Catholic Evangelization* [junio de 1991]: 39-41 [v.d.t.])

PARA LA REFLEXIÓN Y EL DEBATE

1. ¿De qué manera fortalecen tu identidad católica los cuatro atributos de la Iglesia? ¿Cómo podemos disminuir la falta de confianza y los malentendidos que existen entre las diferentes denominaciones cristianas en nuestra comunidad? ¿Qué podemos hacer para eliminar el antisemitismo?

2. ¿Qué valor tiene la jerarquía —Papa, obispos, sacerdotes y diáconos— para promover tu crecimiento en la fe? ¿Qué fuentes de fortaleza espiritual recibes de las estructuras de la Iglesia: la parroquia, diócesis y la Iglesia universal?

3. Identifica modos prácticos de evangelizar a los demás. ¿Cuáles son algunos de los beneficios que recibe la Iglesia de aquellos que han abrazado la vida consagrada? ¿De qué maneras pueden los laicos extender la fe?

ENSEÑANZAS

• Los cuatro atributos de la Iglesia —ella es una, santa, católica y apostólica— están inseparablemente unidos entre sí, y todos son esenciales para la misión de la Iglesia y su búsqueda de santidad.

- La Iglesia es una. Ella profesa "un solo Señor, una sola fe, un solo bautismo" (Ef 4:5). Esta unidad, sostenida por el Espíritu Santo, incluye una diversidad de dones, talentos, culturas y ritos.
- La Iglesia es santa. Jesús, el fundador, es santo y pone su santidad a nuestra disposición mediante su muerte y Resurrección. El Espíritu Santo nos otorga la santidad, especialmente a través de los sacramentos. La santidad de la Iglesia brilla en los santos y de una forma especial en la Santísima Virgen María.
- La Iglesia es católica. La palabra *católica* significa universal. Todos los medios para la salvación se encuentran en la Iglesia. La Iglesia tiene la plenitud de la fe, los sacramentos y la sucesión apostólica. Jesús nos comisiona a llevar el Evangelio a todas las gentes, en todos los tiempos; por ello la Iglesia "es misionera por su naturaleza" (Concilio Vaticano II, *Decreto sobre la Actividad Misionera de la Iglesia* [*Ad Gentes Divinitus*; AG], no. 2).
- La Iglesia es apostólica. Jesús quiso edificar la Iglesia sobre los cimientos de los Apóstoles. La Iglesia transmite las enseñanzas de los Apóstoles a través de todas las generaciones. Cristo guía como un pastor a la Iglesia mediante Pedro y los otros Apóstoles, quienes han sido sucedidos por el Papa y el colegio de obispos.
- Bajo la dirección del Espíritu Santo, los Apóstoles eligieron a obispos para que les sucedieran. Con la ayuda de los sacerdotes y diáconos, los obispos enseñan la fe; celebran los sacramentos, especialmente la Eucaristía; y guían a la Iglesia. Su responsabilidad incluye el cuidado de todas las Iglesias en comunión con el Papa.
- Dios llama a los laicos a dar testimonio y a compartir su fe en medio del mundo. Mediante su Bautismo, ellos comparten en el sacerdocio de Cristo y son sellados por el Espíritu. Por esto son llamados a la santidad, a ser testigos proféticos en el mundo y a una determinación regia de santificar el mundo mediante sus palabras y obras.
- Aquellos que viven una vida consagrada a Dios profesan los consejos evangélicos de pobreza, castidad y obediencia en un estado de vida estable reconocido por la Iglesia. Prometen solemnemente rendirse a Dios con un corazón íntegro, de esta forma liberándose a sí mismos para servir a Dios, a la Iglesia y atender a las necesidades de los demás.

MEDITACIÓN

Dios llamó primero a los Israelitas a la santidad: "Sean santos porque yo soy santo" (Lv 11:45). San Pedro repitió este mandamiento del Señor para el pueblo cristiano. "Así como es santo el que los llamó, sean también ustedes santos en toda su conducta, pues la Escritura dice: 'Sean santos, porque yo, el Señor, soy santo'" (1 P 1:15-16). Dios dirigió esta llamada a cada miembro de la Iglesia. Él comienza la vida de santidad en nosotros en nuestro bautismo, cuando nos hacemos partícipes de la vida divina mediante el don de la gracia santificante. La santidad es un don, el cual el Espíritu Santo confiere en nosotros continuamente. Este don debería dar fruto en nosotros a medida que vivimos nuestro amor por Dios, por el prójimo y por nosotros mismos; que crecemos en virtud, y que trabajamos por la justicia y misericordia de todos, especialmente los pobres y los indefensos.

ORACIÓN

Te alabamos, Señor, porque por medio de los apóstoles has
    fundado tu Iglesia;
Por ella nos edificas en la unidad de tu pueblo.
Te alabamos, Señor, porque por medio de los apóstoles nos
    has dado el bautismo y la penitencia:
Por ellos nos purificas de todas nuestras culpas.

—Preces del Común de Apóstoles,
Liturgia de las Horas, vol. III, 1659

La Iglesia es la Esposa de Cristo,
Adoremos a Cristo, el Esposo de su Iglesia.

12 MARÍA: LA PRIMERA Y MÁS EMINENTE MIEMBRO DE LA IGLESIA

MARÍA, MADRE DE JESÚS, MADRE DE DIOS,
MADRE DE LA IGLESIA
—CIC, NOS. 484-507, 963-972, 2673-2677

SAN JUAN DIEGO VE A MARÍA

San Juan Diego, un nativo de México, nació en 1474 y recibió el nombre de *Cuauhtlatoatzin*. En su Bautismo, que tuvo lugar alrededor de 1525, recibió el nombre cristiano de Juan Diego. El 9 de diciembre de 1531, mientras que caminaba a Misa, Nuestra Señora se le apareció a Juan Diego en el cerro del Tepeyac, al noroeste de lo que hoy es Ciudad de México. Su aparición era la de una mujer mestiza, tanto en apariencia física como en su vestir, y habló a Juan Diego en el lenguaje de este. Maria le pidió a "Juanito" que fuese al obispo local y le pidiese que construyese una Iglesia en el lugar de su aparición. El obispo, reacio a creer a Juan Diego, pidió una señal.

Juan Diego, antes de que pudiese volver al cerro, supo que su tío se estaba muriendo. Preocupado de que se fuese a morir sin haber recibido la gracia de los últimos Sacramentos, Juan Diego se apresuró para llevar a un sacerdote junto a su tío moribundo. Sin embargo, la Virgen María se le apareció por el camino, le dijo que su tío había sido curado y mandó a Juan Diego a que regresase al cerro a recoger flores como una señal para el obispo. Aunque no era temporada, encontró rosas, las envolvió con su sarape, o *tilma*, y se regresó a donde el obispo. Cuando Juan Diego desdobló su tilma, las rosas cayeron al suelo, y tanto él como el obispo quedaron asombrados al descubrir la imagen de la Virgen María en el sarape, representada exactamente como Juan Diego la había descrito.

La tilma que tenía la imagen de la Virgen María pronto se convirtió en un objeto de veneración. En 1533 se construyó una pequeña capilla en el lugar de las apariciones para acoger el sarape con su imagen milagrosa. Hoy día, justo debajo del Cerro del Tepeyac se erige la Basílica de Nuestra Señora de Guadalupe, donde se puede ver la tilma tal y como la vio el obispo en 1531. La iglesia es un triunfo de la arquitectura contemporánea, incorporando muchas facetas de la cultura y espiritualidad mexicana, y crea un espacio cálido, de oración y de acogida. Los peregrinos, a pie o de rodillas, a menudo trayendo rosas, procesan despacio hacia la imagen en el santuario. Van a pedir favores a la misericordiosa Madre o para agradecerle su tierna y compasiva respuesta a sus oraciones. Una cinta transportadora para los peregrinos está colocada tras el santuario para que estos puedan ver de cerca la imagen de Nuestra Señora de Guadalupe expuesta en la pared del santuario. A pesar del río de peregrinos, el santuario es tranquilo y meditativo. La muchedumbre no es una distracción para aquellos que han venido a orar en la nave de la basílica.

Los peregrinos todavía suben hasta la cima del Cerro del Tepeyac para visitar la capilla original y el lugar de las apariciones. También pueden visitar una habitación donde Juan Diego pasó sus últimos días en oración y propagando los sucesos de las apariciones a sus compatriotas. A través de la Virgen María, bajo la advocación de "Nuestra Señora de Guadalupe" y por medio del evangelizador San Juan Diego, muchas de las gentes nativas de México se convirtieron al cristianismo y se bautizaron en la Iglesia. Como lugar de peregrinaje, este santuario se sitúa como uno de los más populares del mundo, atrayendo a más de diez millones de peregrinos cada año.

La Virgen María se apareció en Tepeyac como una mujer joven, embarazada, de ascendencia indígena. Se reveló a sí misma como María, la verdadera Madre de Dios, una madre misericordiosa que escucha el sufrimiento de su pueblo y que los consuela a todos. Al igual que su imagen quedó grabada en la tilma de Juan Diego, así la Virgen María queda grabada en los más profundos lugares de los corazones de todos aquellos que van a ella. Bajo la advocación de Nuestra Señora de Guadalupe, la Virgen María es patrona de las Américas. Hay millones de católicos en Estados Unidos cuya devoción a Nuestra Señora de Guadalupe y respeto a San Juan Diego ayudan a guardar vivos nuestra fe y compromiso de evangelizar. La festividad de Nuestra Señora de Guadalupe se celebra el 12 de diciembre.

El Papa Juan Pablo II beatificó a Juan Diego en 1990. En 2002, el mismo Papa lo canonizó en la Basílica de Nuestra Señora de Guadalupe. La Iglesia celebra la fiesta de San Juan Diego el 9 de diciembre.

San Juan Diego está en compañía de numerosos otros que han tenido el privilegio de una visión de la Virgen María, como lo fueron Bernadette de Lourdes, Francia, y los tres niños, Jacinta, Francisco y Lucía, de Fátima, Portugal. Estos visionarios amaron a la Virgen María. Sus vidas de fe y el don de las gracias de Dios han llevado a millones de personas a acercarse más a Cristo. Jacinta y Francisco fueron beatificados por el Papa Juan Pablo II el 13 de mayo del 2000. Lucía, ahora monja en Coimbra, Portugal, asistió a la ceremonia.

<hr />

EL DESIGNIO DE DIOS PARA LA VIRGEN MARÍA

El Concilio Vaticano II nos recuerda que la Virgen María es un miembro que "en la Santa Iglesia ocupa después de Cristo el lugar más alto y el más cercano a nosotros" (LG, no. 54). Ella es el primero y el más grande de los discípulos de Cristo.

Cuando el Evangelio de San Lucas (1:26-38) narra la llamada de Dios de María, la Virgen de Nazaret, para que sea la Madre del Salvador, su Hijo, desde toda la eternidad, ella contesta a esta llamada con una fe y confianza profundas. De esta manera, ella "dio al mundo la vida misma que renueva todas las cosas y que fue adornada por Dios con dones dignos de tan gran oficio" (LG, no. 56).

"BENDITA TÚ ERES ENTRE TODAS LAS MUJERES"

Una parte esencial del designio de Dios para la madre de su Hijo fue que ella fuese concebida libre de Pecado Original. "A lo largo de los siglos, la Iglesia ha tomado conciencia de que María 'llena de gracia' por Dios, había sido redimida desde su concepción" (CIC, no. 491).

Anticipando que ella iba a llevar al Hijo de Dios, María fue preservada desde el momento de su concepción del Pecado Original. Llamamos a esto la Inmaculada Concepción. Ningún pecado la tocó, de forma que ella sería un recipiente adecuado y digno para el Hijo de

Dios. La Inmaculada Concepción no se refiere a la concepción virginal y nacimiento de Cristo, sino a María, que fue concebida sin heredar el Pecado Original.

Con el paso del tiempo, la doctrina de la Inmaculada Concepción fue articulada de forma más precisa, a medida que su verdad —apoyada por la devoción popular universal de los creyentes durante mucho tiempo— se iba entendiendo mejor mediante la investigación teológica. En 1854, el Papa Pío IX proclamó este dogma infaliblemente: es decir, en su oficio como maestro supremo de la Iglesia, él declaró que esta doctrina ha sido revelada divinamente y que debe ser aceptada con fe por toda la Iglesia.

También es la fe de la Iglesia que la Virgen María ha de llamarse "Madre de Dios". "Aquél que ella concibió como hombre, por obra del Espíritu Santo, y que se ha hecho verdaderamente su Hijo según la carne, no es otro que el Hijo eterno del Padre, la segunda persona de la Santísima Trinidad. La Iglesia confiesa que María es verdaderamente *Madre de Dios*" (CIC, no. 495, citando el Concilio de Éfeso: DS 251). En las Iglesias orientales, la Virgen María es honrada usando la expresión griega *Theotokos* o "Madre de Dios".

El poder del Espíritu Santo hizo posible la concepción de Jesús en el seno de la Virgen María. No hubo un padre humano. Los Evangelios presentan claramente la concepción virginal de Jesús como una obra divina (cf. Mt 1:18-25; Lc 1:26-38).

María fue siempre virgen, tanto al concebir a Jesús como al dar a luz a Jesús, y permaneció virgen desde ese entonces. Dios le otorgó el privilegio de resaltar que este era un momento único en la historia: el nacimiento de Jesús, quien es el Hijo de Dios y el Hijo de María. La liturgia de la Iglesia habla de María como la "siempre virgen". En la Iglesia naciente algunos negaron esto, argumentando que los Evangelios hablan de los hermanos y hermanas de Jesús, y que por tanto María no había permanecido virgen tras el nacimiento de Jesús. Pero ya en el siglo IV, los teólogos indicaron que la palabra griega para hermano usada en el Nuevo Testamento también se puede usar para referirse a "primo". Una segunda explicación fue que estos hermanos y hermanas eran hijos de un matrimonio previo de José. Sin embargo, ha sido la enseñanza continua de la Iglesia que María permaneció virgen incluso después del nacimiento de Jesús. En su virginidad, la Virgen María vivió una vida dedicada exclusivamente a su Hijo y su misión. Su ejemplo ha sido imitado por algunos de los discípulos de Cristo que han vivido vidas de virginidad y celibato consagrados, desde la época apostólica hasta nuestros días.

En el misterio de su Asunción, la Virgen María experimentó inmediatamente lo que todos nosotros experimentaremos finalmente, una resurrección del cuerpo como la del mismo Cristo. "La Virgen Inmaculada [...] terminado el curso de su vida en la tierra, fue llevada a la gloria del cielo y elevada al trono por el Señor como Reina del universo, para ser conformada más plenamente a su Hijo, Señor de los Señores y vencedor del pecado y de la muerte" (CIC, no. 966, citando LG, no. 59).

Finalmente, en María contemplamos lo que la Iglesia ya es durante su peregrinaje de fe, y en lo que se convertirá la Iglesia al final de su caminar. "Porque María, que habiendo entrado íntimamente en la historia de la Salvación, en cierta manera en sí une y refleja las más grandes exigencias de la fe" (LG, no. 65).

MARÍA COMO MADRE DE LA IGLESIA

Al principio de la tercera sesión del Concilio Vaticano II, el Papa Pablo VI anunció que la Virgen María sería honrada bajo la advocación de "Madre de la Iglesia".

Desde la concepción de Cristo hasta su muerte, la Virgen María estuvo unida a su Hijo en su obra de salvación. Desde la Cruz, Jesús encomendó a María a su discípulo amado, diciéndole que la cuidase como si fuese su propia madre (Jn 19:27). Cuando los Apóstoles y los discípulos se reunieron para rezar tras la Ascensión de Jesús, la Virgen María estaba con ellos orando por la venida del Espíritu Santo. María continúa rezando ante Dios por toda la Iglesia y toda la humanidad.

Como María, la Iglesia tiene un papel maternal, dando luz a gente en Cristo. La Iglesia nunca puede dejar de mirar a María, quien dio luz a Jesucristo. La Iglesia contempla la maternidad de María para así cumplir su propia llamada a ser madre de los miembros del Cuerpo Místico de Cristo, la Iglesia. Y también como María, la Iglesia es virginal. La descripción de la Iglesia como virginal se usa aquí en el sentido espiritual

DEL CATECISMO

1. ¿Cuál es la función de la fe de la Virgen María en el designio de salvación?

La Virgen María "colaboró por su fe y obediencia libres a la salvación de los hombres" (LG, no. 56). Ella pronunció su "fiat" "loco totius humanae naturae" ("ocupando el lugar de toda la naturaleza humana") (Santo Tomás de Aquino, *Summa Theologiae*, III, 30, 1): Por su obediencia, Ella se convirtió en la nueva Eva, madre de los vivientes. (CIC, no. 511)

2. ¿Intercede la Virgen María en nuestro nombre?

Esta maternidad de María perdura sin cesar en la economía de la gracia [...] con su asunción a los cielos, no abandonó su misión salvadora, sino que continúa procurándonos con su múltiple intercesión los dones de la salvación eterna. (CIC, no. 969, citando LG, no. 62)

3. ¿Cómo honra la Iglesia a María?

La Santísima Virgen "es honrada con razón por la Iglesia con un culto especial. Y, en efecto, desde los tiempos más antiguos, se venera a la Santísima Virgen con el título de 'Madre de Dios', bajo cuya protección se acogen los fieles suplicantes en todos sus peligros y necesidades [...] Este culto [...] aunque del todo singular, es esencialmente diferente del culto de adoración que se da al Verbo encarnado, lo mismo que al Padre y al Espíritu Santo, pero lo favorece muy poderosamente" (LG, no. 66); encuentra su expresión en las fiestas litúrgicas dedicadas a la Madre de Dios y en la oración mariana, como el Santo Rosario, "síntesis de todo el Evangelio". (CIC, no. 971)

de un corazón íntegro y de la fidelidad en su más luminosa forma. Dios llama a todos los miembros de la Iglesia a la fidelidad a la unión con Él que tuvo lugar en el Bautizo y que continúa en los otros sacramentos.

LA INTERCESIÓN MATERNAL DE MARÍA

En nuestra cultura, puede existir cierta incomodidad al rezar a la Virgen María para que interceda en nuestro nombre. Este parece ser un papel intermediario que va más allá de lo establecido en la primera carta a Timoteo: "Porque no hay sino un solo Dios y un solo mediador entre Dios y los hombres, Cristo Jesús, hombre él también, que se entregó como rescate por todos" (1 Tm 2:5). Es decir, Jesucristo es el único mediador. Solo Jesús es el Salvador.

Pero esto no niega la posibilidad de que Cristo pudiese permitir a otros compartir en su papel de mediador. Aquí en la tierra, con frecuencia pedimos a otros que recen por nosotros. Por instinto, nos dirigimos a gente santa por sus oraciones ya que parece que se encuentran más cerca de Dios. ¿Por qué dejaríamos de pedir oraciones a los santos después de que mueran? Si creemos que están en el cielo, ¿no serían sus oraciones aún más efectivas?

Desde los primeros tiempos, los cristianos han buscado las oraciones y ayuda de la Virgen María. De parte de la Iglesia ha existido un sentido básico que dice que la Virgen María continúa en el cielo preocupándose por el crecimiento en la santidad y en la relación íntima con su Hijo de todos los miembros de la Iglesia.

■ PARA LA REFLEXIÓN Y EL DEBATE ■

1. ¿Cómo explicarías a otros la conexión entre la Virgen María como Madre de Dios y todos sus dones especiales: la Inmaculada Concepción, la virginidad perpetua y la Asunción? ¿Por qué es importante comprender que la Virgen María necesitaba, también, ser redimida?

2. ¿De qué maneras te puedes identificar con el "sí" de María a Dios en la Anunciación? Si la vida de la Virgen María sirve para nosotros

como ejemplo de un corazón íntegro que responde al amor de Dios, ¿cómo eres capaz de demostrar tu amor por Dios a diario?

3. La Virgen María fue el mayor discípulo de su Hijo. ¿Cómo creces en tu llamada al discipulado?

ENSEÑANZAS

- "Lo que la fe católica cree acerca de María se funda en lo que cree acerca de Cristo, pero lo que enseña sobre María ilumina a su vez la fe en Cristo" (CIC, no. 487).

- "Al llegar la plenitud de los tiempos, envió Dios a su Hijo, nacido de una mujer" (Ga 4:4).

- Una parte esencial del designio de salvación de Dios para la madre de su Hijo es que ella fuese concebida sin Pecado Original. "A lo largo de los siglos, la Iglesia ha tomado conciencia de que María 'llena de gracia' por Dios había sido redimida desde su concepción" (CIC, no. 491). Esta es la doctrina de su Inmaculada Concepción.

- En la Anunciación, la Virgen María respondió al ángel Gabriel con estas palabras: "Yo soy la esclava del Señor; cúmplase en mí lo que me has dicho" (Lc 1:38). Este fue su asentimiento a la Encarnación. Desde ese momento en adelante, la Virgen María cooperó libremente y en la obediencia de la fe con el designio de salvación. Ella proclamó su "sí" "ocupando el lugar de toda la naturaleza humana" (Santo Tomás de Aquino, *Summa Theologiae*, III, 30, 1).

- Los Evangelios llaman a la Virgen María "Madre de Jesús". La Virgen María es verdaderamente la Madre de Dios ya que ella es la madre del Hijo de Dios hecho hombre. En las Iglesias orientales la Virgen María es honrada como *Theotokos*, o "Madre de Dios".

- María fue siempre virgen, al concebir a Jesús, al dar luz a Jesús y durante el resto de su vida.

- "La Santísima Virgen María, cumplido el curso de su vida terrena, fue llevada en cuerpo y alma a la gloria del cielo, en donde ella participa ya en la gloria de la resurrección de su Hijo, anticipando la resurrección de todos los miembros de su Cuerpo" (CIC, no. 974). Esta es la doctrina de su Asunción al cielo.

• "Creemos que la Santísima Madre de Dios, la nueva Eva, Madre de la Iglesia, continúa en el cielo su misión maternal para con los miembros de Cristo" (Papa Pablo VI, *Credo del Pueblo de Dios*, no. 15 [v.d.t.]).

MEDITACIÓN

Magnificat (Lc 1:46-55)

Después de la Anunciación, la Virgen María se fue para estar con su prima Isabel y ayudar a esta en el futuro nacimiento de su hijo. Cuando Isabel vio a María, ella alabó la fe de María diciendo: "Dichosa tú, que has creído, porque se cumplirá cuanto te fue anunciado de parte del Señor" (Lc 1:45). María respondió con un cántico en el que ella alaba a Dios. Reflexionamos aquí sobre sus palabras, que hoy conocemos como el *Magníficat*, que es la primera palabra de este cántico en latín:

> Proclama mi alma
> la grandeza del Señor,
> se alegra mi espíritu en Dios,
> mi salvador;
> porque ha mirado la humillación
> de su esclava.
>
> Desde ahora me felicitarán
> todas las generaciones,
> porque el Poderoso ha hecho
> obras grandes por mí:
> su nombre es santo,
> y su misericordia llega a sus fieles
> de generación en generación.
>
> Él hace proezas con su brazo:
> dispersa a los soberbios de corazón,
> derriba del trono a los poderosos
> y enaltece a los humildes,

a los hambrientos los colma de bienes
y a los ricos los despide vacíos.

Auxilia a Israel, su siervo,
acordándose de la misericordia
—como lo había prometido a nuestros padres—
en favor de Abrahán
y su descendencia por siempre.

Gloria al Padre,
y al Hijo,
y al Espíritu Santo.
Como era en el principio,
ahora y siempre,
por los siglos de los siglos. Amén.

—Liturgia de las Horas; cf. Lc 1:46-55

ORACIÓN

Memorare

Acordaos, oh piadosísima Virgen María, que jamás se ha oído
decir que ninguno de los que haya acudido a tu protección,
implorando tu asistencia y reclamando tu socorro, haya sido
abandonado de ti. Animado con esta confianza, a ti también
acudo, oh Madre, Virgen de las vírgenes, y aunque gimiendo
bajo el peso de mis pecados, me atrevo a comparecer ante tu
presencia soberana. No deseches mis humildes súplicas, oh
Madre del Verbo divino, antes bien, escúchalas y acógelas
benignamente. Amén.

—San Bernardo de Clairvaux

Dios te salve, María, llena eres de gracia.

13 NUESTRO DESTINO ETERNO

LAS COSAS ÚLTIMAS: LA RESURRECCIÓN DE
LA CARNE, LA MUERTE, EL JUICIO PARTICULAR,
EL CIELO, EL PURGATORIO, EL INFIERNO, EL JUICIO
FINAL, LOS CIELOS NUEVOS, Y LA TIERRA NUEVA
—CIC, NOS. 988-1065

EL AMOR SE DEMUESTRA CON OBRAS

Santa Katharine Drexel a menudo dijo: "El amor se demuestra con obras". Su larga vida dio testimonio de esta convicción llena de fe. Nacida en Philadelphia en 1858, Katharine era hija de un rico banquero. Los padres de Katharine le enseñaron a ser generosa con su dinero. El Sr. Drexel hizo que su hija se diese cuenta que el dinero de uno es para que sea compartido con los demás.

El padre de Katharine murió en 1885. Según su testamento, Katharine sería una de los beneficiarios de su patrimonio durante el resto de su vida. Ese año, Katharine viajó a lo largo del país y se familiarizó con las difíciles situaciones de vida de los nativos americanos. Empezó a construir escuelas para los niños, a proveer comida, ropa, muebles y salarios para los maestros. También encontró a sacerdotes para que atendiesen las necesidades espirituales de la gente. A medida que se hacía más consciente del sufrimiento de los afroamericanos, decidió extender sus proyectos caritativos a esta comunidad. Durante su vida, trabajando con la Oficina de Misiones para Indios y Gente de Color del gobierno, Katharine fomentó y apoyó económicamente misiones por todo el país.

En 1891, con el patrocinio de un buen amigo de su familia, el obispo de Omaha (Nebraska), James O'Connor, Katharine Drexel fundó la congregación religiosa de las Hermanas del Santísimo Sacramento. Ella y sus hermanas profesaron los votos de pobreza, castidad y obediencia, y ella tomó un cuarto voto de "ser madre y sierva de las razas negra e india". La Madre Katharine Drexel usó los ingresos de la fundación de su padre — $350,000 al año en ese entonces— para construir más de sesenta escuelas en áreas rurales del oeste y sur de Estados Unidos. También fundó Xavier University en New Orleans, la única universidad católica afroamericana en Estados Unidos. Luchó por los derechos civiles, hizo frente al Ku Klux Klan y financió algunas de las investigaciones de la Asociación Nacional para el Avance de las Personas de Color (NAACP, por sus siglas en inglés) sobre la explotación de trabajadores afroamericanos. A lo largo de su vida, la Madre Katharine Drexel dio más de $21 millones para ayudar a fundar iglesias, escuelas y hospitales por todo Estados Unidos.

En 1935, la Madre Katharine sufrió un ataque de corazón muy severo y, durante los siguientes veinte años, vivió retirada en oración. Su interés y amor por las misiones siguió creciendo hasta su muerte, el 2 de marzo de 1955.

El Papa Juan Pablo II canonizó a la Madre Katharine Drexel el 1 de octubre de 2000. Había vivido el verdadero significado y virtud del Evangelio, con una generosidad sincera. Puso su dinero y su vida donde estaba su corazón, con sus amados afroamericanos y nativos americanos.

Santa Katharine sacó una inmensa fuerza espiritual de su devoción a la Eucaristía. Al adorar al Santísimo Sacramento, ella descubrió como rendirse totalmente ante Dios. Escribió: "La Eucaristía es un sacrificio que nunca cesa. Es el Sacramento del amor, el acto del amor". A menudo rezaba a Cristo en la Eucaristía: "Ayúdame hoy y siempre, en cada momento, para comunicarme contigo haciendo tu voluntad. Haz que el hacer tu voluntad en cada momento sea una comunión espiritual. En ella tú te entregarás a mí. Yo me entregaré a ti".[11]

En su trabajo por los nativos americanos y los afroamericanos, Santa Katharine siguió las palabras de Cristo que describían su cuidado de las ovejas como Buen Pastor: "Yo he venido para que tengan vida y la tengan en abundancia" (Jn 10:10). Ella quiso que todos aquellos a quienes sirvió tuviesen hoy una vida aún más llena de vida y que alcanzaran la plenitud final de la vida en la eternidad.

Como pueblo santo de Dios, nosotros también compartimos en los santos misterios, como lo son la Eucaristía, pero también nos relacionamos

---

11   Citada por Ellen Tarry, en *Saint Katharine Drexel* (Boston: Pauline Books and Media, 2000), 149 (v.d.t.).

con todos los otros miembros de la Iglesia, aquellos que todavía viven y aquellos que nos han precedido al Reino del Cielo. Somos, de esta forma, parte de la Comunión de los Santos. En este capítulo hablaremos de nuestro viaje desde la vida, pasando por la muerte, hasta la perfección de la Comunión de los Santos en la eternidad.

EL SIGNIFICADO DE LA MUERTE CRISTIANA

La vida de los que en ti creemos, Señor, no termina,
se transforma; y, al deshacerse nuestra morada terrenal,
adquirimos una mansión eterna en el cielo

—Prefacio de difuntos I, *Misal Romano*; CIC, no. 1012

El último artículo del Credo proclama nuestra creencia en la vida eterna. En la Recomendación del Alma a veces escuchamos esta oración: "Sal, alma cristiana, de este mundo [...] Que descanses hoy en paz y habites con Dios en su Reino [...] que veas cara a cara a tu redentor" (Oración de Recomendación del Alma, no. 220). La Muerte es el final natural e inevitable de la vida en la tierra. "Hay un tiempo para nacer y otro para morir" (Qo 3:2). Cambiamos, envejecemos, incluso la muerte parece algo apropiada tras una vida plena. "El polvo regresará a la tierra de donde vino, y el espíritu a Dios, que lo dio" (Qo 12:7).

Pero la realidad de la muerte y su finalidad dan una urgencia a nuestras vidas. "La muerte pone fin a la vida del hombre como tiempo abierto a la aceptación o rechazo de la gracia divina manifestada en Cristo" (CIC, no. 1021). Esta enseñanza reconoce que la muerte de una persona marca el final de nuestro viaje terrenal con sus tristezas y alegrías, con sus fallos pecaminosos y los triunfos de la gracia y ayuda salvíficas de Cristo.

La Iglesia enseña que "cada hombre, después de morir, recibe en su alma inmortal su retribución eterna en un juicio particular" (CIC, no. 1022). San Juan de la Cruz (1542-1591) escribió: "A la tarde te examinarán en el amor" (*Dichos*, no. 64). El amor perfecto hace posible nuestra entrada en el cielo, el amor imperfecto requerirá purificación y una falta total de amor significará una separación eterna de Dios.

"El cielo es el fin último y la realización de las aspiraciones más profundas del hombre, el estado supremo y definitivo de dicha" (CIC, no. 1024). Esto se llevará a cabo mediante una perfecta comunión con la Santísima Trinidad, la Santísima Madre de Dios, los ángeles y los santos. Jesucristo nos abrió el cielo con su muerte y Resurrección.

¿Cómo es el cielo? Las Sagradas Escrituras usan una variedad de imágenes para ayudarnos a comprender lo que es el cielo, como una fiesta de bodas, un banquete, la casa del Padre, un estado de felicidad eterna. Pero el verdadero cielo va más allá de cualquier imagen que podamos pintar. "Que lo que Dios ha preparado para los que lo aman, ni el ojo lo ha visto, ni el oído lo ha escuchado, ni la mente del hombre pudo siquiera haberlo imaginado" (1 Co 2:9). Ver a Dios, cara a cara, en toda su Gloria es el aspecto esencial del cielo. Esto es lo que se llama la *visión beatífica*. Para hacer esto posible Dios se debe revelar a sí mismo y darnos la capacidad para contemplarlo.

> ¡Cuál no será tu gloria y tu dicha!: Ser admitido a ver a Dios, tener el honor de participar en las alegrías de la salvación y de la luz eterna en compañía de Cristo, el Señor tu Dios [...] gozar en el Reino de los cielos en compañía de los justos y de los amigos de Dios, las alegrías de la inmortalidad alcanzada. (San Cipriano, Epístola 56, 10, 1)

"La Iglesia llama *Purgatorio* a esta purificación final de los elegidos que es completamente distinta del castigo de los condenados" (CIC, no. 1031). Aquellos que mueren en un estado de amistad con Dios pero que no están totalmente purificados y perfeccionados reciben la seguridad de su salvación eterna. Sin embargo, deben pasar por una purificación para obtener la perfección del amor y la santidad necesarios para entrar al cielo, donde tendrán un corazón que está completamente abierto a Dios. Este proceso se llama Purgatorio.

Nos es imposible imaginar lo que es el Purgatorio. Tradicionalmente se ha descrito como un fuego purificador. Ya que el alma humana no puede ser tocada por las llamas terrenales, esta imagen nos sirve para recordar que el amor perfecto se consigue mediante una separación espiritual, gradual y dolorosa, del egoísmo y el egocentrismo. La Iglesia ayuda a aquellos que se encuentran en el Purgatorio mediante la oración y especialmente la Eucaristía en su proceso final de purificación. Ofrecer Misas por los difuntos es una forma muy poderosa de ayudarlos. El 2 de noviembre de cada año, en la Conmemoración de Todos los Fieles Difuntos (el Día de Difuntos), es un día para recordar y orar especialmente por los difuntos.

"La pena principal del infierno consiste en la separación eterna de Dios" (CIC, no. 1035). Nos es imposible estar unidos a Dios si rehusamos amarlo. Cuando pecamos seriamente contra Dios, el prójimo o contra nosotros mismos, hemos fallado en amar a Dios. Persistir en un estado de pecado serio refleja la elección de rechazar el amor de Dios y la intención de separarnos de Él. La elección libre de separarnos eternamente de la comunión con Dios es llamada *infierno*. Mientras que imágenes de fuego han sido tradicionalmente usadas para ilustrar el infierno, como por ejemplo en las Sagradas Escrituras, la realidad excede nuestra habilidad de describir el dolor del aislamiento que proviene de rechazar el amor de Dios.

Las Sagradas Escrituras y las enseñanzas de la Iglesia respecto al cielo y el infierno hacen hincapié en una llamada a la responsabilidad personal por medio de la cual hacemos uso de nuestra libertad, ayudados de la divina gracia, para responder completamente al amor de Dios. Siempre existe una llamada urgente a la conversión y el arrepentimiento. "Dios no predestina a nadie a ir al infierno" (CIC, no. 1037).

LA RESURRECCIÓN DE LA CARNE

[La] profesión de nuestra fe en Dios Padre, Hijo y Espíritu Santo [...] culmina en la proclamación de la resurrección de los muertos al fin de los tiempos, y en la vida eterna.

—CIC, no. 988

La fe en la resurrección de nuestros cuerpos es inseparable de nuestra fe en la Resurrección del cuerpo de Cristo de entre los muertos. Él resucitó como nuestra cabeza, como el modelo de nuestra resurrección y como la fuente que da vida a nuestra nueva vida. "Si el Espíritu del Padre, que resucitó a Jesús de entre los muertos, habita en ustedes, entonces el Padre, que resucitó a Jesús de entre los muertos, también les dará vida a sus cuerpos mortales, por obra de su Espíritu, que habita en ustedes" (Rm 8:11).

Creer en la resurrección de la carne ya existía en tiempos de Cristo entre los fariseos. Jesús realizó milagros mediante los cuales devolvía la vida a algunos muertos como signos de su futura Resurrección, y asociaba estos acontecimientos a sí mismo: "Yo soy la resurrección y la vida" (Jn 11:25).

> Cristo, "el primogénito de entre los muertos" (Col 1:18), es el principio de nuestra propia resurrección, ya desde ahora por la justificación de nuestra alma (cf. Rm 6:4), más tarde por la vivificación de nuestro cuerpo (cf. Rm 8:11). (CIC, no. 658)

Todos los muertos resucitarán cuando Jesús regrese para juzgar a vivos y muertos. En la resurrección final, nuestros cuerpos serán transformados, aunque no sabemos exactamente cómo. La manera de nuestra resurrección excede nuestro entendimiento e imaginación y es solo accesible a nuestra fe.

> Hay algunos que preguntan: "¿Cómo resucitan los muertos? ¿Qué clase de cuerpo van a tener?" Es que no se han puesto a pensar que el grano que se siembra tiene que morir, para que nazca la planta. Lo que se siembra no es la planta que va a brotar, sino solamente la semilla, por ejemplo, de trigo o de cualquier otra cosa [...] Se siembra un cuerpo corruptible y resucita incorruptible [...] Los muertos resucitarán incorruptibles [...] Porque es necesario que este ser corruptible se revista de incorruptibilidad y que este ser mortal se revista de inmortalidad. (1 Co 15:35-37, 42, 52, 53)

Cada vez que participamos en una Misa funeral, vemos el cuerpo de un fallecido en un velatorio o pasamos por un cementerio, se nos recuerda este simple y profundo artículo del Credo, la creencia en la resurrección de la carne. Es una creencia que nos hace pensar, ya que nos recuerda que el juicio aún está por llegar, y a la vez es una creencia gozosa porque anuncia la vida eterna con Dios.

EL JUICIO FINAL

El Juicio final sucederá cuando vuelva Cristo glorioso.

—CIC, no. 1040

Inmediatamente después de la muerte, cada persona se presenta ante Dios y es juzgada individualmente (el juicio particular) e ingresa en el cielo, el Purgatorio o el infierno. Sin embargo, al final de los tiempos, cuando Cristo vuelva con gloria, tendrá lugar un juicio final cuando todos serán resucitados de entre los muertos y reunidos ante Dios; entonces su relación con Él se hará pública (el juicio general).

La escena del juicio en el Evangelio de San Mateo es quizás la forma más accesible de apreciar el Juicio Final: "Cuando venga el Hijo del hombre, rodeado de su Gloria, acompañado de todos sus ángeles, se sentará en su trono de gloria. Entonces serán congregadas ante él todas las naciones, y él apartará a los unos de los otros, como aparta el pastor a las ovejas de los cabritos" (Mt 25:31-32). Las ovejas heredarán el Reino de Dios. Los cabritos serán enviados al fuego eterno preparado por el diablo y sus ángeles. En esta parábola, los criterios para ser salvados se describen según si uno ha dado de comer al hambriento, si han dado agua al sediento, dado la bienvenida al extranjero, vestido al desnudo, cuidado del enfermo y visitado a los prisioneros. En cada uno de estos casos es Jesús mismo quién es tratado de esa manera. "Cuando lo hicieron con el más insignificante de mis hermanos, conmigo lo hicieron" (Mt 25:40). Si cuidamos de Jesús de estas maneras, recibiremos el Reino. Si no lo hacemos, seremos separados de él para siempre.

DEL CATECISMO

1. ¿Qué sucede cuando morimos?
Por la muerte, el alma se separa del cuerpo, pero en la resurrección Dios devolverá la vida incorruptible a nuestro cuerpo transformado reuniéndolo con nuestra alma. Así como Cristo ha resucitado y vive para siempre, todos nosotros resucitaremos en el último día. (CIC, no. 1016)

2. ¿Qué es la visión beatífica?
A causa de su transcendencia, Dios no puede ser visto tal cual es más que cuando El mismo abre su Misterio a la contemplación inmediata del hombre y le da la capacidad para ello. Esta contemplación de Dios en su gloria celestial es llamada por la Iglesia "la visión beatífica". (CIC, no. 1028)

3. ¿Qué llama a hacer a las personas el Juicio Final?
El mensaje del Juicio final llama a la conversión mientras Dios da a los hombres todavía "el tiempo favorable, el tiempo de salvación". (CIC, no. 1041, citando 2 Co 6:2)

El Juicio final sucederá cuando vuelva Cristo glorioso. Sólo el Padre conoce el día y la hora en que tendrá lugar; sólo El decidirá su advenimiento. Entonces, El pronunciará por medio de su Hijo Jesucristo, su palabra definitiva sobre toda la historia. Nosotros conoceremos el sentido último de toda la obra de la creación y de toda la economía de la salvación [...] El juicio final revelará que la justicia de Dios triunfa de todas las injusticias cometidas por sus criaturas y que su amor es más fuerte que la muerte. (CIC, no. 1040)

UN NUEVO CIELO Y UNA NUEVA TIERRA

Dios ha preparado una nueva morada y una nueva tierra en la que habita la justicia.

—CIC, no. 1048, citando GS, no. 39

Una vez que el Reino de Dios llegue a su plenitud al final de los tiempos, habrá una renovación del universo en Cristo. Las Sagradas Escrituras usan muchas imágenes para describir esta misteriosa realidad. Habrá un nuevo cielo y una nueva tierra:

> "La creación [...] misma va a ser liberada de la esclavitud de la corrupción" (cf. Rm 8:19-23). La ciudad santa de Jerusalén descenderá del cielo a la tierra (cf. Ap 21:10). No sabemos ni cómo ni cuando va a suceder esto. Pero sí sabemos que Dios hará que esto suceda. Al fin de los tiempos, "el universo entero, que está íntimamente unido al hombre y que alcanza su meta a través del hombre, quede perfectamente renovado en Cristo". (LG, no. 48)

LA MUERTE CRISTIANA

No nos gusta pensar en la muerte. Hay muchas cosas en nuestra cultura que nos distraen y no nos dejan reflexionar sobre nuestro destino final. Se nos anima a pensar solo acerca del momento presente y a responder a las necesidades de hoy. Pero el cristiano adopta toda la realidad de la vida y la llamada de Dios a la plenitud de la vida después de la muerte. Es por esto que, por ejemplo, los cristianos asisten a aquellos cuyo peregrinaje terrenal está llegando a su fin. "A los moribundos se han de prestar todas las atenciones necesarias para ayudarles a vivir sus últimos momentos en la dignidad y la paz. Deben ser ayudados por la oración de sus parientes, los cuales cuidarán que los enfermos reciban a tiempo los sacramentos que preparan para el encuentro con el Dios vivo" (CIC, no. 2299).

No solo cuidamos de los moribundos para ayudarlos a pasar sus últimos momentos con dignidad y paz, sino que también mantenemos una reverencia hacia sus cuerpos una vez que han fallecido. "Los cuerpos de los difuntos deben ser tratados con respeto y caridad en la fe y la esperanza de la resurrección. Enterrar a los muertos es una obra de misericordia corporal (cf. Tb 1:16-18), que honra a los hijos de Dios, templos del Espíritu Santo" (CIC, no. 2300). Los ritos que acompañan el respeto por el difunto incluyen el velatorio, el funeral en sí y la inhumación del cadáver o la cremación del fallecido en el cementerio. La participación en estos ritos hace posible que amigos y otras personas puedan mostrar reverencia hacia el fallecido, recen juntos por el eterno descanso de este y den a la familia del fallecido su apoyo con oraciones.

FUNERALES CRISTIANOS

La liturgia funeral cristiana nos dice que la vida ha cambiado, no que ha acabado. Los funerales son actos de fe. En el diálogo entre Marta y Jesús justo antes de la resurrección de Lázaro, Jesús le dice: "Tu hermano resucitará". Ella contesta: "Ya sé que resucitará en la resurrección del último día". Jesús entonces se identifica a sí mismo como la Resurrección y la Vida, y le pregunta: "¿Crees tú esto?" Ella responde: "Sí, Señor. Creo firmemente que tú eres el Mesías, el Hijo de Dios, el que tenía que venir al mundo" (cf. Jn 11:17-27). Nosotros expresamos esta misma creencia en los funerales cristianos. Jesús, quien camina con nosotros a lo largo de todos los demás acontecimientos de nuestra vida, está presente en nuestros funerales, la liturgia del paso de la muerte a la vida eterna. Las preparaciones para un funeral tienen que incluir una Misa y un entierro en un cementerio católico cuando esto sea posible.

Es preferible que el cuerpo sea enterrado en un cementerio católico o en un columbario (un repositorio para los restos cremados) consagrado para este fin. Enterramos el cuerpo o los restos cremados de una persona una vez que han sido bañados con el agua bautismal, ungidos con los óleos de la Confirmación y del sacramento de la Unción de Enfermos y alimentado con la Eucaristía.

La Iglesia prefiere el enterramiento del cuerpo, pero permite la cremación. "La Iglesia permite la incineración cuando con ella no se cuestiona la fe en la resurrección del cuerpo" (CIC, no. 2301). En aquellos casos cuando se planea la cremación, la Iglesia exhorta a que si es posible de alguna manera, que el cuerpo este presente para la Misa funeral, con la cremación teniendo lugar después de esta. Sin embargo, si por alguna razón la cremación tiene lugar antes de la Misa funeral, el obispo diocesano puede permitir la práctica en su diócesis de permitir que los restos cremados estén presentes en la Iglesia para los ritos fúnebres.[12] Cuando un católico sea cremado, las cenizas deben ser enterradas y no esparcidas.

PARA LA REFLEXIÓN Y EL DEBATE

1. ¿Qué experiencias has tenido que te han llevado a pensar sobre la muerte? ¿Cómo te ayudan las enseñanzas de la Iglesia sobre la muerte a formar tu forma de pensar sobre la muerte?
2. Cuando lees las enseñanzas del Nuevo Testamento acerca del Juicio Final, como en la parábola de las ovejas y las cabras (Mt 25:31-46), ¿qué impacto causan estas en ti? ¿Qué enseña la Iglesia sobre el Purgatorio? ¿Por qué oramos por los difuntos?
3. ¿Por qué es la resurrección de nuestros cuerpos importante? Hablando del cielo y el infierno, ¿por qué los explicamos en términos de nuestra relación con Dios?

ENSEÑANZAS

• La comunión incluye a todos los fieles cristianos, es decir, los que peregrinan en la tierra, los que se purifican después de muertos y los que gozan de la bienaventuranza celeste, y todos se unen en una sola Iglesia. En esta comunión está a nuestra disposición el amor misericordioso de Dios y de sus santos, que siempre ofrecen oídos atentos a nuestras oraciones mutuas y por las almas de los difuntos.

---

12   El 21 de marzo de 1997, en respuesta a la petición de la entonces denominada *National Conference of Catholic Bishops* [Conferencia Nacional de Obispos Católicos], la Congregación para el Culto y la Disciplina de los Sacramentos publicó un indulto (Prot. 1589/96/L) otorgando a todos los obispos diocesanos de Estados Unidos el derecho a permitir la presencia de los restos mortales incinerados durante toda la celebración de los ritos fúnebres católicos.

La Comunión de los Santos también se refiere a las "cosas santas", sobre todo a la Eucaristía, mediante la cual los creyentes forman un solo Cuerpo en Cristo.

- "A los moribundos se han de prestar todas las atenciones necesarias para ayudarles a vivir sus últimos momentos en la dignidad y la paz. Deben ser ayudados por la oración de sus parientes, los cuales cuidarán que los enfermos reciban a tiempo los sacramentos que preparan para el encuentro con el Dios vivo" (CIC, no. 2299).

- "Los cuerpos de los difuntos deben ser tratados con respeto y caridad en la fe y la esperanza de la resurrección. Enterrar a los muertos es una obra de misericordia corporal (cf. Tb 1:16-18), que honra a los hijos de Dios, templos del Espíritu Santo" (CIC, no. 2300).

- Inmediatamente después de la muerte, cada persona se presenta ante Dios y es juzgada individualmente (el juicio particular) y accede al cielo, el Purgatorio o el infierno. Sin embargo, al fin de los tiempos, un juicio final tendrá lugar cuando todos serán congregados ante Dios y su relación con Dios es hecha pública (el juicio general).

- El tradicional término de las cuatro "últimas cosas", se refiere a la muerte, el juicio, el cielo y la gloria.

- El alma es inmortal; no perece cuando se separa del cuerpo en el momento de la muerte. En la resurrección final, el alma se reunirá con el cuerpo.

- A aquellos que mueren en un estado de gracia y amistad con Dios, pero que no están plenamente purificados, se les asegura la salvación eterna. Deben sufrir una purificación para obtener la santidad necesaria para entrar en el cielo. Este proceso se llama *Purgatorio*. Rezamos por aquellos que se encuentran en el Purgatorio, para que pronto puedan estar con Dios en el cielo.

- Siguiendo el ejemplo de Cristo, la Iglesia advierte a los creyentes de la triste realidad de la muerte eterna, llamada infierno, la cual sucede a causa del libre y permanente rechazo de Dios y de su amor por parte de la persona.

- "El Juicio final sucederá cuando vuelva Cristo glorioso [...] El Juicio final revelará que la justicia de Dios triunfa de todas las injusticias cometidas por sus criaturas y que su amor es más fuerte que la muerte" (CIC, no. 1040).

MEDITACIÓN

El máximo enigma de la vida humana es la muerte. El hombre sufre con el dolor y con la disolución progresiva del cuerpo. Pero su máximo tormento es el temor por la desaparición perpetua. Juzga con instinto certero cuando se resiste a aceptar la perspectiva de la ruina total y del adiós definitivo. La semilla de eternidad que en sí lleva, por ser irreducible a la sola materia, se levanta contra la muerte. Todos los esfuerzos de la técnica moderna, por muy útiles que sean, no pueden calmar esta ansiedad del hombre: la prórroga de la longevidad que hoy proporciona la biología no puede satisfacer ese deseo del más allá que surge ineluctablemente del corazón humano [...] La Iglesia, aleccionada por la Revelación divina, afirma que el hombre ha sido creado por Dios para un destino feliz situado más allá de las fronteras de la miseria terrestre.

—GS, no. 18

ORACIÓN

Que descanses hoy en paz
y habites con Dios en su Reino
en compañía de la Virgen Madre de Dios, María Santísima,
de san José y de todos los ángeles y santos [...]
Te pongo en manos de Dios todopoderoso,
para que vuelvas al mismo que te creó
y te formó del polvo de la tierra [...]
que veas cara a cara a tu redentor.

—Oración de Recomendación del Alma, no. 220

No estoy muriendo. Estoy pasando a la vida eterna.

—Santa Teresa del Niño Jesús (v.d.t.)

SEGUNDA PARTE

LOS SACRAMENTOS:
LA FE CELEBRADA

14 LA CELEBRACIÓN DEL MISTERIO PASCUAL DE CRISTO

INTRODUCCIÓN A LA CELEBRACIÓN DE LA LITURGIA DE LOS SACRAMENTOS
—CIC, NOS. 1076-1209

MARTIN AMABA LA LITURGIA

"Hoy, domingo, 9 de noviembre de 1890, a las 4 de la tarde, el Señor nos bendijo con nuestro primer hijo. El próximo domingo se convertirá en un cristiano y su nombre será Martin Hellriegel". Estas palabras fueron escritas por la madre de Martin en su libro de oraciones y el bautizo tuvo lugar en la Iglesia de San Pedro en Heppenheim, Alemania. El niño prosperó en un buen hogar católico y cuando tenía diecisiete años recibió una beca para estudiar en el seminario Kenrick en Saint Louis, Missouri.

Se ordenó en 1914 y sirvió primero como coadjutor en una parroquia y luego como capellán de las Hermanas de la Preciosísima Sangre en O'Fallon, Missouri, durante veintidós años. En 1940 fue nombrado párroco de la Parroquia de la Santa Cruz en Saint Louis, donde sirvió hasta su muerte cuarenta años más tarde. Durante sus muchos años como sacerdote, fue un pionero en el movimiento litúrgico en Estados Unidos, siempre desde el punto de vista de una práctica pastoral. Este movimiento se dedicaba a acercar a la gente al significado y efectividad del culto cristiano.

Siguiendo las enseñanzas de la encíclica *Mediator Dei* en 1947, sobre la Sagrada Liturgia del Papa Pío XII, Monseñor Hellriegel quiso ayudar a sus feligreses a obtener, de la liturgia, gracia y fortaleza para la vida cristiana. Hizo esto enseñándoles cómo las lecturas, las ceremonias y la música pueden abrir nuestros corazones a la presencia de Jesús vivo y activo en la liturgia. Llevó a su gente a una participación amorosa en la Misa y en los otros sacramentos. Creía que todos los aspectos de las celebraciones litúrgicas deberían ser entendidos.

Martin creó una pequeña tarjeta que contenía una relación de los días de gracia en su vida: su Bautismo, Primera Confesión, Primera Comunión, Confirmación y su Ordenación sacerdotal (sacramento del Orden). Los días correspondientes, encendía una vela delante de esta tarjeta enmarcada y pasaba una hora rezando, reflexionando sobre la gracia salvífica que había recibido de Dios. Frecuentemente recordaba a su gente que celebrasen los aniversarios de sus propios días sagrados, cuando habían recibido sus propios sacramentos por primera vez.

Pasó varios períodos sabáticos cuaresmales en Roma. Cada día participaba en liturgias cuaresmales en diferentes iglesias antiguas de Roma, estudiando su historia y su arte. Incorporó esta experiencia en sus catequesis cuaresmales que ofrecía a sus feligreses y otras personas, ayudándolos a vivir la Cuaresma como una jornada hacia la Pascua. Poseía una apreciación instintiva del principio sacramental que dice que los elementos visibles de la naturaleza y de la historia comunican la oculta pero activa presencia de Dios en el culto cristiano.

Inspirado por el documento *de motu proprio* del Papa Pío X sobre la música sacra, Martin popularizó el canto gregoriano hasta el punto que su gente lo podía cantar con facilidad y meditativamente. Les enseñó la vida de oración de la Iglesia a través de la cual podían enriquecer sus vidas en comunión con Jesús, quien siempre intercede por nosotros ante el Padre.

Monseñor Hellriegel murió en 1981.

La encíclica sobre la Sagrada Liturgia del Papa Pío XII fue una declaración clave sobre la liturgia de la Iglesia en los años que precedieron al Concilio Vaticano II. El Papa Pío ofreció una visión para la vida litúrgica de la Iglesia que daría fruto en la *Constitución sobre la Sagrada Liturgia* (*Sacrosanctum Concilium*) del Concilio Vaticano II. Monseñor Hellriegel y otros que trabajaron en el movimiento litúrgico encontraron inspiración en estos desarrollos.

LA LITURGIA CELEBRA EL MISTERIO PASCUAL

*La Iglesia celebra principalmente el Misterio pascual
por el que Cristo realizó la obra de nuestra salvación.*

—CIC, no. 1067

La Segunda Parte del *Catecismo*, que contiene dos secciones, trata de la liturgia de la Iglesia. La Primera Sección presenta las enseñanzas básicas sobre la liturgia. La Segunda Sección presenta los siete sacramentos. La palabra *liturgia* proviene de un término griego que significa "obra o quehacer público, servicio de parte del pueblo y en favor del pueblo". La liturgia siempre se refirió a una comunidad organizada. Entonces, una obra realizada por un individuo o grupo era una liturgia en nombre de una comunidad más grande. Se espera que todos los que participan en un acto de culto lo hagan activamente en cada liturgia, ya que es una "obra" santa y no un acontecimiento para entretener o para espectadores. Cada celebración litúrgica es una acción de Cristo, el Sumo Sacerdote, y de su Cuerpo Místico, que es la Iglesia. Por esto, la celebración litúrgica requiere la participación del Pueblo de Dios en la obra de Dios.

La liturgia se centra en la Santísima Trinidad. En cada liturgia la acción de adoración está dirigida al Padre, de quien proceden todas las bendiciones, mediante su Hijo en la unidad del Espíritu Santo. Adoramos al Padre quien primero nos llamó a ser su pueblo mandándonos a su Hijo como nuestro Redentor y dándonos el Espíritu Santo para que podamos continuar reuniéndonos, para recordar lo que Dios ha hecho por nosotros y para compartir en las bendiciones de la salvación.

Mediante las celebraciones litúrgicas de la Iglesia, participamos en el Misterio Pascual de Cristo, es decir, su paso de esta vida, por la muerte, a la gloria eterna, al igual que Dios había hecho posible que el pueblo del antiguo Israel pasase de la esclavitud a la libertad mediante los acontecimientos narrados en el libro del Éxodo (cf. Ex 11–13). Las liturgias de la Iglesia también ayudan a enseñarnos acerca de Jesucristo y del significado de los misterios que estamos celebrando.

Un misterio es una realidad que es tanto visible como oculta. La muerte y Resurrección de Jesucristo se hacen presentes y efectivas para nosotros en la vida litúrgica de la Iglesia. Su muerte y Resurrección están ocultas ahora en la eternidad de Dios, pero como el Señor Resucitado y Cabeza de la Iglesia, Jesucristo nos llama a compartir en ellas a través de la liturgia de la Iglesia, es decir, mediante la asamblea visible de la comunidad para el culto y conmemoración de los que Dios ha hecho por nosotros. Es el Espíritu Santo, fuente de la vida de la Iglesia, quien nos reúne mediante acciones litúrgicas, de entre las cuales las principales son los sacramentos. La propia palabra *liturgia* tiene una aplicación más amplia que la de los sacramentos, ya que incluye toda la vida de oración pública oficial de la Iglesia, mientras que la palabra *Sacramento* se refiere a una celebración específica de la obra salvífica de Cristo.

LOS SACRAMENTOS

Toda la vida litúrgica de la Iglesia gravita en torno al Sacrificio eucarístico y los sacramentos.

—CIC, no. 1113

A medida que entendemos los sacramentos, es importante reconocer que los sacramentos tienen una realidad tanto visible como invisible, una realidad abierta a todos los sentidos humanos pero que cuya profundidad divina se comprende con los ojos de la fe. Cuando los padres abrazan a sus hijos, por ejemplo, la realidad visible que vemos es el abrazo. La realidad invisible que transmite el abrazo es el amor. No podemos "ver" el amor que el abrazo expresa, aunque a veces podemos ver su efecto en el desarrollo del niño.

La realidad visible que observamos en los sacramentos es su expresión externa, la forma que toman y la manera en la que son administrados y recibidos. La realidad invisible que no podemos "ver" es la gracia de Dios, su iniciativa llena de gracia que nos redime a través de la muerte y Resurrección de su Hijo. Su iniciativa se llama *gracia* porque es el don gratuito y de amor mediante el cual Él ofrece a la gente compartir en su vida y nos muestra su predilección y deseo de nuestra salvación. Nuestra respuesta a la gracia de la iniciativa de Dios es ella misma una gracia o don de Dios, mediante la cual podemos imitar a Cristo en nuestras vidas diarias.

Las palabras y obras salvíficas de Jesucristo son los cimientos de lo que Jesús comunicará en los sacramentos a través de los ministros de la Iglesia. Guiada por el Espíritu Santo, la Iglesia reconoce la existencia de siete sacramentos instituidos por el Señor. Son agrupados de la siguiente manera:

- Sacramentos de la Iniciación Cristiana: Bautismo, Confirmación (o Crismación, como se le llama en las Iglesias orientales) y Eucaristía
- Sacramentos de la Curación: Penitencia, Unción de los Enfermos
- Sacramentos al Servicio de la Comunión y Misión de los Fieles: Orden sacerdotal y Matrimonio

¿Qué son los sacramentos? "Los sacramentos son signos eficaces de la gracia, instituidos por Cristo y confiados a la Iglesia por los cuales nos es dispensada la vida divina" mediante la acción del Espíritu Santo (CIC, no. 1131; cf. no. 774).

Primero y sobre todo, los sacramentos son signos eficaces: es decir, que son efectivos. En la vida humana se encuentran signos y símbolos en todas partes. Porque somos tanto cuerpo como espíritu, expresamos nuestro ser interior mediante signos y símbolos visibles. Los usamos para comunicarnos entre nosotros cuando hacemos uso de palabras, gestos y obras. Los signos sacramentales son diferentes en el sentido de que Cristo los usa para otorgarnos su vida y su gracia. Cuando estos signos sacramentales son celebrados, revelan y hacen presente la realidad que significan. Son eficaces, es decir, son efectivos, porque Jesucristo actúa en ellos. "El es quien bautiza, él quien actúa en sus sacramentos con el fin de comunicar la gracia que el sacramento significa" (CIC, no. 1127). A medida que reflexionemos sobre cada sacramento en particular en los próximos capítulos de este *Catecismo*, veremos que cada sacramento trae consigo alguna gracia en particular.

Segundo, Cristo instituyó los sacramentos. "Adheridos a la doctrina de las Santas Escrituras, a las tradiciones apostólicas y al sentimiento unánime de los Padres", profesamos que "los sacramentos de la nueva Ley fueron todos instituidos por nuestro Señor Jesucristo" (CIC, no. 1114, citando el Concilio de Trento: DS 1600-1601).

Tercero, Jesús encomendó los sacramentos a la Iglesia. Por la voluntad de Cristo, la Iglesia supervisa y celebra los sacramentos. A lo largo de su vida terrenal, las palabras y obras de Cristo anticiparon el poder de su Misterio Pascual. Los sacramentos otorgan la gracia que mana de Jesucristo y que se hace presente en la vida de la Iglesia por el poder del Espíritu Santo.

Cuarto, los sacramentos transmiten la vida divina. Nuestra participación en esta vida es la gracia de Dios, su don a nosotros. En los sacramentos nos encontramos a Jesucristo. El Espíritu nos sana y nos acerca aún más a Cristo y nos hace partícipes de la vida de la Santísima Trinidad. Dependiendo de nuestra respuesta a la gracia de cada sacramento, nuestra unión de amor con Jesús puede crecer a lo largo de nuestro peregrinaje de fe. Una recepción fructífera de los sacramentos presupone la fe de quien los ha recibido. Esta fe es precedida por la fe de la Iglesia (cf. CIC, no. 1124). Crecemos en santidad, la cual es tanto personal como comunitaria, una cuestión de santidad personal y de unión con la misión y santidad de la Iglesia.

Jesús nos dio los sacramentos para llamarnos a alabar a Dios, a construir la Iglesia, a profundizar en nuestra fe, para enseñarnos como orar, para conectarnos con la Tradición viva de la Iglesia y para santificarnos. Mientras que Dios actúa principalmente a través de los sacramentos, Él también se nos acerca por medio de la comunidad de la Iglesia, a través de las vidas de personas santas, de la oración, de la espiritualidad y de obras de amor. Pero "para los creyentes los sacramentos de la Nueva Alianza son *necesarios para la salvación* [...] El fruto de la vida sacramental consiste en que el Espíritu de adopción deifica a los fieles" (CIC, no. 1129).

LA LITURGIA ES EL CUERPO DE CRISTO EN ORACIÓN

La Liturgia es "acción" del "Cristo total". [...] Las acciones litúrgicas no son acciones privadas, sino celebraciones de la Iglesia.

—CIC, nos. 1136, 1140

Cuando se celebran los sacramentos, hay cuatro preguntas que necesitan de nuestra atención: ¿Quién celebra la liturgia? ¿Cómo celebramos la liturgia? ¿Cuándo celebramos la liturgia? ¿Dónde celebramos la liturgia?

¿Quién Celebra la Liturgia?

Todo el Cuerpo de Cristo, animado por el Espíritu Santo, celebra la liturgia. La asamblea que celebra es la comunidad de los bautizados. La liturgia no es una cuestión de oración privada, pero un acto público de culto llevado a cabo por los fieles reunidos por el poder del Espíritu bajo la autoridad de los obispos, sus maestros y pastores. "La Madre Iglesia desea ardientemente que se lleve a todos los fieles a aquella participación plena, consciente y activa en las celebraciones litúrgicas que exige la naturaleza de la liturgia misma y a la cual tiene derecho y obligación, en virtud del bautismo" (CIC, no. 1141). Los fieles están llamados a asistir a la liturgia preparados conscientemente para que sus pensamientos concuerden con lo que dicen y escuchan, y para cooperar con la gracia divina.

Dentro de la asamblea, los ministros ordenados tienen una función de servir única. "Estos servidores son escogidos y consagrados por el sacramento del Orden, por el cual el Espíritu Santo los hace aptos para actuar en representación de Cristo-Cabeza para el servicio de todos los miembros de la Iglesia" (CIC, no. 1142). Así, por ejemplo, los sacerdotes presiden la Eucaristía, en la cual las especies del pan y el vino son transformadas en el Cuerpo y la Sangre de Cristo. Los sacerdotes actúan *"in persona Christi Capitis"*, en la persona de Cristo, Cabeza de la Iglesia, y en nombre de la Iglesia cuando ofrecen a Dios las oraciones y la ofrenda del pueblo, y cuando ofrecen el sacrificio eucarístico, sobre todo cuando proclaman la Plegaria Eucarística.

¿Cómo la Celebramos?

La Iglesia celebra la liturgia usando abundantes signos, símbolos y rituales. Celebramos los sacramentos con lecturas bíblicas, homilías, música, procesiones, bendiciones, pan, vino, óleos, con los brazos extendidos en oración, con gestos de paz, bajando la cabeza, arrodillándonos, parándonos, sentándonos, con incienso, agua bendita, flores, velas, colores, vestiduras rituales, coros e instrumentos musicales.

Hacemos esto en un entorno sagrado en el cual la arquitectura, escultura, pinturas, iconos y vidrieras aportan una atmósfera que habla, por un lado, del misterio de Dios y de la trascendencia divina y, por otro, de la unión de Dios con la comunidad que realiza el culto. Como el Hijo de Dios nos honró al encarnarse —la verdadera imagen visible del Dios invisible— nosotros usamos estos signos y símbolos para que nos ayuden a sentir la presencia invisible de Dios.

La Liturgia de la Palabra es parte de todas las celebraciones sacramentales. La lectura de las Sagradas Escrituras se realiza para despertar en los oyentes una respuesta de fe. Cuando la Palabra es proclamada, es Cristo mismo quien habla. Habiendo encontrado a Cristo en la Palabra, la gente entra en el corazón de la celebración con una apreciación más profunda. Los signos que acompañan a esta lectura ponen de relieve su dignidad: el uso de un libro bello, una procesión con el Libro de los Evangelios que incluye incienso y velas, una lectura efectiva de las Sagradas Escrituras, una homilía que nos abre la Palabra, una reflexión silenciosa y una respuesta meditada de la asamblea. La combinación de palabra y acción ayuda a hacer visible la acción invisible de Cristo y del Espíritu Santo para abrir los corazones de la asamblea a la gracia de cada celebración sacramental en particular.

Tradiciones Litúrgicas y la Catolicidad de la Iglesia

Las tradiciones litúrgicas, o ritos, actualmente en uso en la Iglesia son el rito latino (principalmente el rito romano, pero también los ritos de algunas iglesias locales como el rito ambrosiano, el rito hispánico-visigótico o los de diversas órdenes religiosas) y los ritos bizantino, alejandrino o copto, siríaco, armenio, maronita y caldeo. "El sacrosanto Concilio, fiel a la Tradición, declara que la santa Madre Iglesia concede igual derecho y honor a todos los ritos legítimamente reconocidos y quiere que en el futuro se conserven y fomenten por todos los medios". (CIC, no. 1203, citando SC, no. 4)

La rica variedad de disciplinas eclesiásticas, de ritos litúrgicos, de patrimonios teológicos y espirituales propios de las Iglesias locales "con un mismo objetivo muestra muy claramente la catolicidad de la Iglesia indivisa". (CIC, no. 835, citando LG, no. 23)

¿Cuándo la Celebramos?

El Día del Señor

El domingo, el día de la Resurrección de Cristo, es central para la vida litúrgica de la Iglesia. Se observa a partir de la noche del día anterior. Es un día cuando todos los católicos están obligados a participar en la Misa. "El 'banquete del Señor' es su centro, porque es aquí donde toda la comunidad de los fieles encuentra al Señor resucitado que los invita a su banquete" (CIC, no. 1166). La Iglesia anima a que el domingo, el "Día del Señor", también sea un día para el descanso y la recreación. También es un día cuando los fieles se pueden dedicar a las obras de misericordia y al apostolado. Esto es algo que será discutido de nuevo en el capítulo sobre el Tercer Mandamiento.

El Año Litúrgico

En el año litúrgico, la Iglesia celebra la totalidad del misterio de Cristo, desde la Encarnación hasta Pentecostés y la ansiosa espera de la segunda venida de Cristo. La cima del año litúrgico es el Triduo Pascual, desde la noche del Jueves Santo hasta la noche del Domingo de Pascua de Resurrección. Aunque cronológicamente son tres días, litúrgicamente son un solo día que nos revela la unidad del Misterio Pascual de Cristo. La presencia de Cristo Resucitado y de su obra salvífica impregna todo el año litúrgico: al Adviento, la Navidad, la Cuaresma, la Pascua y el Tiempo Ordinario.

El Santoral

Además de los tiempos litúrgicos arriba citados, la Iglesia, con un amor especial, venera a la Virgen María, la Madre de Dios, y también ofrece para la devoción de los fieles el memorial de los mártires y otros santos.

La veneración de la Virgen María es evidente en el número de fiestas marianas. La Virgen María está íntimamente ligada a la obra salvadora de su Hijo. Sus fiestas nos llaman a admirarla y alabarla como el fruto excelente de la obra redentora de Cristo. La Virgen María es la pura imagen del tipo de discípulado al que esperamos llegar. Ella reza por nosotros, nos ama y siempre nos lleva a Jesús. Las fiestas y memoriales de los mártires y otros santos son ocasiones para alabar a Dios por la identificación de estos con el Misterio Pascual de Cristo. Son para nosotros ejemplos del amor por Dios y por los demás, de su valentía heroica al practicar la fe y de su preocupación por las necesidades de los demás. También dependemos de su intercesión cuando le presentamos a Dios en oración nuestras necesidades.

La Liturgia de las Horas

Íntimamente unida a la Eucaristía en la vida litúrgica de la Iglesia está la Liturgia de las Horas, "el Oficio divino", especialmente las Laudes (oración de la mañana) y las Vísperas (oración de la noche). La Liturgia de las Horas, mediante la cual toda la Iglesia derrama su alabanza a Dios, es una prolongación de la celebración eucarística y nos lleva de regreso a ella. Además de ofrecer alabanza a Dios, en la Liturgia de las Horas la Iglesia expresa las oraciones y deseos de los fieles cristianos. Esto es especialmente evidente en las peticiones durante las oraciones de la mañana y de la noche, al rezar el Padrenuestro y en la oración final.

Esta oración pública de la Iglesia está pensada para que la celebre todo el Pueblo de Dios. En esta oración, Cristo continúa su obra sacerdotal y consagra el tiempo. Todo el Pueblo de Dios puede participar en ella según su llamada y las circunstancias. En esta oración, armonizamos nuestras voces con nuestros corazones orantes, y alcanzamos un entendimiento más profundo de los Salmos y de otras partes de las Sagradas Escrituras que componen la mayor parte de la Liturgia de las Horas.

Aunque la Liturgia de las Horas se celebra de diferentes maneras en las Iglesias latinas y orientales, los himnos, cánticos y las lecturas de los Padres de la Iglesia, de otros santos y de otros escritores de la Iglesia nos ofrecen una meditación sobre la Palabra de Dios. Esta oración pública nos prepara para la oración privada.

DEL CATECISMO

1. ¿Qué significa para los católicos el domingo y su vigilia?
El domingo, "día del Señor", es el día principal de la celebración de la Eucaristía porque es el día de la Resurrección. Es el día de la Asamblea litúrgica por excelencia, el día de la familia cristiana, el día del gozo y de descanso del trabajo. El es "fundamento y núcleo de todo el año litúrgico". (CIC, no. 1193, citando SC, no. 106)

2. ¿Cuáles son los criterios a la hora de usar canciones y música en la liturgia?
El canto y la música cumplen su función de signos [...] cuanto "más estrechamente estén vinculadas a la acción litúrgica", según tres criterios principales: la belleza expresiva de la oración, la participación unánime de la asamblea en los momentos previstos y el carácter solemne de la celebración. Participan así de la finalidad de las palabras y de las acciones litúrgicas: la gloria de Dios y la santificación de los fieles. (CIC, no. 1157)

3. ¿Cuál es la finalidad de la Liturgia de la Palabra?
La Liturgia de la Palabra es una parte integrante de la celebración. El sentido de la celebración es expresado por la Palabra de Dios que es anunciada y por el compromiso de la fe que responde a ella. (CIC, no. 1190)

¿Dónde la Celebramos?

De alguna forma, el culto no está sujeto a ningún lugar en particular, ya que toda la tierra está encomendada al Pueblo de Dios. Pero hablando prácticamente, cuando la libertad religiosa no ha sido suprimida, es la costumbre construir iglesias para el culto divino. Una iglesia es "la casa de oración [donde] se celebra y se reserva la sagrada Eucaristía, se reúnen los fieles y se venera para ayuda y consuelo de los fieles la presencia del Hijo de Dios, nuestro Salvador" (CIC, no. 1181, citando al Concilio Vaticano II, *Decreto sobre el Ministerio y Vida de los Presbíteros* [*Presbyterorum Ordinis*; PO], no. 5). Aunque la iglesia como edificio es importante, la comunidad que celebra el culto, "piedras vivas, que van entrando en la edificación del templo espiritual" (1 P 2:4-5), es más importante. Sin embargo, las iglesias visibles deberían ser lo suficientemente dignas para reflejar la importancia de lo que tiene lugar allí. Deberían ser bellos lugares que promuevan la oración y el sentido de lo sagrado.

EL VÍNCULO ENTRE LA LITURGIA Y LA VIDA

Nuestra sociedad favorece ser prácticos y tiende a evaluar a las personas e instituciones según este criterio. La practicalidad ha llevado a muchas invenciones que han hecho la vida más humana. También invita a las personas a crear una conexión más íntima entre la teoría y la vida diaria, animándolas a ser más prácticos.

Pero para algunas personas que tienen una forma de pensar más práctica, la religión parece poner demasiado énfasis en el mundo futuro en vez de hacerlo en el presente. Aún más, estas personas sostienen que el tiempo y energía dedicados a ceremonias y otros proyectos que tratan de lo que va más allá de este mundo parecen carecer de valor. Ellos querrían que la religión se confinase a sí misma a las necesidades humanitarias.

La Iglesia tiene una función vital que llevar a cabo, formando ciudadanos responsables de carácter moral y con deseos de contribuir al bienestar de la sociedad. La liturgia y el culto de la Iglesia tienen mucho que ver con estos admirables objetivos. En el culto divino, la gente recibe la gracia que les ayuda a ser formados cada vez más como Cristo. La gracia salvífica de la muerte y Resurrección de Cristo se nos comunica en los sacramentos para que podamos vivir con mayor perfección la verdad y virtudes de Cristo, como lo son el amor, la justicia, la misericordia y la compasión.

Cada Misa termina con la misión de seguir adelante y servir al Señor. Esta comisión quiere decir que los que participan en la Misa deben dar testimonio en su vida diaria de su amor por Dios y el prójimo, y de las implicaciones morales de las Bienaventuranzas y de los Diez Mandamientos. La gente de fe sabe que su experiencia litúrgica les provee con una visión y fortaleza espiritual para hacer de este mundo uno mejor.

Las vidas de los santos ofrecen suficiente evidencia de esta verdad. Los santos de todas las épocas han mejorado el cuidado de la salud, la educación y fomentado la dignidad humana de los pobres, los oprimidos y de la sociedad en general. Los santos atribuyen sus extraordinarias energías al poder que surge de la oración y, sobre todo, de los sacramentos, especialmente de la Eucaristía.

PARA LA REFLEXIÓN Y EL DEBATE

1. ¿Cómo puedes participar más plena, consciente y activamente en la Misa dominical? En una cultura que gira en torno al "fin de semana", ¿qué puede hacer la gente para observar el domingo como un día dedicado a Dios?
2. Repasa la definición de los sacramentos. ¿Cómo explicarías sus elementos a otras personas? ¿Qué puedes aprender de los tiempos sagrados durante los cuales la liturgia es celebrada, tales como el domingo, el Año Litúrgico, las fiestas y memoriales de los santos?
3. ¿De qué manera eres consciente del vínculo entre la liturgia y la vida diaria? ¿Cuáles son algunas de las historias sobre gente que conoces, o sobre quienes has leído algo, que ilustran la conexión entre la liturgia y el testimonio cristiano?

ENSEÑANZAS

- En la liturgia, alabamos y adoramos al Padre como fuente de todas las bendiciones de la creación, la salvación y la adopción divina.
- "La Liturgia es la obra de Cristo total, Cabeza y Cuerpo" (CIC, no. 1187). En la liturgia, Cristo, el Hijo de Dios hecho carne, actúa en los sacramentos mediante los cuales nos comunica su poder de salvación para su Cuerpo, la Iglesia.

- En la liturgia, el Espíritu Santo lleva a la asamblea a reunirse con Cristo, para hacer presente la obra de salvación de Cristo y para santificar a los miembros para que estos puedan dar testimonio de Cristo.

- "Los sacramentos son signos eficaces de la gracia, instituidos por Cristo y confiados a la Iglesia por los cuales nos es dispensada la vida divina" (CIC, no. 1131).

- La Iglesia celebra los sacramentos como una asamblea de todos los bautizados, encabezados por el ministro ordenado, cada persona tiene una función especial que desempeñar en las celebraciones sacramentales.

- El Espíritu Santo prepara a los fieles para recibir los sacramentos, ayudándolos a recibir la Palabra de Dios con fe.

- Los sacramentos comunican a cada persona su participación en la vida de Dios y un crecimiento en el amor y testimonio dentro de la Iglesia. Esto es la gracia, el resultado del favor e iniciativa de Dios.

- Una celebración litúrgica usa signos y símbolos tomados de la creación, de la vida humana y de la historia de la salvación. Integrados en la fe, los signos se convierten en portadores de la acción santificadora de Cristo.

- La Liturgia de la Palabra es una parte importante de todas y cada una de las liturgias porque la proclamación de la Palabra de Dios, y la respuesta de fe a ella, ayudan a dar sentido a la celebración.

- Las canciones y música sacras, íntimamente ligadas a la celebración deberían llevar a la oración, invitar a la participación de la asamblea y reflejar el carácter sagrado del sacramento.

- Las imágenes sagradas nutren la fe en el misterio de Cristo. Mediante imágenes de Cristo somos llevados a adorarle a él y a su obra de salvación. En las imágenes de la Virgen María y de los santos, veneramos a las personas a quienes representan.

- El domingo y su vigilia celebran la Resurrección de Cristo, y es el día en que los fieles están obligados a participar en la Misa, descansar del trabajo y participar en obras de caridad.

- A lo largo del Año Litúrgico, la Iglesia revela el misterio de Cristo: su Encarnación, ministerio público, muerte y Resurrección, Ascensión, envío del Espíritu Santo y la ansiada espera de la Iglesia de la segunda venida.

- Las fiestas y memoriales de la Madre de Dios y de los santos nos invitan a alabar a Dios por lo que ha realizado en ellos y a imitarlos en sus virtudes.

- Los fieles que rezan la Liturgia de las Horas se unen a Cristo en darle gloria al Padre e implorando los dones del Espíritu Santo para el mundo.

- Nuestras parroquias son edificios donde los fieles se reúnen para el culto público y la oración personal. Estos lugares santos son imágenes del Reino celestial hacia donde nos dirigimos.

- "Las diversas tradiciones litúrgicas, o ritos, legítimamente reconocidas, por significar y comunicar el mismo Misterio de Cristo, manifiestan la catolicidad de la Iglesia" (CIC, no. 1208).

MEDITACIÓN

Desde hace dos mil años, el tiempo cristiano está marcado por la memoria de aquel "primer día después del sábado" (Mc 16:2, 9; Lc 24:1; Jn 20:1), en el que Cristo resucitado llevó a los Apóstoles el don de la paz y del Espíritu (cf. Jn 20:19-23). La verdad de la resurrección de Cristo es el dato originario sobre el que se apoya la fe cristiana (cf. 1 Co 15:14), acontecimiento que es el *centro del misterio del tiempo* y que prefigura el último día, cuando Cristo vuelva glorioso. No sabemos qué acontecimientos nos reservará el milenio que está comenzando, pero tenemos la certeza de que éste permanecerá firmemente en las manos de Cristo, el "Rey de Reyes y Señor de los Señores" (Ap 19:16) y precisamente celebrando su Pascua, no sólo una vez al año sino cada domingo, la Iglesia seguirá indicando a cada generación "lo que constituye el eje central de la historia, con el cual se relacionan el misterio del principio y del destino final del mundo".

—Papa Juan Pablo II, *Al Concluir el Gran Jubileo del Año 2000*
(*Novo Millennio Ineunte*; NMI), no. 35

ORACIÓN

Cantad al Señor un cántico nuevo,
resuene su alabanza en la asamblea de los fieles;
que se alegre Israel por su Creador,
los hijos de Sión por su Rey [...]

Que los fieles festejen su gloria
y canten jubilosos en filas:
con vítores a Dios en la boca.

—Sal 149:1-2, 5-6

¡Cuánto lloré con tus himnos y cánticos, conmovido intensamente por las voces de tu Iglesia que resonaban dulcemente!

—San Agustín, *Las Confesiones*, lib. 9, cap. 6;
Liturgia de las Horas, vol. IV, 1309

15 EL BAUTISMO: HACERSE CRISTIANO

EL BAUTISMO ES EL PRIMER SACRAMENTO DE
LA INICIACIÓN CRISTIANA
—CIC, NOS. 1210-1284

UN TESTIGO BAUTISMAL DE
LA JUSTICIA PARA LAS MINORÍAS

En 1829, el Obispo Benedict Joseph Fenwick de Boston fundó un periódico católico para explicar, defender y diseminar las enseñanzas de la Iglesia Católica. En 1836 decidió que sería mejor dejar el periódico en manos de los laicos. Transfirió la propiedad a Patrick Donahue, quién cambió el nombre del periódico a *The Boston Pilot*.

Uno de los editores de *The Boston Pilot*, John Boyle O'Reilly, asumió ese cargo en 1876. Había nacido de una familia de educadores en Irlanda. De joven se alistó en el ejército inglés, donde trabajó encubierto para promover la causa por la independencia de Irlanda. Cuando fue descubierto, se le arrestó y condenó a veinte años de prisión, y se le destinó a una colonia penitenciaria en la zona oeste de Australia. Finalmente escapó y llegó hasta Boston, donde se convirtió en reportero y más tarde en editor de *The Boston Pilot*.

Durante los veinte años siguientes, O'Reilly fue la persona más influyente a la hora de guiar a los inmigrantes irlandeses por el proceso de asimilación cultural. Durante algún tiempo su talento literario y su actitud amigable hacia el sistema protestante lo llevaron a ganarse un lugar privilegiado en la sociedad y una invitación a ser miembro del exclusivo Papyrus Club.

Pero él nunca olvidó sus raíces étnicas ni su fe católica. Usó sus talentos como orador público, líder de los derechos civiles, poeta y novelista para salvar la distancia entre los católicos y los protestantes del Boston del siglo

XIX, a la vez que realzaba la identidad católica. Escribió un libro en verso, *Songs from the Southern Seas* (*Canciones de los Mares del Sur* (v.d.t.)). También escribió artículos para las publicaciones periódicas *The Atlantic Monthly* y *Scribner's Monthly*.

Usó a *The Boston Pilot* como una plataforma para defender una Irlanda independiente y pronunciarse acerca de los derechos de los afroamericanos y los nativos americanos. Comparó la opresión que estas minorías sufrían a la que estaban viviendo los inmigrantes irlandeses. Estos grupos oprimidos encontraron en este hombre a un amigo. Hizo campaña abiertamente en *The Boston Pilot* a favor de candidatos políticos que favorecían una reforma social. Se hizo miembro de varias organizaciones caritativas y fue un defensor sobresaliente de la educación católica. Recibió doctorados *honoris causa* de la Universidad de Georgetown, en Washington, D.C., y de la Universidad de Notre Dame, en South Bend, Indiana.

Su inesperada muerte a causa de un ataque al corazón en 1890 fue caracterizada como "una calamidad pública" por el Cardenal Gibbons de Baltimore. "Cuando murió", dice el historiador Mark Schneider, en *Boston Confronts Jim Crow* (*Boston se Enfrenta a Jim Crow* (v.d.t.)), "la oportunidad de algún tipo de asociación progresista entre católicos irlandeses y miembros de la pequeña comunidad afroamericana de Boston se echó a perder. La luz de la unidad 'verde y negra' osciló y murió".[13]

Debido a su fuerte presencia pública y a su excelente testimonio católico, el velatorio por O'Reilly tuvo lugar en la Iglesia de Saint Mary, en Charlestown, un barrio de Boston, a donde miles de dolientes fueron a dar el pésame.

El *Catecismo* dice que todos aquellos que nacen de nuevo en el Bautismo como hijos de Dios "están obligados a confesar delante de los hombres la fe que recibieron de Dios por medio de la Iglesia y de participar en la actividad apostólica y misionera del Pueblo de Dios" (CIC, no. 1270). Dios otorgó a John Boyle O'Reilly la gracia de vivir, de una manera vigorosa e inspiradora, su compromiso bautismal a la causa de Cristo, la Iglesia y el Reino de Dios. Demostró cómo los laicos pueden llevar el Evangelio a la sociedad y marcar una diferencia.

---

13   Citado por Thomas H. O'Connor, en *Boston Catholics* (Boston: Northeastern University Press, 1998), 145 (v.d.t.).

LOS SACRAMENTOS DE LA INICIACIÓN CRISTIANA

Los Sacramentos de la Iniciación —Bautismo, Confirmación y la Eucaristía— son los cimientos de la vida cristiana. "Con el Bautismo y la Eucaristía, el sacramento de la Confirmación constituye el conjunto de los 'sacramentos de la iniciación cristiana', cuya unidad debe ser salvaguardada" (CIC, no. 1285). Comenzamos en este capítulo con el estudio del Bautismo y trataremos los otros dos sacramentos en los capítulos siguientes.

MURIENDO Y RESUCITANDO CON CRISTO

Todos los que hemos sido incorporados a Cristo Jesús por medio del Bautismo, hemos sido incorporados a su muerte. En efecto, por el Bautismo fuimos sepultados con él en su muerte, para que, así como Cristo resucitó de entre los muertos por la gloria del Padre, así también nosotros llevemos una vida nueva.

—Rm 6:3-4

El Bautismo constituye el nacimiento a la vida nueva en Cristo. Según la voluntad del Señor, es necesario para la salvación, como lo es la Iglesia misma, a la que introduce el Bautismo.

—CIC, no. 1277

En su diálogo con Nicodemo, Jesús enseñó que el Bautismo era necesario para la salvación. "El que no nace del agua y del Espíritu no puede entrar en el Reino de Dios" (Jn 3:5). Tras su Resurrección, Jesús se encontró con los once Apóstoles y les confirió la misión de predicar el Evangelio y de bautizar, diciéndoles: "El que crea y se bautice, se salvará" (Mc 16:16). La palabra *bautismo* proviene del griego y significa "sumergir" y "baño". Sumergirse en el agua es un signo de muerte, y emerger del agua significa una vida nueva. Bañarse en el agua también es experimentar una limpieza. San Pablo resume esta verdad cuando dice: "Por el Bautismo fueron ustedes sepultados con Cristo y también resucitaron con él, mediante la fe en el poder de Dios, que lo resucitó de entre los muertos" (Col 2:12).

El origen y el cimiento del Bautismo cristiano es Jesús. Antes de comenzar su ministerio público, Jesús se sometió a sí mismo al bautizo que celebraba Juan el Bautista. Las aguas no purificaron a Jesús; Jesús purificó las aguas. "Antes de nosotros y por nosotros, el que era espíritu y carne santifica el Jordán, para así iniciarnos por el Espíritu y el agua en los sagrados misterios" (San Gregorio Nacianceno, *Liturgia de las Horas*, vol. I, 259). La inmersión de Jesús en las aguas del Jordán es un signo, para todos los seres humanos, de la necesidad de morir a nosotros mismos para hacer la voluntad de Dios. Jesús no tenía necesidad de ser bautizado porque era totalmente fiel a la voluntad de su Padre y estaba libre de pecado. Sin embargo, quiso mostrar su solidaridad con los seres humanos para así reconciliarlos con el Padre. Al conferir a los discípulos la misión de bautizar a todas las naciones, Jesús estableció el medio por el cual la gente pone fin al pecado —Original y actual— y empieza a vivir una nueva vida con Dios.

LA LITURGIA DEL BAUTISMO

El sentido y la gracia del sacramento del Bautismo aparecen claramente en los ritos de su celebración.

—CIC, no. 1234

Los ocho elementos principales de la ceremonia bautismal nos enseñan el significado de este Sacramento de Iniciación y nos ayudan a apreciar nuestra vida en Cristo. Los signos y los símbolos tienen su propia capacidad para comunicar su significado. El sacramento, por supuesto, es más que un símbolo que instruye; lleva a cabo lo que significa.

La Señal de la Cruz

Al principio de la celebración, el celebrante traza la Señal de la Cruz en la frente de aquel que va a ser bautizado. Esto nos recuerda la muerte salvadora de Cristo y la redención que esta nos trajo. El Bautismo es un sacramento de salvación.

Lecturas de las Sagradas Escrituras

Proclamar la Palabra de Dios en la comunidad ilumina la celebración y tiene la intención de incrementar la fe de todos los participantes. Uno de los nombres tradicionales para el Bautismo es "Iluminación". El Espíritu Santo llena los corazones y las mentes con la luz de la verdad revelada, y suscita la respuesta de la fe.

Exorcismo y Unción

El Bautismo nos libera del pecado. Se pronuncia un exorcismo sobre el que va a ser bautizado, preparándolo para que renuncie al pecado y sea liberado del mal. El celebrante unge a la persona que va a ser bautizada con el Óleo de los Catecúmenos (un aceite que ha sido bendecido por el obispo para los candidatos al Bautismo) o impone las manos sobre la persona. De esta manera la persona es llamada a renunciar al pecado y a dejar atrás la dominación del poder del mal.

Bendición del Agua Bautismal

El agua bautismal es bendecida durante la Vigilia Pascual. Cuando no es Tiempo de Pascua, el agua que se usa para el Bautismo también puede ser bendecida cada vez que se celebra el sacramento. La bendición pide al Padre "que, por medio de su Hijo, el poder del Espíritu Santo descienda sobre esta agua, a fin de que los que sean bautizados con ella 'nazcan del agua y del Espíritu'" (CIC, no. 1238).

Renuncia al Pecado y Profesión de Fe

Se pide a los que van a ser bautizados que renuncien al pecado y a Satanás, y que profesen su fe en el Dios Triuno. En el caso de niños pequeños, los padres, los padrinos y toda la comunidad presente en la liturgia hacen esto en nombre de aquellos que todavía no pueden hablar por sí mismos.

El Rito Esencial del Sacramento

El obispo, sacerdote o diácono derrama agua sobre la cabeza de la persona tres veces o sumerge al candidato en el agua tres veces. En la Iglesia latina, esta acción va acompañada de las palabras del ministro ordenado: "[Nombre], Yo te bautizo en el nombre del Padre, y del Hijo y del Espíritu Santo". El ministro hace coincidir cada vez que derrama agua o sumerge al candidato con una invocación a cada una de las personas de la Santísima Trinidad. El ritual de inmersión o de limpieza nos ayuda a comprender que nuestros pecados han sido enterrados y lavados cuando morimos con Jesús, y que somos colmados de la luz y vida divinas cuando emergemos del agua o cuando somos limpiados al derramar el agua sobre nuestras cabezas.

> En las liturgias orientales, estando el catecúmeno vuelto hacia el Oriente, el sacerdote dice: "El siervo de Dios, N., es bautizado en el nombre del Padre, y del Hijo y del Espíritu Santo". Y mientras invoca a cada persona de la Santísima Trinidad, lo sumerge en el agua y lo saca de ella. (CIC, no. 1240)

"Hoy, pues, en todos los ritos latinos y orientales la iniciación cristiana de adultos comienza con su entrada en el catecumenado, para alcanzar su punto culminante en una sola celebración de los tres sacramentos del Bautismo, de la Confirmación y de la Eucaristía" (CIC, no. 1233). Tras completar la iniciación, los neófitos o nuevos miembros comienzan un período de enseñanza continuada y de formación en la vida cristiana llamado *Mistagogia*.

En lo que respecta a niños pequeños, en la Iglesia latina, los sacramentos de la Confirmación y de la Eucaristía son administrados algún tiempo después del Bautismo. Esto se debe en parte al énfasis que se pone en el obispo como ministro ordinario de la Confirmación. Aunque el obispo no puede bautizar a todas las personas, al confirmarlas él tiene una función en la iniciación de todas las personas. En las Iglesias orientales, al Bautismo de niños pequeños le suceden, en la misma ceremonia, la Confirmación (Crismación) y la Eucaristía.

La Unción con el Santo Crisma

El celebrante unge al recién bautizado con el crisma sagrado (un aceite perfumado que significa el don del Espíritu Santo), de tal forma que unido al pueblo de Dios, la persona pueda permanecer para siempre un miembro de Cristo, quien es Sacerdote, Profeta y Rey. En la liturgia de las Iglesias orientales, esta unción es la Crismación, o el sacramento de la Confirmación, y tiene lugar inmediatamente después del Bautismo. Cuando la iniciación de adultos en la Iglesia tiene lugar durante la Vigilia Pascual, entonces la Confirmación sigue al Bautismo.

Recepción de la Vestidura Blanca y del Cirio

Tras la unción con el crisma, el ministro del Bautismo presenta al recién bautizado una vestidura blanca y un cirio. La vestidura blanca simboliza que el recién bautizado se ha revestido de Cristo y que ha resucitado con él. Vestirse con la vestidura blanca bautismal es vestirse con el amor protector de Cristo. Incluida en esta ceremonia es la llamada a mantener la vestimenta limpia de pecado. El libro del Apocalipsis describe el significado de la vestidura blanca: "Han lavado y blanqueado su túnica con la sangre del Cordero" (Ap 7:14).

El cirio se prende con la llama del Cirio Pascual, el cual representa a Cristo Resucitado. El cirio prendido recuerda al recién bautizado la luz de Cristo que ha recibido. También recuerda que todos los bautizados en Cristo están llamados a ser luz para el mundo.

Estos dos símbolos usados en el Bautismo reaparecen en la liturgia funeral de la Iglesia latina como el palio blanco que cubre el ataúd y como el Cirio Pascual encendido que normalmente se coloca junto al ataúd. Es así para recordarnos que la salvación y la nueva vida que se nos prometió en el Bautismo pueden ser vividas ahora en su plenitud por aquel que ha regresado a Dios.

LA NECESIDAD DEL BAUTISMO

Como mencionábamos anteriormente en este capítulo, el Señor mismo afirmó que el Bautismo es necesario para la salvación. "El que no nace del agua y del Espíritu no puede entrar en el Reino de Dios" (Jn 3:5). Cristo dio a sus discípulos la misión de predicar el Evangelio, de llevar a la gente a tener fe en él y a bautizar a aquellos que se convirtieran. La Iglesia no desatiende la misión que ha recibido de Cristo para asegurarse de que todos sean bautizados y que renazcan del agua y del Espíritu.

¿Quién Puede Bautizar?

Son ministros ordinarios del Bautismo el obispo y el presbítero y, en la Iglesia latina, también el diácono. En caso de necesidad, cualquier persona, incluso no bautizada, puede bautizar si tiene la intención requerida y utiliza la fórmula bautismal trinitaria. La intención requerida consiste en querer hacer lo que hace la Iglesia al bautizar. La Iglesia ve la razón de esta posibilidad en la voluntad salvífica universal de Dios (cf. 1 Tm 2:4) y en la necesidad del Bautismo para la salvación. (CIC, no. 1256)

¿QUIÉN PUEDE RECIBIR EL BAUTISMO?

El Bautismo de Adultos

Para los adultos hoy, la Iglesia, tras el Concilio Vaticano II, ha restaurado el orden del catecumenado en el Rito de Iniciación Cristiana de Adultos (RICA). El Rito marca los pasos para la formación de catecúmenos, llevando su conversión a la fe a una mayor madurez. Les ayuda a responder más profundamente a la iniciativa desinteresada de Dios en sus vidas y los prepara para la comunión con la comunidad eclesial. Este proceso quiere formarlos en la plenitud de la vida cristiana y para que sean discípulos de Jesús, su maestro. Esto incluye una iniciación en el misterio de la salvación, la práctica de la fe, de la esperanza y del amor y otras virtudes mediante una sucesión de rituales litúrgicos.

Las personas que han sido bautizadas en otra Iglesia cristiana y desean la plena comunión con la Iglesia Católica también son bienvenidos a participar junto con los catecúmenos en el RICA, en el proceso de instrucción sobre la fe católica y siendo formados en la fe. Ellos traen al proceso de preparación su experiencia previa de la vida y

LOS PADRINOS DE BAUTISMO

Cuando una persona es bautizada, así sea un bebé, un niño o un adulto, debe de haber por lo menos una persona presente que actuará como padrino de quien está siendo bautizado. El padrino, o madrina, acepta la responsabilidad de asistir a la persona a crecer en la fe católica. El que actúa como padrino de un bebé o un niño se compromete a asistir a los padres a enseñar a su hijo la fe y a cómo vivirla como un católico practicante. El que actúa como padrino de un adulto se compromete a animar y apoyar a la persona, a rezar con ella y por ella y a ofrecerle cualquier tipo de ayuda, información y apoyo que sea necesario mientras que la persona se prepara para hacerse miembro de la Iglesia y después vive el resto de su vida como un católico practicante.

Para que alguien sea admitido como padrino, él o ella debe tener por lo menos diecisiete años de edad, debe haber recibido todos los Sacramentos de la Iniciación (Bautismo, Confirmación y Eucaristía) y debe estar viviendo de una manera que demuestre que su fe es lo suficientemente fuerte como para poder llevar a cabo las responsabilidades que conlleva ser padrino. Un padrino que está casado debe estarlo según las leyes de la Iglesia (cf. CDC, can. 874).

oración cristianas. Para el cristiano bautizado, la recepción a la plena comunión con la Iglesia Católica requiere la recepción del sacramento de la Penitencia y Reconciliación, seguido de la Profesión de Fe y a continuación la celebración de la Confirmación y la Eucaristía.

El Bautismo de Niños Pequeños

El Bautismo de niños pequeños se ha practicado desde la época apostólica. Los niños necesitan ser bautizados porque, mediante este Sacramento, son liberados del Pecado Original y son bienvenidos a la comunidad de la Iglesia, donde tendrán acceso pleno a los medios de salvación.

ETAPAS DEL RICA

Para los adultos que todavía no han sido bautizados, el RICA tiene tres ritos litúrgicos principales: rito de entrada en el catecumenado, rito de elección o Registro de Nombres y celebración de los sacramentos. A la celebración de la iniciación le sigue la catequesis postbautismal, o *Mistagogia*. (Para aquellos ya bautizados, existen ritos apropiados para su camino hacia la plena comunión con la Iglesia Católica. Estos ritos a veces se celebran separadamente de los catecúmenos y a veces se celebran en un rito combinado con los catecúmenos.)

El proceso comienza con el **Precatecumenado**, durante el cual la persona muestra una fe inicial en Jesucristo y la Iglesia. Este es un período de hacer preguntas y de explorar los orígenes de la fe.

Una vez que la persona ha alcanzado una comprensión fundamental del Evangelio y ha decidido dar el primer paso para hacerse miembro de la Iglesia, la persona es admitida al Catecumenado con la celebración del Rito de Entrada en el Catecumenado.

El período del **Catecumenado** es un tiempo para explorar las enseñanzas de la fe de una manera más profunda y sistemática dentro de un contexto de culto y oración. Durante la Misa dominical, los catecúmenos a menudo son enviados, después de la homilía, junto con sus catequistas, para que realicen un estudio más profundo y meditativo de las lecturas bíblicas del día.

Este período concluye con el **Rito de la Elección o Registro de Nombres**, que tiene lugar el primer domingo de Cuaresma. Este rito es celebrado por el obispo o su delegado, normalmente en la catedral de la diócesis. La idoneidad y deseo de los catecúmenos de ser iniciados en la vida sacramental de la Iglesia son respaldados por el testimonio de sus padrinos y catequistas. Tras este período, los catecúmenos son llamados los Elegidos.

Los Elegidos comienzan la etapa de **Purificación e Iluminación** que tiene lugar durante la Cuaresma. Los Escrutinios se celebran el tercer, cuarto y quinto domingos de Cuaresma. Estos ritos, que tienen lugar durante la Misa, ofrecen a los Elegidos oportunidades para reflexionar sobre el significado pleno del paso que se están preparando a dar. Estos ritos están diseñados para dar a los Elegidos la iluminadora Palabra de Dios para que aquello que sea débil o pecaminoso en sus corazones pueda ser sanado y así, lo que sea bueno en ellos pueda ser fortalecido. La comunidad parroquial se une a ellos examinando sus propias vidas e intercediendo ante Dios por los Elegidos. Esta etapa concluye en la Vigilia Pascual, cuando los Elegidos reciben los Sacramentos de la Iniciación y se convierten en miembros plenos de la Iglesia. Reciben el nombre de neófitos.

De Pascua a Pentecostés existe un período de catequesis postbautismal, o **Mistagogia.** Este es un período para que los neófitos, o los recién iniciados, junto con los feligreses de la parroquia se unan aún más como una comunidad de fe para examinar en mayor profundidad los Evangelios, para compartir la Eucaristía y para realizar obras de caridad. Durante este tiempo de gozo, el entusiasmo de los neófitos puede inspirar a los fieles de la parroquia quienes, a su vez, pueden compartir con ellos sus experiencias de fe.

Sus padres, padrinos y la comunidad parroquial se comprometen a la formación continua de la fe y de la Tradición de la Iglesia. El mejor regalo que los padres pueden dar a sus hijos es una vida en la Iglesia. "La Iglesia y los padres privarían al niño de la gracia inestimable de ser hijo de Dios si no le administraran el Bautismo poco después de su nacimiento" (CIC, no. 1250; cf. CDC, can. 867). Sin embargo, la Iglesia también dice que el Bautismo de un niño puede ser pospuesto si no hay "esperanza fundada" de que el niño vaya a ser educado en la fe católica (CDC, can. 868 §2).

Hay niños —nacidos y no nacidos— que mueren sin el Bautismo. La Iglesia los confía a la misericordia de Dios, quien desea que todas las personas se salven. Recordamos la tierna bienvenida que Cristo ofreció a los niños diciendo: "Dejen que los niños se acerquen a mí y no se lo impidan" (Mc 10:14). Es por esto que la Iglesia espera confiadamente la salvación de los niños que mueren sin el Bautismo.

El Bautismo de Sangre, el Bautismo de Deseo

A menudo surgen preguntas respecto a aquellos que han muerto sin haber recibido el Bautismo. El *Catecismo* ofrece este principio: "Dios ha vinculado la salvación al sacramento del Bautismo, pero su intervención salvífica no queda reducida a los sacramentos" (CIC, no. 1257). La Iglesia cree que aquellos que sufren y mueren por su fe en Cristo antes de poder haber sido bautizados son salvados mediante un Bautismo de Sangre.

Los candidatos al Bautismo que mueren antes de recibir el sacramento pero que se han arrepentido de sus pecados y han aceptado el amor de Cristo son salvados mediante lo que se llama un Bautismo de Deseo. ¿Qué sucede con aquellos a quienes nunca se les ha presentado el Evangelio, los que no conocen a Jesús o a la Iglesia, y que sin embargo buscan la verdad e intentan hacer la voluntad de Dios según la entienden? "Se puede suponer que semejantes personas *habrían deseado explícitamente el Bautismo* si hubiesen conocido su necesidad" (CIC, no. 1260).

LOS EFECTOS DEL BAUTISMO

El Perdón de los Pecados

Por el Bautismo todos los pecados son perdonados, el Pecado Original y todos los pecados personales, así como todas las penas temporales del pecado. Una vez que uno ha vuelto a nacer en Cristo, no hay nada que impida su entrada al Reino de Dios.

Sin embargo, aunque todos los pecados son remitidos, permanece, como efecto del Pecado Original, una inclinación al pecado, llamada *concupiscencia*. Esta inclinación al pecado se deja notar en lo que a veces se llama un oscurecimiento de la mente y una debilitación de la voluntad, es decir, la incapacidad de ver claramente el mal o el bien de una acción y/o la falta de fuerza para resistir tentaciones y siempre hacer aquello que está bien sin importar lo difícil que esto sea. Los efectos del Pecado Original no tienen por qué dañarnos, siempre y cuando busquemos la fuerza para resistirlos mediante el sacramento de la Penitencia, el sacramento de la Eucaristía, la oración, una espiritualidad cada vez más profunda, un crecimiento en la virtud y una dependencia total de Dios.

Hijos Adoptivos de Dios

El Bautismo también nos da una vida nueva como hijos adoptivos de Dios. Nos convertimos en portadores de la vida divina y en templos del Espíritu Santo. Dios nos hace justos y vivimos en un estado de gracia, es decir, vivimos en unión con Dios debido a su atenta y amorosa iniciativa. Nuestra permanencia en este estado de gracia se llama *gracia santificante* porque Dios nos "santifica", es decir, nos hace su pueblo santo al darnos su vida. Dios continúa asistiéndonos mediante muchas ayudas que se llaman *gracias actuales*. De esta forma, tenemos la habilidad de vivir y actuar bajo la dirección y luz de los dones del Espíritu Santo. Esto nos ayuda a madurar en la bondad mediante el ejercicio de las virtudes, como lo son las Virtudes Cardinales: prudencia, justicia, fortaleza y templanza.

Incorporados a la Iglesia

Por el Bautismo nos incorporamos a la Iglesia, el Cuerpo de Cristo. Participamos en el sacerdocio de Cristo, así como en su misión profética y regia. "Ustedes son estirpe elegida, sacerdocio real, nación consagrada a Dios y pueblo de su propiedad, para que proclamen las obras maravillosas de aquel que los llamó de las tinieblas a su luz admirable" (1 P 2:9). Nos alegra la comunidad que encontramos en la Iglesia, compartimos nuestros talentos y dones con sus miembros, respondemos voluntariamente a sus enseñanzas y obligaciones y asumimos las responsabilidades que conlleva ser miembro de ella.

DEL CATECISMO

1. ¿Por qué son útiles los ritos de Bautismo a la hora de entender este sacramento?

El sentido y la gracia del sacramento del Bautismo aparecen claramente en los ritos de su celebración. Cuando se participa atentamente en los gestos y las palabras de esta celebración, los fieles se inician en las riquezas que este sacramento significa y realiza en cada nuevo bautizado. (CIC, no. 1234)

2. ¿Por qué es posible el pecado después del Bautismo?

En el bautizado permanecen ciertas consecuencias temporales del pecado, como los sufrimientos, la enfermedad, la muerte o las fragilidades inherentes a la vida como las debilidades de carácter, etc., así como una inclinación al pecado que la Tradición llama *concupiscencia*. (CIC, no. 1264)

Dios también nos ha dado la libre voluntad. Aunque Él nos da el Bautismo y los otros sacramentos para ayudarnos a tomar buenas decisiones, estos sacramentos no fuerzan a la persona a hacer el bien y evitar el mal.

3. ¿Qué ayuda al crecimiento de la fe después del Bautismo?

En todos los bautizados, niños o adultos, la fe debe crecer *después* del Bautismo [...] Para que la gracia bautismal pueda desarrollarse es importante la ayuda de los padres. Ese es también el papel del *padrino* o de la *madrina*, que deben ser creyentes sólidos, capaces y prestos a ayudar al nuevo bautizado, niño o adulto, en su camino de la vida cristiana. (CIC, nos. 1254-1255)

¿SON LOS CATÓLICOS "NACIDOS DE NUEVO"?

Un número de cristianos no católicos se denominan a sí mismos "nacidos de nuevo". Los católicos, en su mayoría, no usamos este término. Un cristiano "nacido de nuevo" es alguien que ha experimentado un momento de conversión particularmente intenso que lo lleva a querer dedicar su vida a Dios. Es una acción única que no está necesariamente unida a ningún tipo de rito bautismal. Mientras que nosotros los católicos nacemos de nuevo como hijos de Dios en el sacramento del bautismo, nuestro renacer ocurre por y a través de la gracia del sacramento. Nuestro renacer en el bautismo no es un hecho único en el tiempo, sino un proceso de por vida a través del que continuamente nos esforzamos en morir al pecado y resucitar a una nueva vida en Cristo. Los católicos efectivamente nacen de nuevo.

Unidos a Otros Cristianos

El Bautismo constituye el fundamento de la comunión entre todos los cristianos, incluyendo aquellos que todavía no están en plena comunión con la Iglesia Católica. La Iglesia reconoce la validez del Bautismo de otras Iglesias cristianas siempre y cuando el rito haya incluido el derramar agua o la inmersión, la fórmula Trinitaria y la intención de bautizar. Aquellos que han sido bautizados han sido salvados por su fe en Cristo y la gracia del Bautismo. "Por tanto, con todo derecho se honran con el nombre de cristianos y son reconocidos con razón por los hijos de la Iglesia Católica como hermanos del Señor" (CIC, no. 1271, citando UR, no. 3).

Carácter Bautismal

"Incorporado a Cristo por el Bautismo, el bautizado es configurado con Cristo. El Bautismo imprime en el cristiano un sello espiritual indeleble (*character*) de su pertenencia a Cristo. Este sello no es borrado por ningún pecado, aunque el pecado impida al Bautismo dar frutos de salvación. Dado una vez por todas, el Bautismo no puede ser reiterado" (CIC, no. 1272). Este sello espiritual indeleble también se llama carácter, el cual San Agustín comparó a las marcas que se hacían a los soldados y esclavos durante la época romana para identificar al general o dueño al que pertenecían. El Bautismo nos marca permanentemente indicando que pertenecemos a Cristo, cuya imagen portamos.

EL BAUTISMO ES UNA LLAMADA A LA SANTIDAD

Los bautizados "por su nuevo nacimiento como hijos de Dios están obligados a [...]" participar en la actividad apostólica y misionera del Pueblo de Dios.

—CIC, no. 1270

"El Bautismo, puerta de la Vida y del Reino de Dios, es el primer sacramento de la nueva ley, que Cristo propuso a todos para que tuvieron la vida eterna [...] Por ello el Bautismo es, en primer lugar, el sacramento de la fe con que, iluminados por la gracia del Espíritu Santo, respondemos al Evangelio de Cristo" (*La Iniciacion Cristiana*, "Observaciones Generales", no. 3).

En el Bautismo, el Espíritu Santo nos induce a responder a la llamada de Cristo a la santidad. En el Bautismo, se nos pide que caminemos bajo la luz de Cristo y que confiemos en su sabiduría. Somos invitados a someter nuestros corazones a Cristo con un amor cada vez más profundo. ¿Cuál es esta luz, esta sabiduría, esta santidad? Jesús deja claro los ideales tan altos a los que nos invita:

Ustedes, pues, sean perfectos, como su Padre celestial es perfecto.
(Mt 5:48)
Sean misericordiosos, como su Padre es misericordioso.
(Lc 6:36)
Ámen[se] los unos a los otros como yo los he amado.
(Jn 15:12)

El Señor Jesús, nuestro maestro divino y modelo de toda virtud, predicó la santidad de la vida a todo el mundo sin excepción. Mediante el Bautismo, se nos lava de todo pecado, se nos hace partícipes de la naturaleza divina y somos verdaderamente santificados. Nuestra meta es aferrarnos a esta gracia de la santificación que hemos recibido de Cristo. San Pablo presenta un plan práctico para la santidad:

> Puesto que Dios los ha elegido a ustedes, los ha consagrado a Él y les ha dado su amor, sean compasivos, magnánimos, humildes, afables y pacientes. Sopórtense mutuamente y perdónense cuando tengan quejas contra otro, como el Señor los ha perdonado a ustedes. Y sobre todas estas virtudes, tengan amor, que es el vínculo de la perfecta unión. (Col 3:12-13)

Este es un reto muy fuerte que no podemos afrontar solo con la fortaleza humana. "Por consiguiente, todos los fieles cristianos, en cualquier condición de vida, de oficio o de circunstancias, y precisamente por medio de todo eso, se podrán santificar de día en día, con tal de recibirlo todo con fe de la mano del Padre Celestial, con tal de cooperar con la voluntad divina, manifestando a todos, incluso en el servicio temporal, la caridad con que Dios amó al mundo" (LG, no. 41). Los bautizados están llamados a transformar el mundo con la luz y el poder del Evangelio.

Vivir el Bautismo es una responsabilidad de por vida. Crecer en santidad y discipulado requiere un deseo de continuar aprendiendo a lo largo de la vida sobre la fe y como vivirla. También requiere el deseo de apoyar y animar a aquellos que comparten la fe y que se han comprometido al proceso continuo de la conversión de corazón y mente, el cual resulta en la santidad a la que estamos llamados.

■■■■■ PARA LA REFLEXIÓN Y EL DEBATE ■■■■■

1. San Pablo nos dice que con el Bautismo morimos y resucitamos con Cristo. ¿Por qué es necesario acordarse de la parte de "morir"? Si fueses a realizar una encuesta sobre lo que significa el Bautismo para las personas, ¿qué respuestas crees que escucharías?

2. ¿Qué diferencias observas entre algunos de los católicos "de nacimiento" y aquellos que se han incorporado a la Iglesia a través del RICA? ¿Cuáles son las responsabilidades de los padrinos a la hora de estar atentos al desarrollo en la fe de la persona bautizada de quienes son padrinos?
3. ¿Cuál es un método efectivo de atraer a otras personas a Cristo?

ENSEÑANZAS

- Los Sacramentos de la Iniciación son el Bautismo, la Confirmación y la Eucaristía.
- Jesús resucitado encomendó a los Apóstoles bautizar cuando les dijo: "Vayan, pues y enseñen a todas las naciones, bautizándolas en el nombre del Padre y del Hijo y del Espíritu Santo" (Mt 28:19-20).
- El Bautismo constituye el nacimiento a la vida nueva. Es necesario para la salvación y para incorporarse a la Iglesia.
- El rito del Bautismo consiste en sumergir en el agua al candidato, o derramar agua sobre su cabeza, invocando a la Santísima Trinidad: el Padre, el Hijo y el Espíritu Santo.
- Los frutos del Bautismo son el perdón de todos los pecados (Original y personales), la recepción de la gracia de la adopción divina, el convertirse en miembro de Cristo y templo del Espíritu Santo, la incorporación a la Iglesia y convertirse en partícipe de la misión de Cristo como sacerdote, profeta y rey.
- El Bautismo sella el alma de la persona con una marca espiritual permanente, un carácter que identifica al bautizado como alguien que pertenece a Cristo. A causa de esta marca o sello, el Bautismo no se puede repetir.
- La gente que muere por la fe, catecúmenos que murieron antes de ser bautizados y aquellos que no conocen a Cristo o a la Iglesia sin tener culpa de ello, pero que, mediante la gracia, buscan sinceramente

a Dios y actúan según su voluntad, pueden ser salvados sin haber sido bautizados.

- Niños pequeños han sido bautizados desde la época apostólica, ya que esto es un don de Dios y no presupone el mérito humano. Los niños son bautizados en la fe de la Iglesia.

- Confiando en la misericordia de Dios, esperamos confiadamente en la salvación de los niños que mueren sin haber sido bautizados.

- En momentos de necesidad, como lo es estar en peligro de muerte, cualquier persona puede bautizar. La persona que bautiza debe tener la intención de hacer lo que la Iglesia hace, derramando agua tres veces sobre la cabeza del candidato mientras que dice: "Yo te bautizo en el nombre del Padre, y del Hijo y del Espíritu Santo".

MEDITACIÓN

Con tres inmersiones y otras tantas invocaciones, el gran misterio del Bautismo es celebrado. Se da a entender la apariencia de la muerte, y los bautizados son iluminados mediante la transmisión de la divina ciencia. Por esto, si existe alguna gracia en el agua, no es por ningún poder que el agua misma pueda tener, sino porque deriva su poder del Espíritu [...] El Señor, para prepararnos para la vida que surge de la resurrección, nos presenta con los preceptos del Evangelio. Debemos evitar la ira, soportar el mal, estar libres del amor por las cosas placenteras y por el dinero. Así, de propia elección, alcanzaremos aquello que el mundo que viene posee por naturaleza.

—San Basilio Magno, *El Espíritu Santo*, XV, nos. 35-36 (v.d.t.)

ORACIÓN

Dios todopoderoso,
Padre de nuestro Señor Jesucristo,
que los ha librado del pecado
y les ha dado la nueva vida por el agua y el Espíritu Santo,
los unja con el crisma de la salvación,
para que, incorporados a su pueblo,
sean para siempre miembros
de Cristo Sacerdote,
de Cristo Profeta
y de Cristo Rey.

Amén.

—Oración para la Unción con el Santo Crisma,
Rito del Bautismo

Por el Bautismo fueron ustedes sepultados con Cristo
Y también resucitaron con él,
Mediante la fe en el poder de Dios,
Que lo resucitó de entre los muertos.

—Col 2:12

16 LA CONFIRMACIÓN: CONSAGRADOS PARA LA MISIÓN

LA CONFIRMACIÓN ES EL SEGUNDO SACRAMENTO DE LA INICIACIÓN
—CIC, NOS. 1285-1321

FRANCISCA CABRINI, "VETE A AMÉRICA"

Cuando Francisca Cabrini recibió el sacramento de la Confirmación, se unió a la Iglesia de una forma más perfecta, como una verdadera testigo de Cristo y llamada de una manera más urgente a difundir y defender la fe con palabras y obras. Escuchó esa llamada y respondió con una generosidad extraordinaria. Esta es su historia.

Esta mujer con espíritu nació en Italia en 1850. A temprana edad sintió la llamada a la vida religiosa, pero ninguna congregación la aceptó a causa de su delicada salud. A los veintisiete años, su ardor misionero la llevó a fundar una congregación nueva, las Hermanas Misioneras del Sagrado Corazón. A los pocos años, ella y sus hermanas habían abierto seis orfanatos.

En 1889, obtuvo una audiencia con el Papa León XIII, durante la cual ella le pidió que apoyase su deseo de empezar una misión en China. El Papa León la mandó en otra dirección. Le dijo que fuese a Estados Unidos para trabajar allí con los inmigrantes italianos.

Al poco tiempo, en la ciudad de New York, Francisca Cabrini abría una escuela católica en la parroquia de San Gioacchino. Al año, había recaudado el dinero suficiente para comprar los 450 acres de una propiedad que los jesuitas tenían al otro lado del río Hudson. Allí abrió su primer orfanato en Estados Unidos. Un poco más tarde, se dio cuenta que los inmigrantes italianos, así como otra gente, necesitaban un hospital. Su talentos para recaudar fondos y hacer que la gente se diese de sí misma la llevaron a fundar el primer Columbus Hospital, donde ella dependía de los servicios donados de los doctores, tanto católicos como judíos y protestantes. El hospital tenía áreas para los pobres y habitaciones privadas para los ricos, cuyos gastos ayudaban a financiar el cuidado de los pobres. Francisca Cabrini construyó otros hospitales "Columbus" en Denver, Los Ángeles, Philadelphia, Seattle, New Orleans y Chicago.

Continuó visitando los distintos conventos e instituciones que había fundado en Europa. También viajó a Brasil y Argentina para extender el trabajo de su comunidad. Sus treinta y siete años de servicio apostólico los pasó casi todos constantemente viajando. Se la podía encontrar en las profundidades de una mina en Denver, dando ánimo a los mineros italo-americanos o, en un patíbulo, de la mano de prisioneros italoamericanos, rezando antes de que fuesen ahorcados.

Cuando murió, en 1917, dejó tras de sí sesenta y siete conventos en Europa, Estados Unidos y Sudamérica, y 1500 Hermanas Misioneras del Sagrado Corazón. Se había hecho ciudadana de Estados Unidos en 1909 y se convirtió en el primer ciudadano estadounidense en ser canonizado. En la ceremonia de canonización, en 1946, el Papa Pío XII dijo en su homilía:

> ¿Dónde adquirió toda esa fuerza e inagotable energía mediante las cuales fue capaz de realizar tantas buenas obras y vencer tantas dificultades? Consiguió todo esto mediante la fe que siempre estaba tan viva en su corazón; mediante el amor divino que ardía en su interior y, finalmente, mediante la constante oración por la que estaba tan unida a Dios (…) Nunca dejó que nada la distrajese de desear ansiadamente agradar a Dios y trabajar para su gloria para lo que nada, con la ayuda de la gracia, parecía ser demasiado difícil o estar más allá de la fuerza humana. (traducción de *Liturgy of the Hours*, vol. IV, 2022 (v.d.t.))

La Madre Cabrini vivió profundamente la misión de la Iglesia de llevar la compasión y cuidado de Cristo a todas las personas. Respondió generosamente a la gracia del sacramento de la Confirmación que une a los cristianos a esa identificación tan profunda con la Iglesia y su misión.

EL SACRAMENTO DEL ESPÍRITU SANTO

La recepción de este sacramento es necesaria para la plenitud de la gracia. En efecto, a los bautizados "el sacramento de la confirmación los une más íntimamente a la Iglesia y los enriquece con una fortaleza especial del Espíritu Santo".

—CIC, no. 1285, citando LG, no. 11

La Confirmación, junto con el Bautismo y la Eucaristía, constituyen los Sacramentos de la Iniciación, los cuales están íntimamente ligados entre sí. En el sacramento de la Confirmación, la persona bautizada es "sellada con el don del Espíritu Santo" y es fortalecida para el servicio al Cuerpo de Cristo.

Los profetas del Antiguo Testamento anunciaron que el Espíritu de Dios descansaría sobre el Mesías para sostener su misión. Esta profecía se cumplió cuando Jesús el Mesías fue concebido por el Espíritu Santo y nació de la Virgen María. El Espíritu Santo descendió sobre Jesús cuando Juan lo bautizó. Toda la misión de Jesús ocurrió en comunión con el Espíritu. Antes de morir, Jesús prometió que el Espíritu sería enviado a los Apóstoles y a toda la Iglesia. Tras su muerte, el Padre lo resucitó en el poder del Espíritu.

El Nuevo Testamento presenta muchas manifestaciones del Espíritu Santo, dos de las cuales subrayamos aquí. El Evangelio de San Juan describe la efusión del Espíritu la noche de Pascua cuando Jesús sopló sobre los Apóstoles y dijo "Reciban al Espíritu Santo" (Jn 20:22). Los Hechos de los Apóstoles, de San Lucas, presenta otra narración de la infusión del Espíritu Santo en Pentecostés, cincuenta días después de la Resurrección de Cristo (cf. Hch 2). Llenos del Espíritu Santo, los Apóstoles proclamaron los poderosos hechos de Dios. Pedro proclamó que la llegada del Espíritu cumplía la profecía de Joel: "Sucederá en los últimos días [...] Derramaré mi Espíritu sobre todos" (Hch 2:17; cf. Jl 3:1).

Aquellos que creyeron en la predicación de los Apóstoles fueron bautizados y recibieron el Espíritu Santo a través de la imposición de manos. Los Apóstoles bautizaron a los creyentes en agua y en el Espíritu.

Después, impartieron el don especial del Espíritu mediante la imposición de manos. "Es esta imposición de las manos la que ha sido con toda razón considerada por la tradición católica como el primitivo origen del sacramento de la Confirmación, el cual perpetúa, en cierto modo, en la Iglesia, la gracia de Pentecostés" (CIC, no. 1288, citando al Papa Pablo VI, *Divinae Consortium Naturae*, no. 659).

Para el siglo II, la Confirmación también se confería mediante la unción con un santo óleo, que pasó a llamarse el santo crisma. "Esta unción ilustra el nombre de 'cristiano' que significa 'ungido' y que tiene su origen en el nombre de Cristo, al que 'Dios ungió con el Espíritu Santo'" (CIC, no. 1289, citando Hch 10:38).

LA LITURGIA DE LA CONFIRMACIÓN

Lo signos, los símbolos, los actos rituales y las palabras de la liturgia nos hablan del significado de un sacramento y de lo que Cristo realiza en la celebración a través de sus ministros y de la disposición del candidato. Teniendo esto en cuenta, reflexionamos sobre los siguientes elementos de la Confirmación: la unción con el santo crisma, la persona que recibe el sacramento, el rito esencial, los ministros y los efectos o frutos del sacramento.

La Unción con el Santo Crisma

La unción del santo crisma después del Bautismo [...] es el signo de una consagración [...] los que son ungidos, participan más plenamente en la misión de Jesucristo.

—CIC, no. 1294

Durante la Semana Santa, o en una fecha próxima a ella, el obispo consagra el santo crisma durante la Misa Crismal. Se usa para ungir a los recién bautizados, para administrar el sacramento de la Confirmación y para ungir a obispos y sacerdotes durante la celebración del sacramento del Orden.

Ungir con aceite, con óleos, tiene muchos significados: como parte de un baño, en la relajación de los músculos de un atleta y en la curación de las heridas de un enfermo. Otras dos celebraciones sacramentales hacen uso de los santos óleos: "La unción antes del Bautismo con el óleo de los catecúmenos significa purificación y fortaleza; la unción de los enfermos expresa curación y el consuelo" (CIC, no. 1294). El óleo de los catecúmenos se usa para el Bautismo. El óleo de los enfermos se usa para el sacramento de la Unción de Enfermos.

La Recepción del Sacramento

Cada persona bautizada pero que no ha sido confirmada puede y debería recibir el sacramento de la Confirmación. En la Iglesia latina es costumbre confirmar a candidatos con una edad entre la edad de discreción (también llamada edad de la razón) y los dieciséis años. No es nada raro que los católicos que no se confirman, por distintas razones, durante esos años de sus vidas lo hagan luego como adultos, a menudo el Domingo de Pentecostés. El candidato debería estar en un estado de gracia (es decir, sin pecado serio) así como bien preparado mediante la oración y la catequesis, y estar comprometido a las responsabilidades que conlleva el sacramento.

El Rito Esencial de la Confirmación

En continuidad con la costumbre del Antiguo Testamento de imponer las manos sobre quienes reciben el don del Espíritu, el obispo extiende sus dos manos sobre todos aquellos que van a ser confirmados. Recita la oración que ruega al Padre de Nuestro Señor Jesucristo la efusión del Espíritu Santo y los siete dones tradicionalmente asociados con el Espíritu. Estos dones son disposiciones permanentes que nos llevan a responder a la dirección del Espíritu. La tradicional lista de los dones está basada en Isaías 11:1-3: sabiduría, entendimiento, ciencia, consejo, fortaleza, piedad (reverencia) y temor de Dios (asombro ante la presencia de Dios).

Le sigue entonces el rito esencial. En el rito latino, "el sacramento de la confirmación es conferido por la unción del santo crisma en la frente, hecha imponiendo la mano, y con estas palabras: 'Recibe por esta señal el don del Espíritu Santo'" (CIC, no. 1300, citando al Papa Pablo VI, *Divinae consortium naturae*). En las Iglesias orientales, tras una oración de epíclesis, el sacerdote unge la frente, ojos, nariz, oídos, labios, pecho, espalda, manos y pies del candidato con el *Myron* (el santo óleo). Cada unción va acompañada de las palabras "Sello del don que es el Espíritu Santo". Las Iglesias orientales llaman "Crismación" a la Confirmación.

> Cuando la Confirmación se celebra separadamente del Bautismo, su conexión con el Bautismo se expresa entre otras cosas por la renovación de los compromisos bautismales. La celebración de la Confirmación dentro de la Eucaristía contribuye a subrayar la unidad de los sacramentos de la iniciación cristiana. (CIC, no. 1321)

La unidad entre la Confirmación y el Bautismo también se refleja al elegir un nombre con el cual el candidato será confirmado, especialmente cuando el nombre elegido es uno de los nombres con los que el candidato fue bautizado.

El Ministro de la Confirmación

En la Iglesia primitiva, la iniciación sacramental siempre incluía la participación del obispo. El obispo era el ministro ordinario tanto del Bautismo como de la Confirmación. Sin embargo, la práctica pastoral cambió a medida que la Iglesia se expandía rápidamente. Los obispos, cuando dejaron de ser capaces de estar presentes en todas las celebraciones del Bautismo, decidieron reservarse su papel en el proceso de la iniciación al continuar siendo los ministros ordinarios de la Confirmación.

En la Iglesia latina, con el obispo como ministro de la Confirmación, es evidente como este sacramento puede servir para fortalecer la unión entre la persona y la Iglesia y sus orígenes apostólicos. Sin embargo, hay también ocasiones cuando el obispo autoriza la celebración del rito de la Confirmación a un sacerdote, como es el caso del Bautismo de un adulto, o la incorporación de un adulto de otra comunidad cristiana a la plena comunión con la Iglesia. Los obispos también pueden dar esta autorización en otros casos.

En las Iglesias orientales, la Confirmación es conferida por un sacerdote durante el Bautismo y, en algunas de estas Iglesias, esto es seguido por la recepción de la Eucaristía. Esta práctica subraya la unidad de los tres Sacramentos de la Iniciación. El sacerdote confirma con el *Myron*, el óleo consagrado por el obispo. Esto expresa la unidad apostólica de la Iglesia.

Los Efectos de la Confirmación

Por este hecho, la Confirmación confiere crecimiento y profundidad a la gracia bautismal:
—nos introduce más profundamente en la filiación divina que nos hace decir "Abbá, Padre";
—nos une más firmemente a Cristo;
—aumenta en nosotros los dones del Espíritu Santo;
—hace más perfecto nuestro vínculo con la Iglesia;
—nos concede una fuerza especial del Espíritu Santo para difundir y defender la fe mediante la palabra y las obras como verdaderos testigos de Cristo, para confesar valientemente el nombre de Cristo y para no sentir jamás vergüenza de la cruz .

—CIC, no. 1303

Como indican las palabras de la liturgia, la persona que se confirma es sellada con el Espíritu Santo. Este sello se llama *carácter*, marcando a la persona para siempre como alguien llamada a llevar a cabo la misión de la Iglesia en todas las circunstancias de la vida.

Dios, quien a todos nosotros nos ha dado Fortaleza en Cristo y nos ha consagrado. Nos ha marcado con su sello y ha puesto el Espíritu Santo en nuestro corazón, como garantía de lo que vamos a recibir. (2 Co 1:21-22)

DEL CATECISMO

1. ¿Quién puede recibir la Confirmación?
Todo bautizado, aún no confirmado, puede y debe recibir
el sacramento de la Confirmación. Puesto que Bautismo,
Confirmación y Eucaristía forman una unidad, de ahí se
sigue que "los fieles tienen la obligación de recibir este
sacramento en tiempo oportuno". (CIC, no. 1306, citando
CDC, can. 890)

2. ¿Cómo se debería preparar un candidato a la Confirmación?
La preparación para la Confirmación debe tener como meta
conducir al cristiano a una unión más íntima con Cristo, a
una familiaridad más viva con el Espíritu Santo, su acción,
sus dones y sus llamadas, a fin de poder asumir mejor las
responsabilidades apostólicas de la vida cristiana. Por ello,
la catequesis de la Confirmación se esforzará por suscitar
el sentido de la pertenencia a la Iglesia de Jesucristo, tanto
a la Iglesia universal como a la comunidad parroquial. Esta
última tiene una responsabilidad particular en la preparación de los confirmandos. (CIC, no. 1309)

3. ¿Por qué no recibimos la Confirmación más de una vez?
La Confirmación, como el Bautismo, imprime en el alma
del cristiano un signo espiritual o carácter indeleble; por
eso este sacramento sólo se puede recibir una vez en la
vida. (CIC, no. 1317)

LA MISIÓN Y TESTIMONIO DE
LOS CONFIRMADOS

La Confirmación confiere profundidad a la vida bautismal que nos llama
a ser testigos misioneros de Jesucristo en nuestras familias, barrios,

sociedad y el mundo. A través de la Confirmación, nuestra relación personal con Cristo se fortalece. Recibimos el mensaje de la fe de una manera más profunda e intensa, dando un gran énfasis a la persona de Jesucristo, quien pidió al Padre que otorgase el Espíritu Santo a la Iglesia para construir a la comunidad en servicio amoroso.

El Espíritu Santo otorga siete dones —sabiduría, entendimiento, ciencia, consejo, fortaleza, piedad y temor de Dios— para asistirnos en nuestra misión y testimonio. El impacto de estos dones nos acompaña a largo de las diferentes etapas de nuestro desarrollo espiritual.

Como personas confirmadas, caminamos con los siete dones del Espíritu Santo. La sabiduría nos hace capaces de ver el mundo desde el punto de vista de Dios, lo cual nos ayuda a comprender el objetivo y plan de Dios. Nos da la visión de la historia a largo alcance, examinando el presente teniendo en cuenta el pasado y el misterio del futuro. Nos salva de la ilusión de que el espíritu de los tiempos es nuestro único guía. El don de la ciencia nos dirige hacia la contemplación, o reflexión orante, del misterio de Dios —Padre, Hijo y Espíritu Santo— así como de los misterios de la fe católica. Se nos invita a la oración orante, donde permitimos que Dios nos guíe mientras que descansamos pacientemente en su divina presencia.

El don del entendimiento nos estimula a trabajar para conocernos a nosotros mismos, como parte de nuestro crecimiento de conocer a Dios. Es a lo que San Agustín se refería cuando rezó, "que para conocerte, me conozca a mí mismo" (v.d.t.). Cuando el Espíritu derrama fortaleza o valentía sobre nuestros corazones, podemos confiar en que estaremos preparados para defender a Cristo y al Evangelio cuando sean desafiados. A medida que el don del consejo o buen juicio crece en nosotros, podemos sentir las enseñanzas silenciosas que el Espíritu nos da respecto a nuestras vidas morales y la formación de nuestras conciencias.

El don de la piedad o reverencia es un acto de respeto hacia el Padre que nos ha creado, hacia Jesús que nos ha salvado y hacia el Espíritu que nos ha santificado. Aprendemos a ser reverentes hacia Dios y la gente de nuestros padres y otras personas que nos preparan en esa virtud. El Espíritu nos llena de este don durante la liturgia, que es una escuela maestra de reverencia, así como mediante las devociones populares y la piedad.

Finalmente, el don del temor de Dios, o de asombro ante la presencia de Dios, puede inculcar honestidad a nuestra relación con Dios, una franqueza que nos hace asombrarnos ante la majestad de Dios. Este don también nos imparte una actitud de asombro agradecido ante la realidad de que Dios nos ama y de que podemos compartir en su vida.

Cuando respondemos a la gracia de la Confirmación y a los siete dones del Espíritu Santo, empezamos a dar los frutos del Espíritu. La tradición de la Iglesia lista doce frutos del Espíritu Santo: caridad, gozo, paz, paciencia, longanimidad, bondad, benignidad, mansedumbre, fidelidad, modestia, continencia y castidad (cf. CIC, no. 1832; Ga 5:22).

PARA LA REFLEXIÓN Y EL DEBATE

1. Si has sido confirmado, describe cómo fue tu experiencia del sacramento. ¿Qué sucedió? ¿Quién te confirmó? ¿Cómo te preparaste?
2. ¿Cómo son las cualidades para sanar y limpiar de la unción con aceite símbolos de lo que sucede en los sacramentos del Bautismo y de la Confirmación?
3. ¿Cuáles son las consecuencias de la Confirmación de una identificación más profunda con la misión de la Iglesia?

ENSEÑANZAS

• Jesús prometió a los Apóstoles que les enviaría el Espíritu Santo. Esa promesa se cumplió en Pentecostés (cf. Jn 16:12-15; Hch 2:1-47).

• Los efectos de la Confirmación incluyen un carácter permanente, la perfección de la gracia bautismal, un incremento en los dones y frutos del Espíritu Santo, una profundización en nuestra identidad como hijos adoptivos de Dios, una unión más íntima con la Iglesia y su misión, y nos ayuda a dar testimonio.

• En las Iglesias orientales, la Crismación (la Confirmación) se administra inmediatamente después del Bautismo, seguida por la participación en la Eucaristía. Esta tradición enfatiza la unidad de estos tres Sacramentos de la Iniciación.

- En la Iglesia occidental o latina, la Confirmación es administrada una vez que se ha llegado a la edad de la razón, y es normalmente conferida por el obispo, significando nuestra unión con la Iglesia y sus orígenes apostólicos.
- El candidato a la Confirmación, en la Iglesia latina, debe estar en un estado de gracia, bien preparado a través de la oración y la catequesis, y estar comprometido a las responsabilidades que conlleva el sacramento.
- Este es el rito esencial de la Confirmación en la Iglesia latina: el obispo confiere la Confirmación por la unción con el santo crisma en la frente, hecha imponiendo las manos, y con estas palabras: "Recibe por esta señal el don del Espíritu Santo".
- En las Iglesias orientales, después de una oración de epíclesis, el sacerdote unge la frente, ojos, nariz, oídos, labios, pecho, espalda, manos y pies del candidato con el *Myron* (óleo santo). Con cada unción, el sacerdote dice "Sello del don que es el Espíritu Santo".
- Las marcas (o caracteres) espirituales e indelebles recibidos en los sacramentos del Bautismo, Confirmación y del Orden afirman una relación permanente con Dios e indican que estos sacramentos solo se pueden recibir una vez.
- "Cuando la Confirmación se celebra separadamente del Bautismo, su conexión con el Bautismo se expresa entre otras cosas por la renovación de los compromisos bautismales. La celebración de la Confirmación dentro de la Eucaristía contribuye a subrayar la unidad de los sacramentos de la iniciación cristiana" (CIC, no. 1321).

MEDITACIÓN

Hay quienes dicen que tener valentía a la hora de dar testimonio de nuestra fe es una de las mejores pruebas de la existencia de Dios. La Confirmación es el sacramento que hace posible el testimonio valiente. Las interminables historias de los mártires y de otros héroes cristianos a lo largo de los siglos y hasta hoy ofrecen amplia evidencia del don de la fortaleza del Espíritu Santo. Hoy en día, existen amplias posibilidades de actuar con valentía en nombre de las enseñanzas de Cristo y de la Iglesia, para promover la estabilidad del matrimonio, apoyar los ideales de la vida familiar, ser valiente a la hora de defender la vida humana desde la concepción hasta la muerte, ser firme al buscar la justicia para los oprimidos y para estar decididos a que la compasión y la paz de Cristo iluminen toda la tierra.

ORACIÓN

Ven, Santo Espíritu (*Veni, Creator*)

Ven, Espíritu Creador,
visita las almas de tus fieles
llena con tu divina gracia,
los corazones que creaste.

Respira sobre mí, soplo de Dios, mi alma con gracia refina,
hasta que esta parte terrenal de mí, brille con tu
fuego divino.

—Edwin Hatch (v.d.t.)

17 LA EUCARISTÍA: FUENTE Y CUMBRE DE LA VIDA CRISTIANA

LA SANTA EUCARISTÍA CULMINA
LA INICIACIÓN CRISTIANA
—CIC, NOS. 1322-1419

UN APÓSTOL DE LA EUCARISTÍA

En 1946, un joven brillante llamado Carlos Manuel Rodríguez se matriculó en la Universidad de Puerto Rico. Pero a pesar de sus buenas notas y su amor por aprender, enfermó con una colitis ulcerada, lo que le impidió terminar su segundo año. Sin embargo, continuó estudiando por su cuenta. Leyó extensamente sobre las ciencias, la filosofía, las artes y la religión. Aprendió a tocar el órgano para la música sacra que estaba fomentando con mucho entusiasmo.

Nacido en 1918 de padres que valoraban la educación, demostró a temprana edad señales de una gran inteligencia. Cuando un incendio destruyó su casa y la tienda que tenían, la familia se mudó con los abuelos maternales de Carlos. Su abuela, Alejandrina Esteras, impartió a Carlos su devota fe a la Eucaristía. Bajo su influencia, Carlos comenzó su devoción a la liturgia y decidió dedicar su vida a Jesucristo.

Aunque no pudo acabar sus estudios universitarios, sintió una llamada a hacer lo que pudiese para ayudar a los estudiantes universitarios a responder a la llamada de Dios a la santidad mediante la liturgia. Carlos se convirtió, aunque no oficialmente, en ministro de pastoral universitaria. Quiso compartir con los estudiantes la riqueza de la Misa y enseñarles cómo participar activamente en la celebración eucarística. Los instó a que enriquecieran su espiritualidad con la riqueza de la gracia de Dios que es impartida en los sacramentos, especialmente en la Eucaristía.

Carlos consiguió trabajo en la oficina de la estación del Experimento Universitario de Agricultura. Se gastó su salario en promover una apreciación por la riqueza espiritual de la liturgia. Empezó una revista, *Liturgia y Cultura Cristiana*, en la que publicó artículos que él traducía al español de otras revistas inglesas y francesas.

Gradualmente reunió a estudiantes y profesores en un Círculo de Liturgia que se reunía en el Centro Universitario. Les enseñó cómo vivir la liturgia y el Misterio Pascual de la muerte y Resurrección de Cristo, especialmente durante la Vigilia Pascual.

Organizó Días de Vida Cristiana para que los estudiantes renovasen su espiritualidad por medio de la liturgia. Promovió la participación activa del laicado en la Misa y el uso de la lengua vernácula. Carlos anticipó una serie de enseñanzas del Concilio Vaticano II, especialmente las de la *Constitución sobre la Sagrada Liturgia (Sacrosanctum Concilium)*.

Carlos no dejó que su salud, que se deterioraba, le impidiese llevar a cabo su llamada. Sabía que estaba resucitando con Cristo aún cuando su cuerpo se estaba muriendo. Continuó recordando a sus discípulos en la universidad que deberían estar alegres porque estaban llamados a vivir la alegría y la esperanza que Cristo trae con su Resurrección. Decía frecuentemente que "vivimos para esa noche de la Resurrección". Pasó a la vida eterna el 13 de julio de 1963, a los cuarenta y cuatro años de edad.

Una muchedumbre que había viajado a Roma desde Puerto Rico aclamó y ondeó banderas de su isla en la Plaza de San Pedro el 29 de abril del 2001, cuando el Papa Juan Pablo II beatificó a Carlos Manuel Rodríguez. El Papa indicó que este activista laico dio testimonio del hecho de que todos los cristianos están llamados a buscar la santidad "de manera consciente y responsable".

El Beato Carlos amaba la Eucaristía, que es el centro de la liturgia. Sorprendentemente, en los veinte años que precedieron al Concilio Vaticano II, cuando las voces pidiendo la renovación litúrgica surgían de los monjes benedictinos, de eruditos teólogos y de sacerdotes visionarios, este atento laico puertorriqueño enseñó a jóvenes universitarios cómo basar sus vidas de fe en la liturgia, especialmente en la Eucaristía.

LA REVELACIÓN DE LA EUCARISTÍA

La Sagrada Eucaristía culmina la iniciación cristiana [...] "La Eucaristía significa y realiza la comunión de vida con Dios y la unidad del Pueblo de Dios por las que la Iglesia es ella misma".

—CIC, nos. 1322 y 1325, citando a la Sagrada Congregación de los Ritos, *Instrucción sobre el Culto del Misterio Eucarístico (Eucharisticum Mysterium)*, no. 6

Los orígenes de la Eucaristía se encuentran en la Última Cena que Jesús compartió con sus Apóstoles. "Para dejarles una prenda de este amor, para no alejarse nunca de los suyos y hacerles partícipes de su Pascua, instituyó la Eucaristía como memorial de su muerte y de su resurrección y ordenó a sus apóstoles celebrarlo hasta su retorno, 'constituyéndoles entonces sacerdotes del Nuevo Testamento'" (CIC, no. 1337, citando el Concilio de Trento: DS 1740).

Este misterio es tan rico que tenemos diferentes términos para expresar su gracia salvífica: la Fracción del Pan; la Cena o Banquete del Señor; la Asamblea Eucarística; el Memorial de la Pasión, Muerte y Resurrección de Cristo; el Santo Sacrificio de la Misa; la Santa y Divina Liturgia; la Liturgia Eucarística; la Sagrada Comunión; y la Santa Misa (cf. CIC, nos. 1328-1332).

El uso del pan y el vino en el culto es algo que ya tenía lugar en la temprana historia del Pueblo de Dios. En el Antiguo Testamento, el pan y el vino eran vistos como dones de Dios, a quien como respuesta se le ofrecía alabanza y gracias por estas bendiciones y por otras manifestaciones de su cuidado y gracia. Un ejemplo de esto es la historia de la ofrenda del pan y el vino por parte del sacerdote Melquisedec en conmemoración de la victoria de Abrahán (cf. Gn 14:18). La temporada de los corderos también era un tiempo para ofrecer sacrificios de corderos para mostrar gratitud a Dios por el nuevo rebaño y por su contribución al bienestar de la familia y de la tribu.

Estos ritos antiguos recibieron un significado histórico durante el Éxodo del Pueblo de Dios. Fueron unidos en la Cena de Pascua como una señal de la liberación, a manos de Dios, de la esclavitud en Egipto de los Israelitas, una prenda de la fidelidad de Dios a sus promesas y, finalmente, una señal de la venida del Mesías y del tiempo mesiánico. Cada familia compartía el cordero que había sido sacrificado y el pan sobre el que se había pronunciado una bendición. También bebían de un cáliz de vino sobre el que se había proclamado una bendición similar.

Cuando Jesús instituyó la Eucaristía, le dio un significado pleno a la bendición del pan y el vino y al sacrificio del cordero. Los Evangelios narran los acontecimientos que precedieron a la Eucaristía. El milagro de los panes y los pescados, mencionados en los cuatro Evangelios, prefiguran la abundancia única de la Eucaristía. El milagro de la transformación del agua a vino en el banquete nupcial de Caná manifestó la gloria divina de Jesús y el banquete nupcial en el que participamos en cada Eucaristía.

En su diálogo con la gente de Cafarnaún, Cristo hizo uso de su milagro de la multiplicación del pan una ocasión para describirse a sí mismo como el Pan de Vida: "Yo soy el pan vivo que ha bajado del cielo [...] Si no comen la carne del Hijo del hombre y no beben su sangre, no podrán tener vida en ustedes" (Jn 6:51, 53).

LA ÚLTIMA CENA

La narración de la institución de la Eucaristía se puede encontrar en los Evangelios de Mateo, Marcos y Lucas, así como en la I Carta de San Pablo a los Corintios (véanse Mt 26:17-29; Mc 14:12-25; Lc 22:7-20; 1 Co 11:23-26). Jesús eligió la fiesta de la Pascua judía como el momento durante el cual instituiría la Eucaristía y experimentaría su muerte y Resurrección (cf. CIC, nos. 1339-1340). Con la institución de la Eucaristía, Jesús dio a la Pascua judía un nuevo y definitivo significado. Se mostró a sí mismo como el Sumo Sacerdote de la Nueva Alianza, ofreciéndose a sí mismo como un sacrificio perfecto al Padre. Jesús transformó el pan y el vino en su Cuerpo y Sangre, que se ofrecen ahora para la salvación de toda la humanidad.

> Yo recibí del Señor lo mismo que les he trasmitido: que el Señor Jesús, la noche en que iba a ser entregado, tomó pan en sus manos, y pronunciando la acción de gracias, lo partió y dijo: "Este es mi cuerpo, que se entrega por ustedes. Hagan esto en

memoria mía". Lo mismo hizo con el cáliz después de cenar, diciendo: "Este cáliz es la nueva Alianza que se sella con mi sangre. Hagan esto en memoria mía siempre que beban de él". Por eso, cada vez que ustedes comen de este pan y beben de este cáliz, proclaman la muerte del Señor, hasta que vuelva. (1 Co 11:23-26)

Con las palabras "Hagan esto en memoria mía", Jesús mandó a los Apóstoles y sus sucesores repetir sus gestos y palabras "hasta que venga". Desde sus primeros tiempos, la Iglesia se ha mantenido fiel a este mandamiento. Particularmente el domingo, el día de la Resurrección de Cristo, los fieles se han reunido para "partir el pan". Esta práctica ha continuado ininterrumpidamente durante dos mil años, hasta hoy en día.

En el Evangelio de San Juan, en lugar de una narración de la institución de la Eucaristía, hay una narrativa del lavatorio de los pies (Jn 13:1-20), al principio de la Última Cena, que sentó un tono de servicio humilde, ilustrado por Cristo y que llegó a su plenitud en su muerte en la Cruz. La Iglesia ha seleccionado este Evangelio para la liturgia del Jueves Santo, subrayando la enseñanza de Cristo: "Pues si yo, que soy el Maestro y el Señor, les he lavado los pies, también ustedes deben lavarse los pies los unos a los otros. Les he dado ejemplo, para que lo que yo he hecho con ustedes, también ustedes lo hagan" (Jn 13:14-15).

El discurso de la Última Cena de Cristo (Jn 14:1–17:26) refleja los temas eucarísticos del amor divino, una unión con Cristo tan íntima como el sarmiento a la vid y una oración sacerdotal para los Apóstoles y aquellos que creerían gracias a ellos.

LA MISA DEL RITO ROMANO

Desde el siglo II, la Misa (o la Liturgia Eucarística) ha tenido una estructura común para todos los católicos. Aunque pueden existir énfasis diferentes en la celebración de la Misa en las Iglesias orientales, ellas mantienen la misma estructura dual con la que los miembros de la Iglesia latina están familiarizados. La Misa, de esta forma, se desarrolla en dos partes principales que forman un solo acto de culto. Primero, la Liturgia de la Palabra, con las lecturas bíblicas, la homilía, la Profesión de Fe y las Intercesiones Generales. Segundo, la Liturgia de la Eucaristía, con la presentación del pan y el vino, la Plegaria Eucarística y la recepción de la Sagrada Comunión. Los elementos esenciales de las celebraciones eucarísticas se pueden resumir en los siguientes cuatro puntos.

1. Ritos Iniciales

La comunidad cristiana, unida por el Espíritu Santo, se reúne para dar culto en respuesta a la llamada de Dios. Jesús, nuestro Sumo Sacerdote, es el principal agente de nuestra celebración. El obispo o sacerdote actúa en la persona de Cristo, Cabeza de la Iglesia. Todos los fieles participan activamente con una atención devota interior y con una reverencia externa que se demuestra cantando los himnos y respondiendo cuando es oportuno y, cuando es apropiado, observando un silencio. Están también el diácono, los proclamadores, los que presentan las ofrendas, los ministros extraordinarios de la Sagrada Comunión, los monaguillos, los músicos y otros ministros. La primera parte contiene los Ritos Iniciales, los cuales inauguran la celebración de la misa. Estos ritos incluyen el Acto Penitencial, el *Gloria* y la primera oración colecta.

> La santa madre Iglesia desea ardientemente que se lleve a todos los fieles a aquella participación plena, consciente y activa en las celebraciones litúrgicas que exige la naturaleza de la Liturgia misma y a la cual tiene derecho y obligación, en virtud del bautismo, el pueblo cristiano, "linaje escogido sacerdocio real, nación santa, pueblo adquirido". (SC, no. 14, citando 1 P 2:9; cf. 2:4-5)

2. Liturgia de la Palabra

A lo largo del año litúrgico, las lecturas de las Sagradas Escrituras, especialmente de los Evangelios, forman el núcleo de esta parte de la celebración. La proclamación de la Palabra de Dios y su explicación tienen como objetivo despertar nuestra fe y prepararnos para una participación aún más profunda en el misterio de la Eucaristía. A las lecturas le siguen una homilía del obispo, del sacerdote o del diácono, la Profesión de Fe cuando se recita el Credo y las intercesiones.

LA IGLESIA Y LA EUCARISTÍA

La Iglesia vive de la Eucaristía. Esta verdad no expresa solamente una experiencia cotidiana de fe, sino que encierra en síntesis *el núcleo del misterio de la Iglesia*. Ésta experimenta con alegría cómo se realiza continuamente, en múltiples formas, la promesa del Señor: "He aquí que yo estoy con vosotros todos los días hasta el fin del mundo" (Mt 28:20); en la sagrada Eucaristía, por la transformación del pan y el vino en el cuerpo y en la sangre del Señor, se alegra de esta presencia con una intensidad única. Desde que, en Pentecostés, la Iglesia, Pueblo de la Nueva Alianza, ha empezado su peregrinación hacia la patria celeste, este divino Sacramento ha marcado sus días, llenándolos de confiada esperanza. (Papa Juan Pablo II, *Sobre la Eucaristía en su Relación con la Iglesia* [*Ecclesia de Eucharistia*; EE], no. 1)

3. Liturgia de la Eucaristía

a. *La Presentación de las Ofrendas* (Jesús tomó el pan y el vino). La ofrenda del pan y el vino es recibida por el sacerdote, a quien le puede asistir el diácono. "Serán ofrecidos por el sacerdote en nombre de Cristo en el sacrificio eucarístico en el que se convertirán en su Cuerpo y en su Sangre" (CIC, no. 1350). Desde los primeros días de la Iglesia, también había una ofrenda de dones para los pobres y los necesitados. Esto se ha convertido en el momento y lugar acostumbrados para la colecta parroquial.

b. *La Plegaria Eucarística* (Jesús lo bendijo y dio gracias). Este es el núcleo de la Liturgia Eucarística, que se desarrolla de la siguiente manera:

- *Acción de gracias* (expresada especialmente en el Prefacio): En esta oración, agradecemos a Dios Padre, por el Hijo en el Espíritu, los dones de la creación, la salvación y la santificación.

- *Aclamación*: Toda la asamblea se une a los ángeles y los santos para cantar o recitar el *Sanctus* (El Santo, Santo).
- *Epíclesis* (Invocación): La Iglesia pide el poder del Espíritu Santo para que el pan y el vino ofrecidos por manos humanas se conviertan en el Cuerpo y la Sangre de Cristo.
- *El Relato de la Institución y la Consagración.* El sacerdote proclama las palabras de Cristo sobre el pan y el vino durante la última Cena. "La fuerza de las palabras y de la acción de Cristo y el poder del Espíritu Santo hacen sacramentalmente presentes bajo las especies de pan y de vino su Cuerpo y su Sangre, su sacrificio ofrecido en la cruz de una vez para siempre" (CIC, no. 1353).
- *Anamnesis* (el Memorial): Recordamos la muerte y Resurrección de Cristo y esperamos ansiosamente su glorioso retorno.
- *Segunda Epíclesis*: Se invoca al Espíritu Santo para que descienda sobre la asamblea congregada, para traer la unidad de todos los fieles que recibirán la Sagrada Comunión.
- *Intercesiones*: Rezamos, junto con toda la Comunión de los Santos y todo el pueblo de Dios en la tierra, por las necesidades de todos los miembros de la Iglesia, vivos y muertos.
- *Doxología y el Gran Amén*: Concluimos la Plegaria Eucarística adorando a Dios Padre, por su Hijo en el Espíritu. Esta glorificación es confirmada y concluida con la aclamación "Amén" que pronuncia la asamblea.

c. *Rito de la Comunión* (Jesús partió el pan y dio su Cuerpo y Sangre). Después del Padre Nuestro, durante la fracción del Cuerpo de Cristo, se canta o recita el Cordero de Dios (Agnus Dei), y después recibimos el Cuerpo y la Sangre de Cristo en la Sagrada Comunión. El Rito de la Comunión concluye con una oración final.

4. Rito de Conclusión

Tras la oración después de la Sagrada Comunión, el sacerdote bendice a la gente y despide a la asamblea.

Siglos de reflexión sobre la Eucaristía nos han dejado una herencia espiritual que continúa profundizándose y creciendo. Tres verdades fundamentales sobre la Eucaristía llaman nuestra atención: la Eucaristía es un Sacrificio, un Banquete Sagrado y la Verdadera Presencia de Cristo.

LA MISA ES UN SACRIFICIO

La misa es un sacrificio en el sentido de que cuando tiene lugar, Jesucristo, a través del obispo o sacerdote que celebra la Misa, hace sacramentalmente presente su salvífica y sacrificial muerte en la Cruz por la cual nos ha redimido de nuestros pecados. Este sacrificio eucarístico es el memorial de la muerte redentora de Cristo. La palabra *memorial*, en este contexto, no es simplemente un recordatorio de acontecimientos pasados; es la realización presente, de una manera sacramental, del sacrificio de la Cruz de Cristo y de su victoria. "Cuando la Iglesia celebra la Eucaristía, memorial de la muerte y resurrección de su Señor, se hace realmente presente este acontecimiento central de salvación y 'se realiza la obra de nuestra redención'" (EE, no. 11). El sacrificio eucarístico se ofrece para adorar y dar gracias a Dios, para pedirle por nuestras necesidades y para obtener el perdón de nuestros pecados.

En este sacrificio divino que se hace presente en la Misa, especialmente en la Plegaria Eucarística, el mismo Cristo, que ya se ofreció una vez de una manera sangrienta en el altar de la Cruz, se ofrece a sí mismo de una manera no sangrienta. Presente y efectivo, el sacrificio de Cristo se aplica a nuestras vidas. "Porque si la sangre de los machos cabríos [...] eran capaces de conferir a los israelitas una pureza legal [...] ¡cuánto más la sangre de Cristo [...] podrá purificar nuestra conciencia de las obras que conducen a la muerte, para servir al Dios vivo!" (Hb 9:14).

La Misa también es el sacrificio de la Iglesia. En la Misa, el sacerdote ordenado une la consagración eucarística al sacrificio de la Cruz y a la Última Cena (cf. EE, no. 29), haciendo posible de esta manera que el sacrificio de Cristo se convierta en el sacrificio de todos los miembros de la Iglesia. "La vida de los fieles, su alabanza, su sufrimiento, su oración y su trabajo se unen a los de Cristo y a su total ofrenda, y adquieren así un valor nuevo" (CIC, no. 1368). Esto también nos recuerda la importancia del sacrificio en la vida de cada individuo. En una cultura egocéntrica, donde se enseña a la gente a ir más allá de sí misma cuando pueden recibir algo a cambio, los sacrificios que cada uno de nosotros hacemos, siguiendo el ejemplo de Jesús, quien sacrificó libremente su vida por su amor a todos, indican la realidad y el poder del amor de Dios por nosotros.

La entrega de Cristo une a los miembros de la Iglesia aquí en la tierra y en el cielo. Se menciona al Papa, principal pastor del Pueblo de Dios, en cada Misa por el bien de la unidad de toda la Iglesia. Se menciona al obispo de la diócesis porque él es el pastor de la Iglesia local e instrumento de su unidad. El texto de la Plegaria Eucarística también recuerda la presencia de la Santísima Virgen María y todos los santos ya que se unen a nosotros en este acto de culto. Gracias a los beneficios del sacrificio de Cristo, la Misa también se ofrece por los fieles fallecidos —quienes han muerto en Cristo pero que todavía no han sido totalmente purificados— para que puedan disfrutar de la gloria celestial.

LA MISA ES UN BANQUETE SAGRADO

"Si no comen la carne del Hijo del hombre y no beben su sangre, no podrán tener vida en ustedes" (Jn 6:53). Jesucristo comparte con nosotros su Cuerpo y Sangre bajo las especies del pan y el vino. La Misa es así un banquete sagrado que culmina con la recepción de la Sagrada Comunión. La Iglesia nos urge a prepararnos conscientemente para este momento. Deberíamos estar en un estado de gracia, y si somos conscientes de un pecado grave o serio, debemos recibir el sacramento de la Penitencia antes de recibir la Sagrada Comunión. También se espera de nosotros que ayunemos durante por lo menos una hora antes de recibir la Sagrada Comunión. "Por lo tanto, como toda generación católica que nos precedió, debemos ser guiados por las palabras de San Pablo: 'Por lo tanto, el que come el pan o bebe la copa del Señor indignamente peca contra el cuerpo y la sangre del Señor' (1 Co 11:27). Esto quiere decir que todos deberán hacer un examen de conciencia para ver si son dignos de recibir el Cuerpo y la Sangre de nuestro Señor. Este examen incluye fidelidad a la enseñanza moral de la Iglesia en su vida pública y en su vida privada" (USCCB, *Católicos en la Vida Política*, 2004). La Iglesia nos ofrece las humildes palabras de un centurión romano para que las digamos cuando nos preparamos para recibir la Comunión: "Señor, no soy digno de que entres en mi casa, pero una palabra tuya bastará para sanarme" (cf. Mt 8:8).

Aunque la Iglesia nos urge a recibir la Comunión en cada Misa, existe la obligación para todos de recibir la Comunión por lo menos una vez al año durante el período entre el primer domingo de Cuaresma y el domingo de la Santísima Trinidad. Ya que Cristo está plenamente presente en cada una de las especies eucarísticas (es decir, tanto en el pan como en el vino consagrados), es suficiente recibirlo bajo una sola de las especies, el pan o el vino. Sin embargo, "la comunión tiene una expresión más plena por razón del signo cuando se hace bajo las dos especies. Ya que en esa forma es donde más perfectamente se manifiesta el signo del banquete eucarístico" (CIC, no. 1390).

La Sagrada Comunión aumenta nuestra unión con Cristo. Al igual que la comida sustenta nuestra vida física, la Sagrada Comunión alimenta nuestra vida espiritual. Esta Comunión nos aleja del pecado, fortalece nuestra firmeza moral para evitar el mal y dirigirnos con más fuerza hacia Dios. Cuanto más participamos en la vida de Cristo y más progresamos en su amistad, tanto más difícil se nos hará romper con él por el pecado mortal" (CIC, no. 1395).

LA PRESENCIA REAL DE CRISTO

Por el poder del Espíritu Santo, Cristo se hace presente en la proclamación de la Palabra de Dios, en la asamblea eucarística, en la persona del sacerdote, pero sobre todo, y de una manera única, en la Eucaristía. "Esta presencia se denomina 'real', no a título exclusivo, como si las otras presencias no fuesen 'reales', sino por excelencia, porque es *substancial*, y por ella Cristo, Dios y hombre, se hace totalmente presente" (CIC, no. 1374, citando al Papa Pablo VI, *Mysterium Fidei*, no. 39).

Desde la Edad Media, la transformación del pan y el vino en el Cuerpo y Sangre de Cristo se ha llamado "transubstanciación". Esto quiere decir que la sustancia del pan y el vino se transforman en la sustancia del Cuerpo y la Sangre de Cristo. La apariencia del pan y el vino se mantiene (el color, la forma, el peso, la composición química), pero la verdad subyacente —es decir, la sustancia— es ahora el Cuerpo y la Sangre de Cristo.

La Presencia Real de Jesucristo permanece en los elementos consagrados incluso una vez que la Misa ha terminado. Una vez que se ha distribuido la Comunión, todas las Hostias que quedan se guardan en el tabernáculo. Si queda algo de la Preciosísima Sangre, esta se consume reverentemente. Las Hostias se reservan para la Comunión de los enfermos, para el *Viaticum* (la Comunión para los moribundos) y para permitir a los fieles que adoren a Cristo en el Sacramento reservado y que recen en su presencia. Como signo de adoración, los católicos latinos hacen una genuflexión ante la Presencia Real de Jesucristo en el tabernáculo, o hacen una genuflexión o se arrodillan cuando el Santísimo Sacramento está expuesto para la oración. Los católicos orientales muestran su reverencia con una inclinación profunda en vez de una genuflexión. "Por eso, el sagrario debe estar colocado en un lugar particularmente digno de la iglesia; debe estar construido de tal forma que subraye y manifieste la verdad de la presencia real de Cristo en el santo Sacramento" (CIC, no. 1379).

Con el paso del tiempo, la reflexión reverencial llevó a la Iglesia a enriquecer su devoción eucarística. Fe en que Jesús está verdaderamente presente en el Sacramento llevó a los creyentes a ofrecer culto a Cristo que habita con nosotros permanentemente en el Sacramento. Allí donde esté el Sacramento, allí está Cristo, quien es nuestro Señor y nuestro Dios. Tal culto se expresa de muchas maneras: en la genuflexión, en la adoración de la Eucaristía y en las muchas clases de devoción eucarística que la fe ha alimentado.

La Liturgia Eucarística contiene todo el tesoro de la Iglesia, ya que hace presente el Misterio Pascual, el acontecimiento central de la salvación. La adoración y devoción eucarísticas fluyen de, y llevan a, la Liturgia Eucarística, la Misa.

FORMAS DE PARTICIPAR EN EL MISTERIO PASCUAL

Al participar en la Eucaristía, también participamos en el Misterio Pascual de Cristo, es decir, en su muerte y Resurrección, el cual se nos hace presente en el sacrificio eucarístico. Esta participación en el Misterio Pascual de Cristo alcanza su cumbre cuando recibimos su Cuerpo y Sangre en la Sagrada Comunión. La victoria y triunfo de Cristo sobre la muerte se hace entonces presente en las vidas de aquellos que participan en la Eucaristía.

La Sagrada Comunión fortalece nuestra comunión con Cristo. "El que come mi carne y bebe mi sangre, permanece en mí y yo en él" (Jn 6:56). La Comunión con el Cuerpo de Cristo preserva, aumenta y renueva la vida de gracia que recibimos con el Bautismo.

La Sagrada Comunión nos aleja del pecado. Recibimos el Cuerpo de Cristo "entregado por nosotros" para salvarnos del pecado. Recibimos la Sangre de Cristo "derramada por muchos para el perdón de los pecados". Nuestro amor por Dios se intensifica y así nuestras ataduras desordenadas son debilitadas e incluso rotas. El amor divino borra los pecados veniales.

La Sagrada Comunión nos ofrece la fortaleza, llamada gracia, para mantenernos alejados del pecado mortal. Al progresar en nuestra amistad con Cristo, este sacramento nos dificulta aún más romper nuestra unión con él por el pecado mortal.

La Sagrada Comunión incrementa la vida de la Iglesia. La Iglesia como una comunión se une de una forma aún más íntima mediante la celebración de la Eucaristía. Como dice un antiguo axioma, la Iglesia crea Eucaristía y la Eucaristía crea Iglesia. Al recibir la Comunión, nos unimos más plenamente a la Iglesia.

La Sagrada Comunión nos compromete a cuidar de los pobres. San Pablo recordaba a los corintios que cuando compartían el Cuerpo de Cristo en la Eucaristía, ellos también estaban llamados a cuidar de los miembros más pobres de la comunidad (cf. 1 Co 11:17-34).

La participación en la celebración del sacrificio eucarístico es una fuente y vía de la gracia, incluso aparte de la recepción de la Sagrada Comunión en sí. Desde hace mucho tiempo se ha entendido que, si hay

DEL CATECISMO

1. ¿Qué sucede en la consagración durante la Misa?
Por la consagración se realiza la transubstanciación del pan y del vino en el Cuerpo y la Sangre de Cristo. Bajo las especies consagradas del pan y del vino, Cristo mismo, vivo y glorioso, está presente de manera verdadera, real y substancial, con su Cuerpo, su Sangre, su alma y su divinidad. (CIC, no. 1413; Concilio de Trento: DS 1640, 1651)

2. ¿Cuáles son los efectos de la Sagrada Comunión?
La Sagrada Comunión del Cuerpo y de la Sangre de Cristo acrecienta la unión del comulgante con el Señor, le perdona los pecados veniales y lo preserva de pecados graves. Puesto que los lazos de caridad entre el comulgante y Cristo son reforzados, la recepción de este sacramento fortalece la unidad de la Iglesia, Cuerpo místico de Cristo. (CIC, no. 1416)

3. ¿Por qué tiene valor visitar al Santísimo Sacramento?
Puesto que Cristo mismo está presente en el Sacramento del Altar es preciso honrarlo con culto de adoración. "La visita al Santísimo Sacramento es una prueba de gratitud, un signo de amor y un deber de adoración hacia Cristo, nuestro Señor". (CIC, no. 1418; Papa Pablo VI, *Mysterium Fidei*, no. 66)

circunstancias que prevengan a alguien de recibir la Sagrada Comunión durante la Misa, es posible realizar una comunión espiritual que también es fuente de gracia. La comunión espiritual quiere decir unirse en oración al sacrificio de Cristo y adorarlo presente en su Cuerpo y Sangre.

LA EUCARISTÍA TRANSFORMA AL QUE LA RECIBE

Para participar activamente en la Misa, necesitamos resistirnos a la tendencia a la pasividad que puede surgir cuando nos reunimos en un entorno similar al de una audiencia. En Misa, somos una asamblea de creyentes llamados a ser una comunidad unida en alabanza y culto a Dios. Hacemos esto al cantar himnos, salmos, al recitar oraciones y respuestas, especialmente en nuestro "sí" a Dios en el Gran Amén. Una participación activa también requiere una atención interior y un ofrecimiento interior profundo, como urge San Pablo en la carta a los Romanos 12:1: "Por la misericordia que Dios les ha manifestado, los exhorto a que se ofrezcan ustedes mismos como una ofrenda viva, santa y agradable a Dios, porque en esto consiste el verdadero culto".

Cuando la asamblea de creyentes, a manos del sacerdote, ofrece el sacrificio de Cristo al Padre, los miembros de la asamblea están llamados a ofrecer sus cuerpos como un sacrificio vivo, santo y agradable a Dios. Al usar la palabra *cuerpo*, San Pablo no se refiere simplemente a nuestra carne y huesos, sino a nuestro propio ser. Esto es, entonces, un sacrificio espiritual. ¿Cómo podemos hacer esto?

En la Plegaria Eucarística, escuchamos que Jesús tomó el pan, lo bendijo, lo partió, lo hizo su Cuerpo y lo dio por nuestra salvación. Una forma de identificarnos con esto es rezando: "Señor, tómame. Bendíceme. Párteme. Hazme parte de tu don sacrificial y de salvación por las necesidades corporales y espirituales del mundo". Al ofrecernos al Padre en unión con Cristo, practicamos la participación activa en la Misa en su máxima expresión.

Este drama interior que tiene lugar durante cada Misa contribuye al proceso de nuestra transformación espiritual en Cristo. Todo lleva tiempo. Cuando recibimos la Comunión, tenemos que recordar que no estamos trasformando a Cristo en nosotros. Jesús nos está transformado a nosotros en él. Esto requiere un entendimiento correcto de la Presencia Real de Jesús bajo la apariencia del pan y el vino. No es simplemente un símbolo que simplemente apunta hacia Jesús. La presencia de Cristo tampoco es una proyección, de nuestra parte, en el sentido de que lo hacemos presente cuando lo recibimos. Como el Papa Benedicto XVI dijo a los jóvenes reunidos durante la XX Jornada Mundial de la Juventud:

> El Cuerpo y la Sangre de Cristo se nos dan para que también nosotros mismos seamos transformados. Nosotros mismos debemos llegar a ser Cuerpo de Cristo, sus consanguíneos. Todos comemos el único pan, y esto significa que entre nosotros llegamos a ser una sola cosa. La adoración, como hemos dicho, llega a ser, de este modo, unión. Dios no solamente está frente a nosotros, como el totalmente Otro. Está dentro de nosotros, y nosotros estamos en él. Su dinámica nos penetra y desde nosotros quiere propagarse a los demás y extenderse a todo el mundo, para que su amor sea realmente la medida dominante del mundo. (Benedicto XVI, *Homilía en Explanada de Marienfeld*, XX Jornada Mundial de la Juventud [21 de agosto de 2005])

El pan consagrado se ha convertido en el Cuerpo de Cristo. El vino consagrado se ha convertido en la Sangre de Cristo. Jesucristo está substancialmente presente de una forma que es completamente única. Esto sucede por el poder del Espíritu Santo mediante el ministerio del sacerdote o del obispo actuando en la persona de Cristo durante la Plegaria Eucarística. En la Misa, cuando se nos ofrece la Hostia y escuchamos la afirmación "El Cuerpo de Cristo", respondemos: "Amén", es decir, "Sí, creo".

Solo Jesús nos puede transformar en él. Nuestra receptividad interior es crítica. Para recibir amor, tenemos que estar abiertos a él. El don sacrificial de nuestro ser en cada Misa es la mejor forma de ser transformados continuamente en Cristo. Así en Cristo nos convertimos en pan para saciar el hambre físico y espiritual del mundo.

▬▬▬ PARA LA REFLEXIÓN Y EL DEBATE ▬▬▬

1. ¿Cuál ha sido tu experiencia de la Misa en distintos momentos de tu vida? ¿Qué te ha ayudado a participar más activamente en la celebración de la Eucaristía?

2. ¿Qué personas han influenciado tu apreciación por la Eucaristía? ¿Qué queremos decir cuando hablamos de la Presencia Real de Jesús? ¿Qué puede hacer que visites al Santísimo Sacramento más a menudo y que dediques tiempo allí adorando a Cristo?
3. El *Catecismo* nos recuerda que la Eucaristía nos compromete a cuidar de los pobres (cf. CIC, no. 1397). ¿Cómo vives ese compromiso durante la semana? ¿Cómo eres el "Cuerpo de Cristo" en tu lugar de trabajo, en tu casa, en tu escuela?

ENSEÑANZAS

*   Jesús instituyó el sacrificio eucarístico, el banquete de la vida divina, en la Última Cena.
*   Debemos recordar que la Eucaristía es la cumbre y fuente de nuestra vida Cristiana. ¿Por qué? Porque en la Eucaristía se encuentra todo el Tesoro de la Iglesia: Jesucristo.
*   La celebración eucarística comienza con los Ritos Iniciales y la Liturgia de la Palabra. Le sigue la Liturgia de la Eucaristía: la presentación de las ofrendas, la Plegaria Eucarística (la oración de acción de gracias y alabanza, incluyendo la consagración del pan y el vino) y la recepción de la Sagrada Comunión. La celebración concluye enviando a los participantes a servir al Señor.
*   La Eucaristía es el memorial del acontecimiento salvador de la vida, muerte y Resurrección de Cristo, que se hace presente para nuestra salvación mediante la acción de la liturgia.
*   Cristo, obrando mediante el ministerio de sus sacerdotes, es tanto el sacerdote que ofrece el sacrificio como la víctima que es sacrificada.
*   "Sólo los presbíteros válidamente ordenados pueden presidir la Eucaristía y consagrar el pan y el vino para que se conviertan en el Cuerpo y la Sangre del Señor" (CIC, no. 1411).
*   Los signos esenciales de la Eucaristía para la Iglesia latina son pan de trigo ácimo y vino de uva.
*   En la Misa, el pan consagrado es el Cuerpo de Cristo. El vino consagrado es la Sangre de Cristo. Jesucristo, en su totalidad, está

plenamente presente en cada una de las especies consagradas en la Eucaristía. Él está sustancialmente presente de una manera que es totalmente única. Esto sucede por el poder del Espíritu Santo, mediante el ministerio del sacerdote actuando en la persona de Cristo durante la Plegaria Eucarística.

- "En cuanto sacrificio, la Eucaristía es ofrecida también en reparación de los pecados de los vivos y los difuntos, y para obtener de Dios beneficios espirituales o temporales" (CIC, no. 1414).

- Para recibir la Comunión, uno debería estar en estado de gracia. Una persona consciente de hallarse en pecado mortal no puede recibir la Comunión hasta que no haya sido absuelta de su pecado por el Sacramento de la Penitencia (cf. 1 Co 11:27-29).

- Una persona consciente de hallarse en pecado grave pero que no tiene oportunidad de participar de la confesión sacramental puede recibir la Comunión si existe un motivo grave para ello; en tal caso, la persona debe primero realizar un acto de contrición perfecta y tener la intención de confesarse tan pronto como sea posible (cf. CDC, can. 916).

- Los frutos de la Sagrada Comunión incluyen una comunión más profunda con Cristo, una identificación más íntima con todos los fieles, un compromiso con los pobres y la promesa de la Gloria futura.

- Se recomienda vivamente a los fieles recibir la Comunión en la Misa. La Iglesia les obliga a hacerlo por lo menos una vez al año durante el tiempo de Pascua.

- Una vez que la Comunión ha sido distribuida, las Hostias restantes se guardan en el tabernáculo para la Comunión de los enfermos, para el *Viaticum* de los moribundos y también para ofrecer la oportunidad de rezar y ofrecer culto ante Cristo, en su Presencia Real.

MEDITACIÓN

Oh Jesús, alegría de los corazones que aman,
Fuente de vida y mi verdadera luz,
Buscamos la paz que tu amor imparte
Y permanecemos regocijándonos ante ti.

Saboreamos en ti mi pan de vida
Y seguimos esperando ansiosamente tu banquete.
Bebemos de ti mi principal fuente,
Mi alma sedienta a saciar y llenar.

A ti mi sediento espíritu anhela
Donde quiera que echen nuestra cambiante suerte;
Contento al tu presencia descubrir,
Bendito cuando nuestra fe fuerte te retiene.

Oh, Jesús por siempre con nosotros estés;
Haz todos nuestros momentos tranquilos y brillantes.
Oh, ahuyenta la noche del pecado;
Ilumina el mundo con tu santa luz.

—Atribuido a San Bernardo de Clairvaux, *Jesu Dulcedo Cordium* (*Jesús, Alegría de los Corazones que Aman*), basada en la traducción al inglés de Ray Palmer, *Worship Hymnal*, Tercera edición, 605 (v.d.t.)

ORACIÓN

Alma de Cristo (*Anima Christi*)

Alma de Cristo, santifícame.
Cuerpo de Cristo, sálvame.
Sangre de Cristo, embriágame.
Agua del costado de Cristo, lávame.
Pasión de Cristo, confórtame.
¡Oh, buen Jesús!, óyeme.
Dentro de tus llagas, escóndeme.
No permitas que me aparte de Ti.
Del maligno enemigo, defiéndeme
En la hora de mi muerte, llámame.
Y mándame ir a Ti.
Para que con tus santos te alabe.
Por los siglos de los siglos. Amén.

Normas para la Recepción de la Sagrada Comunión

El 14 de noviembre de 1996, la Conferencia de Obispos Católicos de los Estados Unidos (la entonces *National Conference of Catholic Bishops* y hoy la *United States Conference of Catholic Bishops*) aprobó las siguientes normas para la recepción de la Comunión. Estas normas quieren recordar a todos aquellos que asisten a las liturgias católicas la disciplina actual de la Iglesia respecto a la participación en la comunión eucarística.

Para los Católicos
Como católicos, participamos plenamente de la celebración de la Eucaristía cuando recibimos la sagrada Comunión. Se nos anima a recibir la comunión fervorosa y frecuentemente. Para estar debidamente preparados para recibir la Comunión, los que participan no deben estar conscientes de hallarse en estado de pecado mortal y deben haber guardado el ayuno durante una hora antes de la Comunión. Quien tenga conciencia de hallarse en pecado grave, no debe comulgar el Cuerpo y la Sangre de Cristo sin acudir antes a la confesión sacramental, a no ser que concurra un motivo grave y no haya posibilidad de confesarse; y, en este caso, tenga presente que está obligado a hacer un acto de contrición perfecta, que incluye el propósito de confesarse cuanto antes (CDC, can. 916). A todos se les aconseja la frecuente recepción del sacramento de la Confesión.

Para Otros Hermanos y Hermanas Cristianos
Damos la bienvenida a esta celebración eucarística a otros cristianos como hermanos y hermanas. Oramos para que nuestro común bautismo y la acción del Espíritu Santo en esta eucaristía nos una más estrechamente y que comience a disipar las tristes divisiones que nos separan. Que estas sean cada día menores y que finalmente desaparezcan para que se cumpla la oración de Cristo por nosotros "que todos sean uno" (Jn 17:21).

Porque los católicos creemos que la celebración de la eucaristía es señal de la realidad de la unidad de la fe, de la vida y del culto, los miembros de aquellas iglesias con quienes no estamos totalmente unidos aún, normalmente no son admitidos a la santa comunión. La participación eucarística en circunstancias excepcionales por parte de esos cristianos requiere el debido permiso según las directivas del obispo diocesano y provisto por el Derecho Canónico (CDC, can. 844 §4). A los miembros de las Iglesias Ortodoxas, de la Iglesia Asiria del Este y de la Iglesia Católica Nacional Polaca se les pide con urgencia que respeten la disciplina de sus propias iglesia. Las normas de la Iglesia Católica Romana siguen lo provisto por el Derecho Canónico que no pone objeción a la recepción de la comunión por parte de los cristianos de estas iglesias (CDC, can. 844 §3).

Para los Que No Reciben la Sagrada Comunión
A todos los que no reciben la sagrada comunión se les anima a expresar en sus corazones el deseo, en forma de oración, de la unidad con el Señor Jesús y entre todos nosotros.

Para los No Cristianos
También damos la bienvenida a esta celebración a los que no comparten nuestra fe en Jesucristo. Aunque no podemos admitirlos a la sagrada comunión, les pedimos que ofrezcan sus oraciones por la paz y la unidad de toda la familia humana.

La vista, el tacto, el gusto fallan al juzgar de ti.
Pero solo el oído basta para creer firmemente.
Creo todo lo que ha dicho el Hijo de Dios:
Nada es más verdadero que esta palabra de verdad.

—Santo Tomás de Aquino, *Adoro Te Devote*
(Te Adoro con Devoción) (v.d.t.)

18 EL SACRAMENTO DE LA PENITENCIA Y DE LA RECONCILIACIÓN: DIOS ES RICO EN MISERICORDIA

EN ESTE SACRAMENTO DE CURACIÓN NOS
RECONCILIAMOS CON DIOS Y CON LA IGLESIA
—CIC, NOS. 1420-1498

AGUSTÍN: EL PECADOR QUE SE HIZO SANTO

Muy pocos hombres han causado un impacto tan grande en el cristianismo como lo ha hecho San Agustín. Nació en el año 354 d.C. en el norte de África, en esos tiempos una región cristiana muy sólida y dinámica. Su padre era un pagano muy prominente, pero su madre, Mónica, era una devota cristiana. Ella quería que Agustín fuese bautizado pero él, en su adolescencia, se distanció de la Iglesia y no quiso ser bautizado. Estudió literatura latina y se hizo discípulo de una filosofía esotérica conocida como maniqueísmo.

Tuvo una concubina con la que vivió quince años. Ella le dio un hijo, pero más tarde él la dejó cuando vivían en Milán, a donde habían ido porque él había recibido trabajo como maestro allí. Gradualmente se sintió cada vez más atraído al cristianismo a medida que escuchaba la predicación de San Ambrosio, obispo de Milán. Pero Agustín se resistió a convertirse, aunque su madre rezaba persistentemente por él.

En un libro titulado *Las Confesiones*, escrito durante sus últimos años como una reflexión espiritual y teológica sobre su vida, Agustín describe los pasos finales hacia su conversión. Él había sentido la tensión entre su comportamiento pecaminoso y la atracción a Cristo y el Evangelio. Un día del año 386, salió llorando al jardín de la casa donde estaba hospedado con unos amigos. Lloraba porque era incapaz de tomar una decisión respecto a su conversión. Pero entonces escuchó la voz de un niño de una casa vecina que cantaba "Toma y lee, toma y lee". Tomó las Epístolas de San Pablo y leyó el primer pasaje que vio: "Nada de comilonas ni borracheras, nada de lujurias ni desenfreno, nada de pleitos ni envidias. Revístanse más bien, de nuestro Señor Jesucristo y que el cuidado de su cuerpo no dé ocasión a los malos deseos" (Rm 13:13-14). Agustín reconoció la gracia de Dios en esta lectura y se convirtió.

Fue bautizado en el año 387 por San Ambrosio y regresó al norte de África en el año 388. En el año 391, mientras que visitaba la ciudad de Hipona, la población cristiana lo urgió a que se hiciese sacerdote; Agustín aceptó, aunque reticentemente. En el año 395 se convirtió en obispo de Hipona. Como cristiano, sacerdote y obispo, Agustín escribió numerosos libros para explicar y defender la doctrina cristiana. Sus homilías y sermones fueron copiados y dan testimonio de la profundidad y poder de su predicación. Murió en el año 430.

Agustín sabía cuáles eran los efectos dañinos del pecado. En *Las Confesiones*, admite su propia pecaminosidad incluso cuando era niño: "Muchas veces mentí a mi tutor, a mis maestros y a mis padres, porque quería jugar juegos o ver algún espectáculo inútil o estaba impaciente por imitar lo que veía en el escenario" (v.d.t.). Pero también experimentó el poder aún mayor de la gracia de Dios haciéndonos capaces de vencer el pecado y aceptar el Evangelio de su Hijo. San Agustín conocía la misericordia de Dios que se encuentra en el perdón de los pecados que Jesucristo ganó para nosotros. Hoy en día, los católicos encuentran esta misma misericordia y perdón en el sacramento de la Penitencia.

EL PERDÓN DE LOS PECADOS

El Señor Jesucristo, médico de nuestras almas y de nuestros cuerpos [...] quiso que su Iglesia continuase, en la fuerza del Espíritu Santo, su obra de curación y de salvación.

—CIC, no. 1421

A causa de la debilidad humana, la nueva vida en Cristo que recibimos en los Sacramentos de la Iniciación, es a menudo amenazada por el pecado. Lo que es más, todos nos enfrentamos a la enfermedad y la muerte. Dios sale constantemente a nuestro encuentro para que nos reconciliemos con Él. Mediante los dones de la Iglesia, Jesús, nuestro médico divino, nos ha dado los Sacramentos de Curación —de la Penitencia y Reconciliación, y de la Unción de Enfermos— para el perdón de los pecados y para el servicio a los enfermos y moribundos.

Los pecados cometidos tras el Bautismo son perdonados con el sacramento de la Penitencia y la Reconciliación, también llamado sacramento del Perdón, de la Confesión y de la Conversión. Nos referiremos a este sacramento tanto como "de la Penitencia" como "de la Reconciliación", intercambiándolos y usándolos por igual.

La misericordia divina y la conversión son temas constantes en las Sagradas Escrituras. La misericordia de Dios hace posible el arrepentimiento del pecador y el perdón del pecado. Una y otra vez, en el Antiguo Testamento, los pecados del pueblo se encuentran con la misericordia de Dios y con la invitación a ser sanados y de regresar a una relación basada en la alianza. Incluso cuando el amado Rey David mintió, cometió adulterio y causó la muerte de un hombre inocente, él no estaba fuera del alcance de la misericordia de Dios, a la cual podía recurrir con humildad. El Salmo 50 nos ofrece palabras para expresar la clase de contrición y confianza en el perdón de Dios que el Rey David sintió tras cometer estos pecados.

JESÚS PERDONÓ PECADOS

Los Evangelios ofrecen numerosos ejemplos de la misión de Cristo de perdonar pecados. Cuando un paralítico fue descendido por el techo de una casa y puesto a sus pies, Jesús primero le perdonó los pecados y luego lo curó de su enfermedad (cf. Lc 5:17-26). Cuando una mujer pecadora se arrodilló a sus pies en la casa de Simón el Fariseo, Jesús le perdonó sus pecados porque ella había "amado mucho", no como el fariseo, que no era consciente de su propia pecaminosidad (cf. Lc 7:36-50). La parábola de Cristo del hijo pródigo ilustra el significado sublime de su ministerio en la tierra, el cual es perdonar los pecados, reconciliar al pueblo con Dios y llevarnos a la verdadera felicidad (cf. Lc 15:11-32).

Jesús murió en la Cruz y resucitó de entre los muertos para reconciliar con Dios al pueblo pecador mediante el perdón de los pecados y el don de la nueva vida con el Dios Triuno. Incluso en la Cruz, Jesús perdonó a aquellos que lo estaban matando y tuvo misericordia del ladrón arrepentido.

Solo Dios puede perdonar nuestros pecados. Pero Jesús quiso que la Iglesia fuese su instrumento para perdonar en la tierra. En la noche de Pascua, Cristo resucitado impartió su propio poder de perdonar pecados a sus Apóstoles. Sopló sobre ellos, impartiendo el prometido Espíritu Santo, y dijo: "La Paz esté con vosotros". Jesús estaba, de hecho, llenándolos con la paz que tiene sus raíces en la amistad con Dios. Pero hizo más. Jesús compartió con ellos su propia misión misericordiosa. Sopló sobre ellos una segunda vez y dijo:

> Como el Padre me ha enviado, así también los envío yo [...]
> Reciban el Espíritu Santo. A los que les perdonen los pecados,
> les quedarán perdonados; y a los que no se los perdonen, les
> quedarán sin perdonar. (Jn 20:21-23)

Esa noche Jesús dio a la Iglesia el ministerio del perdón de los pecados a través de los Apóstoles (cf. CIC, no. 1461). Por el sacramento del Orden, los obispos y sacerdotes continúan este ministerio de perdonar pecados "en el nombre del Padre, y del Hijo y del Espíritu Santo". En este sacramento, el sacerdote actúa en la persona de Cristo, Cabeza de la Iglesia, para reconciliar al pecador tanto con Dios como con la Iglesia. "Cuando celebra el sacramento de la Penitencia, el sacerdote ejerce el ministerio del Buen Pastor que busca la oveja perdida [...] el sacerdote es el signo y el instrumento del amor misericordioso de Dios con el pecador" (CIC, no. 1465).

El sacramento de la Penitencia requiere la conversión de nuestros corazones, la confesión de nuestros pecados a un sacerdote, el perdón de nuestros pecados, una penitencia para compensar de alguna forma por nuestros pecados y la reconciliación con Dios y con la Iglesia. Para aquellos que cometen un pecado mortal después del Bautismo, este sacramento es necesario para reconciliarse con Dios y con la Iglesia.

CONVERSIÓN, CONFESIÓN, PERDÓN

El sacramento de la Penitencia debe ser visto desde el contexto de la conversión y del retorno a Dios. Pedro lloró amargamente a causa de haber negado tres veces a Cristo, pero recibió la gracia de la conversión y la expresó con una triple confesión de su amor por Jesús (cf. Lc 22:54-62; Jn 21:15-19). Pablo se convirtió de perseguir a cristianos a ser uno de los grandes discípulos de Cristo que jamás han existido (cf. Hch 9:1-31). Estos momentos de conversión son solo el principio de sus compromisos de por vida a vivir fieles al Evangelio de Jesucristo.

El pecado daña nuestra relación con Dios y daña nuestra comunión con la Iglesia. La conversión del corazón es el comienzo de nuestro camino de regreso a Dios. Litúrgicamente esto sucede en el sacramento de la Penitencia. En la historia de la Iglesia, este sacramento se ha celebrado de diferentes formas. A lo largo de todos los cambios, siempre han existido dos elementos esenciales: los actos del penitente y los actos de Cristo mediante el ministerio de la Iglesia. Ambos van de la mano. La conversión debe requerir un cambio de corazón, así como un cambio en nuestras acciones. Ninguno de los dos es posible sin la gracia de Dios.

LA LITURGIA DEL SACRAMENTO DE LA PENITENCIA

En la Liturgia de la Penitencia, los elementos son normalmente estos: saludo y bendición del sacerdote, una lectura de las Sagradas Escrituras, la confesión de los pecados, la imposición y aceptación de una penitencia, un acto de contrición, la absolución del sacerdote, una proclamación de alabanza a Dios y la despedida. Ofrecemos aquí una descripción de los actos del penitente y del sacerdote.

Contrición

Para ser perdonados, necesitamos estar adoloridos de nuestros pecados. Esto significa alejarse del mal y retornar a Dios. Incluye la determinación de evitar tales pecados en el futuro. Tales pecados pueden ser o mortales o veniales.

> Conviene valorar los pecados según su gravedad. La distinción entre pecado mortal y venial, perceptible ya en la Escritura se ha impuesto en la tradición de la Iglesia. La experiencia de los hombres la corroboran. (CIC, no. 1854)

> El *pecado mortal* destruye la caridad en el corazón del hombre por una infracción grave de la ley de Dios; aparta al hombre de Dios, que es su fin último y su bienaventuranza, prefiriendo un bien inferior. El *pecado venial* deja subsistir la caridad, aunque la ofende y la hiere. (CIC, no. 1855)

La contrición que surge del amor a Dios sobre todas las cosas se llama "contrición perfecta". Este dolor perdona los pecados veniales e incluso los pecados mortales siempre y cuando estemos decididos a confesarlos tan pronto como sea posible. Cuando otros motivos, como la fealdad del pecado o el temor a la condenación eterna, nos llevan a la confesión, esta contrición se llama "contrición imperfecta", la cual es suficiente para el perdón en la celebración del sacramento. El Espíritu Santo nos mueve en cualquiera de los dos casos e inicia la conversión.

Confesión

La confesión nos libera del pecado que molesta nuestros corazones y hace que sea posible que nos reconciliemos con Dios y con los demás. Se nos pide que miremos el interior de nuestras almas y que, con una mirada honesta y sin parpadear, identifiquemos nuestros pecados. Esto abre nuestras mentes y corazones a Dios, nos lleva hacia la comunión con la Iglesia y nos ofrece un nuevo futuro.

En la confesión, al nombrar nuestros pecados ante el sacerdote, quien representa a Cristo, afrontamos nuestras fallas con mayor honestidad y aceptamos responsabilidad por nuestros pecados. Es también en la confesión que un sacerdote y un penitente pueden cooperar para encontrar la dirección que necesita el penitente para crecer espiritualmente y evitar el pecado en el futuro (cf. CIC, nos. 1455, 1456).

Cuando examinamos nuestras conciencias y hemos tomado responsabilidad de nuestros pecados, entonces los confesamos al sacerdote. Debemos confesar todos nuestros pecados mortales citando cuáles son y cuántas veces los hemos cometido. La Iglesia recomienda encarecidamente la confesión de los pecados veniales, aunque esto no es estrictamente necesario. En la Iglesia latina, los niños deber ir a confesarse antes de realizar su Primera Comunión.

Existen tres ritos de la Reconciliación: el rito de la Reconciliación de un solo penitente, el rito de la Reconciliación de varios penitentes con confesión y absolución individual y el rito de la Reconciliación de penitentes con confesión y absolución generales.

En el primer rito, con el que estamos más familiarizados, el penitente va al cuarto de la reconciliación o al confesionario tradicional y confiesa sus pecados al sacerdote cara a cara o arrodillado tras la rejilla del confesionario. En el segundo rito, que normalmente tiene lugar durante el Adviento o la Cuaresma, se celebra un servicio comunitario durante el cual se leen las Sagradas Escrituras y se pronuncia una homilía. Le sigue la confesión y absolución individual de los penitentes.

El tercer rito es la confesión y absolución generales y se usa solo en situaciones extraordinarias, en peligro de muerte o cuando hay un número insuficiente de confesores de forma que "los penitentes, sin culpa por su parte, se verían privados durante notable tiempo de la gracia sacramental o de la sagrada comunión" (cf. CDC, can. 961). La absolución general requiere la absolución por parte de un sacerdote de un grupo de personas, quienes no han realizado confesiones individuales a un sacerdote. Se espera que aquellos penitentes culpables de pecado serio o grave hagan una confesión individual tan pronto como sea posible, pero ciertamente que la hagan dentro del año en que recibieron la absolución general. Juzgar si las condiciones se dan para realizar una absolución general no es cuestión del confesor, sino que es el obispo diocesano quien lo determina guiado por las normas establecidas por la Santa Sede.

¿CÓMO SE LLAMA ESTE SACRAMENTO?

Se le denomina *sacramento de conversión* porque realiza sacramentalmente la llamada de Jesús a la conversión, la vuelta al Padre del que el hombre se había alejado por el pecado. Se denomina *sacramento de la Penitencia* porque consagra un proceso personal y eclesial de conversión, de arrepentimiento y de reparación por parte del cristiano pecador. Es llamado *sacramento de la confesión* porque la declaración o manifestación, la confesión de los pecados ante el sacerdote, es un elemento esencial de este sacramento. En un sentido profundo este sacramento es también una "confesión", reconocimiento y alabanza de la santidad de Dios y de su misericordia para con el hombre pecador. Se le llama *sacramento del perdón* porque, por la absolución sacramental del sacerdote, Dios concede al penitente "el perdón y la paz". Se le denomina *sacramento de reconciliación* porque otorga al pecador el amor de Dios que reconcilia: "Dejaos reconciliar con Dios" (2 Co 5:20). El que vive del amor misericordioso de Dios está pronto a responder a la llamada del Señor: "Ve primero a reconciliarte con tu hermano". (CIC, nos. 1423-1424, citando Mt 5:24)

Absolución del Sacerdote

Tras confesar nuestros pecados al sacerdote, recibimos de él ánimo para nuestro crecimiento moral y espiritual. El sacerdote entonces nos impone una penitencia y nos pide que recemos un Acto de Contrición. Seguidamente el sacerdote imparte la absolución, es decir, nos libera de los pecados, haciendo uso del poder que Cristo encomendó a la Iglesia y por medio del cual él perdona los pecados del penitente (cf. CIC, no. 1424). En la Iglesia latina, el sacerdote, representando a Cristo y ofreciéndonos su perdón, nos absuelve de nuestros pecados con estas palabras:

Dios, Padre misericordioso, que reconcilió al mundo consigo por la muerte y resurrección de su Hijo, y envió al Espíritu Santo para el perdón de los pecados, te conceda, por el ministerio de la Iglesia, el perdón y la paz. Y yo te absuelvo de tus pecados, en el nombre del Padre, y del Hijo, y del Espíritu Santo.

Satisfacción

"La absolución quita el pecado, pero no remedia todos los desórdenes que el pecado causó" (CIC, no. 1459). Es obvio que tenemos que reparar ciertos daños que han causado nuestros pecados, como restaurar la reputación de alguien a quien hemos herido, devolver dinero que hemos robado o rectificar una injusticia. El pecado también debilita la relación que tenemos con Dios y con los demás. Nuestra vida interior es dañada por el pecado y necesita reparación.

Este es el porqué de los actos de penitencia y la satisfacción de los pecados. La penitencia impuesta por el sacerdote nos ayuda a satisfacer nuestros pecados. Al igual que cuando dejamos de estar en forma físicamente necesitamos hacer algún tipo de ejercicio, así también cuando nuestra alma deja de estar en forma moralmente existe el reto de adoptar algunos ejercicios espirituales que nos ayuden a restaurarla. Obviamente, esto siempre se lleva a cabo con la cooperación de las gracias de Dios, que son esenciales para la curación.

La absolución quita el pecado, pero no remedia todos los desórdenes que el pecado causó. Liberado del pecado, el pecador debe todavía recobrar la plena salud espiritual. Por tanto, debe hacer algo más para reparar sus pecados: debe "satisfacer" de manera apropiada o "expiar" sus pecados. Esta satisfacción se llama también "penitencia". (CIC, no. 1459)

EFECTOS DEL SACRAMENTO

El sacramento de la Penitencia nos reconcilia con Dios. "Toda la virtud de la penitencia reside en que nos restituye a la gracia de Dios y nos une con él con profunda amistad" (CIC, no. 1468).

DEL CATECISMO

1. ¿Cómo nos podemos preparar para el sacramento de la Penitencia?

Conviene preparar la recepción de este sacramento mediante un *examen de conciencia* hecho a la luz de la Palabra de Dios. Para esto, los textos más aptos a este respecto se encuentran en el Decálogo y en la catequesis moral de los evangelios y de las cartas de los apóstoles: Sermón de la montaña y enseñanzas apostólicas. (CIC, no. 1454)

2. ¿Qué es el sigilo, o secreto, de Confesión?

La Iglesia declara que todo sacerdote que oye confesiones está obligado a guardar un secreto absoluto sobre los pecados que sus penitentes le han confesado, bajo penas muy severas. Tampoco puede hacer uso de los conocimientos que la confesión le da sobre la vida de los penitentes. Este secreto, que no admite excepción, se llama "sigilo sacramental", porque lo que el penitente ha manifestado al sacerdote queda "sellado" por el sacramento. (CIC, no. 1467)

3. ¿Cómo anticipa la recepción del sacramento de la Reconciliación el juicio de Dios sobre una persona?

En este sacramento, el pecador, confiándose al juicio misericordioso de Dios, *anticipa* en cierta manera *el juicio* al que será sometido al fin de esta vida terrena. Porque es ahora, en esta vida, cuando nos es ofrecida la elección entre la vida y la muerte, y sólo por el camino de la conversión podemos entrar en el Reino del que el pecado grave nos aparta. Convirtiéndose a Cristo por la penitencia y la fe, el pecador pasa de la muerte a la vida "y no incurre en juicio". (CIC, no. 1470, citando Jn 5:24)

Este sacramento también nos reconcilia con la Iglesia. El pecado nunca debe ser entendido como una cuestión privada o personal, puesto que daña nuestra relación con los demás e incluso puede romper nuestra comunión de amor con la Iglesia. El sacramento de la Penitencia repara esta ruptura y tiene un efecto renovador en la vitalidad de la Iglesia misma.

Por este sacramento, el penitente recibe el misericordioso juicio de Dios y se embarca en un camino de conversión que lleva a la vida futura con Dios. La Iglesia también recomienda que la persona participe habitualmente de la confesión, incluso si es solo para confesar pecados veniales, ya que "la confesión habitual de los pecados veniales ayuda a formar la conciencia, a luchar contra las malas inclinaciones, a dejarse curar por Cristo, a progresar en la vida del Espíritu" (CIC, no. 1458).

RECONOCER EL PECADO — ALABAR LA MISERICORDIA DE DIOS

El sacramento de la Penitencia es una experiencia del don de la misericordia sin límites de Dios. No solo nos libera de nuestros pecados, sino que también nos desafía a tener el mismo tipo de compasión y perdón hacia aquellos que han pecado contra nosotros. Somos liberados para que seamos gente que perdona. Entendemos mejor las palabras de la Oración de San Francisco: "Es perdonando, como se es perdonado".

Con la ayuda de la gracia de Dios, nuestra llamada a la santidad será más clara cuando recobremos la conciencia de la realidad del pecado y del mal en el mundo y en nuestras propias almas. Las Sagradas Escrituras serán enormemente útiles en esto ya que revelan el pecado y el mal claramente y sin ningún temor. El realismo bíblico no duda en pasar juicio sobre la bondad y la maldad que afectan a nuestras vidas. El Nuevo Testamento está lleno de llamadas a la conversión y al arrepentimiento, las cuales deben ser escuchadas en nuestra cultura de hoy.

Si decimos que no tenemos ningún pecado, nos engañamos a nosotros mismos y la verdad no está en nosotros. Si, por el contrario, confesamos nuestros pecados, Dios, que es fiel y justo, nos los perdonará y nos purificará de toda maldad. (1 Jn 1:8-9)

En nuestras iglesias contemplamos a Jesús clavado a una Cruz, una imagen que nos recuerda su doloroso sacrificio para el perdón de todos nuestros pecados y culpas. Si no hubiese existido el pecado, Jesús no habría sufrido por nuestra redención. Cada vez que vemos el crucifijo, podemos reflexionar sobre la misericordia infinita de Dios, quien nos salva mediante la obra reconciliadora de Jesús.

A pesar de los intentos de la sociedad de restar importancia a la realidad del pecado, existe un reconocimiento instintivo de su existencia. Los niños saben generalmente cuando han hecho algo moralmente incorrecto; incluso si nadie se lo ha dicho. Los adultos admiten rápidamente el mal del terrorismo, de una guerra injusta, de las mentiras, del trato injusto de las personas y de otras cuestiones similares. La sociedad, como tal, debe aprender a admitir el mal del aborto, del suicidio asistido y de la obtención de células madre de embriones, lo cual causa la muerte de la vida humana embrionaria. Negar el mal nos corrompe espiritual y psicológicamente. Racionalizar nuestro propio mal es incluso más destructivo.

Jesús estableció las bases del sacramento de la Penitencia durante su ministerio y lo confirmó tras su Resurrección. Cuando Pedro preguntó cuantas veces debe perdonar una persona, Jesús le dijo que no debería existir un límite a la hora de perdonar. Jesús perdonó a Pedro su triple negación, mostró misericordia a la mujer sorprendida en adulterio, perdonó al ladrón en la cruz y dio testimonio continuo de la misericordia de Dios.

Jesús encomendó el ministerio de la reconciliación a la Iglesia. El sacramento de la Penitencia es un regalo de Dios a nosotros para que cualquier pecado cometido después del Bautismo pueda ser perdonado. En la confesión tenemos la oportunidad de arrepentirnos y recobrar la gracia de la amistad con Dios. Es un momento santo durante el cual nos ponemos en presencia de Dios y reconocemos honestamente nuestros pecados, especialmente los pecados mortales. Por la absolución somos reconciliados con Dios y con la Iglesia. El sacramento nos ayuda a mantenernos cercanos a la verdad de que no podemos vivir sin Dios. "En él vivimos, nos movemos y somos" (Hch 17:28). Mientras que todos los sacramentos nos llevan a una experiencia de la misericordia que proviene de la muerte y Resurrección de Cristo, es el sacramento de la Reconciliación el que es el sacramento único de la misericordia.

LAS INDULGENCIAS

Cada pecado tiene consecuencias. Perturba nuestra comunión con Dios y la Iglesia, debilita nuestra habilidad de resistir la tentación y hiere a los demás. La necesidad de sanar estas consecuencias, una vez que el pecado ha sido perdonado, se llama pena temporal. La oración, el ayuno, dar limosnas y otras obras de caridad pueden aliviar o borrar completamente la pena temporal. A causa de la redención plena obtenida por Cristo para nosotros, la Iglesia da a ciertas oraciones y acciones una *indulgencia* o perdón, es decir, la remisión total o parcial de la pena temporal causada por el pecado. Cristo, obrando a través de la Iglesia, trae la curación de las consecuencias del pecado cuando un individuo hace uso de tal oración o realiza tal acción.

■ PARA LA REFLEXIÓN Y EL DEBATE ■

1. ¿Cuál es, hoy en día, tu actitud hacia la confesión? ¿Cómo explicarías el sacramento de la Reconciliación a gentes de otras fes?
2. ¿Cómo te pueden ayudar las Sagradas Escrituras a discernir la realidad del pecado en el mundo? ¿Por qué confesamos nuestros pecados a un sacerdote? ¿Por qué es necesario reconciliarse tanto con la Iglesia como con Dios?
3. ¿Por qué crees que la gente necesita quitarse la carga del pecado y de la culpa de sus corazones? ¿Por qué es esencial comprender la misión de Jesucristo como el Salvador? ¿Cómo te puedes comprometer a un proceso de conversión moral y espiritual de por vida?

■ ENSEÑANZAS ■

*   La noche de Pascua Jesús se apareció a los Apóstoles, los saludó con la paz y sopló sobre ellos diciendo: "Reciban el Espíritu Santo. A los

que les perdonen los pecados, les quedarán perdonados; y a los que no se los perdonen, les quedarán sin perdonar" (Jn 20:22-23).

- "El Credo relaciona 'el perdón de los pecados' con la profesión de fe en el Espíritu Santo. En efecto, Cristo resucitado confió a los apóstoles el poder de perdonar los pecados cuando les dio el Espíritu Santo" (CIC, no. 984).

- Los pecados cometidos antes del Bautismo son perdonados por el Bautismo. Los pecados cometidos después del Bautismo son perdonados con el sacramento de la Penitencia y la Reconciliación, también llamado sacramento del Perdón, de la Confesión y de la Conversión.

- El pecado daña nuestra relación con Dios y con los demás, y nuestra dignidad humana. La fe nos revela la fuerza destructiva del pecado en nuestras vidas y en el mundo.

- El camino de regreso a Dios tras pecar es un proceso de conversión iniciado por su gracia. El regreso a Dios incluye el dolor por haber pecado y la decisión de no volver a pecar.

- En el sacramento de la Penitencia y la Reconciliación, los actos del penitente son la contrición, la confesión y la satisfacción. El acto del sacerdote es la absolución de los pecados del penitente.

- La contrición perfecta surge del amor a Dios; la contrición imperfecta surge por otros motivos.

- El penitente, tras el examen de conciencia, necesita confesar todos los pecados mortales. Aunque no es necesario confesar los pecados veniales, la Iglesia recomienda vivamente esta práctica.

- El sacerdote impone una penitencia al penitente para reparar el daño causado por el pecado y para restaurar el compromiso del penitente a ser discípulo de Cristo.

- La confesión individual de los pecados graves, según su tipo y número de veces cometido, es la única manera ordinaria de recibir la absolución y reconciliación con Dios y con la Iglesia.

- Los efectos del sacramento de la Penitencia y de la Reconciliación incluyen la reconciliación con Dios y con la Iglesia, la paz de la conciencia y el consuelo espiritual, la remisión de la pena eterna causada por el pecado mortal así como penas temporales de algún tipo y un mayor poder para afrontar retos espirituales (cf. CIC, no. 1496).

• "Mediante las indulgencias, los fieles pueden alcanzar para sí mismos y también para las almas del Purgatorio la remisión de las penas temporales, consecuencia de los pecados" (CIC, no. 1498).

◼ MEDITACIÓN ◼

Una Paráfrasis de la Parábola del Hijo Pródigo (También Conocida como la Parábola del Padre Misericordioso: Lc 15:11-32)

Un padre tenía dos hijos. El hijo más joven le dijo a su padre: "Padre, dame mi herencia ahora". El padre accedió y le dio a su hijo la herencia que le correspondía. Al recibirla, el hijo viajó a un país extranjero, donde malgastó su dinero en placeres pecaminosos. Estando en la bancarrota, el hijo se encontró en una tierra que afrontaba sus propias preocupaciones económicas porque había sequía. El encargado de una piara de cerdos le ofreció un trabajo al joven cuidando los cerdos. Su salario era tan bajo que no podía comprar comida suficiente para sí mismo. Deseaba comer el alimento que se les daba a los cerdos pero no le estaba permitido.

Cuando había caído hasta lo más bajo, recobró sus sentidos y se dio cuenta de que los trabajadores de su padre tenían más que suficiente para comer mientras que él se moría de hambre. Decidió regresar a casa, pedir perdón a su padre y a Dios por sus pecados, declarar que no era digno de ser llamado hijo de su padre y pedir un trabajo en su finca.

Mientras tanto, el padre extrañaba mucho a su hijo más joven. Cada día se paraba en la cima de un cerro, mirando al horizonte, esperando ver a su hijo y deseando que este regresara. Un día vio a su hijo que se acercaba. El padre salió corriendo hacia él, lo abrazó y besó, y alabó a Dios porque su hijo había regresado. Con lágrimas de alegría y muchos abrazos, el padre ahogaba las palabras de arrepentimiento de su hijo.

El padre jubilosamente llamó a sus siervos para que vistiesen a su hijo con la mejor túnica, le pusieran un anillo en su dedo y sandalias en los pies. Ordenó que matasen al ternero cebado y lo cocinasen para un banquete. ¿Por qué? "Porque este hijo mío estaba muerto y ha vuelto a la vida, estaba perdido y lo hemos encontrado" (Lc 15:24).

El hijo mayor escuchó el alboroto y preguntó que pasaba. Cuando escuchó la razón, se enfureció. Molesto, rechazó incluso entrar en la casa. El padre salió y le rogó que entrase y celebrara el retorno de su hermano menor. El hijo mayor argumentó que su hermano menor no se merecía esa fiesta porque había malgastado su herencia. ¿Por qué debería él —que había sido el hijo bueno y fiel, y en cuyo honor nunca se había organizado una fiesta— ser humillado al participar del banquete, de la música alegre y de la entusiasta bienvenida al hermano que no valía nada?

El padre contestó que el hermano mayor gozaba de la más absoluta seguridad y del mayor amor y consideración de su padre. Todo lo que tenía el padre le pertenecía a él. "Hijo mío, ten un corazón misericordioso y generoso. Tu hermano había muerto pero ahora vive. Debemos celebrar. Alégrate porque ha regresado a nosotros y a este hogar de amor".

Normalmente esta historia recibe su título del hijo pródigo que malgastó su herencia. Pero se podría haber titulado igualmente "El Padre Misericordioso", ya que este tiene un corazón totalmente generoso y derrocha su amor al perdonar y dar la bienvenida a casa a su hijo. En términos bíblicos, el hijo representa al pecador que necesita del perdón, que se siente movido a arrepentirse, a confesar su pecado y a presentarse humildemente ante Dios.

El padre de la historia representa la inmensa compasión de Dios, quien es rico en misericordia y está siempre dispuesto a buscar a los pecadores y ofrecerles el perdón que los traerá de vuelta a casa. La historia nos anima a confiar en el amor y misericordia de Dios Padre, los cuales recibimos por el sacramento de la Reconciliación.

ORACIÓN

Acto de Contrición (tradición española)

Señor mío Jesucristo,
Dios y hombre verdadero,
Creador, Padre y Redentor mío.

Por ser tú quien eres, Bondad infinita,
y porque te amo sobre todas las cosas,
me pesa de todo corazón haberte ofendido.
También me pesa que puedas castigarme
con las penas del infierno.
Ayudado de tu divina gracia
propongo firmemente nunca más pecar,
confesarme y cumplir la penitencia que me fuera impuesta.
Amén.

Acto de Contrición

Dios mío, me arrepiento de todo corazón de todos mis pecados y los aborrezco, porque al pecar, no sólo merezco las penas establecidas por ti justamente, sino principalmente porque te ofendí, a ti sumo Bien y digno de amor por encima de todas las cosas. Por eso propongo firmemente, con ayuda de tu gracia, no pecar más en adelante y huir de toda ocasión de pecado. Amén.

Oración del Penitente (Ritual de la Penitencia)

Señor, ten compasión de mí, pecador.
Señor, ten piedad.

Oh Dios, crea en mí un corazón puro.

—Sal 50:12

19 LA UNCIÓN DE LOS ENFERMOS Y DE LOS MORIBUNDOS

EL SACRAMENTO DE LA UNCIÓN DE ENFERMOS ES EL
SEGUNDO DE LOS SACRAMENTOS DE CURACIÓN
—CIC, NOS. 1499-1532

PUEDO DECIR CON TODA SINCERIDAD QUE ME ENCUENTRO EN PAZ

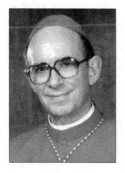

En 1996, los médicos le dijeron al Cardenal Joseph Bernardin, Arzobispo de Chicago, que sufría de cáncer pancreático y que no le quedaba mucho tiempo para vivir. De hecho, murió en noviembre de ese mismo año. Nació en South Carolina en 1928, hijo de inmigrantes italianos. Su padre era picapedrero y su madre costurera. Cuando tenía treinta y ocho años se convirtió en el obispo más joven de Estados Unidos. Fue presidente de la Conferencia Nacional de Obispos Católicos de 1974 a 1977 y fue elevado al Colegio Cardenalicio por el Papa Juan Pablo II en 1983. Se le recuerda por un gran número de logros, pero la manera en la que afrontó su anunciada muerte sigue siendo uno de los regalos más memorables que dio a toda la gente.

Durante una de las primeras fases de su enfermedad, mientras que estaba siendo tratado, el Cardenal Bernardin se dio a otros pacientes, especialmente los que tenían enfermedades terminales. Conoció a muchos de estos en la sala de espera del hospital, escribió sus nombres, direcciones y números de teléfono, y se mantuvo en contacto con ellos por teléfono y correo. Les ofreció su amor, sus oraciones, los animó y en algunas ocasiones pudo impartirles el sacramento de la Unción de Enfermos.

Llamó a la muerte "una amiga": "Aunque sé que, hablando humanamente, tendré que afrontar momentos difíciles y que habrá lágrimas, puedo decir con toda sinceridad que me encuentro en paz. Considero esto como un don especial de Dios para mí en este momento específico de mi vida" (v.d.t.).

En su último libro, *The Gift of Peace* (*El Don de la Paz*), escribió sobre abrazar el sufrimiento y encontrar una vida nueva. Estructuró el libro, de una forma general, según el Vía Crucis, dando testimonio de que nuestra búsqueda por la paz en el camino de nuestras vidas no es nada menos que abrazar al Cristo del Calvario. "En una época como la nuestra, marcada en parte por la búsqueda de un alivio instantáneo a nuestro sufrimiento, requiere una valentía especial permanecer en el Calvario. Uniendo nuestro sufrimiento al de Cristo, recibimos fortaleza y valentía, una nueva oportunidad de vivir y una esperanza impertérrita para el futuro" (v.d.t.).

Durante su última semana de vida escribió una carta a la Corte Suprema de Estados Unidos. Rogaba a los jueces que no aprobasen el suicidio con asistencia médica. "Como alguien que está muriendo, he aprendido a apreciar de una forma especial el don de la vida", escribió. Añadió que aprobar un nuevo derecho al suicidio asistido pondría en peligro a Estados Unidos y mandaría un mensaje equivocado que diría que una vida que es menos que "perfecta" no vale la pena vivirla.

Unas semanas antes de morir, ochocientos sacerdotes arquidiocesanos y religiosos se unieron a él en un servicio de oración en la Catedral de Holy Name, en Chicago. Concluyó su homilía con estas palabras, las cuales había pronunciado por primera vez a los sacerdotes la noche anterior a su instalación como Arzobispo de Chicago en 1982:

> Al unirse nuestras vidas y ministerios mediante la fracción del Pan y la bendición del Cáliz, espero que, mucho antes de que mi nombre desaparezca de la Plegaria Eucarística con el silencio de la muerte, ustedes sepan bien quién soy yo. Lo sabrán porque trabajaremos y jugaremos juntos, ayunaremos y rezaremos juntos, estaremos de luto y gozaremos juntos, nos desesperaremos y esperaremos juntos, discutiremos y nos reconciliaremos juntos. Me conocerán como amigo, compañero, sacerdote y obispo. También sabrán que los amo, ¡ya que yo soy Joseph, su hermano! (Cardenal Joseph Bernardin, *Gift of Peace* (Chicago: Loyola Press, 1997), 141-142 (v.d.t.))

El sacramento de la Unción de Enfermos hace presente la presencia compasiva de Cristo en medio del sufrimiento de los enfermos. El Cardenal Bernardin fue, durante su propia enfermedad, tanto ministro del sacramento como su recipiente.

⬥

LA COMPASIÓN DE CRISTO HACIA LOS ENFERMOS

La compasión de Cristo hacia los enfermos y sus numerosas curaciones de dolientes de toda clase son un signo maravilloso de que "Dios ha visitado a su pueblo".

—CIC, no. 1503, citando Lc 7:16

Jesús vino a curar a la persona completa, cuerpo y alma. El Evangelio de Marcos, capítulo 2:1-12, narra el siguiente acontecimiento que ilustra esta enseñanza. Jesús estaba en una casa, en Cafarnaún, enseñando a una multitud que la abarrotaba. La casa probablemente estaba construida con paredes de piedra, cubiertas con una capa de escayola. Las habitaciones rodeaban un patio interior. Un techo de cañas y palos mezclados con barro la habrían defendido de la lluvia. Habría sido bastante fácil hacer un agujero en el techo. Como no podían entrar en la casa por la puerta debido a la multitud, cuatro hombres llevando a un paralítico subieron al techo por una escalera. Hicieron un agujero en el techo y bajaron a su amigo al área donde Jesús estaba predicando.

Jesús le dijo al paralítico: "Tus pecados te son perdonados" (Mc 2:5). Las Sagradas Escrituras no comentan la reacción del hombre. Pero en ese momento espiritual emergió una nota de discordia. Algunos de los eruditos religiosos en el grupo protestaban para sus adentros que Jesús era un blasfemo porque, según ellos, solo Dios podía perdonar los pecados. Jesús, sabiendo cuales eran sus pensamientos, los desafió diciendo: "¿Qué es más fácil decirle al paralítico: 'Tus pecados te son perdonados' o decirle: 'Levántate, recoge tu camilla y vete a tu casa'? Pues para que sepan que el Hijo del hombre tiene poder en la tierra para perdonar los pecados", le dijo al paralítico: "Yo te lo mando: levántate, recoge tu camilla y vete a tu casa" (Mc 2:9-11). El hombre se levantó y se fue a su casa. La gente glorificó a Dios por la curación de alma y cuerpo que Jesús había realizado.

Los Evangelios narran muchas otras ocasiones de cuando Jesús curó a los enfermos. Aunque a veces Jesús simplemente decía algunas palabras para lograr la curación, a menudo tocaba a la persona afligida para que sucediese la cura. En el sacramento de la Unción de Enfermos de la Iglesia, mediante el ministerio del sacerdote, es Jesús quién toca al enfermo para curarlo de sus pecados, y a veces incluso de la enfermedad física. Sus curaciones eran signos de la llegada del Reino de Dios. El mensaje central de sus curaciones nos dice de su plan de conquistar el pecado y la muerte con su muerte y Resurrección.

En la Cruz, Jesús cargó con todo el peso del mal y eliminó el poder que este tenía sobre nosotros. Jesús dio un nuevo significado al sufrimiento, dándole un poder redentor. Por su gracia somos capaces de unir nuestro dolor a su pasión redentora. San Pablo dio testimonio de esto cuando escribió: "Ahora me alegro de sufrir por ustedes, porque así completo lo que falta a la pasión de Cristo en mí, por el bien de su cuerpo, que es la Iglesia" (Col 1:24).

LA IGLESIA CONTINÚA EL MINISTERIO DE LA CURACIÓN DE CRISTO

La Iglesia continúa, de muchas formas, el ministerio de la curación de Cristo. Hay familias católicas que cuidan de parientes enfermos de numerosas maneras. Hay muchas historias inspiradoras sobre un cónyuge ya mayor que sirve, personalmente, a su cónyuge enfermo de, por ejemplo, la enfermedad de Alzheimer y otras enfermedades. Los que cuidan a los enfermos descubren que la fe y la oración significan mucho en situaciones como estas.

Muchas órdenes y congregaciones religiosas han establecido hospitales católicos para cuidar de las necesidades físicas y espirituales de los enfermos. Los hospicios patrocinados por la Iglesia es otra forma de llevar a cabo este ministerio de curación. Además de doctores, enfermeros y capellanes, hay ocasionalmente individuos que poseen el carisma (el don) de la curación. "El Espíritu Santo da a algunos un carisma especial de curación (cf. 1 Co 12:9, 28, 30) para manifestar la fuerza de la gracia del Resucitado" (CIC, no. 1508).

Millones de creyentes peregrinan a santuarios como el de Lourdes, a menudo en busca de una cura física pero siempre para sentir una profundización de la fe. La Iglesia requiere que haya milagros de curación como parte del proceso de canonización, el proceso para declarar la santidad de una persona.

Sobre todo, la Iglesia continúa el ministerio de curación de Cristo. Santiago describe su celebración en la época apostólica: "¿Hay alguno enfermo? Que llame a los presbíteros de la Iglesia, para que oren por él y lo unjan con aceite, invocando al Señor. La oración hecha con fe le dará la salud al enfermo y el Señor hará que se levante; y si tiene pecados, se le perdonarán" (St 5:14-15).

UN SACRAMENTO DE CURACIÓN

La unción de los enfermos "no es un sacramento solo para aquellos que están a punto de morir. Por eso, se considera tiempo oportuno para recibirlo cuando el fiel empieza a estar en peligro de muerte por enfermedad o vejez".

—CIC, no. 1514, citando SC, no. 73

El rito de la Unción de los Enfermos nos dice que no tenemos que esperar a que una persona esté a las puertas de la muerte para recibir el sacramento. Un juicio cuidadoso sobre la seriedad de la naturaleza de la enfermedad es suficiente. El sacramento puede ser repetido si la persona enferma se recupera después de la unción pero se enferma de nuevo, o si, durante la misma enfermedad, la condición de la persona se hace más precaria. Una persona debería ser ungida antes de una operación cuando la razón de la intervención quirúrgica es una enfermedades grave (cf. *Rito de la Unción*, Introducción, nos. 8-10).

Más aún, "se puede ungir a las personas ancianas, cuando se encuentran ya demasiado débiles, aun cuando no exista ninguna enfermedad propiamente dicha. También a los niños enfermos se les administra la sagrada unción cuando ya hayan llegado al uso de razón, para que puedan ser confortados con este sacramento [...] hay que enseñar a los fieles a solicitar el sacramento de la unción, y tan pronto como sea necesario, a recibirlo con plena fe y devoción. Se les ha de enseñar que no sigan esa dizque piadosa, pero equivocada costumbre, de diferir la recepción del sacramento" (*Rito de la Unción*, Introducción, nos. 11-12, 13).

Solo los obispos y los sacerdotes pueden ser ministros del sacramento de la Unción de los Enfermos. La celebración del sacramento comienza con un rito penitencial seguido de la Liturgia de la Palabra. Las Sagradas Escrituras reavivan la fe del enfermo y de los familiares y amigos para rezar a Cristo por la fortaleza de su Espíritu Santo. El sacerdote impone sus manos sobre la cabeza del enfermo. Entonces prosigue a ungirlo, con el bendito Óleo de los Enfermos, en la frente y en las manos (en el rito romano). Acompaña a este acto con las palabras: "Por esta santa Unción, y por su bondadosa misericordia te ayude el Señor con la gracia del Espíritu Santo, para que, libre de tus pecados, te conceda la salvación y te conforte en tu enfermedad" (CIC, no. 1513).

A aquellos que van a dejar esta vida, la Iglesia les ofrece la Penitencia, la Unción de los Enfermos y la Eucaristía como *Viaticum* (alimento para el camino) que se imparte al final de la vida. Estos son los "sacramentos que preparan para entrar en la Patria" (cf. CIC, no. 1525). Estos ritos son altamente valorados por los católicos como poderosas ayudas a una buena muerte. Ya que la Sagrada Comunión es un signo efectivo del Misterio Pascual de Cristo, esta se convierte para el que la recibe en la oportunidad de unir el sufrimiento y la muerte de uno con el de Cristo, con la esperanza de una vida eterna con él. Se añaden las palabras especiales propias para el *Viaticum*: "Que el Señor Jesús te proteja y te lleve a la vida eterna. Amén".

EFECTOS DEL SACRAMENTO

Cuando se administra el sacramento de la Unción de Enfermos, el efecto que se espera es que, si Dios quiere, la persona sane físicamente de su enfermedad. Pero incluso si no hay sanación física, el principal efecto del sacramento es la curación espiritual mediante la cual el enfermo recibe el don del Espíritu Santo de la paz y la valentía para afrontar

DEL CATECISMO

1. ¿Cuándo deberíamos recibir el sacramento de la Unción de Enfermos?

El tiempo oportuno para recibir la Santa Unción llega ciertamente cuando el fiel comienza a encontrarse en peligro de muerte por causa de enfermedad o de vejez. Cada vez que un cristiano cae gravemente enfermo puede recibir la Santa Unción, y también cuando, después de haberla recibido, la enfermedad se agrava. (CIC, nos. 1528, 1529)

2. ¿Quiénes son los ministros del sacramento de la Unción de Enfermos?

Sólo los sacerdotes (presbíteros y obispos) pueden administrar el sacramento de la Unción de los enfermos; para conferirlo emplean óleo bendecido por el obispo, o, en caso necesario, por el mismo presbítero que celebra. (CIC, no. 1530)

3. ¿Cuáles son los efectos del sacramento de la Unción de Enfermos?

La gracia especial del sacramento de la Unción de los enfermos tiene como efectos:

—la unión del enfermo a la Pasión de Cristo, para su bien y el de toda la Iglesia;

—el consuelo, la paz y el ánimo para soportar cristianamente los sufrimientos de la enfermedad o de la vejez;

—el perdón de los pecados si el enfermo no ha podido obtenerlo por el sacramento de la penitencia;

—el restablecimiento de la salud corporal, si conviene a la salud espiritual;

—la preparación para el paso a la vida eterna. (CIC, no. 1532)

las dificultades que acompañan una grave enfermedad o la fragilidad de la vejez. El Espíritu Santo renueva nuestra fe en Dios y nos ayuda a soportar las tentaciones del Malvado de perder el ánimo y desesperarnos ante el sufrimiento y la muerte. También los pecados del enfermo son perdonados si no pudo confesarse antes de la celebración del sacramento de la Unción de Enfermos.

Otro efecto de este sacramento es la unión con la Pasión de Cristo. Al unirnos más íntimamente a los sufrimientos de Nuestro Señor, recibimos la gracia de compartir en la obra salvadora de Cristo. De esta manera, nuestro sufrimiento, unido a la Cruz de Cristo, contribuye al bien del Pueblo de Dios.

Este sacramento también nos prepara para nuestro viaje final, cuando dejamos esta vida. La Unción de los Enfermo completa nuestra identificación con Jesucristo, la cual empezó con nuestro Bautismo. Su gracia y poder nos fortalecen en nuestros últimos combates antes de ir a la casa del Padre.

LA IMPORTANCIA DEL SACRAMENTO PARA LA COMUNIDAD

Para algunas personas no hay nada más frustrante que estar enfermos. Las enfermedades van de una molesta incomodidad —como un dolor de cabeza o el catarro común— a casos graves, que amenazan la vida y que conllevan operaciones de riesgo o están relacionas con enfermedades incurables. En cada uno de estos casos, la enfermedad nos recuerda nuestras limitaciones.

Nuestra reacción a la enfermedad es buscar alivio. Entendiendo perfectamente a la persona humana, Cristo otorgó a la Iglesia desde sus comienzos un remedio tanto espiritual como corporal para nuestras enfermedades. No somos simplemente carne y hueso. Somos espíritu, mente y cuerpo.

En un sentido muy real, el sacramento de la Unción de Enfermos tiene una dimensión comunitaria muy importante. En cualquier enfermedad, especialmente una que nos afecte cuando estamos llegando al fin de nuestras vidas, nunca tendríamos que estar solos. No tendríamos que afrontar la enfermedad sin el consuelo de los demás. En la Carta de

Santiago, en el Nuevo Testamento, se instruye al enfermo a llamar a los presbíteros (los sacerdotes) de la Iglesia para la unción y las oraciones. Estos presbíteros representaban a la comunidad cristiana y su preocupación por el enfermo. Esta preocupación es subrayada aún más en la "oración de fe" que Santiago dijo reclamará a quien está enfermo, la oración que brota de la comunidad de fe, la Iglesia, reunida en torno al enfermo precisamente para invocar "el nombre del Señor".

El *Catecismo de la Iglesia Católica* nos recuerda que "la Unción de los enfermos se celebra de forma litúrgica y comunitaria, que tiene lugar en familia, en el hospital o en la iglesia, para un solo enfermo o para un grupo de enfermos" (CIC, no. 1517).

Hoy hay, más frecuentemente, un esfuerzo par reunir a la gente para una celebración comunitaria de este sacramento, normalmente en la iglesia parroquial. Ya que la enfermedad y la vejez son razones legítimas para recibir este sacramento, una parroquia puede fácilmente ofrecer oportunidades para que un número de feligreses reciban el sacramento de la Unción de Enfermos de forma habitual. Puede servir la finalidad del sacramento y, a la misma vez, reforzar la fe de la comunidad misma.

▐▐▐▐ PARA LA REFLEXIÓN Y EL DEBATE ▐▐▐▐

1. ¿Cómo describirías tu reacción a las enfermedades que has padecido? ¿Qué esperas de aquellos que cuidan de los enfermos? ¿Cómo te has sentido inspirado a rezar y buscar los recursos espirituales de la Iglesia?

2. Si has estado presente durante la celebración del sacramento de la Unción de los Enfermos, ¿cuáles fueron tus impresiones? ¿Por qué es importante ser consciente del momento adecuado cuando se debe llamar al sacerdote?

3. Desde una perspectiva de fe, ¿qué valor tiene una experiencia de la enfermedad para el individuo y para la comunidad parroquial a la que pertenece? ¿Por qué es importante reconocer a los enfermos y moribundos e incorporarlos a la comunidad de fe?

ENSEÑANZAS

- "¿Hay alguno enfermo? Que llame a los presbíteros de la Iglesia, para que oren por él y lo unjan con aceite, invocando al Señor. La oración hecha con fe le dará la salud al enfermo y el Señor hará que se levante; y si tiene pecados, se le perdonarán" (St 5:14-15).

- El sacramento de la Unción de los Enfermos es para quien comienza a encontrarse en peligro de muerte por causa de enfermedad o de vejez. Se puede recibir el sacramento cada vez que un cristiano cae gravemente enfermo o cuando la enfermedad se agrava (cf. CIC, no. 1529).

- Solo los sacerdotes y obispos pueden administrar el sacramento de la Unción de los Enfermos. Esto es así porque uno de los efectos de este sacramento puede ser el perdón de los pecados. Ellos usan el Óleo de los Enfermos bendecido por el obispo o, si hay necesidad, un aceite bendecido por el sacerdote.

- El Rito de la Unción de los Enfermos incluye la unción en la frente y manos del enfermo, o en otras partes del cuerpo, acompañada de la oración litúrgica que pide la gracia del sacramento.

- Los dones de este sacramento incluyen la unión a la Pasión de Cristo, para el bienestar del enfermo y de la Iglesia; fortaleza para soportar pacientemente los sufrimientos de la enfermedad y de la vejez; el perdón de los pecados si la persona no pudo recibir el sacramento de la Penitencia, y la preparación para el paso a la vida eterna.

MEDITACIÓN

Salmo del Buen Pastor

Los enfermos y los moribundos de todas las épocas han encontrado consuelo en los versos del Salmo del Buen Pastor (Sal 22). Han sido inspirados más aún por las palabras de Cristo: "Yo soy el buen pastor, porque conozco a mis ovejas y ellas me conocen a mí [...] Yo he venido para que tengan vida y la tengan en abundancia" (Jn 10:14, 10). No les es difícil reconocer a Jesús en el pastor del Salmo veintitrés. El Salmo expresa confianza en el divino pastor que es tan necesitado cuando uno enferma. "El Señor es mi Pastor, nada me falta" (v. 1).

"En verdes praderas me hace recostar" (v. 2). Un pastor lleva a sus ovejas primero al pasto áspero, luego a la hierba más suave y, por último, a la mejor hierba de las verdes praderas para que descansen. Jesús está con los enfermos a lo largo de sus momentos difíciles, y los guía a una aceptación pacífica de su situación y a una experiencia de descanso del alma.

"Me conduce hacia fuentes tranquilas" (v. 2). Los riachuelos que corren ponen nerviosas a las ovejas. El pastor a menudo construye albercas de agua tranquila donde las ovejas puedan quitarse la sed. La enfermedad interrumpe el ritmo corrido de la vida, pero aún así existe la necesidad de calmarse. Jesús lleva a los pacientes una tranquilidad interna que permite al creyente beber de la fuente renovadora de su amor.

"Aunque camine por cañadas oscuras, / nada temo, porque tú vas conmigo: / tu vara y tu cayado me sosiegan" (v. 4). En busca de mejores praderas, el pastor a veces guía a las ovejas por valles peligrosos. Las ovejas pueden caerse en un agujero. El pastor usa la parte curva superior de su cayado para cuidadosamente sacarlas y ponerlas a seguro. Los perros salvajes y los lobos pueden atacar el rebaño. El pastor usa la punta de su cayado para matarlos o para alejarlos. Jesús sabe que la gente que sufre se encuentran en sus propios valles oscuros. Jesús está con ellos para eliminar sus miedos y despertar sus esperanzas. Hay ocasiones cuando Jesús elimina las enfermedades que amenazan a la vida mediante sus ministros por el sacramento de la Unción de los Enfermos.

"Preparas una mesa ante mí, / [...] me unges la cabeza con perfume, y mi copa rebosa" (v. 5). En algunas praderas hay tanta hierba áspera que el pastor se ve obligado a recoger él mismo la hierba tierna y a colocarla sobre piedras planas, como si fueran mesas, para que las ovejas coman de ellas. Jesús mismo es el Pan de Vida que viene a sus amigos doloridos. La Comunión para los enfermos es uno de los dones consoladores de Jesús. Cuando las ovejas tienen heridas causadas por las espinas, el pastor las unge con aceite. Cuando tienen fiebre, el pastor les baña la cabeza con agua fresca. Con el óleo santo, Jesús unge a los enfermos.

"Habitaré en la casa del Señor / por años sin término" (v. 6). El pastor sabe que las ovejas lo necesitan para que proteja su refugio. Jesús dice que él es la puerta del redil, del lugar donde las ovejas viven. En tiempos bíblicos, el pastor servía de puerta del redil. Él era la puerta viva, protegiéndolas con su cuerpo. Para entrar a la comunidad de los amados de Cristo, tanto los enfermos como los que están sanos deben entrar por su cuerpo que los protegerá. Las personas que sufren y están adoloridas están predispuestas a la fe que reconoce estas verdades. Cristo es su guardián.

ORACIÓN

Señor nuestro Jesucristo, que, para redimirnos y curar
   nuestras enfermedades,
quisiste hacerte hombre como nosotros;
mira con bondad a este siervo tuyo,
a quien hemos ungido en tu nombre con el óleo santo,
y que espera de ti la salud del alma y del cuerpo.
Reconfórtalo con tu poder y
consuélalo con tu ayuda,
para que recobre las fuerzas y se vea libre de todo mal,
y ya que lo has hecho partícipe de tu Pasión,
haz que confíe también en el poder redentor de sus propios
   padecimientos.
Que vives y reinas por los siglos de los siglos. Amén.

—Del *Rito Ordinario de la Unción*

[Yo estuve] enfermo y me visitaron.

—Mt 25:36

20 EL SACRAMENTO DEL ORDEN

EL SACRAMENTO DEL ORDEN ESTÁ AL SERVICIO DE
LA COMUNIDAD DE LA IGLESIA
—CIC, NOS. 1533-1600

UN OBISPO SANTO Y UN SACERDOTE SANTO

En solo ocho años como obispo de Philadelphia (1852-1860), John Nepomucene Neumann incrementó el número de escuelas parroquiales de dos a casi cien. Supervisó la construcción de cincuenta nuevas iglesias y fundó un seminario menor. Para dotar de personal a las escuelas, consiguió la ayuda de un número de congregaciones religiosas. Fue el primer obispo de Estados Unidos en promover las Cuarenta Horas de Devoción al Santísimo Sacramento. Escribió dos catecismos, una historia de la Biblia y un número de cartas pastorales.

Predicaba con frecuencia, escuchaba confesiones, visitaba a los enfermos y tenía una agenda muy extensa para el sacramento de la Confirmación. Hablaba ocho idiomas y varios dialectos eslavos, un don que usó para llevar a Cristo y a la Iglesia a los miembros multiétnicos de su diócesis. Aprendió incluso gaélico para así poder servir a los inmigrantes del oeste de Irlanda que escapaban de la hambruna de la papa.

Nacido en Bohemia (hoy en día la República Checa) en 1811, John Neumann estudió en el seminario de Budweis y en la Universidad de Praga. Se graduó con honores de la universidad en 1835, cuando tenía veinticuatro años. Cuando estaba en el seminario, se interesó por Estados Unidos. Después de graduarse, emigró a New York, donde el obispo John Dubois lo aceptó para ordenarse sacerdote en 1836. Luego se le envió a las misiones del norte y del oeste del estado de New York.

Cuatro años más tarde, ingresó en la Orden Redentorista. En 1847 se hizo ciudadano de Estados Unidos. Se convirtió en el superior de la casa redentorista en Pittsburgh, Pennsylvania, y más tarde en provincial de la congregación. En 1852 fue nombrado cuarto obispo de Philadelphia. Toda su vida como sacerdote y como obispo estuvo dedicada al servicio a los demás. De camino a un hospital para visitar a los enfermos, se desplomó en la calle de puro cansancio y murió en 1860. Fue canonizado santo en 1977. Su festividad se celebra el 5 de enero.

Cuando John Neumann era párroco de la parroquia redentorista de Santa Filomena en Pittsburgh, él tenía a un joven coadjutor llamado Francis Xavier Seelos. Tras nueve años sirviendo en la parroquia, el Padre Seelos se convirtió en párroco de la parroquia de Saint Alphonsus en Baltimore. Tres años más tarde, se convirtió en rector del seminario redentorista, el cual él mudó de Cumberland a Annapolis, Maryland. Inculcó en los seminaristas un sentido de la dedicación a Dios y al pueblo de Dios, así como amor al sacerdocio y el deseo de vivir una vida santa y virtuosa.

En 1863 se hizo miembro del equipo de misión, el principal apostolado de la orden. Dirigió un sinnúmero de misiones en parroquias en más de doce estados. En 1867 fue transferido a New Orleans, Louisiana. Al poco tiempo de llegar, brotó una epidemia de fiebre amarilla. Las peticiones de visitas a los enfermos eran frecuentes. Los funerales eran muchos. El Padre Seelos enfermó del virus y murió. Tenía cuarenta y ocho años. Se le quiso mucho como confesor que traía la curación espiritual a la gente. El Espíritu Santo eligió actuar mediante el Padre Seelos para llevar la curación física a mucha gente. Tales curaciones, atribuidas a su intercesión, han sido presentadas durante muchos años desde su muerte. El Padre Seelos fue beatificado (la última fase antes de la santidad) el 9 de abril de 2000.

San John Neumann y el Beato Francis Seelos dan ejemplo de lo que el sacramento del Orden llama a los sacerdotes a hacer. Fueron sobresalientes pastores del pueblo de Dios, llevándoles el Sacramento de la salvación, inspirándolos a la conversión y dando testimonio en sus propias vidas de la santidad que llevó a sus gentes a seguir a Cristo más profundamente.

LOS SACRAMENTOS AL SERVICIO DE LA COMUNIDAD

El Orden y el Matrimonio pertenecen a los Sacramentos al Servicio de la Comunidad. Esto quiere decir que están principalmente dirigidos a la salvación de los demás. Los que reciben estos sacramentos crecen en santidad al servir a los demás. Reflexionaremos sobre el Orden en este capítulo y sobre el Matrimonio en el siguiente.

MIRA A CRISTO, NUESTRO SUMO SACERDOTE

Los ojos de todos [...] estaban fijos en él.

—Lc 4:20

El Evangelio de Lucas menciona la presencia de Jesús en un servicio religioso en la sinagoga de Nazaret al principio de su ministerio público, su primera visita desde el comienzo de su ministerio público. La sinagoga era un espacio simple, sin adornos, para reunirse para rezar y para la instrucción religiosa. Después de una oración, le dieron a Jesús un rollo de pergamino en el que estaba escrito el capítulo 61 del profeta Isaías. Jesús leyó estas palabras: "El Espíritu del Señor está sobre mí, porque me ha ungido para llevar a los pobres la buena nueva, para anunciar la liberación a los cautivos y la curación a los ciegos, para dar libertad a los oprimidos y proclamar el año de gracia del Señor" (Lc 4:18-19).

Enrolló el pergamino y se sentó. Hubo una pausa silenciosa mientras que todos miraban a Jesús atentamente. Él dijo: "Hoy mismo se ha cumplido este pasaje de la Escritura, que ustedes acaban de oír" (Lc 4:21). Jesús se presentó a sí mismo ante ellos como lleno del Espíritu, consagrado y ungido para llevar la Buena Nueva a los pobres. Desde el momento de la concepción de Jesús en el vientre de la Virgen María hasta su Resurrección, él estuvo lleno del Espíritu Santo. En lenguaje bíblico, él había sido ungido por el Espíritu Santo y por tanto había sido establecido por Dios Padre como nuestro sumo sacerdote.

Como el Señor Resucitado, él continúa siendo nuestro sumo sacerdote. "De ahí que sea capaz de salvar, para siempre, a los que por su medio se acercan a Dios, ya que vive eternamente para interceder por nosotros. Ciertamente que un sumo sacerdote como éste era el que nos convenía: santo, inocente, inmaculado, separado de los pecadores" (Hb 7:25-26). Mientras que todos los bautizados participan del sacerdocio de Cristo, el sacerdocio ministerial participa en él de una forma especial mediante el sacramento del Orden.

EL SACRAMENTO DEL ORDEN: OBISPO, SACERDOTE, DIÁCONO

La Iglesia adoptó la palabra *orden* del imperio romano, en el cual se la usaba para referirse al cuerpo de los que gobiernan. En el sacramento del Orden, existen tres grados u "órdenes": obispo, sacerdote y diácono. El rito de la ordenación es el acto sacramental que lo hace posible. La ordenación "confiere un don del Espíritu Santo que permite ejercer un 'poder sagrado' [...] que sólo puede venir de Cristo, a través de su Iglesia" (CIC, no. 1538).

La figura del sacerdote que aparece por primera vez en el Antiguo Testamento es la de Melquisedec, quien ofreció un sacrificio de pan y vino en nombre del patriarca Abrahán (Gn 14:18-20). Él simbolizó la permanencia del sacerdocio: "Tú eres sacerdote eterno, según el rito de Melquisedec" (Sal 109:4). Dios también eligió a Aarón y a sus hijos para ser sacerdotes (Ex 28:1ss.) y designó a la tribu de Leví para el servicio litúrgico. Los miembros de esta tribu actuaban en nombre del pueblo y ofrecían ofrendas y sacrificios por los pecados. Proclamaban la Palabra de Dios y guiaban al pueblo a la unión con Dios mediante sacrificios y oraciones.

Pero estos sacerdotes no eran capaces de ofrecer al pueblo ni la plenitud de la salvación, ni la santificación definitiva. Solo el sacrificio de Jesús podía conseguirlo. El sacerdocio de Melquisedec, de Aarón y de los Levitas prefiguró el sacerdocio de Cristo, como se puede observar en las oraciones consecratorias para la ordenación de obispos, sacerdotes y diáconos.

El sacerdocio del Antiguo Testamento encontró su perfecta plenitud en el sacerdocio de Jesucristo, quien es el mediador entre Dios y nosotros. El sacrificio de Jesús en la Cruz fue un acto sacerdotal de autoentrega aceptado por el Padre y que culminó en su Resurrección de la muerte y así, como Señor Resucitado y Sumo Sacerdote, él continúa ofreciendo la salvación a todos.

Por el Bautismo, todos los miembros de la Iglesia participan del santo sacerdocio de Cristo. Se llama "el sacerdocio común de todos los fieles" porque toda la Iglesia participa de él. Para fortalecer este sacerdocio, Cristo da a su Iglesia los ministerios ordenados de los obispos, sacerdotes y diáconos mediante el sacramento del Orden. Solo los obispos y sacerdotes ordenados pueden ser ministros de la Confirmación (o Crismación), de la Eucaristía, del sacramento de la Penitencia y la Reconciliación y del sacramento de la Unción de los Enfermos. Solo los obispos pueden ordenar diáconos, sacerdotes y otros obispos. "El sacerdocio ministerial difiere esencialmente del sacerdocio común de los fieles porque confiere un poder sagrado para el servicio de los fieles. Los ministros ordenados ejercen su servicio en el pueblo de Dios mediante la enseñanza (*munus docendi*), el culto divino (*munus liturgicum*) y por el gobierno pastoral (*munus regendi*)" (CIC, no. 1592). Los diáconos en la Iglesia latina pueden bautizar y ser testigos del sacramento del Matrimonio, como lo hacen los sacerdotes y obispos.

El obispo y el sacerdote ordenados sirven a la Iglesia en la persona de Cristo como cabeza del Cuerpo. "Por el ministerio ordenado, especialmente por el de los obispos y los presbíteros, la presencia de Cristo como cabeza de la Iglesia se hace visible en medio de la comunidad de los creyentes" (CIC, no. 1549). El sacramento no preserva a la persona ordenada de la debilidad y el pecado, pero el Espíritu Santo garantiza que el pecado del ministro no impida la efectividad del sacramento y sus gracias. Los ordenados están llamados a una vida de santidad y a una actitud de humildad que los conforma a Cristo en cuyo sacerdocio participan. El sacerdote actúa no solo en la persona de Cristo, Cabeza de la Iglesia, sino también en nombre de la Iglesia cuando presenta ante Dios la oración de la Iglesia, especialmente en la Eucaristía.

LA ORDENACIÓN

Que todos reverencien a los diáconos como a Jesucristo, como también al obispo, que es imagen del Padre, y a los presbíteros como al senado de Dios y como a la asamblea de los apóstoles: sin ellos no se puede hablar de Iglesia.

—CIC, no. 1554, citando a San Ignacio de
Antioquía, *Trallianois* 3, 1

Los Obispos

Por la ordenación al episcopado, los obispos reciben la plenitud del sacramento del Orden y se convierten en sucesores de los Apóstoles. Mediante este sacramento, un obispo se incorpora al colegio episcopal y sirve como la cabeza visible o pastor de la iglesia local encomendada a su cuidado. Como colegio, los obispos cuidan y se preocupan por la misión apostólica de todas las iglesias en comunión con el Papa —la cabeza del colegio episcopal, el Obispo de Roma y el sucesor de San Pedro— y bajo su autoridad.

Los Sacerdotes

Por la ordenación, "los presbíteros están unidos a los obispos en la dignidad sacerdotal y al mismo tiempo dependen de ellos en el ejercicio de sus funciones pastorales; son llamados a ser cooperadores diligentes de los obispos" (CIC, no. 1595). Junto con el obispo, los sacerdotes forman una comunidad *presbiteral* (sacerdotal) y asumen con él la misión pastoral de una parroquia en particular. El obispo nombra a sacerdotes para el cuidado pastoral de las parroquias y otros ministerios diocesanos. El sacerdote promete obediencia al obispo en servicio al pueblo de Dios.

Los Diáconos

El título de *diácono* proviene de la palabra griega *diakonia*, que significa "siervo". Un diácono está especialmente vinculado al obispo en las tareas de servicio y es configurado con Cristo, el Diácono —o Siervo— de todos (cf. CIC, nos. 1569-1570).

"Existen dos grados de participación ministerial en el sacerdocio de Cristo: el episcopado y el presbiterado. El diaconado está destinado a ayudarles y a servirles" (CIC, no. 1554). Los tres grados del sacramento del Orden —obispo, sacerdote y diácono— son conferidos todos mediante la ordenación.

Los diáconos reciben el sacramento del Orden de un obispo y son ordenados no al sacerdocio ministerial, sino al ministerio de servicio. Mediante la ordenación, el diácono es configurado con Cristo, quien vino a servir, no a ser servido. En la Iglesia latina, los diáconos pueden bautizar, proclamar el Evangelio, predicar la homilía, asistir al obispo o al sacerdote en la celebración de la Eucaristía, asistir a los matrimonios y bendecirlos y presidir funerales. Se dedican a servicios de caridad, lo que era su papel ministerial en la época del Nuevo Testamento.

Así estén involucrados en la vida litúrgica o pastoral de la Iglesia, o en sus obras sociales y caritativas, los diáconos son "fortalecidos y unidos más estrechamente al servicio del altar por la imposición de las manos, transmitida ya desde los Apóstoles, para que cumplan más eficazmente su ministerio por la gracia sacramental del diaconado" (AG, 16, no. 6).

Desde el Concilio Vaticano II, la Iglesia latina ha restaurado el diaconado como un estado permanente de la jerarquía. Hoy en día, el diaconado como un oficio permanente puede ser conferido tanto a hombres casados como solteros. Las Iglesias orientales siempre han mantenido el diaconado. Los seminaristas que se preparan para el sacerdocio tienen siempre que ser ordenados al diaconado antes de la ordenación sacerdotal.

EL RITO ESENCIAL DEL SACRAMENTO DEL ORDEN

El rito esencial del sacramento del Orden está constituido, para los tres grados, por la imposición de manos del obispo sobre la cabeza del ordenando así como por una oración consecratoria específica que pide a Dios la efusión del Espíritu Santo y de sus dones apropiados al ministerio para el cual el candidato es ordenado.

—CIC, no. 1573

Los ritos adicionales que rodean este rito esencial de la ordenación varían mucho entre las distintas tradiciones litúrgicas, pero todos tienen en común la expresión de aspectos de la gracia sacramental. El único ministro válido para conferir ordenación es un obispo. Cristo, quien ha ascendido al Padre, continúa guiando a la Iglesia por medio de los obispos, quienes confieren este sacramento del ministerio apostólico y transmiten el don del Espíritu Santo.

¿QUIÉN PUEDE SER ORDENADO?

Solo un varón bautizado puede ser ordenado en el sacramento del Orden. Jesucristo eligió varones para ser parte de los Doce. A lo largo de su ministerio, la actitud de Jesús hacia las mujeres fue diferente a la de su cultura, y valerosamente se alejó de esta. Por ejemplo, no dudó en hablar con la samaritana aunque la costumbre lo prohibía (cf. Jn 4:4-42). Pero fueron solo varones a quienes eligió para ser los Doce Apóstoles y la base del sacerdocio ministerial.

Aunque la Virgen María, después de la Ascensión, ocupó un lugar privilegiado en el íntimo grupo reunido en el cenáculo, ella no fue llamada a pertenecer al colegio de los Doce cuando se eligió a Matías. Los Apóstoles continuaron la práctica de Cristo y así, también, lo han hecho sus sucesores a lo largo de los siglos.

La Iglesia tiene el poder de determinar la forma en la que los sacramentos son celebrados, pero no tiene la habilidad de cambiar aspectos esenciales establecidos por el Señor Jesús. Los signos sacramentales son naturales, pero también conllevan un significado divino. Al igual que la Eucaristía no es solo una comida comunitaria, sino que también hace presente el sacrificio salvador del Señor Jesús, así también el sacerdocio ministerial es más que un servicio pastoral: asegura la continuidad del ministerio de Cristo encomendado a los Apóstoles.

El sacerdocio tiene una naturaleza sacramental. El sacerdote es un signo de lo que sucede. Los signos sacramentales representan lo que significan mediante un parecido natural. Este parecido es cierto tanto para personas como para objetos. Cuando el sacerdote actúa en la persona de Cristo, él asume la función de Cristo hasta el punto de ser su representante. Él es un signo de lo que está sucediendo y debe ser un signo que sea reconocible, que los fieles puedan ver fácilmente.

Una imagen que se usa para explicar esta realidad se refiere al sacerdote como un "icono" de Cristo. Un icono es una pintura religiosa que se considera hace presente el misterio de la salvación o al santo que representa. Entonces, decir que un sacerdote es un icono de Cristo quiere decir que un sacerdote no es simplemente un recordatorio o imagen de Cristo, sino que también es un medio real por el cual una persona puede ser tocada por Cristo. Como Cristo es varón, es apropiado que un sacerdote como icono de Cristo tenga que ser también un varón.

Otra razón por la cual la Iglesia entiende que la ordenación se reserva a los varones es el reconocimiento de la responsabilidad del sacerdote de reflejar a Cristo como el Esposo de la Iglesia. Esta imagen y entendimiento solo pueden reflejarse verdaderamente cuando el sacerdote es un varón.

La enseñanza de que la ordenación sacerdotal está reservada solo a los varones ha sido preservada por la Tradición constante y universal de la Iglesia (cf. Congregación para la Doctrina de la Fe, *Declaración acerca de la cuestión de la admisión de las mujeres al sacerdocio ministerial* [*Inter Insigniores*], nos. 9-10, 13, 20-21, 26-27). El Papa Juan Pablo II reafirmó esta enseñanza con estas palabras: "Por tanto, con el fin de alejar toda duda sobre una cuestión de gran importancia [...] declaro que la Iglesia no tiene en modo alguno la facultad de conferir la ordenación sacerdotal a las mujeres, y que este dictamen debe ser considerado como definitivo por todos los fieles de la Iglesia" (*Sobre la Ordenación Sacerdotal Reservada Sólo a los Hombres* [*Ordinatio Sacerdotalis*], no. 4). En ese mismo documento, el Papa realzó los logros incomparables de las mujeres para el beneficio del Pueblo de Dios:

El Nuevo Testamento y toda la historia de la Iglesia muestran ampliamente la presencia de mujeres en la Iglesia, verdaderas discípulas y testigos de Cristo en la familia y en la profesión civil, así como en la consagración total al servicio de Dios y del Evangelio. "En efecto, la Iglesia defendiendo la dignidad de la mujer y su vocación ha mostrado honor y gratitud para aquellas que —fieles al Evangelio—, han participado en todo tiempo en la misión apostólica del Pueblo de Dios. Se trata de santas mártires, de vírgenes, de madres de familia, que valientemente han dado testimonio de su fe, y que educando a los propios hijos en el espíritu del Evangelio han transmitido la fe y la tradición de la Iglesia". (*Sobre la Ordenación Sacerdotal Reservada Sólo a los Hombres*, no. 3, citando *Sobre la Dignidad y la Vocación de la Mujer* [*Mulieris Dignitatem*], no. 27)

DEL CATECISMO

1. ¿Qué dice la oración del rito bizantino acerca del don espiritual que el sacerdote recibe en la ordenación?

La oración dice, "Señor, llena del don del Espíritu Santo al que te has dignado elevar al grado del sacerdocio para que sea digno de presentarse sin reproche ante tu altar, de anunciar el evangelio de tu Reino, de realizar el ministerio de tu palabra de verdad, de ofrecerte dones y sacrificios espirituales, de renovar tu pueblo mediante el baño de la regeneración". (CIC, no. 1587)

2. ¿Cuál es el rito esencial de la ordenación?

El sacramento del Orden es conferido por la imposición de las manos seguida de una oración consecratoria solemne que pide a Dios para el ordenando las gracias del Espíritu Santo requeridas para su ministerio. (CIC, no. 1597)

3. ¿Qué quiere decir que el sacerdote actúa "en la persona de Cristo"?

En el servicio eclesial del ministro ordenado es Cristo mismo quien está presente a su Iglesia como Cabeza de su cuerpo, Pastor de su rebaño, sumo sacerdote del sacrificio redentor, Maestro de la Verdad. Es lo que la Iglesia expresa al decir que el sacerdote, en virtud del sacramento del Orden, actúa "in persona Christi Capitis" [en la persona de Cristo Cabeza (n.d.t.)]. (CIC, no. 1548)

La ordenación al sacerdocio siempre ha sido una llamada y un don de Dios. Cristo recordó a sus Apóstoles que necesitaban pedir al Señor de la cosecha que mandase trabajadores para cosechar. Aquellos que buscan el sacerdocio responden generosamente a la llamada de Dios usando las palabras del profeta: "Aquí estoy, Señor, envíame" (Is 6:8).

Esta llamada de Dios se puede reconocer y entender de entre los signos diarios que revelan su voluntad a aquellos encargados de discernir la vocación del candidato.

Cuando Dios elige a varones para participar en el sacerdocio ordenado de Cristo, Él los mueve y ayuda con su gracia. Al mismo tiempo, encomienda al obispo la tarea de llamar a candidatos apropiados y aprobados, y de consagrarlos con un sello especial del Espíritu Santo para el ministerio de Dios y de la Iglesia (cf. *Admisión de Candidatos al Presbiterado*, 5).

Todos los candidatos a la ordenación en la Iglesia latina —con la excepción de los diáconos permanentes, quienes pueden estar casados cuando se ordenan— son elegidos de entre aquellos que tienen la intención de permanecer célibes "por el Reino de los cielos" (Mt 19:12). Su celibato es un signo de su intención de imitar el propio celibato de Cristo y de servir a Dios en el ministerio de la Iglesia con un corazón íntegro. En algunos casos, clérigos de otras Iglesias cristianas que están casados y se han convertido al catolicismo han sido admitidos al sacramento del Orden. En las Iglesias orientales, solo los obispos deben ser célibes. Los sacerdotes y diáconos pueden estar casados; sin embargo, en Estados Unidos, los sacerdotes de las Iglesias orientales son normalmente célibes.

EFECTOS DEL SACRAMENTO

Este sacramento configura al obispo y al sacerdote con Cristo como Cabeza de la Iglesia en su triple función de sacerdote, profeta y rey. Este sacramento configura al diácono con Cristo como siervo.

El sacramento del Orden, como el del Bautismo y la Confirmación, confiere un carácter indeleble o permanente en el que lo recibe. Esto quiere decir que este sacramento no puede ser recibido de nuevo. El carácter indeleble es un recordatorio para el obispo, el sacerdote y el diácono de que la vocación y misión que recibió el día de su ordenación lo marcan permanentemente. Como el Bautismo y la Confirmación, los cuales también confieren un carácter permanente, el sacramento del Orden no es nunca repetido.

Un obispo recibe la gracia de enseñar en nombre de Cristo; de santificar la Iglesia mediante la celebración de los sacramentos; de guiar, gobernar y defender a la Iglesia, y de ser un signo de la unidad de la Iglesia.

Un sacerdote recibe la gracia de proclamar el Evangelio y de predicar, de celebrar los sacramentos (excepto el sacramento del Orden) y de guiar como pastor a la gente a él encomendada.

Un diácono en la Iglesia latina es ordenado para proclamar el Evangelio y predicar, para bautizar, para asistir al obispo o sacerdote en la celebración de la Eucaristía, asistir en el matrimonio y bendecirlo, presidir funerales y para servir a la comunidad mediante obras de caridad.

LA ESPIRITUALIDAD DEL SACERDOTE

"Enséñeseles [a los sacerdotes] a buscar a Cristo". Es éste, junto al *quaerere Deum*, un tema clásico de la espiritualidad cristiana, que encuentra su aplicación específica precisamente en el contexto de la vocación de los apóstoles. Juan, cuando nos narra el seguimiento por parte de los dos primeros discípulos, muestra el lugar que ocupa esta "búsqueda". Es el mismo Jesús el que pregunta: "¿Qué buscáis?" Y los dos responden: "Rabbí [...] ¿Dónde vives?" Sigue el evangelista: "Les respondió: 'Venid y lo veréis'. Fueron, pues, vieron dónde vivía y se quedaron con él aquel día" (Jn 1:37-39). En cierto modo la vida espiritual del que se prepara al sacerdocio está dominada por esta búsqueda: por ella y por el "encuentro" con el Maestro, para seguirlo, para estar en comunión con Él. También en el ministerio y en la vida sacerdotal deberá continuar esta "búsqueda", pues es inagotable el misterio de la imitación y participación en la vida de Cristo. Así como también deberá continuar este "encontrar" al Maestro, para poder mostrarlo a los demás y, mejor aún, para suscitar en los demás el deseo de buscar al Maestro. Pero esto es realmente posible si se propone a los demás una "experiencia" de vida, una experiencia que vale la pena compartir. Éste ha sido el camino seguido por Andrés para llevar a su hermano Simón a Jesús: Andrés, escribe el evangelista Juan, "se encuentra primeramente con su hermano Simón y le dice: 'Hemos encontrado al Mesías' —

que quiere decir Cristo—. Y le llevó donde Jesús" (Jn 1:41-42). Y así también Simón es llamado —como apóstol— al seguimiento de Cristo: "Jesús, al verlo, le dijo: 'Tú eres Simón, el hijo de Juan; en adelante te llamarás Cefas' —que quiere decir, 'Pedro'—" (Jn 1:42) [...] Elemento esencial de la formación espiritual es la *lectura meditada y orante de la Palabra de Dios (lectio divina)*; es la escucha humilde y llena de amor que se hace elocuente [...] La familiaridad con la Palabra de Dios facilitará el itinerario de la conversión, no solamente en el sentido de apartarse del mal para adherirse al bien, sino también en el sentido de alimentar en el corazón los pensamientos de Dios, de forma que la fe, como respuesta a la Palabra, se convierta en el nuevo criterio de juicio y valoración de los hombres y de las cosas, de los acontecimientos y problemas. (Papa Juan Pablo II, *Sobre la Formación de los Sacerdotes en la Situación Actual* [*Pastores Dabo Vobis*], nos. 46-47)

■ PARA LA REFLEXIÓN Y EL DEBATE ■

1. ¿Qué cualidades de un sacerdote le sirven para atraer a la gente? ¿Cuáles son algunas maneras en las que los fieles laicos y los sacerdotes se pueden apoyar mutuamente para el bien de las familias y la misión de la Iglesia?
2. ¿Cómo puede la fe ser fortalecida por la predicación efectiva de los sacerdotes y los diáconos? ¿Cómo puede la fe ser fortalecida por el ministerio de los sacerdotes como confesores?
3. ¿Qué podrías hacer para promover las vocaciones al sacerdocio? ¿Cómo podrías promover las vocaciones al diaconado permanente?

■ ENSEÑANZAS ■

- Por el Bautismo todos los miembros de la Iglesia participan del sacerdocio de Cristo. Esto es lo que se conoce por "el sacerdocio común de todos los fieles".
- Mediante las Sagradas Órdenes existe otra participación en el sacerdocio de Cristo, el sacerdocio ministerial del obispo y del

sacerdote. Este difiere en esencia del sacerdocio común de todos los fieles porque confiere un poder sagrado para el servicio a los fieles.

- El ministerio ordenado ocurre en tres grados u órdenes: obispo, sacerdote y diácono. Estos ministerios son esenciales para la vida de la Iglesia.

- Los obispos reciben la plenitud del sacramento del Orden. Son los principales maestros, santificadores y pastores de sus diócesis.

- "Los presbíteros están unidos a los obispos en la dignidad sacerdotal y al mismo tiempo dependen de ellos en el ejercicio de sus funciones pastorales; son llamados a ser cooperadores diligentes de los obispos" (CIC, no. 1595). Junto con el obispo, los sacerdotes forman la comunidad presbiteral (sacerdotal) y asumen junto con él la misión pastoral de una parroquia en particular.

- Los diáconos reciben el sacramento del Orden, pero no el sacerdocio ministerial. Mediante la ordenación, el diácono es configurado con Cristo, quien vino a servir, no a ser servido. En la Iglesia latina, los diáconos pueden bautizar, proclamar el Evangelio, predicar la homilía, asistir al obispo o al sacerdote en la celebración de la Eucaristía, asistir a los matrimonios y bendecirlos y presidir funerales. Se dedican a servicios de caridad, lo que era su papel ministerial en la época del Nuevo Testamento.

- "*El rito esencial* del sacramento del Orden está constituido, para los tres grados, por la imposición de manos del obispo sobre la cabeza del ordenando [el varón que va a ser ordenado] así como por una oración consecratoria específica" (CIC, no. 1573). La ordenación confiere un carácter sacramental permanente.

- Solo varones pueden ser ordenados.

- Normalmente en la Iglesia occidental, la ordenación al sacerdocio se confiere solo a aquellos varones que prometen libremente el celibato de por vida.

- Solo los obispos pueden conferir el sacramento del Orden en los tres grados.

MEDITACIÓN

Los presbíteros, por tanto, deben presidir de forma que, buscando, no sus intereses, sino los de Jesucristo, trabajen juntamente con los fieles seglares y se porten entre ellos a imitación del Maestro, que entre los hombres "no vino a ser servido, sino a servir, y dar su vida en redención de muchos" (Mt 20:28). Reconozcan y promuevan sinceramente los presbíteros la dignidad de los seglares y la suya propia, y el papel que desempeñan los seglares en la misión de la Iglesia. Respeten asimismo cuidadosamente la justa libertad que todos tienen en la ciudad terrestre. Escuchen con gusto a los seglares, considerando fraternalmente sus deseos y aceptando su experiencia y competencia en los diversos campos de la actividad humana, a fin de poder reconocer juntamente con ellos los signos de los tiempos. (PO, no. 9)

El sacerdocio ministerial de los obispos y sacerdotes y el sacerdocio común de todos los fieles participan del único sacerdocio de Cristo, cada uno de su manera apropiada. Los dos sacerdocios se complementan mutuamente y están ordenados uno hacia el otro a la vez que son esencialmente diferentes. ¿En qué sentido? El sacerdocio común de todos los fieles se ejercita mediante el desarrollo de la gracia bautismal a través de una vida de fe, esperanza y caridad, una vida según el Espíritu Santo. El sacerdocio ministerial está al servicio del sacerdocio común mediante el desarrollo de la gracia bautismal de todos los cristianos (cf. CIC, no. 1547).

Los miembros del sacerdocio común son alentados, entre otras cosas, a que "siendo partícipes de sus desvelos, ayuden a sus presbíteros cuanto puedan con su oración y su trabajo, para que éstos logren superar convenientemente sus dificultades y cumplir con más provecho sus funciones" (PO, no. 9).

ORACIÓN

Séate agradable, ¡oh Trinidad Santa!,
el obsequio de mi servidumbre y concede que el sacrifico que
   yo, indigno,
he ofrecido a los ojos de tu majestad,
sea digno de que tu lo aceptes, y para mí
y para todos aquellos por quienes lo he ofrecido, sea,
por tu misericordia, propiciatorio.
Por Jesucristo nuestro Señor.
Amén.

*—Placeat —*de las oraciones del sacerdote después de la Misa,
Misal Romano Carmelita (Vitoria, España: ediciones El Carmen)

Tú eres sacerdote eterno, según el rito de Melquisedec.

—Sal 109:4

21 EL SACRAMENTO DEL MATRIMONIO

EL MATRIMONIO ES UN SACRAMENTO AL SERVICIO DE LA COMUNIDAD
—CIC, NOS. 1601-1666

UN HOMBRE CASADO: SOBRE TODO, SIERVO DE DIOS

Santo Tomás Moro nació en Londres el 7 de febrero de 1478, de una familia de clase media. Su padre, John Moro, era un caballero y juez local. De muchacho, Tomás fue puesto al servicio del Arzobispo de Canterbury, John Morton, quien también era Canciller de Inglaterra. Tomás más tarde estudió en la Universidad de Oxford y luego estudió derecho en Londres. Llegó a dominar el griego y disfrutaba de la compañía de importantes figuras de la cultura renacentista, como Desiderio Erasmo.

Su atracción a una espiritualidad más profunda lo llevó a establecer una íntima relación con los franciscanos de Greenwich y con los cartujos de Londres, otra comunidad religiosa con la que vivió por un tiempo. Llamado al matrimonio, Tomás se casó con Jane Colt en 1505. Tuvieron cuatro hijos antes de que Jane muriera en 1511. Tras su muerte, Tomás se casó con Alice Middleton, una viuda. Pusieron su hogar a la disposición de sus familias, amigos y numerosos conocidos. Tomás continuó su búsqueda de la virtud y unión con Cristo a la vez que fomentaba la fe de su familia.

Lo eligieron al Parlamento en 1504. Esto marcó el comienzo de una carrera política que lo llevó a ser nombrado caballero en 1521, elegido Presidente de la Cámara de los Comunes en 1523 y finalmente nombrado Señor Canciller de Inglaterra el 25 de octubre de 1529, convirtiéndose en el primer laico en obtener esa posición. El Rey Enrique VIII, que reinaba en ese entonces, estaba desesperado por tener un hijo varón que heredase el trono. Culpando a su mujer, la Reina Catalina de Aragón, por no tener un hijo, Enrique VIII buscó la nulidad matrimonial para así casarse con Ana Bolena, hacia quien ya hacía algún tiempo que se sentía atraído. Al no poder recibir la nulidad del Papa Clemente VII, el rey rompió formalmente con la Iglesia Católica y se declaró a sí mismo Cabeza Suprema de la Iglesia de Inglaterra. Si Roma no le otorgaba la nulidad, su propia iglesia lo haría. El 15 de mayo de 1532, todos los obispos ingleses (salvo San Juan Fisher) se sometieron al rey como nueva cabeza de la iglesia. Al día siguiente, Santo Tomás Moro dimitió como canciller.

En 1534, el Parlamento inglés aprobó el Acta de Sucesión, la cual reconocía al hijo del Rey Enrique VIII y de Ana Bolena, en vez de a la hija de la Reina Catalina, como el verdadero heredero al trono inglés. Se llamó a la nobleza y al clero a que prestaran juramento ratificando el acta y, siendo uno de los laicos más respetados del país, también se llamó a Tomás Moro. Sin embargo, Tomás decidió defender la indisolubilidad del matrimonio y rehusó prestar el juramento. Incluso frente a la muerte, Santo Tomás no actuaría en contra de su conciencia. Como resultado, el 1 de julio de 1535, Santo Tomás Moro fue juzgado en Westminster Hall y declarado culpable de alta traición. El 6 de julio, fue llevado a las inmediaciones de la Torre de Londres para ser ejecutado. Antes de ser decapitado, en sus últimas palabras se refirió a sí mismo como "el buen siervo del rey, y primero siervo de Dios". Como mártir que murió por su fe, Santo Tomás Moro fue beatificado por el Papa León XIII en 1886. Fue canonizado más tarde por el Papa Pío XI en 1935.

En este libro citamos historias de otras personas casadas —como Elizabeth Seton, Pierre Toussaint, Rose Hawthorne Lathrop, Orestes Brownson, César Chávez, John Boyle O'Reilly y Luigi y María Quattrocchi— desde el punto de vista de diferentes enseñanzas a las que atestiguaron sus vidas. La gracia de Dios los bendijo con la fe y con las virtudes que prosperan en el estado matrimonial. A su vez, la gente casada ha enriquecido la vida de la Iglesia con su fe y amor, y con los hijos que han criado y formado en la tradición cristiana. El Matrimonio es un sacramento al Servicio de la Comunidad.

DIOS ES EL AUTOR DEL MATRIMONIO

La vocación al matrimonio se inscribe en la naturaleza misma del hombre y de la mujer, según salieron de la mano del Creador. El matrimonio no es una institución puramente humana a pesar de las numerosas variaciones que ha podido sufrir a lo largo de los siglos en las diferentes culturas, estructuras sociales y actitudes espirituales.

—CIC, no. 1603

Las Sagradas Escrituras comienzan con la creación y la unión del hombre y la mujer, y terminan con las "bodas del cordero" (Ap 19:7, 9). Las Escrituras a menudo mencionan el matrimonio, su origen y finalidad, el significado que Dios le dio y su renovación en la Alianza establecida por Jesús con su Iglesia.

Dios creó al hombre y a la mujer por amor y les ordenó que imitasen su amor en sus relaciones mutuas. El hombre y la mujer fueron creados el uno para el otro. "No es bueno que el hombre esté solo. Voy a hacerle a alguien como él [...] Serán los dos una sola cosa" (Gn 2:18, 24). La mujer y el hombre tienen la misma dignidad humana y en el matrimonio ambos se unen en un vínculo inquebrantable.

Pero la fidelidad al designio de Dios para la unidad e indisolubilidad del matrimonio se desarrolló gradualmente entre la gente del antiguo Israel bajo la dirección providencial de Dios. Los patriarcas y los reyes practicaron la poligamia y Moisés permitió el divorcio. Más tarde, Jesús citaría este caso como una tolerancia de la dureza del corazón humana y enseñó el designio de Dios para el matrimonio desde un principio (cf. Mt 19:8). Fueron los profetas del antiguo Israel quienes prepararon la renovación del designio de Dios para el matrimonio que llevó a cabo Jesús, al insistir que la fidelidad permanente y exclusiva del matrimonio ilustra la fidelidad sin fin de Dios a su alianza con Israel y su voluntad de que Israel fuese fiel solo a Él (cf., por ejemplo, Os 3 y Ez 16:59-63).

Los libros de Rut y Tobit dan testimonio de los ideales del matrimonio. Describen la fidelidad y la ternura que deberían existir entre los cónyuges. El Cantar de los Cantares presenta un amor humano que refleja el amor de Dios, el cual "los océanos no podrían apagar" (cf. Ct 8:6-7).

CÓMO SE ENTIENDE EL MATRIMONIO EN LA SOCIEDAD CONTEMPORÁNEA

Hay, en la sociedad contemporánea, quienes intentan cambiar la definición o forma de entender lo que constituye exactamente el matrimonio. Ejemplos de esto son los esfuerzos de conseguir la aprobación y aceptación de las uniones de parejas del mismo sexo como matrimonios. Mientras que la Iglesia enseña con claridad que la discriminación de cualquier grupo de personas es un mal, los esfuerzos por hacer que la cohabitación, las parejas que conviven, las uniones de parejas del mismo sexo y las uniones polígamas sean equivalentes al matrimonio están equivocados y erróneos. La Iglesia y sus miembros necesitan continuar siendo una voz fuerte y clara para proteger un concepto del matrimonio que está basado en la ley natural y es revelado en la ley de Dios.

LAS ENSEÑANZAS DE CRISTO SOBRE EL MATRIMONIO

Jesús dejó plenamente claro el plan divino del matrimonio. En el Evangelio de Juan, el primer milagro de Cristo tiene lugar en las bodas en Caná. "La Iglesia concede una gran importancia a la presencia de Jesús en las bodas de Caná. Ve en ella la confirmación de la bondad del matrimonio y el anuncio de que en adelante el matrimonio será un signo eficaz de la presencia de Cristo" (CIC, no. 1613).

Jesús enseñó inequívocamente la indisolubilidad del matrimonio:

Se acercaron a Jesús unos fariseos, y para ponerle una trampa, le preguntaron "¿Le está permitido al hombre divorciarse de su esposa por cualquier motivo?" Jesús les respondió: "¿No han leído que el Creador, desde un principio los hizo hombre y mujer, y dijo: 'Por eso el hombre dejará a su padre y a su madre, para unirse a su mujer, y serán los dos una sola cosa?' De modo que ya no son dos, sino una sola cosa. Así pues, lo que Dios ha unido, que no lo separe el hombre". (Mt 19:3-6)

San Pablo reforzó la enseñanza de Cristo sobre el matrimonio. "Que la mujer no se separe del marido [...] Y que tampoco el marido se divorcie de su mujer" (1 Co 7:10-11). En la Carta a los Efesios leemos: "'Por eso abandonará el hombre a su padre y a su madre, se unirá a su mujer y serán los dos una sola cosa'. Este es un gran misterio, y yo lo refiero a Cristo y a la Iglesia" (Ef 5:31-32). Así el amor entre el hombre y la mujer refleja el amor entre Cristo y la Iglesia. Por la voluntad de Cristo, el Matrimonio es uno de los siete sacramentos.

UNA ALIANZA Y UN ACTO LITÚRGICO

Por el matrimonio, la pareja da testimonio del amor conyugal de Cristo por la Iglesia. Una de las oraciones nupciales en la celebración litúrgica del matrimonio se refiere a esto al decir: "Señor, tú [...] con un designio maravilloso consagraste la unión conyugal para prefigurar en ella la unión de Cristo con su Iglesia". Mediante la celebración litúrgica del matrimonio, el marido y la mujer establecen una alianza que también es un sacramento:

La alianza matrimonial, por la que el varón y la mujer constituyen entre sí un consorcio de toda la vida, ordenado por su misma índole natural al bien de los cónyuges y a la generación y educación de la prole, fue elevada por Cristo Nuestro Señor a la dignidad de sacramento entre bautizados. (CIC, no. 1601, citando CDC, can. 1055, y *Código de los Cánones de las Iglesias Orientales* [*Codex Canonum Ecclesiarum Orientalium*; CCIO], can. 776)

El sacramento del Matrimonio es una alianza, que es más que un contrato. Una alianza siempre expresa una relación entre personas. La alianza matrimonial se refiere a la relación entre el marido y la mujer, una unión permanente de personas capaces de conocerse y amarse la una a la otra y a Dios. La celebración del matrimonio también es un acto litúrgico, que se celebra apropiadamente con una liturgia pública en una iglesia. Se pide encarecidamente a los católicos que celebren su matrimonio dentro de la Liturgia Eucarística.

LA CELEBRACIÓN DEL MATRIMONIO

Según la tradición latina, los esposos, como ministros de la gracia de Cristo, manifestando su consentimiento ante la Iglesia, se confieren mutuamente el sacramento del matrimonio. En las tradiciones de las Iglesias orientales, los sacerdotes —Obispos o presbíteros— son testigos del recíproco consentimiento expresado por los esposos, pero también su bendición es necesaria para la validez del sacramento.

—CIC, no. 1623

En la Iglesia latina, el consentimiento libre de la pareja es central en la celebración del matrimonio. De acuerdo a la ley de la Iglesia, cuando dos católicos se casan deben intercambiar este consentimiento en presencia de un ministro de la Iglesia, de dos testigos y de la congregación. El sacerdote o el diácono recibe este consentimiento, pero el matrimonio en sí tiene lugar mediante el consentimiento público de la pareja. El sacerdote invita a la pareja a hacerlo con estas palabras: "Así pues, ya que quieren establecer entre ustedes la alianza santa del matrimonio, unan sus manos y expresen su consentimiento delante de Dios y de su Iglesia". Existen varias fórmulas para este consentimiento. Una de las que se pueden usar es la siguiente: "Yo, [*Nombre*], te acepto a ti, [*Nombre*], como mi [*esposo/a*] y prometo serte fiel en lo próspero y en lo adverso, en la salud y en la enfermedad, y amarte y respetarte todos los días de mi vida". En las Iglesias orientales, el sacramento se confiere con la bendición del sacerdote tras haber recibido el consentimiento de la pareja.

El consentimiento queda simbolizado aún más en la Iglesia latina con la bendición e intercambio de anillos con estas palabras: "[*Nombre*] recibe este anillo como signo de mi amor y de mi fidelidad. En el nombre del Padre y del Hijo y del Espíritu Santo".

LOS FINES DEL MATRIMONIO

La alianza matrimonial, por la que un hombre y una mujer constituyen una íntima comunidad de vida y de amor, fue fundada y dotada de sus leyes propias por el Creador. Por su naturaleza está ordenada al bien de los cónyuges así como a la generación y educación de los hijos. Entre bautizados, el matrimonio ha sido elevado por Cristo Señor a la dignidad de sacramento.

—CIC, no. 1660

El *Catecismo* enseña que la gracia de Cristo en el sacramento del Matrimonio protege los fines esenciales del matrimonio: el bien de la pareja y la generación y educación de los hijos. Estos fines son protegidos y fomentados mediante la permanencia del vínculo matrimonial y la fidelidad mutua de los cónyuges.

"Lo que Dios unió, que no lo separe el hombre" (Mc 10:9). Ya hemos mencionado que el designio de Dios para el matrimonio incluye una alianza permanente adoptada por la pareja. La Iglesia declara cada matrimonio válido sacramental consumado indisoluble, es decir, que nadie puede disolver el vínculo matrimonial.

El sacramento obliga a la fidelidad matrimonial entre los cónyuges. El amor tiene una cualidad que define. Es más que un arreglo práctico o un contrato temporal. La intimidad matrimonial y el bien de los hijos requieren fidelidad total al amor conyugal. Esto brota de la fidelidad de Cristo mismo a la Iglesia, a la que amó tanto que murió por ella. Mediante la fidelidad mutua, los cónyuges continúan haciendo presente el uno al otro el amor de Cristo y lleva a cada uno de ellos a una mayor santidad mediante la gracia que reciben del sacramento. El amor matrimonial está ordenado hacia el bien de los cónyuges y la procreación y educación de los hijos. Estos son los fines unitivos y procreadores del matrimonio. "Por su naturaleza misma, la institución misma del matrimonio y el amor conyugal están ordenados a la procreación y a la educación de la prole y con ellas son coronados como su culminación" (CIC, no. 1652; GS, no. 48). La fecundidad del amor matrimonial incluye la vida moral,

DEL CATECISMO

1. ¿Por qué se llama a la familia "la Iglesia doméstica"?

El hogar cristiano es el lugar en que los hijos reciben el primer anuncio de la fe. Por eso la casa familiar es llamada justamente "Iglesia doméstica", comunidad de gracia y de oración, escuela de virtudes humanas y de caridad cristiana. (CIC, no. 1666)

2. ¿Qué es esencial en el consentimiento de los que se van a casar?

Los protagonistas de la alianza matrimonial son un hombre y una mujer bautizados, libres para contraer el matrimonio y que expresan libremente su consentimiento. "Ser libre" quiere decir:

— no obrar por coacción;

— no estar impedido por una ley natural o eclesiástica. (CIC, no. 1625)

3. ¿Por qué deberían las parejas prepararse para el matrimonio?

Para que el "Sí" de los esposos sea un acto libre y responsable, y para que la alianza matrimonial tenga fundamentos humanos y cristianos sólidos y estables, la *preparación para el matrimonio* es de primera importancia […] Los jóvenes deben ser instruidos adecuada y oportunamente sobre la dignidad, tareas y ejercicio del amor conyugal, sobre todo en el seno de la misma familia, para que, educados en el cultivo de la castidad, puedan pasar, a la edad conveniente, de un honesto noviazgo vivido al matrimonio. (CIC, no. 1632)

espiritual y de fe que los padres transmiten a sus hijos. Los padres, como principales educadores de sus hijos, están al servicio de la vida.

Junto con sus hijos, los padres forman lo que el Concilio Vaticano II llamó la iglesia doméstica. La Iglesia vive en la vida diaria de las familias, en su fe y amor, en sus oraciones y cuidados mutuos. El *Catecismo* indica que "aquí es donde se ejercita de manera privilegiada el *sacerdocio bautismal* del padre de familia, de la madre, de los hijos, de todos los miembros de la familia" (CIC, no. 1657).

No todas las parejas casadas pueden tener hijos. "Sin embargo, los esposos a los que Dios no ha concedido tener hijos pueden llevar una vida conyugal plena de sentido, humana y cristianamente. Su matrimonio puede irradiar una fecundidad de caridad, de acogida y de sacrificio" (CIC, no. 1654).

EFECTOS DEL SACRAMENTO

El primer efecto del sacramento del Matrimonio es el don del vínculo entre los cónyuges. "El consentimiento por el que los esposos se dan y se reciben mutuamente es sellado por el mismo Dios" (CIC, no. 1639). "Por tanto, el *vínculo matrimonial* es establecido por Dios mismo, de modo que el matrimonio celebrado y consumado entre bautizados no puede ser disuelto jamás" (CIC, no. 1640).

La gracia de este sacramento perfecciona el amor del marido y de la mujer, los une en fidelidad y los ayuda a dar la bienvenida a los hijos y a cuidar de ellos. Cristo es la fuente de esta gracia y reside en los cónyuges para fortalecer sus promesas de la alianza, para cargar mutuamente con el peso con perdón y bondad, y para vivir con antelación el "banquete de bodas del Cordero" (Ap 19:9).

HAZ TODO LO QUE PUEDAS PARA FORTALECER EL MATRIMONIO

El cuidado pastoral de la Iglesia para apoyar el matrimonio se demuestra mediante una variedad de programas para ayudar a hombres y mujeres a conocer el designio de Dios para el matrimonio y las enseñanzas de la Iglesia. La preparación remota, que puede comenzar en la familia, toma un carácter más organizado en los cursos de secundaria y de la universidad. A medida que los prometidos se acercan a la celebración del matrimonio, existen programas más intensivos para la preparación (frecuentemente llamados "programas Pre-Caná)."

Estos programas son ahora incluso más necesarios debido a los cambios culturales de los últimos tiempos que han minado la voluntad de Dios respecto al matrimonio. La llamada revolución sexual, ayudada por la anticoncepción artificial, ha hecho culturalmente más aceptable que hombres y mujeres tengan relaciones sexuales sin haberse casado entre ellos. La legalización del aborto ha reducido la presión en hombres y mujeres de preocuparse por embarazos no deseados. La aceptación casual de la cohabitación entre personas no casadas —y de parejas que comienzan el matrimonio sin un compromiso permanente— contradice la naturaleza misma del matrimonio. La presión política para la legalización de las uniones de parejas del mismo sexo es otro paso más hacia la erosión del designio de Dios para el matrimonio y el concepto de matrimonio en el orden moral natural de la creación.

En sus enseñanzas, la Iglesia nos ofrece una visión de la vida familiar que comienza con el don total del amor entre los cónyuges, evidenciado en su decisión de permanecer exclusivamente fieles hasta la muerte. Esta promesa, realizada ante Dios en presencia de la familia y amigos ante un sacerdote o diácono autorizado, es apoyada por la continua presencia de Cristo en la vida de los cónyuges a medida que él vierte en sus corazones el don del amor mediante el Espíritu Santo. La pareja no camina sola y posee la libertad agraciada de responder a toda la ayuda natural y supernatural.

La aceptación gozosa de la pareja a tener hijos incluye la responsabilidad de servir como modelos del compromiso cristiano a sus hijos y ayudarlos a crecer en la sabiduría y la gracia. De esta manera, su familia se convierte en la "iglesia doméstica". La familia honra el hogar como un lugar de oración que transmite ese sentido de lo sagrado donde tiene lugar gran parte de la vida cristiana.

La pareja tiene que recordar que han entrado en una relación entre personas. Cada uno se encuentra con el otro con dos amores, el que ordenó Jesús y el que está causado por la atracción que uno tiene por el otro. Están desafiados a unir su amor personal con el amor de Cristo. Su amor humano sobrevivirá más efectivamente los retos culturales que afronta, así como los retos psicológicos y económicos, cuando este se fusione con el poderoso amor de Cristo, quien quiere que triunfen y cuya divina gracia está siempre a su servicio.

El Nuevo Testamento muestra que el mandamiento de Cristo de amar es la puerta a todo el orden supernatural. Al mismo tiempo, anima a las parejas a saber que Jesús afirma la bondad humana de cada persona. Junta, la pareja debe buscar los mismos fines de un amor mutuo unido al amor de Cristo, de crear una familia y de continuar creciendo en su propia relación.

> Puede parecer difícil, incluso imposible, atarse para toda la vida a un ser humano. Por ello es tanto más importante anunciar la buena nueva de que Dios nos ama con un amor definitivo e irrevocable, de que los esposos participan de este amor, que les conforta y mantiene, y de que por su fidelidad se convierten en testigos del amor fiel de Dios. Los esposos que, con la gracia de Dios, dan este testimonio, con frecuencia en condiciones muy difíciles, merecen la gratitud y el apoyo de la comunidad eclesial. (CIC, no. 1648)

EL DIVORCIO Y EL CUIDADO PASTORAL

Las parejas casadas siempre han experimentado problemas que han amenazado sus relaciones: celos, infidelidad, conflictos y peleas. La lujuria y la dominación arbitraria pueden arruinar un matrimonio. Estos problemas surgen del impacto del pecado, tanto Original como actual. El primer pecado trastornó la comunión original entre hombre y mujer. A pesar de esto, el designio de Dios para el matrimonio persistió. Él nunca dejó de proveer la misericordia y la gracia sanadora para ayudar a las parejas a mantener sus matrimonios. Tristemente, algunos cónyuges fallan a la hora de beneficiarse del auxilio del Señor y de los muchos recursos y ayudas profesionales que se les ofrecen.

DECLARACIÓN DE NULIDAD DE UN MATRIMONIO

El consentimiento debe ser un acto de la voluntad de cada uno de los contrayentes, libre de violencia o de temor grave externo. Ningún poder humano puede reemplazar este consentimiento. Si esta libertad falta, el matrimonio es inválido. Por esta razón (o por otras razones que hacen nulo e inválido el matrimonio), la Iglesia, tras examinar la situación por el tribunal eclesiástico competente, puede declarar "la nulidad del matrimonio", es decir, que el matrimonio no ha existido. En este caso, los contrayentes quedan libres para casarse, aunque deben cumplir las obligaciones naturales nacidas de una unión precedente (cf. CIC, nos. 1628-1629; CDC, can. 1095-1107).

La fidelidad de la Iglesia a las enseñanzas de Cristo sobre el matrimonio y en contra del divorcio no indica una insensibilidad al dolor que las personas sienten en situaciones de infelicidad como estas. Cuando el divorcio es la única vía posible, la Iglesia ofrece su apoyo a las personas afectadas y las anima a mantenerse cercanas al Señor por medio de la recepción frecuente de los sacramentos, especialmente de la Sagrada Eucaristía. En el caso de aquellos que se han divorciado civilmente y se han vuelto a casar, aunque la Iglesia considera inválido el segundo matrimonio, ella no quiere que estos católicos se distancien de ella.

Respecto a los cristianos que viven en esta situación y que con frecuencia conservan la fe y desean educar cristianamente a sus hijos, los sacerdotes y toda la comunidad deben dar prueba de una atenta solicitud, a fin de aquellos no se consideren como separados de la Iglesia, de cuya vida pueden y deben participar en cuanto bautizados. (CIC, no. 1651)

Por esto, se les anima vivamente a que participen de la vida de sus comunidades parroquiales y que asistan a la Eucaristía dominical, aunque no puedan recibir la Sagrada Comunión.

LA DECLARACIÓN DE NULIDAD

El matrimonio de dos personas bautizadas celebrado según las normas de la ley de la Iglesia siempre se presume que es válido. Cuando un matrimonio se rompe, esta suposición sigue vigente hasta que se pruebe lo contrario. La examinación de la validez de un matrimonio es llevada a cabo por un tribunal eclesiástico. Cuando el tribunal eclesiástico promulga una declaración de nulidad del matrimonio, esto no quiere decir que no existió una relación civil, sexual o emocional, ni tampoco que los hijos nacidos de la unión sean ilegítimos. La declaración de nulidad quiere decir que no existió el vínculo matrimonial —o, en el caso de que una de las personas no estuviese bautizada, el vínculo natural— porque en el momento de la boda no se dieron los criterios para un matrimonio válido. Entre los motivos para una declaración de nulidad se encuentran: defectos en el rito mismo, en la capacidad legal de los contrayentes para casarse (es decir, un "impedimento"), o en el consentimiento que dieron —así sea que les faltaba discreción o madurez de juicio, o que se casaran forzados o por temor, o lo hicieran con intención de excluir la fidelidad o el compromiso de una unión de por vida, o que pusieran condiciones inaceptables para el matrimonio (cf. CIC, nos. 1628-1629). Una vez que la declaración de nulidad ha sido declarada, si no existen otras restricciones, los contrayentes son libres de casarse sacramentalmente en la Iglesia Católica.

MATRIMONIOS MIXTOS Y DISPARIDAD DE CULTO

El término *matrimonio mixto* se refiere a la unión entre un católico y una persona bautizada, no católica. Con el permiso apropiado, un católico se puede casar con un bautizado no católico por la Iglesia Católica o por una Iglesia no católica. En el primer caso, un ministro no católico puede estar presente en la ceremonia, al igual que un sacerdote católico puede estar presente, con el permiso del obispo, en la iglesia no católica.

Está claro que existen diferencias entre las distintas tradiciones religiosas, pero estas diferencias pueden ser atenuadas cuando los cónyuges comparten lo que han recibido de sus respectivas tradiciones y aprenden uno del otro como viven su fidelidad a Cristo. "Pero las dificultades de los matrimonios mixtos no deben tampoco ser subestimadas. Se deben al hecho de que la separación de los cristianos no se ha superado todavía. Los esposos corren el peligro de vivir en el seno de su hogar el drama de la desunión de los cristianos" (CIC, no. 1634).

Un matrimonio entre un católico y una persona no bautizada, lo que es un matrimonio con *disparidad de culto* y que no es un matrimonio sacramental, puede presentar problemas aún más grandes. Sin embargo, las mismas diferencias en cuanto a la fe pueden enriquecer a ambos cónyuges y, con la gracia de Dios, pueden acercarlos a Él.

PARA LA REFLEXIÓN Y EL DEBATE

1. ¿Cómo afecta el concepto moderno y secular del matrimonio y de la familia tus propias relaciones familiares? ¿Cómo resistes a las corrientes que pueden debilitar el matrimonio?

2. ¿Qué apoyo para tu familia recibes de parientes, amigos y de tu parroquia? ¿De qué maneras es tu familia una "iglesia doméstica"? ¿Cómo y cuándo rezas con tu cónyuge? ¿Cuál es tu práctica habitual en cuanto a tu participación en la Misa dominical?

3. ¿Qué tipo de ayuda puedes tú o tu parroquia ofrecer a otras parejas, especialmente a aquellas en matrimonios con problemas en tu barrio y parroquia? ¿Qué crees que hará que la sociedad cambie para que esta sea una que haga todo lo posible para mantener el ideal de un matrimonio monógamo y permanente?

ENSEÑANZAS

- Dios es el autor del matrimonio.
- "La alianza matrimonial, por la que el varón y la mujer constituyen entre sí un consorcio de toda la vida, ordenado por su misma índole natural al bien de los cónyuges y a la generación y educación de la prole, fue elevada por Cristo Nuestro Señor a la dignidad de sacramento entre bautizados" (CIC, no. 1601; véase CDC, can. 1055; CCIO, can. 776).

- La celebración del matrimonio también es un acto litúrgico, que se celebra apropiadamente con una liturgia pública en una iglesia. Mediante el matrimonio, la pareja da testimonio del amor conyugal de Cristo por la Iglesia.
- En la Iglesia latina, los cónyuges, como ministros de la gracia de Dios, se confieren mutuamente el sacramento del Matrimonio al expresar su consentimiento ante la Iglesia. El consentimiento libre de la pareja es central en la celebración del matrimonio.
- La unidad, un compromiso permanente de por vida y la apertura a tener hijos y cuidarlos son aspectos esenciales del matrimonio.
- "Contraer un nuevo matrimonio por parte de los divorciados mientras viven sus cónyuges legítimos contradice el plan y la ley de Dios enseñados por Cristo. Los que viven en esta situación no están separados de la Iglesia pero no pueden acceder a la comunión eucarística" (CIC, no. 1665). Se les anima vivamente a llevar vidas cristianas asistiendo a la Misa dominical y participando, en cuanto les sea posible, en la vida de la parroquia y educando a sus hijos en la fe.
- "El hogar cristiano es el lugar en que los hijos reciben el primer anuncio de la fe. Por eso la casa familiar es llamada justamente 'Iglesia doméstica', comunidad de gracia y de oración, escuela de virtudes humanas y de caridad cristiana" (CIC, no. 1666).

MEDITACIÓN

Exhortación Antes del Sacramento del Matrimonio

Queridos Amigos en Cristo,

Como saben, están a punto de entrar en una unión que es muy sagrada y muy seria, una unión que fue establecida por Dios mismo. De esta manera, Él santificó el amor humano e hizo posible que el varón y la mujer se ayudaran mutuamente a vivir como hijos de Dios, compartiendo una vida en común bajo su cuidado paternal.

Así, al ser Dios mismo su autor, el matrimonio es por su propia naturaleza una institución santa, requiriendo de aquellos que van a participar en él su entrega completa y sin reservas. Esta unión, por tanto, es muy seria, porque los unirá a ustedes de por vida en una relación tan cercana y tan íntima que influenciará profundamente todo su futuro. Este futuro —con sus esperanzas y desilusiones, sus éxitos y sus fallos, sus placeres y sus dolores, sus gozos y sus tristezas— se oculta de sus ojos. Ustedes saben bien que estos elementos se mezclan en la vida diaria y que son de esperar en la de ustedes. Y así, sin saber lo que les espera, ustedes se aceptan mutuamente en lo bueno y en lo malo, en lo próspero y en lo adverso, en la salud y en la enfermedad, hasta la muerte.

Estas palabras son, entonces, muy serias. Es un bello tributo a su indudable fe mutua que, reconociendo todo su significado, ustedes estén aún así dispuestos y listos a pronunciarlas. Y porque estas palabras conllevan tan solemnes obligaciones, es sumamente apropiado que ustedes depositen la seguridad de su vida matrimonial en el gran principio del sacrificio personal. Y así hoy, ustedes comienzan su vida de casados mediante la rendición voluntaria y total de sus vidas individuales en beneficio de esa vida más profunda y amplia que ustedes dos van a tener en común.

De ahora en adelante, ustedes se pertenecen por completo el uno al otro; serán uno en sus pensamientos, uno en sus corazones y uno en sus sentimientos. Y sean cuales sean los sacrificios que de ahora en adelante tengan que hacer para preservar esta vida en común, háganlos siempre generosamente. Habrá problemas que puedan ser difíciles, pero un amor genuino puede hacerlos fáciles, y un amor perfecto los puede convertir en una alegría. Estamos dispuestos a dar en proporción a lo que amamos. Y cuando el amor es perfecto, el sacrificio es completo. Dios amó tanto al mundo que dio a su único Hijo engendrado, y el Hijo nos amó tanto que se dio a sí mismo por nuestra salvación. "Nadie tiene amor más grande a sus amigos que el que da la vida por ellos".

No hay bendición más grande que pueda recibir su vida matrimonial que un amor conyugal puro, leal y verdadero hasta el fin. Que este amor, entonces, con el que hoy unen sus manos y sus corazones, nunca falle, sino que sea más profundo y fuerte con el paso de los años. Y si el amor verdadero y el espíritu desinteresado del sacrificio perfecto guía sus acciones, ustedes dos pueden esperar la mayor medida de felicidad terrenal que pueda ser asignada en este mundo. El resto está en las manos de Dios. Y Dios no dejará de atender sus necesidades; Él les prometerá el apoyo de sus gracias de por vida en el sagrado sacramento que ahora van a recibir.

—Monseñor Charles Ramm, "Exhortation Before the Sacrament of Marriage" ("Exhortación antes del Sacramento del Matrimonio"), en *Liturgikon* (Huntington, IN: Our Sunday Visitor, 1977) (v.d.t.)

ORACIÓN

Bendición de la Familia

Dios eterno,
Que con tu amor de Padre
No dejar de atender a las necesidades de los hombres,
Derrama sobre tu familia
La abundancia de tu bendición
Y santifica con tu gracia a los que viven en esta casa,
Para que, obrando según tus mandatos,
Y aprovechando el tiempo presente,
Lleguen un día a la morada
Que tienen preparada en el cielo.
Por Jesucristo, nuestro Señor.
Amén.

—*Bendicional*, no. 86

Yo te desposaré en la fidelidad.

—Os 2:21

22 SACRAMENTALES Y DEVOCIONES POPULARES

FORMAS DE PIEDAD POPULAR
—CIC, NOS. 1667-1679

EL SACERDOTE DEL ROSARIO

 Durante medio siglo, desde 1940 a 1990, el Padre Patrick Peyton, CSC, era para millones de personas de todo el mundo "el sacerdote del rosario". Para los católicos y otros creyentes de Estados Unidos, él fue el ímpetu detrás del conocido lema "La familia que reza unida, permanece unida".

Nació el 9 de enero de 1909, en County Mayo, Irlanda. En 1928, Patrick y su hermano Tom dejaron su hogar para buscar trabajo en Estados Unidos. Se marcharon a Scranton, Pennsylvania. Patrick trabajó como limpiador en la Catedral de Saint Peter. Con el paso del tiempo, él y Tom terminaron la secundaria. Patrick entonces entró en el seminario en la Universidad de Notre Dame, de los Padres de la Congregación de la Santa Cruz. Antes de que terminara sus estudios teológicos, Patrick enfermó de tuberculosos. Escribió sobre esta experiencia describiéndola como su "hora más oscura".

Dios hizo de mi peor y más oscura hora el principio de una nueva vida llena de sentido. En medio de la noche, mi pulmón derecho empezó a sufrir una hemorragia. Un doctor vino y me dijo que pensaba que moriría esa misma noche. Yo había sido un hombre fuerte, vigoroso e independiente. Ahora el personal de una ambulancia me colocaba en una camilla, me bajaban maniobrando por una escalera estrecha y sinuosa, y me llevaban urgentemente al hospital. Me estaba deteriorando hasta tal punto que los doctores dijeron: "Prueba a rezar. Nuestros remedios no sirven".

Uno de mis maestros vino apresuradamente a visitarme. Me vio en mi peor momento —desanimado, deprimido y desesperado. "La Virgen María vive", dijo. "Ella será tan buena contigo como tu pienses que pueda serlo. Todo depende de ti y de tu fe". El reactivó mi fe adormecida. Le pedí a la Virgen María con todo mi corazón y toda mi alma que le rezara a su Hijo para que me curase. "Si sobrevivo, te serviré a ti y a Cristo el resto de mi vida". (v.d.t.)

Al poco tiempo, Patrick les pidió a los doctores que lo examinasen de nuevo. Le hicieron rayos X y exámenes. Sorprendentemente no encontraron rastros de la enfermedad en sus pulmones. Al describir su curación, él escribió: "No estoy describiendo un milagro. Estoy dando testimonio del poder de la intercesión de María y de la forma silenciosa y no sensacionalista en la que obra. Cuando escuché las buenas noticias dije: 'María, espero no deshonrarte jamás'".

Se ordenó sacerdote en 1941. Se preguntaba cómo podría pagar las deudas espirituales a Cristo, a María y a las oraciones de su familia. Siete meses más tarde, durante un retiro, Dios le dio la respuesta: La Cruzada del Rosario en Familia. Durante su enfermedad había aprendido tres lecciones: solidaridad con la gente y dependencia de los demás, apreciación por el don de la Madre de Cristo y dependencia total de Dios.

Durante los cincuenta años siguientes, viajó por todo el mundo como un apóstol de la oración y la solidaridad familiar. Desde los púlpitos, en los salones escolares, en los medios de comunicación, en reuniones multitudinarias y en visitas a hogares, el Padre Patrick ayudó a la gente a conocer a la Virgen María y el poder espiritual del rosario, lo que abrió corazones a Jesucristo y a su amor que une. A menudo tenía la ayuda de obispos y estrellas católicas de los medios de comunicación para promover su causa.

El Padre Peyton murió el 3 de junio de 1992. Está enterrado en los terrenos de la Congregación de la Santa Cruz en Easton, Massachusetts. Desde su muerte, los Ministerios Familiares Santa Cruz, un ministerio fundado por el Padre Peyton y patrocinado por la Congregación de la Santa Cruz, han construido el Father Patrick Peyton Center, un lugar de peregrinaje y sede internacional para continuar el ministerio del Padre Peyton.

Al final de su vida, el Padre Peyton meditaba sobre su pasado y su ministerio: "En los días de verano de mi niñez, las Montañas Ox en Irlanda estaban cubiertas de flores moradas. Desde la otra dirección, me llegaban los gemidos de las gigantescas olas del Atlántico que venían a morir en la costa. No importa lo imponente y poderosas que sean las cosas, todas ellas, incluso las montañas y los océanos llegan a su fin. Yo di mi vida a ensalzar la belleza del Rosario en familia".[14]

El fervor del Padre Peyton en promover el rezo del rosario para fortalecer la vida familiar continúa siendo un contexto inspirador para tratar la devoción popular y los sacramentales. Esta dimensión de la vida de la Iglesia ha demostrado ser una fuente perenne para descubrir y relacionar la presencia activa de Dios, y para aplicarla a los detalles de la vida cristiana diaria.

SACRAMENTALES

La santa Madre Iglesia instituyó, además, los sacramentales. Estos son signos sagrados con los que, imitando de alguna manera a los sacramentos, se expresan efectos, sobre todo espirituales, obtenidos por la intercesión de la Iglesia.

—CIC, no. 1667

Los sacramentales predisponen al creyente a recibir los principales efectos de los sacramentos. Son signos sagrados que imitan de alguna manera a los sacramentos en el sentido de que expresan efectos espirituales que son obtenidos mediante la intercesión de la Iglesia. Los sacramentales incluyen: las bendiciones, acciones tales como las procesiones, oraciones como el rosario y objetos como el agua bendita, las palmas, las cenizas, las velas y las medallas.

---

14 Citado (en inglés) por Holy Cross Family Ministries, *www.familyrosary.org/main/ about-father-priesthood.php* (v.d.t.).

La Iglesia instituyó los sacramentales para santificar ciertos ministerios, estados de vida y un número de situaciones en las que se encuentran los cristianos. Sus usos son guiados por las decisiones pastorales de los obispos, en respuesta a necesidades específicas que son únicas en ciertos períodos históricos o en ciertos lugares. Los sacramentales incluyen una oración, normalmente acompañada de un gesto, como la Señal de la Cruz o la aspersión con agua bendita.

LAS BENDICIONES

De entre los sacramentales, las bendiciones tienen un lugar privilegiado. Hay bendiciones de personas, comidas, objetos, lugares y de ocasiones especiales. Todas las bendiciones alaban a Dios por sus dones. La mayoría de las bendiciones invocan a la Santísima Trinidad como se expresa en la Señal de la Cruz —a veces acompañada de la aspersión con agua bendita.

Hay bendiciones que consagran a personas a Dios: líderes de órdenes o congregaciones religiosas, hombres y mujeres religiosos, vírgenes y viudas, y otras personas como los proclamadores de la Palabra, acólitos y catequistas. Existen bendiciones de vasos sagrados (como los cálices y copones), campanas, medallas, rosarios y objetos similares para uso religioso. El texto para estas y otras bendiciones se puede encontrar en el *Bendicional* o *Ritual de Bendiciones* (en inglés, *Book of Blessings*). Hacer la Señal de la Cruz al comienzo y final de cada día, decir las oraciones de la mañana y de la noche y ofrecer una oración antes y después de las comidas son algunas de las formas más típicas de invocar la bendición de Dios sobre nuestras vidas.

LOS EXORCISMOS

Los Evangelios narran que Jesús realizó exorcismos que liberaban a la persona del poder del mal personificado en los ángeles caídos —Satanás y los demonios. Por ejemplo, cuando un hombre con un espíritu inmundo entró en la sinagoga donde Jesús estaba predicando y el espíritu inmundo lo desafió, Jesús dijo al demonio: "¡Cállate y sal de él!" (Mc 1:25). El espíritu inmundo sacudió al hombre y lo dejó. Los exorcismos de Cristo eran tanto actos compasivos de curación como signos de su poder sobre el mal.

La Iglesia ha recibido de Cristo el poder y el oficio de realizar exorcismos. En cada Bautismo, se realiza un exorcismo simple, acompañado de una renuncia a Satanás y al pecado. Dentro del Rito de Iniciación Cristiana de Adultos, se celebran exorcismos simples al ser liberados del pecado y de sus efectos. Los elegidos reciben una fortaleza nueva durante su camino espiritual y abren sus corazones para recibir los dones del Salvador (cf. *Rito de Iniciación Cristiana de Adultos*, no. 144). Un exorcismo solemne solo puede ser realizado por un sacerdote con la autorización del obispo. El sacerdote debe actuar con prudencia y siguiendo estrictamente las reglas de la Iglesia para exorcismos. "El exorcismo intenta expulsar a los demonios o liberar del dominio demoníaco gracias a la autoridad espiritual que Jesús ha confiado a su Iglesia" (CIC, no. 1673). Hay que distinguir entre una enfermedad psicológica y una posesión demoníaca. Las enfermedades son el dominio del cuidado psicológico y médico, mientras que las posesiones demoníacas requieren el cuidado pastoral de la Iglesia mediante exorcismos.

LAS DEVOCIONES POPULARES

La fe del pueblo cristiano ha desarrollado numerosas formas de piedad y devociones populares. El instinto religioso del pueblo cristiano siempre ha encontrado su expresión en formas de piedad en torno a la vida sacramental, lo cual ayuda a beneficiarse de estas con mayor efectividad. Las devociones populares han demostrado ser maneras eficaces de ofrecer oración y de proveer beneficios espirituales a muchos.

Estas formas de piedad incluyen rezar el Vía Crucis; realizar peregrinaciones a Tierra Santa, Roma, santuarios Marianos y santuarios de otros santos; prender velas en la iglesia, recibir la bendición de gargantas el día de San Blas; participar en las procesiones del Corpus Christi; llevar medallas de la Virgen María y de los santos; y venerar reliquias sagradas. Algunos materiales que son parte de los ritos litúrgicos de la Iglesia, como las cenizas que se reciben el Miércoles de

Ceniza y las palmas que se distribuyen el Domingo de Ramos, también son sacramentales.

Las devociones al Sagrado Corazón de Jesús, a la Divina Misericordia de Jesús y a la Santísima Virgen María son frecuentemente parte de la vida parroquial y a menudo incluyen una *novena*, nueve días de oración asociados con la devoción. Grupos de oración, como los promovidos por la Renovación Carismática, Cursillo, Encuentros Matrimoniales y *Teens for Christ* (un movimiento juvenil [n.d.t.]), tienen tanto una sólida base litúrgica, como un componente de devoción viva.

El rezo de letanías (una serie de invocaciones a la Santísima Madre o a los santos) y el uso de iconos, imágenes sagradas y estatuas como apoyos para la oración son también formas de devoción popular. Los fieles no rinden culto a las imágenes o estatuas; ellos veneran u honran a la Virgen María y a los santos, y ofrecen culto solo a Dios. La veneración de la Virgen María y de los santos lleva en última instancia a Dios. De entre las formas de devoción popular, el rosario disfruta de una posición única debido a su relación con los misterios de Cristo y la fe de la Santísima Virgen María.

EL ROSARIO

[El Rosario] se inspira en el Evangelio para sugerir, partiendo del gozoso saludo del Ángel y del religioso consentimiento de la Virgen, la actitud con que debe recitarlo el fiel.

—Papa Pablo VI, *Para la Recta Ordenación y Desarrollo del Culto a la Santísima Virgen María* (*Marialis Cultus*), no. 44

Muchas de las apariciones de la Virgen María, especialmente en Lourdes y Fátima, han estado asociadas con el rezo del rosario. Numerosos papas y santos han urgido a los fieles a rezar el rosario. Inaugurando el Año Mariano de 1987, el rosario fue una oración global por la paz ofrecido por grandes grupos reunidos en santuarios marianos, como los de Washington, D.C., Lourdes, Frankfurt, Manila, Bombay, Río de Janeiro y Dakar.

La popularidad del rosario se ha atribuido a Santo Domingo de Guzmán y a la Orden Dominica. Creció del deseo de los laicos de tener 150 oraciones que reflejaran los 150 salmos que cantaban los monjes en los monasterios. En 1569, San Pío V recomendó oficialmente el rezo "de 150 salutaciones angélicas [...] con la oración del Señor cada diez [...] mientras se medita sobre los misterios que recuerdan toda la vida de nuestro Señor Jesucristo" (v.d.t.).

El rosario es una oración con base en las Sagradas Escrituras. Comienza con el Símbolo, o Credo, de los Apóstoles, el cual es en sí mismo un resumen de los grandes misterios de la fe católica, basado en las Sagradas Escrituras, desde la creación, pasando por la redención, hasta la Resurrección del cuerpo y la vida futura. El Padrenuestro, que introduce cada misterio, está tomado de los Evangelios. La primera parte del Ave María está compuesta por versículos del Evangelio de Lucas (1:29 y 1:42), las palabras del ángel anunciando el nacimiento de Cristo y el saludo de Isabel a María. San Pío V añadió oficialmente la segunda parte del Ave María.

Los Misterios del rosario se centran en los acontecimientos de la vida de Cristo. Los Misterios Gozosos, que recuerdan aspectos de la Encarnación, son la Anunciación, la Visitación, el Nacimiento de Jesús, la Presentación de Jesús en el Templo y el Niño Jesús Perdido y Hallado en el Templo. Los Misterios Dolorosos, que se enfocan en el sufrimiento o muerte de Cristo, son la Oración de Jesús en el Huerto, la Flagelación del Señor, la Coronación de espinas, Jesús con la Cruz a cuestas camino del Calvario y la Crucifixión y Muerte de Nuestro Señor. Los Misterios Gloriosos son la Resurrección del Hijo de Dios, la Ascensión del Señor a los Cielos, la Venida del Espíritu Santo sobre los Apóstoles, la Asunción de Nuestra Señora a los Cielos y la Coronación de la Santísima Virgen como Reina de Cielos y Tierra. En octubre del 2002, el Papa Juan Pablo II promulgó la *Carta Apostólica sobre el Santo Rosario* (*Rosarium Virginis Mariae*; RVM). En la carta, el Santo Padre añadió cinco misterios adicionales a los que denominó Misterios Luminosos: el Bautismo de Jesús en el Jordán, la autorrevelación de Jesús en las bodas de Caná, el anuncio del Reino de Dios invitando a la conversión, la Transfiguración y la Institución de la Eucaristía.

DEL CATECISMO

1. ¿Qué son los sacramentales?
La santa Madre Iglesia instituyó, además, los sacramentales. Estos son signos sagrados con los que, imitando de alguna manera a los sacramentos, se expresan efectos, sobre todo espirituales, obtenidos por la intercesión de la Iglesia. (CIC, no. 1667)

2. ¿Cuál es el principal sacramental?
Entre los sacramentales figuran en primer lugar *las bendiciones* (de personas, de la mesa, de objetos, de lugares). Toda bendición es alabanza de Dios y oración para obtener sus dones. En Cristo, los cristianos son bendecidos por Dios Padre "con toda clase de bendiciones espirituales" (Ef 1:3). Por eso la Iglesia da la bendición invocando el nombre de Jesús y haciendo habitualmente la señal santa de la cruz de Cristo. (CIC, no. 1671)

3. ¿Cuál es la relación entre la piedad popular y la liturgia?
Estas expresiones [de piedad popular] prolongan la vida litúrgica de la Iglesia, pero no la sustituyen: "Pero conviene que estos ejercicios se organicen teniendo en cuenta los tiempos litúrgicos para que estén de acuerdo con la sagrada liturgia, deriven en cierto modo de ella y conduzcan al pueblo a ella, ya que la liturgia, por su naturaleza, está muy por encima de ellos". (CIC, no. 1675, citando SC, no. 13 §3)

La repetición de los diez Ave Marías con cada Misterio quiere llevarnos a una oración descansada y contemplativa relacionada con el Misterio. Muchos de los que rezan el rosario piensan en las palabras como música de fondo que los lleva a descansar en la presencia divina.

La suave repetición de las palabras nos ayuda a entrar en el silencio de nuestros corazones, donde habita el Espíritu de Cristo.

EXTRACTO: EJERCICIOS DEVOCIONALES POPULARES: PREGUNTAS Y RESPUESTAS BÁSICAS

Aunque la liturgia es "la cumbre a la cual tiende la actividad de la Iglesia" y "la fuente de donde mana toda su fuerza" (SC, no. 10), no nos es posible ocupar toda nuestra jornada con la participación en la liturgia. El Concilio señaló que "la participación en la sagrada Liturgia no abarca toda la vida espiritual [...] [el cristiano] debe orar sin tregua, según enseña el Apóstol" (SC, no. 12). Los ejercicios devocionales populares desempeñan un papel decisivo en ayudar a fomentar esta oración sin tregua. Los fieles siempre han usado una variedad de prácticas como medio de impregnar la vida cotidiana con la oración a Dios. Ejemplos de esto son las peregrinaciones, novenas, procesiones y celebraciones en honor de la Virgen María y los otros santos, el rosario, el *Angelus*, el Vía Crucis, la veneración de reliquias y el uso de sacramentales. Debidamente utilizados, los ejercicios devocionales populares no reemplazan la vida litúrgica de la Iglesia; por el contrario, la extienden a la vida diaria.

Los Padres del Concilio Vaticano II reconocieron la importancia de las devociones populares en la vida de la Iglesia y alentaron a pastores y maestros a promover devociones populares sólidas. Escribieron, "Se recomiendan encarecidamente los ejercicios piadosos del pueblo cristiano, con tal que sean conformes a las leyes y a las normas de la Iglesia" (SC, no. 13). Más recientemente, el Papa Juan Pablo II ha consagrado toda una carta apostólica a una devoción popular, el rosario, invocando a obispos, sacerdotes y diáconos a convertirse "en sus diligentes promotores" y recomendando a todos los fieles, "Tomad con confianza entre las manos el rosario, descubriéndolo de nuevo a la luz de la Escritura, en armonía con la Liturgia y en el contexto de la vida cotidiana" (RVM, no. 43).

Como los ejercicios devocionales populares tienen un papel tan importante en la vida espiritual de los católicos, nosotros, los obispos de Estados Unidos [...] esperamos alentar a los fieles a hacer uso de ejercicios devocionales sólidos, de modo que sus vidas puedan llenarse de diversas maneras con la alabanza y el culto a Dios. La práctica fiel de las devociones populares puede ayudarnos a encontrar a Dios en nuestras vidas cotidianas y a conformarnos más estrechamente a Jesucristo. Como señaló el Papa Pío XII, el propósito de los ejercicios devocionales populares es "atraer y dirigir nuestras almas a Dios, purificándolas de sus pecados, alentándolas a practicar la virtud, finalmente, estimulándolas a que avancen por el camino de la sincera piedad acostumbrándolas a meditar en las verdades eternas y disponiéndolas mejor para que contemplen los misterios de las naturalezas humana y divina de Cristo" (*Sobre la Sagrada Liturgia* [*Mediator Dei*], no. 175). Refiriéndose a las muchas formas de piedad popular encontradas en América, el Papa Juan Pablo II declaró, "Estas y tantas otras expresiones de la piedad popular ofrecen oportunidad para que los fieles encuentren a Cristo viviente" (*La Iglesia en América* [*Ecclesia in America*], no. 16). (USCCB, *Ejercicios Devocionales Populares: Preguntas y Respuestas Básicas* [Washington, DC: USCCB, 2003])

▬▬▬ PARA LA REFLEXIÓN Y EL DEBATE ▬▬▬

1. ¿Qué clases de devociones populares has vivido? Si has realizado una peregrinación, ¿qué impacto ha tenido en tu vida de fe?

2. ¿Has sido testigo de bendiciones de casas, personas o de objetos especiales para usar en la liturgia? ¿Cómo puede rezar en familia, por ejemplo bendiciendo la mesa antes y después de las comidas, fortalecer la vida familiar así como la fe en Dios?

3. ¿Cuáles son algunos de los beneficios de rezar el rosario? ¿Por qué algunas personas tienen arte sagrado, como crucifijos, estatuas e imágenes sagradas, en sitios prominentes en sus casas?

ENSEÑANZAS

- Los sacramentales son signos sagrados instituidos por la Iglesia. "Estos son signos sagrados con los que, imitando de alguna manera a los sacramentos, se expresan efectos, sobre todo espirituales, obtenidos por la intercesión de la Iglesia" (CIC, no. 1667, citando SC, no. 60).
- De entre los sacramentales, las bendiciones tienen un lugar privilegiado. Hay bendiciones de personas, comidas, objetos, lugares y de ocasiones ceremoniales, como graduaciones, entrega de honores, bienvenidas y despedidas. Todas las bendiciones alaban a Dios por sus dones. La mayoría de las bendiciones invocan a la Santísima Trinidad como se expresa en la Señal de la Cruz, a veces acompañada de la aspersión con agua bendita.
- "El exorcismo intenta expulsar a los demonios o liberar del dominio demoníaco gracias a la autoridad espiritual que Jesús ha confiado a su Iglesia" (CIC, no. 1673).
- "Estas expresiones [de piedad] prolongan la vida litúrgica de la Iglesia, pero no la sustituyen: 'Pero conviene que estos ejercicios se organicen teniendo en cuenta los tiempos litúrgicos para que estén de acuerdo con la sagrada liturgia, deriven en cierto modo de ella y conduzcan al pueblo a ella, ya que la liturgia, por su naturaleza, está muy por encima de ellos'" (CIC, no. 1675, citando SC, no. 13 §3).

MEDITACIÓN

Algunas circunstancias históricas ayudan a dar un nuevo impulso a la propagación del Rosario. Ante todo, la urgencia de implorar de Dios *el don de la paz*. El Rosario ha sido propuesto muchas veces por mis Predecesores y por mí mismo como *oración por la paz*. Al inicio de un milenio que se ha abierto con las horrorosas escenas del atentado del 11 de septiembre de 2001 y que ve cada día en muchas partes del mundo nuevos episodios de sangre y violencia, promover el Rosario significa sumirse en la contemplación del misterio de Aquél que "es nuestra paz: el que de los dos pueblos hizo uno, derribando el muro que los separaba, la enemistad" (Ef 2:14). No se puede, pues, recitar el Rosario sin sentirse implicados en un compromiso concreto de servir a la paz, con una particular atención a la tierra de Jesús, aún ahora tan atormentada y tan querida por el corazón cristiano.

—RVM, no. 6

ORACIÓN

Bendición de la Mesa antes de Comer

Bendícenos, Señor,
y bendice estos alimentos
que por tu bondad
vamos a tomar.
Por Jesucristo Nuestro Señor.
Amén.

Bendición de la Mesa después de Comer

Te damos gracias, Señor,
por todos tus beneficios.
Tú que vives y reinas
por los siglos de los siglos.
[El Señor nos de su paz
y la vida eterna.] Amén.

Súplica de la Medalla Milagrosa

Oh María sin pecado concebida, ruega por nosotros, que recurrimos a ti.

TERCERA PARTE

LA MORALIDAD CRISTIANA:
LA FE VIVIDA

23 LA VIDA EN CRISTO — PRIMERA PARTE

LOS CIMIENTOS DE LA VIDA MORAL CRISTIANA
—CIC, NOS. 1691-2082

JESÚS EL MAESTRO

A Jesús lo llamaban frecuentemente maestro (en hebreo, Rabino). Jesús enseñó sobre Dios como su Padre y como Padre de todos los seres humanos. Enseñó sobre la misericordia y el perdón de Dios. Enseñó sobre el Reino que su Padre estaba estableciendo, un Reino donde la justicia y el amor conquistan la injusticia y el odio. Enseñó sobre sí mismo como el Siervo de Dios, enviado por el Padre para provocar la conversión, incluso mediante el sacrificio de su propia vida.

Jesús también enseñó a sus discípulos como tendrían que vivir para alcanzar la plenitud de la vida y de la felicidad, lo cual es el deseo de Dios para todas las gentes. Hizo esto mediante su propia forma de vivir y con sus palabras. Su enseñanza brotó de la tradición del antiguo Israel, pero él también ahondó en esta y la perfeccionó. Una buena ilustración de esto es su diálogo con un joven, narrado en el Evangelio de San Mateo.

En aquel tiempo, se acercó a Jesús un joven y le preguntó: "Maestro, ¿Qué cosas buenas tengo que hacer para conseguir la vida eterna?" Le respondió Jesús: "¿Por qué me preguntas a mí a cerca de lo bueno? Uno solo es el bueno, Dios. Pero, si quieres entrar en la vida, cumple los mandamientos". El replicó: "¿Cuáles?" Jesús le dijo: No matarás, no cometerás adulterio, no robarás, no levantarás falso testimonio, honra a tu padre y a tu madre, ama a tu prójimo como a ti mismo. Le dijo entonces el joven: "Todo eso lo he cumplido desde mi niñez, ¿Qué más me falta?" Jesús le dijo: "Si quieres ser perfecto, ve a vender todo lo que tienes, dales el dinero a los pobres, y tendrás un tesoro en el cielo; luego ven y sígueme". Al oír estas palabras, el joven se fue entristecido, porque era muy rico. (Mt 19:16-22)

En este diálogo, Jesús reitera la importancia fundamental de los Diez Mandamientos para una vida moral. Y va más allá de estos y llama a un rechazo radical de los bienes materiales y a su distribución entre los pobres. Jesús mismo vivió como un pobre. Alcanzar la plenitud de la vida y de la felicidad requiere actitudes y virtudes fundamentales, tales como la que Jesús recomienda al joven y a otros a quienes Jesús enseñó a lo largo de su ministerio público, que permiten guardar los Mandamientos.

Estas actitudes y virtudes fueron proclamadas por Jesús en su Sermón de la Montaña.

Dichosos los pobres de espíritu,
porque de ellos es el Reino de los cielos.
Dichosos los que lloran,
porque serán consolados.
Dichosos los sufridos,
porque heredarán la tierra.
Dichosos los que tienen hambre y sed de justicia,
porque serán saciados.
Dichosos los misericordiosos,
porque obtendrán misericordia.
Dichosos los limpios de corazón,
porque verán a Dios.
Dichosos los que trabajan por la paz,
porque se les llamará hijos de Dios.
Dichosos los perseguidos por causa de la justicia,
porque de ellos es el Reino de los cielos.
Dichosos serán ustedes cuando los injurien, los persigan y digan
cosas falsas de ustedes por causa mía.
Alégrense y salten de contento, porque su premio será grande en
los cielos. (Mt 5:3-12)

Estas son las Bienaventuranzas. La palabra Bienaventuranza se refiere a un estado de gran prosperidad y alegría. Estas Bienaventuranzas las enseñó Jesús como las bases para una vida de auténtico discipulado cristiano y para alcanzar la máxima felicidad. Ellas dan espíritu a la Ley de los Diez Mandamientos y llevan la vida moral a la perfección. Ese espíritu es finalmente el espíritu del amor. Respondiendo a una pregunta de un líder del pueblo, Jesús enseñó que el amor es la esencia de toda ley.

Amarás al Señor, tu Dios, con todo tu corazón,
con toda tu alma y con toda tu mente.
Este es el más grande y el primero de los mandamientos.
Y el segundo es semejante a éste:
Amarás a tu prójimo como a ti mismo. (Mt 22:37-39)

Jesús es el maestro enviado por el Padre para llevarnos a la perfecta felicidad en Dios. Jesús nos enseña el camino al Padre.

LA VIDA EN CRISTO — PRIMERA PARTE: LOS CIMIENTOS DE LA MORALIDAD CRISTIANA

La Primera Parte del *Catecismo de la Iglesia Católica* presenta el Credo —las verdades reveladas del designio divino de la salvación y la invitación a tener fe en esta Revelación.

La Segunda Parte presenta los siete sacramentos a través de los cuales la gracia salvadora de Dios es puesta a nuestra disposición. Recibimos este don del amor divino mediante nuestra participación en los misterios cristianos.

La Tercera Parte explora nuestra vida en Cristo y en el Espíritu Santo, la cual hemos recibido por medio de la Revelación y los sacramentos. Expone las diferentes formas en las que respondemos al amor divino mediante nuestro comportamiento personal y moral.

En la primera sección de la Tercera Parte, el *Catecismo* explora los diferentes elementos, principios y bases de la moralidad cristiana atendiendo a la dignidad de la persona humana, la comunidad humana y la salvación de Dios mediante la ley y gracia de Dios. En la segunda sección, el *Catecismo* aplica estos principios a cada uno de los Diez Mandamientos.

Nosotros seguiremos este mismo orden, empezando en este capítulo con quiénes somos como seres humanos llamados a vivir una vida moral.

SOMOS SERES MORALES: ELEMENTOS FUNDAMENTALES DE LA MORALIDAD CRISTIANA

Creados a Imagen de Dios

El principio más fundamental de la vida moral cristiana es el ser conscientes de que cada persona tiene la dignidad de haber sido creada a imagen de Dios. Él nos ha dado un alma inmortal y mediante los dones de la inteligencia y la razón nos ha hecho capaces de comprender el orden de las cosas establecido en su creación. Dios también nos ha dado la libertad para buscar y amar aquello que es verdadero, bueno y bello. Tristemente, a causa de la Caída, también sufrimos el efecto del Pecado Original, el cual oscurece nuestras mentes, debilita nuestra voluntad y nos inclina hacia el pecado. El Bautismo nos libera del Pecado Original pero no de sus efectos, especialmente la inclinación hacia el pecado, la concupiscencia. En nuestro interior, entonces, existen tanto una poderosa inclinación hacia el bien porque hemos sido creados a imagen de Dios, como unos siniestros impulsos hacia el mal a causa del Pecado Original.

Pero siempre deberíamos recordar que la muerte y Resurrección de Cristo nos ofrece una nueva vida en el Espíritu, cuya gracia salvadora nos libera del pecado y cura el daño causado en nosotros por el pecado. Por esto hablamos del valor, la dignidad y finalidad de la vida humana, incluso con sus imperfecciones y dificultades. La vida humana, como una profunda unidad de las dimensiones física y espiritual, es sagrada. Es distinta de todas las demás formas de vida, ya que ella sola está marcada con la imagen misma de su Creador.

El Ejercicio Responsable de la Libertad

El segundo elemento de la vida en Cristo es el ejercicio responsable de la libertad. Sin libertad, no podemos hablar de la moralidad o de la responsabilidad moral de forma que tenga sentido. La libertad humana es más que una capacidad para elegir entre una cosa y la otra. Es el poder concedido por Dios para convertirnos en quienes Él nos creó para que fuésemos y así compartir la unión eterna con Él. Esto sucede cuando elegimos consistentemente lo que está en armonía con el designio de Dios. La moralidad cristiana y la ley de Dios no son arbitrarias, sino que nos han sido dadas específicamente para nuestra felicidad. Dios nos dio inteligencia y la capacidad para obrar libremente. En última instancia, la libertad humana radica en nuestra libre decisión de decir "sí" a Dios. En contraste, hoy mucha gente entiende la libertad humana simplemente como la habilidad de tomar una decisión, sin ninguna norma objetiva o bien como fin.

Una tendencia opuesta a la que hace del acto de elegir el núcleo de la libertad humana es aquella que niega que seamos libres en absoluto. Algunas personas creen que debido a fuerzas exteriores, compulsiones internas, presiones sociales, experiencias infantiles o nuestra estructura genética, nuestro comportamiento está ya determinado y que no somos verdaderamente libres. Aunque reconocemos que "la imputabilidad o la responsabilidad de una acción puede quedar disminuida o incluso anulada por la ignorancia, la violencia, el temor y otros factores psíquicos o sociales" (CIC, no. 1746), normalmente seguimos siendo libres y responsables de nuestras acciones. Nuestra libertad puede estar limitada pero aún así es real.

La mejor forma de crecer en libertad es realizando actos bondadosos. Los actos buenos nos ayudan a hacernos libres y a desarrollar buenos hábitos. Las malas acciones nos llevan a la pérdida de libertad. El pecado nos hace esclavos del mal y reduce nuestra capacidad de ser libres. La libertad proviene de ser morales. La esclavitud al pecado surge de ser inmorales.

330 • Tercera Parte. La Moralidad Cristiana: La Fe Vivida

El Entendimiento de Actos Morales

Otra base importante de la moralidad cristiana es el entendimiento del acto moral. Cada acto moral consta de tres elementos: el acto objetivo (lo que hacemos), el fin o intención subjetiva (por qué realizamos el acto) y las situaciones y circunstancias concretas en las cuales realizamos el acto (dónde, cuándo, cómo, con quién, las consecuencias, etc.).

Para que un acto individual sea moralmente bueno, el objeto, o lo que estamos haciendo, debe ser objetivamente bueno. Algunos actos, dejando aparte la intención o razón por la que los realizamos, son siempre malos porque van en contra de un bien humano fundamental o básico que nunca debe ser comprometido. Matar directamente a un inocente, la tortura y la violación son ejemplos de actos que son siempre actos malos. Nos referimos a tales actos como actos intrínsicamente malos o desordenados, lo que quiere decir que son malos de por sí, sin tener en cuenta la razón por las que se realizan o las circunstancias que los rodean.

La meta, fin o intención es la parte del acto moral que se encuentra en el interior de la persona. Por esta razón, decimos que la intención es el elemento subjetivo del acto moral. Para que un acto sea moralmente bueno, la intención de la persona debe ser buena. Si estamos motivados a hacer algo por una mala intención —incluso algo que es objetivamente bueno— nuestra acción es moralmente mala. También hay que reconocer que una buena intención no puede hacer buena una acción mala (algo que es intrínsicamente malo). Nunca podemos hacer algo erróneo o malo para poder traer el bien. Esto es lo que quiere decir el dicho "el fin no justifica los medios" (cf. CIC, nos. 1749-1761).

Las circunstancias y consecuencias del acto forman el tercer elemento de la acción moral. Estas son secundarias en la evaluación de un acto moral ya que contribuyen a incrementar o disminuir la bondad o maldad del acto. Además, las circunstancias pueden afectar la responsabilidad moral personal de uno por el acto. Los tres aspectos deben ser buenos —el acto objetivo, la intención subjetiva y las circunstancias— para que el acto sea moralmente bueno.

Esta enseñanza, que reconoce tanto la dimensión objetiva de la moralidad así como la subjetiva, a menudo está en conflicto con una perspectiva que ve a la moralidad como una realidad completamente personal o simplemente subjetiva. En esta perspectiva, que tienen algunas personas en nuestra cultura, no existen normas objetivas capaces de demandarnos nuestra conformidad moral. Tal negación de un orden moral objetivo e inmutable establecido por Dios resulta en una visión de la moralidad y de las normas morales como si fueran una cuestión de opinión personal o como algo establecido solo mediante el consentimiento de los miembros individuales de la sociedad.

La Realidad del Pecado y la Confianza en la Misericordia de Dios

No podemos hablar ni de la vida en Cristo ni de la vida moral sin reconocer la realidad del pecado, de nuestra propia pecaminosidad y de nuestra necesidad de la misericordia de Dios. Cuando se niega la existencia del pecado, esto puede resultar en un daño espiritual y psicológico porque es esencialmente una negación de la verdad de nosotros mismos. Admitir la realidad del pecado nos ayuda a ser sinceros y a abrirnos a la curación que proviene de la obra redentora de Cristo.

> El pecado es una falta contra la razón, la verdad, la conciencia recta; es faltar al amor verdadero para con Dios y para con el prójimo, a causa de un apego perverso a ciertos bienes. Hiere la naturaleza del hombre y atenta contra la solidaridad humana. Ha sido definido como "una palabra, un acto o un deseo contrarios a la ley eterna". (CIC, no. 1849, citando San Agustín, *Contra Faustum*, no. 22)

Así, por su propia definición, se entiende el pecado como una ofensa contra Dios, así como contra el prójimo, y por tanto es malo. Los pecados son evaluados según su gravedad o seriedad. Cometemos pecado mortal cuando consciente y libremente elegimos hacer algo grave contra la ley divina y contrario a nuestro destino final.

Existen tres condiciones para que un pecado sea un pecado mortal: materia grave, pleno conocimiento y deliberado consentimiento (libertad). El pecado mortal destruye la relación de amor con Dios que necesitamos para la felicidad eterna. Si no es arrepentido, resulta en la pérdida del amor y de la gracia de Dios y merece el castigo eterno del infierno, es decir, la exclusión del Reino de Dios y por tanto la muerte eterna.

Un pecado venial es un alejamiento del orden moral en una materia menos seria. "Toda mala acción es pecado, pero hay pecados que no llevan a la muerte" (1 Jn 5:17). Aunque el pecado venial no destruye completamente el amor que necesitamos para la felicidad eterna, sí debilita ese amor e impide nuestro progreso en la práctica de la virtud y del bien moral. Es por esto que, con el paso del tiempo, puede tener serias consecuencias. "El pecado venial deliberado y que permanece sin arrepentimiento, nos dispone poco a poco a cometer el pecado mortal" (CIC, no. 1863).

Al reflexionar sobre el pecado siempre debemos recordar que Dios es rico en misericordia. "Donde abundó el pecado, sobreabundó la gracia" (Rm 5:20). La misericordia de Dios es mayor que el pecado. El mero núcleo del Evangelio es la revelación de la misericordia de Dios en Jesucristo. "Porque Dios no envió a su Hijo para condenar al mundo, sino para que el mundo se salvara por él" (Jn 3:17).

Para recibir esta misericordia, tenemos que estar dispuestos a admitir nuestra pecaminosidad. El dolor por los pecados y la confesión de los pecados son signos de la conversión del corazón que nos abre a la misericordia de Dios. Aunque podemos juzgar ciertas ofensas de ser ocasiones de pecado mortal, y por tanto un acto de maldad objetivo, siempre debemos confiar el juicio de la persona a la misericordia y justicia de Dios. Esto es así porque una persona no puede saber la magnitud del conocimiento y la libertad de otra persona, los cuales son factores integrales al determinar cuándo una ocasión de pecado mortal se convierte en un pecado en sí por el que somos moralmente responsables.

La Formación de la Conciencia

La formación de una buena conciencia es otro elemento fundamental de la enseñanza moral cristiana. "La conciencia moral es un juicio de la razón por el que la persona humana reconoce la calidad moral de un acto concreto" (CIC, no. 1796). "Porque el hombre tiene una ley escrita por Dios en su corazón [...] La conciencia es el núcleo más secreto y el sagrario del hombre" (GS, no. 16).

La conciencia representa tanto la habilidad general que tenemos como seres humanos para saber lo que es bueno y correcto así como los juicios específicos que formulamos en situaciones concretas que conciernen lo que deberíamos hacer o lo que deberíamos haber hecho. Las decisiones morales nos enfrentan con la decisión de seguir o alejarnos de la razón y de la ley divina. Una conciencia bien formada formula juicios que se conforman a la razón y al bien que es deseado por la Sabiduría de Dios. Una conciencia bien formada requiere una formación de por vida. Cada seguidor de Cristo bautizado está obligado a formar su conciencia según criterios morales objetivos. La Palabra de Dios es la principal herramienta en la formación de la conciencia cuando aquella es asimilada con el estudio, la oración y la práctica. El consejo prudente y el buen ejemplo de otras personas apoyan e iluminan nuestra conciencia. La enseñanza autorizada de la Iglesia es un elemento esencial en la formación de nuestra conciencia. Finalmente, los dones del Espíritu Santo, junto con el examen habitual de nuestra conciencia, nos ayudarán a desarrollar una conciencia moralmente sensible.

Ya que nuestra conciencia es ese sagrario interior en el que escuchamos la voz de Dios, debemos acordarnos de distinguir entre nuestra subjetividad y lo que es objetivamente verdadero fuera de nosotros mismos. Podemos estar subjetivamente equivocados acerca de algo que es objetivamente verdadero. A nivel objetivo, si nuestra conciencia es "recta", entonces no hay error entre lo que es percibido internamente como verdadero y la verdad misma. Si hay una conciencia errónea, eso quiere decir que la conciencia está equivocada en su percepción de la verdad.

A nivel objetivo podemos tener una conciencia "cierta", lo que significa que creemos que nuestra conciencia está conforme con lo que es objetivamente verdadero. Una persona puede tener una conciencia "cierta" a nivel subjetivo pero una conciencia "errónea" a nivel objetivo. Por ejemplo, una persona piensa que el Miércoles de Ceniza es un día de precepto y decide de todas formas no ir a Misa. La persona piensa que es un día de precepto (subjetivamente cierto pero objetivamente erróneo) y actúa al respecto. Esta persona tiene una conciencia cierta pero errónea. Pero como la conciencia actuó en contra de lo que percibió como algo objetivamente bueno, la conciencia elige pecar.

Existen algunas reglas a seguir al obedecer la conciencia de uno. Primero, siempre sigue una conciencia cierta. Segundo, una conciencia errónea debe ser cambiada si es posible. Tercero, no actúes con una conciencia dudosa. Siempre debemos obedecer los juicios ciertos de nuestra conciencia, sabiendo que nuestra conciencia puede estar equivocada, que puede cometer un error respecto a lo que es verdaderamente bueno o lo que es correcto hacer. Esto puede suceder a causa de la ignorancia por la cual, sin ser culpa nuestra, no teníamos todo lo que necesitábamos para formular un juicio correcto.

Sin embargo, también tenemos que reconocer que la ignorancia y los errores no están siempre libres de culpabilidad, por ejemplo, cuando no buscamos seriamente lo que necesitábamos para formar nuestra conciencia correctamente. Ya que tenemos la obligación de obedecer a nuestra conciencia, también tenemos la gran responsabilidad de ver que es formada de tal manera que refleje el verdadero bien moral.

> La fidelidad a esta conciencia une a los cristianos con los demás hombres para buscar la verdad y resolver con acierto los numerosos problemas morales que se presentan al individuo y a la sociedad. Cuanto mayor es el predominio de la recta conciencia, tanta mayor seguridad tienen las personas y las sociedades para apartarse del ciego capricho y para someterse a las normas objetivas de la moralidad. (GS, no. 16)

La Excelencia de las Virtudes

La vida moral cristiana es una que busca cultivar y practicar la virtud. "La virtud es una disposición habitual y firme a hacer el bien. Permite a la persona no sólo realizar actos buenos, sino dar lo mejor de sí misma" (CIC, no. 1803). Una vida moral efectiva requiere la práctica tanto de las virtudes humanas como las teologales.

Las virtudes humanas forman el alma con los hábitos del entendimiento y de la voluntad que soportan al comportamiento moral, controlan las pasiones y evitan el pecado. Las virtudes guían nuestra conducta según los dictados de la fe y la razón, llevándonos hacia la libertad basada en el autocontrol y hacia la alegría de vivir una buena vida moral. La compasión, la responsabilidad, el sentido del deber, la autodisciplina y la moderación, la honestidad, la lealtad, la amistad, la valentía y la persistencia son algunos ejemplos de virtudes deseadas para mantener una vida moral. Históricamente, agrupamos las virtudes humanas entorno a lo que llamamos las Virtudes Cardinales. Este término proviene de la palabra latina *cardo*, que significa "bisagra". Todas las virtudes están relacionadas o unidas (como con una bisagra [n.d.t.]) a una de las Virtudes Cardinales. Las cuatro Virtudes Cardinales son prudencia, justicia, fortaleza y templanza.

Existen diferentes maneras mediante las cuales adquirimos virtudes humanas. Se adquieren mediante la repetición frecuente de actos virtuosos que establecen un modelo de comportamiento virtuoso. Existe una relación recíproca entre virtud y acto porque la virtud, como realidad interna, nos predispone a actuar externamente de maneras moralmente buenas. Sin embargo, es realizando actos buenos concretos que la virtud dentro de nosotros se fortalece y crece.

Las virtudes humanas también se adquieren viéndolas en el buen ejemplo de otras personas y educándonos respecto a su valor y los métodos para adquirirlas. Historias que nos inspiran a querer tales virtudes contribuyen a su crecimiento dentro de nosotros. Se adquieren por medio de una fuerte voluntad decidida a alcanzar tales ideales. Además, se nos ofrece la gracia de Dios para purificar y fortalecer nuestras virtudes humanas, ya que nuestro desarrollo en la virtud puede ser obstruido por la realidad del pecado. Especialmente mediante la oración y los sacramentos, nos abrimos a los dones del Espíritu Santo y a la gracia de Dios como otra forma en la que crecemos en virtud.

Las Virtudes Teologales de la fe, esperanza y caridad (amor) son aquellas virtudes que se refieren directamente a Dios. No se adquieren mediante ningún logro humano sino que, comenzando con el Bautismo, se nos otorgan como dones de Dios. Nos disponen a vivir en relación con la Santísima Trinidad. La fe, la esperanza y la caridad influyen en las virtudes humanas incrementando su estabilidad y fortaleza para nuestras vidas.

DEL CATECISMO

1. ¿Cómo hemos sido creados a imagen y semejanza de Dios?
En Cristo, "imagen del Dios invisible" (Col 1:15; cf. 2 Co 4:4), el hombre ha sido creado "a imagen y semejanza" del Creador [...] En virtud de su alma y de sus potencias espirituales de entendimiento y de voluntad, el hombre está dotado de libertad, "signo eminente de la imagen divina" (GS 17). (CIC, nos. 1701, 1705)

2. ¿Qué es la libertad?
La libertad es el poder de obrar o de no obrar y de ejecutar así, por sí mismo, acciones deliberadas. La libertad alcanza su perfección, cuando está ordenada a Dios, el supremo Bien [...] El derecho al ejercicio de la libertad, especialmente en materia religiosa y moral, es una exigencia inseparable de la dignidad del hombre. Pero el ejercicio de la libertad no implica el pretendido derecho de decir o de hacer cualquier cosa. (CIC, nos. 1744, 1747)

3. ¿Qué son las virtudes?
La virtud es una disposición habitual y firme para hacer el bien [...]. Las virtudes humanas son disposiciones estables del entendimiento y de la voluntad que regulan nuestros actos, ordenan nuestras pasiones y guían nuestra conducta según la razón y la fe. Pueden agruparse en torno a cuatro virtudes cardinales: prudencia, justicia, fortaleza y templanza [...] Las virtudes teologales son tres: la fe, la esperanza y la caridad. Informan y vivifican todas las virtudes morales. (CIC, nos. 1833, 1834, 1841)

Cada uno de los Diez Mandamiento prohíbe ciertos pecados, pero también apunta a virtudes que nos ayudarán a evitar tales pecados. Virtudes como la generosidad, la pobreza de espíritu, la gentileza, la pureza de corazón, la templanza y la fortaleza nos ayudan a vencer y evitar lo que se llaman los siete Pecados Capitales —soberbia, avaricia, envidia, ira, lujuria, gula y pereza— los cuales son aquellos pecados que originan los otros pecados y vicios.

Crecer en virtud es una meta importante para cada cristiano, ya que las virtudes juegan un valioso papel al vivir la vida moral cristiana.

AMOR, NORMAS Y GRACIA

Nuestra cultura frecuentemente exalta la autonomía individual sobre la comunidad y la tradición. Esto puede llevar a sospechar de las reglas y normas que provienen de una tradición. Esto también puede ser la causa de una crítica saludable de un legalismo que puede surgir de concentrarse en reglas y normas.

Los defensores de la moralidad cristiana a veces pueden caer en un legalismo que los lleva a moralizar infructuosamente. No hay duda alguna que el amor tiene que ser la base esencial de la vida moral. Pero igual de esencial en este reino terrenal son las normas y leyes que muestran como el amor puede ser aplicado a la vida real. En el cielo, solamente el amor será suficiente. En este mundo, necesitamos la orientación moral de los Mandamientos, del Sermón de la Montaña, de los Cinco Mandamientos de la Iglesia y de otras normas para ver como actúa el amor.

El amor por sí solo, alejado de una dirección moral, puede descender fácilmente a un sentimentalismo que nos pone a la merced de nuestros sentimientos. La industria del entretenimiento popular romantiza el amor y tiende a omitir las difíciles demandas del orden moral.

En nuestra cultura permisiva, se romantiza tanto al amor que es separado del sacrificio. A causa de esto, no se pueden afrontar elecciones morales difíciles. La ausencia del amor sacrificial condena la posibilidad de una vida moral auténtica.

Bíblica y teológicamente, la vida moral cristiana comienza con una relación amorosa con Dios, un amor de la alianza que es posible por el sacrificio de Cristo. Los Mandamientos y otras reglas morales se nos dan como formas de proteger los valores que promueven el amor de Dios y de los demás. Nos dan maneras de expresar el amor, a veces prohibiendo aquello que contradice al amor.

La vida moral requiere de la gracia. El *Catecismo* habla de esto en términos de la vida en Cristo y la presencia interior del Espíritu Santo, iluminando activamente nuestra brújula moral y suministrándonos la fortaleza espiritual para hacer lo que es correcto. La gracia que recibimos de Cristo en el Espíritu es tan esencial como el amor y las reglas y, de hecho, hace posible el amor y el obedecer las reglas.

■■■■■■ PARA LA REFLEXIÓN Y EL DEBATE ■■■■■■

1. ¿Cuál es la fuente del amor necesario para una vida moral? Algunos conceptos actuales de la palabra *amor* se refieren a comportamientos que de hecho son contrarios al verdadero significado del amor. ¿Cuáles son algunos ejemplos de esto?
2. ¿Por qué necesitamos los Diez Mandamientos, las Bienaventuranzas y otras reglas para ser morales? ¿Qué sucede cuando dependemos sin amor de los Diez Mandamientos y de otras reglas? ¿Puedes nombrar a alguien que sea un modelo porque vive los Diez Mandamientos, las Bienaventuranzas y otras reglas en la vida real de una forma amorosa?
3. ¿Cuáles son las formas o maneras mediante las cuales una persona forma su conciencia? ¿Cuál es la función de la Iglesia en la formación de la conciencia?

■■■■■■ ENSEÑANZAS ■■■■■■

*   Cada persona tiene la dignidad de haber sido creada a imagen de Dios. El creador nos ha dado un alma inmortal y nos ha hecho capaces de comprender el orden de las cosas establecido por Él. Dios nos ha dado la libertad para buscar y amar aquello que es verdadero, bueno y bello.
*   A causa de la Caída, también sufrimos el efecto del Pecado Original, el cual oscurece nuestras mentes, debilita nuestra voluntad y nos inclina hacia el pecado. El Bautismo nos libera del Pecado Original pero no de sus efectos, especialmente la inclinación hacia el pecado, la concupiscencia.

- Jesús nos llama a ser felices y nos muestra como llegar a serlo. El deseo de la felicidad es la principal motivación de la vida moral. Nuestras inclinaciones, actitudes y acciones pecaminosas nos impiden ser totalmente felices en este mundo. En el cielo tendremos el gozo perfecto.

- Dios nos da inteligencia y la capacidad de obrar con libertad. Podemos iniciar y controlar nuestras acciones. Las presiones sociales y los instintos internos pueden afectar nuestras acciones y limitar nuestra libertad. Normalmente somos libres en nuestras acciones.

- "La imputabilidad o la responsabilidad de una acción puede quedar disminuida o incluso anulada por la ignorancia, la violencia, el temor y otros factores psíquicos o sociales" (CIC, no. 1746).

- La mejor forma de tener más libertad es realizando acciones buenas. Las buenas obras nos hacen libres. El camino hacia la pérdida de la libertad es el de las malas acciones. El pecado nos convierte en esclavos del pecado y reduce nuestra capacidad de ser libres.

- Cada acto moral consta de tres elementos: el acto objetivo (lo que hacemos), el fin o intención subjetiva (por qué realizamos el acto) y las situaciones y circunstancias concretas en las cuales realizamos el acto (dónde, cuándo, cómo, con quién, las consecuencias, etc.). Los tres elementos deben de ser buenos para que el acto sea moralmente aceptable.

- Las leyes morales nos ayudan a determinar lo que es bueno y lo que es malo. Algunos actos son siempre malos —es decir, intrínsecamente malos— y nunca se pueden realizar, sin importar la intención o las circunstancias.

- "La conciencia moral es un juicio de la razón por el que la persona humana reconoce la calidad moral de un acto concreto" (CIC, no. 1796).

- Una buena conciencia requiere una formación de por vida. La Palabra de Dios es la principal formadora de la conciencia cuando es asimilada mediante su estudio, oración y práctica. El consejo prudente y el buen ejemplo de otras personas soportan e iluminan nuestras conciencias. La enseñanza autorizada de la Iglesia es un elemento esencial en la formación de nuestra conciencia.

- Una buena conciencia forma juicios que se conforman a la razón y al bien que desea la Sabiduría de Dios.
- "El ser humano debe obedecer siempre el juicio cierto de su conciencia. La conciencia moral puede permanecer en la ignorancia o formar juicios erróneos. Estas ignorancias y estos errores no están siempre exentos de culpabilidad" (CIC, nos. 1800, 1801).
- Una vida moral efectiva demanda la práctica de las Virtudes humanas y teologales. Tales virtudes proporcionan al alma los hábitos del entendimiento y de la voluntad que soportan el comportamiento moral, controlan pasiones y rechazan el pecado.
- Las virtudes guían nuestra conducta según los dictados de la fe y de la razón. Agrupamos estas virtudes en torno a las Virtudes Cardinales de la prudencia, justicia, fortaleza y templanza.
- Nos beneficiaremos altamente al practicar las Virtudes Teologales de la fe, esperanza y caridad. Recibimos estas virtudes de Dios. Se llaman teologales porque nos disponen a vivir en relación con la Santísima Trinidad. La fe, la esperanza y la caridad influyen nuestras virtudes humanas al incrementar su estabilidad y fortaleza para nuestras vidas.

MEDITACIÓN

Jesucristo es el máximo Maestro de la moralidad. De hecho él ratificó los Diez Mandamientos y también indicó que cada uno de los Mandamientos de la Ley y de los Profetas está arraigado en los dos preceptos fundamentales de amar a Dios y amar al prójimo. Aunque el Antiguo Testamento también enseñó a amar a Dios y al prójimo, los preceptos del Señor eran nuevos porque nos enseñó la medida correcta de amar, que incluye amar a los enemigos. Debemos amarnos los unos a los otros "como yo os he amado", es decir, con una medida de amor jamás vista antes en este mundo. Nos enseñó con sus palabras y con su vida que amar requiere esencialmente la entrega y el sacrificio personal. Nunca debemos deliberadamente hacer el mal para conseguir un objetivo, sea este cual sea.

ORACIÓN

Que el Dios de la paz,
El que, mediante la sangre de una Alianza eterna,
Resucitó de entre los muertos
Al pastor eterno de las ovejas, Jesucristo, nuestro Señor,
Los enriquezca a ustedes
Con toda clase de dones para cumplir su voluntad
Y haga en ustedes todo lo que es de su agrado,
Por medio de Jesucristo, a quien sea dada la gloria
Por los siglos de los siglos.
Amén.

—Hb 13:20-21

Vuelvan a mí —oráculo del Señor de los ejércitos— y yo
volveré a ustedes.

—Za 1:3

24 LA VIDA EN CRISTO — SEGUNDA PARTE

LOS PRINCIPIOS DE LA VIDA MORAL CRISTIANA
—CIC, NOS. 1691-2082

UN CABALLERO CRISTIANO, TEMEROSO DE DIOS

Su fe católica llevó a César Chávez a mejorar las vidas y la manera de ganar el sustento de los trabajadores agrícolas de Estados Unidos. Chávez nació el 31 de marzo de 1927. Criado en la dura pobreza de la Gran Depresión, sus padres le enseñaron a recordar que siempre hay sitio alrededor de la mesa para un persona necesitada más. Sirvió en la Armada dos años durante la Segunda Guerra Mundial.

Después de la Guerra, Chávez conoció a un sacerdote que servía a los trabajadores migrantes mexicano-americanos. El sacerdote le habló a Chávez de las enseñanzas católicas sobre los derechos de los trabajadores. Chávez dijo: "Hacía cualquier cosa para que el Padre me contara más sobre la historia laboral. Comencé a ir a los campamentos de los braceros (trabajadores invitados) con él para ayudarlo en la Misa, a la cárcel municipal para hablar con los prisioneros, cualquier cosa con tal de estar con él" (v.d.t.).

Chávez pronto se hizo activo en las campañas para registrar votantes y defendiendo a los inmigrantes mexicanos y mexicano-americanos de los abusos que sufrían. Durante la década de 1960, sus esfuerzos para organizar a los trabajadores agrícolas resultaron en la creación del Sindicato de Trabajadores Agrícolas (*United Farm Workers*). Pero las leyes federales eximían a la industria agrícola del requisito de permitir el libre ejercicio de los trabajadores agrícolas de crear un sindicato. Chávez tuvo que encontrar una forma única para que los cultivadores reconocieran su sindicato. Recurrió a la estrategia de los boicots de los consumidores.

En 1968, Chávez lideró el primer boicot de la uva del país. En un momento dado, 17 millones de estadounidenses participaron en el boicot. Chávez fue más allá y pidió a los obispos estadounidenses que apoyaran el boicot. Como respuesta, estos intervinieron para mediar en el conflicto.

El dueño de un gran viñedo que se oponía fieramente al Sindicato de Trabajadores Agrícolas de Chávez pidió a los obispos estadounidenses que ayudasen en las negociaciones. Estos respondieron positivamente. Las reuniones posteriores con Chávez ayudaron al dueño a cambiar su opinión sobre él.

Gradualmente Chávez consiguió muchas concesiones. Él funcionaba desde la perspectiva de la fe, la oración, el ayuno y las enseñanzas de la Iglesia sobre la justicia. Vinculó la economía con la moralidad. Despertó en su gente profundos sentimientos de respeto hacia uno mismo y orgullo.

Chávez vivió con sencillez. Mientras que otros líderes sindicalistas recibían salarios de seis cifras, él vivía de $5 semanales más gastos, igual que cualquier otro miembro de su sindicato. Nada lo tentaba a dejar La Causa.

César Chávez fue iluminado por el Evangelio y por Jesucristo. Sabía que Dios amaba al mundo y quería salvarlo. Él se enfocó en un segmento del mundo, los pobres que trabajan en el campo. Fue guiado por la enseñanza católica sobre el respeto de la dignidad de cada persona humana, la nobleza del trabajo y la responsabilidad de todas las gentes de contribuir al bien común y de ser buenos administradores de los bienes de la tierra.

César Chávez murió el 23 de abril de 1993. El estado de California lo ha honrado con un día festivo en su honor el 31 de marzo.

Chávez dijo una vez: "Estoy convencido que el mayor acto de valentía es sacrificarnos nosotros mismo por los demás en una lucha totalmente no violenta por la justicia" (v.d.t.). Chávez buscó una vida en Cristo tanto en su vida personal como en su visión de la justicia social. Este compromiso a una vida en Cristo es el tema de la Tercera Parte del *Catecismo*.

VIDA EN CRISTO — SEGUNDA PARTE

"Traten a los demás como quieren que ellos los traten a ustedes. En esto se resumen la ley y los profetas" (Mt 7:12). Esta "Regla de Oro" que Jesús enseñó en su Sermón de la Montaña es un hilo dorado que teje su camino a lo largo de la vida moral del cristiano. Es un comportamiento que brota de la vida en Cristo y en el Espíritu Santo. Nuestro camino en la vida moral se inicia mirando a la persona de Jesús, escuchando su voz y respondiendo al movimiento poderoso pero gentil del Espíritu Santo.

El *Catecismo de la Iglesia Católica* nos presenta los elementos, bases y principios que sirven como sólido punto de partida para reflexionar sobre la moralidad cristiana. Esta orientación de Cristo que recibimos por medio de la Iglesia está diseñada para ayudarnos a responder a su invitación a ser santos, a ser morales, a ser plenamente realizados en la manera que Dios lo quiso. El capítulo anterior se centró en el ser humano individual llamado a actuar moralmente. Este capítulo trata la moralidad en lo que se refiere al individuo dentro de una comunidad.

LA COMUNIDAD HUMANA Y LA ASISTENCIA DIVINA: MÁS ELEMENTOS FUNDAMENTALES DE LA MORALIDAD CRISTIANA

Conciencia Solidaria y Justicia Social

Una conciencia de la dimensión social de la vida humana es un principio importante para entender la moralidad cristiana, especialmente dado el gran énfasis que se da al individualismo en nuestra sociedad. El aspecto social de lo que significa ser humano es revelado en la inclinación natural que tenemos de buscar interacciones sociales y establecer comunidades. Esta conciencia sirve como una base moral para una actitud de solidaridad con los demás y lleva a una dedicación a la justicia social para todos. Nuestro compromiso evangélico al Reino de amor, justicia y misericordia de Cristo siempre incluye la defensa y el apoyo de la justicia para todos. Dios nos llama a crear comunidad y a corregir tanto los síntomas como las causas de la injusticia que destruye la solidaridad de una comunidad.

Antes de que Dios diese los Mandamientos en el Monte Sinaí, Él había establecido una alianza de amor con la comunidad de Israel (cf. Ex 19:3-6). Una vez que la alianza había sido establecida, Dios dio al pueblo los Diez Mandamientos para enseñarles la forma de vivir la alianza del amor.

En Cristo hemos sido llamados a una Nueva Alianza y a una Ley Nueva que realiza y perfecciona la Ley Antigua. También estamos invitados a experimentar el amor de Dios por nosotros y a responder amando a Dios y a nuestro prójimo. Nuestro amor por el prójimo incluye nuestra solidaridad con la comunidad humana y un compromiso a la justicia social para todos.

Necesitamos respetar la dignidad humana de cada persona. Los gobiernos y otras instituciones sociales deben servir y realzar la dignidad de las personas. La sociedad tiene la responsabilidad de crear condiciones que favorezcan el desarrollo de las virtudes y de los valores espirituales y materiales auténticos.

La gente necesita vivir en una comunidad humana donde la autoridad esté basada en la naturaleza humana y sea reconocida como teniendo su origen en Dios (cf. CIC, nos. 1898, 1899). La autoridad política debería usarse para el bien común. "El bien común comprende 'el conjunto de aquellas condiciones de la vida social que permiten a los grupos y a cada uno de sus miembros conseguir más plena y fácilmente su propia perfección'" (CIC, no. 1924, citando GS, no. 26 §1). Los gobiernos deberían usar medios moralmente aceptables para promover el bien común de todos y establecer las condiciones que aseguren a los ciudadanos el correcto ejercicio de sus libertades. Al promover este bien común se debe evitar la excesiva intervención del gobierno en la vida de los individuos. El principio de subsidiariedad enseña que los gobiernos deberían ayudar y apoyar a los individuos y grupos de los que son responsables sin controlar su libertad e iniciativa (cf. CIC, no. 1883).

Al igual que los gobiernos e instituciones sociales necesitan respetar la dignidad única humana de cada individuo, también es la responsabilidad de cada individuo de hacer lo mismo. Las actitudes de prejuicios contra cualquier individuo por cualquier razón, así como acciones o juicios basados en opiniones arraigadas en el prejuicio, violan la voluntad y la ley de Dios.

La justicia social es tanto una actitud como una respuesta práctica basadas en el principio que establece que cada uno debe considerar al prójimo como "otro yo". También es una virtud que dirige todas las demás virtudes de los individuos hacia el bien común. Las leyes civiles pueden ayudar parcialmente a eliminar los miedos, los prejuicios y las actitudes de soberbia y egoísmo que causan la injusticia, pero también se necesita una conversión espiritual interna.

La solidaridad con los demás en todos los niveles es una forma de conseguir esto. La solidaridad se expresa de diferentes formas: "Solidaridad de los pobres entre sí, de los ricos y los pobres, de los trabajadores entre sí, de los empresarios y los empleados, solidaridad entre las naciones y entre los pueblos" (CIC, no. 1941).

Ejemplos de ofensas en contra de la solidaridad humana son la esclavitud y el racismo. La esclavitud reduce a un ser humano a un objeto que es comprado y vendido. Es no reconocer la dignidad y los derechos, otorgados por Dios, de un ser humano. El racismo es una actitud que rechaza la igualdad fundamental de todos los seres humanos. Se demuestra en la discriminación y acciones injustas contra personas de otra raza. Tanto la esclavitud como el racismo son gravemente inmorales.

La Ley de Dios como Nuestra Guía

Llegamos a conocer el designio de Dios para nuestra salvación con la asistencia de su ley, escrita en nuestra naturaleza humana y revelada a nosotros en su palabra. Podemos así hablar de la ley eterna como la sabiduría de Dios ordenando todas las cosas correctamente.

Dios es el autor de la creación; por esto, el mundo físico actúa según su designio manifestado en las leyes físicas de la naturaleza. Él también creó al hombre y la mujer a su imagen y semejanza. Entonces, los seres humanos también están ordenados según el designio creado de Dios, escrito en sus corazones e implantado en su naturaleza humana. "El hombre participa de la sabiduría y la bondad del Creador que le confiere el dominio de sus actos y la capacidad de gobernarse con miras a la verdad y al bien. La ley natural expresa el sentido moral original que permite al hombre discernir mediante la razón lo que son el bien y el mal, la verdad y la mentira" (CIC, no. 1954). Llegamos a conocerlo mediante nuestra razón humana y mediante su confirmación en la Divina Revelación.

Mediante nuestra razón humana, podemos llegar a entender la verdadera intención del orden creado. La ley natural es, por esto, nuestra aprehensión racional al designio divino. Expresa nuestra dignidad humana y es el cimiento de nuestros derechos y deberes humanos básicos. Esta ley dentro de nosotros nos lleva a elegir lo bueno que revela. Su expresión más pronunciada se encuentra en los Diez Mandamientos, descritos como "una expresión privilegiada de la 'ley natural'" (CIC, no. 2070).

Ya que la ley natural tiene sus raíces en el designio de Dios que se encuentra en la naturaleza humana, afecta a todas las personas, en todo lugar y en todos los tiempos. Mientras que las situaciones pueden variar mucho, la ley natural es inmutable. Reside en el núcleo de lo que nos hace humanos y por esto no es afectada por las corrientes de las ideas y las costumbres culturales. Mientras que cualquier persona, región, cultura o era puede estar tentada a suprimirla, los principios fundamentales de la ley natural nunca mueren y pronto reaparecen, incluso cuando en ocasiones habían sido rechazados.

Llegamos a conocer el designio de Dios para nosotros no solo mediante un entendimiento de nuestra naturaleza humana y su orden creado, sino también porque Él nos habla directamente. En el Antiguo Testamento, Dios comunicó a Moisés los Diez Mandamientos. Esta Ley preparó al mundo para el Evangelio. La tradición cristiana reverencia esta Ley como santa, pero afirma que necesita de la gracia de Dios para llegar a su plenitud. Es como un maestro que nos puede decir lo que tenemos que hacer pero que no es capaz de darnos la fuerza para realizarlo. Sin embargo, honramos esta Ley como una ayuda para el pueblo de Dios en el camino del Reino. Preparó a la gente para recibir a Cristo.

En Jesús, la Revelación nos llega en su plenitud. Sus palabras iluminan la condición humana de una manera que trasciende y perfecciona la ley escrita en nuestros corazones y el designio de Dios revelado en el Antiguo Testamento.

En el Sermón de la Montaña, Jesús reveló el significado completo de la Ley del Antiguo Testamento. "No crean que he venido a abolir la ley o los profetas; no he venido a abolirlos, sino a darles plenitud" (Mt 5:17). Las enseñanzas de Cristo descubren el significado oculto de la Ley

Antigua y revelan su Verdad Divina y su verdad humana. Jesús estableció la ley del amor porque el amor es vertido en nuestros corazones por el Espíritu Santo. Es una ley de gracia, como explicamos a continuación.

Gracia y Justificación

Dios también nos ayuda directamente a vivir nuestra vida moral mediante el don divino de la gracia y la justificación, que primero se nos concedió en el Bautismo cuando nos hicimos miembros de la Iglesia. Somos justificados —lavados de nuestros pecados y reconciliados con Dios— por el poder del Espíritu Santo. La justificación es tanto la obra del Espíritu que nos trae el perdón de los pecados, como nuestra aceptación o acogida de la santidad de Dios, la cual llamamos santificación mediante la participación en la vida divina. La justificación nos fue merecida por la pasión de Cristo. Recibimos la justificación en el Bautismo y nos convertimos en amigos de Dios. De esta forma nos conforma con la justicia de Dios que nos hace justos. Tiene como finalidad la gloria de Dios y de Cristo y el don de la vida eterna. Es una obra de la misericordia de Dios (cf. CIC, no. 2020).

La gracia es el auxilio gratuito e inmerecido que Dios nos ofrece para que así podamos responder a su llamada a compartir en su divina vida y alcanzar la vida eterna. La gracia de Dios, como un don divinamente ofrecido, ni nos quita ni nos limita nuestra libertad. Denominamos Ley Nueva a la gracia del Espíritu Santo que hemos recibido mediante la fe en Jesucristo. Esta Ley se expresa particularmente en el Sermón de la Montaña y en el discurso de la Última Cena, donde Cristo puso de relieve la unión con él en el amor como la sustancia y motivación de su ley de gracia.

La gracia es el auxilio que Dios nos da para responder a nuestra vocación de llegar a ser sus hijos adoptivos. Nos introduce en la intimidad de la vida trinitaria. La iniciativa divina en la obra de la gracia previene, prepara y suscita la respuesta libre del hombre. La gracia responde a las aspiraciones profundas de la libertad humana; y la llama a cooperar con ella, y la perfecciona. La gracia santificante es el don gratuito que Dios nos hace de su vida, infundida por el Espíritu Santo en nuestra alma para curarla del pecado y santificarla. (CIC, nos. 2021-2023)

Además de hablar de la gracia santificante, también hablamos de las gracias actuales. Estas se refieren a intervenciones específicas que Dios nos ofrece para ayudarnos en el transcurso de la obra de santificación. Reconocemos que muchas veces, y de muchas maneras, el amor especial de Dios es tal que Él nos ofrece ayudarnos para vivir de tal manera que nos lleve a compartir su vida. Finalmente, existen las gracias sacramentales, que son propias de la celebración de los siete sacramentos, y las gracias especiales o carismas que, mientras que se otorgan a individuos, tienen por fin el bien común de la Iglesia (cf. CIC, no. 2003).

En este reconocimiento de la realidad e importante papel de la gracia en la vida moral cristiana, afrontamos una lucha provocada por el entendimiento de nuestra cultura de que todo está bajo nuestro poder humano. "Mi poder es suficiente". Compara esto con nuestro entendimiento de que, aunque si hemos sido bendecidos y dotados, mucho de lo que luchamos por conseguir —aunque está escrito en nuestros corazones— necesita todavía de la gracia de Dios debido a la presencia del pecado y a nuestra debilidad humana inherente. La Ley Nueva es verdaderamente la Buena Nueva, ya que no solo Dios nos da la ley moral que nos lleva a la salvación, sino que mediante la gracia recibimos el auxilio divino para cumplirla. Deberíamos siempre encontrar ánimo en las palabras que Nuestro Señor le dijo a San Pablo: "Te basta mi gracia, porque mi poder se manifiesta en la debilidad" (2 Co 12:9).

La Iglesia como Madre y Maestra

Dios nos ayuda a vivir la vida moral por medio de la Iglesia, quien es nuestra madre y maestra. La fe de la Iglesia se encuentra en su Credo y en sus enseñanzas ordinarias, como las articulan sus pastores, el Papa y los obispos en comunión con él.

Jesús dijo a sus Apóstoles: "El que los escucha a ustedes, a mí me escucha" (Lc 10:16). En la Iglesia, cuando tratamos temas de fe y moral, la voz autorizada de Cristo es ejercida por el Papa y los obispos, sucesores de Pedro y de los Apóstoles, quienes forman el Magisterio. Son guiados

DEL CATECISMO

1. ¿Por qué es la felicidad una motivación para ser morales?
Las bienaventuranzas responden al deseo natural de felicidad. Este deseo es de origen divino: Dios lo ha puesto en el corazón del hombre a fin de atraerlo hacia El, el único que lo puede satisfacer. (CIC, no. 1718)

2. ¿Qué es el pecado social?
Así el pecado convierte a los hombres en cómplices unos de otros, hace reinar entre ellos la concupiscencia, la violencia y la injusticia. Los pecados provocan situaciones sociales e instituciones contrarias a la bondad divina. Las "estructuras de pecado" son expresión y efecto de los pecados personales. Inducen a sus víctimas a cometer a su vez el mal. En un sentido analógico constituyen un "pecado social". (CIC, no. 1869)

3. ¿Qué es la Ley Nueva?
La Ley nueva o Ley evangélica es la perfección aquí abajo de la ley divina, natural y revelada. Es obra de Cristo y se expresa particularmente en el Sermón de la Montaña. Es también obra del Espíritu Santo, y por él viene a ser la ley interior de la caridad: "Concertaré con la casa de Israel una alianza nueva [...] pondré mis leyes en su mente, en sus corazones las grabaré; y yo seré su Dios y ellos serán mi pueblo". (CIC, no. 1965, citando Hb 8:8,10)

por el Espíritu Santo, quien habita en la Iglesia para guiarnos a todos a la verdad.

La Iglesia escucha las preguntas perennes que toda persona se pregunta alguna vez en su vida: "¿Cómo debo vivir?", "¿Qué valores o principios debo aceptar?", "¿Qué normas debería hacer propias?",

"¿Qué da sentido a mi vida?". Para responder a preguntas como estas, nos dirigimos a un maestro sabio. Cristo es el máximo maestro, y él continúa siendo escuchado hoy en la Iglesia y mediante ella. El *Catecismo* apunta que "el *magisterio de los pastores de la Iglesia* en materia moral se ejerce ordinariamente en la catequesis y en la predicación, con la ayuda de las obras de los teólogos y de los autores espirituales" (CIC, no. 2033). En la tarea de enseñar y aplicar la visión y práctica de la moralidad Cristiana, la Iglesia cuenta con la dedicación de los pastores y la ciencia de los teólogos, así como con las contribuciones de toda la gente de buena voluntad (cf. CIC, no. 2038).

La respuesta basada en la fe que los católicos deben dar al oficio de enseñar de la Iglesia —el Magisterio— también se extiende a los principios morales:

> La Iglesia, "columna y fundamento de la verdad" (1 Tm 3:15), "recibió de los apóstoles este solemne mandato de Cristo de anunciar la verdad que nos salva" (LG, no. 17). "Compete siempre y en todo lugar a la Iglesia proclamar los principios morales, incluso los referentes al orden social, así como dar su juicio sobre cualesquiera asuntos humanos, en la medida en que lo exijan los derechos fundamentales de la persona humana o la salvación de las almas". (CIC, no. 2032, citando 1 Tm 3:15; LG, no. 17; CDC, can. 747 §2)

VIVIENDO CON FE Y ESPERANZA DESPUÉS DEL 11 DE SEPTIEMBRE DE 2001

Esta es una reflexión de los obispos de Estados Unidos sobre la tragedia del 11 de septiembre de 2001. Este fue un acontecimiento que dramatizó los temas del bien y el mal, y la necesidad de extraer una orientación moral de las enseñazas de Cristo y de la Iglesia.

Desde el 11 de septiembre de 2001 somos un pueblo herido. Compartimos la pérdida de seres queridos, el dolor, el enfado y la tristeza, la conmoción y la determinación ante estos ataques contra nuestra nación y contra toda la humanidad. También honramos el altruismo de los bomberos, policías, capellanes y otros individuos valientes que dieron sus vidas en servicio a los demás. Ellos son verdaderos héroes y heroínas. Nuestra nación se ha dirigido a Dios en oración y con fe con una nueva intensidad. Esto se hizo evidente en las oraciones en los teléfonos celulares en los aviones secuestrados, en las escaleras de las fatídicas torres, en las catedrales y parroquias, en los servicios ecuménicos e interreligiosos, en nuestros hogares y corazones.

Nuestra fe nos enseña sobre el bien y el mal, sobre la libertad y la responsabilidad. La vida de Jesús, sus enseñanzas y su muerte y Resurrección nos enseñan el significado del amor y de la justicia en un mundo fragmentado. Las Sagradas Escrituras y los principios éticos tradicionales definen lo que significa crear la paz. Nos proveen una guía moral sobre cómo el mundo debería responder con justicia al terrorismo para reestablecer la paz y el orden.

La Función de la Religión

Nos preocupa particularmente que algunos de los que participan y apoyan esta nueva forma de terror quieran justificarlo, en parte, como un acto religioso. Desgraciadamente, la noción que tienen los terroristas de una guerra religiosa es reforzada involuntariamente por aquellos que atribuyen a toda la religión Islámica en sí el extremismo de unos cuantos, o aquellos que sugieren que la religión, por su propia naturaleza, es una fuente de conflicto [...]

Está mal hacer uso de la religión como cubierta de causas políticas, económicas o ideológicas. Agrava el mal cuando los extremistas de cualquier tradición religiosa deforman la fe que profesan para así justificar la violencia y el odio. Sea cual sea la motivación, no existe justificación moral o religiosa de lo que sucedió el 11 de septiembre. Gentes de todas las fes deben estar unidas en la convicción de que el terrorismo en nombre de la religión profana la religión. La forma más efectiva de contrarrestar las reivindicaciones terroristas de una justificación religiosa proviene de las ricas tradiciones religiosas del mundo

LOS MANDAMIENTOS DE LA SANTA MADRE IGLESIA
(VÉASE CIC, NOS. 2041-2043)

El *Catecismo de la Iglesia Católica*, además de presentar los cimientos para la moralidad Cristiana, incluye una sección sobre los Mandamientos de la Iglesia. Estas son unas reglas que se sitúan en la vida moral, vinculadas a la vida litúrgica y alimentadas por esta. El carácter obligatorio de estas leyes positivas decretadas por las autoridades pastorales tiene como fin garantizar a los fieles los fundamentos indispensables para sus vidas como católicos. Estos Mandamientos son:

- Oír Misa entera todos los domingos y fiestas de guardar. El domingo, el día de la Resurrección, debería ser tratado de una forma diferente a los otros días de la semana. Hacemos esto al hacer santo el día, participando en la Misa y absteniéndonos de realizar trabajo innecesario. Deberían ser marcadas de la misma manera las fiestas de guardar, cuando celebramos fiestas especiales de Jesús, de la Santísima Virgen María y de los santos.

- Confesar los pecados mortales al menos una vez al año. Esto obliga en particular a aquellas personas que son conscientes de haber cometido pecados serios. La recepción habitual del sacramento de la Penitencia y la Reconciliación nos ayuda a prepararnos no solo para recibir la Eucaristía, sino también para continuar el proceso de conversión que comenzó con el Bautismo.

- Comulgar al menos por Pascua de Resurrección. En Estados Unidos este período va desde el primer domingo de Cuaresma hasta el Domingo de la Santísima Trinidad. Ya que la Sagrada Eucaristía es tanto la fuente como la cumbre de la vida para todos los miembros de la Iglesia, la Iglesia enseña que cada miembro debe, por su propio bien, recibir la Comunión por lo menos una vez al año.

- Ayunar y abstenerse de comer carne cuando lo manda la Santa Madre Iglesia. *Ayunar* significa privarse hasta cierto punto de comida o bebida. *Abstinencia* significa privarse de comer carne.

La Iglesia identifica días y momentos específicos de ayuno y abstinencia para preparar a los fieles para ciertas fiestas específicas; tales sacrificios también nos pueden ayudar a crecer en la autodisciplina y en santidad.

• Ayudar a la Iglesia en sus necesidades. Esto quiere decir contribuir con tiempo, talentos y recursos económicos, según la capacidad personal, para apoyar las actividades de la Iglesia.

y del testimonio de mucha gente de fe, quienes han sido una poderosa fuerza a favor de la liberación humana sin violencia en todo el mundo.

Tiempo para Enseñar

Muchos católicos conocen la enseñanza de la Iglesia sobre la guerra y la paz. Muchos otros no. Es hora de compartir nuestros principios y valores, de crear conversación y continuar el diálogo dentro de la comunidad católica. Las escuelas, las universidades y los institutos de enseñanza superior católicos y las parroquias deberían crear oportunidades para compartir las Sagradas Escrituras y las enseñanzas de la Iglesia sobre la vida humana, la justicia y la paz de forma más amplia y completa. De una forma especial, deberíamos ayudar a nuestros hijos a sentirse seguros en estos días difíciles. [Nota: la enseñanza de la Iglesia sobre la guerra aparece en el Capítulo 29.]

Tiempo de Esperanza

Sobre todo, necesitamos volvernos con esperanza hacia Dios y hacia los demás. La esperanza nos asegura que, con la gracia de Dios, lograremos pasar por lo que ahora parece ser un reto desalentador. Para los creyentes, la esperanza no es una cuestión de optimismo, sino una fuente de fortaleza y acción en situaciones exigentes. Para los que trabajan por la paz, la esperanza es una virtud indispensable. Esta esperanza, junto con nuestra respuesta a la llamada a la conversión, debe tener sus raíces en la promesa de Dios y ser nutrida por la oración, la penitencia y las obras de caridad y solidaridad. (USCCB, *A Pastoral Message: Living with Faith and Hope after September 11 [Un Mensaje Pastoral: Viviendo con Fe y Esperanza Después del 11 de Septiembre de 2001]* [Washington, DC: USCCB, 2001] [v.d.t.])

■■■■ PARA LA REFLEXIÓN Y EL DEBATE ■■■■

1. Al repasar los elementos fundamentales de la vida moral cristiana, ¿cuáles te dieron una nueva perspectiva sobre la vida moral cristiana? ¿Cómo pueden todos ellos convertirse en parte habitual del desarrollo de tu vida en Cristo y en el Espíritu?

2. La vida moral basada en las enseñanzas de las Sagradas Escrituras brota del designio amoroso de Dios para nosotros. ¿Cómo corresponde esto con tu forma de ver lo que es la vida moral? ¿Cómo vivirías tal designio?

3. Tú estás llamado a asentir fielmente a las enseñanzas de la Iglesia sobre fe y moral. ¿Qué retos afrontas? ¿Cómo los manejas? ¿Qué te motiva a ser una persona moralmente buena?

■■■■ ENSEÑANZAS ■■■■

* La ley divina de Dios establece nuestro destino final y el camino para alcanzarlo. Dios ha plantado en cada uno de nosotros la ley natural que es un reflejo de su ley divina.

* La ley natural es nuestra aprehensión racional al orden moral creado, una habilidad que tenemos porque hemos sido creados a imagen de Dios. Expresa nuestra dignidad humana y forma las base de nuestros derechos y deberes básicos.

* La sabiduría divina nos conduce por diferentes tipos de leyes (la ley divina, la ley natural, la ley civil, la ley eclesiástica [de la Iglesia]) diseñadas para guiarnos hacia las metas que responderán a nuestras más profundas aspiraciones.

- La ley revelada se ve en el Antiguo Testamento cuando Dios comunicó los Diez Mandamientos a Moisés. Los Mandamientos, junto con las enseñanzas de los Profetas y otras leyes reveladas, prepararon al mundo para el Evangelio.

- Las enseñanzas de Cristo descubren el significado oculto de la Ley Vieja y revelan su Verdad Divina y la verdad humana. El Evangelio es una ley de amor por el amor que fue vertido en nuestros corazones por el Espíritu Santo.

- "La justificación es la *obra más excelente del amor de Dios*, manifestado en Cristo Jesús y concedido por el Espíritu Santo" (CIC, no. 1994). La justificación es tanto la obra del Espíritu que nos trae el perdón de los pecados, como nuestra aceptación o acogida de la santidad de Dios, la cual llamamos santificación mediante la participación en la vida divina.

- "La gracia santificante es un don habitual, una disposición estable y sobrenatural que perfecciona al alma para hacerla capaz de vivir con Dios, de obrar por su amor. Se debe distinguir entre la *gracia habitual*, disposición permanente para vivir y obrar según la vocación divina, y las *gracias actuales*, que designan las intervenciones divinas que están en el origen de la conversión o en el curso de la obra de la santificación" (CIC, no. 2000).

- "La gracia santificante es el don gratuito que Dios nos hace de su vida, infundida por el Espíritu Santo en nuestra alma para curarla del pecado y santificarla" (CIC, no. 2023).

- La justificación nos fue merecida por la pasión de Cristo. Recibimos la justificación en el Bautismo y nos convertimos en amigos de Dios. De esta forma nos conforma con la justicia de Dios que nos hace justos.

- Dios llamó a Israel a ser santo. "Sean santos porque yo soy santo" (Lv 11:45). San Pedro extendió esta invitación de Dios a los cristianos. "Así como es santo el que los llamó, sean también ustedes santos en toda su conducta, pues la Escritura dice: 'Sean santos, porque yo, el Señor, soy santo'" (1 P 1:15-16).

- Jesús dijo a los Apóstoles: "El que los escucha a ustedes, a mí me escucha" (Lc 10:16). En la Iglesia, cuando tratamos temas de fe y moral, la voz autorizada de Cristo es ejercida por el Papa y los obispos quienes, como sucesores de Pedro y los Apóstoles, forman el Magisterio. Son guiados por el Espíritu Santo, que habita en la Iglesia para llevarnos a toda la verdad.

- "El *magisterio de los pastores de la Iglesia* en materia moral se ejerce ordinariamente en la catequesis y en la predicación, con la ayuda de las obras de los teólogos y de los autores espirituales" (CIC, no. 2033).

- "La sociedad asegura la justicia social procurando las condiciones que permitan a las asociaciones y a los individuos obtener lo que les es debido" (CIC, no. 1943). La justicia social trata de las necesidades esenciales de las personas, quienes están llamadas a vivir juntas en comunidad respetando la dignidad de cada persona. Estas necesidades incluyen comida, ropa, hogar y un salario para mantener a la familia.

- "El principio de solidaridad, expresado también con el nombre de 'amistad' o 'caridad social', es una exigencia directa de la fraternidad humana y cristiana" (CIC, no. 1939). Esto implica un amor a todas las personas, que trasciende las diferencias nacionales, raciales, étnicas, económicas e ideológicas. Respeta las necesidades de los demás y el bien común en un mundo interdependiente.

MEDITACIÓN

La Historia de América ha sido la historia de largas y difíciles luchas para vencer prejuicios que excluían a ciertas categorías de gente de una participación plena en la vida de la nación: primero, la lucha contra la intolerancia religiosa, después la lucha contra la discriminación racial y a favor de los derechos civiles para todas las personas. Tristemente, hoy en día hay una nueva clase de gente que está siendo excluida. Cuando un niño no nacido — "el desconocido en el vientre"— es declarado estar más allá de la protección de la sociedad, no solo son radicalmente minadas y puestas en peligro las tradiciones más profundas de América, sino que la sociedad es víctima de un deterioro moral. También estoy pensando en las amenazas a los ancianos, los severamente discapacitados y todos aquellos que aparentan no tener utilidad social alguna. Cuando se declaran a seres humanos inocentes como inconvenientes o como cargas, y por tanto indignos de la protección legal y social, se causa un daño muy grave a los fundamentos morales de la comunidad democrática.

—Papa Juan Pablo II, Homilía dada en el Giants Stadium durante su visita pastoral a las Naciones Unidas y a Estados Unidos (5 de octubre de 1995), no. 6 (v.d.t.)

ORACIÓN

Acto de Esperanza

Señor Dios mío, espero por tu gracia la remisión de todos mis pecados; y después de esta vida, alcanzar la eterna felicidad, porque tú lo prometiste que eres infinitamente poderoso, fiel, benigno y lleno de misericordia. Quiero vivir y morir en esta esperanza. Amén.

Acto de Esperanza (tradición española)

Espero en Dios Padre;
espero en Dios Hijo;
espero en Dios Espíritu Santo;
espero en la Santísima Trinidad;
espero en mi Señor Jesucristo,
Dios y hombre verdadero.

Pero ahora, libres ya del pecado,
Y entregados al servicio de Dios,
Dan frutos de santidad,
Que conducen a la vida eterna.

—Rm 6:22

25 EL PRIMER MANDAMIENTO: CREE EN EL DIOS VERDADERO

"YO SOY EL SEÑOR, TU DIOS (...) NO TENDRÁS
OTROS DIOSES FUERA DE MÍ" (EX 20:2-3)
—CIC, NOS. 2083-2141

CATHERINE DE HUECK DOHERTY: APÓSTOL LAICA DEL SIGLO XXI

En 1896, nació Catherine, hija de Theodore y Emma Kolychkine, una pareja acaudalada, miembros profundamente religiosos de la Iglesia ortodoxa rusa. Desde sus primeros años, Catherine acompañaba a su madre a llevar comida, medicina y ropa a los vecinos menos afortunados. Su madre quería que Catherine aprendiese a ver el rostro de Dios en cada ser humano.

Al poco tiempo del matrimonio de Catherine con Boris de Hueck, un rico aristócrata, la Revolución Rusa obligó a la pareja a escapar a Inglaterra, donde Catherine aceptó el catolicismo romano, y después a Canadá, donde nació su hijo George. Tras la crisis económica de 1929, el negocio de Boris fracasó. Al poco tiempo, el matrimonio también fracasó y en 1943 la Iglesia Católica otorgó la nulidad del matrimonio.

Catherine había sido testigo del avance del comunismo por el mundo. Alertó a la gente que el ateísmo destruiría su dignidad humana, pero pocos fueron los que la escucharon. Catherine estaba totalmente convencida de que solo el Evangelio de Cristo traería la justicia y la paz que el mundo tanto necesitaba, y decidió dedicar su vida totalmente a Cristo como laica.

En 1931, con la bendición del Arzobispo Neil McNeil de Toronto —y tras haber hecho preparativos para su hijo— Catherine vendió todas sus posesiones, se mudó a un barrio pobre de Toronto y abrazó una vida según el Evangelio. Vivió una vida de oración y de servicio a los pobres. Arrendó un local y lo llamó "La Casa de la Amistad" (*Friendship House*). Allí ella ofrecía comida, ropa y cobijo a los pobres y a los sin techo. Un pequeño grupo de gente que pensaba como ella se le unió, y juntos vivieron la espiritualidad de San Francisco de Asís.

En 1938, respondiendo a una petición del Padre John LaFarge, SJ, un pionero en el área de derechos civiles, Catherine estableció otra Casa de la Amistad en Harlem, en la ciudad de New York. Al igual que en Toronto, un pequeño grupo de seguidores se unieron a ella. Durante este tiempo, Catherine conoció al periodista americano Eddie Doherty y se casaron por la Iglesia Católica en 1943. Eddie se sumó a la vida de la Casa de la Amistad en Chicago. Como consecuencia de controversias y críticas, Catherine y Eddie se marcharon de Estados Unidos para vivir en un pequeño terreno que Eddie tenía en Combermere, Ontario, y comenzaron la fase más fructífera y duradera de sus vidas.

En su casa, Madonna House, Catherine y Eddie crearon un centro de preparación para el apostolado laico católico. Antiguos trabajadores de la Casa de la Amistad y otras personas fueron allí para tomar parte en el trabajo. A instancias de Monseñor Giovanni Battista Montini —quien más tarde sería el Papa Pablo VI— Catherine, Eddie y sus seguidores profesaron los votos simples de pobreza, castidad y obediencia como un signo de su compromiso permanente a su apostolado. Catherine y Eddie vivieron vidas célibes a partir de ese momento.

Madonna House creció. Sacerdotes y laicos llegaban de todas partes del mundo para vivir la espiritualidad del Evangelio que Catherine enseñaba y el estilo de vida modelado según la Sagrada Familia de Nazaret. A causa de su reputación como una mujer contemplativa y de oración y su fama como una escritora espiritual, muchos iban a buscar el consejo de Catherine, quien alejaba a los individuos de ella misma y los dirigía a Cristo. A instancias de muchos obispos, Madonna House estableció centros apostólicos por todo el mundo.

En 1985, diez años después de la muerte de Eddie, Catherine murió, dejando tras de sí una herencia espiritual. Consciente de lo que había aprendido de su madre y de cómo había vivido su propia vida, Catherine animó a sus seguidores a ser *cruciformes*: a extender una mano a Dios y la otra al prójimo, a ver a Dios en todas partes y en todas las personas y a dar su vida al servicio. El alcance del apostolado de Catherine ha llegado a más de veinte casas en cinco continentes.

La vida de Catherine ilustra el Primer Mandamiento, al haber ella vivido su vida amando al Señor con todo su corazón, con toda su alma y con toda su mente sobre todas las cosas, y porque respetó y luchó por la dignidad de todos los seres humanos.

LA FUNCIÓN DE LOS MANDAMIENTOS

Dios nos ayuda de muchas maneras diferentes a vivir una vida moral. Él nos da su gracia, la que despierta en nosotros el deseo de decir no a la tentación y al pecado, y a elegir solo aquello que es bueno. Nos da las Virtudes Teologales y Cardinales y la gracia para practicar las virtudes humanas para que podamos fortalecernos en ellas. Dios nos da su ayuda y gracias mediante la Iglesia y por medio de nuestra participación en los sacramentos. También nos enseña como deberíamos vivir. Una de las maneras en las que hace esto es dándonos leyes para guiar nuestras acciones. Los Diez Mandamientos son leyes que Dios nos ha revelado. Prestar atención a la orientación que Dios nos da en los Mandamientos nos ayudará a saber como servir a Dios y como deberíamos vivir con los demás. También nos ayuda a estar abiertos a la gracia del Espíritu Santo y a lo que Dios puede llevar a cabo en nosotros y por nosotros con esa gracia.

EL PRIMER MANDAMIENTO

Los tres primeros Mandamientos tratan de nuestra relación con Dios. Los siete últimos lo hacen de nuestra relación con los demás. El Primer Mandamiento nos llama a tener fe en el Dios verdadero, a tener esperanza en Él y a amarlo plenamente con nuestra mente, corazón y voluntad. Respondemos a Dios, quien nos ha creado y redimido, y quien nos extiende su cuidado providencial cada minuto de cada día. El Primer Mandamiento promueve la virtud de la religión que nos mueve a adorar solo a Dios porque solo Él es santo y digno de nuestra alabanza.

Adorar a Dios, orar a El, ofrecerle el culto que le corresponde, cumplir las promesas y los votos que se le han hecho, son todos ellos actos de la virtud de la religión que constituyen la obediencia al primer mandamiento. (CIC, no. 2135)

Todos los Mandamientos nos llaman a practicar ciertas virtudes y nos prohíben un número de comportamientos inmorales. La invitación positiva del Primer Mandamiento nos llama a practicar las Virtudes Teologales de la fe, esperanza y caridad creyendo en las tres Personas de la Santísima Trinidad, depositando toda nuestra esperanza en ellas y amándolas con todo nuestro corazón y toda nuestra mente.

La Fe

Dios nos ha dado la virtud de la fe, que es una respuesta personal a la Revelación de Dios de su santidad, amor, belleza y trascendencia. Experimentamos indicios de la majestad de Dios en la creación, rastros de su amor en el amor humano que recibimos e impulsos de su preocupación por nosotros en nuestra vida interior, especialmente en los movimientos de nuestra conciencia. Nuestra fe también es comunitaria, llegándonos por medio de nuestras familias y comunidad parroquial. Sobre todo, nuestra fe en Dios es un don de gracia y es constantemente nutrido por el Espíritu Santo desde el momento de nuestro Bautismo, a través de nuestra vida de oración, nuestra participación en la Eucaristía y los sacramentos y nuestro testimonio cristiano.

Mientras que adorar y servir a Dios es el deber de todos, hay, tristemente, quienes no creen en Él y quienes dudan seriamente de su existencia. Algunos dudan en creer porque no pueden superar sus objeciones a la fe o están perplejos ante el misterio de Dios. Algunos de los bautizados caen más tarde en la herejía. "Se llama *herejía* la negación pertinaz, después de recibido el bautismo, de una verdad que ha de creerse con fe divina y católica, o la duda pertinaz sobre la misma" (CIC, no. 2089).

La *apostasía* es el rechazo total de la fe *(cf. CIC, no. 2089)*. Un *cisma* es el rechazo a someterse a la autoridad del Papa como cabeza de la Iglesia. Cristo nos llama a tener una actitud orante y reconciliadora hacia las personas que tienen dificultades en su fe, y a ayudarlos a ir hacia un asentimiento de la verdad de la fe.

La Esperanza

Dios nos ha dado la virtud de la esperanza. La esperanza nos llena con la confianza de que Dios nos acompaña en nuestro camino por la vida y nos guía a la vida eterna con Él. Si rehusamos este don de la esperanza, nos desviamos hacia la presunción o su opuesto, la desesperación. En el pecado de la presunción, pensamos que seremos salvados sin realizar ningún tipo de compromiso personal a la vida moral. En el pecado de la desesperación, perdemos la esperanza en la misericordia de Dios y creemos que no podemos ser salvados.

La Caridad

Finalmente, Dios nos ha dado la virtud de la caridad, el mismo amor que Él nos tiene. Nuestro Señor nos pide que aceptemos este amor y que le respondamos con él. Jesús hizo del amor a Dios el primero de los dos grandes Mandamientos: "Amarás al Señor, tu Dios, con todo tu corazón, con toda tu alma y con toda tu mente" (Mt 22:37). Pecamos contra esta llamada a amar mediante la indiferencia, la ingratitud, la tibieza, la pereza espiritual y el odio a Dios (cf. CIC, no. 2094).

TEMAS RELACIONADOS CON
EL PRIMER MANDAMIENTO

Idolatría

El Primer Mandamiento prohíbe la idolatría, el culto de falsos dioses. En la antigüedad, la gente adoraba objetos creados como el sol, la luna, las estrellas, los árboles, los toros, las águilas y las serpientes. En algunos casos, los emperadores y reyes eran considerados divinos, y se esperaba que los adorasen.

A Israel se le prohibió realizar imágenes de Dios: "No se perviertan haciéndose imágenes talladas de cualquier forma que sea" (Dt 4:16). Este mandato en contra de "imágenes" estaba basado en la convicción de que Dios es mayor y más misterioso que cualquier representación artística de Él. También prevenía a Israel de tallar ídolos como lo hacían los paganos y caer en la idolatría. Pero el pueblo de Israel podía realizar imágenes que apuntaran simbólicamente hacia la salvación por el Mesías, como la serpiente de bronce, el Arca de la Alianza y los querubines (cf. CIC, no. 2130).

A los cristianos, sin embargo, se les ha permitido crear arte religioso. La veneración de iconos —imágenes religiosas de Cristo, de la Virgen María, de los ángeles y de los santos— fue ratificada por el séptimo Concilio Ecuménico de Nicea (787 d.C.), en oposición a los iconoclastas —aquellos que rechazaban el uso de imágenes religiosas como las estatuas, las pinturas y los mosaicos. El hecho de que, con la Encarnación, Cristo tomó la naturaleza humana proveyó las bases para la tradición de la Iglesia que dice que las imágenes artísticas, tales como los iconos, pueden retratar misterios de la salvación. Quien venere una imagen sagrada venera a la persona retratada. Esta veneración de la Virgen María y de los santos —y de sus imágenes— difiere de la adoración que solo pertenece a Dios.

Hoy en día, la idolatría ha emergido de nuevas maneras, cuando se le da un valor absoluto a algo creado. Ejemplos de cuando esto sucede incluyen el poder, el dinero, el materialismo y los deportes. También, aquellos que acuden a la astrología, la lectura de manos y la interpretación de augurios mediante médiums, clarividentes y otras personas que dicen controlar el tiempo y la historia han debilitado su fe en Dios, caen en la superstición y a veces en el pecado. Aquellos que están involucrados en las sectas o en el ocultismo (por ejemplo, magia, brujería, Satanismo) se ponen a disposición de influencias malvadas, minan su fe en el Dios verdadero y cometen pecado.

Algunos individuos contemporáneos recurren a la espiritualidad "New Age". Esta espiritualidad no tiene bases doctrinales, pero refleja

DEL CATECISMO

1. ¿Por qué debemos adorar solo al Dios verdadero?
Adoramos a Dios porque Él es Dios y merece de nuestra adoración. La vida humana se unifica en la adoración del Dios Único. "La idolatría es una perversión del sentido religioso innato en el hombre" (CIC, no. 2114). El Mandamiento de adorar al único Señor da unidad al hombre y lo salva de una dispersión infinita.

2. ¿Cuál es el vínculo entre el amor de Dios y los Mandamientos?
Dios nos amó primero. El amor del Dios Único es recordado en la primera de las "diez palabras". Los mandamientos explicitan a continuación la respuesta de amor que el hombre está llamado a dar a su Dios. (CIC, no. 2083)

3. ¿Cómo es posible obedecer lo que Dios manda?
Dios hace posible por su gracia lo que manda. (CIC, no. 2082

muchas tendencias religiosas del Oriente no cristiano, varias prácticas ocultas como la astrología y algunas ideas de la psicología. Los que la practican tienden a abandonar la enseñanza doctrinal sobre la Santísima Trinidad, Jesucristo, la Iglesia y los sacramentos. También ignoran la enseñanza moral de Dios y de la Iglesia.

Ateísmo

En el contexto de nuestra cultura, el ateísmo a menudo se presenta como secularismo en su forma más extrema. Los ateos o secularistas radicales niegan la existencia de Dios. Algunos son materialistas estrictos, que creen que en última instancia no hay absolutamente nada espiritual. Algunos son humanistas seculares, que afirman que los seres humanos deberían controlar la historia y el mundo sin hacer referencia a Dios. Los cristianos deben siempre examinar su propio comportamiento porque una falta de consistencia con el Evangelio en sus vidas puede animar a otros hacia el ateísmo.

En esta génesis del ateísmo pueden tener parte no pequeña los propios creyentes, en cuanto que, con el descuido de la educación religiosa, o con la exposición inadecuada de la doctrina, o incluso con los defectos de su vida religiosa, moral y social, han velado más bien que revelado el genuino rostro de Dios y de la religión. (GS, no. 19)

Agnosticismo

Existe otra forma de evadir la llamada del Primer Mandamiento. La palabra *agnóstico* significa "yo no sé". El agnosticismo reviste varias formas. Algunos agnósticos admiten la existencia de Dios pero afirman que no se puede saber nada de Él. Otros dicen que es imposible saber si existe o no un Dios. Algunos agnósticos están buscando a Dios; otros no lo intentan. Muchos son ateos en práctica, quienes conscientemente no niegan la existencia de Dios pero que viven la vida como si no existiera.

LA SANTIDAD DE DIOS EN LA VIDA DIARIA

Cuando Dios se apareció a Moisés en el Monte Horeb, dijo: "El lugar que pisas es tierra sagrada" (Ex 3:5). El sexto capítulo de Isaías describe la visión que tiene el profeta de Dios y cómo escuchó a los ángeles cantar: "Santo, Santo, Santo es el Señor" (Is 6:3). Moisés reacciona a la santidad de Dios con asombro, una reverencia profunda hacia la majestad de Dios que abarca todas las cosas. Isaías responde a la santidad de Dios con una conciencia de la pureza profunda e infinita de Dios. Ambos hombres sufren una transformación espiritual que atribuyen a sus experiencias de la santidad de Dios.

El Primer Mandamiento es más que una referencia a una idea abstracta de Dios. Es un anuncio de la presencia del santísimo Dios, tanto en la creación exterior como en el interior del alma humana. Su existencia sí llama a nuestra fe.

La cultura que nos rodea está llena de distracciones que no dejan pasar la majestuosa voz de nuestro santo y glorioso Dios. San Agustín, comentando sobre su problemática juventud, habla de esta experiencia con estas palabras: "Tú estabas conmigo, pero yo no estaba contigo. Las cosas creadas me mantenían lejos de ti; y sin embargo, si no hubiesen estado en ti, no habrían existido" (v.d.t.). Pero Dios no era simplemente una presencia pasiva para Agustín, quien era un amante tímido buscando que hacer. Agustín nos dice que Dios habló con una voz vigorosa. "Me llamaste, me gritaste y rompiste mi sordera. Soplaste tu fragancia sobre mi [...] te he saboreado, y ahora tengo hambre y sed de más" (*Las Confesiones*, lib. 10, cap. 27 [v.d.t.]).

Este es el mejor contexto para apreciar la importancia del Primer Mandamiento. Al igual que Dios lo hizo con Agustín, también lo hace de nuevo por nosotros —llamándonos, gritando, tratando de romper nuestra sordera, soplando su fragancia sobre nosotros.

Muchos sí están escuchando. Numerosos católicos están buscando una relación más profunda con Dios mediante la Misa diaria, la recepción frecuente de los sacramentos, la lectura orante de las Sagradas Escrituras, los retiros, la dirección espiritual, los distintos tipos de oración y las prácticas devocionales. Con Agustín podemos decir: "Me has tocado y ardo con deseos de tu paz" (v.d.t.).

■■■■■ PARA LA REFLEXIÓN Y EL DEBATE ■■■■■

1. La mayoría de la gente en nuestra cultura dice que cree en la existencia de Dios. ¿Qué causa la desconexión entre esa creencia y el comportamiento de muchos?

2. ¿Cómo te llevan los actos de fe, esperanza y caridad más cerca de Dios y hacen de tu comportamiento un acto de alabanza al Señor?

3. ¿Cómo podemos descubrir la presencia de Dios en nuestras vidas? ¿Cómo podemos compartir con los demás nuestra conciencia de esta realidad?

ENSEÑANZAS

- "Yo soy el Señor, tu Dios [...] No tendrás otros dioses fuera de mí [...] Amarás al Señor, tu Dios, con todo tu corazón, con toda tu alma y con toda tu mente" (Ex 20:2-3; Dt 6:5).

- La invitación positiva del Primer Mandamiento nos llama a practicar las Virtudes Teologales de la fe, esperanza y caridad, creyendo en Dios, esperando en Él y amándolo, y por nuestra voluntad de adorar a la Santísima Trinidad. Las Virtudes Teologales se refieren directamente al Dios vivo.

- "Adorar a Dios, orar a El, ofrecerle el culto que le corresponde, cumplir las promesas y los votos que se le han hecho, son todos ellos actos de la virtud de la religión que constituyen la obediencia al primer mandamiento" (CIC, no. 2135).

- Basándonos en nuestra fe en la Encarnación de Cristo, veneramos imágenes de Cristo, de la Virgen María, de los ángeles y los santos. No ofrecemos culto a estas imágenes en sí, pero al venerar la imagen, veneramos la persona retratada —Jesucristo, la Virgen María, un santo o un ángel. Esto a su vez nos puede llevar a una contemplación más profunda de Dios mismo.

- El Primer Mandamiento prohíbe la idolatría, que es ofrecer culto a una criatura o un objeto.

- Otros pecados contra el Primer Mandamiento incluyen: tentar a Dios, que significa que ponemos a prueba su poder como lo hizo Satanás con Jesús con las tentaciones en el desierto; el sacrilegio, que significa tratar sin respeto a personas, lugares u objetos consagrados a Dios, sobre todo la Eucaristía, y la simonía, que es la compra o venta de cosas espirituales.

- "El ateísmo, en cuanto niega o rechaza la existencia de Dios, es un pecado contra el primer mandamiento" (CIC, no. 2140).

- En el núcleo de nuestra fe se encuentra nuestro asentimiento de mente y voluntad a todo lo que Dios revela, a todo lo que la Iglesia define y a todo lo que la Iglesia presenta, mediante su Magisterio ordinario y universal, como camino de Cristo hacia la salvación.

MEDITACIÓN

Oración del Corazón

No hay mejor que la oración y coloquio con Dios, ya que por ella nos ponemos en contacto inmediato con él; y, del mismo modo que nuestros ojos corporales son iluminados al recibir la luz, así también nuestro espíritu, al fijar su atención en Dios, es iluminado con su luz inefable. Me refiero, claro está, a aquella oración que no se hace por rutina, sino de corazón; que no queda circunscrita a unos determinados momentos, sino que se prolonga sin cesar día y noche.

Conviene, en efecto, que la atención de nuestra mente no se limite a concentrarse en Dios de modo repentino, en el momento en que nos decidimos a orar, sino que hay que procurar también que cuando está ocupada en otros menesteres, como el cuidado de los pobres o las obras útiles de beneficiencia u otros cuidados cualesquiera, no prescinda del deseo y el recuerdo de Dios, de modo que nuestras obras, como condimentadas con la sal del amor de Dios, se conviertan en un manjar suavísimo para el Señor de todas las cosas.

—De las homilías del Pseudo-Crisóstomo, *Liturgia de las Horas*, vol. II, 36-37

ORACIÓN

Acto de Caridad

Dios mío, te amo sobre todas las cosas y al prójimo por ti, porque Tú eres el infinito, sumo y perfecto Bien, digno de todo amor. En esta caridad quiero vivir y morir.

Acto de Caridad (tradición española)

Amo a Dios Padre;
amo a Dios Hijo;
amo a Dios Espíritu Santo;
amo a la Santísima Trinidad;
amo a mi Señor Jesucristo,
Dios y hombre verdadero.
Amo a María santísima, madre de Dios
y madre nuestra y amo a mi prójimo
como a mí mismo.

"Dios mío, tus caminos son santos: ¿Qué dios es grande
    como nuestro Dios?"
Haz que, sin temor, te alabemos
En santidad todos los días de nuestras vidas.

—Sal 76:14; cf. Lc 1:73

26 EL SEGUNDO MANDAMIENTO: RESPETA EL NOMBRE DE DIOS

"NO HARÁS MAL USO DEL NOMBRE DEL
SEÑOR, TU DIOS" (EX 20:7)
—CIC, NOS. 2142-2167

JOB: EL HOMBRE POBRE ALABA A DIOS

¿Por qué sufre el inocente? Esta ha sido una pregunta desde tiempo inmemorial que las Sagradas Escrituras también tratan, quizás de forma más extensa en el Libro de Job. Escrito probablemente en el siglo VI a.d.C., narra la historia de un hombre próspero y prestigioso llamado Job, padre de una gran familia y un gran devoto de Dios. En una serie de calamidades provocadas por Satanás, Job lo pierde todo —familia, riqueza, incluso su propia salud. En medio de todas estas pérdidas, él clama:

Desnudo salí del vientre de mi madre,
   y desnudo volveré allá.
El Señor me lo dio, el Señor me lo quitó;
   ¡Bendito sea el nombre del Señor! (Jb 1:21)

Nada podía perturbar su fe en Dios. Su mujer, al ver su penoso estado, le dice: "¡Maldice a Dios y muérete!" (2:9). Él responde: "Si aceptamos de Dios el bien, ¿no vamos a aceptar también el mal?" (2:10). Tres amigos van a visitar a Job y discuten con él, diciéndole que debe haber pecado contra Dios y que por eso está siendo castigado. Pero Job insiste en que no ha hecho nada para ofender a Dios y que no se merece tal castigo. No importa lo profunda que es su angustia, Job mantiene su confianza en Dios:

> Yo sé bien que mi defensor está vivo,
>> y que al final se levantará a favor del humillado;
> De nuevo me revestiré de mi piel
>> y con mi carne veré a mi Dios;
> Yo mismo lo veré y no otro,
>> mis propios ojos lo contemplarán.
>> Esta es la firme esperanza que tengo. (19:25-27)

Job sí le pregunta a Dios por qué le ha afligido de esta manera, y quiere defender su causa ante Dios. Le cuenta todo el bien que ha hecho y quiere que Dios le responda a sus preguntas. Un joven se une a la conversación entre Job y sus amigos y condena severamente el interrogatorio de Job a Dios. Pero entonces, de repente, Dios se le aparece a Job y le dice:

> ¿Quién es ése que empaña mi consejo
>> con palabras sin sentido?
> Si eres valiente, prepárate.
>> Yo te preguntaré y tú me responderás.
>
> ¿Dónde estabas tú cuando cimenté la tierra?
>> Habla, si es que sabes tanto.
> ¿Sabes tú quién fijó su tamaño
>> y midió sus dimensiones? (38:2-5)

Dios entonces revela a Job la majestuosidad y el orden de la creación, revelándose a sí mismo como el Creador de todo, y siempre misterioso en su forma de obrar. Job, el hombre inocente que ha sufrido, es privilegiado con una extraordinaria revelación de la sabiduría y carácter oculto de Dios. Está asombrado y sobrecogido por la visita de Dios a él. Se arrepiente de haber interrogado a Dios y le responde reconociendo su grandeza:

> Sé que todo lo puedes,
>> que ningún plan está fuera de tu alcance.
> Hablaba de cosas que no entendía, de maravillas
>> que me superan y que ignoro.

Te conocía sólo de oídas,
pero ahora te han visto mis ojos.
Por eso me retracto de mis palabras y me arrepiento,
echándome polvo y ceniza. (42:2-5)

Dios entonces corrige a los tres amigos porque "no han hablado bien de mí, como lo ha hecho mi siervo Job" (42:8). A continuación Dios restaura la salud de Job, le da una familia y lo hace próspero de nuevo.

Incluso en medio de un gran sufrimiento, Job alabó a Dios y, por su fidelidad, experimentó la maravilla, la majestad y la santidad de Dios. Durante todas las circunstancias de su vida, Job mantuvo santo el nombre de Dios.

❦

EL NOMBRE DE DIOS ES SANTO

El segundo mandamiento prescribe respetar el nombre del Señor. Pertenece, como el primer mandamiento, a la virtud de la religión y regula más particularmente el uso de nuestra palabra en las cosas santas.

—CIC, no. 2142

En el episodio de la zarza ardiente, Moisés le preguntó a Dios su nombre. Dios le contestó: "Yo-soy [...] Esto les dirás a los israelitas: Yo-soy me envía a ustedes" (Ex 3:14). Los hebreos trataban este nombre de Dios con tal respeto que ni siquiera lo pronunciaban. Se honraba con el silencio. Solo el sumo sacerdote, una vez al año, para la fiesta de la expiación, pronunciaba este nombre cuando se hacía la ofrenda del incienso en el Santo de los Santos del templo. Como señal de reverencia hacia el santo nombre revelado, la gente lo sustituía por el nombre *Adonai*, que significa "Señor". Los judíos de hoy en día han adoptado esta costumbre al escribir "*D–s*" en lugar del deletreo común.

El Segundo Mandamiento nos llama a la virtud de reverenciar a Dios, lo que nos prepara para conocer y preservar la diferencia entre el Creador y la criatura. Respetar el nombre de Dios evita que lo reduzcamos a un simple hecho o incluso a un objeto que podemos controlar o manipular.

Al mismo tiempo, un Dios de gracia desea intimar con nosotros, incluso encarnándose en Jesucristo y habitando en nosotros por el Espíritu Santo. En el Evangelio de Juan, Jesús se aplica a sí mismo la expresión "Yo Soy" (cf. Jn 8:58), identificándose a sí mismo, de esta manera, con Dios. Se distingue a sí mismo del Padre y del Espíritu Santo, a quien enviará al mundo tras su Resurrección. Esta fue una manera en la que Jesús nos ayudó a entender a Dios como Trinidad.

De alguna forma, un nombre comunica la realidad de una persona —su origen, su historia, el mismo ser de la persona. Es por esto que la gente protege sus nombres y esperan que sean tratados con honor. El nombre de Dios se merece, obviamente, el más alto honor y respeto. El Señor nos da un Mandamiento que nos pide que respetemos su nombre y que no lo usemos de manera irrespetuosa o manipuladora. Cuando Jesús enseñó el Padrenuestro, su primera petición fue "Santificado sea tu nombre". Nosotros también adoramos el santo nombre de Dios en cada Misa, al principio de la Plegaria Eucarística, cuando recitamos o cantamos el Sanctus.

También recibimos fortaleza al recordar nuestro Bautismo, por el cual participamos en la Iglesia "en el nombre del Padre y del Hijo y del Espíritu Santo". Ser bautizado en el nombre de la Santísima Trinidad significa ser inmersos en la propia vida del Padre, Hijo y Espíritu. El nombre de Dios nos santifica. En el Bautismo normalmente recibimos el nombre de un santo, de un discípulo de Cristo que ha llevado una vida ejemplar, para recordarnos nuestra llamada a la santidad. Los santos patrones —es decir, el santo o santos cuyos nombres se nos han dado— sirven como ejemplos del camino hacia la santidad mediante su testimonio de fe, esperanza y caridad. También interceden ante Dios para nuestro beneficio. Dios nos llama por nuestro nombre. Nuestro nombre es sagrado. Tenemos que honrar el nombre de Dios y los nombres de los demás para hacer de nuestro mundo un centro de dignidad y respeto.

EL MAL USO DEL NOMBRE DE DIOS

El Segundo Mandamiento prohíbe el mal uso o el uso incorrecto del nombre de Dios. Esto sucede de diferentes maneras. La blasfemia usa el

DEL CATECISMO

1. ¿Qué nos pide el Segundo Mandamiento?
El segundo mandamiento *prescribe respetar el nombre
del Señor.* Pertenece, como el primer mandamiento, a la
virtud de la religión y regula más particularmente el uso de
nuestra palabra en las cosas santas. (CIC, no. 2142)

2. Menciona un acto prohibido por el Segundo Mandamiento.
El segundo mandamiento prohíbe todo uso inconveniente
del nombre de Dios. La blasfemia consiste en usar de una
manera injuriosa el nombre de Dios, de Jesucristo, de la
Virgen María y de los santos. (CIC, no. 2162)

**3. ¿Por qué es importante nuestro nombre de pila, el nombre
que recibimos en nuestro bautismo?**
En el Bautismo, la Iglesia da un nombre al cristiano. Los
padres, los padrinos y el párroco deben procurar que se
dé un nombre cristiano al que es bautizado. El patrocinio
de un santo ofrece un modelo de caridad y asegura su
intercesión. (CIC, no. 2165)

nombre de Dios y de Jesucristo, así como el de la Santísima Virgen María
y de los santos, de una manera ofensiva. El *Catecismo* nos enseña que la
blasfemia consiste "en proferir contra Dios —interior o exteriormente—
palabras de odio, de reproche, de desafío" (CIC, no. 2148). Esto es un
pecado grave. Una habitual falta de respeto hacia Dios, manifestada
en maldiciones o incluso en el uso de lenguaje vulgar, puede crear una
actitud que erosione nuestra relación con el Señor.

Al mismo tiempo, reconocemos una culpabilidad menor cuando el
nombre de Dios es usado a causa de un arrebato indisciplinado del habla
debido a la pasión o a una incitación inesperada a la ira. Necesitamos
cultivar un respeto persistente hacia los nombres sagrados; si no lo

hacemos, podemos acabar dando mal ejemplo y también lo podemos hacer cayendo en el pecado de la blasfemia. Debemos también aclarar que en las Sagradas Escrituras, el lenguaje a veces apasionado de los Profetas, con el cual lamentan los problemas de sus épocas y exclaman quejas a Dios, no es blasfemo ni tampoco es tomar el nombre de Dios en vano. De hecho, es una oración dirigida a Dios.

Se nos tiene prohibido usar el nombre de Dios para cometer perjurio o dar falso testimonio, y de esa forma usarlo para que apruebe nuestras vidas.

El nombre de Dios ha sido invocado para justificar guerras injustas y el terrorismo, para masacrar al enemigo y oprimir a otros con poder injustificado. Muchos han usado al Dios del amor para promover el odio, el Dios de la confianza para facilitar traiciones y el Dios de la misericordia para validar actos de crueldad. Críticos de la religión citan el sufrimiento y la crueldad causada por los excesos de algunos de los que participaron en las Cruzadas, las guerras de religión durante la Reforma y los juicios de brujas de Salem como ejemplos de maneras en las que se usó el nombre de Dios para justificar tales actos. Los pecados de los cristianos minan, en efecto, la credibilidad de la fe. El nombre de Dios nunca debe ser usado para apoyar actos inmorales.

SEÑOR, QUE ADMIRABLE ES TU NOMBRE EN TODA LA TIERRA (CF. SAL 8:2)

Cuando llevamos a nuestra cultura esta experiencia de la santidad del nombre de Dios, traemos un regalo para la sociedad que puede ser mucho mejor cuando lo sagrado es aceptado como beneficioso para la cultura. No es ningún secreto que la irreverencia hacia Dios y hacia los asuntos sagrados está presente en determinados sectores de nuestra sociedad. Para los creyentes esto es vergonzoso, doloroso e inapropiado. En ocasiones el discurso público rutinariamente muestra poca sensibilidad hacia los valores reverenciados por la gente de fe. Esto no es, por supuesto, universalmente verdadero. Hay mucha gente que muestra respeto hacia los asuntos religiosos. La gente de buena voluntad puede estar tan consternada como los hombres y mujeres de fe ante la falta de decencia al hablar y por la indiferencia hacia la santidad del nombre de Dios.

El nombre de cada persona es importante. Honramos la dignidad de las personas usando sus nombres con respeto. Sin duda alguna, honraremos los nombres de los demás si adquirimos el hábito de respetar el nombre de Dios. Reverenciar el nombre de Dios lo honra. Este es el comienzo de cómo tratar a cada persona con el respeto por una dignidad que está basada en haber sido creados a imagen de Dios.

Las Sagradas Escrituras destacan numerosas maneras en las que el nombre de Dios es vital para nuestra vida de fe. Cuando Job se encontraba en mitad del peor de sus sufrimientos, él dijo: "El Señor me lo dio, el Señor me lo quitó; / ¡Bendito sea el nombre del Señor!" (Jb 1:21). El nombre de Dios lo sustentó en su sufrimiento. Cuando el salmista quiso expresar una alabanza exultante de Dios y darle gracias por los favores recibidos, invocó el santo nombre: "Bendice, alma mía, al Señor, / y todo mi ser a su santo nombre" (Sal 102:1).

Jesús enseñó que él estaría presente para aquellos que se reunieran en su nombre. "Donde dos o tres se reúnen en mi nombre, ahí estoy yo en medio de ellos" (Mt 18:20). San Pedro se jugó todo su ministerio en la total singularidad de Jesús, el único Salvador, al utilizar el poder de su nombre: "Ningún otro puede salvarnos, pues en la tierra no existe ninguna otra persona a quien Dios haya constituido como salvador nuestro" (Hch 4:12). San Pablo proclamó que el nombre de Cristo es una ocasión para adorar al Hijo de Dios:

Por eso Dios lo exaltó sobre todas las cosas / y le otorgó el nombre que está sobre todo nombre, / para que al nombre de Jesús, todos doblen la rodilla / en el cielo, en la tierra y en los abismos. (Flp 2:9-10)

Cuando la Santísima Virgen María alabó a Dios por haberla llamado a ser la Madre de su Hijo, ella exclamó: "Santo es su nombre" (Lc 1:49). Todos estos atributos sublimes al nombre de Dios dan vida a nuestra fe y a nuestro amor por Dios. Nos presentan el contexto en el que comprender el Segundo Mandamiento.

Este es un buen momento para que la gente de fe dé testimonio de su amor por el nombre de Dios, pidiendo a aquellos que yerran al respecto a reconsiderar lo que dicen y a darse cuenta de como afecta a los demás. Aquellos que están envueltos en la predicación y la catequización deberían siempre recordar modelar e invitar encarecidamente a la adoración. Los creyentes, para ser ejemplos para la sociedad, necesitan ser ellos mismos mesurados al usar sus lenguas.

■■■■ PARA LA REFLEXIÓN Y EL DEBATE ■■■■

1. En tu familia o puesto de trabajo, ¿qué haces para eliminar el mal uso del nombre de Dios? ¿Qué métodos has encontrado que son los más eficaces?
2. ¿Cómo ayudas a la gente joven a tratar el tema del uso del lenguaje soez en las películas, la televisión y la música? ¿Qué método ha demostrado ser el más exitoso?
3. ¿Por qué es correcto decir que el habla blasfema y otras formas similares de hablar corrompen al que las usa? ¿Cuáles son algunos métodos nuevos para mejorar el gusto del público y la cualidad moral de los productos de la industria del entretenimiento?

■■■■ ENSEÑANZAS ■■■■

- El Segundo Mandamiento requiere *respetar el nombre del Señor*. Pertenece, al igual que el Primer Mandamiento, a la virtud de la religión, y en particular dirige nuestro uso de la palabra en cosas santas (cf. CIC, no. 2142).
- El Segundo Mandamiento prohíbe el mal uso del nombre de Dios. Esto sucede de diferentes maneras. La blasfemia usa el nombre de Dios, de Jesucristo, de la Santísima Virgen María y de los santos de una manera ofensiva.
- En el Bautismo, el cristiano recibe su nombre en la Iglesia. Los padres, los padrinos y el párroco deben cuidar que el nombre que se impone sea un nombre cristiano. El patrocinio de un santo ofrece un

modelo de caridad y le asegura la oración intercesora del santo (cf. CIC, no. 2165).

• Se nos prohíbe usar el nombre de Dios para perjurar o dar falso testimonio, que es usar el nombre de Dios para respaldar nuestra mentira.

MEDITACIÓN

La Carta de Santiago, en el Nuevo Testamento, contiene un recordatorio del poder del habla humana:

Quien no falla al hablar es hombre perfecto, capaz de dominar todo su cuerpo. Piensen que a los caballos les ponemos el freno en el hocico para hacerlos obedecer y para dirigir, así, todo su cuerpo. Fíjense también en los barcos: son muy grandes, los empujan vientos muy fuertes, y sin embargo, el piloto los dirige a su arbitrio, por medio de un pequeñísimo timón. Pues lo mismo pasa con la lengua: es un órgano muy pequeño y se cree capaz de grandes cosas.

Bien saben ustedes además, que un fuego insignificante incendia todo un bosque. Pues la lengua es un fuego y encierra en sí todo un mundo de maldad. Es uno de nuestros órganos, y sin embargo, contamina el cuerpo entero; prendida por el infierno, incendia todo el curso de nuestra existencia.

Por otra parte, toda clase de fieras y aves, de reptiles y animales marinos se pueden domar y han sido domados por el hombre; pero ningún hombre ha podido domar la lengua, que es una constante amenaza, cargada de veneno mortal. Con la lengua bendecimos al que es nuestro Señor y Padre, y con ella maldecimos a los hombres, creados a imagen de Dios. De la misma boca salen bendiciones y maldiciones. Hermanos míos, esto no debe ser así. ¿Acaso la fuente mana por el mismo caño agua dulce y amarga? Hermanos, ¿Puede acaso la higuera dar aceitunas, o higos la vid? Tampoco un manantial de agua salada puede dar agua dulce.

—St 3:2-12

ORACIÓN

Alabanzas de Desagravio

Bendito sea Dios.
Bendito sea su santo nombre.
Bendito sea Jesucristo, verdadero Dios y
    verdadero Hombre.
Bendito sea el nombre de Jesús.
Bendito sea su Sacratísimo Corazón.
Bendito sea Jesús en el Santísimo Sacramento del Altar.
Bendita sea la excelsa Madre de Dios, Maria Santísima.
Bendita sea su santa e inmaculada Concepción.
Bendito sea el nombre de Maria, Virgen y Madre.
Bendito sea San José, su castísimo Esposo.
Bendito sea Dios en sus Ángeles y en sus Santos.

Bendice, alma mía, al Señor,
y todo mi ser a su santo nombre.

—Sal 102:1

27 EL TERCER MANDAMIENTO: AMA EL DÍA DEL SEÑOR

ACUÉRDATE DE SANTIFICAR EL DÍA DEL SEÑOR
—CIC, NOS. 2168-2195

LA MISA ES LA QUE CUENTA

La historia de la Iglesia en Estados Unidos incluye a misioneros y sacerdotes itinerantes que viajaban a lo largo y ancho de sus territorios para llevar la Misa y los otros sacramentos a los católicos. El Padre Junípero Serra estableció misiones en California, desde San Diego hasta Sonoma. El Padre Jacques Marquette hizo lo mismo en Michigan y Wisconsin. El Padre Eusebio Kino cabalgó por las sendas de Arizona llevando la Eucaristía a los pioneros dispersados que se establecían en los nuevos territorios. El Padre Pierre DeSmet sirvió a los nativos americanos en la parte superior del Medio Oeste. A continuación se describen brevemente las historias de dos sacerdotes que dieron testimonio de estos ideales.

El Padre Demetrius Gallitzin era un colorido e insólito sacerdote pionero. Había nacido en 1770 con título de príncipe. Su padre era un príncipe ruso y su madre una condesa prusiana. El Padre Gallitzin fue criado como cristiano ortodoxo pero se hizo católico tras la conversión de su madre al catolicismo. Al terminar su educación, emigró a Estados Unidos.

Conoció, en Baltimore, al Obispo John Carroll, que lo interesó en el trabajo misionero. El Padre Gallitzin se matriculó en el seminario Saint Mary y se ordenó sacerdote en 1795. Al poco tiempo obtuvo permiso para ir al asentamiento del Capitán Michael McGuire, en el oeste de Pennsylvania.

Cuando llegó allí, el Padre Gallitzin construyó una pequeña iglesia y celebró la primera Misa allí el día de Navidad de 1799.

Financió este y otros proyectos gracias a un subsidio que recibió de su madre. Promovió la migración comprando tierras y ofreciéndolas a los colonos a bajo precio. Declinó varias invitaciones a ser obispo para poder estabilizar su comunidad local. En 1816, el Padre Gallitzin diseñó un pueblo y trazó sus dos calles principales. Cambió el nombre del área de "Asentamiento de McGuirre" a Loreto. Él se convirtió en el vicario general para Pennsylvania occidental. El sólido catolicismo que estableció se refleja hoy en día en la gran población católica en el área. Llamado el "Apóstol de las Alleghenies", el Padre Gallitzin plantó una semilla duradera que se convirtió en un gran árbol, una comunidad de bautizados donde la Eucaristía nutría la fe.

El Padre James Fitton nació en Boston en 1805 de Abraham Fitton, un carretero inglés, y Sarah (Williams) Fitton, de Gales. James Fitton estudió en una escuela pública en Boston y en la Academia Claremont en New Hampshire. Cuando quiso ser sacerdote, el Obispo Benedict Joseph Fenwick de Boston supervisó sus estudios teológicos y ordenó al Padre Fitton en 1827. Al poco tiempo empezó su trabajo misionero en Connecticut, Rhode Island y en las áreas central y occidental de Massachusetts.

En 1831, el Padre Fitton era el único sacerdote sirviendo el área que hoy es la Arquidiócesis de Hartford y las Diócesis de Bridgeport y Norwich en Connecticut y de Springfield y Worcester en Massachusetts. Llevó la Misa y los demás sacramentos a dos mil católicos esparcidos por toda la región. Esto contrasta con los casi dos mil sacerdotes que hoy en día sirven a cerca de dos millones de católicos en el mismo territorio.

El Padre Fitton era el típico sacerdote itinerante de aquellos primeros tiempos que seguía un circuito que lo llevaba por todo su territorio. Es conocido por haber celebrado la primera Misa en muchas de las localidades que hoy son parte de la Diócesis de Worcester. Pionero en la educación católica, fundó el seminario Mount Saint James, en Worcester, que más tarde se convertiría en el College of the Holy Cross, de los jesuitas. El Padre Fitton fue el primer sacerdote del área de New England en celebrar su quincuagésimo aniversario de sacerdote. Murió en 1881 y se le llama el "Apóstol de Nueva Inglaterra" ("*Apostle of New England*").

Estos dos hombres se dieron cuenta que santificar el Día del Señor significaba ofrecer a los fieles la oportunidad de participar en la Misa. Lo hicieron estableciendo misiones que más tarde se convertirían en capillas y luego en parroquias con párrocos residentes. Mediante el cuidado providencial de Dios, sacerdotes devotos establecieron comunidades estables donde se ofrecía la Misa y donde creyentes igualmente devotos participaban en la Misa.

EL DÍA DEL SÁBADO

El *Catecismo* comienza su reflexión sobre el Tercer Mandamiento con el significado bíblico del sábado. Éxodo 20:8-11 declara que el sábado era el séptimo día, durante el cual el Señor descansó al acabar el trabajo de los previos seis días. Deuteronomio 5:12 añade que el sábado era un día para renovar la Alianza con Dios. El sábado está conectado a la creación y a la Alianza.

El "descanso" de Dios el séptimo día era su mirar contemplativo disfrutando del bien de la creación, especialmente su cima, el hombre y la mujer. No era una cuestión de inactividad divina, sino más bien la "obra" más profunda de contemplar y el acto tranquilo de amarnos (cf. CIC, nos. 2184-2185). Esto también es verdadero de nosotros. Si nunca paramos de trabajar, ¿cuándo tendremos tiempo para contemplar y alabar a Dios y nutrir una relación de amor con Él o con cualquier otra persona? Cada persona humana, habiendo sido creada por Dios, le debe culto y gracias por lo que el Señor ha hecho y continúa haciendo.

La historia bíblica del sábado demuestra que era un día de culto a Dios y de relajación con la familia: "Entonces [el sábado] el Señor será tu delicia. / Te sentaré sobre mis montañas" (Is 58:14). En sus liturgias, el pueblo del antiguo Israel recordaba las grandes obras que Dios realizaba por ellos. Miraban su historia y las raíces familiares a la luz del designio de Dios para ellos. Cantaban alabanzas a Dios por su amor y misericordia. Recordaban que "¡Todo pertenece a Dios!" El domingo cristiano continúa estos temas del sábado, del descanso contemplativo y del culto.

1. ¿Cuál es nuestra obligación dominical?
"El domingo ha de observarse en toda la Iglesia como fiesta primordial de precepto". "El domingo y las demás fiestas de precepto, los fieles tienen obligación de participar en la misa". (CIC, no. 2192, citando CDC, cann. 1246 y 1247; véase el Glosario de este libro para una lista de los *Días de Precepto*)

2. ¿Podemos trabajar los domingos?
El domingo y las demás fiestas de precepto [...] los fieles se abstendrán de aquellos trabajos y actividades que impidan dar culto a Dios, gozar de la alegría propia del día del Señor o disfrutar del debido descanso de la mente y del cuerpo. (CIC, no. 2193)

3. ¿Qué principio del sábado rige el descanso y la relajación?
El sábado interrumpe los trabajos cotidianos y concede un respiro. Es un día de protesta contra las servidumbres del trabajo y el culto al dinero. (CIC, no. 2172)

ESTE ES EL DÍA QUE HA HECHO EL SEÑOR

Jesús resucitó de entre los muertos "el primer día de la semana" [...] Para los cristianos vino a ser el primero de todos los días, la primera de todas las fiestas, el día del Señor, el "domingo".

—CIC, no. 2174

El Tercer Mandamiento nos llama a santificar el sábado. Para los cristianos, la prescripción de observar el sábado se transfiere al domingo, el día en que Jesús resucitó de entre los muertos. Dios, a través de la

Iglesia, nos obliga a santificar el domingo mediante la participación en la Eucaristía y reflexionando en oración en la medida que nos sea posible. Observar el domingo cumple la ley interior inscrita en el corazón humano de rendir a Dios culto visible y público como signo de la dependencia radical en Dios y de gratitud por las bendiciones que hemos recibido.

Cada siete días, la Iglesia celebra el misterio Pascual. Esta tradición se remonta a la era de los Apóstoles. Tiene su origen en el mismo día de la Resurrección de Cristo. El domingo prolonga la celebración de la Pascua a lo largo del año. Está para ser iluminado por la gloria de Cristo Resucitado. Hace presente la nueva creación que trajo Cristo.

El domingo también recuerda la creación del mundo. La narración de la creación en el libro del Génesis, expresada en un estilo poético, es un himno de asombro y de adoración a Dios en presencia de la inmensidad de la creación.

Los Padres del Concilio Vaticano II explicaron cómo deberíamos celebrar la Eucaristía el domingo, o su vigilia el sábado por la noche:

> Por tanto, la Iglesia, con solícito cuidado, procura que los cristianos no asistan a este misterio de fe como extraños y mudos espectadores, sino que comprendiéndolo bien a través de los ritos y oraciones, participen conscientes, piadosa y activamente en la acción sagrada, sean instruidos con la palabra de Dios, se fortalezcan en la mesa del Cuerpo del Señor, den gracias a Dios, aprendan a ofrecerse a sí mismos al ofrecer la hostia inmaculada no sólo por manos del sacerdote, sino juntamente con él, se perfeccionen día a día por Cristo mediador en la unión con Dios y entre sí, para que, finalmente, Dios sea todo en todos. (SC, no. 48)

Nuestra presencia en la Eucaristía debe ser más que una experiencia pasiva de la acción del sacerdote y de la música del coro. Deberíamos unirnos activamente al culto, donde todos los presentes ofrecen adoración y amor a Dios. Cuanto más meditemos sobre lo que estamos haciendo, más culto daremos en espíritu y en verdad, y más nos beneficiaremos de la gracia que brota de la Eucaristía. Creceremos en nuestro amor y adoración de Dios, así como en el respeto y amor por los demás.

¿POR QUÉ IR A LA IGLESIA LOS DOMINGOS?

Esta profunda relación del domingo con la resurrección del Señor es puesta de relieve con fuerza por todas las Iglesias, tanto en Occidente como en Oriente. En la tradición de las Iglesias orientales, en particular, cada domingo es la anastásimos heméra, *el día de la resurrección, y precisamente por ello es el centro de todo el culto.*

—Papa Juan Pablo II, *Sobre la Santificación del Domingo*
(*Dies Domini*; DD), no. 19

Aunque el domingo es el primer día de la semana, también se le llama el "octavo día" —un día que significa la eternidad. El domingo lleva a la plenitud y completa al sábado porque anticipa nuestro eterno descanso en Dios. El sábado recordaba la primera creación. El domingo recuerda la nueva creación en Cristo y en el Espíritu.

El núcleo del domingo es la celebración de la Sagrada Eucaristía. La práctica de celebrar la Eucaristía el domingo se remonta a los primeros tiempos del cristianismo. Por ejemplo, San Justino Mártir (100-165 d.C.) escribió lo siguiente: "Nos reunimos todos el día del sol porque es el primer día (después del sábado judío, pero también el primer día), en que Dios, sacando la materia de las tinieblas, creó al mundo; ese mismo día, Jesucristo nuestro Salvador resucitó de entre los muertos" (I *Apologiae* 67; cf. PG 6, 429 y 432; cf. CIC, no. 2174). Con la celebración dominical de la Eucaristía, los fieles católicos cumplen tanto el Tercer Mandamiento de "santificar el día del Señor", como las palabras de Jesús a sus discípulos durante la Última Cena: "Hagan esto en memoria mía" (Lc 22:19).

El Tercer Mandamiento ha sido concretado para los católicos en uno de los Mandamientos de la Iglesia.

Desde el momento en que participar en la Misa es una obligación para los fieles, si no hay un impedimento grave, los Pastores tienen el correspondiente deber de ofrecer a todos la posibilidad efectiva de cumplir el precepto [...] Sin embargo, esta observancia, antes que un precepto, debe sentirse como una exigencia inscrita profundamente en la existencia cristiana. Es de importancia capital que cada fiel esté convencido de que no puede vivir su fe, con la participación plena en la vida de la comunidad cristiana, sin tomar parte regularmente en la asamblea eucarística dominical. (DD, nos. 49, 81)

Para un católico, la Eucaristía dominical debe ser el ejercicio religioso más importante de la semana. En él, ofrecemos nuestras vidas en sacrificio con Jesús al Padre, participando directamente de esta manera en los grandes misterios de nuestra fe.

La parroquia católica, guiada por un sacerdote bajo la autoridad del obispo diocesano, es el lugar ordinario para el culto dominical, y tiene un papel central en la preparación y celebración de todos los sacramentos.

Mientras que el domingo es para el culto, también es una ocasión para el descanso y la relajación. Deberíamos dedicar tiempo para pasarlo con los demás comiendo, en conversación y en actividades que fortalezcan la vida familiar. "Cada cristiano debe evitar imponer sin necesidad a otro lo que le impediría guardar el día del Señor. Cuando las costumbres (deportes, restaurantes, etc.) y los compromisos sociales (servicios públicos, etc.) requieren de algunos un trabajo dominical, cada uno tiene la responsabilidad de dedicar un tiempo suficiente al descanso" (CIC, no. 2187; cf. no. 2186). La celebración eucarística no cesa a las puertas de la iglesia. Aquellos que participan en la Misa llevan su alegría, su fe y su preocupación por los demás de la Misa al resto del día, y de hecho a la semana que sigue.

RESTABLECER EL DOMINGO

Una vez que la religión cristiana obtuvo su libertad bajo el emperador romano Constantino en el siglo IV, se promulgaron leyes civiles que limitaban el trabajo innecesario los domingos. Los que se beneficiaron más fueron los pobres quienes, hasta entonces, trabajaban muchas horas todos los días de la semana. Siglos más tarde, durante el auge de la revolución industrial, se establecieron fábricas en las grandes ciudades que explotaban a sus trabajadores, hombres, mujeres y niños que trabajaban quince horas al día, a menudo también los domingos.

Hoy en día, en algunos lugares de nuestro país, han regresado aquellas fábricas explotadoras donde se trabaja siete días a la semana. Esto es tanto una injusticia hacia los pobres como un abuso del descanso dominical, y tenemos que encontrar formas de corregirlo. "La acción de Dios es el modelo de la acción humana. Si Dios 'tomó respiro' el día séptimo (Ex 31:17), también el hombre debe 'descansar' y hacer que los demás, sobre todo los pobres, 'recobren aliento'" (CIC, no. 2172).

Millones de personas en nuestra cultura se niegan un día de descanso. Una actividad incesante, tan característica de una sociedad de consumo, quiere decir que raramente el domingo es un día de descanso. Se hacen excepciones para aquellos que deben trabajar por el bien público, pero este no es el problema. Hay demasiada gente que simplemente está ocupada y exhausta los domingos, al igual que lo están el resto de la semana. Para muchos el domingo ni es un día de descanso ni un día de culto.

Dios colocó en la naturaleza humana un ritmo entre el trabajo y el descanso. Deberíamos tratar este descanso como algo sagrado ya que es nuestra forma de dejar de un lado las demandas de nuestro trabajo para así tener tiempo para darnos cuenta del cuidado providencial de Dios por la creación. Nuestro extraordinario progreso a la hora de obtener control sobre el mundo nos puede llevar a olvidarnos que Dios es el Creador de quien todo depende. La ciencia y la tecnología son dones dignos de admiración, pero no debemos dejar que oculten al verdadero autor de todo lo que existe. Santificar el día del Señor también puede ayudar a corregir una sociedad consumista que tiende a dar valor a las personas según su productividad y posesiones materiales.

El descanso dominical pone toda nuestra vida en perspectiva. Nos ayuda a alejarnos de nuestras preocupaciones materiales y refle-xionar sobre los valores espirituales. Al detenernos para tomar un respiro alejados de las presiones de nuestros puestos de trabajos, nos encontramos libres para abrir nuestras almas a los asuntos que tienen una importancia eterna. El descanso dominical nos permite observar de nuevo las maravillas de la naturaleza y la bondad de la creación que proviene de la mano providencial de Dios.

El domingo también ofrece a las familias la oportunidad de estar juntas y de participar en actividades comunes. Los horarios de entre semana a menudo hacen que los miembros de la familia pasen mucho tiempo alejados unos de los otros. La participación en la Eucaristía y en otras actividades pueden renovar los vínculos de amor y unidad.

Las actividades deportivas de los jóvenes a veces han interferido con el precepto de la Misa dominical de los jóvenes católicos. Hasta hace poco, la mañana del domingo era un tiempo sagrado en la mayoría de las comunidades y barrios, que se reservaba para ir a la iglesia. Antes de que esto desaparezca a causa de las actividades deportivas u otras intrusiones inesperadas, esperamos que los párrocos católicos y otros líderes religiosos cristianos, con el apoyo de sus congregaciones, prevalezcan sobre los patrocinadores de las actividades deportivas, para que estos adapten sus programas a las necesidades religiosas de la juventud. Debemos preservar la oportunidad de ir a Misa los domingos sin tener que competir con las actividades deportivas, el trabajo y otras tentaciones.

Los domingos también podemos buscar actividades culturales y de entretenimiento que aumenten el mensaje del Evangelio y promuevan el desarrollo espiritual. Cumplir correctamente con el precepto dominical puede ser así una postura profética en nuestra cultura, ofreciendo un testimonio que es tanto sano como sanador para el gran número de personas que necesitan ser menos frenéticas y estar más deseosas de dejar de lado ciertas cosas y dedicarse a lo que mejor responde a sus naturalezas y anhelos espirituales.

▬▬ PARA LA REFLEXIÓN Y EL DEBATE ▬▬

1. ¿Qué haces los domingos? ¿Cómo pueden ser días en los que equilibres el culto, la reflexión tranquila y la renovación espiritual personal? ¿Qué presiones hacen que esto sea un reto para ti y que puedes hacer al respecto? ¿Cómo enriquece la Misa dominical tu vida, tus relaciones y el resto de tu semana?

2. ¿Qué se puede hacer para liberar a la gente pobre de prácticas laborales injustas que los privan del don del domingo cristiano? ¿Qué pueden hacer las familias para cambiar la tendencia de organizar los domingos por la mañana actividades deportivas para niños y jóvenes?

3. ¿Cómo erosiona el consumismo los ideales cristianos del domingo? ¿Qué se podría hacer para que el tiempo en familia volviese a ser de nuevo algo habitual los domingos?

ENSEÑANZAS

- "Santifica el día sábado, como el Señor, tu Dios te lo manda. Tienes seis días para trabajar y hacer tus quehaceres, pero el séptimo es día de descanso, dedicado al Señor, tu Dios" (Dt 5:12-14).

- Para los cristianos, el precepto del sábado ha sido transferido al domingo, el día en que Jesús resucitó de entre los muertos. Los domingos y otros días de precepto los fieles católicos están obligados a participar en la Misa. Un católico que deliberadamente no participa en la Misa los domingos y días de precepto comete un pecado serio.

- Los domingos prolongan la celebración de la Pascua a lo largo del año. Están para ser iluminados por la gloria de Cristo Resucitado. Hace presente la nueva creación que se hizo realidad por Cristo.

- El domingo recuerda tanto la primera creación como la nueva creación. La narración de la creación en el Libro del Génesis, expresada de forma poética, es un himno de asombro y adoración a Dios en presencia de la inmensidad de la creación. Los domingos recordamos la maravilla de lo que el Hijo de Dios Resucitado ha hecho por nosotros en su nueva creación.

- Mientras que el domingo es tiempo de culto, también es una ocasión para el descanso y la relajación. Deberíamos dedicar tiempo para pasarlo con los demás comiendo, en conversación, en actividades que promuevan nuestro desarrollo cultural y social, y que fortalezcan la vida familiar.

MEDITACIÓN

La asistencia a la iglesia y la participación en el culto han tendido a disminuir en las democracias industriales modernas, incluyendo Estados Unidos. Sin embargo, hay razones para tener esperanza. Hay más católicos en Misa en un solo fin de semana que todos los aficionados que van a los partidos de béisbol profesional durante toda una temporada juntos. Una participación más fervorosa y activa en la Eucaristía ayudará a mantener e incluso incrementar la asistencia a Misa.

He aquí algunas maneras en las que las personas se pueden preparar mejor para la Misa dominical:

- Ve a la Misa preparado para dar culto a Dios.
- Ve a la Misa con la intención de participar más plena y activamente en la celebración, cantando los himnos y salmos y recitando las oraciones con convicción y fe.
- Entra en el misterio de fe en la Misa. El don del sacrificio personal de Cristo al Padre se hace presente por el Espíritu Santo. Si nos unimos a él en el don de su persona, entonces realmente realizamos lo que significa ser un pueblo sacerdotal.
- Lee y reza las lecturas bíblicas de la liturgia dominical para estar así preparado para la Misa. Reza para que la Palabra de Dios te ilumine en tus necesidades.
- Dedica tiempo a aprender sobre la Misa: su estructura, sus propósitos y los significados de las oraciones y rituales.
- Ve a la Misa con una actitud comunitaria. Recuerda que la liturgia es un acto de culto comunitario en el que la fe es fortalecida por el contacto con otros creyentes, en un contexto donde el Espíritu Santo está formando a los que participan del culto en la unidad de la Iglesia, el Cuerpo de Cristo.
- Recuerda siempre que el sacrificio de la Misa es la más grande de las oraciones de alabanza y gracias de la Iglesia dirigida a Dios Padre, en la cual el Señor Jesucristo está verdaderamente presente como Salvador del mundo y es recibido en el Sacramento de la Eucaristía como alimento para la vida eterna.

ORACIÓN

Venid, aclamemos al Señor,
demos vítores a la Roca que nos salva;
entremos a su presencia dándole gracias,
aclamándolo con cantos.
Porque el Señor es un Dios grande,
soberano de todos los dioses:
tiene en su mano las simas de la tierra,
son suyas las cumbres de los montes...
Entrad, postrémonos por tierra,
bendiciendo al Señor, creador nuestro.

—Sal 94:1-4, 6

Aclamad la gloria del nombre del Señor,
entrad en sus atrios trayéndole ofrendas.

—Sal 95:8

28 EL CUARTO MANDAMIENTO: FORTALECE TU FAMILIA

HONRA A TU PADRE Y A TU MADRE
—CIC, NOS. 2196-2257

UN MATRIMONIO ENTRE LOS BENDITOS

El 21 de octubre de 2001, Roma fue testigo de un acontecimiento sin precedentes, cuando tres hermanos estuvieron presentes en la beatificación de sus padres, la primera vez que un marido y su mujer son elevados juntos al rango de beatos.

María Corsini nació en Florencia el 24 de junio de 1884. Luigi Beltrame Quattrocchi nació en Catania el 12 de enero de 1880. Se conocieron en Roma cuando eran adolescentes y se casaron en la basílica de Santa María la Mayor el 25 de noviembre de 1905.

María era hija de un capitán del ejército. Amante de la música, ella se hizo profesora de educación y escribió mucho sobre la materia. Miembro de la rama femenina de Acción Católica, María frecuentemente daba charlas a grupos de mujeres laicas. Durante la Segunda Guerra Mundial, trabajó en labores de ayuda humanitaria en Etiopía.

Luigi era un dotado abogado cuya carrera lo llevó a ser procurador general asistente en el gobierno italiano. Conocía íntimamente a muchos líderes del gobierno y trabajó con ellos en la reconstrucción de Italia al finalizar la Segunda Guerra Mundial.

María y Luigi tuvieron cuatro hijos, dos hijos y dos hijas. Los hijos se hicieron sacerdotes. Filipo, ahora el Padre Tarcisio, es sacerdote diocesano en Roma. Cesare, ahora el Padre Paulino, es un monje trapense. Enrichetta es una mujer laica consagrada. Stefania, quien fuese la Hermana María Cecilia, monja benedictina de clausura, murió en 1963.

Los Quattrocchis eran una familia de clase media, cuyo hogar era un lugar acogedor que incluso amparó a refugiados durante la Segunda Guerra Mundial.

La pareja pasó por una crisis en 1913, cuando María quedó embarazada. Los doctores le dijeron que no sobreviviría el embarazo y que el bebé también moriría. Le dijeron que un aborto podría salvarle la vida. María y Luigi sabían que si seguían el consejo de los médicos, serian culpables de un grave pecado. Ellos simplemente pusieron su confianza bajo la protección de Dios. María finalmente dio a luz a Enrichetta sin incidentes. Toda esta experiencia llevó a la familia a un nuevo nivel de vivir su fe y de confiar en Dios.

En la homilía de beatificación de esta pareja, el Papa Juan Pablo II citó esta pregunta de Jesús: "Cuando venga el Hijo del hombre, ¿Creen que encontrará fe sobre la tierra?" (Lc 18:8). El Papa dijo que Luigi y María eran ejemplo de una respuesta positiva a la pregunta de Cristo. El marido y la mujer vivieron durante la primera mitad del siglo XX, un período de tiempo durante el cual la fe era seriamente desafiada. En este contexto, ellos siempre dijeron "sí" a Cristo.

A lo largo de esos años difíciles, Luigi y Maria mantuvieron la lámpara de la fe prendida y la pasaron a sus cuatro hijos. Reconociendo la presencia de tres de ellos en la beatificación, el Papa citó una frase que su madre había escrito sobre ellos: "Los criamos en la fe, para que ellos puedan conocer y amar a Dios".

La beatificación tuvo lugar en el vigésimo aniversario de la publicación del documento del Papa Juan Pablo II titulado *Sobre la Misión de la Familia Cristiana en el Mundo Actual* (*Familiaris Consortio*; FC). Este documento pide a las parejas que sigan el camino de la santidad en virtud de la gracia sacramental que "no se agota en la celebración del sacramento del matrimonio, sino que acompaña a los cónyuges a lo largo de toda su existencia" (FC, no. 56).

El Beato Luigi y la Beata María anduvieron ese camino de santidad a la luz del Evangelio y de una forma profundamente humana. Su hijo, el Padre Tarcisio, recordó que "el aspecto que caracterizó a nuestra vida familiar era la atmósfera de normalidad que crearon nuestros padres al buscar constantemente los valores espirituales".

No hay familia que no tenga su dosis de desilusiones y adversidades. Muchas de ellas son tentadas a desanimarse. Las hay que afrontan la enfermedad y las que sufren la muerte de un hijo o de un cónyuge. Luigi y María tuvieron sus problemas, pero los afrontaron con valentía y fe.

Dirigiéndose a los matrimonios presentes en la beatificación, el Santo Padre les pidió que aprendiesen del ejemplo de María y de Luigi, "al afrontar las dificultades y adversidades siendo fieles a vuestra vocación, cultivando la armonía conyugal y familiar, llevando a cabo la misión de ser padres y participando en la vida de la sociedad" (v.d.t.). Luigi murió en 1951 y María en 1965.

Luigi y María vivieron una vida normal de una forma extraordinaria. Centraron sus vidas en la Eucaristía diaria. También tenían una fuerte devoción a la Virgen María, a quien rezaban cada noche. Se reunían regularmente con sus directores espirituales. Su fidelidad al Evangelio y sus virtudes heroicas fueron verificadas en sus vidas como esposos y padres. Sus oraciones y ejemplo nos pueden guiar en nuestra reflexión sobre el Cuarto Mandamiento.

⬥~⬥⬥⬥⬥~⬥

LA FAMILIA CRISTIANA

El matrimonio y la familia están ordenados al bien de los cónyuges, a la procreación y a la educación de los hijos [...] Los hijos deben a sus padres respeto, gratitud, justa obediencia y ayuda.

—CIC, nos. 2249, 2251

Los tres primeros Mandamientos nos ayudan a entender como amar a Dios con todo nuestro ser. Los siete siguientes Mandamientos nos enseñan a como amarnos los unos a los otros como nos amamos a nosotros mismos.

El Cuarto Mandamiento trata de todos los aspectos de la vida familiar —los deberes y responsabilidades de los hijos para con los padres. Esto incluye los deberes de los hijos hacia sus padres, los deberes entre hermanos y las responsabilidades de los hijos adultos hacia sus padres mayores. Este Mandamiento también trata de los deberes del gobierno y de los ciudadanos (cf. CIC, nos. 2234-2246), incluyendo la responsabilidad del estado y la sociedad de promover los valores familiares y fortalecer la vida familiar de todas las formas posibles.

LA IGLESIA DOMÉSTICA — LA IGLESIA DEL HOGAR

La familia católica como iglesia doméstica es la comunidad o célula fundamental de la parroquia, de la diócesis y de la Iglesia universal. Cristo ha llamado a todos los miembros de las familias a la unión con Dios por el Bautismo y los otros sacramentos y a compartir en la misión de toda la Iglesia. Los miembros de las familias llevan a cabo la misión de la Iglesia al promover el amor mutuo en el hogar y, mediante ese amor, construir la comunidad de la Iglesia y de la sociedad.

> El hogar cristiano es el lugar en que los hijos reciben el primer anuncio de la fe. Por eso la casa familiar es llamada justamente "Iglesia doméstica", comunidad de gracia y de oración, escuela de virtudes humanas y de caridad cristiana. (CIC, no. 1666)

La familia cristiana forma un entorno en el que la fe es profesada y atestiguada. Cuando los miembros de una familia rezan juntos, participan en un proceso de aprendizaje de por vida, se perdonan mutuamente, se sirven los unos a los otros, dan la bienvenida a los demás, afirman y celebran la vida y llevan la justicia y la misericordia a la comunidad, ellos se ayudan mutuamente a vivir la fe y a crecer en la fe. Puede que estas familias no se vean a sí mismas como iglesias domésticas. Quizás piensen que su familia está demasiado quebrada para ser usada para los propósitos del Señor. Tienen que recordar que una familia es santa no porque sea perfecta, sino porque la gracia de Dios actúa en ella.

¿Qué es una familia? "Un hombre y una mujer unidos en matrimonio forman con sus hijos una familia" (CIC, no. 2202). La familia, como es definida en el *Catecismo*, se puede encontrar en gran parte de los hogares de nuestro país. Han surgido otras estructuras familiares como las familias monoparentales, las familias cuyos padres tienen hijos de matrimonios anteriores y las familias en las que los hijos adultos cuidan de sus propios padres así como de sus propios hijos. Todas las familias afrontan muchos retos. Se merecen compasión y la esperanza de poder ser fieles al camino de amor de Cristo.

La familia cristiana está llamada a ser una comunidad de fe, esperanza y caridad en un entorno de oración. Ayudada por algunas de las otras virtudes, como la prudencia, la justicia, la fortaleza y la templanza, la familia que las ejerce comienza a actualizar su llamada espiritual a ser una iglesia doméstica. Cuando una familia se convierte en una escuela de virtud y en una comunidad de amor, la familia es una imagen de la comunión de amor del Padre, Hijo y Espíritu Santo. Es entonces un icono de la Santísima Trinidad.

EL AMOR DE LOS HIJOS POR SUS PADRES

El respeto de los padres proviene de un corazón agradecido a aquellos quienes nos dieron el don de la vida y quienes nos nutrieron, amaron y apoyaron a lo largo de todas las etapas de nuestra vida. El amor filial se demuestra por medio de la obediencia genuina de los hijos hacia sus padres mientras que viven en el hogar de sus padres y a través de una preocupación responsable de los hijos crecidos hacia sus padres ya mayores.

> Honra a tu padre con todo tu corazón y no olvides los dolores de tu madre. Recuerda que ellos te engendraron, ¿cómo les pagarás lo que hicieron por ti? (Si 7:27-28)

Dios ofrece a cada miembro de la familia la gracia para crear solidaridad familiar, para que la familia pueda crecer como iglesia doméstica. Los padres usan las energías de su amor, su educación y sus experiencias para el bien de sus hijos. De esta manera realizan una contribución positiva y esencial hacia el desarrollo de una familia verdaderamente humana y cristiana. Los hijos responden con amor y deberían esforzarse para disminuir las rivalidades, enfados, daños y hostilidades entre hermanos.

Se pide a los hijos adultos de padres mayores que cuiden de estos con un corazón generoso: "Escucha al padre que te engendró, no desprecies a tu madre cuando envejezca" (Pr 23:22). La familia sigue siendo una fuente de apoyo para los ancianos. Los ancianos que no tienen hijos adultos deberían recibir ayuda de otras personas que los cuiden amablemente.

Mientras que los hijos adultos a veces experimenten una tensión entre criar a sus propios hijos y cuidar de sus propios padres, deben hacer todo lo posible para ayudar a sus padres. Aún así, no solo ayudan los hijos adultos a sus padres, sino que muchos padres mayores también ayudan a sus hijos adultos con su continuo amor, su ejemplo y el beneficio de sus experiencias de toda una vida. Mientras que está bien que la sociedad cuide de sus ancianos, la familia sigue siendo la legítima fuente de apoyo.

EL AMOR DE LOS PADRES POR SUS HIJOS

Los padres ejercen su amor por sus hijos cuidando de sus necesidades físicas, espirituales, intelectuales, emocionales y morales. Preocuparse de estas necesidades requiere mucho tiempo y el compromiso de tanto la madre como del padre. Dar un ejemplo apropiado a los hijos es la forma más efectiva de criar hijos. Ayudar a los hijos a crecer en la virtud contribuye a la formación de su carácter. Historias que inspiren, el buen ejemplo paternal y la repetición de actos virtuosos son las maneras básicas de formar a los niños.

Los padres deben enseñar a sus hijos a orar, rezando con ellos desde sus primeros años. Los padres, como primeros y principales educadores de sus hijos, deben asegurar la educación católica religiosa de sus hijos, así como su participación habitual en la Misa y en los otros aspectos de la vida parroquial. Compartir con ellos la vida de los santos, llevarlos a la iglesia, ayudarlos a participar en la Misa y animarlos encarecidamente a confesarse son maneras necesarias de ayudar a los hijos a crecer en la fe. Las escuelas católicas y los programas parroquiales de educación religiosa pueden ayudar a los padres a cumplir su responsabilidad de educar a sus hijos en la fe católica. Se anima encarecidamente a los padres a hacer uso de las escuelas católicas y programas parroquiales siempre que sea posible.

El ejemplo paternal en todas estas áreas es esencial, ya que los jóvenes necesitan ver una fe viva en aquellos que aman. El énfasis en elementos fundamentales de la fe —como promocionar la relación con Cristo y la devoción a la Virgen María, a los ángeles y los santos, junto con el amor y la preocupación por todos aquellos que conozcan— forma gradualmente la vida religiosa de los jóvenes de una manera productiva y creativa.

Cuando los hijos se hacen adultos, asumen la responsabilidad de cómo vivirán y trabajarán. Los padres no deberían ejercer una excesiva presión sobre sus hijos cuando estos tienen que tomar estas decisiones (cf. CIC, no. 2230). Sin embargo, ya que los padres a menudo conocen bien a sus hijos, ellos pueden aconsejar a sus hijos a tomar decisiones que estén en armonía con sus dones y educación. Ya que la familia es la iglesia doméstica, corresponde que los padres siempre animen a sus hijos a que tomen decisiones sobre sus vidas considerando seriamente las mejores formas de vivir su fe. Los padres, con su propia fe y compromiso con la Iglesia, crean un entorno en sus hogares que es propicio a ayudar a los hijos a comenzar a pensar acerca de la vocación religiosa. Los padres no deberían dudar en invitar a un hijo o hija a considerar la posibilidad de hacerse sacerdote, religioso o religiosa. En particular, los padres deberían siempre animar y apoyar a un hijo que esté discerniendo tal llamada.

LA FAMILIA Y LA SOCIEDAD

La autoridad, la estabilidad y la vida de relación en el seno de la familia constituyen los fundamentos de la libertad, de la seguridad, de la fraternidad en el seno de la sociedad. La familia es la comunidad en la que, desde la infancia, se pueden aprender los valores morales, se comienza a honrar a Dios y a usar bien de la libertad. La vida de familia es iniciación a la vida en sociedad.

—CIC, no. 2207

La familia y la sociedad deben trabajar juntas para defender el bien de cada ser humano. El estado debería promover iniciativas responsables para las familias y debería proveerlas con todas las ayudas

DEL CATECISMO

1. ¿Qué es una familia?
Un hombre y una mujer unidos en matrimonio forman con sus hijos una familia. Esta disposición es anterior a todo reconocimiento por la autoridad pública; se impone a ella. Se la considerará como la referencia normal en función de la cual deben ser apreciadas las diversas formas de parentesco. (CIC, no. 2202)

2. ¿Cuáles son los elementos básicos del amor filial?
Los hijos deben a sus padres respeto, gratitud, justa obediencia y ayuda. El respeto filial favorece la armonía de toda la vida familiar. (CIC, no. 2251)

3. ¿Qué se espera del amor paternal?
Los padres son los primeros responsables de la educación de sus hijos en la fe, en la oración y en todas las virtudes. Tienen el deber de atender, en la medida de lo posible, las necesidades materiales y espirituales de sus hijos. (CIC, no. 2252)

económicas, educativas, políticas y culturales que necesiten para ejercer sus responsabilidades.

Las autoridades civiles deberían defender y proteger a la familia como algo creado por Dios y basada en la unión permanente y exclusiva en matrimonio de un hombre y una mujer. La primera obligación de las autoridades civiles es promulgar leyes que reflejen y protejan el correcto orden moral. Si la autoridad gobernante intenta imponer una ley contraria al orden moral, entonces los ciudadanos tienen una obligación moral de intentar cambiar la ley. Si esto no da resultado, deberían rehusar a obedecer tal ley.

También la Iglesia tiene la misión y obligación de criticar y cuestionar cualquier ley civil, organización social o estructura política que viole o niegue los derechos fundamentales de la persona humana y de las comunidades. Jesús habló de la diferencia entre servir a Dios y al estado cuando dijo: "Den, pues, al César lo que es del César, y a Dios lo que es de Dios" (Mt 22:21). Los católicos tienen el derecho a votar, a participar en la política y a ayudar a formar la sociedad a la luz de la enseñanza católica.

LA CARTA DE LOS DERECHOS DE LA FAMILIA

En su exhortación apostólica *Sobre la Misión de la Familia Cristiana en el Mundo Actual* (*Familiaris Consortio*), el Papa Juan Pablo II cita una lista con los derechos de la familia. De entre estos derechos, destacamos los siguientes:

- a existir y progresar como familia, es decir, el derecho de todo hombre, especialmente aun siendo pobre, a fundar una familia y a tener los recursos apropiados para mantenerla;
- a ejercer su responsabilidad en el campo de la transmisión de la vida y a educar a los hijos;
- a la intimidad de la vida conyugal y familiar;
- a la estabilidad del vínculo y de la institución matrimonial;
- a creer y profesar su propia fe y a difundirla;
- a educar a sus hijos de acuerdo con las propias tradiciones y valores religiosos y culturales, con los instrumentos, medios e instituciones necesarias;
- a obtener la seguridad física, social, política y económica, especialmente de los pobres y enfermos;
- el derecho a una vivienda adecuada, para una vida familiar digna;
- a crear asociaciones con otras familias e instituciones, para cumplir adecuada y esmeradamente su misión;
- a proteger a los menores, mediante instituciones y leyes apropiadas, contra los medicamentos perjudiciales, la pornografía, el alcoholismo, etc.;
- el derecho de los ancianos a una vida y a una muerte dignas;
- el derecho a emigrar como familia, para buscar mejores condiciones de vida. (FC, no. 46)

DA TESTIMONIO DE FIDELIDAD EN EL MATRIMONIO

Dios ordena a todas las parejas a dar testimonio de fidelidad en su matrimonio. Un matrimonio que perdura es más que simplemente uno que aguanta. Es un proceso de desarrollo que lleva a una amistad íntima y a una paz cada vez más profunda. Las parejas necesitan renovar regularmente su compromiso, buscar a menudo el enriquecimiento matrimonial y pedir asistencia personal y profesional cuando sea necesario. Necesitan acoger amorosamente los hijos que Dios les dé, ya sea a través de nacimiento o adopción.

Debe existir la mutualidad en las relaciones, funciones y responsabilidades de todos los miembros de la familia. Todos y cada uno de los miembros de la familia deben esforzarse en amar, respetar, comprometerse y apoyarse mutuamente.

Finalmente, los miembros de la familia necesitan dedicar algún tiempo para pasar juntos. Rezar y ofrecer culto juntos es importante, especialmente la Misa dominical y las oraciones de familia como el rosario. Compartir las comidas debería ser una prioridad. La familia puede establecer ciertas tradiciones y rituales que enriquezcan y fortalezcan su vida familiar. También pueden participar en retiros o en programas de educación familiar. Pueden ver la televisión juntos y luego comentar los valores que se promueven en la programación.

Los miembros de la familia también pueden beneficiarse de dedicar tiempo a estar solos, para escuchar la Palabra de Dios y reflexionar sobre ella.

■■■■■ PARA LA REFLEXIÓN Y EL DEBATE ■■■■■

1. Reflexiona sobre tu vida en familia. ¿Cuándo has sentido la presencia de Dios en ella? ¿Por qué fue así? ¿Qué estaba sucediendo?
2. ¿Qué presiones han causado dolor a tu familia? ¿Qué hiciste al respecto? ¿Los unió esto como familia o, por el contrario, hizo que no estuviesen tan unidos?
3. ¿Qué es lo que más te importa de tu familia? ¿Cómo se dan de sí mismos los miembros de tu familia los unos a los otros? ¿Cómo

haces para mantener en equilibrio tu tiempo y tus compromisos familiares, laborales y comunitarios? ¿Qué cambios puedes hacer para mejorar tu familia como una comunidad de fe?

ENSEÑANZAS

- "Un hombre y una mujer unidos en matrimonio forman con sus hijos una familia. Esta disposición es anterior a todo reconocimiento por la autoridad pública; se impone a ella. Se la considerará como la referencia normal en función de la cual deben ser apreciadas las diversas formas de parentesco" (CIC, no. 2202).
- "El hogar cristiano es el lugar en que los hijos reciben el primer anuncio de la fe. Por eso la casa familiar es llamada justamente 'Iglesia doméstica', comunidad de gracia y de oración, escuela de virtudes humanas y de caridad cristiana" (CIC, no. 1666).
- Los hijos hacen brotar los dones de sus padres quienes —por su amor— usan su educación y experiencia para beneficiar a sus hijos. De esta manera, los hijos pueden contribuir positiva y esencialmente a construir una familia verdaderamente humana y cristiana.
- Se pide a los hijos adultos de padres mayores que cuiden de estos con un corazón generoso. "Escucha al padre que te engendró, no desprecies a tu madre cuando envejezca" (Pr 23:22).
- Los padres ejercen su amor por sus hijos cuidando de sus necesidades físicas, espirituales, intelectuales, emocionales y morales. Responder a estas necesidades requiere tiempo y compromiso tanto del padre como de la madre. Los padres son los primeros y principales responsables de la educación de sus hijos.
- La familia es la unidad básica de la sociedad. Las familias sanas son un prerrequisito para una sociedad sana. La autoridad, estabilidad y las relaciones amorosas de las familias son algo esencial para una sociedad que quiere mantener la libertad, la seguridad y la responsabilidad comunitaria.
- Los presidentes, gobernadores, legisladores, jueces y otros líderes cívicos reciben su autoridad para servir a la gente. Sus decisiones

tienen que reflejar el designio de Dios para la humanidad, la ley natural y la dignidad de cada persona.

■ MEDITACIÓN ■

Extracto: Reflexiones del Papa Pablo VI en Nazaret

Nazaret es la escuela en la que empezamos a comprender la vida de Jesús. Es la escuela del Evangelio. Aquí aprendemos a observar, escuchar, meditar y penetrar en el significado profundo y misterioso de esa simple, humilde y preciosa manifestación del Hijo de Dios. Y quizás aprendamos imperceptiblemente a imitarlo. Aquí aprendemos el método por el cual podemos llegar a comprender a Cristo. Aquí descubrimos la necesidad de observar el entorno de su estancia entre nosotros —lugares, período histórico, costumbres, idioma y prácticas religiosas, todos los cuales Jesús usó para revelarse al mundo. Aquí todo nos habla; todo tiene significado. Todo posee un doble significado,

No nos podemos marchar sin recordar breve y rápidamente algunos elementos de la lección que nos da Nazaret.

La lección del silencio: que volvamos a apreciar esta estupenda e indispensable condición espiritual, nosotros a quienes nos ensordece tanto tumulto, tanto ruido, tantas voces de nuestra caótica y frenética vida moderna. Oh, silencio de Nazaret, enséñanos a recolectarnos, a reflexionar y a estar ansiosos de prestar atención a las buenas inspiraciones y palabras de los verdaderos maestros; enséñanos la necesidad y el valor de la preparación, del estudio, de la meditación, de la vida interior, de la vida de oración secreta que solo Dios ve.

La lección de la vida doméstica: que Nazaret nos enseñe el significado de la vida familiar, su armonía con el amor, su simplicidad y su belleza austera, su carácter sagrado e inviolable; que nos enseñe lo dulce e irremplazable que es su preparación, lo fundamental e incomparable que es su función en el plano social.

La lección del trabajo: Oh Nazaret, hogar del "hijo del carpintero". Aquí queremos entender y alabar la austera y redentora ley del trabajo humano, aquí queremos restaurar la conciencia de la dignidad del trabajo, aquí queremos recordar que el trabajo no es un fin en sí, y que es libre y ennoblece en proporción a los valores —más allá de los económicos— que lo motivan. Queremos saludar desde aquí a los trabajadores del mundo, y mostrarles su gran Modelo, su Divino Hermano, el Defensor de todos sus derechos, ¡Cristo el Señor!

—Papa Pablo VI, *El Papa Habla (The Pope Speaks)* 9:3 (1964) (v.d.t.)

ORACIÓN

Una Bendición de los Padres a sus Hijos

Padre Santo,
Fuente inagotable de vida y autor de todo bien,
Te bendecimos y te damos gracias,
Porque has querido alegrar nuestra comunión de amor
Con el don de los hijos;
Te pedimos que estos jóvenes miembros de la familia
Encuentren en la sociedad doméstica el camino
Por el que tiendan siempre hacia lo mejor
Y puedan llegar un día, con tu ayuda,
A la meta que tienen señalada.
Por Jesucristo, nuestro Señor.
Amén.

—*Bendicional*, no. 192

[Jesús] volvió con [la Virgen María y con José] a Nazaret y siguió sujeto a su autoridad. Su madre conservaba en su corazón todas aquellas cosas.

—Lc 2:51

29 EL QUINTO MANDAMIENTO: PROMUEVE LA CULTURA DE LA VIDA

NO MATARÁS
—CIC, NOS. 2258-2330

LA HISTORIA DE DOROTHY DAY

Dorothy Day nació el 8 de noviembre de 1897 y murió el 29 de noviembre de 1980. Hija de un periodista, ella también eligió el periodismo como profesión. De joven, Dorothy estuvo envuelta en varios enredos amorosos, casada brevemente y también dio luz a un hijo fuera del matrimonio. También tuvo un aborto del cual más tarde se arrepentiría profundamente.

Durante la Primera Guerra Mundial se hizo socialista y fue influenciada por el Partido Comunista, creyendo que esta era la mejor forma de ayudar a los pobres. Pero después del nacimiento de su hija Tamar, se hizo católica y fue influenciada por Peter Maurin, con quien creó el Movimiento del Trabajador Católico (*Catholic Worker Movement*). Abrazó la pobreza voluntaria, crió a su hija, dedicó su vida a cuidar de los pobres y luchó para eliminar tanto las causas como los síntomas de la pobreza en la sociedad.

El 9 de noviembre de 1997, el Cardenal John O'Connor pronunció una homilía sobre la santidad y Dorothy Day con ocasión del centenario de su nacimiento. Citamos a continuación algunos de los comentarios que él hizo:

> Dorothy Day murió antes de que yo me convirtiese en el arzobispo de New York, si no, nada más llegar yo aquí, la habría ido a visitar.

Muy pocas personas han causado tal impacto en mi vida, y eso que nunca nos conocimos.

Ahora están apareciendo algunos nuevos libros (sobre ella) a causa del centenario de su nacimiento, pero yo todavía encuentro que su propio libro sobre Santa Teresa del Niño Jesús revela tanto sobre Dorothy Day como cualquier otro que yo haya leído. Particularmente, parece que ella reconoció claramente que el "pequeño camino" de Santa Teresa era el camino del sufrimiento, y entendió con Teresa que todo el sufrimiento unido al de Cristo en la Cruz es de un valor inestimable para las almas.

Deseo que cada mujer que ha sufrido un aborto (...) llegue a conocer a Dorothy Day. Su historia es muy típica. Quedó embarazada de un hombre que insistió que tuviese un aborto, que luego la abandonó de todas formas, sufrió terriblemente por lo que había hecho, y más tarde rogó a otras mujeres que no hiciesen lo mismo. Pero más tarde también, tras hacerse católica, aprendió sobre el amor y la misericordia del Señor, y supo que nunca tendría que preocuparse acerca de su perdón. Es por esto que yo nunca he condenado a una mujer que ha tenido un aborto; yo lloro con ella y le pido que recuerde el dolor de Dorothy Day, pero que conozca siempre la misericordia y el perdón amorosos de Dios.

No todos aquellos que conocieron a Dorothy de lejos son conscientes de sus reuniones con la Madre Teresa de Calcuta, o de cómo la estimaba la Madre Teresa. Un nuevo libro de Jim Forest, *Love Is the Measure* (*Amor Es la Medida*), incluye una porción de una carta que la Madre Teresa escribió a Dorothy Day cuando cumplió 75 años: la Madre Teresa le escribió: "Tanto amor —tanto sacrificio— todo solo por Él. Tú has sido una rama tan bella de la vid, Jesús, y dejaste que su Padre, el cuidador de la Vid, te podase muy a menudo y mucho. Tú lo has aceptado todo con tanto amor (...)".

Ojalá hubiese conocido personalmente a Dorothy Day. Siento que la conozco a causa de su bondad. Pero con toda seguridad, si hubo una mujer que amó a Dios y a su prójimo, ¡esa fue Dorothy Day! Oremos para que nosotros hagamos lo que tenemos que hacer. (*Catholic New York* (13 de noviembre de 1997): 13-14 (v.d.t.))

El Vaticano ha comenzado un proceso que puede llevarla a la canonización. Ella anduvo por muchos callejones oscuros antes de encontrar el camino que Cristo le había estado indicando toda su vida.

Como arzobispo de la Ciudad de New York, el Cardenal John O'Connor destacó en su apoyo a la causa para la canonización que Dorothy Day "anticipó las enseñanzas de Juan Pablo II" con su inflexible devoción tanto a la Iglesia como a la causa de la justicia social. El Cardenal dijo que la consideraba un modelo para todos, "pero especialmente para las mujeres que han tenido o están considerando tener un aborto".

La vida de Dorothy Day estuvo dedicada a buscar la santidad, a defender la vida y a promover la justicia social y la paz. Al valorar la vida humana, Dorothy acabó rechazando la violencia del aborto y aborreciendo la guerra y atacando la pobreza. Su historia parece muy apropiada para nuestra reflexión sobre el Quinto Mandamiento.

RESPETAR LA VIDA HUMANA

"La vida humana es sagrada, porque desde su inicio es fruto de la acción creadora de Dios y permanece siempre en una especial relación con el Creador, su único fin. Sólo Dios es Señor de la vida desde su comienzo hasta su término; nadie, en ninguna circunstancia, puede atribuirse el derecho de matar de modo directo a un ser humano inocente".

—CIC, no. 2258; citando
Sobre el Respeto de la Vida Humana Naciente y la Dignidad de la Procreación (Donum Vitae), no. 5

La acción creativa de Dios está presente en cada vida humana y por eso es la fuente de su valor sagrado. Toda vida humana permanece en relación con Dios, quien es el destino final de todo hombre y mujer.

El Quinto Mandamiento nos llama a fomentar el bienestar físico, espiritual, emocional y social propio y de los demás. Por esta razón prohíbe el homicidio, el aborto, la eutanasia y cualquier acto que amenaza la vida. Estamos llamados a crear una cultura de vida y a luchar en contra de la cultura de la muerte. Esto nos presenta tres retos:

1. Necesitamos contrarrestar el relativismo que pone en peligro la vida humana, reconociendo que la libertad humana necesita ser consistente con los propósitos de Dios y las leyes que rigen la vida moral.

2. Debemos dar testimonio de la presencia providencial de Dios a toda la creación, y en particular a cada ser humano. "Cuando se niega a Dios y se vive como si no existiera, o no se toman en cuenta sus mandamientos, se acaba fácilmente por negar o comprometer también la dignidad de la persona humana y el carácter inviolable de su vida" (Papa Juan Pablo II, *Sobre el Valor y el Carácter Inviolable de la Vida Humana* [*Evangelium Vitae*; EV], no. 96).

3. Necesitamos afrontar el debilitamiento de la conciencia en la sociedad moderna. Demasiada gente fracasa al distinguir entre el bien y el mal cuando se trata del valor de la vida humana. La confusión moral lleva a muchos a apoyar opciones y políticas que profanan la vida. Opciones que una vez habían sido consideradas criminales e inmorales son ahora socialmente aceptables. Muchas conciencias que antes fueron formadas por los Diez Mandamientos, por las enseñanzas morales de Cristo y por la orientación llena de gracias del Espíritu Santo ahora se tambalean a causa de la confusión moral del espíritu de estos tiempos. Deberíamos tratar el debilitamiento de la conciencia ayudando a la gente a comprender la enseñanza de la Iglesia sobre la conciencia como la capacidad de formar juicios que concuerdan con la ley de Dios, para proteger la dignidad humana y rechazar aquello que la degrade.

TEMAS DE LA VIDA A LOS QUE NOS ENFRENTAMOS

El Homicidio

El homicidio voluntario de un inocente es gravemente contrario a la dignidad del ser humano, a la regla de oro y a la santidad del Creador.

—CIC, no. 2261

Dios prohíbe el homicidio: "No causes la muerte del inocente y del justo" (Ex 23:7). El homicidio intencionado de cualquier persona está prohibido por este Mandamiento (cf. CIC, nos. 2268-2269). Tales acciones son gravemente pecaminosas.

La legítima defensa contra un agresor injusto está moralmente permitida. La legítima defensa también es un deber moral para el que es responsable de la vida de otros. La legítima defensa, personal o de otros, tiene como fin proteger a la persona o personas amenazadas. Una vez que la amenaza ha sido eliminada, no se requiere ninguna otra acción. En tales situaciones, el homicidio voluntario de un agresor solo puede ser permitido cuando no hay otra solución posible (cf. CIC, no. 2265). Cualquier respuesta a una agresión debe ser proporcional a la naturaleza de la amenaza o al acto de agresión.

El Aborto

El aborto legal está teniendo un efecto destructivo en nuestra sociedad; muy pocas otras acciones legalizadas por nuestra política pública minan tan profundamente nuestros valores como pueblo u ofenden la brújula moral según la cual vivimos. La Iglesia siempre ha condenado el aborto. En la *Didaché* (*Instrucciones de los Apóstoles*), 2, 2, escrita hacia finales del siglo I y reverenciada como una respetada guía para la vida cristiana, leemos: "No matarás el embrión mediante el aborto". Esta enseñanza nunca ha cambiado y nunca cambiará.

> Desde su concepción, el niño tiene el derecho a la vida. El aborto directo, es decir, buscado como un fin o como un medio, es una práctica infame (cf. GS, no. 27 §3), gravemente contraria a la ley moral. La Iglesia sanciona con pena canónica de excomunión este delito contra la vida humana. Porque ha de ser tratado como una persona desde su concepción, el embrión debe ser defendido en su integridad, atendido y cuidado médicamente como cualquier otro ser humano. (CIC, nos. 2322-2323)

La tecnología moderna ha hecho posible que apreciemos la rapidez con la que el niño que crece en el vientre adopta facciones humanas. Esto ha hecho que mucha más gente sea consciente del hecho de que la vida humana comienza con la concepción, en el momento cuando el óvulo es fertilizado. Muchos métodos anticonceptivos artificiales comunes causan abortos al no permitir al recién concebido ser humano implantarse en el vientre de la madre.

El compromiso a favor de la vida de la Iglesia queda reflejado en su compasión hacia aquellos que se arrepienten de haber tenido un aborto, en su comprensión hacia aquellos que están afrontando decisiones difíciles y en el auxilio que presta a todos aquellos que eligen la vida. Se recomienda encarecidamente a las personas que han estado involucradas en un aborto a ponerse en contacto con el ministerio Proyecto Raquel (*Project Rachel*) y con otros ministerios que las ayudarán a encontrar la misericordia de Dios en el sacramento de la Penitencia y la Reconciliación y a obtener la asesoría necesaria. Los ministerios a favor de la vida trabajan con mujeres embarazadas que están pensando en abortar animándolas encarecidamente a que elijan la vida para sus hijos. También ofrecen alternativas al aborto mediante cuidados prenatales, ayudando a criar niños y con servicios de adopción.

Fertilización *In Vitro*

Aunque la fertilización *in vitro* sería un tema para ser discutido en relación con la integridad del vínculo entre la fertilidad y el amor, esta merece aquí una breve mención. Esto es así porque muy a menudo, en el proceso de fertilización *in vitro*, óvulos que han sido fertilizados y están desarrollándose en seres humanos son desechados o destruidos. Estas acciones destruyen la vida humana y son gravemente pecaminosas.

Investigación con Células Madre y la Clonación

Cada cuerpo humano contiene células madre, células indiferenciadas que tienen el potencial de, al madurar, convertirse en una amplia variedad de células. Se desarrollan temprano en el embrión humano, tras la fertilización o concepción. También se encuentran en la placenta, en el cordón umbilical, así como en el cerebro adulto, en la médula espinal, la sangre, los músculos óseos y en la piel. Los científicos teorizan que estas células madre pueden usarse para fines terapéuticos en la curación de enfermedades como el Parkinson y el Alzheimer.

Algunos científicos, sin embargo, mantienen que la mejor fuente de células madre es el embrión humano. El problema moral es que, para poder recolectar las células madre, hay que matar al niño que se está desarrollando. Pero cada embrión, desde el momento de la concepción, tiene toda la estructura genética de una vida humana única. El bebé que se está desarrollando debe ser reconocido y tratado como un ser completamente humano. Solo necesita del tiempo para crecer y desarrollarse. Destruir un embrión es llevarse una vida humana, un acto contrario a la ley de Dios y a la enseñanza de la Iglesia.

Hay quienes argumentan que el bien obtenido al curar graves enfermedades justifica la destrucción de algunos embriones humanos. Pero este argumento reduce al ser humano a ser tratado como solamente un objeto para ser usado. Asume que no hay absolutos morales que deban ser protegidos en todas las circunstancias. Viola el principio moral que establece que el fin no justifica los medios. La investigación con células madre embrionarias es un medio inmoral para llegar a un fin bueno. Es moralmente inaceptable.

De manera similar, la clonación, así sea para usos reproductivos o terapéuticos, es inmoral a muchos niveles, entre ellos el hecho de que la clonación requiere la destrucción de embriones humanos.

> Ninguna finalidad, aunque fuese en sí misma noble, como la previsión de una utilidad para la ciencia, para otros seres humanos o para la sociedad, puede justificar de algún modo las experiencias sobre embriones o fetos humanos vivos, viables o no, dentro del seno materno o fuera de él. (Congregación para la Doctrina de la Fe, *Instrucción Sobre el Respeto de la Vida Humana Naciente y la Dignidad de la Procreación* [*Donum Vitae*] [Ciudad del Vaticano: Libreria Editrice Vaticana, 1987])

De otro lado, las células madres se pueden obtener de adultos que den su consentimiento informado. El gobierno federal ha gastado millones de dólares en estas investigaciones. Las células madre extraídas de la placenta, la médula espinal y el cordón umbilical están siendo usadas para tratar la leucemia. Este es un campo muy prometedor para la investigación y no tiene las implicaciones morales de la investigación con células madre embrionarias.

La Eutanasia y el Suicidio Médico Asistido

La eutanasia intencionada, a veces llamada "muerte por misericordia", es homicidio. Sean cuales sean los motivos o los medios usados, la eutanasia consiste en poner fin a la vida de personas disminuidas, enfermas o moribundas. Es moralmente inaceptable. La aparición del suicidio médico asistido, popularizado por el movimiento del derecho a morir, busca legalizar lo que es un acto inmoral. Sus defensores buscan conseguirlo estado por estado.

El suicidio es gravemente pecaminoso, sea cometido individualmente o con la ayuda de un médico. Trastornos psíquicos graves, la angustia, el temor al sufrimiento o a la tortura, pueden disminuir la responsabilidad del suicida. A menudo se pregunta si las personas que se han suicidado reciben o no la salvación eterna. Aunque el suicidio es siempre objetivamente pecaminoso, uno "no se debe desesperar de la salvación eterna de aquellas personas que se han dado muerte. Dios puede haberles facilitado por caminos que El solo conoce la ocasión de un arrepentimiento salvador. La Iglesia ora por las personas que han atentado contra su vida" (CIC, no. 2283). El cuidado pastoral de la familia y amigos de aquellos que se han quitado sus propias vidas es un foco importante del ministerio de curación y compasión de la Iglesia.

La tradición moral católica siempre ha enseñado que podemos suspender los tratamientos médicos que son gravosos, extraordinarios y desproporcionados al resultado. Sin embargo, el respeto hacia todo ser humano requiere el tratamiento ordinario de los moribundos, proveyéndolos con alimentos, agua, calor e higiene. Los tratamientos ordinarios son siempre un requerimiento moral.

También existen los tratamientos extraordinarios. La Iglesia reconoce que algunos tratamientos médicos pueden no dar beneficios conmensurables con los riesgos de ciertos procedimientos médicos. Los tratamientos médicos extraordinarios pueden no ser requeridos moralmente e incluso pueden ser suspendidos en ciertos casos, dependiendo de los beneficios para el enfermo y la carga que impondrá o pueda imponer. Por ejemplo, en ocasiones cuando la actividad cerebral de la persona ha cesado, se puede desconectar al paciente de los aparatos que mantienen la respiración y el palpitar del corazón ya que existe muy poca esperanza de que la persona se recupere.

La Pena de Muerte

Siguiendo la iniciativa de la encíclica *Evangelium Vitae* del Papa Juan Pablo II, el *Catecismo* enseña que la autoridad gubernamental tiene el derecho y el deber de asegurar la seguridad de la sociedad y de castigar a los criminales por medio de penas apropiadas. Esto incluye la imposición de la pena de muerte si no existe otra forma de proteger a la sociedad (cf. CIC, no. 2267). Pero este principio tiene una aplicación muy restrictiva:

Si los medios incruentos bastan para defender las vidas humanas contra el agresor y para proteger de él el orden público y la seguridad de las personas, en tal caso la autoridad se limitará a emplear sólo esos medios, porque ellos corresponden mejor a las condiciones concretas del bien común y son más conformes con la dignidad de la persona humana. Hoy, en efecto, como consecuencia de las posibilidades que tiene el Estado para reprimir eficazmente el crimen, haciendo inofensivo a aquél que lo ha cometido sin quitarle definitivamente la posibilidad de redimirse, los casos en los que sea absolutamente necesario suprimir al reo "son ya muy raros, por no decir prácticamente inexistentes". (CIC, no. 2267, citando EV, no. 56)

Al considerar los argumentos legales y morales de la pena de muerte, no lo deberíamos hacer con actitudes de venganza e ira en nuestros corazones, sino con la compasión y misericordia de Dios en nuestras mentes. También es importante recordar que las penas impuestas a los criminales siempre tienen que permitir que el criminal tenga la posibilidad de demostrar su arrepentimiento por el mal cometido y de cambiar su vida a mejor.

La imposición de la pena de muerte no siempre permite que se alcancen uno o ambos objetivos de la pena criminal. "La creciente dependencia de nuestra nación en la pena de muerte no puede justificarse. No podemos enseñar que matar es inmoral, matando a aquellos que matan a otros. El Papa Juan Pablo II ha dicho que la pena de muerte es 'cruel e innecesaria' (Homilía en San Luis, 27 de enero 1999). El antídoto para la violencia no es más violencia" (USCCB, *Ciudadanos Comprometidos* [Washington, DC: USCCB, 2003], 19).

La Guerra

El Beato Juan XXIII escribió que la paz es un don de Dios:

> La grandeza y la sublimidad de esta empresa [por la paz] son tales, que su realización no puede en modo alguno obtenerse por las solas fuerzas naturales del hombre, aunque esté movido por una buena y loable voluntad. Para que la sociedad humana constituya un reflejo lo más perfecto posible del Reino de Dios, es de todo punto necesario el auxilio sobrenatural del cielo. (*Sobre la Paz entre Todos los Pueblos* [*Pacem in Terris*], no. 168)

La mejor forma de evitar la guerra es salvaguardar la paz rechazando la cólera y el odio que engendran la guerra y eliminando la pobreza, la injusticia y las privaciones de los derechos humanos que llevan a la guerra. Se debe promover encarecidamente el desarme. "La carrera de armamentos es una plaga gravísima de la humanidad y perjudica a los pobres de modo intolerable" (CIC, no. 2329, citando GS, no. 81 §3).

Mientras que se deben usar todos los medios posibles para evitar la guerra, hay ocasiones cuando el uso de la fuerza por una autoridad competente puede ser justificado si es para corregir una clara injusticia, especialmente para defenderse de una amenaza a la nación. La tradición de la Iglesia al respecto, con sus orígenes en San Agustín (354-430 d.C.), ha desarrollado las condiciones para que una guerra sea moral.

Estas condiciones se conocen como las condiciones de la guerra justa. El *Catecismo* las enumera de la siguiente forma:

Se han de considerar con rigor las condiciones estrictas de una legítima defensa mediante la fuerza militar. La gravedad de semejante decisión somete a ésta a condiciones rigurosas de legitimidad moral. Es preciso a la vez:

—Que el daño causado por el agresor a la nación o a la comunidad de las naciones sea duradero, grave y cierto.

—Que todos los demás medios para poner fin a la agresión hayan resultado impracticables o ineficaces.

—Que se reúnan las condiciones serias de éxito.

—Que el empleo de las armas no entrañe males y desórdenes más graves que el mal que se pretende eliminar. El poder de los medios modernos de destrucción obliga a una prudencia extrema en la apreciación de esta condición.

Estos son los elementos tradicionales enumerados en la doctrina llamada de la "guerra justa". La apreciación de estas condiciones de legitimidad moral pertenece al juicio prudente de quienes están a cargo del bien común. (CIC, no. 2309)

La guerra nunca se ha de llevar a cabo movida por un espíritu de venganza, sino más bien por motivos de defensa propia y para establecer la justicia y el orden que corresponde. El gobierno tiene el derecho y el deber de enlistar a los ciudadanos para defender a la nación. Se deben ofrecer alternativas especiales a aquellos que rehúsen emplear armas por razones de conciencia. Estos hombres y mujeres deberán servir a su patria de alguna otra forma.

La Iglesia y la razón humana afirman la validez permanente de la ley moral durante los conflictos armados. Los no combatientes, los soldados heridos y los prisioneros deben ser tratados humanamente. La exterminación de personas mediante la limpieza étnica es un mal moral grave e intrínseco.

En 1983, los obispos de Estados Unidos rechazaron formalmente la guerra nuclear:

Bajo ninguna circunstancia se debe hacer uso de las armas nucleares u otros instrumentos de destrucción masiva con el fin de destruir centros urbanos y otros objetivos predominantemente civiles [...] No percibimos ninguna situación en la cual el inicio deliberado de una guerra nuclear, sin importar lo limitada que esta sea, pueda ser justificado moralmente. (USCCB, *The Challenge of Peace: God's Promise and Our Response* [*El Desafío de la Paz: La Promesa de Dios y Nuestra Respuesta*], nos. 147 y 150 [v.d.t.])

El Terrorismo

Los ataques terroristas en el mundo han matado a miles de personas. Somos conscientes, junto con todas las gentes de buena voluntad, del absoluto mal de tales actos. Estos actos nos han hecho conscientes de actos de terror similares por todo el mundo.

No existe justificación moral o religiosa de tales actos. Las reivindicaciones de los terroristas pueden ser contrarrestadas con las enseñanzas de las religiones del mundo y mediante las acciones constructivas de los creyentes religiosos. Al mismo tiempo, estamos llamados a mitigar problemas tales como la violación de los derechos humanos y la pobreza, los cuales causan una gran frustración e ira. Aunque nunca excusamos los actos terrorista, debemos tratar aquellos temas asociados con la pobreza y la injusticia que son explotados por los terroristas.

El Escándalo

En su enfoque a la conservación de la vida, el Quinto Mandamiento también se preocupa del interés que mostramos por la vida moral de los demás. Una persona cuyas palabras o acciones llevan a otros a creer que un comportamiento malo o pecaminoso es aceptable y que no es moralmente malo es culpable del pecado del escándalo.

El escándalo también puede ser causado por las leyes o instituciones que legitiman acciones pecaminosas. Un ejemplo de esto en la historia de Estados Unidos son las leyes que permitían la esclavitud. Un ejemplo moderno son las leyes que permiten el aborto.

DEL CATECISMO

1. ¿Por qué es el suicidio moralmente malo?
El suicidio contradice la inclinación natural del ser humano a conservar y perpetuar su vida. Es gravemente contrario al justo amor de sí mismo. Ofende también al amor del prójimo porque rompe injustamente los lazos de solidaridad con las sociedades familiar, nacional y humana con las cuales estamos obligados. El suicidio es contrario al amor del Dios vivo. (CIC, no. 2281)

2. ¿Cuáles son las raíces de la guerra?
Las injusticias, las desigualdades excesivas de orden económico o social, la envidia, la desconfianza y el orgullo, que existen entre los hombres y las naciones, amenazan sin cesar la paz y causan las guerras [...] "En la medida en que los hombres son pecadores, les amenaza y les amenazará hasta la venida de Cristo, el peligro de guerra; en la medida en que, unidos por la caridad, superan el pecado, se superan también las violencia". (CIC, no. 2317, citando GS, no. 78, 6)

3. ¿Cuáles son algunas razones por las que se castiga a los criminales?
La pena tiene como efecto, además, preservar el orden público y la seguridad de las personas. Finalmente, tiene también un valor medicinal, puesto que debe, en la medida de lo posible, contribuir a la enmienda del culpable. (CIC, no. 2266)

El Derecho de los Moribundos a Vivir

Han existido ocasiones cuando las cortes estatales y federales han pasado sentencia en contra de la idea de un derecho constitucional a morir. Al hacer esto, han estado construyendo gradualmente una defensa en contra del llamado movimiento del derecho a morir. A continuación se expone un breve resumen de estos argumentos:

- Muchos médicos hacen el Juramento Hipocrático, por el cual se comprometen a no causar daño. La relación entre el médico y el paciente debe estar caracterizada por la compasión. Los médicos no deben ser los asesinos de sus pacientes. Si matar, en vez de curar, se convirtiese en una opción, esto afectaría contrariamente a la forma de entenderse a sí mismos de los médicos y reduciría el deseo de buscar curas para las enfermedades.
- No debemos permitir que los ancianos y los enfermos sean presionados a consentir sus propias muertes mediante el suicidio asistido o la eutanasia.
- Debemos proteger a los pobres y a las minorías de ser explotados. El dolor es un factor importante a la hora de desear un suicido médico asistido. Los pobres y las minorías a menudo no tienen los recursos necesarios para aliviar el dolor.
- Debemos proteger a todas las personas con incapacidades de la indiferencia de la sociedad, de la antipatía y de cualquier prejuicio en su contra.
- Nunca debemos presentar al suicidio como una solución socialmente aceptable a las dificultades de la vida.

La Academia Pontificia para la Vida hizo pública una declaración el 8 de marzo de 1999 que incluía los siguientes comentarios sobre la eutanasia y el alivio del dolor de los moribundos:

Rechazamos vigorosamente con absoluta convicción cualquier tipo de eutanasia, entendida como un recurso a aquellas acciones u omisiones cuyo fin es causar la muerte de una persona para prevenir el sufrimiento y el dolor. Al mismo tiempo, queremos expresar nuestra cercanía humana y cristiana a todos los enfermos, especialmente aquellos que se están acercando al final de sus vidas terrenales y se están preparando para reunirse con Dios, nuestra buenaventura. Pedimos que estos hermanos y hermanas nuestros se salven del "abandono terapéutico" que consiste en negarles el tratamiento y la atención que alivia el sufrimiento. Este tratamiento tampoco les debería faltar por razones económicas. (v.d.t.)

Hoy en día se realizan grandes esfuerzos para proveer a los pacientes cuyas condiciones médicas les causan gran dolor medicamentos y tratamientos que alivien su sufrimiento. Se anima encarecidamente a la gente a que haga uso de las directivas avanzadas para asegurarse que el tratamiento médico y el cuidado ofrecido hacia el fin de sus vidas sean tanto humanos como conformes a las enseñanzas morales de Cristo y de la Iglesia. La presencia personal, las oraciones y el amor de los parientes y amigos, apoyando a su ser querido durante las últimas etapas de su vida, son también elementos esenciales del proceso de una muerte cristiana. La Iglesia, por medio de sus ministros, también acompaña al moribundo mediante el sacramento de la Unción de Enfermos, el *Viaticum* y las Oraciones por los Moribundos.

PARA LA REFLEXIÓN Y EL DEBATE

1. ¿Cómo pueden los individuos y las familias hoy en día promover el respeto de la vida y el valor de la vida?
2. ¿Cómo pueden los católicos promover la paz y el entendimiento ante el terrorismo y la violencia en el mundo de hoy?
3. ¿Cuáles son las causas raíces de la cultura de la muerte? ¿Cómo podemos promover el valor de la vida humana en todas sus etapas, en contraste con el aborto, la eutanasia y la pena de muerte?

ENSEÑANZAS

- La acción creativa de Dios está presente en cada vida humana y por eso es la fuente de su valor sagrado. Toda vida humana permanece en relación con Dios, quien es el destino final de todo hombre y mujer. Solo Dios es el Señor de la vida humana, de principio a fin.

- "El homicidio voluntario de un inocente es gravemente contrario a la dignidad del ser humano, a la regla de oro y a la santidad del Creador" (CIC, no. 2261).
- "La prohibición de causar la muerte no suprime el derecho de impedir que un injusto agresor cause daño" (CIC, no. 2321).
- El aborto directo es la destrucción intencionada de un niño no nacido y es un acto gravemente contrario a la ley moral y a la santidad del Creador.
- La eutanasia consiste en poner fin a la vida de personas disminuidas, enfermas o moribundas. Sean cuales sean los motivos o los medios, nunca es moralmente permisible.
- El suicidio médico asistido es un suicidio realizado con la ayuda de un médico. La aparición del suicidio médico asistido, popularizado por el movimiento del derecho a morir, busca legalizar lo que es un acto inmoral. El suicidio está mal sea cometido individualmente o con la ayuda de un médico.
- El embrión humano tiene desde el momento de la concepción toda la estructura genética de una vida humana única. El hijo que se desarrolla en el vientre debe ser tratado como un ser humano completo y pleno. El hijo en el vientre solo necesita de tiempo para crecer y desarrollarse. Matar a un embrión es matar a una vida humana, un acto contrario a la ley de Dios y a la enseñanza de la Iglesia.
- "Hoy, en efecto, como consecuencia de las posibilidades que tiene el Estado para reprimir eficazmente el crimen, haciendo inofensivo a aquél que lo ha cometido sin quitarle definitivamente la posibilidad de redimirse, los casos en los que sea absolutamente necesario suprimir al reo 'son ya muy raros, por no decir prácticamente inexistentes'" (CIC, no. 2267, citando EV, no. 56).
- Aunque se debe hacer uso de todos los medios posibles para evitar la guerra, existen ocasiones cuando la defensa legítima de la patria mediante la fuerza militar puede llevarse a cabo bajo las condiciones más estrictas.
- Además de respetar la vida corporal, también se deben reverenciar las almas de los demás. Se debe siempre evitar el escándalo, el cual

es una grave ofensa cuando, por obra u omisión, uno lleva a otra persona a pecar gravemente (cf. CIC, nos. 2284-2287).

• El Quinto Mandamiento también prohíbe otros pecados: la intolerancia y el odio, el abuso físico o emocional, la violencia de cualquier tipo contra otra persona, la desatención a la salud propia y el abuso del alcohol y de las drogas (cf. CIC, nos. 2288-2291).

MEDITACIÓN

La sangre de Cristo manifiesta al hombre que su grandeza, y por tanto su vocación, consiste en el don sincero de sí mismo. Precisamente porque se derrama como don de vida, la sangre de Cristo ya no es signo de muerte, de separación definitiva de los hermanos, sino instrumento de una comunión que es riqueza de vida para todos. Quien bebe esta sangre en el sacramento de la Eucaristía y permanece en Jesús (cf. Jn 6:56) queda comprometido en su mismo dinamismo de amor y de entrega de la vida, para llevar a plenitud la vocación originaria al amor, propia de todo hombre (cf. Gn 1:27; 2:18-24).

Es en la sangre de Cristo donde todos los hombres encuentran la fuerza para comprometerse en favor de la vida. Esta sangre es justamente el motivo más grande de esperanza, más aún, es el fundamento de la absoluta certeza de que según el designio divino la vida vencerá. "No habrá ya muerte", exclama la voz potente que sale del trono de Dios en la Jerusalén celestial (Ap 21:4). Y san Pablo nos asegura que la victoria actual sobre el pecado es signo y anticipo de la victoria definitiva sobre la muerte, cuando "se cumplirá la palabra que está escrita: 'La muerte ha sido devorada en la victoria. ¿Dónde está, oh muerte, tu victoria? ¿Dónde está, oh muerte, tu aguijón?'" (1 Co 15:54-55).

—Papa Juan Pablo II, EV, no. 25

ORACIÓN

Señor, haz de mí un instrumento de tu paz.
Que allá donde hay odio, yo ponga el amor.
Que allá donde hay ofensa, yo ponga el perdón.

Que allá donde hay duda, yo ponga la Fe.
Que allá donde desesperación, yo ponga la esperanza.
Que allá donde hay tinieblas, yo ponga la luz.
Que allá donde hay tristeza, yo ponga la alegría.

Oh Señor, que yo no busque tanto ser consolado,
 cuanto consolar,
ser comprendido, cuanto comprender,
ser amado, cuanto amar.

Porque es dándose como se recibe,
es perdonando, como se es perdonado,
es muriendo como se resucita a la vida eterna.

—San Francisco de Asís

Les he propuesto la vida o la muerte [...]
Elige la vida y vivirás, tú y tu descendencia.

—Dt 30:19

30 EL SEXTO MANDAMIENTO: LA FIDELIDAD MATRIMONIAL

NO COMETERÁS ADULTERIO
—CIC, NOS. 2331-2400

EL PAPA PABLO VI: UN PASTOR PARA LA RENOVACIÓN DE LA IGLESIA

El Concilio Vaticano II fue un acontecimiento clave de la Iglesia Católica en el siglo XX. Desde 1962 hasta 1965, el Concilio reunió aproximadamente a 2,500 obispos de todo el mundo en cuatro sesiones celebradas en Roma —cada sesión duró alrededor de tres meses— para discutir y tomar decisiones sobre la vida de la Iglesia en el mundo contemporáneo. El Beato Juan XXIII había convocado el Concilio y presidió su primera sesión. Cuando murió en junio de 1963, el Colegio de Cardenales eligió como su sucesor al Cardenal Giovanni Battista Montini, quien tomó el nombre de Pablo VI. El Papa Pablo VI presidió las tres siguientes sesiones del Concilio y guió a la Iglesia durante el período de cambio y renovación que siguió al Concilio.

Giovanni Battista Montini nació en el norte de Italia en 1897. Se ordenó sacerdote en 1920 y dos años más tarde empezaba a servir en la Secretaría de Estado del Vaticano. Trabajó muy de cerca con el Papa Pío XII hasta 1954, cuando fue nombrado Arzobispo de Milán. En 1958 el Beato Juan XXIII lo nombró al Colegio Cardenalicio.

Sus conocimientos de la Iglesia universal, obtenidos durante su servicio en la Santa Sede, su capacidad intelectual y su copiosa lectura de obras teológicas y su experiencia pastoral en Milán le sirvieron mucho cuando fue elegido Papa. Su constante preocupación era mantener la unidad de la Iglesia Católica, incluso en tiempos de gran controversia. Guió a la Iglesia por una serie de reformas y la renovación de la liturgia. En 1970, autorizó la publicación del nuevo *Misal Romano*. Promovió el diálogo con otras Iglesias y comunidades eclesiales. Trabajó diligentemente por la paz, visitando incluso la sede de las Naciones Unidas, en New York, en 1964 para pronunciar una llamada urgente en contra de la guerra.

A lo largo de su pontificado, Pablo VI hizo hincapié sobre la importancia de la familia para la Iglesia y la sociedad. En su exhortación apostólica de 1975 *Acerca de la Evangelización en el Mundo Contemporáneo* (*Evangelii Nuntiandi*; EN), él escribió: "La familia, al igual que la Iglesia, debe ser un espacio donde el Evangelio es transmitido y desde donde éste se irradia. Dentro, pues, de una familia consciente de esta misión, todos los miembros de la misma evangelizan y son evangelizados" (no. 71).

A causa de la controversia en la Iglesia respecto a la moralidad de la anticoncepción artificial, él promulgó su encíclica *Sobre al Regulación de la Natalidad* (*Humane Vitae*; HV) en julio de 1968. Reafirmó la enseñanza de la Iglesia de que la anticoncepción artificial es gravemente inmoral ya que va en contra de la volunta de Dios para el acto conyugal, el cual une a los cónyuges en su amor y debe también estar abierto a la creación de vida nueva. Avisó de las consecuencias del tono moral de la sociedad que surgiría si se ignoraba el designio de Dios. Reconoció las dificultades que las parejas casadas podrían tener a la hora de cumplir esta enseñanza, pero los animó a recurrir constantemente a la gracia de Dios mediante el sacramento de la Penitencia y la Reconciliación, y el Sacramento de la Eucaristía.

El Papa Pablo VI fue un valiente pastor para la renovación de la Iglesia y la defensa de sus enseñanzas. Su causa de beatificación se inició en 1993. La clara enseñanza del Papa Pablo VI sobre la familia, el matrimonio y las cuestiones morales, como la anticoncepción artificial, lo muestran como una de las figuras más importantes de los que promovieron los valores y virtudes expresados en el Sexto Mandamiento.

PRACTICA LA FIDELIDAD MATRIMONIAL

Dios creó a los seres humanos como varón y mujer. Al hacer esto, Él otorgó la misma dignidad tanto al varón como a la mujer. En su designio, el varón y la mujer deberían respetar y aceptar su identidad sexual. Dios creó tanto al cuerpo como a la sexualidad como algo bueno. Por esto, no tratamos la sexualidad con temor o con hostilidad hacia la carne. Es un don de Dios mediante el cual el varón y la mujer participan de su designio salvador y responden a su llamada a crecer en santidad.

El *Catecismo* afirma que la sexualidad afecta a la totalidad de la persona. "La *sexualidad* abraza todos los aspectos de la persona humana, en la unidad de su cuerpo y de su alma. Concierne particularmente a la afectividad, a la capacidad de amar y de procrear y, de manera más general, a la aptitud para establecer vínculos de comunión con otro" (CIC, no. 2332).

El Sexto Mandamiento llama a los cónyuges a practicar la fidelidad permanente y exclusiva el uno hacia el otro. La fidelidad emocional y sexual es esencial para el compromiso hecho en la alianza matrimonial. Dios estableció el matrimonio como un reflejo de su fidelidad hacia nosotros. Los votos de fidelidad mutua que los cónyuges hicieron en su boda deberían dar testimonio de la Alianza que Dios ha establecido con nosotros.

LA CASTIDAD

Todas las personas —casadas, solteras, religiosas y ordenadas— necesitan adquirir la virtud de la castidad. "La castidad significa la integración lograda de la sexualidad en la persona y por ello en la unidad interior del hombre en su ser corporal y espiritual" (CIC, no. 2337). La castidad une nuestra sexualidad a toda nuestra naturaleza humana. Entiende la sexualidad en relación a nuestra naturaleza espiritual de forma que el sexo es visto como algo más que un acto físico. La sexualidad afecta a toda la persona a causa de la unidad del cuerpo y del alma. Jesús es el modelo de castidad. "La castidad implica un *aprendizaje del dominio de sí*, que es una pedagogía de la libertad humana" (CIC, no. 2339). La adquisición de la castidad depende del dominio de sí y nos lleva a una libertad interna, lo cual hace a los seres humanos capaces de templar los deseos sexuales según el designio de Dios para la expresión apropiada del amor en la relación matrimonial entre un hombre y una mujer.

El *Catecismo* describe la adquisición de la castidad de la siguiente manera:

> El dominio de sí es una *obra que dura toda la vida*. Nunca se la considerará adquirida de una vez para siempre. Supone un esfuerzo reiterado en todas las edades de la vida. El esfuerzo requerido puede ser más intenso en ciertas épocas, como cuando se forma la personalidad, durante la infancia y la adolescencia. (CIC, no. 2342; cf. Tt 2:1-6)

> La castidad tiene unas *leyes de crecimiento*; ésta pasa por grados marcados por la imperfección y, muy a menudo, por el pecado. (CIC, no. 2343)

> La castidad supone el respeto de los derechos de la persona, en particular, el de recibir una información y una educación que respeten las dimensiones morales y espirituales de la vida humana. (CIC, no. 2344)

> La castidad es una virtud moral. Es también un don de Dios, una *gracia*, un fruto del trabajo espiritual (cf. Ga 5:22). El Espíritu Santo concede, al que ha sido regenerado por el agua del bautismo, imitar la pureza de Cristo. (CIC, no. 2345; cf. Ga 5:22, 1 Jn 3:3)

> La virtud de la castidad se desarrolla en la *amistad* [...] La castidad se expresa especialmente en la *amistad con el prójimo*. Desarrollada entre personas del mismo sexo o de sexos distintos, la amistad representa un gran bien para todos. Conduce a la comunión espiritual. (CIC, no. 2347)

Existen un número de actos que son pecados contra la castidad:

- La *lujuria* "es un deseo o un goce desordenados del placer venéreo", especialmente cuando se busca por sí mismo (CIC, no. 2351).

- La *masturbación* es pecaminosa porque hace mal uso del don de la sexualidad mediante un acto intrínsicamente egoísta, desprovisto de amor. Es un problema para el cual un consejero, un director espiritual o un confesor pueden ser de gran ayuda. La persona a menudo necesita de ayuda para entender las causas de este comportamiento, las cuales son frecuentemente habituales, o en respuesta al estrés emocional o actitudes subyacentes sin examinar.

- La *fornicación* (la unión carnal entre un hombre y una mujer fuera del matrimonio) es pecaminosa porque viola la dignidad de las personas, el significado nupcial y el propósito de la sexualidad, la cual está ordenada solo hacia los fines unitivos y de procreación de los cónyuges.

- El *incesto* (relaciones sexuales entre parientes cercanos) es siempre malo, causando daño tanto a los individuos involucrados como a la familia en sí.

- El *abuso sexual* de cualquier tipo causa daño a la víctima a más niveles que solo el físico. Forzar, de cualquier manera, la intimidad sexual de un niño o un menor es un mal incluso más grave (cf. CIC, no. 2356), el cual a menudo marca a la víctima de por vida (cf. CIC, no. 2389).

- La *pornografía* (material sexualmente explícito) es ahora incluso más accesible mediante el Internet. Esto presenta verdaderas dificultades tanto para los individuos como para la sociedad, ya que ver pornografía no es solo algo pecaminoso en sí, sino que también puede convertirse en una adicción y conducir a comportamientos sexuales peligrosos. También ha llevado a una mayor explotación de niños como objetos sexuales.

- La *prostitución* reduce a la persona "al placer venéreo que se saca de ella", un objeto del que hacer uso. Incrementa la propagación de las enfermedades venéreas. Para proteger a miembros inocentes de la sociedad, la prostitución puede ser legítimamente prohibida por la autoridad civil. Es más prevalente donde la cultura explota la vulnerabilidad física y social de las mujeres (CIC, no. 2355).

- La *violación* es un acto violento en el cual una persona fuerza un acto sexual en una persona que no lo desea. "La violación lesiona profundamente el derecho de cada uno al respeto, a la libertad, a la integridad física y moral [...] Es siempre un acto intrínsecamente malo" (CIC, no. 2356).

- "Los *actos homosexuales* son intrínsecamente desordenados" e inmorales. "Son contrarios a la ley natural. Cierran el acto sexual al don de la vida. No proceden de una verdadera complementariedad afectiva y sexual" (CIC, no. 2357). Tener inclinaciones homosexuales no es inmoral. Son los actos homosexuales los que son inmorales.

"Un número apreciable de hombres y mujeres presentan tendencias homosexuales instintivas. No eligen su condición homosexual; ésta constituye para la mayoría de ellos una auténtica prueba. Deben ser acogidos con respeto, compasión y delicadeza. Se evitará, respecto a ellos, todo signo de discriminación injusta. Estas personas están llamadas a realizar la voluntad de Dios en su vida, y, si son cristianas, a unir al sacrificio de la cruz del Señor las dificultades que pueden encontrar a causa de su condición" (CIC, no. 2358).

EL AMOR DEL MARIDO Y LA MUJER

Por la unión de los esposos se realiza el doble fin del matrimonio: el bien de los esposos y la transmisión de la vida.

—CIC, no. 2363

El vínculo entre el marido y la mujer es tanto conyugal como procreativo. El amor y la fidelidad mutua conyugal son el aspecto *unitivo* del matrimonio. El aspecto *procreador* del matrimonio se refiere a la concepción, nacimiento y educación de los hijos. El vínculo entre los aspectos unitivo y procreador no puede ser quebrantado.

El Amor Fiel Unitivo

El aspecto unitivo del matrimonio se refiere a la totalidad de los cónyuges, a un amor que abarca las mentes, corazones, emociones, cuerpos, almas y aspiraciones del marido y de la mujer. Están llamados a crecer continuamente en el amor unitivo y la fidelidad para así dejar de ser dos y formar una sola carne. El darse mutuamente es fortalecido y bendecido por Jesucristo en el sacramento del Matrimonio. Dios sella el consentimiento que el novio y la novia se dan mutuamente en este sacramento.

Los actos con los que los esposos se unen íntima y castamente entre sí son honestos y dignos, y, realizados de modo verdaderamente humano, significan y fomentan la recíproca donación, con la que se enriquecen mutuamente con alegría y gratitud. (CIC, no. 2362, citando GS, no. 49)

Aceptar las faltas y fallas del cónyuge, así como las propias, es reconocer que la llamada a la santidad en el matrimonio es un proceso de conversión y de crecimiento para toda la vida.

El Amor Procreador

Dios llama a las parejas casadas a estar abiertas a la procreación, recordando siempre que tener un hijo no es un derecho, sino un don de Dios (cf. CIC, no. 2378). De esta manera, ellos comparten en el poder creador y de paternidad de Dios. Al dar a luz a hijos, educarlos y formarlos, ellos cooperan con el amor de Dios como Creador. El amor matrimonial es por su propia naturaleza fructífero. El acto del matrimonio, mientras que fortalece el amor conyugal, está orientado a desbordarse en una nueva vida. Las familias son imágenes de la vida y del poder siempre creador de la Santísima Trinidad y de la fructuosidad de la relación entre Cristo y su Iglesia.

Respetando el Vínculo de la Fertilidad y el Amor

"El niño no viene de fuera a añadirse al amor mutuo de los esposos; brota del corazón mismo de ese don recíproco, del que es fruto y cumplimiento. Por eso la Iglesia, que 'está en favor de la vida' (FC, no. 30), enseña que todo 'acto matrimonial debe quedar abierto a la transmisión de la vida'" (CIC, no. 2366, citando FC, no. 30, y HV, no. 11, respectivamente).

Este pasaje pone de relieve la enseñanza de la Iglesia que dice que Dios estableció un vínculo entre los aspectos unitivo y procreador del matrimonio. Todos y cada uno de los actos sexuales en el matrimonio necesitan estar abierto a la posibilidad de concebir un hijo. Es por esto que la anticoncepción artificial es contraria a la voluntad de Dios para el matrimonio ya que separa el acto de la concepción de la unión sexual. Los intentos para conseguir el embarazo separado del acto sexual (por ejemplo, la fertilización *in vitro*) son moralmente malos por la misma razón, disocian la concepción del acto sexual.

Los métodos contemporáneos de planificación familiar natural están haciendo posible que las parejas, en casos de legítima necesidad, dejen pasar un tiempo entre los nacimientos de sus hijos mientras que a la vez permanecen fieles al designio de Dios para el matrimonio. Estos métodos permiten a la pareja tener un conocimiento más preciso del período de ovulación lo cual hace que puedan evitar o conseguir el embarazo. "La regulación de la natalidad representa uno de los aspectos de la paternidad y la maternidad responsables. La legitimidad de las intenciones de los esposos no justifica el recurso a medios moralmente reprobables (e.g., la esterilización directa o la anticoncepción)" (CIC, no. 2399).

Durante el matrimonio, las parejas pueden decidir, por razones serias, evitar un nuevo nacimiento durante algún tiempo o incluso por tiempo indefinido, pero no deben hacer uso de medios inmorales para prevenir la concepción. Las parejas también deberían ser conscientes del hecho de que su amor se expresa de más maneras que solo mediante el acto conyugal. Abstenerse del acto sexual en determinadas ocasiones puede ser un acto de sacrificio que lleve a una relación más profunda.

> En relación con las condiciones físicas, económicas, psicológicas y sociales, la paternidad responsable se pone en práctica ya sea con la deliberación ponderada y generosa de tener una familia numerosa ya sea con la decisión, tomada por graves motivos y en el respeto de la ley moral, de evitar un nuevo nacimiento durante algún tiempo o por tiempo indefinido. (HV, no. 10)

AMENAZAS AL MATRIMONIO

El *Catecismo* enumera los siguientes comportamientos como actos que minan la finalidad y la dignidad del matrimonio.

El adulterio es gravemente pecaminoso porque viola la llamada de Dios a una alianza amorosa de fidelidad entre un hombre y una mujer casados. El adulterio es una injusticia hacia el cónyuge herido. Debilita la institución del matrimonio y la estabilidad de la familia.

El divorcio es contrario a la ley natural ya que quiebra la promesa "aceptad[a] libremente por los esposos, de vivir juntos hasta la muerte" (CIC, no. 2384). Jesús enseñó claramente que el designio original de Dios para el matrimonio excluía el divorcio (cf. Mt 5:31-32, 9:3-9; Mc 10:9; Lc 16:18; 1 Co 7:10-11). El matrimonio es una unión indisoluble. Jesús derogó la tolerancia del divorcio que se había introducido en la Ley Antigua.

Se puede permitir a las parejas la separación en ciertos casos, tales como cuando tiene lugar el adulterio o algún tipo de abuso. Una separación puede ser, a veces, una acción prudente. "Si el divorcio civil representa la única manera posible de asegurar ciertos derechos legítimos, el cuidado de los hijos o la defensa del patrimonio, puede ser tolerado sin constituir una falta moral" (CIC, no. 2383). En tales casos, un católico puede seguir recibiendo los sacramentos.

La cohabitación (una pareja no casada viviendo junta), o unión libre, implica el pecado serio de la fornicación. No se conforma al designio de Dios para el matrimonio y es siempre mala y objetivamente pecaminosa. La cohabitación no garantiza el éxito de una vida matrimonial, tal y como ha sido revelado en las dolorosas experiencias de muchos, y perjudican un compromiso futuro.

La poligamia (tener más de un cónyuge a la vez) es contraria a la igual dignidad personal del hombre y de la mujer que traen al matrimonio, y contradice la finalidad unitiva del matrimonio.

Los intentos de justificar las uniones o relaciones de personas del mismo sexo, o de darles estatus matrimonial también contradicen el designio de Dios —como se reveló desde un principio, tanto en la naturaleza como en la Revelación— para el matrimonio, que es una unión de por vida entre un varón y una mujer.

DEL CATECISMO

1. ¿Cuál es el designio divino para el matrimonio?
Cada uno de los dos sexos es, con una dignidad igual, aunque de manera distinta, imagen del poder y de la ternura de Dios. La *unión del hombre y de la mujer* en el matrimonio es una manera de imitar en la carne la generosidad y la fecundidad del Creador. (CIC, no. 2335)

2. ¿Cuál es el vínculo entre la caridad y la castidad?
La caridad es la forma de todas las virtudes. Bajo su influencia, la castidad aparece como una escuela de donación de la persona. El dominio de sí está ordenado al don de sí mismo. La castidad conduce al que la practica a ser ante el prójimo un testigo de la fidelidad y de la ternura de Dios. (CIC, no. 2346)

3. ¿Qué es la alianza matrimonial?
La alianza que los esposos contraen libremente implica un amor fiel. Les confiere la obligación de guardar indisoluble su matrimonio. (CIC, no. 2397)

LA TEOLOGÍA DEL CUERPO

Las muchas maneras en las que uno puede alejarse de la llamada de Dios a la castidad y a la fidelidad matrimonial son más que evidentes en la cultura americana. La explotación de la sexualidad para obtener ganancias comerciales se manifiesta en numerosos anuncios y de otras maneras que captan nuestra atención en la televisión y otros medios de comunicación aliados. El culto al cuerpo, no solo por razones de salud, sino para la atracción hedonista, es un claro ejemplo del efecto producido por un enfoque exagerado en el sexo y la sexualidad.

Lo que se necesita es una visión sana de la sexualidad, del cuerpo y de la persona humana. El Papa Juan Pablo II nos ofrece esta perspectiva en su teología del cuerpo. Él comienza con la idea de que Dios creó a cada ser humano por su propio bien. Esto significa que ninguno de nosotros es simplemente una parte de algo más, o el medio por el cual obtener alguna ganancia. Dios nos creó como personas humanas libres y únicas. No somos objetos para ser usados, sino personas para ser respetadas.

Dios creó a los seres humanos para que se amen mutuamente. Ya que Dios es una comunión de personas, tiene sentido que nosotros, habiendo sido creados a su imagen, salgamos al encuentro de otros para amarlos, formando nuestra propia comunidad de personas. El amor matrimonial da testimonio de la entrega total del hombre y la mujer. El milagro está en que en el acto de entrega personal, cada cónyuge obtiene una mayor conciencia de sí mismo a la vez que enriquece al otro cónyuge.

El Significado Nupcial del Cuerpo

Experimentamos nuestra identidad como individuos mediante nuestros cuerpos. Tenemos un cuerpo, de varón o de mujer. El libro del Génesis enseña que no es bueno que el hombre esté solo. Se nos rescata de nuestra soledad mediante una existencia complementaria, como varón y como mujer. El Papa Juan Pablo II denomina significado nupcial del cuerpo a la capacidad del cuerpo del varón y del cuerpo de la mujer para servirse mutuamente al darse de sí mismos.

El pecado, particularmente la lujuria, oscurece el significado nupcial del cuerpo y su capacidad para dar testimonio de la imagen divina. En este caso, el cuerpo de la mujer cesa de revelarla como una persona para ser amada y la presenta como un objeto para ser usado. De igual manera, el cuerpo del hombre no lo revelaría como una persona para ser amada, sino como un instrumento para ser explotado. El pecado erosiona el amor conyugal.

La vergüenza irrumpe en la relación. El Papa Juan Pablo II indica que existe una vergüenza instintiva que puede mantener alejado al sexo utilitario. La vergüenza lleva a la mujer a protegerse de la sexualidad agresiva y lujuriosa del hombre. En el caso opuesto, la vergüenza lleva al hombre a resistir el avance sexual de una mujer que es simplemente lujurioso. Dios llama al amor conyugal como remedio para ir más allá de la sola atracción sexual del cuerpo, hacia su significado nupcial, revelando a la persona como creada en su imagen.

La Redención del Cuerpo

El Papa Juan Pablo II recupera el significado nupcial del cuerpo al llevarnos de regreso a la vida antes de la Caída, un período de inocencia original y desnudez original. El primer varón y la primera mujer no tenían ninguna vergüenza de su desnudez porque la atracción entre el varón y la mujer servía solo al amor. Esto era más que un autocontrol virtuoso. El varón y la mujer habitaban tan íntimamente sus cuerpos que cada cuerpo expresaba al otro la belleza de la persona humana y la imagen de Dios. La sexualidad corporal estaba integrada en la energía del amor conyugal.

El Pecado Original causó una ruptura en la unidad del cuerpo y el alma. El cuerpo podía ahora *oscurecer* así como revelar a la persona. El acto salvífico de Cristo incluyó la redención del cuerpo, mediante el cual restauró la unidad perdida del alma y el cuerpo. Este es un *proceso de restauración*, completado parcialmente aquí, y totalmente restaurado en la vida futura. Aunque no existirá el matrimonio en la vida futura, la masculinidad y la feminidad perdurarán. El Papa Juan Pablo II relaciona esto al celibato consagrado y a la virginidad consagrada, en los cuales no es negado el significado nupcial del cuerpo. El significado nupcial del cuerpo sirve al amor de diferentes maneras además de mediante el matrimonio.

Raramente honramos las maneras en las que nuestros cuerpos participan en nuestras vidas interiores y las revelan. Hemos prestado atención aquí a la meditación del Papa Juan Pablo II sobre el significado nupcial del cuerpo porque creemos que es la visión del sexo, del matrimonio y de la persona más apropiada para reconstruir un enfoque completo, de fe y de amor de estos muy preciados dones.[15]

---

15   Véanse Papa Juan Pablo II, *Love and Responsibility* (New York: Farrar, Straus, Giroux, 1981) y su *Original Unity of Man and Woman: Catechesis on the Book of Genesis* (Boston: St. Paul Editions, 1981).

■ PARA LA REFLEXIÓN Y EL DEBATE ■

1. ¿Cuál es la mejor manera de mostrar respeto a la sexualidad humana en una cultura que la menosprecia? ¿Cuáles son algunas maneras de revocar la degradación de la sexualidad?
2. ¿Por qué es tan importante para la estabilidad de la familia y de la sociedad la fidelidad matrimonial? ¿Qué medios espirituales ofrece la Iglesia para fortalecer los matrimonio y reconstruir aquellos que tienen problemas?
3. ¿Cómo te ayuda la teología del cuerpo del Papa Juan Pablo II a apreciar la belleza del don de la sexualidad y su integración en tu vida?

■ ENSEÑANZAS ■

- Dios es el autor del matrimonio y de la familia. El sacramento del Matrimonio, junto con el Cuarto, Sexto y Noveno Mandamientos, ilustran las principales maneras en que el designio de Dios para el matrimonio y la familia ha de ser vivido.

- El Sexto Mandamiento llama a los cónyuges a practicar la fidelidad permanente y exclusiva entre sí. Dios estableció el matrimonio como un reflejo de su fidelidad a nosotros.

- El Sexto Mandamiento prohíbe el adulterio, que es cuando un hombre y una mujer, de los cuales al menos uno está casado, establecen una relación sexual con alguien que no es su cónyuge.

- La castidad es la integración lograda de la sexualidad en la más amplia realidad de la persona. Entiende la sexualidad en relación a nuestra naturaleza espiritual de tal manera que la sexualidad es vista como algo más que un acto físico. La sexualidad afecta a toda la persona a causa de la unidad del cuerpo y el alma. Jesús es el modelo de castidad. Todas las personas están llamadas a la castidad, según su estado en la vida.

- "Entre los pecados gravemente contrarios a la castidad se deben citar la masturbación, la fornicación, las actividades pornográficas y las prácticas homosexuales" (CIC, no. 2396).

- Dios llama a las parejas casadas a crecer continuamente en amor unitivo y en fidelidad, de tal manera que no sean dos sino una sola carne. El darse de sí mutuamente es fortalecido y bendecido por Jesucristo en el sacramento del Matrimonio. Dios sella el consentimiento que el novio y la novia se dan mutuamente en este sacramento.

- "Los actos con los que los esposos se unen íntima y castamente entre sí son honestos y dignos, y, realizados de modo verdaderamente humano, significan y fomentan la recíproca donación, con la que se enriquecen mutuamente con alegría y gratitud" (CIC, no. 2362, citando GS, no. 49).

- Llamados a dar la vida, los esposos participan del poder creador y de la paternidad de Dios. "En el deber de transmitir la vida humana y educarla, que han de considerar como su misión propia, los cónyuges saben que son *cooperadores del amor de Dios Creador*" (CIC, no. 2367, citando GS, no. 50, 2).

- "En relación con las condiciones físicas, económicas, psicológicas y sociales, la paternidad responsable se pone en práctica ya sea con la deliberación ponderada y generosa de tener una familia numerosa ya sea con la decisión, tomada por graves motivos y en el respeto de la ley moral, de evitar un nuevo nacimiento durante algún tiempo o por tiempo indefinido" (HV, no. 10).

MEDITACIÓN

Una atención especial se ha de prestar también a la *pastoral de la familia*, especialmente necesaria [en] un momento histórico como el presente, en el que se está constatando una crisis generalizada y radical de esta institución fundamental. En la visión cristiana del matrimonio, la relación entre un hombre y una mujer — relación recíproca y total, única e indisoluble— responde al proyecto primitivo de Dios, ofuscado en la historia por la "dureza de corazón", pero que Cristo ha venido a restaurar en su esplendor originario, revelando lo que Dios ha querido "desde el principio" (cf. Mt 19:8). En el matrimonio, elevado a la dignidad de sacramento, se expresa además el "gran misterio" del amor nupcial de Cristo a su Iglesia (cf. Ef 5:32).

En este punto la Iglesia no puede ceder a las presiones de una cierta cultura, aunque sea muy extendida y a veces "militante". Conviene más bien procurar que, mediante una educación evangélica cada vez más completa, las familias cristianas ofrezcan un ejemplo convincente de la posibilidad de un matrimonio vivido de manera plenamente conforme al proyecto de Dios y a las verdaderas exigencias de la persona humana; tanto la de los cónyuges como, sobre todo, la de los más frágiles que son los hijos. Las familias mismas deben ser cada vez más conscientes de la atención debida a los hijos y hacerse promotores de una eficaz presencia eclesial y social para tutelar sus derechos.

—NMI, no. 47

ORACIÓN

Señor, tú que para revelarnos el designio de tu amor,
quisiste dejarnos en el amor de los esposos
un bosquejo de la alianza que hiciste con tu pueblo,
a fin de que, completado con el sacramento,
en la unión conyugal de tus fieles
quedara patente el misterio nupcial de Cristo y de la Iglesia

—De la oración por la esposa y el esposo
del Rito del Matrimonio

Grábame como sello en tu corazón, como sello en tu brazo.

—Ct 8:6

31 EL SÉPTIMO MANDAMIENTO: NO ROBES — ACTÚA CON JUSTICIA

NO ROBARÁS
—CIC, NOS. 2401-2463

LA MADRE JOSEPH: UNA MONJA DEL OESTE AMERICANO

La Madre Joseph nació el 16 de abril de 1823, con el nombre de Esther Pariseau, en una granja cerca del pueblo de Saint Elzear, Québec. Durante su juventud aprendió carpintería de su padre, que construía carruajes. Cuando Esther tenía veinte años, su padre la presentó a las recién creadas Hermanas de la Providencia en Montreal y le dijo a la madre superiora: "Madam, le traigo a mi hija Esther, que se quiere dedicar a la vida religiosa. Sabe leer, escribir, hacer cuentas con exactitud, coser, cocinar, hilar y hacer todas las tareas del hogar. Sabe incluso carpintería, usando el martillo y la sierra tan bien como su padre. También puede planificar y es exitosa en lo que se propone. Le aseguro, Madam, que será una buena superiora algún día" (v.d.t.).

Esta fue una profecía acertada. En 1856, la Madre Joseph, como se le llamaba ahora, y un pequeño grupo de cuatro hermanas se marcharon de Montreal hacia Fort Vancouver, en el estado de Washington, un viaje de seis mil millas por tierra y agua. No era un viaje fácil. Una vez que llegaron a Vancouver, las hermanas heredaron un viejo y abandonado edificio de la compañía Hudson's Bay y lo convirtieron en un convento. La Madre Joseph construyó la capilla y el altar con sus propias manos.

Las hermanas comenzaron sus obras de misericordia y de evangelización. Visitaban a los enfermos, cuidaban de los nativos americanos que habían sido desplazados por la guerra, atendían a los huérfanos y educaban a gente joven. La Madre Joseph fundó la academia Providence, la primera escuela permanente en el noroeste del país, y abrió el hospital Saint Joseph, un hospital de cuatro camas y el primer hospital permanente del noroeste.

Construir hospitales y escuelas requería dinero y la Madre Joseph demostró ser una excelente recaudadora de fondos. Viajaba durante meses por los campamentos mineros mendigando fondos. A menudo regresaba con hasta cinco mil dólares en efectivo. Recaudar fondos era difícil, pero lo era aún más para la Madre Joseph, quien tenía que soportar inviernos duros y mantener alejados a lobos y bandidos.

Cuando se suman todas las obras de la Madre Jospeh, estas incluyen la construcción de hospitales, orfanatos, escuelas, hogares para los ancianos y para enfermos mentales, en los estados de Washington, Oregon, Idaho y Montana.

El Séptimo Mandamiento no solo se ocupa de temas sobre la propiedad y el robo, sino también de cuestiones de justicia social y de la dignidad humana. La vida de la Madre Joseph ilustra este Mandamiento porque fue una vida dedicada a los derechos básicos, económicos y sociales de los individuos. Trató a toda la gente con dignidad, justicia y misericordia, abriendo todas sus instituciones a quien las pudiese necesitar. La Madre Joseph murió de cáncer en 1902, en Vancouver, Washington.

En 1980, el Senado de Estados Unidos aceptó una estatua suya, un regalo del estado de Washington, para incluirla en la colección de la Sala Nacional de las Estatuas. La inscripción en la estatua dice: "Ella contribuyó monumentalmente al cuidado sanitario, la educación y el trabajo social del noroeste". Hoy en día su legado continúa vivo en la misión de las Hermanas de la Providencia, que tienen su sede en Seattle, Washington.

Sus últimas palabras a los miembros de su comunidad religiosa fueron: "Hermanas, todo lo que concierne a los pobres nos concernirá a nosotras siempre".[16] Su ejemplo nos ayuda a entender mejor cómo vivir el Séptimo Mandamiento.

---

16   Citado en Eugene F. Hemrick, *One Nation Under God* (Huntington, IN: Our Sunday Visitor, 2001), 72-74 (v.d.t.).

RESPETA A LA GENTE Y SUS POSESIONES

El séptimo mandamiento prohíbe el robo. El robo es la usurpación del bien ajeno contra la voluntad razonable de su dueño. Toda manera de tomar y de usar injustamente un bien ajeno es contraria al séptimo mandamiento. La injusticia cometida exige reparación. La justicia conmutativa impone la restitución del bien robado.

—CIC, nos. 2453-2454

El Séptimo Mandamiento prohíbe robar, que significa tomar el dinero o los bienes de alguien "contra la voluntad razonable de su dueño". Robar se refiere también a acciones como la malversación de fondos, robo por computadora, dinero falso, fraude, robo de identidad, violaciones de derechos de autor (incluyendo piratear productos como música o programas de computación) y fraude postal.

Para guardar este Mandamiento, necesitamos adquirir las virtudes de la moderación en cuanto a nuestras posesiones, de la justicia en nuestro trato a los demás, del respeto por la dignidad humana y de la solidaridad con todas las gentes. La moderación contiene nuestro apego a los bienes materiales y frena nuestro apetito consumista. La justicia nos ayuda a respetar los derechos de nuestro prójimo y a interesarnos por su bienestar. La solidaridad nos abre los corazones para identificarnos con toda la familia humana, recordándonos nuestra humanidad común.

No deberíamos robar a los demás, ni pagar salarios injustos, ni engañar en los negocios, ni explotar las debilidades de los demás para conseguir dinero. Las promesas se deben mantener y los contratos se deben cumplir siempre y cuando los compromisos adquiridos sean moralmente justos (cf. CIC, no. 2410). Tenemos que proteger los derechos de la propiedad, pagar nuestras deudas y cumplir las obligaciones en las que hayamos incurrido voluntariamente. El gobierno tiene el derecho y el deber de proteger la propiedad legítima de dinero y bienes y de proteger a la gente del robo y las lesiones.

EL DERECHO A LA LIBERTAD RELIGIOSA

Un deber básico que toda persona humana debe a Dios es rendirle culto habitual. Por esto, y por el anhelo básico que cada persona tiene de Dios, un derecho humano fundamental es el derecho a rendir culto libremente. A nadie se le debería prohibir el libre ejercicio de su fe, ni en público ni en privado, y nadie debería ser forzado a rendir culto de una manera que viole sus creencias y convicciones. Ya que la libertad de religión y de culto es un derecho tan importante y fundamental, los gobiernos necesitan promulgar y hacer cumplir leyes que respeten y protejan este derecho (cf. CIC, nos. 2105-2109).

PRACTICA LA ENSEÑANZA SOCIAL DE LA IGLESIA

El hombre es el autor, el centro y el fin de toda la vida económica y social. El punto decisivo de la cuestión social estriba en que los bienes creados por Dios para todos lleguen de hecho a todos, según la justicia y con la ayuda de la caridad.

—CIC, no. 2459

Durante más de un siglo, la Iglesia, especialmente mediante la enseñanza de los papas, ha prestado especial atención al desarrollo de su doctrina social. La doctrina social de la Iglesia está relacionada con el entendimiento de lo que significa ser un ser humano, con el origen de la dignidad humana, con el problema de la Caída y con la promesa de la Redención. Estamos seriamente debilitados por el Pecado Original y por el pecado actual pero estamos redimidos por los acontecimientos salvíficos de la muerte y Resurrección de Cristo, con su don de la vida divina, una fuente de fortaleza moral (cf. CIC, nos. 355-431).

La doctrina social de la Iglesia también está relacionada con el entendimiento de la participación en la vida social, con la función de la autoridad, con la importancia del bien común, con la ley natural, con la justicia social y con la solidaridad humana (cf. CIC, nos. 1897-1948). Finalmente, está el Séptimo Mandamiento, el cual incluye la consideración de la relación entre la economía y la justicia social, la importancia de la solidaridad entre las naciones y un amor preferencial por los pobres (cf. CIC, nos. 2401-2463).

La enseñanza social católica abarca tanto la preocupación perenne de la Iglesia —desde la época del Nuevo Testamento— por las necesidades sociales de la gente, como una explícita doctrina social.

La Iglesia pronuncia un juicio en materia económica y social cuando lo exigen los derechos fundamentales de la persona o la salvación de las almas. Cuida del bien común temporal de los hombres en razón de su ordenación al supremo Bien, nuestro fin último. (CIC, no. 2458)

El enfoque central de la enseñanza social de la Iglesia es la justicia para todos, especialmente los indefensos y los pobres. Incluye la eliminación de los síntomas y de las causas de la pobreza y la injusticia.

La doctrina social de la Iglesia aborda un amplio abanico de temas que incluye: la dignidad del trabajo, la necesidad que tienen los trabajadores de recibir un salario que hará posible que puedan cuidar de sus familias, un entorno laboral seguro y la responsabilidad del estado en áreas como la estabilidad de la moneda, los servicios públicos y la protección de la libertad personal y de la propiedad privada. La enseñanza de la Iglesia también habla de la necesidad de que los dueños de empresas consideren no solo sus beneficios, sino también el bien de sus empleados. Los trabajadores deberían poder presentar sus necesidades y quejas cuando fuese necesario.

Como se puede apreciar en el resumen que sigue a continuación, los principales temas de la doctrina social de la Iglesia se basan unos sobre los otros y se complementan mutuamente. Todas las enseñanzas sociales de la Iglesia tienen sus raíces en el principio fundamental que establece el carácter sagrado de la vida humana y la dignidad fundamental de cada individuo. De estas verdades brotan todas las demás.

Reflexiones de los Obispos Católicos de Estados Unidos sobre la Enseñanza Social de la Iglesia: Temas Principales

La enseñanza social de la Iglesia es un rico tesoro de sabiduría sobre cómo construir una sociedad justa y vivir vidas de santidad en medio de los desafíos de la sociedad moderna. La enseñanza social católica moderna ha sido articulada a través de una tradición de documentos papales, conciliares y episcopales. La profundidad y riqueza de esta tradición se puede entender mejor con la lectura directa de estos documentos. En estas breves reflexiones, nos gustaría destacar varios de los temas clave que están en el centro de nuestra tradición social católica.

La Vida y la Dignidad de la Persona

La Iglesia Católica proclama que la vida humana es sagrada y que la dignidad de la persona es el fundamento de una visión moral para la sociedad. Nuestra fe en la santidad de la vida humana y la inherente dignidad de la persona es el fundamento de todos los principios de nuestra enseñanza social. En nuestra sociedad, la vida humana está bajo el ataque directo del aborto y del suicidio asistido. El valor de la vida humana es amenazado por la creciente aplicación de la pena de muerte. Nosotros creemos que cada persona es de inestimable valor, que las personas son más importantes que las cosas, y que la medida de cada institución se basa en si amenaza o acrecienta la vida y dignidad de la persona humana.

El Llamado a la Familia, a la Comunidad y a la Participación

La persona no sólo es sagrada sino también social. La forma en que organizamos nuestra sociedad —en lo económico y lo político, en leyes y normas— afecta directamente la dignidad humana y la capacidad de los individuos para crecer en comunidad. La familia es la institución central de la sociedad y ésta debe ser apoyada y fortalecida, no minada. Creemos que la gente tiene el derecho y el deber de participar en la sociedad, buscando juntos el bien común y el bienestar para todos, especialmente los pobres e indefensos.

Los Derechos y Deberes

La tradición católica enseña que la dignidad humana se puede proteger, y se puede lograr una comunidad saludable, sólo si se respetan los derechos humanos y se cumplen los deberes. Por lo tanto, cada persona tiene un derecho fundamental a la vida y un derecho a aquellas cosas requeridas para la decencia humana. En correspondencia a esos derechos, hay deberes y responsabilidades —de los unos hacia los otros, hacia nuestras familias, y hacia la sociedad en general.

La Opción por los Pobres e Indefensos

Una prueba moral básica es cómo prosperan los miembros más indefensos. En una sociedad marcada por divisiones entre ricos y pobres que se siguen agudizando, nuestra tradición recuerda la historia del Juicio Final (Mt 25:31-46) y nos instruye a preocuparnos primero por las necesidades de los pobres e indefensos.

La Dignidad del Trabajo y los Derechos de los Trabajadores

La economía debe servir a la gente, no al revés. El trabajo es más que una forma de ganarse la vida; es una forma de participación continua en la creación de Dios. Si se ha de proteger la dignidad del trabajo, entonces se deben respetar los derechos básicos de los trabajadores —el derecho a un trabajo productivo, a salarios adecuados y justos, a organizar sindicatos y unirse a ellos, a la propiedad privada y a la iniciativa económica.

La Solidaridad

Somos los guardianes de nuestros hermanos y hermanas, dondequiera que ellos vivan. Somos una familia humana, cualesquiera sean nuestras diferencias nacionales, raciales, étnicas, económicas e ideológicas. Aprender a practicar la virtud de la solidaridad significa aprender que "amar a nuestro prójimo" tiene dimensiones globales en un mundo interdependiente.

El Cuidado por la Creación de Dios

Debemos mostrar nuestro respeto por el Creador cuidando bien de la creación. Preocuparse por la tierra no sólo es un

DEL CATECISMO

1. ¿Cuál debería de ser la actitud de los negocios hacia el medioambiente?

A los *responsables de las empresas* les corresponde ante la sociedad la responsabilidad económica y ecológica de sus operaciones. Están obligados a considerar el bien de las personas y no solamente el aumento de las *ganancias*. (CIC, no. 2432)

2. ¿Quién debería tener acceso al trabajo y a la profesión?

El *acceso al trabajo* y a la profesión debe estar abierto a todos sin discriminación injusta, a hombres y mujeres, sanos y disminuidos, autóctonos e inmigrados. Habida consideración de las circunstancias, la sociedad debe por su parte ayudar a los ciudadanos a procurarse un trabajo y un empleo. (CIC, no. 2433)

3. ¿Cuándo es permisible una huelga?

La *huelga* es moralmente legítima cuando constituye un recurso inevitable, si no necesario para obtener un beneficio proporcionado. Resulta moralmente inaceptable cuando va acompañada de violencias o también cuando se lleva a cabo en función de objetivos no directamente vinculados con las condiciones del trabajo o contrarios al bien común. (CIC, no. 2435)

eslogan para el Día de la Tierra, es un requisito de nuestra fe. Estamos llamados a proteger a las personas y al planeta, viviendo nuestra fe en relación con toda la creación de Dios. Los desafíos medioambientales tienen dimensiones morales y éticas fundamentales que no pueden ser ignoradas.

Este resumen debería sólo ser un punto de inicio para aquellos que están interesados en la enseñanza social católica. Un entendimiento pleno sólo se puede conseguir leyendo los documentos papales, conciliares y episcopales que forman esta rica tradición. (USCCB, *Citas Tomadas de "Compartiendo la Enseñanza Social Católica"* [tarjeta] [Washington, DC: USCCB, 1999])

LOS POBRES ENTRE NOSOTROS

Nuestra nación es una de las más ricas de la tierra, y sin embargo no tenemos que mirar más allá de nuestras fronteras para encontrar los estragos de la pobreza. Hay mendigos en las calles de nuestras ciudades, familias indigentes en áreas rurales y urbanas y niños descuidados. Las causas de la pobreza son muchas, pero todas hacen brotar la compasión de la Iglesia —mediante sus miembros y mediante sus diferentes estructuras, como Caridades Católicas y la Sociedad de San Vicente de Paúl.

En su lecho de muerte, a San Vicente de Paúl (1580-1660) le preguntó un novicio que cuál era la mejor forma de servir a los pobres. Él le respondió al novicio que lo más importante es amarlos porque amarlos hace posible que los necesitados puedan perdonar a aquellos que les dan comida. San Juan Crisóstomo dijo esto sobre su ministerio a los pobres: "No dejar que los pobres compartan nuestros bienes es robarles y privarles de la vida. Los bienes que poseemos son de ellos, no nuestros" (Homilía sobre la Parábola de Lázaro y el Hombre Rico [v.d.t.]).

Jesús nos enseña: "Quien tenga dos túnicas, que de una al que no tiene ninguna, y quien tenga comida, que haga lo mismo" (Lc 3:11). Santiago refuerza esta verdad. "Supongamos que algún hermano o hermana carece de ropa y de alimento necesario para el día, y que uno de ustedes le dice: 'Que te vaya bien; abrígate y come', pero no le da lo necesario para el cuerpo, ¿de qué le sirve que le digan eso?" (St 2:15-16).

Las obras de caridad hacia los pobres son una buena manera de comenzar a vivir la enseñanza social de la Iglesia. El contacto personal con aquellos que necesitan nuestra ayuda cumple de forma muy efectiva el mandamiento de Cristo de amar a los pobres. Pero estamos llamados no solo a sanar los síntomas de la pobreza y la injusticia, sino también sus causas. Esto requiere la participación en los procesos políticos y sociales para corregir leyes injustas y estructuras de injusticia.

PARA LA REFLEXIÓN Y EL DEBATE

1. ¿Cómo nos guía el Séptimo Mandamiento a respetar y cuidar los bienes que no son nuestros, que pertenecen a otros o que son propiedad pública?
2. ¿Por qué es importante que te des cuenta que eres más que un individuo, que eres un ser social destinado a ser solidario con los demás? ¿Qué temas de justicia social te han llamado la atención recientemente? ¿Qué hiciste al respecto?
3. ¿Qué nuevas ideas has tenido al reflexionar sobre el mensaje de los obispos de Estados Unidos sobre temas relacionados con la enseñanza social católica? ¿Cuáles son algunas historias que podrías compartir sobre gente a la que admiras y que te han ayudado a adquirir una conciencia social?

ENSEÑANZAS

- "El séptimo mandamiento prohíbe el robo. El robo es la usurpación del bien ajeno contra la voluntad razonable de su dueño. Toda manera de tomar y de usar injustamente un bien ajeno es contraria al séptimo mandamiento. La injusticia cometida exige reparación. La justicia conmutativa impone la restitución del bien robado" (CIC, nos. 2453-2454).
- Al crear el universo, Dios encomendó todos los recursos de la tierra a todos los hombres como su corresponsabilidad. La Iglesia, aplicando esta verdad, mantiene el principio que establece que el fin universal de todos los bienes de la tierra está destinado para el bien común de todos los hombres. Al mismo tiempo, la Iglesia apoya el derecho a la propiedad privada.
- La Iglesia enseña que la dignidad humana puede ser protegida y que se puede conseguir una comunidad sana solo si los derechos

humanos son protegidos y las responsabilidades son cumplidas. Por eso, cada persona tiene un derecho fundamental a la vida y un derecho a todo aquello que se requiere para la decencia humana. A estos derechos les corresponden deberes y responsabilidades —para con los demás, la familia y la sociedad en general.

- Demostramos nuestro respeto por el Creador mediante nuestra corresponsabilidad en la creación. El cuidado de la tierra es un requisito de nuestra fe. Estamos llamados a proteger a la gente y al planeta, viviendo nuestra fe en relación con toda la creación de Dios. Este reto medioambiental tiene dimensiones morales y éticas fundamentales que no pueden ser ignoradas.

- La doctrina social de la Iglesia aborda un amplio abanico de temas, entre los que se incluyen la habilidad de practicar libremente la fe, la libertad de participar en la vida cultural, la dignidad del trabajo, la necesidad de los trabajadores de recibir un salario que les permita cuidar de sus familias, la necesidad de tener entornos laborales seguros y la responsabilidad del estado en áreas como la estabilidad de la moneda, los servicios públicos y la protección de la libertad personal y de la propiedad privada.

- La enseñanza de la Iglesia también habla de la necesidad de que los dueños de empresas consideren no solo sus beneficios, sino también el bien de sus empleados. Los trabajadores deberían poder presentar sus necesidades y quejas cuando sea necesario. Nunca se puede decir suficientes veces que el amor y el cuidado de los pobres es una prioridad principal para cada cristiano.

- "La limosna hecha a los pobres es un testimonio de caridad fraterna; es también una práctica de justicia que agrada a Dios" (CIC, no. 2462).

- El enfoque central de la enseñanza social de la Iglesia es la justicia para todos, pero especialmente para los indefensos y los pobres. Incluye la eliminación de los síntomas y de las causas de la pobreza y la injusticia.

- "La ley moral prohíbe los actos que, con fines mercantiles o totalitarios, llevan a esclavizar a los seres humanos, a comprarlos, venderlos y cambiarlos como si fueran mercaderías" (CIC, no. 2455).

- El verdadero desarrollo social y económico se preocupa por toda la persona y por incrementar la habilidad de cada persona para responder a la llamada de Dios.

MEDITACIÓN

No debe olvidarse, ciertamente, que nadie puede ser excluido de nuestro amor, desde el momento que "con la encarnación el Hijo de Dios se ha unido en cierto modo a cada hombre". Ateniéndonos a las indiscutibles palabras del Evangelio, en la persona de los pobres hay una presencia especial suya, que impone a la Iglesia una opción preferencial por ellos. Mediante esta opción, se testimonia el estilo del amor de Dios, su providencia, su misericordia y, de alguna manera, se siembran todavía en la historia aquellas semillas del Reino de Dios que Jesús mismo dejó en su vida terrena atendiendo a cuantos recurrían a Él para toda clase de necesidades espirituales y materiales.

En efecto, son muchas en nuestro tiempo las necesidades que interpelan la sensibilidad cristiana. Nuestro mundo empieza el nuevo milenio cargado de las contradicciones de un crecimiento económico, cultural, tecnológico, que ofrece a pocos afortunados grandes posibilidades, dejando no sólo a millones y millones de personas al margen del progreso, sino a vivir en condiciones de vida muy por debajo del mínimo requerido por la dignidad humana. ¿Cómo es posible que, en nuestro tiempo, haya todavía quien se muere de hambre; quién está condenado al analfabetismo; quién carece de la asistencia médica más elemental; quién no tiene techo donde cobijarse?

[...] Por eso tenemos que actuar de tal manera que los pobres, en cada comunidad cristiana, se sientan como "en su casa". ¿No sería este estilo la más grande y eficaz presentación de la buena nueva del Reino? Sin esta forma de evangelización, llevada a cabo mediante la caridad y el testimonio de la pobreza cristiana, el anuncio del Evangelio, aun siendo la primera caridad, corre el riesgo de ser incomprendido o de ahogarse en el mar de palabras

al que la actual sociedad de la comunicación nos somete cada día.
La caridad de las *obras* corrobora la caridad de las *palabras*.

—NMI, nos. 49-50

ORACIÓN

Dios nuestro, que has depositado
infinitos tesoros de misericordia
en el corazón de tu amado Hijo, herido por
    nuestros pecados,
concédenos que, al rendirle nuestro homenaje de amor,
logremos también tributarle una debida reparación.
Por nuestro Señor Jesucristo.

—Oración Colecta, la Solemnidad del
Sagrado Corazón de Jesús

Que fluya la justicia como el agua
Y la bondad como un torrente inagotable.

—Am 5:24

32 EL OCTAVO MANDAMIENTO: DI LA VERDAD

NO DARÁS FALSO TESTIMONIO CONTRA TU PRÓJIMO
—CIC, NOS. 2464-2513

EL OBISPO DIJO Y DEFENDIÓ LA VERDAD

La Iglesia Católica siempre necesitará un vehículo para decir la verdad al público y a sus miembros sobre sus posiciones respecto a los problemas de la sociedad, sus esperanzas para la felicidad de la gente y sus nuevos entendimientos del eterno Evangelio de Cristo. La necesidad de esto es crítica cuando fuerzas fuera de la Iglesia deforman sus enseñanzas, distorsionan sus intenciones para con la sociedad e intentan mermar la vida de la Iglesia y su integridad.

"En Jesucristo la verdad de Dios se manifestó en plenitud" (CIC, no. 2466).

Un hombre que entendió esta necesidad fue el Padre John Francis Noll. Nacido en Fort Wayne, Indiana, en 1875, él supo desde muy temprano que quería ser sacerdote. Tras acabar sus estudios en Saint Lawrence College, en Mount Calgary, Wisconsin, estudió en el seminario Mount Saint Mary en Cincinnati, Ohio. El Obispo Joseph Rademacher lo ordenó sacerdote para la Diócesis de Fort Wayne en 1898.

A los dos años, el Padre Noll era nombrado párroco en el área de Fort Wayne. Hombre de prodigiosas energías, no solo sirvió a su gente con entusiasmo, sino que también encontró el tiempo suficiente para responder a situaciones de mayor envergadura que afectaban a la Iglesia en ese entonces. Descubrió que tenía talento para el periodismo, un don para escribir que puso al servicio de las necesidades apostólicas de la Iglesia.

Al principio, su mente estaba enfocada en gente fuera de la Iglesia —aquellos que él deseaba se convirtiesen al catolicismo y aquellos que se especializaban en propaganda anticatólica llena de prejuicios. Su primer proyecto para convertir a los no católicos fue el folleto titulado *Kind Words from Your Pastor* (*Palabras Amables de Tu Párroco*). Eligió un título acogedor para desarmar a lectores sospechosos y ofrecerles una invitación a descubrir la enseñanza católica.

En 1913, escribió *Father Smith Instructs Jackson* (*El Padre Smith Instruye a Jackson*), un diálogo imaginario entre un sacerdote y un potencial converso. Un éxito de ventas durante más de sesenta años, fue un gran éxito editorial así como una magnífica herramienta de evangelización que trajo a un gran número de personas a la Iglesia.

Cuando llegó la hora de defender a la Iglesia de los distintos ataques anticatólicos, el Padre Noll comenzó a publicar un periódico de cuatro páginas, *Our Sunday Visitor* (*Nuestro Visitante Dominical*). Durante los siguientes años, este boletín se convirtió en un periódico católico de interés general de circulación nacional que continúa hoy día sirviendo la causa de la verdad católica.

En 1925, el Padre Noll fundó la revista *Acolyte* (*Acólito*), que en 1945 pasó a llamarse *Priest* (*Sacerdote*), una publicación que continúa apoyando y sirviendo las necesidades del clero. Finalmente, estos proyectos se organizaron en una sola editorial con el nombre de Our Sunday Visitor Publishing Company, que luego añadió toda una sección editorial de libros.

En 1925, el Padre Noll fue nombrado obispo de Fort Wayne. Durante sus treinta y un años como obispo, ayudó a hacer que la influencia de la Iglesia en la sociedad fuese más visible. Fue uno de los miembros originales del comité de obispos que formó la Legión de la Decencia para combatir la inmoralidad en las películas, evaluándolas y notando si eran apropiadas o no para el público. El Padre Noll fue el primer presidente de la Organización Nacional para Literatura Decente (*National Organization for Decent Literature*). Siempre el evangelizador, sirvió en el consejo de Catholic Missions durante veinticinco años. El Papa Pío XII le otorgó el título honorario de "Arzobispo Personal" en 1953. El Obispo Noll murió en 1956.

Como sacerdote y como obispo, John Francis Noll entendió las implicaciones del Octavo Mandamiento. No solo debe cada persona evitar decir mentiras, y decir la verdad, sino que tanto individuos como la Iglesia misma deben proclamar públicamente la verdad y descubrir las mentiras de aquellos que deliberadamente minan la Iglesia. El Padre Noll sabía el valor de presentar las verdades de la Iglesia de una manera clara y no tenía miedo de defender a la Iglesia de sus detractores.

DI LA VERDAD Y VIVE LA VERDAD

La verdad o veracidad es la virtud que consiste en mostrarse verdadero en sus actos y en sus palabras, evitando la duplicidad, la simulación y la hipocresía [...] El respeto de la reputación y del honor de las personas prohíbe toda actitud y toda palabra de maledicencia o de calumnia.

—CIC, nos. 2505 y 2507

No darás falso testimonio contra tu prójimo.

—Ex 20:16

La Biblia enseña que Dios es la fuente de la verdad. Jesús no solo enseñó la verdad; sino que él también dijo: "Yo soy la verdad" (cf. Jn 14:6). La palabra hebrea para verdad, *emeth*, se refiere tanto a la verdad en las palabras como a la veracidad en las acciones. Jesús hizo las dos cosas, personalizó la verdad y dijo nada más que la verdad.

Cuando Cristo estaba ante Pilatos, este le preguntó a Jesús si era rey. Al responder, Jesús declaró que su Reino no era político sino espiritual, que él había venido para dar testimonio de la verdad. Un Reino espiritual está basado en la verdad. Pilatos no podía entender la respuesta de Jesús. Jesús extendió su mano a Pilatos y le ofreció la oportunidad de cambiar, pero Pilatos solo pudo decir: "¿Qué es la verdad?" (Jn 18:38).

En nuestra cultura, el relativismo desafía nuestra habilidad de decir la verdad porque alega que no existe la verdad objetiva. Esta actitud erosiona la distinción entre verdad y mentiras; lleva a un entorno de engaños. En esa atmósfera incluso las enseñanzas de Cristo, basadas en la verdad divina, fallan a la hora de persuadir a aquellos que habían

INTEGRIDAD Y VERDAD

El Papa Juan Pablo II nombró a Santo Tomás Moro santo patrón de los estadistas, políticos y abogados. La libre disposición del santo a morir antes que de comprometer la verdad sirve como ejemplo a todos. A menudo, la sociedad intenta convencernos que la fe es algo personal y que no debería influenciar las posiciones y decisiones políticas o legales. Santo Tomás Moro es alguien que nos recuerda que esto es un entendimiento falso. Su ejemplo recuerda a quienes sirven en cargos públicos, o a quienes practican el derecho, la importancia de la integridad personal que es, a fin de cuentas, una forma de la verdad. La integridad requiere que dejemos que nuestra fe dé forma a cada aspecto de nuestra vida, tanto público como privado.

perdido la confianza en la posibilidad de que la verdad objetiva exista. Este es el ambiente en el que la Iglesia necesita llamar a la gente para que regrese a la realidad de la verdad objetiva y al vínculo entre la verdad doctrinal y la vida diaria.

PECADOS CONTRA LA VERDAD

"La mentira es la ofensa más directa contra la verdad [...] Lesionando la relación del hombre con la verdad y con el prójimo, la mentira ofende el vínculo fundamental del hombre y de su palabra con el Señor" (CIC, no. 2483). La gente peca contra la verdad cuando son culpables de arruinar la reputación de otra persona con mentiras, cuando formulan juicios rápidos o cuando se ven envueltos en maledicencia (hacer públicas las faltas de otra persona sin justificación), cuando perjuran (mentir cuando se está bajo juramento) o calumnian (decir mentiras sobre otra persona).

Las Sagradas Escrituras son claras respecto al mal del mentir. En el Sermón de la Montaña, Jesús dijo: "Digan simplemente sí, cuando es sí;

DEL CATECISMO

1. ¿Qué principio nos guía al revelar la verdad a otra persona?
La regla de oro ["Tratad a los demás como queráis que ellos os traten a vosotros"] ayuda a discernir en las situaciones concretas si conviene o no revelar la verdad a quien la pide. (CIC, no. 2510)

2. ¿Qué responsabilidad tienen los medios de comunicación en lo que respecta a la verdad?
La sociedad tiene derecho a una información fundada en la verdad, la libertad, la justicia. Es preciso imponerse moderación y disciplina en el uso de los medios de comunicación social. (CIC, no. 2512)

3. ¿Cómo nos ayudan el arte y la belleza con la verdad?
El arte es una sobreabundancia gratuita de la riqueza interior del ser humano. Este brota de un talento concedido por el Creador y del esfuerzo del hombre, y es un género de sabiduría práctica, que une conocimiento y habilidad para dar forma a la verdad de una realidad en lenguaje accesible a la vista y al oído. El arte entraña así cierta semejanza con la actividad de Dios en la creación. (CIC, no. 2501)

y no, cuando es no. Lo que se diga de más, viene del maligno" (Mt 5:37). Esto nos recuerda no solo que tenemos que decir la verdad, sino también que la hipocresía —decir una cosa mientras que se hace lo opuesto— es un pecado contra la verdad.

En el Evangelio de Juan, Jesús describe al demonio como el padre de las mentiras (cf. Jn 8:44). San Pablo desanimaba a la gente de mentir: "No sigan engañándose unos a otros" (Col 3:9); "que cada uno diga la verdad a su prójimo, ya que somos miembros los unos de los otros" (Ef 4:25).

Felizmente, la historia está llena de historias de gente que valoró tanto la verdad que estaban dispuestos a morir por ella. San Juan Fisher (1469-1535) y Santo Tomás Moro (1478-1535) rindieron sus vidas antes que aprobar el divorcio del Rey Enrique VIII o de negar la verdad de que el Papa es la cabeza de la Iglesia, nombrado por Cristo. Durante la Segunda Guerra Mundial, Franz Jagerstatter, un granjero austriaco, rehusó aceptar las mentiras de los nazis y fue martirizado por su compromiso a la verdad de Cristo. Durante la Revolución Francesa, un convento de monjas carmelitas decidió ignorar las leyes que suprimían su monasterio y continuaron viviendo juntas en comunidad. Valientemente fueron a la guillotina antes que abandonar la verdad que representaban sus votos.

Podemos dar testimonio de las verdades de nuestra fe en nuestro vivir de cada día, especialmente cuando entramos en contacto con aquellos que no profesan la plenitud de la fe enseñada por Jesucristo. Hacemos esto al vivir las responsabilidades e implicaciones de nuestra fe, así como al estar preparados para dialogar con otros sobre temas doctrinales y morales donde existen diferencias. "[Estén] dispuestos siempre a dar, al que las pidiere, las razones [de su fe]. Pero háganlo con sencillez y respeto" (1 P 3:15-16).

EL DERECHO A SABER LA VERDAD

"Nadie está obligado a revelar una verdad a quien no tiene derecho a conocerla" (CIC, no. 2489). La seguridad de otros, el derecho a la privacidad y el respeto por el bien común son razones para guardar silencio o ser discretos con lo que decimos sobre temas que no deberían ser hecho públicos. Es también por estas razones que chismorrear es una violación pecaminosa de la privacidad de los demás.

Los profesionales, como los políticos, los médicos, los abogados, los psicólogos y otros en posiciones donde se confían confidencias deben preservar la confidencialidad, al menos que exista una razón grave y proporcional para divulgar la información. Lo mismo es verdad acerca de las relaciones personales ordinarias en las que se comparten confidencias.

LAS MENTIRAS CAUSAN EFECTOS DEVASTADORES

La mentira está relacionada con el drama del pecado y sus consecuencias perversas, que han causado y siguen causando efectos devastadores en la vida de los individuos y de las naciones. Baste pensar en todo lo que ha sucedido en el siglo pasado, cuando sistemas ideológicos y políticos aberrantes han tergiversado de manera programada la verdad y han llevado a la explotación y al exterminio de un número impresionante de hombres y mujeres, e incluso de familias y comunidades enteras. Después de tales experiencias, ¿cómo no preocuparse seriamente ante las mentiras de nuestro tiempo, que son como el telón de fondo de escenarios amenazadores de muerte en diversas regiones del mundo? La auténtica búsqueda de la paz requiere tomar conciencia de que el problema de la verdad y la mentira concierne a cada hombre y a cada mujer, y que es decisivo para un futuro pacífico de nuestro planeta. (Benedicto XVI, "Mensaje para la Jornada Mundial de la Paz", 1 de enero de 2006)

LOS MEDIOS DE COMUNICACIÓN

En nuestra cultura, los medios de comunicación gozan de una posición muy influyente a la hora de diseminar información, formar actitudes y motivar comportamientos. Los avances tecnológicos están incrementando la función de los medios de comunicación y de su capacidad de formar la opinión pública. "La información de estos medios es un servicio del bien común (cf. *Inter Mirifica*, no. 11). La sociedad tiene derecho a una información fundada en la verdad, la libertad, la justicia y la solidaridad" (CIC, no. 2494). En la recopilación y publicación de noticias, la ley moral y los derechos legítimos y la dignidad humana de todos deberían ser respetados.

Los requisitos de justicia y caridad deben guiar a los medios de comunicación, al igual que a otras instituciones públicas. Aquellos que se comprometen a formar la opinión pública deben regirse por estos principios. La solidaridad humana es uno de los efectos positivos de los medios de comunicación cuando se cumple un compromiso a una política correcta, una que apoya la libre circulación de ideas que avancen el conocimiento y el respeto mutuo. Un diálogo respetuoso mutuo también ayuda a la búsqueda de la verdad.

LA VERDAD Y LA COLUMNA DE OPINIÓN Y DEL EDITOR

Cuanto más se ha alejado nuestra cultura de la aceptación de una verdad objetiva, más se ha acercado hacia una cultura de opiniones. Cada día, los periódicos nos dan una dieta de opiniones en sus columnas de opinión y en los editoriales. Los programas televisivos de entrevistas (*talk shows*) han convertido el compartir opiniones en un pasatiempo nacional. Los editores y los presentadores de televisión luchan por darnos una abanico de opiniones que van desde un extremo del espectro hasta el otro. En los momentos cumbre de estas presentaciones, se invitan a expertos y eruditos a que ofrezcan sus mejores y últimas investigaciones. En otro nivel, se recluta a gente simplemente para que compartan públicamente sus pensamientos y sentimientos sobre un número de temas sociales, morales y políticos. A veces estos debates degeneran en expresiones de odio.

Aunque la intuición de que realmente existe la verdad objetiva permanece, esta tiende a perderse en una maratón de discusiones sin conclusión. Como resultado, pasamos tiempo preciado compartiendo solo sentimientos y opiniones no informadas. Mucho de lo que pasa por ser la verdad es un intento para justificar el comportamiento individual. En su forma inquieta, esto genera una actitud de escepticismo e incluso sospechas acerca de cualquier alegato sobre la verdad. Y así, la verdad objetiva es considerada inalcanzable.

En este tipo de entorno cultural, ¿cómo podemos hablar de la invitación del Octavo Mandamiento a decir la verdad y evitar mentir?

Decir la verdad es lo opuesto a mentir. La distinción entre mentir y decir la verdad presupone que existe una verdad que contar. Aunque el verdadero problema es que algunas personas mienten, también existe la cuestión del escepticismo sobre la posibilidad de saber la verdad.

La mejor forma de mantenerse apartado de la opresión de esos prejuicios es mediante el estudio, el amor y las obras arraigadas en la fe. La Iglesia nunca cesa de animar a los demás a "conocer la verdad. Amar la verdad. Vivir la verdad". Y la verdad es Jesucristo.

PARA LA REFLEXIÓN Y EL DEBATE

1. ¿Por qué creemos lo que dice la gente? ¿Qué sucede cuando descubrimos que alguien ha mentido? ¿Cuál es la relación entre la confianza y la verdad?
2. Cuando te encuentras con gente que causa que seas escéptico sobre la verdad de la doctrina y de las enseñanzas morales de la Iglesia, ¿cómo deberías reaccionar?
3. ¿Qué pasos se pueden dar para restaurar la convicción sobre la verdad subjetiva y criterios morales concretos en la sociedad? ¿Cuáles son algunas historias que te han inspirado y que trataban de la verdad en palabra y acción, y que podrías compartir?

ENSEÑANZAS

- "No darás falso testimonio contra tu prójimo" (Ex 20:16). Las Sagradas Escrituras enseñan que Dios es la fuente de la verdad. Jesús no solo enseñó la verdad; él también dijo: "Yo soy la verdad" (cf. Jn 14:6). En la Última Cena, Jesús se identificó a sí mismo con la verdad. Jesús personaliza la verdad y no dice otra cosa más que la verdad.
- La ley natural requiere que todas las personas hablen y vivan según la verdad en palabras y obras.

- "La regla de oro ['Tratad a los demás como queráis que ellos os traten a vosotros'] ayuda a discernir en las situaciones concretas si conviene o no revelar la verdad a quien la pide" (CIC, no. 2510).
- El derecho a saber la verdad no es absoluto. La caridad y la justicia rigen lo que puede ser comunicado. La seguridad de las personas, el respeto a la privacidad y el bien común son algunas de las razones para permanecer callados o usar un lenguaje discreto sobre lo que no se debería saber.
- "Nadie está obligado a revelar una verdad a quien no tiene derecho a conocerla" (CIC, no. 2489).
- Los miembros de los medios de comunicación tienen la responsabilidad de siempre estar al servicio del bien común.
- En la recopilación y publicación de noticias, la ley moral y los derechos legítimos y la dignidad humana de todos deberían ser respetados.
- "El arte es una sobreabundancia gratuita de la riqueza interior del ser humano. Este brota de un talento concedido por el Creador y del esfuerzo del hombre, y es un género de sabiduría práctica, que une conocimiento y habilidad (cf. Sb 7:16-17) para dar forma a la verdad de una realidad en lenguaje accesible a la vista y al oído. El arte entraña así cierta semejanza con la actividad de Dios en la creación" (CIC, no. 2501).
- "Una falta cometida contra la verdad exige reparación" (CIC, no. 2509).

MEDITACIÓN

La verdad es más que una idea. Revela bondad y belleza. Esto es lo que movió al Papa Pablo VI a hablar del "atractivo inherente de la verdad Evangélica". El amor contempla la verdad como una revelación de la belleza. Una vez que se sabe y se ama, la verdad tiene que ser practicada. San Ignacio ofreció este sabio consejo respecto a la necesidad de promover la verdad:

Todo buen cristiano debe estar más preparado para dar una interpretación favorable de un mensaje de alguien que para condenarlo. Pero si no puede hacer esto, déjale que pregunte cómo lo entiende la otra persona. Y si este lo ha comprendido malamente, deja [que] aquel lo corrija con amor. Y si esto no es suficiente, deja que el cristiano pruebe todas las maneras apropiadas para llevar a la otra persona a la interpretación correcta, de tal manera que pueda ser salvado. (San Ignacio de Loyola, *Ejercicios Espirituales*, 22)

ORACIÓN

Bendición de Locales Destinados a los Medios de Comunicación Social

Humildemente te bendecimos,
Señor, Dios todopoderoso,
Que nos iluminas y nos animas
A descubrir los misterios de la naturaleza, creada por ti,
Y a esforzarnos en perfeccionar tu obra;
Mira con bondad a tus servidores, Señor,
Que usarán estos instrumentos de la técnica,
Fruto de un largo y cuidadoso esfuerzo;
Has que comuniquen la verdad,
Defiendan la justicia,
Fomenten la caridad,
Extiendan la alegría
Y hagan crecer entre todos la paz
Que nos trajo del cielo Cristo, el Señor,
Que vive y reina contigo por los siglos de los siglos.
Amén.

—*Bendicional*, no. 698

No me siento con gente falsa,
No me junto con mentirosos.

—Sal 25:4

33 EL NOVENO MANDAMIENTO: PRACTICA LA PUREZA DE CORAZÓN

NO CODICIARÁS LA MUJER DE TU PRÓJIMO
—CIC, NOS. 2514-2533

MARIA GORETTI: UN MODELO DE PUREZA

Maria Goretti nació en Corinaldo, Italia, el 16 de octubre de 1890. Era una de los seis hijos de Luigi Goretti y Assunta Carlini. En 1896 la familia se mudó a Ferriere di Conca, donde los Gorettis trabajaban como recolectores para el Conde Mazzolini. La familia Goretti vivía en el edificio de una antigua fábrica de quesos. Allí Assunta tenía que trabajar duro para crear un hogar para su familia.

A causa del difícil trabajo de drenar las tierras del Conde, Luigi pronto contrajo la malaria y era incapaz de administrar adecuadamente la tierra de la que era responsable. Por esto, el Conde Mazzolini mandó a Giovanni Serenelli y a su hijo Alessandro a que compartieran la mitad del trabajo, la mitad de los beneficios y la mitad del edificio que la familia Goretti había convertido en un hogar.

Los señores Goretti pronto se dieron cuenta de que los Serenelli no eran gente de gran carácter moral. A medida que la infección de malaria de Luigi empeoraba, Luigi y Assunta lamentaban el haber salido de Corinaldo.

La situación de la familia Goretti empeoró trágicamente con la muerte de Luigi en 1902. Como Assunta estaba ahora obligada a trabar en el campo para poder proveer a su familia, ella puso a María a cargo de las labores del hogar. María había crecido en virtud y gracia durante su niñez. También tenía una gran devoción al Santísimo Sacramento, el cual había recibido por primera vez en mayo de ese mismo año.

Alessandro comenzó a acechar a María y a realizar avances sugestivos hacia ella, avances que ella siempre rehusó sin dudar. Finalmente, su rechazo llevó a Alessandro a tomarse el asunto en sus propias manos.

El 5 de julio de 1902, María —que no tenía todavía doce años— estaba pacíficamente cosiendo y cuidando de su hermana pequeña, Theresa. Alessandro, que tenía dieciocho años, agarró el brazo de María, la llevó hasta la cocina e intentó violarla. Ella luchó y le rogaba que parase, exclamando que lo que él estaba intentando hacer era un pecado prohibido por Dios. Su resistencia enfureció a Alessandro quien, no habiendo podido estrangularla, la acuchilló catorce veces.

María fue llevada al hospital, donde estuvo sufriendo durante todo un día. Cuando recobró el conocimiento, miró atentamente una estatua de la Santísima Virgen María que estaba a los pies de la cama. Antes de recibir el *Viaticum*, María perdonó a Alessandro por lo que había hecho y expresó el deseo de que él se reuniera con ella en el cielo. María murió de sus heridas el 6 de julio de 1902.

Alessandro Serenelli fue pronto arrestado, declarado culpable y sentenciado a treinta años de cárcel por su crimen. A los ocho años de estar en prisión, María se le apareció a Alessandro en un sueño. María recogía lirios que luego se los daba a él. Los lirios brillaban tanto que le aseguraron a Alessandro que ella lo había perdonado. La visión lo llevó a una conversión, lo que lo reconcilió con Dios, con la Iglesia y con la familia Goretti.

El Papa Pío XII canonizó a María Goretti el 24 de junio de 1950. Su madre Assunta y su asesino, Alessandro Serenelli estaban ambos presentes en la canonización. Santa María Goretti ha sido nombra Santa Patrona de la juventud contemporánea. Su amor por su atacante —mostrado mediante su perdón y su pureza espiritual y física sirven de modelo para todos los cristianos. Su pureza ilustra el Noveno Mandamiento.

LA MORALIDAD DEL CORAZÓN

El corazón es la sede de la personalidad moral: "de dentro del corazón salen las intenciones malas, asesinatos, adulterios, fornicaciones" (Mt 15:19). La lucha contra la concupiscencia de la carne pasa por la purificación del corazón.

—CIC, no. 2517

Experimentamos tensiones entre los deseos espirituales y físicos. Esta lucha pertenece a la herencia del pecado. Esto no quiere decir que tengamos que rechazar el cuerpo y las emociones que, junto con el alma, constituyen nuestra naturaleza. Sí hace que nos demos cuenta de que afrontaremos una lucha espiritual diaria para adquirir las virtudes que nos ayudan a obedecer la acción salvadora del Espíritu Santo y a vencer los vicios que hacen que la resistamos.

La gracia del Bautismo nos purifica de los pecados, pero permanece una cierta tendencia al pecado. Debemos luchar contra los deseos desordenados practicando la pureza de mente, corazón y cuerpo con una vigilancia diaria. Para hacer esto, necesitamos examinar nuestros motivos así como nuestras acciones, para que así siempre busquemos la voluntad de Dios. Esto hará que disciplinemos nuestros sentimientos e imaginación. Finalmente, ya que la pureza es un don de Dios, necesitamos rezar por ella, como lo hizo San Agustín:

Pensé que la continencia surgía de nuestros propios poderes, los cuales no reconocí en mí mismo. Era lo suficientemente necio como para no saber [...] que nadie puede ser continente salvo que tú se lo concedas. Pues tú ciertamente me la habrías dado si mis gemidos interiores hubiesen alcanzado tus oídos y yo con fe firme te hubiese arrojado mis cuidados. (*Las Confesiones*, lib. 6, cap. 11, 20) (v.d.t.)

LA MODESTIA

La modestia, o pudor, es una virtud necesaria para la pureza. Brota de las virtudes de templanza, castidad y control de sí mismo. Una persona modesta se viste, habla y actúa de una manera que apoya y promueve la pureza y la castidad, y no de una manera que tienta o promueve un comportamiento sexual pecaminoso. La modestia protege el misterio de la persona para evitar explotar a otros. Esta actitud inculca en nosotros la paciencia y la reserva que necesitamos para evitar un comportamiento que desdiga. Las relaciones modestas reflejan la conexión entre el estado matrimonial y el comportamiento sexual. Un comportamiento modesto respeta los límites de la intimidad que están asentados en nuestra naturaleza por la ley natural y los principios del comportamiento sexual expuestos en la Revelación Divina. La modestia asegura y apoya la pureza de corazón, un don que nos ayuda a ver el designio de Dios para las relaciones personales, sexuales y matrimoniales.

Recuperando la Modestia

El pudor protege el misterio de las personas y de su amor. Invita a la paciencia y a la moderación en la relación amorosa [...] inspira la elección de la vestimenta. Mantiene silencio o reserva donde se adivina el riesgo de una curiosidad malsana; se convierte en discreción.

—CIC, no. 2522

Necesitamos mantener nuestra preocupación por vivir una vida casta devotamente en nuestros corazones. La fe es la fundación adecuada para la búsqueda de un corazón puro. Crecer en modestia requiere el apoyo amoroso de la familia y de las amistades, así como consejos sabios y la práctica de las virtudes.

Es difícil mantener una actitud de modestia en una cultura que aprecia la permisividad sexual. Un sinnúmero de invitaciones a la satisfacción erótica nos asaltan diariamente desde los principales medios de comunicación. Este entorno de indecencia nos desafía a todas las personas de fe a tomar una decisión y a ser testigos de la modestia como una forma de vida y como un método para sanar una cultura que se ha desviado del designio de Dios para la sexualidad y el matrimonio.

Aquellos que han aceptado esta propuesta de la cultura permisiva han sido persuadidos a creer que la libertad es el derecho a hacer lo que queramos y no lo que deberíamos hacer. En los principios del cristianismo,

DEL CATECISMO

1. ¿Cuál es la enseñanza del Noveno Mandamiento?
"Todo el que mira a una mujer deseándola, ya cometió adulterio con ella en su corazón" (Mt 5:28). El noveno mandamiento pone en guardia contra el desorden o concupiscencia de la carne. (CIC, nos. 2528-2529)

2. ¿Cuál es el antídoto de la lujuria?
La lucha contra la concupiscencia de la carne pasa por la purificación del corazón y por la práctica de la templanza. La pureza del corazón nos alcanzará el ver a Dios: nos da desde ahora la capacidad de ver según Dios todas las cosas. (CIC, nos. 2530-2531)

3. ¿Cómo purificamos nuestros corazones?
La purificación del corazón es imposible sin la oración, la práctica de la castidad y la pureza de intención y de mirada. La pureza del corazón requiere el pudor, que es paciencia, modestia y discreción. El pudor preserva la intimidad de la persona. (CIC, nos. 2532-2533)

los Apóstoles predicaron y dieron testimonio del Evangelio de Cristo a las culturas permisivas de Grecia y Roma, un hecho bien ilustrado en las Cartas de San Pablo a los Corintios. Aún siendo difícil, los primeros predicadores prevalecieron sobre los atractivos de la cultura, ganaron numerosos conversos y fomentaron la virtud de la modestia.

La Iglesia nos llama a ser signos de contradicción en una sociedad sumamente erotizada. Todos los miembros de la Iglesia deberían responder a los aspectos inmodestos de la sociedad y de la cultura con una espiritualidad profunda y consciente. El Evangelio puede renovar y purificar lo que es decadente en nuestra cultura y puede desplazar gradualmente la atracción del pecado. Debemos declarar el Evangelio de Cristo con palabras y dando testimonio para transformar el tono moral de nuestra cultura. Esta propuesta fomenta la virtud en el corazón humano y su desarrollo por la gracia del Espíritu Santo.

Como ya lo hemos mencionado anteriormente, en la época del Nuevo Testamento, los Apóstoles se enfrentaron a retos morales tan asombrosos como los nuestros. Ante sus propias luchas internas, San Pablo parecía estar desmoralizado cuando dijo: "¡Pobre de mí! ¿Quién me librará de este cuerpo, esclavo de la muerte?" Al mismo tiempo adoraba a Dios, cuando daba una respuesta: "¡Jesucristo, nuestro Señor!" (Rm 7:24, 25). Los dones de la fe y de la gracia ayudaron a Pablo a responder al Evangelio de Jesús. Estos dones harán lo mismo por nosotros.

■■■ PARA LA REFLEXIÓN Y EL DEBATE ■■■

1. ¿Qué son la modestia y la pureza de corazón? ¿De qué maneras encontraste ayuda para adquirir esas virtudes? Comparte con los demás historias de gente a quien admiras y que dan testimonio de esos valores.

2. ¿Por qué es tan importante estar atento a nuestras actitudes interiores hacia la sexualidad como lo estamos hacia actos externos? ¿Qué otros ejemplos puedes dar sobre el vínculo entre las actitudes internas y el comportamiento externo?

3. Aunque pueda parecer un proyecto desalentador, ¿qué estrategias podrían adoptarse para cambiar las influencias culturales que minan la modestia y la pureza de corazón? ¿Qué te ayudará a confiar en el poder del Evangelio de Jesús para que esto suceda?

■■■ ENSEÑANZAS ■■■

- "No codiciarás la mujer de tu prójimo" (Dt 5:21).
- "'Todo el que mira a una mujer deseándola, ya cometió adulterio con ella en su corazón' (Mt 5:28). El noveno mandamiento pone en guardia contra el desorden o concupiscencia de la carne" (CIC, nos. 2528-2529).
- "El pudor [la modestia] protege el misterio de las personas y de su amor. Invita a la paciencia y a la moderación en la relación amorosa

[...] inspira la elección de la vestimenta. Mantiene silencio o reserva donde se adivina el riesgo de una curiosidad malsana; se convierte en discreción" (CIC, no. 2522).

- La *concupiscencia* se refiere a nuestros deseos desordenados y a la inclinación a pecar que es una consecuencia del Pecado Original. La palabra describe una rebelión de nuestras pasiones y deseos contra los dictados de la razón recta.

- "La purificación del corazón es imposible sin la oración, la práctica de la castidad y la pureza de intención y de mirada. La pureza del corazón requiere el pudor, que es paciencia, modestia y discreción. El pudor preserva la intimidad de la persona" (CIC, nos. 2532-2533).

- El Evangelio puede renovar y purificar lo que es decadente en nuestra cultura y gradualmente desplazar la atracción del pecado. Afirmar el Evangelio de Cristo con palabras y dando testimonio ayuda a transformar el tono moral de nuestra cultura. Esta propuesta promueve la virtud en el corazón humano y su desarrollo por la gracia del Espíritu Santo.

MEDITACIÓN

Al concluir el Jubileo del Año 2000, el Papa Juan Pablo II reflexionó sobre sus encuentros con los jóvenes a lo largo de ese año:

Y, ¿cómo no recordar especialmente *el alegre y entusiasmante encuentro de los jóvenes?* Si hay una imagen del Jubileo del Año 2000 que quedará viva en el recuerdo más que las otras es seguramente la de la multitud de jóvenes con los cuales he podido establecer una especie de diálogo privilegiado, basado en una recíproca simpatía y un profundo entendimiento. Fue así desde la bienvenida que les di en la Plaza de san Juan de Letrán y en la Plaza de san Pedro. Después les vi deambular por la Ciudad, alegres como deben ser los jóvenes, pero también reflexivos, deseosos de oración, de "sentido" y de amistad verdadera. No será fácil, ni para ellos mismos, ni para cuantos los vieron, borrar de la memoria aquella semana en la cual Roma se hizo "joven con los jóvenes" [...].

Una vez más, los jóvenes han sido para Roma y para la Iglesia *un don especial del Espíritu de Dios*. A veces, cuando se mira a los jóvenes, con los problemas y las fragilidades que les caracterizan en la sociedad contemporánea, hay una tendencia al pesimismo. Es como si el Jubileo de los Jóvenes nos hubiera "sorprendido", trasmitiéndonos, en cambio, el mensaje de una juventud que expresa un deseo profundo, a pesar de posibles ambigüedades, de aquellos valores auténticos que tienen su plenitud en Cristo. ¿No es, tal vez, Cristo el secreto de la verdadera libertad y de la alegría profunda del corazón? ¿No es Cristo el amigo supremo y a la vez el educador de toda amistad auténtica? Si a los jóvenes se les presenta a Cristo con su verdadero rostro, ellos lo experimentan como una respuesta convincente y son capaces de acoger el mensaje, incluso si es exigente y marcado por la Cruz. Por eso, vibrando con su entusiasmo, no dudé en pedirles una opción radical de fe y de vida, señalándoles una tarea estupenda: la de hacerse "centinelas de la mañana" (cf. Is 21:11-12) en esta aurora del nuevo milenio.

—NMI, no. 9

ORACIÓN

Oración para la Pureza de Cuerpo y Corazón

Inflama, oh Señor, nuestros corazones
con el fuego del Espíritu Santo,
para que te sirvamos castos de cuerpo y limpios
    de corazón.
Por Jesucristo, Nuestro Señor.
Amén.

—Misal Romano

Dichosos los limpios de corazón,
porque verán a Dios.

—Mt 5:8

34 EL DÉCIMO MANDAMIENTO: ABRAZA LA POBREZA DE ESPÍRITU

NO CODICIARÁS LOS BIENES AJENOS
—CIC, NOS. 2534-2557

QUIERO VIVIR Y MORIR POR DIOS

Henriette Delille nació en 1813 en New Orleans. Hija de una madre católica de origen africano y de un próspero padre blanco, ella era una mujer libre, bella y educada. Fue criada católica. Como hija de padres de dos razas diferentes, ella era conocida como una cuarterona. De apariencia blanca, tuvo la posibilidad de subir en sociedad y de casarse con un hombre rico. Se celebraban bailes para cuarterones a fin de facilitar ese tipo de arreglos.

Cuando tenía once años, conoció a la Hermana Santa Martha Fontier, cuya fe cristiana y devoción caritativa a las familias esclavas africanas la impresionaron mucho. La Hermana Santa Martha la introdujo al ideal del amor como es expresado en el voto de la virginidad.

Para cuando Henriette tenía catorce años, ella estaba enseñando religión a los esclavos de las plantaciones cercanas. Regularmente visitaba y ayudaba a los enfermos y ancianos de entre los negros liberados y los esclavos. Como iba contra la ley educar esclavos, como por ejemplo enseñándoles a leer, Henriette actuaba historias de las Sagradas Escrituras y la historia de la Iglesia para enseñarles sobre la salvación por Jesucristo.

Después de que su madre muriera, en 1836, Henriette vendió todos sus bienes y comenzó a realizar su sueño de fundar una comunidad religiosa. Su sueño se haría más tarde realidad. Con la ayuda de un sacerdote amigo, el Padre Etienne Rousselon, Henriette recibió el permiso del obispo para comenzar una congregación religiosa de hermanas para mujeres afroamericanas. Dedicadas a la pobreza, la castidad, la obediencia y el servicio a los pobres y los esclavizados, se llaman a sí mismas Hermanas de la Sagrada Familia.

Henriette escribió en ese entonces: "Creo en Dios. Pongo mi esperanza en Dios. Lo amo y quiero vivir y morir por Dios". Para obtener ayuda económica para su comunidad, Henriette fundó la Asociación de la Sagrada Familia con miembros de tres familias de herencia africana. Estos se beneficiaban de la vida espiritual y de oración de las hermanas y, a cambio, ellos les daban apoyo moral y económico.

A los pocos años, Henriette inauguró un hogar para ancianos, enfermos y pobres. Compró una casa para usarla como un centro comunitario, a donde los esclavos y los negros libres podían ir y establecer relaciones sociales entre ellos, así como aprender las enseñanzas de la Iglesia. Con el paso del tiempo, Henriette fundó escuelas y orfanatos para su gente.

Encontró muchas formas de dar dignidad a la vida de los esclavos negros. Les enseñó que eran libres a los ojos de Dios ya que habían sido creados a su imagen. Diseñó maneras por las que los esclavos podían participar en matrimonios sacramentales, algo considerado ilegal por la ley, ya que los esclavos no eran reconocidos como seres totalmente humanos, sino como propiedad. La ley civil no consideraba sus matrimonios válidos, pero para la Iglesia sí eran válidos a los ojos de Dios.

Henriette Delille murió el 17 de noviembre de 1862. Su necrología decía: "La multitud reunida para su funeral daba testimonio con su dolor de cómo lamentaban profundamente su muerte, la de una mujer que por su amor a Cristo se había hecho a sí misma la humilde sierva de los esclavos" (v.d.t.).

Los obispos de Estados Unidos han votado unánimemente apoyar la "apropiada y oportuna" causa para la canonización de la Madre Henriette. Hoy en día, las Hermanas de la Sagrada Familia continúan sirviendo en Estados Unidos y en varios países de Sudamérica.[17]

La Madre Henriette Delille no quiso nada para ella misma y no buscó acaparar para sí bienes de este mundo. Abrazar la pobreza la hizo libre para poder así buscar el bien espiritual de los demás.

---

17   Biografía adaptada de Ann Ball, *Modern Saints* (Rockford, IL: Tan Books, 1983).

DONDE ESTÁ TU TESORO, AHÍ TAMBIÉN ESTÁ TU CORAZÓN (MT 6:21)

El décimo mandamiento desdobla y completa el noveno, que versa sobre la concupiscencia de la carne. Prohíbe la codicia del bien ajeno, raíz del robo, de la rapiña y del fraude, prohibidos por el séptimo mandamiento [...] El décimo mandamiento se refiere a la intención del corazón; resume, con el noveno, todos los preceptos de la Ley.

—CIC, no. 2534

Cuando Jesús comenzó a predicar el Sermón de la Montaña, el proclamó las ocho Bienaventuranzas como los caminos que llevan a la auténtica felicidad. La primera de estas dice que la pobreza de espíritu nos permitirá heredar el Reino de Dios. En otras palabras, el primer paso en el camino hacia el gozo comienza con un distanciamiento sano de los bienes materiales. Más tarde, en el mismo sermón, Jesús enseñó que acumular riquezas simplemente por acumularlas es una necedad. Nos deberíamos preocupar más por las riquezas espirituales.

No acumulen ustedes tesoros en la tierra, donde la polilla y el moho los destruyen, donde los ladrones perforan paredes y se los roban. Más bien acumulen tesoros en el cielo, donde ni la polilla ni el moho los destruyen, no hay ladrones que perforen las paredes y se los roben; porque donde está tu tesoro, ahí también está tu corazón. (Mt 6:19-21)

Los escándalos financieros que ocurren periódicamente en nuestra cultura nos recuerdan que la avaricia es una amenaza constante contra el comportamiento moral. Lleva a muchas personas a la conclusión de que el dinero es la causa de todo mal. Pero de hecho, "la raíz de todos los males es el afán de dinero" (1 Tm 6:10). En el estudio del Séptimo Mandamiento, tratamos de los actos visibles del robo y de la injusticia. El Décimo Mandamiento analiza las actitudes interiores de la avaricia y de la envidia, que nos llevan a robar y a actuar injustamente.

En el lado positivo, el Décimo Mandamiento nos llama a practicar la pobreza de espíritu y la generosidad del corazón. Estas virtudes nos liberan de la esclavitud del dinero y de las posesiones materiales. Hacen posible que tengamos un amor preferencial por los pobres y que demos testimonio de la justicia y la paz en el mundo. También nos ayudan a adoptar una sencillez de vida que nos libera del consumismo y nos ayuda a preservar la creación de Dios.

Las inclinaciones pecaminosas nos llevan a envidiar lo que otros poseen y también a querer adquirir, desenfrenadamente, todo lo que podamos. Sí tenemos una necesidad razonable de adquirir lo que sea necesario para cuidar de nuestras familias. La avaricia es una distorsión de este deseo. Una persona ávara hará todo lo posible por conseguir todo el dinero y posesiones posibles.

Tenemos que recordar que la envidia es compañera de la avaricia; es una actitud que nos llena de tristeza cuando vemos la prosperidad de otra persona. Las personas envidiosas pueden llegar a estar tan consumidas por el deseo de tener lo que poseen los demás que incluso cometen crímenes para obtener lo que quieren.

La gente bautizada debería contestar a la envidia con humildad, dando gracias a Dios por los dones que les ha otorgado a ellos y a los demás, teniendo buena voluntad y rindiéndose a la providencia de Dios (cf. CIC, no. 2554). Los fieles cristianos "han crucificado su egoísmo junto con sus pasiones y malos deseos" (Ga 5:24); son guiados por el Espíritu y siguen sus deseos (CIC, no. 2555). La pobreza de corazón es una forma de evitar la avaricia y la envidia. "El abandono en la providencia del Padre del cielo libera de la inquietud por el mañana. La confianza en Dios dispone a la bienaventuranza de los pobres: ellos verán a Dios" (CIC, no. 2547, citando Mt 6:25-34).

CÓMO SER UN CRISTIANO CORRESPONSABLE: UN RESUMEN DE LA CARTA PASTORAL DE LOS OBISPOS DE ESTADOS UNIDOS SOBRE LA CORRESPONSABILIDAD

"El don que cada uno haya recibido, póngalo al servicio de los otros, como buenos administradores de la multiforme gracia de Dios" (1 P 4:10).

¿Qué significa ser un cristiano corresponsable? Cuidar los recursos humanos y materiales y usarlos responsablemente es una respuesta; también es ofreciendo de su tiempo generoso, talentos y de su tesoro. Pero ser un cristiano corresponsable significa más. Los cristianos corresponsables aceptan los dones de Dios con gratitud, los cultivan con responsabilidad, los comparten de manera justa y amorosa con los demás y se los devuelven al Señor con creces.

Los Discípulos son Cristianos Corresponsables

Comencemos por ser discípulo —o sea, una persona que sigue a nuestro Señor Jesucristo. Por ser miembros de la Iglesia Jesús nos llama a ser discípulos. Esto tiene serias implicaciones:

- Los discípulos maduros hacen una decisión consciente y firme de seguir a Jesús, sin importarles lo que cueste.
- Los discípulos cristianos tienen una conversión —un cambio de corazón y mente que afecta toda la vida— y hacen un compromiso con el Señor.
- Los cristianos corresponsables responden de manera especial al llamado a ser discípulos. La corresponsabilidad tiene el poder de formar y moldear la manera en que entendemos nuestra vida y la forma en que la estamos viviendo.

Los discípulos de Jesús y los cristianos corresponsables reconocen que Dios es el origen de la vida, el dador de libertad y la fuente de todas las cosas. Estamos agradecidos por los dones que hemos recibido y estamos dispuestos a usarlos de manera que muestren nuestro amor por Dios y por el prójimo. Estudiamos la vida y las enseñanzas de Jesús en busca de una guía para vivir como cristianos corresponsables.

Corresponsables por la Creación

La Biblia contiene un mensaje profundo sobre la corresponsabilidad de la naturaleza: Dios creó el mundo pero se lo encomendó a los seres humanos. Cuidar y cultivar el mundo incluye lo siguiente:

- el aprecio entusiasta por las bellezas y maravillas de la naturaleza;
- la protección y la preservación del medioambiente, que es la corresponsabilidad ecológica;
- el respeto por la vida humana —protegiendo la vida de cualquier amenaza o ataque y haciendo todo lo posible para enriquecer ese don y ayudarlo a florecer; y
- el desarrollo de este mundo mediante el noble esfuerzo humano —las labores físicas, los negocios y las profesiones, las artes y las ciencias. A ese esfuerzo le llamamos trabajo.

El trabajo es una vocación humana que nos hace sentir realizados. El Concilio Vaticano II señala que, mediante el trabajo no sólo contribuimos a nuestro mundo sino que también al Reino de Dios, que está ya presente entre nosotros. El trabajo es nuestra asociación con Dios —nuestra colaboración divina— humana en la creación. El trabajo ocupa un lugar central en nuestra vida como cristianos corresponsables.

Corresponsables de la Vocación

Jesús llama a sus discípulos a un estilo de vida diferente —el estilo cristiano de vida— del cual forma parte la corresponsabilidad. Pero Jesús no nos llama como entes sin nombre de una muchedumbre sin rostro. Él nos llama individualmente por nuestro nombre. Cada uno de nosotros —sacerdote, religioso o laico; casado o soltero; adulto o niño— tiene una vocación personal. Dios quiere que cada uno de nosotros desempeñe un papel único en su plan divino.

El reto, entonces, es poder discernir cuál es el papel —nuestra vocación— y responder con generosidad a este llamado del Señor. La vocación cristiana implica ser corresponsables. También Cristo nos llama a ser corresponsables de la vocación personal que hemos recibido de Dios.

Corresponsables de la Iglesia

Como corresponsables de los dones de Dios no somos beneficiarios pasivos. Cooperamos con Dios en nuestra redención y en la redención de otras personas.

También estamos obligados a ser corresponsables de la Iglesia —colaboradores y cooperadores en la continuación del trabajo redentor de Jesucristo, que es la misión esencial de la Iglesia. Esta misión: la predicación y la enseñanza, el servicio y la santificación, es nuestro trabajo. Es la responsabilidad personal de cada uno de los que se consideran corresponsables de la Iglesia.

Cada miembro tiene una función diferente que desempeñar dentro de la misión de la Iglesia:

- los padres que educan y guían a sus hijos a la luz de la fe;
- los feligreses que trabajan concretamente de distintas maneras para convertir a sus parroquias en verdaderas comunidades de fe y fuentes de servicio a toda la comunidad;
- todos los católicos que dan generosamente su apoyo — tiempo, dinero, oraciones y servicio personal de acuerdo a sus circunstancias— a los programas e instituciones de la diócesis y de la Iglesia universal.

Obstáculos a la Corresponsabilidad

Las personas que deciden vivir como discípulos y cristianos corresponsables se enfrentan a serios obstáculos.

En los Estados Unidos y otras naciones desarrolladas, la cultura secular dominante contradice en muchas formas las convicciones de nuestra tradición religiosa sobre el significado de la vida. Esta cultura frecuentemente incita a los individuos a centrarse en sí y en los placeres. Muchas veces es demasiado fácil ignorar las realidades espirituales y negar a la religión un papel en la formación de los valores humanos y sociales.

Como católicos que hemos penetrado en esta corriente de la sociedad estadounidense y recibido sus beneficios, muchos hemos sido influenciados por esta cultura secular. Sabemos lo que significa luchar en contra del egoísmo y la avaricia y reconocemos que es más difícil para muchos aceptar las exigencias de ser cristianos corresponsables.

En consecuencia, es esencial que hagamos un esfuerzo mayor para comprender lo que significa ser un cristiano corresponsable y vivir de tal manera.

La Vida del Cristiano Corresponsable
La vida de un cristiano corresponsable trata de imitar la vida de Cristo. Es un modo de vida exigente y difícil en muchos aspectos, pero hay intenso gozo para los que se arriesgan a vivir como cristianos corresponsables. Mujeres y hombres que buscan vivir corresponsablemente aprenden que "Dios dispone todas las cosas para el bien de los que aman" (Rm 8:28).

Después de Jesús, vemos en María el ejemplo ideal para los cristianos corresponsables. La madre de Cristo supo vivir su ministerio en espíritu de fidelidad y servicio; ella respondió generosamente al llamado (cf. Lc 1:25-56).

Tenemos que preguntarnos: ¿Deseamos ser discípulos de Jesús y cristianos corresponsables de nuestro mundo y nuestra Iglesia?

Parte central de nuestra vocación humana y cristiana, como también de la vocación que cada cual recibe de Dios, es que seamos corresponsables de todos los dones que hemos recibido. Dios nos da este taller divino–humano, este mundo y esta Iglesia nuestra. El Espíritu nos muestra el camino. La corresponsabilidad cristiana es parte de nuestro camino. (USCCB, "Como Ser un Cristiano Corresponsable", en *La Corresponsabilidad: Respuesta de los Discípulos* [Washington, DC: USCCB, 2003], 42ss.)

BENDITO ES EL CORAZÓN GENEROSO

Algunos dicen que ayudar a los pobres requiere solo asegurarse que todas sus necesidades físicas o materiales sean atendidas. ¿Pero es esto suficiente? ¿No nos deberíamos también preocupar de ayudar a la gente a desarrollar todo su potencial?

DEL CATECISMO

1. ¿Qué dos actitudes prohíbe el Décimo Mandamiento?
El décimo mandamiento prohíbe la *avaricia* [...] exige que
se destierre del corazón humano la *envidia*. (CIC, nos. 2536
y 2538)

2. ¿Cómo puedes adquirir la pobreza de espíritu?
El abandono en la providencia del Padre del cielo libera de
la inquietud por el mañana. La confianza en Dios dispone
a la bienaventuranza de los pobres: ellos verán a Dios. (CIC,
no. 2547)

**3. ¿Cómo podemos estar libres de una dependencia exagerada
en los bienes materiales?**
El deseo de la felicidad verdadera aparta al hombre del
apego desordenado a los bienes de este mundo, y tendrá
su plenitud en la visión y la bienaventuranza de Dios. "La
promesa de ver a Dios supera toda felicidad. En la Escritura,
ver es poseer. El que ve a Dios obtiene todos los bienes que
se pueden concebir". (CIC, no. 2548, citando San Gregorio
de Nisa, *De Beatitudinibus* 6: PG 44, 1265A)

El primer paso al ayudar a los desafortunados es reconocer que en cada persona se encuentra la sagrada dignidad e imagen de Dios. Lo que también se necesita es una formación de la conciencia de la que brotan las creencias, actitudes y obras que ayudarán a los pobres. Tener más no es nunca suficiente. Ser más es de suma importancia.

El discipulado cristiano significa, entre otras cosas, trabajar para asegurar que todas las personas tengan acceso a aquello que los haga plenamente humanos y que promueva su dignidad humana: la fe, la educación, el cuidado de la salud, la vivienda, un puesto de trabajo y el descanso. Los miembros de la Iglesia están llamados a incrementar los recursos de la Iglesia misma y de la sociedad civil para hacer posible compartir las bendiciones de Dios y los bienes sociales con los demás. Los miembros de la Iglesia hacen esto mediante su propia generosidad al hacer uso de su tiempo, talentos y tesoros con los demás. Tal generosidad brota de corazones agradecidos a Dios, por su generosidad al crearnos y salvarnos.

PARA LA REFLEXIÓN Y EL DEBATE

1. Aunque es necesario adquirir bienes materiales para el cuidado y bienestar de nuestras familias, hay corrientes que nos presionan a apegarnos demasiado a la riqueza material. ¿Cómo contribuyen los medios de comunicación a esto? ¿Qué papel juega la envidia en esta corriente que nos lleva hacia el amor del dinero?

2. ¿Qué hábitos has desarrollado para que te ayuden a desprenderte de forma sana de los bienes materiales? ¿Cómo podría tu generosidad responder a esta tendencia a estar apegados a los bienes materiales?

3. ¿Qué necesitas hacer como un corresponsable cristiano?

ENSEÑANZAS

- "El décimo mandamiento desdobla y completa el noveno, que versa sobre la concupiscencia de la carne. Prohíbe la codicia del bien ajeno, raíz del robo, de la rapiña y del fraude, prohibidos por el séptimo mandamiento [...] El décimo mandamiento se refiere a la intención del corazón" (CIC, no. 2534).

- "Porque donde está tu tesoro, ahí también está tu corazón" (Mt 6:21).

- La envidia es una actitud de tristeza al ver la prosperidad de otra persona. También puede crear un deseo desordenado a querer adquirir tales bienes, incluso de manera injusta. La envidia estrangula el corazón y atenúa el amor. Por esta razón, la envidia se considera un Pecado Capital.

- "Los fieles cristianos 'han crucificado la carne con sus pasiones y sus concupiscencias' (Ga 5:24); son guiados por el Espíritu y siguen sus deseos" (CIC, no. 2555).

- "El décimo mandamiento prohíbe la *avaricia* [...] exige que se destierre del corazón humano la *envidia*" (CIC, nos. 2536 y 2538).

- La práctica cristiana de dar y compartir es una poderosa alternativa a la avaricia y es una contribución positiva a una sociedad pacífica y justa.

- "El desprendimiento de las riquezas es necesario para entrar en el Reino de los cielos. 'Bienaventurados los pobres de corazón'" (CIC, no. 2556).

- "La envidia representa una de las formas de la tristeza y, por tanto, un rechazo de la caridad; el bautizado debe luchar contra ella mediante la benevolencia. La envidia procede con frecuencia del orgullo; el bautizado ha de esforzarse por vivir en la humildad: '¿Querríais ver a Dios glorificado por vosotros? Pues bien, alegraos del progreso de vuestro hermano y con ello Dios será glorificado por vosotros. Dios será alabado —se dirá— porque su siervo ha sabido vencer la envidia poniendo su alegría en los méritos de otros'" (CIC, no. 2540, citando San Juan Cristóstomo, *Homiliae in ad Romanos*, no. 7, 3).

MEDITACIÓN

La Iglesia [...] atestigua que esa dignidad no puede ser destruida cualquiera que sea la situación de miseria, de desprecio, de rechazo, o de impotencia a la que un ser humano se vea reducido. [La Iglesia] se muestra solidaria con quienes no cuentan en una sociedad que les rechaza espiritualmente y, a veces, físicamente. De manera particular, la Iglesia se vuelve con afecto maternal hacia los niños que, a causa de la maldad humana, no verán jamás la luz, así como hacia las personas ancianas solas y abandonadas. La opción preferencial por los pobres [...] manifiesta la universalidad del ser y de la misión de la Iglesia.

—Congregación para la Doctrina de la Fe, *Instrucción sobre Libertad Cristiana y Liberación (Libertatis Conscientia)* (1986), no. 68

ORACIÓN

Cántico del Hermano Sol

¡Altísimo, Omnipotente, Buen Señor!
Tuyas son las alabanzas y la gloria y el honor
y toda bendición.

A ti solamente, ¡Oh Altísimo!, corresponden;
y hombre alguno es digno
de pronunciar tu nombre.

Loado seas, Señor Mío,
por todas las criaturas,
especialmente por mi señor Hermano el Sol;
pues por él haces el día y nos alumbras.
Y él es bello y radiante con gran esplendor;
y de Ti. Altísimo, lleva la significación.
Loado seas, Señor mío, por el Hermano Viento
y por el Aire
y la Nube,
por la Hermana Luna y las Estrellas;
en el cielo las has formado
esclarecidas, preciosas y bellas.
Loado seas, Señor mío, por el Hermano Viento
y por el Aire y el Nublado
y el Sereno y todo tiempo
según el cual das a las criaturas su sustento.

Loado seas, Señor mío, por la hermana Agua,
la cual es muy útil
y humilde y preciosa y casta.

Loado seas, Señor mío, por el Hermano Fuego,
por el cual alumbras la noche;
y es él bello y alegre
y robusto y fuerte.

Loado seas, mi Señor, por la Hermana
nuestra Madre Tierra,
la cual nos sustenta y gobierna,
y produce frutos diversos,
con coloridas flores y hierba.

—San Francisco de Asís

Quien codicia en exceso destruye su casa.

—Pr 15:27

CUARTA PARTE

LA ORACIÓN: LA FE ORADA

35 DIOS NOS LLAMA A ORAR

LOS CIMIENTOS DE LA ORACIÓN
—CIC, NOS. 2558-2758

LA HORA QUE ALEGRÓ SU DÍA

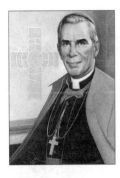

El Arzobispo Fulton J. Sheen creía que su hora de oración diaria frente al Santísimo Sacramento era esencial para su ministerio como sacerdote. Para él era como "un tanque de oxígeno que revivía el soplo del Espíritu Santo". El Arzobispo Sheen dijo que tuvo la idea de pasar una hora diaria en oración una noche de 1918 cuando era estudiante en el seminario Saint Paul en Minnesota. Al día siguiente hizo su Hora Santa, algo que realizó el resto de su vida, normalmente temprano por la mañana antes de la Misa.

Fulton nació en El Paso, Illinois, en 1895, hijo del dueño de una ferretería y de su mujer. Sus padres primero lo matricularon en la escuela primaria de Saint Mary en 1900. Más tarde estudió en Saint Viator's College en Bourbonnais, Illinois, y después en el seminario Saint Paul en Minnesota, antes de ser ordenado en 1919. Más tarde, prosiguió estudios de posgrado en filosofía en la Universidad Católica de América y en la Universidad de Lovaina en Bélgica.

Su obispo lo llamó para que regresara a la Diócesis de Peoria, donde sirvió en una parroquia durante un año. Se le permitió hacerse profesor de filosofía de la Universidad Católica de América en Washington, D.C., donde enseñó durante veinticinco años.

Dios también le había dado el don de la predicación, un talento que usó en la obra de evangelización de la Iglesia, primero en un programa de radio llamado *Catholic Hour* (*La Hora Católica*) durante veinticinco años, y luego en una serie de televisión titulada *Life Is Worth Living* (*Merece la Pena Vivir la Vida*) durante cinco años. A veces se dice que él inventó el concepto de evangelismo televisivo.

En 1950 el Padre Sheen fue nombrado presidente de la Propagación de la Fe y, al año siguiente, fue nombrado obispo. Como tal, él concientizó a los católicos estadounidense sobre las necesidades materiales y espirituales de las misiones de la Iglesia en lugares remotos. Escribió varios libros, algunos de los cuales trataban de la Eucaristía. En su trabajo pastoral, trajo a numerosos conversos a la Iglesia y dirigió un sin fin de retiros, especialmente para sacerdotes.

El Arzobispo Sheen promovió constantemente la oración meditativa ante el Santísimo Sacramento. "Nos convertimos en aquello que miramos. Al mirar una puesta de sol la cara adquiere un tono dorado. Mirar al Señor Eucarístico durante una hora nos transforma el corazón de forma misteriosa". En su autobiografía, el Arzobispo Sheen escribió sobre "La Hora que Alegra Mi Día":

Ni los conocimientos teológicos ni la obra social en sí son suficientes para mantenernos enamorados de Cristo, salvo que ambos estén precedidos de un encuentro personal con él. Me he dado cuenta de que requiere algo de tiempo el que ardamos en la oración. Esta ha sido una de las ventajas de la Hora Santa. Sentarse ante la Presencia es como un cuerpo que se expone al sol para absorber sus rayos. En aquellos momentos de oración no es que uno recite oraciones escritas, sino que lo que tiene lugar es escuchar. La Hora Santa se ha convertido es una maestra para mí. Aunque antes de amar a alguien tenemos que conocer a esa persona, aún así, después de que la conocemos, es el amor lo que intensifica lo que conocemos. (Arzobispo Fulton J. Sheen, *Treasure in Clay* (*Tesoro en el Barro*) (San Francisco: Ignatius Press, 1993), 190-191 (v.d.t.))

En los últimos años, muchas parroquias han introducido períodos de tiempo dedicados a la adoración del Santísimo Sacramento. Además, miles de creyentes han descubierto los beneficios espirituales de la oración orante y de otros tipos similares de oración. Los frutos positivos de tan profunda oración han quedado demostrados en las vidas personales de la gente comprometida a ella, así como en la vitalidad espiritual de las parroquias donde esto tiene lugar. El Espíritu Santo, maestro de la oración, está claramente presente y activo en estos desarrollos bienvenidos en la vida de oración de la Iglesia.

El Arzobispo Sheen promovió durante su vida la práctica de la oración ante el Santísimo Sacramento, y su herencia continúa hoy. El Arzobispo

Sheen murió en 1979 y está enterrado en la cripta de la Catedral de Saint Patrick, en la ciudad de New York.

⚜

LA LLAMADA UNIVERSAL DE DIOS A LA ORACIÓN

"Para mí, la oración es un impulso del corazón, una sencilla mirada lanzada hacia el cielo, un grito de reconocimiento y de amor tanto desde dentro de la prueba como desde dentro de la alegría".

—CIC, no. 2558, citando a Santa Teresa del Niño Jesús, *Manuscrits Autobiographiques*, C 25r

Abundan, a lo largo de la historia, descripciones de la oración. "Una verdadera oración", escribió San Agustín, "no es nada salvo amor". La oración debe surgir del corazón. "La oración", dijo San Juan Vianney, "es el baño de amor al que la misma alma se tira". "Todos nosotros necesitamos media hora de oración al día", decía San Francisco de Sales, "excepto cuando estamos ocupados —entonces necesitamos una hora". Las definiciones de la oración son importantes, pero insuficientes. Existe una gran diferencia entre saber sobre la oración y orar. Sobre este tema la Regla de San Benito es muy clara: "Si un hombre quiere rezar, deja que se vaya y que rece".

San Juan Damasceno dio una definición clásica de la oración: "La oración es la elevación del alma a Dios o la petición a Dios de bienes convenientes" (CIC, no. 2559, citando a San Juan Damasceno, *De Fide Orthodoxa* 3, 24).

El *Catecismo* define claramente la oración como "una relación viviente y personal con Dios vivo y verdadero" (CIC, no. 2558). La oración es cristiana "en tanto en cuanto es comunión con Cristo" (CIC, no. 2565) y "una relación de Alianza entre Dios y el hombre en Cristo" (CIC, no. 2564).

Es importante recordar que toda la Segunda Parte del *Catecismo* también trata de la oración ya que esta se encuentra en la celebración de los sacramentos y en la Liturgia de las Horas. La oración litúrgica, que es la acción de la Iglesia, nos une a Cristo, intercediendo ante el Padre —en el Espíritu Santo— para nuestra salvación.

Deberíamos considerar la reflexión sobre los cimientos de la oración y el significado del Padrenuestro de la Cuarta Parte como relacionados esencialmente a la oración litúrgica y como uno de sus complementos básicos. Como la enseñanza catequética nunca puede estar desconectada de la oración, la cual es el alma de la verdad, cada capítulo de este libro incluye secciones meditativas y una oración litúrgica o bíblica.

Este capítulo sobre la oración tiene cuatro secciones: Las Sagradas Escrituras, las fuentes de la oración y maneras de rezar, guías para la oración y expresiones de la oración.

LAS SAGRADAS ESCRITURAS

Las Sagradas Escrituras revelan la relación entre Dios y su pueblo como un diálogo de oración. Dios nos busca constantemente. Nuestros inquietos corazones lo buscan, aunque el pecado a menudo enmascara o frustra este deseo. Es Dios quien siempre inicia el proceso. El punto en el cual su llamada y nuestra respuesta se intersectan es la oración. Este acontecimiento está siempre lleno de gracia y es un don.

Personajes del Antiguo Testamento en Oración

El Papel de la Fe en la Oración

Abrahán, Isaac y Jacob fueron testigos del papel de la fe en la oración. La llamada de Dios vino primero. Estos patriarcas respondieron con fe, pero no sin dificultades. Su confianza en la fidelidad de Dios a sus promesas fue algo esencial en sus oraciones. Siglos más tarde, Dios llamó a Moisés para que fuese su instrumento en la salvación de Israel de la esclavitud. Moisés dramatiza el valor de la oración intercesora, ya que rogó vigorosamente a Dios su misericordia y orientación para el pueblo que realizaba su peregrinaje hacia la Tierra Prometida.

Una vez que el pueblo se había asentado en la Tierra Prometida, hubo muchos testigos convincentes de la importancia de la fe en la oración. Un ejemplo es el de Ana, una mujer santa, que deseaba tener un hijo. Año tras año, ella realizaba un peregrinaje a Silo, donde le rezaba al Señor y a quién le hizo un voto: si Él le daba un hijo, ella le dedicaría ese hijo a Dios. El Señor respondió a su oración, y ella concibió y dio a luz a un hijo, a quien le dio el nombre de Samuel. El se convirtió en un profeta y en uno de los jueces, un líder religioso del pueblo de Dios. Su canción de gozo al dedicarle a Dios su hijo es un cántico de alabanza.

> Mi corazón se alegra en el Señor [...]
> Él es quien empobrece y enriquece,
> quien abate y encumbra.
> El levanta del polvo al humillado,
> al oprimido saca de su oprobio [...]
> Porque del Señor son las columnas de la tierra. (1 Sm 2:1, 7-8)

Ejemplos de Oración

El pueblo de Dios aprendió cómo rezar en el santuario de la presencia de Dios, ante el Arca de la Alianza en el templo. Dios eligió a sacerdotes, reyes y profetas para que dirigieran al pueblo en oración. La gente asimiló las actitudes orantes de asombro, maravilla y adoración de Dios durante las celebraciones de las diferentes fiestas y liturgias. Los libros de los Profetas en particular los muestran alabando a Dios en la oración, buscando su ayuda y clamándole en tiempos de oposición y persecución.

El libro de Ester es la historia de una mujer de fe que fue un ejemplo para su gente de la importancia de depender de Dios en la oración. Un importante funcionario del imperio persa conspiró para destruir en un solo día a todos los judíos del imperio. En esa misma época, una mujer judía, Ester, era la reina. Ella pidió la ayuda de Dios rezando: "Ayúdame porque estoy sola y no tengo más protector que a ti" (Est C:14).

Con valentía, ella le explicó a su marido, el rey, la conjura: "Concédeme la vida: ésa es mi petición; mi vida y la de mi pueblo; ése es mi deseo" (Est 7:3). Él escuchó su petición, canceló la masacre y ejecutó al funcionario. La gente alabó a Dios porque su tristeza había cambiado a ser alegría.

Las acciones de Ester son recordadas con la fiesta anual judía de Purim. La fiesta celebra el cuidado providencial que Dios mostró a su pueblo como respuesta a las oraciones de la Reina Ester.

Los Salmos: Oraciones de la Congregación

Poetas como el Rey David y muchos otros autores santos compusieron a lo largo de los años la obra maestra de la oración que conocemos como los Salmos. Estas incomparables oraciones alimentaron al pueblo, tanto individual como comunitariamente. Los salmos abarcan cada época de la historia, mientras que a la vez tienen raíces en cada momento del tiempo. Se cantaban en el Templo, en las sinagogas, en entornos familiares, durante peregrinajes, y en la soledad de la oración personal. Formaron la base de la oración de Jesús y, como tal, se pueden usar para que nos sumerjan también en la oración de Jesús. Los salmos forman parte de cada celebración de la Misa. También forman el núcleo y alma de la Liturgia de las Horas, la oración pública diaria de la Iglesia, la cual prolonga la celebración Eucarística y alaba a Dios.

El Cántico de Judit pertenece al género literario de los salmos y conmemora la viva historia de cómo Dios salvó a su pueblo mediante el liderazgo de la valiente Judit. El libro de Judit cita su ejemplo como una forma de ayudar al pueblo de Dios a confiar en la presencia divina entre ellos. A pesar de todos los problemas que el antiguo pueblo de Israel tuvo que afrontar, confiaron en Dios como el Señor de la historia.

El libro describe cómo el ejército asirio había rodeado al pueblo judío. Judit organizó un exitoso plan para derrotar a los asirios. El énfasis en la narrativa recae en la intervención de Dios para salvar a su pueblo. Judit guió a su gente en una oración de alabanza que tiene muchas características de los Salmos y que era para ser rezada por toda la asamblea:

> Entonen un canto a mi Dios con tamboriles,
>   canten al Señor con címbalos [...]
> Cantaré a mi Dios un canto nuevo:
>   ¡Señor, tú eres grande y glorioso,
>   admirable por tu poder e invencible!
> Que te sirvan todas las criaturas,
>   porque tú lo dijiste y fueron hechas. (Jdt 16:1, 13-14)

La Oración en el Nuevo Testamento

Las Oraciones de Jesús

De niño, Jesús aprendió primero a rezar de la Virgen María y José. A medida que crecía, él también participaba de la oración en la sinagoga y en el Templo. Pero él también tenía a su Padre celestial como fuente de oración. Era una oración filial la que reveló cuando tenía doce años: "¿No sabían que debo ocuparme en las cosas de mi Padre?" (Lc 2:49). Jesús se dirigía a su Padre por el nombre de "Abba", que en el idioma de entonces era usada por los niños para hablar con sus padres.

Los Evangelios también describen numerosas veces cuando Jesús se alejó de las muchedumbres y de sus discípulos para rezar en solitario. En Getsemaní, Jesús rezó en agonía al Padre, sabiendo que la Cruz lo estaba esperando, pero también rezaba con aceptación y obediencia a la misión que el Padre le había asignado.

Jesús también enseñó a sus discípulos a rezar. En el Evangelio de Mateo, por ejemplo, él les enseñó a rezar con sencillez de palabras y con confianza en el Padre (cf. Mt 6:5-15, 7:7-11).

La Oración en la Iglesia del Nuevo Testamento

El día de Pentecostés, tras nueve días de oración en el Cenáculo, los discípulos experimentaron el don del Espíritu Santo para la manifestación de la Iglesia. La primera comunidad de creyentes de Jerusalén se dedicó a la enseñanza y comunidad de los Apóstoles, a partir el pan y a la oración (cf. Hch 2:42). La Iglesia emergente nació de la oración, vivió en oración y prosperó en oración.

Las cartas, o epístolas, de San Pablo nos lo muestran como un hombre de oración intensa. En sus cartas encontramos oraciones de alabanza a Dios por las bendiciones que la Iglesia y él mismo habían recibido. También encontramos oraciones intercesoras al pedir Pablo la gracia de Dios para las comunidades a las que había evangelizado. Y él describe sus propias oraciones personales a Dios, especialmente en momentos de dificultad.

El Espíritu Santo enseñó a la Iglesia la vida de oración y la llevó a descubrir entendimientos más profundos sobre las formas básicas de la oración: adoración, petición, intercesión, acción de gracias y alabanza.

Adoración

Esta forma de la oración brota de una actitud que reconoce que somos criaturas en presencia de nuestro Creador. Es una acción mediante la cual glorificamos a Dios que nos ha creado. Adoramos a Dios de quien surgen todas las bendiciones.

Petición

Esta es una oración que toma muchas formas: pedir, implorar, clamar y gritar. Reconoce en cada uno de los casos lo mucho que dependemos de Dios para nuestras necesidades, incluyendo el perdón y la persistencia en nuestra búsqueda de Él. Necesitamos practicar la oración de petición, recordando la invitación de Cristo a pedir para recibir, a buscar para encontrar y a llamar para que se nos abra la puerta (cf. Mt 7:7).

El primer movimiento de la oración de petición es pedir perdón por nuestros pecados, como lo hizo el publicano en la parábola donde se le comparó con el fariseo cuya oración carecía de humildad (cf. CIC, no. 2631). El publicano comienza su oración con las palabras: "Ten compasión de mí que soy pecador" (Lc 18:13). La humildad y el arrepentimiento caracterizan una oración que nos lleva de nuevo a la comunión con Cristo.

Intercesión

Esta es la oración que realizamos en nombre de otros que tienen necesidades. Jesucristo mismo, nuestro Sumo Sacerdote, intercede sin cesar por nosotros. Dios nos llama también a interceder por los demás, incluso por nuestros enemigos. Las intercesiones por las necesidades de los demás son parte de la Misa y de la Liturgia de las Horas.

Acción de Gracias

Esta forma de oración brota de la más grande de las oraciones de la Iglesia, la celebración de la Eucaristía. Cada momento o acontecimiento se puede convertir en un acto de acción de gracias. Estamos llamados a agradecer a Dios todos los dones que hemos recibido, incluidas nuestras alegrías y nuestras penas, las cuales, todas ellas, por el amor, trabajan para nuestro beneficio.

Alabanza

"La alabanza es la forma de orar que reconoce de la manera más directa que Dios es Dios [...] Participa en la bienaventuranza de los corazones puros que le aman en la fe antes de verle en la Gloria" (CIC, no. 2639). Las Sagradas Escrituras están llenas de momentos en los que se ofrece alabanza a Dios. Cuando nos exaltamos en él, con simplicidad y con un corazón abierto, vislumbramos la alegría de los ángeles y de los santos que se glorifican en Dios.

LAS FUENTES Y FORMAS DE REZAR

Tenemos que hacer algo más que contar con un impulso para nuestra vida de oración. San Pablo nos exhorta: "Oren sin cesar" (1 Ts 5:17). La voluntad para rezar de una manera estructurada, sostenida y diaria es esencial para convertirse en persona de oración. El Espíritu Santo guía a la Iglesia cuando reza mediante su lectura de las Sagradas Escrituras, su celebración de la liturgia y la práctica de la fe, la esperanza y la caridad.

Una familiaridad diaria con las Sagradas Escrituras es una rica fuente de oración. Tenemos que hacer algo más que leer o estudiar las Escrituras; deberíamos también conversar con Dios, cuyo Espíritu se encuentra en el texto y quien nos invita a apreciar "el bien supremo, que consiste en conocer a Cristo Jesús" (Flp 3:8).

Mediante nuestra participación activa en la liturgia, la oración de la Iglesia, nos encontramos al Padre, y al Hijo y al Espíritu Santo, quienes nos imparten los dones de la salvación. Los autores espirituales nos dicen que nuestro corazón puede ser un altar de adoración y alabanza. La oración interioriza la liturgia tanto durante su celebración como después de esta (cf. CIC, no. 2655).

La fe da vitalidad a la oración porque nos lleva a una relación personal con Cristo. La esperanza lleva nuestra oración a su destino final de una unión permanente con Dios. La caridad, derramada en nuestros corazones por el Espíritu Santo, es la fuente y el destino de la oración.

San Juan Vianney (1786-1859) escribió: "Si mi lengua no puede decir en todos los momentos que te amo, quiero que mi corazón te lo repita cada vez que respiro" (CIC, no. 2658, citando *Oración*).

"Porque Dios bendice al hombre, su corazón puede bendecir, a su vez, a Aquel que es la fuente de toda bendición" (CIC, no. 2645).

La oración cristiana es siempre Trinitaria. Todas nuestras oraciones deberían dirigirnos hacia el Padre. Pero el acceso al Padre es por Jesucristo. Es por esto que también dirigimos nuestra oración a Cristo, y lo podemos hacer usando títulos de Jesús que encontramos en el Nuevo Testamento: Hijo de Dios, Palabra de Dios, Cordero de Dios, Hijo de la Virgen, Señor y Salvador, etc. Cristo es la puerta a Dios.

Nunca nos debemos cansar de rezar a Jesús. Sin embargo, es el Espíritu Santo quien nos ayuda a acercarnos a Jesús.

"Nadie puede llamar a Jesús 'Señor', si no es bajo la acción del Espíritu Santo" (1 Co 12:3). La Iglesia nos invita a invocar al Espíritu Santo como Maestro interior de la oración cristiana. (CIC, no. 2681)

Rezar en Comunión con la Virgen María

"En virtud de su cooperación singular con la acción del Espíritu Santo, la Iglesia ora también en comunión con la Virgen María para ensalzar con ella las maravillas que Dios ha realizado en ella y para confiarle súplicas y alabanzas" (CIC, no. 2682). Este doble movimiento de unirse a María en alabar a Dios por los dones que le otorgó a ella y en buscar su intercesión ha encontrado una expresión privilegiada en el Ave María.

El Ave María

Junto con el Padrenuestro, el Ave María es una de las oraciones más pronunciadas en la Iglesia Católica. La primera mitad del Ave María proviene de la narración, en el Evangelio de Lucas, de la anunciación del Ángel Gabriel a la Virgen María en la que le dice que ella ha sido llamada a ser la Madre del Hijo de Dios (Lc 1:25-56). La segunda mitad es una oración intercesora desarrollada en la tradición de la Iglesia.

- "Dios te salve María, llena eres de gracia". Este es el saludo que el Ángel Gabriel dio a María de Nazaret. Gabriel proclama que la Virgen María está llena de gracia, queriendo decir que es una mujer sin pecado, bendita con una profunda unión con Dios, quien ha venido para habitar en ella.
- "El Señor es contigo". La Virgen María ha sido elegida por Dios para este gran privilegio. Él está con ella, habiéndola preservado ya del pecado y llenándola de gracia. Esto no quiere decir que María estuviese privada de su libertad. Ella vive en una amistad agraciada con Dios y libremente le ofrece su corazón íntegro.
- "Bendita tú eres entre todas las mujeres". Este es el saludo que la Virgen María recibió de su prima Isabel cuando la Virgen María fue a visitarla y a ayudarla con el nacimiento de su futuro hijo (Lc 1:42). Como ponen de relieve las Sagradas Escrituras, María tiene una posición especial entre todas aquellas personas que Dios ha elegido a lo largo de la historia de salvación. La Virgen María es la mujer más digna del mundo.
- "Bendito es el fruto de tu vientre, Jesús". Esta es otra bienaventuranza o bendición dicha por Isabel, quien dijo estas palabras después que su hijo, Juan el Bautista, saltara en su vientre al escuchar el saludo de la Virgen María. Isabel es inspirada por el Espíritu Santo a bendecir a la Virgen María por haber creído el mensaje de Gabriel. Isabel reconoce la presencia de Dios en el vientre de la Virgen María: "¿Quién soy yo para que la madre de mi Señor venga a verme?" (Lc 1:43). Esta es la primera vez en las Sagradas Escrituras que la fe de la Virgen María es alabada.
- "Santa María, Madre de Dios". En algún momento durante la Edad Media, la segunda mitad del Ave María, que comienza invocando su título como Madre de Dios, fue compuesta. Este título proviene de los primeros tiempos de la fe cristiana. La Virgen María es la

Madre de Dios porque ella es la madre de Jesús, quien es verdadero Dios y verdadero hombre, como lo definió el Concilio de Éfeso en el año 431 d.C. Las Iglesias orientales llaman a María *Theotokos*, o "Madre de Dios". La respuesta de María a Dios la hace partícipe en el plan de la salvación humana mediante la maternidad de Jesús.

- "Ruega por nosotros, pecadores". Ya hemos dicho que la oración de intercesión tiene que ver con las necesidades y esperanzas de los demás. Jesucristo, nuestro Sumo Sacerdote, siempre intercede por nosotros ante Dios y nos llama a que intercedamos por los demás. Los santos y la Santísima Virgen María continúan esta oración de intercesión en el cielo. Como Madre de la Iglesia, la Virgen María continúa rezando con el cuidado de una madre por el Cuerpo de su Hijo en la tierra. En Caná, la Virgen María intercedió ante Jesús en nombre de la pareja que se había quedado sin vino. Jesús escuchó su oración y convirtió en vino al agua. Las últimas palabras de la Virgen María en las Sagradas Escrituras nos las dice a nosotros: "Hagan lo que él [Jesús] les diga" (Jn 2:5). Nuestra Santa Madre siempre nos lleva a Jesús.

- "Ahora y en la hora de nuestra muerte. Amén". Durante su vida, la Virgen María anduvo en un peregrinaje de fe. Incluso con toda la gracia que recibió de Dios, ella se encontró con los misteriosos caminos de Dios y con el sufrimiento profundo, especialmente con la muerte de su hijo. Ella sabe lo que un peregrinaje de fe conlleva, y ella nos acompaña con la oración mientras que caminamos hacia Dios a lo largo de nuestras vidas y muerte.

Otras Oraciones a la Virgen María

En la Iglesia latina, el rosario, una venerada y poderosa forma de oración, se desarrolló a partir de la piedad popular. Rezar el rosario requiere la recitación de oraciones vocales, incluyendo el Padrenuestro, el Ave María y la Doxología, a la vez que se medita en los misterios de la vida de Jesús. En las Iglesias orientales, las letanías y los himnos a la Madre de Dios son comúnmente más rezados.

No rezamos a la Virgen María de la misma manera que rezamos a Dios. Al rezar a María, invocamos su intercesión en nombre de nuestras necesidades, mientras que cuando rezamos a Dios le pedimos dones y favores directamente a Él.

MAESTROS DE LA ORACIÓN

A lo largo de la historia de la Iglesia, los santos han dejado una herencia de oración "por el modelo de su vida, por la transmisión de sus escritos", y sus continuas oraciones en el cielo en nombre nuestro. Numerosas escuelas de espiritualidad, como la Benedictina, la Franciscana o la Ignaciana, han llegado hasta nosotros como parte de la herencia de los santos. Esta auténtica diversidad de espiritualidades está unida por el Espíritu Santo dentro de la tradición viva de la Iglesia (CIC, no. 2683).

Los padres de familia son los primeros maestros de la oración. La oración familiar, practicada diariamente, en la que los hijos son testigos de la oración de los adultos que están más cercanos a ellos, es una excelente escuela de oración. Los sacerdotes y los diáconos tienen una responsabilidad pública de liderar a la gente en oración con un respeto genuino. También deberían enseñar a la gente como rezar y animarlos con su ejemplo.

Los religiosos que han abrazado la vida consagrada profesan un compromiso de oración. Su ejemplo y voluntad de dedicarse a Cristo nos anima a rezar con añadido fervor y dedicación. Los ministros laicos tienen una oportunidad única de animar e inspirar a los laicos a incorporar la oración a sus vidas diarias.

La educación religiosa de los católicos a lo largo de sus vidas debería siempre incluir, en cada uno de sus niveles, preparación sobre cómo rezar, así como tiempo dedicado a la oración comunitaria. Los grupos de oración también son admirables fuentes de la renovación contemporánea de la oración. Los lugares para rezar incluyen la iglesia parroquial, los centros de retiros, los santuarios, el hogar y cualquier entorno en el que la gente pueda alcanzar la apropiada concentración mental y del corazón.

LECTIO DIVINA

Lectio divina es una lectura reflexionada de las Sagradas Escrituras que llevan a la meditación de pasajes específicos. Esta es una práctica con siglos de antigüedad que depende de la orientación del Espíritu Santo en el corazón a medida que la persona que reza lee un pasaje de las Sagradas Escrituras y se detiene para buscar el significado profundo que Dios le quiere comunicar mediante su Palabra.

"Es necesario, en particular, que la escucha de la Palabra se convierta en un encuentro vital, en la antigua y siempre válida tradición de la *lectio divina*, que permite encontrar en el texto bíblico la palabra viva que interpela, orienta y modela la existencia" (NMI, no. 39).

LAS EXPRESIONES DE LA ORACIÓN

En la Misa, cuando comienza la lectura del Evangelio, realizamos la señal de la Cruz sobre nuestras frentes, labios y corazones, y rezamos: "Que el Señor esté en nuestras mentes, labios y en nuestros corazones" (v.d.t.). Los labios, mentes y corazones — estos simbolizan los tres tipos de oración: la vocal, la meditativa y la contemplativa. Estos modos de oración incluyen sendas formales e informales, expresiones personales y comunitarias, la piedad popular y la oración litúrgica de la Iglesia.

La Oración Vocal

Los discípulos fueron atraídos por la propia oración de Jesús. Él les enseñó una oración vocal, el Padrenuestro. Jesús rezó en voz alta en las sinagogas y en el Templo y "elevando su voz para expresar" oraciones personales como su rendición a la voluntad del Padre en Getsemaní. El capítulo diecisiete del Evangelio de Juan da testimonio de una oración vocal larga de Jesús, revelando la profundidad de su intimidad con su Padre y su preocupación amorosa por sus discípulos (cf. CIC, no. 2701).

Como somos cuerpo además de espíritu, necesitamos expresarnos oralmente. Oraciones recitadas y cantadas brotan de nuestras almas; se pueden complementar con gestos como la señal de la Cruz, una genuflexión, arrodillarse e inclinarse. Cuando somos interiormente conscientes de Dios, a quien nos dirigimos, nuestra oración vocal puede convertirse en el primer paso hacia la oración contemplativa.

La Oración Meditativa

"La meditación es, sobre todo, una búsqueda. El espíritu trata de comprender el por qué y el cómo de la vida cristiana para adherirse y responder a lo que el Señor pide" (CIC, no. 2705). En la oración meditativa usamos nuestras mentes para considerar la voluntad de Dios en su designio de nuestras vidas. ¿Qué pide Dios de nosotros? La Iglesia provee muchas ayudas para la meditación: "Sagradas Escrituras, especialmente el Evangelio, las imágenes sagradas, los textos litúrgicos del día o del tiempo, escritos de los Padres espirituales [...] el gran libro de la creación y el de la historia, la página del 'hoy' de Dios" (CIC, no. 2705). "La meditación hace intervenir al pensamiento, la imaginación, la emoción y el deseo" (CIC, no. 2708). Su objetivo es profundizar nuestra fe en Cristo, convertir nuestros corazones y fortalecernos para hacer la voluntad de Dios.

"Los métodos de meditación son tan diversos como los maestros espirituales" (CIC, no. 2707). Los más prominentes entre estos son la *Lectio Divina* de San Benito, la simplicidad radical de la espiritualidad franciscana y los ejercicios espirituales de San Ignacio de Loyola. Estas espiritualidades también incluyen orientación para la contemplación.

La Oración Contemplativa

"La oración contemplativa es [...] una mirada de fe, fijada en Jesús, una escucha de la Palabra de Dios, un silencioso amor" (CIC, no. 2724). Como todas las oraciones, esta forma requiere que se realice el mismo

DEL CATECISMO

1. ¿Cuáles son algunos de los conceptos erróneos que tenemos de la oración?

Unos ven en ella una simple operación psicológica, otros un esfuerzo de concentración para llegar a un vacío mental. Otros la reducen a actitudes y palabras rituales. En el inconsciente de muchos cristianos, orar es una ocupación incompatible con todo lo que tienen que hacer: no tienen tiempo. (CIC, no. 2726)

A estas tentaciones que ponen en duda la utilidad o la posibilidad misma de la oración conviene responder con humildad, confianza y perseverancia. (CIC, no. 2753)

2. ¿Cómo está tu oración conectada a la vida cristiana?

Oración y *vida cristiana* son *inseparables* porque se trata del mismo amor y de la misma renuncia que procede del amor. La misma conformidad filial y amorosa al designio de amor del Padre. La misma unión transformante en el Espíritu Santo que nos conforma cada vez más con Cristo Jesús. El mismo amor a todos los hombres, ese amor con el cual Jesús nos ha amado. (CIC, no. 2745)

3. Cuando nuestras oraciones parecen no ser contestadas, ¿qué deberíamos recordar?

No te aflijas si no recibes de Dios inmediatamente lo que pides: es él quien quiere hacerte más bien todavía mediante tu perseverancia en permanecer con él en oración. (CIC, no. 2737, citando Evagrio Ponticus, *De Oratione*, 34: PG 79, 1173)

La confianza filial se pone a prueba cuando tenemos el sentimiento de no ser siempre escuchados. El Evangelio nos invita a conformar nuestra oración al deseo del Espíritu. (CIC, no. 2756)

momento cada día. Cuando uno le da a Dios tiempo de oración, Dios nos dará tiempo para nuestras otras responsabilidades.

La oración contemplativa es un don del que disponemos al descansar atentamente ante Cristo. Requiere escuchar y obedecer la Palabra de Dios. Es un momento de escucha silenciosa y de amor.

LA EFICACIA DE LA ORACIÓN

La oración requiere tiempo, atención y esfuerzo. Necesitamos disciplinarnos para lo que los escritores espirituales llaman "el combate de la oración". Ellos citan problemas tales como la *acedia* (una clase de pereza) que surge de un comportamiento ascético relajado, un relajamiento que necesita ser corregido. El Tentador intentará alejarnos de la oración. La distracción y la sequedad nos desaniman.

El remedio es la fe, la fidelidad a momentos de oración, la constante conversión del corazón y la vigilancia. La sección del *Catecismo* titulada "El Combate de la Oración" (CIC, nos. 2725-2745) responde a muchas preguntas que los principiantes es muy probable que hagan. Sus consejos son prácticos y experienciales. Por ejemplo, la sección trata el tema de la distracción, un gran obstáculo para la mayoría de los principiantes. Las distracciones interfieren en todas las formas de oración. La tentación a luchar con ellas nos atrapa; lo único que se necesita es volver a la presencia del Señor en nuestros corazones. Una distracción revela nuestros apegos, pero ser humildemente conscientes de esto nos puede llevar a ofrecer a Cristo nuestros corazones para que reciban la purificación que necesitan.

OREN SIN CESAR (1 TS 5:17)

A menudo se dice que deberíamos rezar como si todo dependiese de Dios y actuar como si todo dependiese de nosotros. Esta forma de pensar de nuestra cultura que dice que todo lo podemos hacer lleva a muchos creyentes a sustituir a la oración por la autodependencia. La gente no es consciente de su necesidad de Dios.

A pesar de la preferencia cultural general de un espíritu independiente que idealiza los logros personales cuando se hacen las cosas, estudios sobre la religión indican un movimiento importante en sentido contrario. Prácticamente todos los estadounidenses dicen creer en Dios. Un alto número de gente dice rezar cada día.

Dentro de la Iglesia, los movimientos espirituales, incluyendo los colegios de espiritualidad tradicionales, como el Benedictino, el Carmelita, el Franciscano y el Ignaciano, acentúan la importancia de las oraciones litúrgica y meditativa. Además, los nuevos inmigrantes enriquecen la vida de la Iglesia con sus tradiciones de piedad popular. Por ejemplo, la devoción a Nuestra Señora de Guadalupe, originaria de México, se ha extendido hasta el punto de que su fiesta es celebrada en todo el continente americano.

Algunas personas encuentran fortaleza espiritual en la Coronilla de la Divina Misericordia. Existe un creciente interés entre toda clase de gente en rezar la Liturgia de las Horas. Misiones parroquiales, retiros y movimientos espirituales como Cursillo y la Renovación Carismática han ayudado a muchos a comenzar un viaje de oración y ha llevado a gente más allá, a la meditación y a la contemplación. Un número significativo de gente está atraída a la práctica de la *lectio divina* que une la reflexión espiritual con elementos contemplativos.

En nuestra cultura ruidosa y activista, la oración ha llevado la paz y la esperanza de Cristo a muchos. Pequeñas comunidades de fe, grupos de estudios bíblicos y grupos carismáticos hacen de la oración un componente importante de sus reuniones.

Otro grupo de estadounidenses es atraído a la rica vida de oración de las Iglesias orientales. Devociones inspiradas por los iconos, la oración de Jesús y los escritos místicos de los Padres Griegos tienen una atracción trascendental muy gratificante para estas personas que buscan lo espiritual.

Muchas parroquias han instituido horas para la adoración del Santísimo Sacramento, una forma de oración que está creciendo a un ritmo constante. La piedad popular atrae a un gran número de fieles, especialmente las peregrinaciones y las devociones a Nuestra Señora y a los santos. Millones de personas rezan el rosario con asiduidad. Un creciente número de gente está buscando dirección espiritual. Estos son algunos de los puntos más destacados de cómo cada vez más gente está volviendo a la espiritualidad y la oración.

Los obispos y los párrocos continúan poniendo énfasis en la centralidad de la liturgia en la vida de oración católica, a la vez que apoyan fuertemente el amplio abanico de oración personal, piedad y meditación. También ofrecen constantes recordatorios sobre la relación entre la liturgia, otras formas de oración y la llamada a dar testimonio cada día de nuestras vidas del Reino de amor, justicia y misericordia de Cristo. La oración es el alma del discipulado y puede fortalecernos para una vida de misión.

En la larga tradición de la Iglesia, la oración se centra en Dios. La oración es un vaciarse, no por el vaciarse en sí, sino para estar llenos de Dios y establecer una relación aún más profunda con Él. Hay tipos de espiritualidad en la cultura contemporánea que se centran más en la persona en sí y en conseguir una tranquilidad superficial. La oración cristiana genuina está atenta a la presencia de Dios y busca maneras de servir de mayor forma a Dios y a los demás.

■ PARA LA REFLEXIÓN Y EL DEBATE ■

1. ¿Por qué rezas? ¿Cuándo rezas? ¿Cómo rezas?
2. Si practicas algún tipo de meditación regularmente, ¿cómo la describirías? ¿Qué medios has usado para perseverar en la meditación? ¿Cómo has mantenido un vínculo entre la oración y una misión cristiana activa hacia los demás?
3. ¿Qué estás haciendo para aumentar tu vida de oración? ¿Qué estás aprendiendo de tu lectura espiritual que te ayuda en la oración? Si tienes un director espiritual, ¿cómo te ha ayudado esto en tu oración?

■ ENSEÑANZAS ■

• La oración es la elevación de nuestra mente y corazón a Dios y la petición de bienes a Él. Es un acto por el cual uno es consciente de estar en una comunión de amor con Dios. Nuestra oración es "respuesta de fe a la promesa gratuita de salvación, respuesta de amor a la sed del Hijo único" (CIC, no. 2561).

- Las Sagradas Escrituras revelan la relación entre Dios y la gente como un diálogo de oración. Dios nos busca constantemente. Nuestros corazones inquietos lo buscan a Él, aunque el pecado a menudo oscurece o frustra este deseo. Dios es el que siempre comienza este proceso. El punto en el que su llamada y nuestra respuesta se intersectan es la oración. Este acontecimiento es siempre una gracia y un don.

- "En su enseñanza, Jesús instruye a sus discípulos para que oren con un corazón purificado, una fe viva y perseverante, una audacia filial. Les insta a la vigilancia y les invita a presentar sus peticiones a Dios en su Nombre" (CIC, no. 2621).

- La Iglesia emergente nació en la oración, vivió en oración y prosperó en oración. El Espíritu Santo enseñó a la Iglesia la vida de oración, y la llevó a descubrir entendimientos más profundos sobre las formas básicas de la oración: adoración, petición, intercesión, acción de gracias y alabanza.

- "La Palabra de Dios, la liturgia de la Iglesia y las virtudes de fe, esperanza y caridad son fuentes de la oración" (CIC, no. 2662).

- La oración cristiana es siempre Trinitaria. Toda nuestra oración nos lleva hacia el Padre. Pero el acceso al Padre es por Jesucristo. Por eso también dirigimos nuestra oración a Cristo. Sin embargo, es el Espíritu Santo quien nos ayuda a acercarnos a Jesús. La Iglesia nos invita a invocar al Espíritu Santo como el maestro interior de la oración cristiana.

- "En virtud de su cooperación singular con la acción del Espíritu Santo, la Iglesia ora también en comunión con la Virgen María para ensalzar con ella las maravillas que Dios ha realizado en ella y para confiarle súplicas y alabanzas" (CIC, no. 2682).

- Los primeros maestros de la oración son los padres de familia u otros miembros de la familia, la iglesia doméstica.

- De entre nuestros maestros de oración dentro de la Iglesia están los ministros ordenados, los religiosos consagrados, los catequistas y los directores espirituales.

- Los lugares para rezar incluyen a la iglesia parroquial, los centros de retiros, los santuarios, el hogar y cualquier entorno que proporcione la oportunidad de rezar.
- "La Iglesia invita a los fieles a una oración regulada: oraciones diarias, Liturgia de las Horas, Eucaristía dominical, fiestas del año litúrgico" (CIC, no. 2720).
- Hay tres clases de oración: vocal, meditativa y contemplativa.
- La oración requiere humildad, confianza y perseverancia para poder batallar las tentaciones que arrojan dudas sobre la utilidad o incluso la posibilidad de la oración (cf. CIC, nos. 2726-2753).
- "Oren sin cesar" (1 Ts 5:17).

MEDITACIÓN

"Guardaré el Silencio de Mi Corazón"

No creo que haya nadie que necesite la ayuda y gracia de Dios tanto como yo. A veces me siento tan indefensa y débil. Creo que eso es por lo que Dios me usa. Como yo no puedo depender de mi propia fuerza, yo cuento con Él las veinticuatro horas al día. Todos nos debemos aferrar a Dios mediante la oración. Mi secreto es simple: rezo. Mediante la oración me convierto en una enamorada de Dios. Me doy cuenta que rezarle es amarle.

No podemos encontrar a Dios en el ruido y la agitación. La naturaleza: los árboles, las flores y la hierba crecen en silencio. Las estrellas, la luna y el sol se mueven en silencio. Lo esencial no es lo que decimos, sino lo que Dios dice a los demás por nosotros. En silencio Él nos escucha; en silencio Él habla a nuestras almas. En silencio se nos da el privilegio de escuchar su voz.

Silencio de nuestros ojos.
Silencio de nuestros oídos.
Silencio de nuestras mentes.
[...] En el silencio del corazón Dios hablará.

—Madre Teresa de Calcuta, citada en *The Power of Prayer* (New York: MJF Books, 1998), 3, 7-8 (v.d.t.)

ORACIÓN

Levanto mis ojos a los montes:
¿de dónde me vendrá el auxilio?
El auxilio me viene del Señor,
que hizo el cielo y la tierra.

No permitirá que resbale tu pie,
tu guardián no duerme;
no duerme ni reposa
el guardián de Israel.

El Señor te aguarda a su sombra,
está a tu derecha;
de día el sol no te hará daño,
ni la luna de noche.

El Señor te guarda de todo mal,
él guarda tu alma;
el Señor guarda tus entradas y salidas,
ahora y por siempre.

—Sal 120

Como busca la cierva corrientes de agua,
Así mi alma te busca a tí, Dios mío;
Tiene sed de Dios, del Dios vivo:
¿Cuándo entraré a ver el rostro de Dios?

—Sal 41:2-3

36 JESÚS NOS ENSEÑÓ A REZAR

LA ORACIÓN DEL SEÑOR: EL PADRE NUESTRO
—CIC, NOS. 2759-2865

"USTEDES PUES, OREN ASÍ" (MT 6:9)

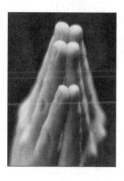

Jesús rezaba siempre. San Lucas, por ejemplo, nos dice en su Evangelio: "También Jesús fue bautizado. Mientras éste oraba, se abrió el cielo" (Lc 3:21).

Jesús rezó antes de elegir a los Doce Apóstoles y antes de preguntar a los Apóstoles quién decían ellos que era él. Rezaba regularmente en la sinagoga y en el Templo. Rezó antes de la predicción de su Pasión y durante la Transfiguración. "Mientras oraba, su rostro cambió de aspecto y sus vestiduras se hicieron blancas y relampagueantes" (Lc 9:29). Jesús rezó en la Última Cena, en Getsemaní y en la Cruz.

Rezaba durante largos momentos, a veces toda la noche. "(Jesús) subió al monte a solas para orar" (Mt 14:23). Los Evangelios raramente describen en que consistía su oración, diciéndonos simplemente que rezaba a menudo. Una cosa está clara, los Apóstoles estaban tan afectados por la consistencia y profundidad de su oración que le pidieron que los ayudara a rezar: "Señor, enséñanos a orar" (Lc 11:1).

Jesús les respondió con lo que ahora se conoce como el Padrenuestro. En el Evangelio de San Mateo, antes de darles su don de la oración Jesús les enseñó como *no* rezar. En el Evangelio de San Lucas, Jesús les aconseja además sobre la necesidad de rezar con la confianza de que nuestra oración será atendida. El Evangelio de Mateo introduce el Padrenuestro con estas palabras:

Cuando ustedes hagan oración, no sean como los hipócritas, a quienes les gusta orar de pie en las sinagogas y en las esquinas de las plazas, para que los vea la gente. Yo les aseguro que ya recibieron su recompensa. Tú, en cambio, cuando vayas a orar, entra en tu cuarto cierra la puerta y ora ante tu Padre, que está allí, en lo secreto, y tu Padre, que ve lo secreto, te recompensará. Cuando ustedes hagan oración, no hablen mucho, como los paganos, que se imaginan que a fuerza de mucho hablar serán escuchados. No los imiten, porque el Padre sabe lo que les hace falta, antes de que se lo pidan.

Ustedes pues, oren así:

Padre Nuestro, que estás en el cielo, / santificado sea tu nombre, / venga tu Reino, / hágase tu voluntad / en la tierra como en el cielo. / Danos hoy nuestro pan de cada día, / perdona nuestras ofensas, / como también perdonamos a los que nos ofenden; / no nos dejes caer en tentación / y líbranos del mal. (Mt 6:5-13)

El Evangelio de Lucas también ofrece consejos sobre la oración:

Así también les digo a ustedes: Pidan y se les dará, busquen y encontrarán, toquen y se les abrirá. Porque quien pide, recibe; quien busca, encuentra y al que toca, se le abre. ¿Habrá entre ustedes algún padre que, cuando su hijo le pida pan, le dé una piedra? ¿O cuando le pida pescado, le dé una víbora? ¿O cuando le pida huevo, le dé un alacrán? Pues, si ustedes, que son malos, saben dar cosas buenas a sus hijos, ¿Cuánto más el Padre celestial les dará el Espíritu Santo a quienes se lo pidan? (Lc 11:9-13)

Está claro, entonces, que Jesús enmarcó su don del Padrenuestro con ayudas para cómo rezar más eficazmente.

San Lucas transcribe otra de las instrucciones de Cristo sobre la oración en la parábola del fariseo arrogante y el publicano humilde:

Dos hombres subieron al templo para orar: uno era fariseo y el otro, publicano. El fariseo, erguido, oraba así en su interior: "Dios mío, te doy gracias porque no soy como los demás hombres: ladrones, injustos y adúlteros; tampoco soy como ese publicano. Ayuno dos veces por semana y pago el diezmo de todas mis ganancias". El publicano, en cambio, se quedó lejos y no se atrevía a levantar los ojos al cielo. Lo único que hacía era golpearse el pecho, diciendo: "Dios mío, apiádate de mí, que soy un pecador". Pues bien, yo les aseguro que éste bajó a su casa justificado, y aquél no: porque todo el que se enaltece será humillado y el que se humilla será enaltecido. (Lc 18:10-14)

Jesús no solo nos dio el don del Padrenuestro, sino que también nos dio el contexto en el que debería ser entendido y orado. Teniendo esto en cuenta, ofrecemos la siguiente reflexión sobre esta, la más grande de las oraciones.

LA ORACIÓN CENTRAL DE LAS SAGRADAS ESCRITURAS

La oración dominical [es decir, "oración del Señor"] es la más perfecta de las oraciones [...] En ella, no sólo pedimos todo lo que podemos desear con rectitud, sino además según el orden en que conviene desearlo. De modo que esta oración no sólo nos enseña a pedir, sino que también forma toda nuestra afectividad.

—CIC, no. 2763, citando Santo Tomás de Aquino, *Summa Theologiae*, II-II, 83, 9

El Padrenuestro también se llama "La Oración del Señor" porque Jesús, nuestro Señor y modelo de oración, es su autor. Existen dos versiones del Padrenuestro en los Evangelios. La versión de San Lucas contiene cinco peticiones. La de San Mateo lista siete. La liturgia de la Iglesia usa la versión de Mateo.

San Agustín escribió siete comentarios sobre el Padrenuestro. La profundidad de la oración le afectó tanto que escribió: "Recorred todas las oraciones que hay en las Escrituras, y no creo que podáis encontrar algo que no esté incluido en la oración dominical [el Padrenuestro]" (*Carta*, 130, 12, 22). El Padrenuestro es una parte integral de las liturgias sacramentales (Bautismo, Confirmación y la Unción de los Enfermos) y de la Eucaristía misma. Durante la Misa, el Padrenuestro se reza después de la Plegaria Eucarística, resumiendo las intercesiones de esa oración y preparándonos para la Santa Comunión cuando recibimos a Jesucristo, quien es el Pan de Vida. El Padrenuestro es el corazón de cada oración individual y comunitaria (cf. CIC, no. 2776).

Nos Dirigimos al Padre

Antes de hacer nuestra esta primera exclamación de la Oración del Señor, conviene purificar humildemente nuestro corazón de ciertas imágenes falsas de "este mundo". La humildad nos hace reconocer que "nadie conoce al Padre, sino el Hijo y aquél a quien el Hijo se lo quiera revelar", es decir "a los pequeños". La purificación del corazón concierne a imágenes paternales o maternales, correspondientes a nuestra historia personal y cultural, y que impregnan nuestra relación con Dios. Dios nuestro Padre transciende las categorías del mundo creado [...] Orar al Padre es entrar en su misterio, tal como El es, y tal como el Hijo nos lo ha revelado.

—CIC, no. 2779, citando Mt 11:27

Padre Nuestro

Llamamos a Dios "Padre" solo porque Jesús, el Hijo de Dios hecho hombre, nos lo reveló como tal. Por nuestra unión con Cristo por el Bautismo, recibimos la gracia de una relación filial, adoptiva con el Padre. Esto crea en nosotros una nueva forma de entendernos a nosotros mismos a causa de esta intimidad extraordinaria con el Padre y el Hijo. Una palabra que nuestro Señor usa para Padre es "Abba". Esto implica que Jesús está diciendo que una relación con Dios debería ser como la de un niño, muy cercana, personal, con su padre.

Aunque reconocemos que Dios no tiene género, nos inclinaremos por usar nuestras experiencias con nuestros padres terrenales cuando pensemos en este título de Dios. La imagen de un padre humano es generalmente positiva, y esto nos ayuda a acercarnos a Dios como Padre. Sin embargo, tristemente, existen casos cuando los padres han fallado a la hora de cumplir sus responsabilidades paternales.

Un entendimiento de Dios como Padre ya es evidente en el Antiguo Testamento, donde Dios se describe a sí mismo como estando en una relación especial de cuidado providencial por el pueblo de Israel, y en particular por su rey. La revelación de Jesús de Dios como su padre brota de ser profundamente consciente no solo de ese mismo cuidado providencial sino también de una intimidad indescriptible (cf. por ejemplo, Jn 14). "Puesto que ya son ustedes hijos, Dios envió a sus corazones el Espíritu Santo de su Hijo, que clama: '¡Abba!', es decir, ¡Padre!" (Ga 4:6).

Cuando decimos "Nuestro", reconocemos que somos un pueblo unido por la Nueva Alianza que Dios ha establecido con nosotros mediante su Hijo en el Espíritu Santo. Mientras que de hecho sí somos personas individuales, también somos personas en comunión con otras personas porque hemos sido bautizados en la comunión de la Santísima Trinidad. El Padrenuestro es una oración de la Iglesia, por eso rezamos con la Iglesia cuando recitamos estas palabras, llamando juntos a Dios nuestro Padre.

Que Estás en el Cielo

"Que estás en el cielo" no designa un lugar sino la majestad de Dios y su presencia en el corazón de los justos. El cielo, la Casa del Padre, constituye la verdadera patria hacia donde tendemos y a la que ya pertenecemos.

—CIC, no. 2802

El cielo es la culminación de nuestra relación con el Padre, el Hijo y el Espíritu Santo que comenzó en el Bautismo.

Las Siete Peticiones

En el Padrenuestro, las tres primeras peticiones tienen por objeto la Gloria del Padre: la santificación del nombre, la venida del Reino y el cumplimiento de la voluntad divina. Las otras cuatro presentan al Padre nuestros deseos: estas peticiones conciernen a nuestra vida para alimentarla o para curarla del pecado y se refieren a nuestro combate por la victoria del Bien sobre el Mal.

—CIC, no. 2857

Santificado Sea Tu Nombre

Santificado significa "ser hecho santo". Nosotros no hacemos el nombre de Dios santo; Dios es la fuente de su propia santidad que es su perfección y su gloria. Pero damos testimonio de su santidad al hacer su voluntad, siendo gente de oración y estableciendo las condiciones terrenales mediante las cuales se manifiesta su santidad.

Dios reveló gradualmente su nombre. Primero de todo, se lo reveló a Moisés, mediante el cual nos dice que Él es "Yo-soy", una persona que elige estar cerca de nosotros y que sin embargo permanece siendo misteriosa. A medida que se desarrolla la historia de la salvación, el pueblo de Israel usó otros nombres para referirse a Dios, tales como Señor, Pastor de Israel y Rey.

Pero la Revelación definitiva de quién Dios es ocurrió por medio de Cristo, quien nos enseñó que Dios es su padre y que él es su Hijo. Por la salvación de Cristo y del sacramento del Bautismo, nos convertimos por la gracia en hijos adoptivos de Dios. Por esto es que podemos llamar a Dios legítimamente "Padre".

Venga a Nosotros Tu Reino

En esta petición rezamos para la venida del Reino que Dios nos prometió —el Reino ya presente en la Pasión, muerte y Resurrección de Cristo. En el Evangelio de Mateo encontramos una amplia revelación de los muchos aspectos de lo que el Reino de Cristo significa en términos morales y espirituales, así como en su relación con la Iglesia. Es un Reino de amor, justicia y misericordia, donde los pecados son perdonados, los enfermos son sanados, los enemigos se reconcilian, los prisioneros son liberados y las necesidades de los pobres atendidas.

El Reino es todas estas cosas y más, ya que al final el Reino es Jesucristo mismo y todo lo que él significa para nosotros. El Reino ya está aquí por la redención de Jesucristo. Pero, en otro sentido, el Reino no está todavía aquí, ya que la transformación final de los individuos, de la sociedad y de la cultura, que Cristo llevará a cabo, todavía no ha sucedido en su plenitud. Es por esto que necesitamos rezar esta petición todos los días y trabajar para que se haga realidad.

Hágase Tu Voluntad en la Tierra como en el Cielo

"En la tercera petición, rogamos al Padre que una nuestra voluntad a la de su Hijo para realizar su Plan de salvación en la vida del mundo" (CIC, no. 2860). Necesitamos de la ayuda y protección de Dios para que esto sea posible.

Jesús nos dio un ejemplo de esto cuando él estaba en Getsemaní, la noche antes de su Pasión y muerte. Primero él pidió que Dios le alejara el cáliz de la amargura pero también rezó que "no se haga mi voluntad, sino la tuya" (Lc 22:42).

¿Cuál es la voluntad de Dios? Al crearnos, Dios diseñó un plan sobre cómo vivir de una forma plenamente humana y espiritual. Jesús vino para enseñarnos lo que significa eso exactamente. El Señor Jesús nos pide que seamos sus discípulos y que formemos nuestras vidas por la fe. El Concilio Vaticano II nos recuerda que "el discípulo tiene la obligación grave para con Cristo Maestro de conocer cada día mejor la verdad que de El ha recibido, de anunciarla fielmente y de defenderla con valentía" (*Declaración sobre la Libertad Religiosa* [*Dignitatis Humanae*], no. 14).

Danos Hoy Nuestro Pan de Cada Día

"'Nuestro pan' designa el alimento terrenal necesario para la subsistencia de todos y significa también el Pan de Vida: Palabra de Dios y Cuerpo de Cristo" (CIC, no. 2861). Nuestra vida se nutre en la Eucaristía cada vez que recibimos la Sagrada Comunión.

Justo antes de dejar este mundo, el Señor Jesús prometió estar con nosotros todos los días. De una manera extraordinaria Jesús está presente para con nosotros en el Santísimo Sacramento, porque él mismo es el Pan de Vida que se nos ofrece. La contemplación de la Iglesia siempre se centra en el Señor en este Sacramento, el cual contiene todo el tesoro de la Iglesia, Jesucristo.

Al mismo tiempo, pedimos por los bienes materiales. Mientras que buscamos lo que necesitamos para nuestro mantenimiento y desarrollo, nunca debemos olvidar a los pobres del mundo, quienes muy a menudo carecen del pan de cada día. Estamos llamados a ser solidarios con ellos y a trabajar para su bienestar físico y espiritual. Rezamos por nuestro pan "de cada día", insinuando que rezamos por lo que necesitamos hoy y que rezaremos de nuevo cada día por las necesidades de ese día.

Perdona Nuestras Ofensas como También Nosotros Perdonamos a los que Nos Ofenden

La quinta petición implora para nuestras ofensas la misericordia de Dios, la cual no puede penetrar en nuestro corazón si no hemos sabido perdonar a nuestros enemigos, a ejemplo y con la ayuda de Cristo.

—CIC, no. 2862

La mejor manera de recibir la misericordia es siendo misericordioso. Como Jesús nos enseñó: "Dichosos los misericordiosos, porque obtendrán misericordia" (Mt 5:7). No perdonar a los demás es un gran problema humano. Guardar rencores es algo común. No perdonar divide a menudo familias, comunidades e incluso naciones. Jesús destacó de muchas maneras la misericordia y el perdón, como cuando le pidió al Padre que perdonase a quienes lo crucificaron (cf. Lc 23:34). Le pedimos a Dios que seamos capaces de perdonar tanto como nosotros somos perdonados.

No Nos Dejes Caer en la Tentación

Dios nos quiere liberar del mal; Dios no tienta a nadie (cf. CIC, no. 2846).

Al decir: "No nos dejes caer en la tentación", pedimos a Dios que no nos permita tomar el camino que conduce al pecado. Esta petición implora el Espíritu de discernimiento y de fuerza; solicita la gracia de la vigilancia y la perseverancia final. (CIC, no. 2863)

Sabemos que la medicina preventiva es deseable para que así la medicina curativa no sea necesaria. Prevenir la posibilidad del pecado es preferible a pecar, con su impacto negativo en nuestras vidas. Tradicionalmente se nos ha enseñado a evitar las ocasiones de pecado, es decir, personas y situaciones que nos pueden llevar a pecar. La virtud se fortalece con esta práctica.

En esta petición, nos encomendamos al Espíritu Santo para que nos mantenga alerta ante los peligros del pecado y para que nos dé la gracia de resistir la tentación. Una meditación sobre cómo Cristo resistió la tentación en el desierto es un ejemplo fructífero e inspirador de cómo nos deberíamos comportar nosotros cuando afrontemos una tentación (cf. Mt 4:1-11; Lc 4:1-12). "Por medio de su oración, Jesús es vencedor del Tentador, desde el principio y en el último combate de su agonía" (CIC, no. 2849).

Y Líbranos del Mal

> *En la última petición, "y líbranos del mal", el cristiano pide a Dios con la Iglesia que manifieste la victoria, ya conquistada por Cristo, sobre el "Príncipe de este mundo", sobre Satanás, el ángel que se opone personalmente a Dios y a Su plan de salvación.*
>
> —CIC, no. 2864

Como siempre es el caso a lo largo de esta oración, se nos recuerda que recemos por la Iglesia. No rezamos solos, sino en comunión con toda la comunidad de creyentes de todo el mundo —todos nosotros unidos mediante nuestra comunión con Cristo, en el Espíritu y en una relación filial adoptiva con el Padre.

El *Catecismo* pone de relieve que le pedimos a Dios que nos libere del Maligno —Satanás, el demonio (cf. Jn 17:15). El mal que afrontamos no es solo una idea abstracta, sino un ángel caído malvado que quiere prevenir nuestra salvación. Nos encomendamos a Dios para que el demonio no nos lleve al pecado.

"Quien confía en Dios, no tema al Demonio. 'Si Dios está con nosotros, ¿quién estará contra nosotros?'" (CIC, no. 2852, citando San Ambrosio, *De Sacramentes*, 5, 4, 30; cf. Rm 8:31). Le pedimos a Dios que nos libere de todos los males —pasados, presentes y futuros— de los que Satanás es su autor o instigador.

DEL CATECISMO

1. ¿Cuál es la relación entre el Padrenuestro y el Evangelio?
"La oración Dominical [la Oración del Señor ó "Padrenuestro"] es, en verdad, el resumen de todo el Evangelio". (CIC, no. 2774, citando Tertuliano, *De Oratione*. 1: PL 1, 1251-1255)

La Oración dominical es la oración por excelencia de la Iglesia. (CIC, no. 2776)

2. ¿Qué contienen las tres primeras peticiones del Padrenuestro?
El primer grupo de peticiones nos lleva hacia El, para El: ¡*tu* Nombre, *tu* Reino, *tu* Voluntad! (CIC, no. 2804)

3. ¿En qué se centran las cuatro últimas peticiones del Padrenuestro?
Las otras cuatro presentan al Padre nuestros deseos: estas peticiones conciernen a nuestra vida para alimentarla o para curarla del pecado y se refieren a nuestro combate por la victoria del Bien sobre el Mal. (CIC, no. 2857)

Doxología

Existe una doxología final que fue añadida por la Iglesia primitiva: "Tuyo es el Reino, tuyo el poder y la gloria por siempre Señor" (cf. *Instrucciones de los Apóstoles* [*Didaché*], 8, 2; *Constituciones Apostólicas*, 7, 24). Es recitada por los católicos latinos después de la oración que sigue a la recitación del Padrenuestro durante la Misa. Estas palabras hacen eco de las tres primeras peticiones y las usamos como palabras de adoración en unión con la liturgia celestial.

Amén

Concluimos con el "Amén", que significa "Así sea". Gozosamente ratificamos las palabras que Jesús nos enseñó (cf. CIC, no. 2856).

REZA PARA PODER CREER, CREE PARA PODER REZAR

Un estudio más detenido del *Catecismo de la Iglesia Católica* revelará su método para entrelazar la oración y sus presentaciones de la doctrina. Aunque ciertas secciones han sido designadas para tratar específicamente de la oración, como la Segunda Parte sobre la liturgia y esta Cuarta Parte sobre la oración, existe un espíritu contemplativo en todo el texto. Identificar ciertas partes con la oración no significa que exista alguna clase de separación falsa entre la doctrina y la oración.

El *Catecismo* nos recuerda que el Señor Jesús nos pide que creamos para así poder rezar, y que recemos para así poder creer. Conocer y amar a Dios se complementan y sostienen mutuamente. Creer en el Padre, el Hijo y el Espíritu Santo debería estar conectado esencial e inmediatamente a una comunión de oración y amor con la Santísima Trinidad.

Creer en la doctrina católica nos lleva a la oración y a una garantía divina de la validez de estas verdades reveladas de Dios a las que hemos respondido con fe. Nos damos a la oración para fortalecer nuestra relación con Dios en una comunión de amor. Experimentar a Dios en la oración nos muestra la vitalidad de la verdad de la doctrina y vigoriza nuestro testimonio espiritual y moral.

Al igual que entender la doctrina requiere del estudio y del esfuerzo, así también lo requiere la práctica de la oración. "La oración es un don de la gracia y una respuesta decidida por nuestra parte. Supone siempre un esfuerzo" (CIC, no. 2725). Ya que la oración es una relación de amor con Dios, esta nos impone ciertas demandas. No hay amor sin sacrificio.

En nuestra cultura frenética, el tiempo se ha convertido en una de nuestras más preciadas posesiones. De entre lo que podemos ofrecer a quien amamos, una de las mejores cosas que podemos dar es nuestro tiempo. A menudo hay que sacrificar algo para poder hacer esto.

En lo que se refiere a la oración, debemos elegir un momento específico para rezar cada día de forma regular. Debemos dejar de un lado el bullicio de la vida diaria y serenar nuestra alma ante Dios, como lo hizo Jesús cuando dedicaba tiempo a estar con su Padre.

¿Cómo sabemos cuando empezamos realmente a rezar? Ya se han dicho las distintas clases de oración: litúrgica y privada; vocal, meditativa y contemplativa. Bajo todas estas nuestros corazones deberían estar activamente dispuestos hacia Dios.

> ¿De dónde viene la oración del hombre? [...] para designar el lugar de donde brota la oración, las Escrituras hablan a veces del alma o del espíritu, y con más frecuencia del corazón (más de mil veces). Es el *corazón* el que ora. Si éste está alejado de Dios, la expresión de la oración es vana. (CIC, no. 2562)

En la mente bíblica o semita, el corazón está más allá de lo que la razón puede comprender, y es más profundo que nuestros instintos psíquicos. Es el mero núcleo de nuestro ser, el misterioso lugar en el que tomamos nuestras decisiones más fundamentales. Es donde nos encontramos con Dios. A diferencia del bullicio de nuestra vida mental, el corazón es un lugar de silencio.

El corazón en el entorno en el que tiene lugar nuestra más seria entrega. Como lugar de encuentro con Dios, así sea en la liturgia o en la meditación, el corazón es el lugar donde disfrutar de nuestra Alianza con Él. Puede ser un momento maravilloso, como nos lo dice el autor del libro del Apocalipsis: "Caí a sus pies como muerto" (Ap 1:17).

Entender el corazón como la fuente de nuestra oración nos debería también ayudar a darnos cuenta de cómo afecta a nuestro compromiso con la enseñaza cristiana. Si tratamos a la doctrina simplemente como un estudio académico, entonces tendremos la tendencia a no ver su relación con nuestra unión con Dios. Jesús dijo: "Yo soy la verdad" (Jn 14:6). El también dijo: "El que me ama cumplirá mi palabra" (Jn 14:23). Jesús nunca separó su enseñanza de sí mismo. Las dos cosas iban juntas.

De la misma manera, la doctrina y la oración van juntas. El corazón es el santuario de la Palabra y del Amor. El corazón une estos dones en una unidad gratificante.

Este enfoque de nuestros esfuerzos no debe distraernos del haber comprendido humildemente que la oración del corazón es provocada por el Espíritu Santo. Es él quien preside sobre nuestro estudio de la doctrina y sobre nuestra vida de oración. Siempre nos encontrará yendo y viniendo entre la dependencia de Dios y la dependencia de nosotros mismo. Pero al final, nos encontraremos a nosotros mismos haciendo eco de los santos que a menudo decían: "Todo es gracia".

PARA LA REFLEXIÓN Y EL DEBATE

1. ¿Cuál es el vínculo entre la creencia y la oración? ¿Cómo enriquecen las enseñanzas de Cristo y de la Iglesia tu oración?
2. ¿Cómo desarrollamos nuestra dependencia y confianza en Dios en un mundo que promueve la dependencia en uno mismo?
3. ¿Qué importancia tiene el corazón en la oración? ¿Cómo puede uno equilibrar las actitudes intelectual e intuitiva hacia Dios en la oración? ¿Cómo puedes ayudar a los demás a que se abran a la oración del corazón?

ENSEÑANZAS

- "La oración dominical es la más perfecta de las oraciones [...] En ella, no sólo pedimos todo lo que podemos desear con rectitud, sino además según el orden en que conviene desearlo. De modo que esta oración no sólo nos enseña a pedir, sino que también forma toda nuestra afectividad" (CIC, no. 2763, citando Santo Tomás de Aquino, *Summa Theologiae*, II-II, 83, 9).
- La Iglesia incluye al Padrenuestro en todas sus liturgias. El rezo comunitario del Padrenuestro en la Misa recoge las intercesiones que acompañan a la consagración del pan y el vino en el Cuerpo y Sangre de Cristo y prepara a los fieles para la Sagrada Comunión.
- El misterio divino va más allá de nuestra comprensión e imaginación. Llamamos a Dios "Padre" solo porque Jesús, el Hijo de Dios hecho hombre, lo reveló como tal.

- Por nuestra unión con Cristo por el Bautismo, recibimos la gracia de una relación filial adoptiva con el Padre. Esto engendra en nosotros una nueva forma de entendernos a nosotros mismos basada en esta extraordinaria intimidad con el Padre y el Hijo.

- La oración al Padre nos incita a ser como Él y a adquirir un corazón humilde y confiado (cf. CIC, no. 2800).

- "'Que estás en el cielo' no designa un lugar sino la majestad de Dios y su presencia en el corazón de los justos. El cielo, la Casa del Padre, constituye la verdadera patria hacia donde tendemos y a la que ya pertenecemos" (CIC, no. 2802).

- "En el Padrenuestro, las tres primeras peticiones tienen por objeto la Gloria del Padre: la santificación del nombre, la venida del Reino y el cumplimiento de la voluntad divina. Las otras cuatro presentan al Padre nuestros deseos: estas peticiones conciernen a nuestra vida para alimentarla o para curarla del pecado y se refieren a nuestro combate por la victoria del Bien sobre el Mal" (CIC, no. 2857).

- *Santificado* significa "hacer santo". Nosotros no hacemos santo el nombre de Dios; Dios es la fuente de su propia santidad que es su perfección y su gloria. Santificamos el nombre de Dios dando honor, mostrando respeto y adorando a Dios (cf. CIC, no. 2807). Damos testimonio de la santidad de Dios haciendo su voluntad, siendo gente de oración y estableciendo las condiciones terrenas por la que la santidad de Dios es manifestada.

- "Venga a nosotros tu Reino" dirige nuestra atención a la venida final de Jesucristo y la realización plena de su Reino. Este era el grito orante de los primeros cristianos que tendían un sentido vívido de la venida final de Jesucristo —¡Marana Tha! "Ven, Señor Jesús" (Ap 22:20).

- "En la tercera petición, rogamos al Padre que una nuestra voluntad a la de su Hijo para realizar su Plan de salvación en la vida del mundo" (CIC, no. 2860).

- "'Nuestro pan' designa el alimento terrenal necesario para la subsistencia de todos y significa también el Pan de Vida: Palabra de Dios y Cuerpo de Cristo" (CIC, no. 2861).

- "La quinta petición implora para nuestras ofensas la misericordia de Dios, la cual no puede penetrar en nuestro corazón si no hemos sabido perdonar a nuestros enemigos, a ejemplo y con la ayuda de Cristo" (CIC, no. 2862).

- "Al decir: 'No nos dejes caer en la tentación', pedimos a Dios que no nos permita tomar el camino que conduce al pecado. Esta petición implora el Espíritu de discernimiento y de fuerza; solicita la gracia de la vigilancia y la perseverancia final" (CIC, no. 2863).

- "En la última petición, 'y líbranos del mal', el cristiano pide a Dios con la Iglesia que manifieste la victoria, ya conquistada por Cristo, sobre el 'Príncipe de este mundo', sobre Satanás, el ángel que se opone personalmente a Dios y a Su plan de salvación" (CIC, no. 2864).

- Concluimos con el "Amén", que significa "Así sea". Gozosamente ratificamos las palabras que Cristo nos enseñó (cf. CIC, no. 2856).

MEDITACIÓN

La correcta ordenación de nuestras actividades externas solo se puede conseguir una vez que hayamos reestablecido contacto consciente con el centro de todas estas actividades y preocupaciones. Este centro es el objetivo de nuestra meditación. En palabra de Santa Teresa de Jesús: "Dios es el centro del alma". Cuando nuestro acceso a este centro se abre, el Reino de Dios es establecido en nuestros corazones. Ese Reino no es nada menos que el poder presente y la vida omnipresente de Dios impregnando toda la creación. En palabras de San Juan Casiano: "Aquel que es el autor de la eternidad no pediría nada de los hombres que fuese incierto, insignificante o temporal".

Esto es así no porque Él no quiere que gocemos de las buenas cosas de la vida, sino porque solo las podemos gozar plenamente cuando hayamos recibido el don de sí mismo quien es la bondad misma. La prueba de esta generosidad es también lo que San Pablo llama "La fuente de nuestra esperanza". Es el amor de Dios inundando nuestros más profundos corazones a través del Espíritu Santo que nos ha dado (cf. Rm 5:5).

Esta no es una experiencia reservada para unos pocos elegidos. Es un don disponible para todos los hombres y mujeres. Para recibirlo debemos regresar al centro de nuestro ser, donde encontramos la infusión del amor de Dios por el Espíritu de Jesús.

—John Main, OSB, *Word into Silence* (Mahwah, NJ: Paulist Press, 1981), 66-67 (v.d.t.)

ORACIÓN

Padre nuestro que estás en el cielo,
santificado sea tu Nombre;
venga a nosotros tu reino;
hágase tu voluntad
en la tierra como en el cielo.
Danos hoy nuestro pan de cada día;
perdona nuestras ofensas,
como también nosotros perdonamos
a los que nos ofenden;
no nos dejes caer en la tentación,
y líbranos del mal. Amén.

—cf. Mt 7:9-13

Digno es el cordero que fue inmolado,
De recibir el poder y la riqueza,
La sabiduría y la fuerza,
El honor, la gloria y la alabanza [...]
Al que está sentado en el trono y al Cordero,
La alabanza, el honor, la gloria y el poder,
Por los siglos de los siglos.

—Ap 5:12-13

CONCLUSIÓN
Y
APÉNDICES

CONCLUSIÓN: UNA FUENTE DE SIGNIFICADO Y ESPERANZA

El Concilio Vaticano II declaró que "el porvenir de la humanidad está en manos de quienes sepan dar a las generaciones venideras razones para vivir y razones para esperar" (GS, no. 31). Nadie puede vivir sin la esperanza de que la vida tiene un significado final y duradero que va más allá de las preocupaciones y luchas, de los gozos y satisfacciones de cada día. Los católicos encuentran ese significado y esperanza en Jesucristo, a quien Dios Padre envió al mundo para la salvación de todas las personas.

Pero el mundo puede ser un lugar preocupante. Están la guerra y la ansiedad que causa el terrorismo. Están la competencia feroz y las injusticias que provienen de la avaricia. Las continuas distracciones de los medios de comunicación, la gran cantidad de horas dedicadas a la televisión, la radio y el Internet. Existen las inagotables demandas del trabajo y de la vida laboral.

No obstante, en medio de todo esto, la gente ama generosamente en sus familias, a sus amigos y comunidades. Sin embargo, permanece una pregunta insistente: ¿Hacia dónde se dirige todo esto? Existe una sed permanente de justicia y esperanza.

Mucha gente encuentra refugio en diferentes tipos de actividades espirituales y comunidades que prometen tranquilidad en un mundo frenético y un refugio de sus presiones. Buscan técnicas de meditación y a personalidades bien conocidas para descubrir maneras de encontrar la tranquilidad y algo de esperanza para sí mismos.

En medio de esta cultura, la Iglesia Católica ofrece un mensaje que no es el suyo propio sino que proviene de Dios mismo, revelado en Jesucristo hace dos mil años, y que sin embargo es siempre nuevo y se renueva cuando es recibido, celebrado, vivido y contemplado hoy en día. La Iglesia ofrece a todas las personas la posibilidad de encontrarse con el Dios vivo hoy y encontrar en Él un significado y una esperanza duraderos.

Dios continúa estando presente en la Iglesia a la vez que el Evangelio de su Hijo, Jesucristo, es proclamado y recibido por sus miembros por el poder dador de vida del Espíritu Santo. En la Primera Parte de este *Catecismo Católico de los Estados Unidos para los Adultos*, hemos estudiado el resumen de la fe en el Credo de los Apóstoles y hemos aprendido cómo el Evangelio de Jesucristo es transmitido fielmente de generación en generación y cómo continúa siendo escuchado por innumerables creyentes de una manera que los lleva a un mayor entendimiento del amor de Dios y de su destino.

Dios continúa estando presente en su Iglesia a la vez que sus miembros son reunidos por el Espíritu Santo para celebrar los siete sacramentos, sobre todo, y especialmente, la Eucaristía. En la Segunda Parte de este *Catecismo* hemos aprendido cómo Jesucristo continúa dotando a su pueblo con sus dones de la salvación. Por el Bautismo, él los convierte en hijos de su Padre, sus discípulos y miembros de la Iglesia. Por la Confirmación, él profundiza en ellos la presencia del Espíritu Santo. Por el sacrificio de la Eucaristía, él los nutre con su Cuerpo y Sangre. Por la Penitencia y la Reconciliación, él los lleva del pecado a la gracia. Por la Unción de los Enfermos, él los ayuda a llevar —y a veces les quita— la carga de las enfermedades graves. Por el Matrimonio, él revela lo absoluto que es el amor y su creatividad que da vida. Por el sacramento del Orden, él establece obispos, sacerdotes y diáconos para asegurar su pastoreo continuo de la Iglesia.

Dios continúa estando presente en la Iglesia cuando sus miembros se esfuerzan por vivir según el ejemplo y la enseñanza de Jesucristo. En la Tercera Parte de este *Catecismo* hemos aprendido cómo las Bienaventuranzas y los Diez Mandamientos guían las conciencias y las vidas de los miembros de la Iglesia para que ellos puedan hacer vivo, en medio de la humanidad, el poder del amor de Dios para transformar a la sociedad con la sabiduría, compasión, justicia y fidelidad que brotan de Dios mismo. El Espíritu Santo es la presencia dinámica de Dios, que hace que los miembros de la Iglesia sean capaces de vivir una vida verdaderamente cristiana.

Dios continúa estando presente cuando sus miembros contemplan las grandes obras que Dios ha realizado por medio de su Hijo por el poder del Espíritu Santo, para la salvación de todo el mundo. En la Cuarta Parte de este *Catecismo*, hemos aprendido la importancia de la oración y de la piedad popular como maneras en las que los miembros de la Iglesia continúan encontrándose con el Dios vivo en sus propios corazones y en sus propias comunidades.

La Iglesia es una comunidad de seres humanos que todavía están sujetos al pecado, y es por eso que con humildad la Iglesia se ofrece a sí misma como el lugar de encuentro con el Dios vivo. Su existencia durante dos mil años demuestra la misericordia y amor incesantes de Dios, al mantenerla en su gracia como un pueblo fiel y arrepentido. En un mundo de modas pasajeras y ambiciones transitorias, ella ofrece la sustancia de la sabiduría del Evangelio y su creciente entendimiento de él a lo largo de los dos milenios. Ella ofrece la posibilidad de enriquecer el momento presente con los dones de una tradición con raíces en la revelación de Dios mismo, y con la esperanza y significado de la vida humana que provienen de Dios mismo. En un mundo quebrantado por la guerra y la injusticia, la Iglesia celebra la muerte y Resurrección de Jesucristo, el don de sí mismo hecho eternamente presente y efectivo, para hacer de todas las gentes una, con él como cabeza de una comunidad reconciliada y sanada. En un mundo de violencia contra la vida humana, la Iglesia defiende con fuerza la vida mediante sus obras de justicia y caridad, así como mediante su defensa para proteger a toda vida humana.

Por su propia naturaleza la Iglesia es misionera. Esto quiere decir que sus miembros están llamados por Dios a llevar el Evangelio mediante palabras y obras a todas las gentes y todas las situaciones de trabajo, educación, cultura y vida comunitaria en las que se encuentran los seres humanos. Los miembros de la Iglesia buscan transformar la sociedad, no con el poder, sino por medio de la persuasión y el ejemplo. A través de la participación en la vida política —como votantes o como personas con cargos públicos— los miembros de la Iglesia trabajan para ampliar la conformidad de la política pública a la ley de Dios que conocemos por medio de la razón humana y la Divina Revelación. Lo hace especialmente al mostrar una coherencia entre la enseñanza católica y los deseos fundamentales y la dignidad de la persona humana.

Desde su fundación, Estados Unidos de América ha mantenido la libertad de sus ciudadanos para que ofrezcan culto según sus conciencias y ha prohibido los ataques del gobierno contra la libertad religiosa. Algunos sacan la conclusión de que la religión es solamente una cuestión privada y que no debería ejercer una voz pública en los debates sobre temas morales. Esta no era la intención de los fundadores de esta nación. Los católicos deben participar en la vida política y llevar a ella —con su voz y su voto— lo que han aprendido de la Revelación de Dios sobre la naturaleza humana, el destino humano y la voluntad de Dios para los seres humanos. El Evangelio de Jesucristo es relevante en todos los tiempos y en todos los lugares.

Este *Catecismo* proporciona a los católicos el conocimiento y el entendimiento del Evangelio que hace que sean capaces de dar cuenta de su fe con claridad y persuasión a todos aquellos con los que se encuentren. Los católicos están capacitados más eficientemente para proclamar lo que Dios ha realizado por ellos mediante su Hijo en el Espíritu Santo y para explicar la rica tradición de creencias que es nuestra herencia. Esta proclamación y catequesis es esencial para la nueva evangelización a la que la Iglesia se compromete hoy: llevar el Evangelio de salvación a los que están cerca y a los que están lejos.

APÉNDICE A.
GLOSARIO

-A-

ABORTO: La destrucción intencionada de un niño antes de nacer; tal acto es gravemente contrario a la ley moral y voluntad del Creador.

ABSOLUCIÓN: La acción del sacerdote, usando el poder de Cristo encomendado a la Iglesia, durante el sacramento de la Penitencia por el cual él perdona los pecados del penitente.

ADOPCIÓN DIVINA: Un efecto del Bautismo y de la Confirmación: convertirse en hijos adoptivos de Dios, participando en la vida y en el amor de Dios.

ADVIENTO: Un período de tiempo que dura aproximadamente las cuatro semanas que preceden a la Navidad, durante el cual los fieles se preparan espiritualmente para la celebración del nacimiento de Cristo.

AGNÓSTICO: Persona que dice no poder saber si Dios existe o no.

ALIANZA: Un pacto solemne entre personas, o entre Dios y una persona o personas. En el Antiguo Testamento, Dios estableció alianzas con Noé, Abrahán y Moisés. Los profetas prepararon a las personas para la alianza nueva y eterna establecida por Jesucristo. El Matrimonio es una alianza de vida y de amor.

ALMA: La parte inmortal espiritual de una persona; el alma no muere con el cuerpo al morir este y es reunificada con el cuerpo en la resurrección final.

AMÉN: Palabra hebrea que significa "así sea" o "así es". Su uso sirve como una afirmación de lo que se ha dicho previamente; esta palabra se usa a menudo para concluir una oración.

AMOR: Véase "Caridad".

AMOR FILIAL: El amor que los hijos deben a sus padres mediante el respeto, la gratitud, la obediencia justa y la ayuda.

ANÁMNESIS (EL MEMORIAL): Oración que sigue a las palabras de consagración durante la Misa, mediante las cuales recordamos la muerte y Resurrección de Cristo y esperamos ansiosamente su gloriosa venida.

ÁNGEL: Una criatura inmortal, personal y espiritual, con inteligencia y libre voluntad, creada por Dios para servirle sin cesar y para actuar como mensajero para llevar a cabo el designio de salvación.

ANTIGUO TESTAMENTO: La primera parte de las Sagradas Escrituras que contiene el Pentateuco (los primeros cinco libros), los libros Históricos, la literatura Sapiencial y los libros Proféticos. Estos nos llegan del antiguo pueblo de Israel, antes de la venida de Cristo. Los libros del Antiguo Testamento fueron inspirados por Dios.

AÑO LITÚRGICO: El calendario que guía las liturgias y oraciones de la Iglesia. Comienza el Primer domingo de Adviento y termina con la celebración de Cristo, Rey. Incluye los tiempos litúrgicos de Adviento, Navidad, Cuaresma, Pascua y el Tiempo Ordinario, así como varias Fiestas de María, de los Apóstoles y de muchos otros santos.

APOSTASÍA: Término que se aplica a una persona bautizada que ha abandonado la fe cristiana.

APÓSTOL: El título que se da tradicionalmente a aquellas personas especialmente elegidas por Jesús para predicar el Evangelio y a quienes les encomendó la responsabilidad de guiar a la Iglesia naciente. Los nombres de los Doce (Apóstoles) son: Pedro, Andrés, Santiago, Juan, Tomás, Santiago, Felipe, Bartolomé (o Nataniel), Mateo, Simón, Judas Tadeo y Matías (quien reemplazó a Judas Iscariote después de que este traicionara a Jesús y se suicidase). San Pablo, aunque no es uno de los Doce, también fue llamado por el Señor, más tarde, a ser Apóstol.

ARRIANISMO: Herejía en la historia de la Iglesia que fue ampliamente extendida por un hombre llamado Arrio (250-336 d.C.), que argumentaba que Jesús no era verdaderamente divino, sino que Dios Hijo era un tipo de Dios menor que se convirtió en Jesús, el hombre. Esta herejía fue rechazada por los Concilios de Nicea (325 d.C.) y de Calcedonia (451 d.C.).

ASCENSIÓN: El ingreso de la humanidad de Jesús en la gloria divina para estar a la derecha del Padre; tradicionalmente, esto ocurrió cuarenta días después de la Resurrección de Jesús.

ASUNCIÓN: Dogma que estable que cuando la vida terrenal de la

Santísima Virgen María llegó a su fin, al estar ella libre de pecado, no sufrió corrupción corporal sino que fue ascendida, en cuerpo y alma, a la gloria celestial.

ATEO: Persona que niega la existencia de Dios.

ATRIBUTOS DE LA IGLESIA: Nombre que reciben cuatro características específicas de la Iglesia: la Iglesia es una, santa, católica y apostólica.

AVARICIA: Un apego desordenado a los bienes de la creación, expresado frecuentemente en la búsqueda del dinero u otros símbolos de riqueza, que lleva a los pecados de la injusticia y otros males.

-B-

BAUTISMO: Primer sacramento de la Iniciación mediante el cual somos liberados de todo pecado y dotados con el don de la vida divina, nos incorporamos a la Iglesia como miembros y somos llamados a la santidad y misión.

BEATIFICACIÓN: El último paso antes de que alguien sea declarado santo. Los principales pasos en el proceso de canonización (que determinan la elegibilidad para la santidad) son los siguientes: Siervo de Dios (Venerable), Beato y Santo.

BENDICIONES: De entre los sacramentales, las bendiciones ocupan un lugar importante. Hay bendiciones para personas, comidas, objetos, lugares y ceremonias como son las graduaciones, reconocimientos honoríficos, bienvenidas y despedidas. Todas las bendiciones alaban a Dios por sus dones. La mayoría de las bendiciones invocan a la Santísima Trinidad junto con la señal de la Cruz y a veces con la aspersión de agua bendita.

BIBLIA: Véase "Sagradas Escrituras".

BIENAVENTURANZAS: Las ocho Bienaventuranzas forman parte de las enseñanzas que Jesús impartió en el Sermón de la Montaña, que dictan actitudes y virtudes fundamentales para vivir como fiel discípulo.

BIEN COMÚN: Por bien común, es preciso entender "el conjunto de aquellas condiciones de la vida social que permiten a los grupos y a cada uno de sus miembros conseguir más plena y fácilmente su propia perfección" (CIC, no. 1906, citando GS, no. 26 §1).

BLASFEMIA: El uso del nombre de Dios, de la Virgen María y de los santos de manera ofensiva.

-C-

CAÍDA: Nombre que se da al acontecimiento en el cual el primer hombre y la primera mujer, tradicionalmente llamados Adán y Eva, desobedecieron a Dios, con el resultado de que perdieron su lugar en el Paraíso, transmitieron el Pecado Original a sus descendientes e hicieron necesaria la Redención.

CANONIZACIÓN: Nombre de la solemne declaración del Papa que establece que un fiel difunto puede ser propuesto como modelo e intercesor de los fieles cristianos y que puede ser venerado como santo, basado en el hecho de que la persona vivió una vida de virtud heroica o que permaneció fiel a Dios en el martirio.

CARÁCTER SACRAMENTAL: Una marca indeleble que es efecto permanente de los sacramentos del Bautismo, de la Confirmación y del Orden. Trae una nueva conformidad con Cristo y una posición específica dentro de la Iglesia. La recepción de estos sacramentos nunca se repite.

CARIDAD (AMOR): La Virtud Teológica mediante la cual amamos a Dios por su propio bien y amamos a nuestro prójimo a causa de Dios.

CASTIDAD: Vinculada a la pureza de corazón, esta es una virtud que nos lleva a amar a los demás con un respeto generoso. Excluye la lujuria y cualquier deseo de explotarlos sexualmente. Nos ayuda a ver y a poner en práctica el designio de Dios para el cuerpo, la persona y la sexualidad. Todas las personas están llamadas a buscar y vivir la virtud de la castidad según su estado de vida.

CATECISMO: Nombre que se da a la obra escrita que contiene un resumen de todas las creencias de la fe y que es publicado para la instrucción catequética.

CATECÚMENO: Candidato, no bautizado, a los Sacramentos de la Iniciación.

CATECUMENADO: Un prolongado período de preparación para los Sacramentos de la Iniciación, que incluye rituales, oración, instrucción y apoyo espiritual y moral por parte de la comunidad parroquial.

CATEQUESIS: El acto de transmitir la Palabra de Dios con la intención de informar a la comunidad de fe y a los candidatos para la iniciación en la Iglesia sobre las enseñanzas de Cristo, transmitidas por los Apóstoles a la Iglesia. También implica el esfuerzo de por vida de formar gente en testigos de Cristo y a abrir sus corazones a la transformación espiritual que da el Espíritu Santo.

CELOS: Una actitud relacionada con la codicia así como con la avaricia; una persona envidiosa es posesiva de lo que tiene y desea poseer lo que cree que debería tener, y resiente a los demás por lo que ellos tienen.

COLEGIO DE OBISPOS (COLEGIALIDAD): Todos los obispos, con el Papa como su cabeza, los cuales son sucesores generación tras generación del colegio de los Doce Apóstoles, con Pedro como su cabeza. Cristo instituyó este colegio como cimiento de la Iglesia. El colegio de obispos, junto con —pero nunca sin— el Papa, sustenta la autoridad suprema y plena de la Iglesia universal.

COMUNIÓN, SAGRADA: Véase "Eucaristía".

COMUNIÓN DE LOS SANTOS: Se refiere a los miembros de la Iglesia a lo largo de todos los tiempos —aquellos que están presentes ahora en la Iglesia y aquellos miembros que nos han dejado y están o en el Purgatorio o en el cielo.

COMUNIÓN PLENA, INCORPORACIÓN A LA: Se refiere a la incorporación de los cristianos bautizados en otras comuniones eclesiales cristianas en la comunión plena de la Iglesia Católica, mediante la profesión de la fe y de los sacramentos de la Confirmación y de la Eucaristía.

CONCUPISCENCIA: El desorden en nuestros apetitos y deseos humanos que es el resultado del Pecado Original. Estos efectos permanecen incluso después del Bautismo y causan la inclinación al pecado.

CONFIRMACIÓN, SACRAMENTO DE LA: Este es un sacramento de la Iniciación en el cual el obispo, o un sacerdote delegado por él, confiere la Confirmación mediante la unción con el Crisma, sobre la frente del confirmando, lo cual se hace con la imposición de manos, mientras que dice: "Recibe por esta señal el don del Espíritu Santo". La Confirmación completa la gracia del Bautismo, otorgando de una manera especial los dones del Espíritu Santo, que sella y confirma al bautizado en unión con Cristo, y lo llama a una mayor participación en la vida de culto y apostólica de la Iglesia.

CONCIENCIA: El juicio práctico sobre la cualidad moral de actos humanos específicos, así como la habilidad interior de formar tal juicio.

CONCILIO ECUMÉNICO: Reunión de todos los obispos del mundo, ejerciendo su autoridad colegial sobre la Iglesia universal, en comunión con el Papa.

CONSEJOS EVANGÉLICOS: Aquellos votos que hacen los hombres y mujeres que entran a la vida religiosa; los votos son tres: pobreza, castidad y obediencia.

CONTEMPLACIÓN: Oración, sin palabras, en la cual la persona centra todo su ser en adorar con amor a Dios y a su mera presencia.

CONTRICIÓN: Dolor por haber pecado acompañado de un compromiso serio de enmienda, la cual es la intención de evitar el pecado en el futuro. La contrición es imperfecta cuando la persona está motivada por el miedo a la pena. La contrición es perfecta cuando el motivo es una respuesta al amor de Dios por nosotros. La contrición del penitente, así sea imperfecta o perfecta, es una parte necesaria del

sacramento de la Penitencia y de la Reconciliación.

CREACIÓN: Dios —Padre, Hijo y Espíritu Santo— porque nos ama, creó el mundo de la nada, queriendo compartir la vida y amor divinos con nosotros. La creación original se convirtió en una nueva creación en Jesucristo.

CREDO: Esta palabra proviene directamente del latín y significa "Yo creo". Se usa para referirse a una declaración de fe.

CREDO DE LOS APÓSTOLES: Una declaración de la fe cristiana, compuesto en los primeros siglos de la Iglesia y usado en el sacramento del Bautismo. Expresa la fe que se nos ha transmitido desde los Apóstoles.

CREDO NICENO (DE NICEA): Este credo resultó de las deliberaciones de los obispos reunidos en los Concilios de Nicea (325 d.C.) y de Constantinopla I (381 d.C.). Estos Concilios clarificaron y defendieron las enseñanzas originales de la Iglesia sobre la humanidad y la divinidad de Cristo y la divinidad del Espíritu Santo.

CREMACIÓN: "La Iglesia permite la incineración [reducir un cadáver a cenizas] cuando con ella no se cuestiona la fe en la resurrección del cuerpo" (CIC, no. 2301). Cuando se piensa realizar una cremación, la Iglesia recomienda que el cuerpo esté presente para el funeral. El 21 de marzo de 1997, como respuesta a una petición de la Conferencia de Obispos Católicos (hoya la de los Estados Unidos), la Congregación para el Culto Divino y la Disciplina de los Sacramentos publicó un indulto (Prot. 1589/96/L) dando a cada obispo diocesano en Estados Unidos de América el derecho a permitir la presencia de los restos incinerados del cuerpo en el transcurso de todos los ritos funerales católicos. Cada obispo tiene el derecho de permitir esta práctica o no.

CRISMA: Aceite perfumado consagrado por un obispo durante la Misa anual del Crisma celebrada en la Semana Santa. Se usa en aquellos sacramentos que confieren un sello o carácter permanente, el Bautismo, la Confirmación y el Orden.

CRISMACIÓN: El nombre que recibe el sacramento de la Confirmación en las Iglesias orientales.

CRISTO: El título que se da a Jesús que significa "El Ungido"; proviene de la palabra latina *Christus*, la cual en sus raíces griegas es la palabra para designar al *Mesías*.

CUARESMA: Un período anual de cuarenta días que para los católicos latinos comienza el Miércoles de Ceniza, que se dedica a la penitencia, al ayuno y dar limosnas en preparación para la próxima celebración de la Pascua de Resurrección. Está basada en parte en los cuarenta días que Jesús pasó en el desierto antes de empezar su ministerio público. La penitencia, el ayuno y las limosnas están diseñados para llevar al creyente a una conversión continua y a una fe más profunda en el Señor que nos ha redimido.

CUERPO DE CRISTO: Uno de los nombres de la Sagrada Eucaristía (véase "Eucaristía, Sacramento de la"). Es también un título de la Iglesia, con Cristo como su cabeza, al que a veces se refiere como el Cuerpo Místico de Cristo. El Espíritu Santo provee a los miembros los dones necesarios para vivir como Cuerpo de Cristo.

-D-

DECÁLOGO: Otro nombre para referirse a los Diez Mandamientos.

DEÍSMO: Una forma de entender el mundo que admite que Dios creó el mundo, pero que niega que después Dios haya cuidado o se haya preocupado de él. (Véase también "Providencia".)

DEMONIOS: Los ángeles quienes, a causa de la soberbia, se alejaron de Dios y han caído fuera de la gracia de Dios, se llaman demonios o diablos, y tientan a los seres humanos a pecar.

DEPÓSITO DE FE: La herencia de fe contenida en las Sagradas Escrituras y en la Tradición, transmitida por la Iglesia desde la época de los Apóstoles, de la cual el Magisterio obtiene todo lo que propone para ser creído como revelación divina.

DIÁCONOS: Varones ordenados por el obispo para servir. Reciben el sacramento del Orden, pero no el sacerdocio ministerial, Mediante la ordenación, el diácono se conforma a Cristo quien dijo que había venido a servir, no a ser servido. Los diáconos en la Iglesia latina pueden bautizar, proclamar el Evangelio, predicar la homilía, asistir al obispo o al sacerdote en la celebración de la Eucaristía, bendecir y asistir en Matrimonios y presidir funerales. Se dedican a las obras de caridad, lo que era su función ministerial en tiempos del Nuevo Testamento.

DÍA DEL SEÑOR: Término que se usa como sinónimo del domingo, el día de la Resurrección del Señor Jesús.

DÍAS DE PRECEPTO: En Estados Unidos, para los católicos latinos, estos días son: María, Madre de Dios (1 de enero); la Ascensión del Señor (cuarenta días después de la Pascua de Resurrección, o el siguiente domingo); la Asunción de María (15 de agosto); el Día de Todos los Santos (1 de noviembre); la Inmaculada Concepción de María (8 de diciembre); y la Natividad del Señor o la Navidad (25 de diciembre). Existe la obligación, en estos días, de asistir a Misa y de abstenerse del trabajo mundano en la medida que sea posible.

DIEZ MANDAMIENTOS: Las leyes que guían las acciones humanas que fueron entregadas a Moisés, en el Monte Sinaí, por Dios.

DIOS: El ser eterno e inmutable que ha creado todo lo que es y que continúa dirigiendo y guiándolo todo. A lo largo de los siglos Dios se ha revelado a sí mismo como un ser que es una Trinidad de Personas —Padre, Hijo y Espíritu Santo. Tradicionalmente, la palabra *Dios* se ha usado para referirse al Padre, o la Primera Persona de la Santísima Trinidad, así como para hacerlo a Dios Triuno.

DISCÍPULO: Nombre que se da en el Nuevo Testamento a todos aquellos hombres y mujeres que siguieron a Jesús y a quienes él enseñó cuando vivía, y quienes, tras la muerte, Resurrección y Ascensión de Jesús, formaron la Iglesia junto con los Apóstoles y ayudaron a extender la Buena Nueva, el mensaje del Evangelio. A los miembros de la Iglesia de hoy en día, como seguidores de Jesús, también se les puede llamar discípulos.

DIVINA PERSONA: Término que se usa para describir al Padre, Hijo y Espíritu Santo en su relación mutua y de distinción dentro de la unidad de la Santísima Trinidad. Cada una de las tres Personas divinas es Dios en una sola naturaleza divina.

DIVINA PROVIDENCIA: El amor y preocupación de Dios por todo lo que ha creado; Dios continúa vigilando su creación, manteniendo su existencia y dirigiendo su desarrollo y destino.

DOCTOR DE LA IGLESIA: Una persona de cualquier época de la Iglesia cuya santidad y escritos han tenido una profunda influencia en el pensamiento teológico y espiritual. Una persona es declarada "Doctor" por el Papa.

DOCTRINA/DOGMA: Nombre que se da a las verdades reveladas divinamente proclamadas o enseñadas por el Magisterio de la Iglesia; los fieles están obligados a creer estas verdades.

DOCTRINA SOCIAL DE LA IGLESIA: Mientras que la Iglesia, desde los tiempos del Nuevo Testamento, siempre se ha preocupado por las necesidades de los huérfanos, de las viudas, de los forasteros y de otras gentes necesitadas, ella ha desarrollado una explícita doctrina social para responder a los problemas sociales que han surgido a causa de las revoluciones industrial y tecnológica. Estas enseñanzas aparecen en las encíclicas papales, comenzando con la encíclica *Rerum Novarum* (*Sobre la Situación de los Obreros*) del Papa León XIII en 1891 hasta nuestros días. También se encuentran en los documentos conciliares y episcopales.

DOMINGO: Los cristianos celebran el domingo porque es el día de la Resurrección del Señor y el principio de una nueva creación. Los católicos están obligados a participar en la celebración de la Eucaristía los domingos y a dedicar el resto del día a descansar, a relajarse, a la reflexión espiritual y a actividades que concuerden con esto.

DONES DEL ESPÍRITU SANTO: Estos dones son disposiciones

permanentes que nos llevan a responder a la orientación del Espíritu. La lista tradicional de estos dones se deriva de Isaías 11:1-3. Según el *Compendio del Catecismo de la Iglesia Católica*, estos dones son: sabiduría, entendimiento, consejo, fortaleza, ciencia, piedad y temor de Dios.

DOXOLOGÍA: Nombre que se da a la oración de adoración Trinitaria en la que las tres Personas de la Santísima Trinidad son invocadas.

-E-

ECUMENISMO: Los esfuerzos de todos los cristianos para llevar a cabo la plenitud del deseo de Cristo de la unidad de sus seguidores.

ELEGIDOS: Nombre que se da a todos aquellos que ya están con el Señor Jesús en el cielo. También se puede referir a los catecúmenos que se encuentran en la fase final de su formación antes de hacerse miembros plenos de la Iglesia.

ENCARNACIÓN: Por la Encarnación, la Segunda Persona de la Santísima Trinidad asumió nuestra naturaleza humana, haciéndose carne en el vientre de la Virgen María. Hay una Persona en Jesús, y esa es la Persona divina del Hijo de Dios. Jesús tiene dos naturalezas, una humana y una divina.

ENVIDIA: Uno de los Pecados Capitales; es el deseo desordenado de poseer los bienes de otra persona, incluso hasta el punto de desearle daño o de alegrarse de sus desgracias.

EPÍCLESIS (INVOCACIÓN): Durante la celebración de la Eucaristía, el sacerdote invoca al Padre para que mande al Espíritu Santo sobre los dones del pan y el vino que se convertirán en el Cuerpo y la Sangre de Cristo. En cada sacramento, la oración que pide el poder santificador del Espíritu Santo de Dios es una *epíclesis*.

EPISCOPADO: El oficio del obispo.

ESCRUTINIOS: Durante tres domingos de Cuaresma, aquellos que se están preparando para entrar en la Iglesia son guiados mediante reflexiones orantes diseñadas a ayudarlos a dejar el pecado y crecer en santidad.

ESPERANZA: La Virtud Teológica por la cual una persona tanto desea como espera la plenitud de las promesas de Dios.

ESPÍRITU SANTO: La Tercera Persona de la Santísima Trinidad, quien edifica, anima y santifica a la Iglesia y a sus miembros.

ESTADO DE GRACIA: Una condición en la que nuestros pecados han sido perdonados y nos hemos reconciliado con Dios, aunque aún pueda ser necesaria la purificación de los efectos del pecado. Una persona está por primera vez en estado de gracia, participando en la vida de Dios, tras el Bautismo. Si una persona deja ese estado, puede más tarde reconciliarse con Dios, especialmente mediante el sacramento de la Penitencia.

EUCARISTÍA, SACRAMENTO DE LA: Durante la celebración de la Misa, por el poder del Espíritu Santo y la proclamación de las palabras de Jesús por el sacerdote, el pan y el vino se convierten en el Cuerpo y la Sangre de Cristo, quien se ofrece por nosotros y en alabanza al Padre en un sacrificio no sangriento. La asamblea participa activamente con las oraciones, los himnos, los salmos, las respuestas y con un sacrificio personal interior, junto con Cristo, al Padre. Todos aquellos que estén adecuadamente preparados pueden recibir la Santa Comunión, mediante la cual Jesús transforma gradualmente en sí mismo a quien la recibe y que lo lleva a dar testimonio del Evangelio en el mundo.

EUTANASIA: Una acción u omisión cuyo resultado intencionado es la muerte de las personas enfermas, discapacitadas o moribundas. Sean cuales sean los motivos o los medios, es siempre un mal grave y es moralmente inaceptable.

EVANGELIO: La proclamación de todo el mensaje de fe revelado en y mediante Jesucristo, el Hijo de Dios y Segunda Persona de la Santísima Trinidad. La palabra *Evangelio* también se refiere a uno de los cuatro libros del Nuevo Testamento —Mateo, Marcos, Lucas y Juan— que contienen un relato de la vida, las enseñanzas, la muerte y la Resurrección de Jesús.

EVANGELIZACIÓN: Este es el ministerio y misión de proclamar a Cristo y dar testimonio de él y de su Evangelio con la intención de fortalecer la fe de los creyentes y de invitar a otros a ser bautizados e iniciarlos en la Iglesia.

EXCOMUNICACIÓN: Una pena severa impuesta o declarada por la Iglesia sobre un católico que haya cometido un crimen u ofensa grave según la ley de la Iglesia; una persona que ha sido excomunicada está excluida de participar en los sacramentos o recibirlos. Esta pena se impone como remedio a los pecados serios, no como castigo. La remisión de la pena puede ser otorgada solo por aquellos que tienen la autorización de la Iglesia par hacerlo.

EXÉGESIS: El método usado por los eruditos bíblicos para determinar los significados literal y espiritual del texto bíblico.

EXORCISMO: "El exorcismo intenta expulsar a los demonios o liberar del dominio demoníaco gracias a la autoridad espiritual que Jesús ha confiado a su Iglesia" (CIC, no. 1673, citando CDC, can. 1172). Hay que distinguir entre una enfermedad psicológica y una posesión demoníaca. El cuidado de las enfermedades psicológicas y médicas pertenece a la ciencia médica, mientras que la presencia del Maligno necesita de la atención de un exorcista. En el Rito del Bautismo, existe también una Oración de Exorcismo antes de la unción con el Óleo de los Catecúmenos; en esta oración, el sacerdote o el diácono piden que el que va a ser bautizado sea liberado del Pecado Original.

EXPIACIÓN: Mediante su sufrimiento y muerte en la Cruz, Jesús nos liberó de nuestros pecados y nos trajo la reconciliación con Dios Padre.

-F-

FAMILIA: "Un hombre y una mujer unidos en matrimonio forman con sus hijos una familia. Esta disposición es anterior a todo reconocimiento por la autoridad pública; se impone a ella. Se la considerará como la referencia normal en función de la cual deben ser apreciadas [reconocidas] las diversas [auténticas] formas de parentesco" (CIC, no. 2202).

FE: Esta es tanto un don de Dios como una acción humana por la cual el creyente da su adherencia personal a Dios (invita la respuesta del creyente) y asiente libremente a toda la verdad que Dios ha revelado.

FORTALEZA: La Virtud Cardinal por la que una persona con valentía y firmeza elige lo que es bueno a pesar de las dificultades, y también por la que la persona persevera haciendo lo correcto a pesar de la tentación, el miedo o la persecución.

FRUTOS DEL ESPÍRITU SANTO: La Tradición de la Iglesia enumera doce frutos del Espíritu Santo: caridad, gozo, paz, paciencia, longanimidad, bondad, benignidad, mansedumbre, fidelidad, modestia, continencia y castidad (cf. CIC, no. 1832).

-G-

GNOSTICISMO: En los primeros siglos del cristianismo, esta mezcla de cristianismo y paganismo negaba que Jesús fuera humano y buscaba la salvación mediante una "sabiduría" oculta. Los primeros Padres de la Iglesia, especialmente San Ignacio de Antioquía, rechazaron a los agnósticos y defendieron vigorosamente la humanidad de Jesucristo, concebido por el Espíritu Santo en el vientre de la Virgen María, quien dio luz a Jesús.

GRACIA: La ayuda que Dios nos da para responder a nuestra vocación de convertirnos en sus hijos adoptivos. La iniciativa divina de la gracia precede, prepara y obtiene nuestra libre respuesta de fe y compromiso. La gracia santificante es un don habitual de la propia vida divina de Dios, una disposición estable y supernatural que nos hace capaces de vivir con Dios y obrar por su amor. Las gracias actuales se refieren a las intervenciones de Dios en nuestras vidas, así sea al comienzo de la conversión como en el curso del trabajo de la santificación.

GRACIA SANTIFICADORA: Véase "Gracia".

GUERRA JUSTA: Este término se usa para referirse al uso apropiado de la fuerza militar para defenderse de un agresor injusto. Los estrictos criterios para entablar una guerra justa a se conocen como Condiciones para una Guerra Justa. Estas condiciones requieren que los siguientes criterios se cumplan a la vez:

* Que el daño causado por el agresor a la nación o a la comunidad de las naciones sea duradero, grave y cierto.
* Que todos los demás medios para poner fin a la agresión hayan resultado impracticables o ineficaces.
* Que se reúnan las condiciones serias de éxito.
* Que el empleo de las armas no entrañe males y desórdenes más graves que el mal que se pretende eliminar. El poder de los medios modernos de destrucción obliga a una prudencia extrema en la apreciación de esta condición. (CIC, no. 2309)

GULA: El Pecado Capital que describe el comer y el beber más de lo que es necesario.

-H-

HEREJÍA: Una enseñanza religiosa que niega o contradice las verdades reveladas por Dios.

-I-

ICONOS: Una clase de arte sacro desarrollado en las Iglesia orientales. Los artistas consideran su llamada como una vocación sagrada. Sus obras causan un impacto místico cuyo objetivo es llevar a la persona que reza más allá de la pintura, al reino de lo divino.

IGLESIA: Este término se refiere a toda la comunidad católica de creyentes en el mundo entero. La palabra también se puede usar en el sentido de una diócesis o una parroquia en particular.

IGLESIA DOMÉSTICA: "El hogar cristiano es el lugar en que los hijos reciben el primer anuncio de la fe. Por eso la casa familiar es llamada justamente 'Iglesia doméstica', comunidad de gracia y de oración, escuela de virtudes humanas y de caridad cristiana" (CIC, no. 1666).

IGLESIAS ORIENTALES E IGLESIAS OCCIDENTALES: Las Iglesias orientales se originaron en la región del mundo que fue en su tiempo parte del imperio romano oriental. Estas Iglesias poseen sus propias tradiciones distintivas que se pueden observar en su liturgia, teología y ley. A la Iglesia occidental, centrada en Roma, a veces se le llama Iglesia latina. Todas las Iglesia individuales, orientales u occidentales, que están en comunión con la Sede Apostólica (Roma) pertenecen a la Iglesia Católica.

IMAGEN DE DIOS: Dios nos ha creado a su imagen al darnos la capacidad de la inteligencia, el amor, la libertad y la conciencia. Por el Bautismo, nuestros cuerpos se convierten en templos del Espíritu Santo.

INDEFECTIBILIDAD: El Señor Jesús asegura que su Iglesia permanecerá hasta que el Reino llegue a su plenitud. Indefectibilidad significa que la Iglesia no deja de proclamar, ni puede hacerlo, el auténtico Evangelio sin errores a pesar de los defectos de sus miembros.

INDISOLUBILIDAD DEL MATRIMONIO: "Lo que Dios unió, que no lo separe el hombre" (Mc 10: 9). El designio de Dios para el matrimonio es una alianza permanente aceptada por los cónyuges y por esto el vínculo es indisoluble —no se puede disolver (cf. CIC, can. 1055; CCIO, can. 776).

INDULGENCIA: La remisión temporal de las penas causadas por el pecado, otorgada a los fieles que recitan determinadas oraciones, visitan un lugar de peregrinaje específico o realizan una obra de caridad específica; la pena es remitida por el poder de la Iglesia y en un intercambio mutuo de bienes espirituales, particularmente los méritos de Cristo y de los santos.

INERRANCIA: Al estar los autores de las Sagradas Escrituras inspirados por Dios, el significado, o verdad, salvífico contenido en las Escrituras no puede contener error. (Véase también "Inspiración".)

INFALIBILIDAD: Este es el don del Espíritu Santo a la Iglesia por el cual los pastores de la Iglesia —el Papa, y los obispos en comunión con él— pueden proclamar definitivamente una doctrina de fe y moral, la cual es revelada divinamente para la creencia de los fieles. Este don brota de la gracia del conjunto de todos lo fieles que no puede errar en materia de fe y moral. El Papa enseña infaliblemente cuando declara que su enseñanza es ex cátedra (literalmente, "desde el trono"), es decir, cuando enseña como pastor supremo de la Iglesia.

INMACULADA CONCEPCIÓN: Un dogma de la Iglesia que proclama que la Virgen María fue concebida sin el Pecado Original a causa de las gracias redentoras anticipadas de su Hijo, Jesús.

INMORTALIDAD: "La Iglesia enseña que cada alma espiritual es directamente creada por Dios —no es "producida" por los padres—, y que es inmortal: no perece cuando se separa del cuerpo en la muerte, y se unirá de nuevo al cuerpo en la resurrección final" (CIC, no. 366).

INSPIRACIÓN: Este es el auxilio divino que recibieron los autores humanos de los libros de las Sagradas Escrituras. Guiados por el Espíritu Santo, los autores humanos hicieron uso de sus talentos y habilidades mientras que, a la vez, escribían la verdad que Dios quería comunicar.

IRA: Cuando se considera uno de los Pecados Capitales, la ira es esa pasión que lleva a alguien a herir a otra persona o a querer herirla a causa de un deseo de venganza.

-J-

JESÚS: Nombre que recibe el Hijo de Dios, la Segunda Persona de la Trinidad. Este nombre, que significa "Dios salva", fue revelado tanto a la Santísima Virgen María como a San José (cf. Lc 1: 31; Mt 1: 21).

JUICIO FINAL: El momento al final de los tiempos cuando todos serán reunidos ante Cristo y recibirán una recompensa eterna según su vida terrenal.

JUSTICIA: La Virtud Cardinal por la cual una persona es capaz de dar a Dios y al prójimo lo que se merecen.

JUSTICIA SOCIAL: La sociedad asegura la justicia social procurando las condiciones que permitan a las asociaciones y a los individuos obtener lo que les es debido (CIC, no. 1943). La justicia social se ocupa de las necesidades esenciales de las personas para que vivan juntas en comunidad respetando mutuamente la dignidad de cada una. Estas necesidades incluyen comida, ropa, un hogar y un salario con el que mantener a la familia.

JUSTIFICACIÓN: Término que se usa para referirse a la acción de Dios por la cual somos librados del pecado y santificados y renovados por la gracia de Dios.

-L-

LAICOS: Los miembros de la Iglesia, distintos del clero y de aquellos en el estado de vida consagrada, que han sido incorporados al Pueblo de Dios por el sacramento del Bautismo.

LECCIONARIO: El libro litúrgico oficial de la Iglesia que contiene los pasajes bíblicos para usar en la Liturgia de la Palabra.

LECTIO DIVINA: Una manera de orar con las Sagradas Escrituras, la persona orante o bien lee reflexionadamente un pasaje bíblico, o bien escucha atentamente su lectura, y después medita sobre palabras o frases que han resonado en él.

LETANÍA: Literalmente "una lista", como en una lista, o letanía, de santos. En tal oración, el nombre de los santos son recitados o cantados y la congregación responde con una invocación que se repite, "Ruega por nosotros". Por ejemplo, en la Letanía de Loreto, la lista de las cualidades de la Virgen María es recitada o cantada, con la misma respuesta de "Ruega por nosotros".

LEY: Un código de conducta establecido por la autoridad competente. Las leyes moral y civil deberían todas estar basadas en la ley divina, sea esta natural o revelada por Dios.

LEY ANTIGUA: Este término se refiere a los Diez Mandamientos y a la manera en la que los fieles israelitas estaban llamados a observarlos; cumpliendo esta Ley era la manera en la que un creyente desempeñaba su parte de la antigua Alianza con Dios.

LEY NATURAL: La ley natural es nuestro sentido racional original del orden moral creado, una habilidad que tenemos porque hemos sido creados a imagen de Dios. Expresa la dignidad de la persona humana y forma las bases de nuestros derechos fundamentales.

LEY NUEVA: El título que se da a la manera de vivir y actuar que Jesús enseñó. Cuando seguimos la Ley Nueva, cumplimos nuestra parte de la Alianza con Dios.

LEY REVELADA: Hay una ley revelada como aparece en el Antiguo Testamento, cuando Dios le comunicó a Moisés los Diez Mandamientos. Esta ley preparó al mundo para el Evangelio. Jesús reveló el significado pleno de la ley del Antiguo Testamento.

LITURGIA: Del idioma griego, que significa "obra o quehacer público". Se refiere especialmente al culto público de la Iglesia, incluyendo la Misa y la Liturgia de las Horas. Por el Bautismo, todo el Pueblo de Dios está llamado a ofrecer un sacrificio de alabanza a Dios en la liturgia. Los sacerdotes ordenados actúan en la liturgia en la persona de Cristo, Cabeza de la Iglesia, para hacer presente por el poder del Espíritu Santo la gracia salvífica de Cristo.

LITURGIA DE LAS HORAS: La oración pública diaria de la Iglesia que prolonga la alabanza dada a Dios en la celebración eucarística.

LUJURIA: Uno de los Pecados Capitales; es un deseo desordenado de los placeres terrenos, en particular los placeres sexuales.

-M-

MADRE DE DIOS: La Virgen María es verdaderamente la madre de Dios ya que ella es la madre del Hijo de Dios hecho hombre. En las Iglesias orientales, María es venerada como *Theotokos*, "Madre de Dios".

MADRE DE LA IGLESIA: "[La Virgen María] es verdaderamente madre de los miembros de Cristo [...] porque colaboró con su amor a que nacieran en la Iglesia los creyentes, miembros de aquella cabeza" (LG, no. 53; CIC, no. 963).

MAGISTERIO: El oficio de enseñanza del Papa, y de los obispos en comunión con él, guiado por el Espíritu Santo. El Papa y los obispos son los maestros auténticos de la Iglesia.

MANDAMIENTOS DE LA IGLESIA: Leyes establecidas por la Iglesia que dictan requisitos básicos para sus miembros.

MÁRTIR: Persona que da testimonio de Cristo y de la verdad de la fe, hasta el punto incluso de sufrir por esto.

MATRIMONIO, SACRAMENTO DEL: "La alianza matrimonial, por la que el varón y la mujer constituyen entre sí un consorcio de toda la vida, ordenado por su misma índole natural al bien de los cónyuges y a la generación y educación de la prole, fue elevada por Cristo Nuestro Señor a la dignidad de sacramento entre bautizados" (CIC, no. 1601, citando CDC, can. 1055 §1; cf. GS, no. 48 §1, CCIO, can. 776).

MEDITACIÓN: Oración en la cual, para responder al Señor, la persona intenta mejor o más profundamente la Revelación de Dios de las verdades de la fe.

MISA COMO UN BANQUETE SAGRADO: La Misa es un banquete sagrado, como la Última Cena, en el que el pan y el vino se convierten en el Cuerpo y Sangre de Cristo, recibidos en la Santa Comunión.

MISA COMO UN SACRIFICIO: Mediante el ministerio del sacerdote ordenado, el Espíritu Santo hace presente en la Misa el Misterio Pascual de Cristo, su muerte y Resurrección por el cual Cristo es ofrecido al Padre para adorarlo y alabarlo para que nos salve de nuestros pecados y nos lleve a la vida divina.

MISTERIO: Esta palabra tiene varios significados complementarios. Primero, nos recuerda que nunca podemos agotar el significado divino e infinito de Dios. Segundo, "misterio" nos dice que Dios es "totalmente otro" (distinto de nosotros) y sin embargo tan cercano que en Él vivimos, nos movemos y somos. Tercero, la unión de lo divino y lo humano en Cristo es tan única que la reverenciamos como un santo misterio. En cuarto lugar, "misterio" también se usa para referirse a la celebración de los sacramentos en los que Dios —Padre, Hijo y Espíritu Santo— está presente y activo para nuestra salvación.

MISTERIO PASCUAL: En los sacramentos Jesucristo presenta su Misterio Pascual. Al hablar del Misterio Pascual presentamos la muerte y Resurrección de Cristo como un solo e inseparable acontecimiento. Es *pascual* porque es el paso de Cristo a la muerte y, pasando por ella, a la nueva vida. Es un *misterio* porque es un signo visible de un acto invisible de Dios.

MODESTIA: Una persona modesta se viste, habla y actúa de una manera que apoya y promueve la pureza y la castidad, y no de una manera que tienta o promueve un comportamiento sexual pecaminoso.

MORALIDAD: Esto es, en un sentido, la bondad o maldad de las acciones en sí. Para un católico, también se refiere a la manera de vivir y comportarse formada según la enseñanza dictada por Jesucristo e interpretada auténticamente por la Iglesia.

MYRON: El nombre que se da en las Iglesias orientales al Crisma que se usa durante el sacramento de la Confirmación, o *Crismación*.

-N-

NAVIDAD: La celebración anual de la natividad, o nacimiento, de Jesús.

NEÓFITO: Esta palabra designa a un adulto que ha sido recientemente recibido en la Iglesia Católica.

NESTORIANISMO: Una importante herejía que afectó al cristianismo primitivo, fundada por Nestorio (quien murió alrededor de 451 d.C.) que sostenía que la Virgen María había dado a luz a Jesús el ser humano, a quien se le unió el Hijo de Dios de alguna manera. Por esto, la Virgen María no sería la Madre de Dios. El Concilio de Éfeso repudió a Nestorio y proclamó a la Virgen María como *Theotokos*, Madre de Dios.

NOVENA: Nueve días de oración, normalmente invocando la intercesión de la Virgen María o de un santo. La novena tiene sus orígenes en los nueve días bíblicos durante los que la Virgen María, los Apóstoles y los discípulos oraron pidiendo el don del Espíritu Santo tras la Ascensión de Jesús al cielo.

NUEVO TESTAMENTO: Término con el que se designa la segunda parte de la Biblia; esta parte contiene los cuatro Evangelios, los Hechos de los Apóstoles, varias Cartas o Epístolas y el libro del Apocalipsis.

NULIDAD (DECLARACIÓN DE NULIDAD DE UN MATRIMONIO): El consentimiento de los cónyuges que contraen matrimonio debe ser un acto de libre voluntad, falto de factores externos o internos que lo invaliden. Si esta libertad está ausente, el matrimonio es inválido. Por esta razón, la Iglesia, tras un examen de la situación realizado por un juzgado eclesial competente, puede declarar la nulidad de un matrimonio, es decir, que el matrimonio sacramental nunca existió. En este caso, las partes contractuales son libre de casarse, siempre y cuando las obligaciones naturales de la unión previa sean cumplidas (cf. CIC, nos. 1628-1629; CDC, cann. 1095-1107; CCIO, cann. 1431-1449).

-O-

OBEDIENCIA DE LA FE: La fe es escuchar la Palabra de Dios y decidir obedecer lo que Dios está pidiendo de nosotros. Jesús dijo: "Dichosos todavía más los que escuchan la palabra de Dios y la ponen en práctica" (Lc 11:28).

OBISPO: El más alto de los tres grados del sacramento del Orden; un obispo es ordenado normalmente para enseñar, santificar y gobernar una diócesis o iglesia local; un obispo es un sucesor de los Apóstoles.

OBRAS DE MISERICORDIA CORPORALES: Estas son las acciones caritativas con las que ayudamos a nuestro prójimo en sus necesidades corporales. Las obras de misericordia corporales son: visitar y cuidar a los enfermos, dar de comer al hambriento, dar de beber al sediento, dar posada al peregrino, vestir al desnudo, redimir al cautivo y enterrar a los muertos.

OBRAS DE MISERICORDIA ESPIRITUALES: Estas son obras que ayudan al prójimo en sus necesidades espirituales. Estas incluyen: enseñar al que no sabe, dar buen consejo al que lo necesita, corregir al que yerra, perdonar las injurias, consolar al triste, sufrir con paciencia los defectos de los demás y rogar a Dios por vivos y difuntos.

ÓLEO DE LOS CATECÚMENOS: Aceite bendecido por el obispo durante la Semana Santa para ser usado en la preparación de los candidatos al sacramento del Bautismo.

ÓLEO DE LOS ENFERMOS: Aceite bendecido por el obispo durante la Semana Santa para ser usado en el sacramento de la Unción de los Enfermos. En caso de necesidad, un sacerdote también puede bendecir este aceite.

ORACIÓN: La oración es la elevación de nuestra mente y corazón a Dios, en acción de gracias y en alabanza de su gloria. También puede incluir la petición de bienes a Dios. Es un acto por el cual uno es consciente de estar en una comunión de amor con Dios. Nuestra oración es "respuesta de fe a la promesa gratuita de salvación, respuesta de amor a la sed del Hijo único" (CIC, no. 2561).

ORACIÓN DEL SEÑOR: Otro nombre que se usa para referirse a la oración comúnmente llamada Padrenuestro. A veces esta oración se llama Oración del Señor porque es una oración que Jesús enseñó a sus Apóstoles y discípulos.

ORACIÓN DEVOCIONAL: Las oraciones devocionales se refieren a diferentes clases de oración personalizada que se han desarrollado fuera de la oración litúrgica de la Iglesia, pero que complementan a esta. (Véase el capítulo 22 sobre "Sacramentales y Devoción Popular".) Estas devociones incluyen el rosario; el Vía Crucis; los peregrinajes a los santuarios de Tierra Santa y de Roma, a los santuarios marianos y a los dedicados a los santos; las novenas; las letanías, y otras expresiones de fe similares.

ORDEN, SACRAMENTO DEL: Este sacramento por el cual un obispo ordena a un varón para conformarse a Jesucristo por la gracia, al servicio y liderazgo en la Iglesia. Un varón puede ser ordenado diácono, sacerdote u obispo. Mediante este sacramento, la misión encomendada por Cristo a sus Apóstoles continúa siendo llevada a cabo en la Iglesia. Este sacramento confiere una marca o carácter permanente en el que lo recibe.

-P-

PADRES DE LA IGLESIA: Maestros y escritores de los primeros siglos de la Iglesia cuyas enseñanzas son testimonio crucial de la Tradición de la Iglesia.

PAPA: El sucesor de San Pedro, que sirve como obispo de Roma y como cabeza visible y jurídica de la Iglesia Católica.

PARÁCLITO: Nombre, dado al Espíritu Santo por Jesús, que significa el consejero o el consolador.

PASCUA (DE RESURRECCIÓN): La celebración anual de la Resurrección de Jesús.

PASCUA JUDÍA: El nombre de la fiesta judía que celebra la liberación de Israel de Egipto y del Ángel de la Muerte que pasó de largo por las puertas marcadas con la sangre de los corderos sacrificados. Jesucristo inauguró una nueva Pascua al liberar a todos de la muerte y del pecado mediante su propia sangre que derramó en la Cruz. La celebración de la Eucaristía es la fiesta de la Pascua de la Nueva Alianza.

PECADO: El pecado es una falta contra la razón, la verdad y la conciencia recta; es faltar al amor verdadero para con Dios y para con el prójimo, a causa de un apego perverso a ciertos bienes. Hiere la naturaleza del hombre y atenta contra la solidaridad humana. Ha sido definido como "una palabra, un acto o un deseo contrarios a la ley eterna" (CIC, no. 1849).

PECADO MORTAL: Un pecado mortal es cuando consciente y libremente elegimos hacer algo grave contra la ley divina y contrario a nuestro destino final. Existen tres condiciones para que un pecado sea un pecado mortal: materia grave, plena conciencia y entero consentimiento (libertad). El pecado mortal destruye la relación de amor con Dios que necesitamos para la felicidad eterna. Si no hay arrepentimiento, resulta en la pérdida del amor y gracia de Dios, y merece la pena eterna en el infierno, es decir, la exclusión del Reino de Dios y por tanto la muerte eterna.

PECADO ORIGINAL: El pecado personal de la desobediencia cometido por los primeros seres humanos, resultando en la pérdida de la santidad y la justicia originales y en la experiencia del sufrimiento y la muerte. También describe el estado fallido de todos los seres humanos, incluyendo la experiencia de la concupiscencia, de la ignorancia de Dios y del sufrimiento y de la muerte.

PECADO SOCIAL: Los pecados [que] provocan situaciones sociales e instituciones contrarias a la bondad divina. Las "estructuras de pecado" son expresión y efecto de los pecados personales. Inducen a sus víctimas a cometer a su vez el mal. En un sentido analógico constituyen un "pecado social" (CIC, no. 1869).

PECADO VENIAL: Un pecado venial es una ofensa contra Dios de materia menos grave. Aunque el pecado venial no destruye completamente el amor que necesitamos para la felicidad eterna, sí debilita el amor e impide nuestro desarrollo en la virtud y el bien moral. Con el paso del tiempo, el pecado venial cometido repetidamente puede tener serias consecuencias.

PECADOS CAPITALES: Aquellos siete pecados, a veces llamados "mortales", que nos pueden llevar a cometer pecados aún más serios. Los Pecados Capitales son lujuria, avaricia, envidia, soberbia, pereza, gula e ira.

PENITENCIA, SACRAMENTO DE LA: También llamado sacramento de la Confesión, de la Reconciliación, de la Conversión y del Perdón, este es el sacramento por el cual los pecados cometidos tras el Bautismo son perdonados.

Resulta en la reconciliación con Dios y con la Iglesia.

PENTECOSTÉS: Celebrado cada año cincuenta días después de la Pascua de Resurrección, Pentecostés marca el día en el que el Espíritu Santo descendió sobre los Apóstoles y los discípulos. A veces se refiere al primer Pentecostés como el nacimiento de la Iglesia porque fue en ese día que los Apóstoles, inspirados por el Espíritu Santo, predicaron públicamente por primera vez a los demás la Buena Nueva.

PEREZA: Uno de los Pecados Capitales; se refiere a la falta de esfuerzo a la hora de cumplir con los deberes y responsabilidades para con Dios, los demás y uno mismo.

PLANIFICACIÓN FAMILIAR NATURAL: Un método moralmente permitido para regular la natalidad, el cual hace uso de los ciclos de fertilidad naturales y que puede ser usado cuando se dan ciertas condiciones en el matrimonio y la vida familiar. (Véase CIC, nos. 2366-2372.)

PRAGMATISMO: Una filosofía que mantiene que las acciones tienen valor solo en términos de su utilidad y practicalidad.

PREJUICIO: Juicio preconcebido negativo sobre otra persona; una

sospecha u odio irracionales hacia otra persona porque esta pertenece a una raza, religión o grupo específico.

PRESBÍTERO: Término que se refiere a un sacerdote ordenado.

PRESENCIA REAL: Cuando el pan es consagrado, se convierte en el Cuerpo de Cristo. Cuando el vino es consagrado, se convierte en la Sangre de Cristo. Jesucristo está sustancialmente presente de una manera que es totalmente única. Esto sucede por el poder del Espíritu Santo y por el ministerio del sacerdote u obispo actuando en la persona de Cristo durante la plegaria eucarística.

PROPÓSITO PROCREADOR DEL MATRIMONIO: El aspecto del matrimonio que requiere que una pareja casada esté abierta a tener los hijos que Dios pueda darles, y a comprometerse a educarlos como verdaderos seguidores de Jesucristo. Los aspectos unitivo y procreativo del matrimonio forman un vínculo inquebrantable.

PROPÓSITO UNITIVO DEL MATRIMONIO: El aspecto del matrimonio que requiere que sea una unión de por vida. Dios quiso que el marido y la mujer se uniesen en una comunión de amor permanente. Su comunión refleja la comunión de amor de la Santísima Trinidad y es fortalecida por esta.

PROVIDENCIA: Véase "Divina Providencia".

PRUDENCIA: La Virtud Cardinal por la cual uno sabe el verdadero bien en cada circunstancia y elige los medios correctos para alcanzar tal fin.

PUDOR: Véase "Modestia".

PUEBLO DE DIOS: Dios llama a la Iglesia a existir como su pueblo en torno a Jesús y sostenido por el Espíritu Santo. La estructura visible del Pueblo de Dios, la Iglesia, es el medio diseñando por Cristo para ayudar a garantizar la vida de gracia para todos unidos.

-R-

REDENCIÓN: La salvación ganada para nosotros por Jesús. Con su Encarnación, ministerio, muerte y Resurrección, Jesús nos ha liberado del pecado Original y actual, y ha ganado para nosotros la vida eterna.

REENCARNACIÓN: La falsa creencia que sostiene que el espíritu de un difunto regresa a la vida en otro cuerpo, bien de un animal o bien de otra persona. Esta creencia no es compatible con la fe católica, la cual enseña que cada persona humana tiene solo un cuerpo y una sola alma, y que es único e irrepetible.

REINO DE DIOS: El cumplimiento de la voluntad de Dios para con los seres humanos proclamado por Jesucristo como una comunidad de justicia, paz, misericordia y amor, la sede de la cual es la Iglesia en la tierra y la plenitud de la cual tendrá lugar en la eternidad.

RELATIVISMO: Posición que sostiene que no existe la verdad objetiva, solo opiniones subjetivas.

RELIGIÓN, VIRTUD DE LA: El hábito de adorar a Dios, orarle, ofrecerle el culto que le pertenece y cumplir las promesas y votos que se le han hecho son actos de la virtud de la religión que corresponden a la obediencia del Primer Mandamiento.

RESPONSABILIDAD CÍVICA: Los ciudadanos deberían cooperar con la autoridad civil para construir una sociedad de justicia, verdad, solidaridad y libertad. Los ciudadanos no deben, en conciencia, obedecer leyes civiles que son contrarias al orden moral.

RESURRECCIÓN: Este es el triunfo de Jesús sobre la muerte al tercer día de su crucifixión. El cuerpo resucitado de Cristo es real, pero glorificado, sin estar sujeto al espacio o al tiempo.

REVELACIÓN: Dios dándose a conocer a sí mismo y a su designio amoroso para salvarnos. Este es un don de autocomunicación que se lleva a cabo mediante obras y palabras con el paso del tiempo y plenamente al mandarnos a su propio Hijo divino, Jesucristo. La Revelación pública, la cual debe ser creída, terminó con la muerte del último Apóstol. Puede todavía haber revelación privada, la cual es solo para el bien de la persona que la recibe y no necesita ser aceptada por los demás.

REVELACIONES PRIVADAS: Existen revelaciones que han tenido lugar en el transcurso de la historia que no añaden al Depósito de la Fe o son parte de este, sino que más bien pueden ayudar a las personas a vivir su fe más plenamente.

RICA: El Rito de Iniciación Cristiana de Adultos. Este es el nombre del proceso diseñado para preparar a adultos para entrar a la Iglesia Católica mediante la recepción de los Sacramentos de la Iniciación.

-S-

SÁBADO: En las Sagradas Escrituras, el sábado era el séptimo día de la semana que el pueblo del antiguo Israel tenían que santificar, alabando a Dios por la creación y por la Alianza y descansado de sus labores diarias. Para los cristianos, el precepto del sábado ha sido transferido al domingo, el día de la Resurrección del Señor. (Véase también "Domingo".)

SABAT: Véase "Sábado".

SACERDOCIO DE LOS FIELES: Cristo da a los fieles una participación en su sacerdocio mediante los sacramentos del Bautismo y de la Confirmación. Esto quiere decir que todos los miembros de la Iglesia bautizados y confirmados comparten en el ofrecimiento de la oración y del sacrificio a Dios. El sacerdote de los fieles difiere en esencia del sacerdocio ministerial.

SACERDOCIO MINISTERIAL: El sacerdocio, recibido por el sacramento del Orden, difiere en esencia del sacerdocio de los fieles. El sacerdocio ministerial sirve al sacerdocio de los fieles al edificar la Iglesia en nombre de Cristo, quien es la cabeza del cuerpo, ofreciendo oraciones y sacrificios a Dios en nombre del pueblo. Un sacerdote recibe el poder de consagrar la Eucaristía, perdonar los pecados y administrar los otros sacramentos, excepto el del Orden.

SACERDOTE: Un varón bautizado ordenado por el sacramento del Orden. "Los presbíteros están unidos a los obispos en la dignidad sacerdotal y al mismo tiempo dependen de ellos en el ejercicio de sus funciones pastorales; son llamados a ser cooperadores diligentes de los obispos; forman en torno a su obispo el presbiterio que asume con él la responsabilidad de la Iglesia particular. Reciben del obispo el cuidado de una comunidad parroquial o de una función eclesial determinada" (CIC, no. 1595). Sirven al pueblo de Dios en la obra de la santificación mediante la predicación, la enseñanza y el ofrecimiento de los sacramentos, especialmente la Eucaristía y el perdón de los pecados.

SACRAMENTALES: La santa Madre Iglesia instituyó, además, los sacramentales. Estos son signos sagrados con los que, imitando de alguna manera a los sacramentos, se expresan efectos, sobre todo espirituales, obtenidos por la intercesión de la Iglesia (CIC, no. 1667).

SACRAMENTO: Los sacramentos son signos eficaces de la gracia, instituidos por Cristo y confiados a la Iglesia por los cuales nos es dispensada la vida divina por obra del Espíritu Santo (CIC, nos. 1131, 774).

SACRAMENTO DE SALVACIÓN: Por el designio de gracia de Dios, la Iglesia es un sacramento de salvación, es decir, una comunidad visible en Jesucristo y por la que Jesucristo ofrece la salvación mediante los siete sacramentos, la predicación de la Palabra y el testimonio moral y espiritual de los miembros.

SACRAMENTOS AL SERVICIO DE LA COMUNIÓN: El término *comunión* se refiere a la Comunidad de la Iglesia. Los Sacramentos al Servicio de la Comunión (de la Iglesia) son el sacramento del Orden y el sacramento del Matrimonio. Esto quiere decir que estos sacramentos están dirigidos principalmente hacia la salvación de otros. Si benefician la salvación personal de la persona ordenada o casada, esto sucede mediante el servicio a los demás.

SACRAMENTOS DE CURACIÓN: Designación que se da al sacramento de la Penitencia y la Reconciliación y al sacramento de la Unción de los Enfermos.

SACRAMENTOS DE INICIACIÓN: Designación que se da a aquellos sacramentos que llevan a una persona a ser miembro de la Iglesia —Bautismo, Confirmación y Sagrada Eucaristía.

SACRIFICIO: Una ofrenda ritual a Dios realizada por un sacerdote en nombre del pueblo como un signo de adoración, gratitud, súplica, penitencia y/o comunión.

SAGRARIO: Véase "Tabernáculo".

SAGRADAS ESCRITURAS (BIBLIA): Los libros que contienen la verdad de la revelación de Dios, que fueron compuestos por autores humanos, inspirados por el Espíritu Santo y reconocidos por la Iglesia.

SANTIDAD: Un estado de bondad en el que una persona —con la ayuda de la gracia de Dios, la acción del Espíritu Santo y una vida de oración— es liberada del pecado y del mal. Tal persona, cuando dotada de santidad, debe todavía resistir las tentaciones, arrepentirse de los pecados que haya cometido y darse cuenta de que mantenerse en santidad es un peregrinaje de por vida, con muchos retos espirituales y morales. Las dificultades evidentes en las vidas de los santos son aleccionadoras cuando se explica y describe la santidad.

SANTIDAD Y JUSTICIA ORIGINALES: [La] "gracia de la santidad original era una 'participación de la vida divina'" (CIC, no. 375). "La armonía interior de la persona humana, la armonía entre el hombre y la mujer, y, por último,

la armonía entre la primera pareja y toda la creación constituía el estado llamado 'justicia original'" (CIC, no. 376).

SANTO: Una persona que, tras haber vivido una vida de virtud, muere en estado de gracia y que ha recibido de Dios la recompensa de la vida eterna. Los santos disfrutan de la visión beatífica e interceden sin cesar por todos aquellos que todavía están vivos en la tierra. También son un modelo e inspiración para nosotros. (Véase también "Canonización".)

SATISFACCIÓN: Acto por el cual un pecador hace enmiendas por su pecado. La penitencia recibida del sacerdote en la Confesión es un tipo de satisfacción. Toda satisfacción verdadera debe ser una participación en la satisfacción por el pecado que Cristo realizó por nosotros.

SENTIDOS DE LAS SAGRADAS ESCRITURAS: La Tradición señala dos sentidos o aspectos de las Sagradas Escrituras, el literal y el espiritual. El sentido literal es el sentido significado por las palabras de la Escritura y descubierto por la exégesis que sigue las reglas de la justa interpretación (CIC, no. 116). El significado espiritual apunta hacia realidades que van más allá de las palabras mismas y está subdividido en tres categorías. Estas categorías son:

- Sentido *alegórico*. Reconoce la significación de las Sagradas Escrituras en Cristo, es decir, la forma en la que las Escrituras presagian a Cristo y sus obras.
- Sentido *anagógico*. Ve las realidades y acontecimientos en las Escrituras en su significación eterna.
- Sentido *moral*. Los acontecimientos narrados en la Escritura pueden inspirarnos o motivarnos a vivir justamente (cf. CIC, nos. 115-117).

SOBERBIA: El Pecado Capital que denota una excesiva autoestima y un fuerte deseo de ser objeto de atención y de ser enaltecido por los demás; una soberbia excesiva nos enfrenta a Dios.

SOLIDARIDAD: "El principio de solidaridad, expresado también con el nombre de 'amistad' o 'caridad social', es una exigencia directa de la fraternidad humana y cristiana" (CIC, no. 1939). Esto requiere un amor de todas las personas que trasciende las diferencias nacionales, raciales, étnicas, económicas e ideológicas. Respeta las necesidades de los demás y el bien común en un mundo interdependiente.

SUBSIDIARIDAD: "Una estructura social de orden superior no debe interferir en la vida interna de un grupo social de orden inferior, privándole de sus competencias, sino que más bien debe sostenerle en caso de necesidad y ayudarle a coordinar su acción con la de los demás componentes sociales, con miras al bien común" (CIC, no. 1883).

SUCESIÓN APOSTÓLICA: La transmisión del oficio de obispo, de los Apóstoles a los obispos, y de estos a otros obispos, de generación en generación, mediante la ordenación. Este oficio incluye las funciones dentro de la iglesia de santificar, enseñar y gobernar.

SUICIDO MÉDICO ASISTIDO: Se refiere a un suicidio cometido con la ayuda de un médico. La aparición del suicidio médico asistido, popularizado por el movimiento del derecho a morir, busca legalizar lo que es un acto inmoral prohibido por Dios en el Quinto Mandamiento.

-T-

TABERNÁCULO: Un repositorio noble, colocado en un lugar prominente en una Iglesia Católica en la que las hostias no consumidas que se han convertido en el Cuerpo de Cristo son reservadas para uso posterior, así como foco de adoración y oración.

TEMPLANZA: La Virtud Cardinal por la cual uno modera el deseo de alcanzar y/o disfrutar de los bienes terrenales.

TEMPLO DEL ESPÍRITU SANTO: El Espíritu Santo habita en la Iglesia en cada miembro, otorgando los dones y frutos que hacen santos a los miembros de la Iglesia.

TEOLOGÍA: La teología es el estudio reflexivo de la Revelación como aparece en las Sagradas Escrituras, en la Tradición Apostólica y en la enseñanza de la Iglesia.

TIEMPO ORDINARIO: Como se designa al período de tiempo en el Calendario Litúrgico de la Iglesia que queda fuera de los tiempos de Adviento, Navidad, Cuaresma y Pascua de Resurrección.

TRADICIÓN: La transmisión viva del mensaje del Evangelio en la Iglesia, que brota de la predicación oral de los Apóstoles y del mensaje de salvación escrito bajo la inspiración del Espíritu Santo (las Sagradas Escrituras). La tradición se preserva y se transmite como el Depósito de Fe bajo la orientación de los obispos, sucesores de los Apóstoles.

TRADICIÓN APOSTÓLICA: Jesús confió su revelación y enseñanzas a sus Apóstoles. Estos las transmitieron con su predicación y testimonio.

Junto con otros, empezaron a poner el mensaje por escrito, lo que más tarde será el Nuevo Testamento.

TRANSUBSTANCIACIÓN: Término que se usa para describir la extraordinaria transformación del pan y el vino en el Cuerpo y la Sangre de Cristo. Por la consagración, la sustancia del pan y el vino se transforman en la sustancia del Cuerpo y la Sangre de Cristo.

TRIDUO: En el calendario litúrgico de la Iglesia, estos son los tres días que siguen al término de la Cuaresma. El Triduo comienza con la Misa de la Cena del Señor el Jueves Santo y concluye con la celebración de la Oración de la Noche (Vísperas) del domingo de Pascua de Resurrección.

TRINIDAD (SANTÍSIMA): Un solo Dios en tres Personas —Padre, Hijo, Espíritu Santo.

-U-

UNCIÓN DE ENFERMOS, SACRAMENTO DE LA: Este sacramento de Curación es impartido a una persona que está seriamente enferma o en peligro de muerte a causa de una enfermedad o de su avanzada edad. Las personas mayores pueden ser ungidas si se encuentran en una condición débil, aunque no tengan una enfermedad peligrosa.

-V-

VERDAD: Realidad y autenticidad según el designio de Dios. Mediante la revelación de Dios, la verdad se encuentra en la Tradición Apostólica, en las Sagradas Escrituras y en el Magisterio de la Iglesia guiado por el Espíritu Santo. En el ámbito humano, la verdad se descubre mediante la luz de la razón y se refuerza con el amor por la verdad y por el comportamiento basado en al verdad.

VIATICUM: La Sagrada Eucaristía cuando es recibida por un moribundo como alimento espiritual para el paso de este mundo al Padre.

VICIO: Vicio es la práctica habitual de un pecado que se comete repetidamente.

VIDA RELIGIOSA O CONSAGRADA: Un estado de vida permanente al que ciertos hombres y mujeres se comprometen libremente para una vida de servicio especial a Cristo, marcada por la profesión de los consejos evangélicos: pobreza, castidad y obediencia.

VIRGINIDAD PERPETUA: María fue virgen al concebir a Jesús, al dar a luz a Jesús y permaneció siempre virgen.

VIRTUD: "La virtud es una disposición habitual y firme para hacer el bien [...] Las virtudes humanas son disposiciones estables del entendimiento y de la voluntad que regulan nuestros actos, ordenan nuestras pasiones y guían nuestra conducta según la razón y la fe. Pueden agruparse en torno a cuatro virtudes cardinales: prudencia, justicia, fortaleza y templanza [...] Las virtudes teologales son tres: la fe, la esperanza y la caridad. Informan y vivifican todas las virtudes morales" (CIC, nos. 1833, 1834, 1841).

VIRTUDES TEOLOGALES: Las Virtudes Teologales son la fe, la esperanza y la caridad. Nos llaman a creer en Dios, a tener esperanza en Él y a amarlo. Las Virtudes Teologales están directamente relacionadas con el Dios vivo.

VOCACIÓN: Término que se da a la llamada que cada persona recibe de Dios; todas las personas han sido llamadas a la santidad y a la vida eterna, especialmente por el Bautismo. Cada persona puede también estar llamada específicamente al sacerdocio o la vida religiosa, a la vida matrimonial o a la vida de soltero, así como a una profesión o servicio en particular.

APÉNDICE B. ORACIONES TRADICIONALES CATÓLICAS

Señal de la Cruz

En el nombre del Padre
y del Hijo
y del Espíritu Santo. Amén.

Padre Nuestro

Padre nuestro que estás en el cielo,
santificado sea tu Nombre;
venga a nosotros tu reino;
hágase tu voluntad
en la tierra como en el cielo.
Danos hoy nuestro pan de cada día;
perdona nuestras ofensas,
como también nosotros perdonamos
a los que nos ofenden;
no nos dejes caer en la tentación,
y líbranos del mal. Amén.

Ave Maria

Dios te salve, María, llena eres
de gracia;
el Señor es contigo.
Bendita Tú eres entre todas
las mujeres,
y bendito es el fruto de tu
vientre, Jesús.
Santa María, Madre de Dios,
ruega por nosotros, pecadores,
ahora y en la hora de nuestra muerte.
Amén.

Gloria al Padre (Doxología)

Gloria al Padre,
y al Hijo,
y al Espíritu Santo.
Como era en el principio,
ahora y siempre,
por los siglos de los siglos. Amen.

Símbolo de los Apóstoles

Creo en Dios, Padre Todopoderoso,
Creador del cielo y de la tierra.
Creo en Jesucristo, su único Hijo,
Nuestro Señor,
que fue concebido por obra y gracia
del Espíritu Santo,
nació de Santa María Virgen,
padeció bajo el poder de
Poncio Pilato
fue crucificado, muerto y sepultado,
descendió a los infiernos,
al tercer día resucitó de entre
los muertos,
subió a los cielos
y está sentado a la derecha de Dios,
Padre todopoderoso.
Desde allí ha de venir a juzgar a
vivos y muertos.

Creo en el Espíritu Santo,
La santa Iglesia católica,
la comunión de los santos,
el perdón de los pecados,
la resurrección de la carne
y la vida eterna.
Amén.

Credo de Nicea-Constantinopla

Creo en un solo Dios, Padre
  Todopoderoso,
Creador del cielo y de la tierra,
de todo lo visible y lo invisible.
Creo en un solo Señor, Jesucristo,
Hijo único de Dios,
nacido del Padre antes de todos
  los siglos:
Dios de Dios,
Luz de Luz,
Dios verdadero de Dios verdadero,
engendrado, no creado,
de la misma naturaleza del Padre,
por quien todo fue hecho;
que por nosotros, los hombres, y por
nuestra salvación bajó del cielo,
y por obra del Espíritu Santo
  se encarnó
de María, la Virgen, y se
  hizo hombre;
y por nuestra causa fue crucificado
en tiempos de Poncio Pilato;
padeció y fue sepultado,
y resucitó al tercer día, según las
Escrituras, y subió al cielo, y
  está sentado
a la derecha del Padre; y de
  nuevo vendrá
con gloria para juzgar a vivos
  y muertos,
y su reino no tendrá fin.

Creo en el Espíritu Santo,
Señor y dador de vida,
que procede del Padre y del Hijo,
que con el Padre y el Hijo recibe
una misma adoración y gloria,
y que habló por los profetas.

Creo en la Iglesia, que es una,
santa, católica y apostólica.
Confieso que hay un solo Bautismo
para el perdón de los pecados.
Espero la resurrección de los muertos
y la vida del mundo futuro.
Amén.

Ofrecimiento de Obras (u Oración de la Mañana)

Dios Padre nuestro,
yo te ofrezco toda mi jornada,
mis oraciones, pensamientos,
afectos y deseos, palabras,
obras, alegrías y sufrimientos,
en unión con tu Hijo Jesucristo,
que sigue ofreciéndose a Ti en
  la Eucaristía,
por la salvación del mundo.
Que el Espíritu Santo que guió
  a Jesús,
sea mi guía y mi fuerza en este día,
para que pueda ser testigo de
  tu amor.
Con María, la Madre del Señor y
  de la Iglesia,
te pido especialmente por las
intenciones del Papa
y de nuestros obispos para este mes.
Amén.

Acto de Fe

Dios mío, porque eres verdad
infalible, creo firmemente todo
aquello que has revelado y la Santa
Iglesia nos propone para creer.

Creo expresamente en ti, único
Dios verdadero en tres Personas

iquales y distintas, Padre, Hijo y Espíritu Santo.

Y creo en Jesucristo, Hijo de Dios, que se encarnó, murió y resucitó por nosotros, el cual nos dará a cada uno, según los méritos, el premio o el castigo eterno.

Conforme a esta fe quiero vivir siempre. Señor, acrecienta mi fe.

Acto de Fe
(tradición española)

Creo en Dios Padre;
   creo en Dios Hijo;
   creo en Dios Espíritu Santo;
   creo en la Santísima Trinidad;
   creo en mi Señor Jesucristo,
Dios y hombre verdadero.

Acto de Esperanza

Señor Dios mío, espero por tu gracia la remisión de todos mis pecados; y después de esta vida, alcanzar la eterna felicidad, porque tú lo prometiste que eres infinitamente poderoso, fiel, benigno y lleno de misericordia. Quiero vivir y morir en esta esperanza. Amén.

Acto de Esperanza
(tradición española)

Espero en Dios Padre;
   espero en Dios Hijo;
   espero en Dios Espíritu Santo;
   espero en la Santísima Trinidad;
   espero en mi Señor Jesucristo,
Dios y hombre verdadero.

Acto de Caridad

Dios mío, te amo sobre todas las cosas y al prójimo por ti, porque Tú eres el infinito, sumo y perfecto Bien, digno de todo amor. En esta caridad quiero vivir y morir.

Acto de Caridad
(tradición española)

Amo a Dios Padre;
   amo a Dios Hijo;
   amo a Dios Espíritu Santo;
   amo a la Santísima Trinidad;
   amo a mi Señor Jesucristo,
Dios y hombre verdadero.
Amo a María santísima, madre
   de Dios
y madre nuestra y amo a
   mi prójimo
como a mí mismo.

Un Acto de Comunión Espiritual

Creo, Jesús mío, que estáis
real y verdaderamente en el cielo y
en el Santísimo Sacramento del Altar;
os amo sobre todas las cosas y
deseo recibiros dentro de mi alma;
pero no pudiendo hacerlo
   ahora sacramentalmente,
venid a lo menos espiritualmente
a mi corazón;
y como si ya hubieseis venido,
   os abrazo,
y me uno todo a Vos.
No permitáis, Señor, que jamás me
aparte de Vos.
Amen.

Oración al Espíritu Santo

V. Ven Espíritu Santo, llena los
corazones de tus fieles
R. y enciende en ellos el fuego de tu
amor.
V. Envía tu Espíritu y serán creadas
todas las cosas.
R. y renovarás la faz de la tierra.

Oremos:
¡Oh Dios, que has instruido
los corazones de tus fieles
con luz del Espíritu Santo!,
concédenos que sintamos rectamente
con el mismo Espíritu
y gocemos siempre
de su divino consuelo.
Por Jesucristo Nuestro Señor. Amén.

Oración para el Vía Crucis

Te adoramos, O Cristo,
y te bendecimos.
Porque por tu santa cruz
redimiste al mundo.

Salve Regina

Dios te salve, Reina y Madre
de misericordia,
vida, dulzura y esperanza nuestra;
Dios te salve.
A ti llamamos los desterrados hijos
de Eva;
a ti suspiramos, gimiendo
y llorando
en este valle de lágrimas.
Ea, pues, Señora, abogada nuestra,
vuelve a nosotros esos tus
ojos misericordiosos;
y después de este destierro,
muéstranos a Jesús,

fruto bendito de tu vientre.
¡Oh, clementísima, oh piadosa, oh
dulce Virgen María!

Memorare (Acordaos)

Acordaos, oh piadosísima Virgen
María, que jamás se ha oído
decir que ninguno de los que
haya acudido a tu protección,
implorando tu asistencia y
reclamando tu socorro, haya
sido abandonado de ti. Animado
con esta confianza, a ti también
acudo, oh Madre, Virgen de las
vírgenes, y aunque gimiendo bajo
el peso de mis pecados, me atrevo
a comparecer ante tu presencia
soberana. No deseches mis
humildes súplicas, oh Madre del
Verbo divino, antes bien, escúchalas
y acógelas benignamente. Amén.

Ángelus

El ángel del Señor anunció a María.
Y concibió por obra y gracia del
Espíritu Santo.
Dios te salve, María . . .

He aquí la esclava del Señor.
Hágase en mí según tu palabra.
Dios te salve, María . . .

Y el Verbo de Dios se hizo carne.
Y habitó entre nosotros.
Dios te salve, María . . .

Ruega por nosotros, Santa Madre
de Dios,
para que seamos dignos de alcanzar
las promesas de Jesucristo.

Oremos:
Infunde, Señor,
tu gracia en nuestras almas,
para que, los que hemos conocido,
    por el anuncio del Ángel,
la Encarnación de tu Hijo Jesucristo,
lleguemos por los Méritos de su
    Pasión y su Cruz,
a la gloria de la Resurrección.
Por Jesucristo Nuestro Señor.
Amén.
Gloria al Padre . . .

Regina Caeli (en tiempo pascual)
Reina del cielo alégrate; aleluya.
aleluya.
Porque el Señor a quien has merecido
    llevar;
aleluya.
Ha resucitado según su palabra;
aleluya.
Ruega al Señor por nosotros;
aleluya.
Gózate y alégrate, Virgen María;
aleluya.
Porque verdaderamente ha resucitado
    el Señor;
aleluya.

Oremos:
Oh Dios, que por la resurrección de
    tu Hijo, nuestro Señor Jesucristo,
has llenado el mundo de alegría,
concédenos, por intercesión de
    su Madre,
la Virgen María,
llegar a alcanzar los
gozos eterno.

Por nuestro Señor Jesucristo. Amén.

Oración de Jesús
Señor Dios,
Hijo de Dios vivo,
ten piedad de mí,
este pobre pecador.

Acto de Contrición
Dios mío, me arrepiento de todo
corazón de todos mis pecados y los
aborrezco, porque al pecar, no sólo
merezco las penas establecidas por
ti justamente, sino principalmente
porque te ofendí, a ti sumo Bien
y digno de amor por encima de
todas las cosas. Por eso propongo
firmemente, con ayuda de tu gracia,
no pecar más en adelante y huir de
toda ocasión de pecado. Amén.

Acto de Contrición
(tradición española)
Señor mío Jesucristo,
Dios y hombre verdadero,
Creador, Padre y Redentor mío.
Por ser tú quien eres, Bondad
    infinita,
y porque te amo sobre todas
    las cosas,
me pesa de todo corazón haberte
    ofendido.
También me pesa que puedas
    castigarme
con las penas del infierno.
Ayudado de tu divina gracia
propongo firmemente nunca
    más pecar,
confesarme y cumplir la penitencia
    que me fuera impuesta. Amén.

Acto de Contrición (u Oración del Penitente)

Dios mío,
me arrepiento de todo corazón
de todo lo malo que he hecho
y de lo bueno que he dejado de
    hacer.
Porque pecando te he ofendido a ti,
Que eres el sumo bien
y digno de ser amado sobre todas
    las cosas.
Propongo firmemente, con tu
    gracia,
Cumplir la penitencia,
No volver a pecar y evitar las
    ocasiones de pecado.
Perdóname, Señor,
por los méritos de la pasión
de nuestro salvador Jesucristo.

—Versión alternativa en el
Rito de la Penitencia

Acto de Contrición (u Oración del Penitente)

Señor Jesús, Hijo de Dios
Ten misericordia de mí,
Que soy un pecador.

—Versión alternativa en el
Rito de la Penitencia

Bendición de la Mesa antes de Comer

Bendícenos, Señor,
y bendice estos alimentos
que por tu bondad
vamos a tomar.
Por Jesucristo Nuestro Señor.
Amén.

Bendición de la Mesa después de Comer

Te damos gracias, Señor,
por todos tus beneficios.
Tú que vives y reinas
por los siglos de los siglos.
[El Señor nos de su paz
y la vida eterna.] Amén.

Alabanzas de Desagravio

Bendito sea Dios.
Bendito sea su santo nombre.
Bendito sea Jesucristo, verdadero
    Dios y verdadero Hombre.
Bendito sea el nombre de Jesús.
Bendito sea su Sacratísimo
    Corazón.
Bendito sea Jesús en el Santísimo
    Sacramento del Altar.
Bendita sea la excelsa Madre de
    Dios, Maria Santísima.
Bendita sea su santa e inmaculada
    Concepción.
Bendito sea el nombre de Maria,
    Virgen y Madre.
Bendito sea San José, su
    castísimo Esposo.
Bendito sea Dios en sus Ángeles y
    en sus Santos.

Alma de Cristo (*Anima Christi*)

Alma de Cristo, santifícame.
Cuerpo de Cristo, sálvame.
Sangre de Cristo, embriágame.
Agua del costado de Cristo, lávame.
Pasión de Cristo, confórtame.
¡Oh, buen Jesús!, óyeme.
Dentro de tus llagas, escóndeme.
No permitas que me aparte de Ti.

Del maligno enemigo, defiéndeme
En la hora de mi muerte, llámame.
Y mándame ir a Ti.
Para que con tus santos te alabe.
Por los siglos de los siglos. Amén.

Oración por la Paz ("Hazme instrumento de tu paz")

Señor, haz de mi un instrumento de
  tu paz.
Que allá donde hay odio, yo ponga
  el amor.
Que allá donde hay ofensa, yo
  ponga el perdón.
Que allá donde hay discordia, yo
  ponga la unión.
Que allá donde hay error, yo ponga
  la verdad.
Que allá donde hay duda, yo ponga
  la Fe.
Que allá donde desesperación, yo
  ponga la esperanza.
Que allá donde hay tinieblas, yo
  ponga la luz.
Que allá donde hay tristeza, yo
  ponga la alegría.
Oh Señor, que yo no busque tanto
  ser consolado, cuanto consolar,
ser comprendido,
  cuanto comprender,
ser amado, cuanto amar.
Porque es dándose como se recibe,
es olvidándose de sí mismo como
  uno se encuentra a sí mismo,
es perdonando, como se
  es perdonado,
es muriendo como se resucita a la
  vida eterna.
                          —San Francisco de Asís

Oración por las Almas del Purgatorio

Dales, Señor, el descanso eterno. Y
  alúmbreles la eterna luz.
Y las almas de los fieles difuntos,
  por la misericordia de Dios,
  descansen en paz. Amén.

Oración a San Miguel Arcángel

San Miguel arcángel, defiéndenos
  en la lucha,
sé nuestro amparo contra las
  acechanzas del demonio,
que Dios manifieste su poder sobre
  él es nuestra humilde súplica;
y tú Príncipe de la milicia celestial,
  con la fuerza que Dios te ha
  conferido,
arroja al Infierno a Satanás y a los
  demás espíritus malignos,
que vagan por el mundo para la
  perdición de las almas. Amén.

Oración al Ángel de la Guardia

Ángel de Dios,
que eres mi custodio,
pues la bondad divina me ha
  encomendado a ti,
ilumíname, dirígeme, guárdame.
  Amén.

Cómo Rezar el Rosario

Haz la Señal de La Cruz.
Sujetando el crucifijo, reza el Símbolo, o Credo, de los Apóstoles.
En la primera cuenta, reza un Padre Nuestro.
Reza tres Ave Marías con cada una de las tres siguientes cuentas.
Reza el Gloria a Dios.
Ve a la parte principal del rosario. Para cada una de las cinco décadas, anuncia el Misterio, después reza el Padre Nuestro. Mientras que pasas con el dedo las diez cuentas de la década, reza diez Ave Marías —uno por cada cuenta— mientras que meditas sobre el Misterio.

Después reza un Gloria a Dios.

(Al acabar cada década, hay quien dice la siguiente oración que pidió la Santísima Virgen María en Fátima que se dijese: "Oh mi Jesús, perdónanos nuestros pecados, líbranos del fuego del infierno, lleva todas las almas al cielo, especialmente las más necesitadas de tu misericordia".)

Después de rezar las cinco décadas, reza un Ave María, una Salve, seguidas de este diálogo y oración:

V. Ruega por nosotros, Santa Madre de Dios,
R. para que seamos dignos de alcanzar las promesas de Nuestro Señor Jesucristo.

Oremos:
Oremos. Oh Dios, cuyo Unigénito Hijo con su vida, muerte y resurrección nos consiguió los premios de la vida eterna, te rogamos nos concedas que, meditando estos misterios en el sacratísimo Rosario de la Bienaventurada Virgen María, imitemos lo que contienen y alcancemos lo que prometen. Por Jesucristo Nuestro Señor. Amén.

Misterios del Rosario

Misterios gozosos
(lunes y sábado)
1. La encarnación del Hijo de Dios.
2. La visitación de Nuestra Señora a su prima Santa Isabel.
3. El nacimiento del Hijo de Dios.
4. La Presentación de Jesús en el templo.
5. El Niño Jesús perdido y hallado en el templo.

Misterios luminosos
(jueves)
1. El Bautismo de Jesús en el Jordán.
2. La autorrevelación de Jesús en las bodas de Caná.
3. El anuncio del Reino de Dios invitando a la conversión.
4. La Transfiguración.
5. La Institución de la Eucaristía.

Misterios dolorosos
(martes y viernes)
1. La Oración de Jesús en el Huerto.
2. La Flagelación del Señor.
3. La Coronación de espinas.
4. Jesús con la Cruz a cuestas camino del Calvario.
5. La Crucifixión y Muerte de Nuestro Señor.

Misterios gloriosos
(miércoles y domingo)
1. La Resurrección del Hijo de Dios.
2. La Ascensión del Señor a los Cielos.
3. La Venida del Espíritu Santo sobre los Apóstoles.
4. La Asunción de Nuestra Señora a los Cielos.
5. La Coronación de la Santísima Virgen como Reina de Cielos y Tierra.

APÉNDICE C.
BIBLIOGRAFÍA

El *Catecismo Católico de los Estados Unidos para los Adultos* hace uso de estas fuentes.

Referencia/Textos Fundamentales

Catecismo de la Iglesia Católica. 2ª ed. Washington, DC: Libreria Editrice Vaticana–United States Conference of Catholic Bishops, 2000.

Código de Derecho Canónico (Codex Iuris Canonici). La versión en español ha sido tomada de la página oficial en Internet del Vaticano *www.vatican.va*.

Code of Canons of the Eastern Churches (Codex Canonum Ecclesiarum Orientalium): New English Translation (Código de los Cánones de las Iglesias Orientales: Nueva Traducción al Inglés [v.d.t.]). Washington, DC: Canon Law Society of America, 2001.

Documentos Papales

Los siguientes y otros documentos papales se pueden encontrar, salvo que se indique lo contrario, en varios idiomas en la página de Internet del Vaticano: *www.vatican.va*.

Papa Juan XXIII

Carta Encíclica sobre la Paz entre Todos los Pueblos (Pacem in Terris). 11 de abril de 1963.

Papa Pablo VI

Carta Encíclica sobre la Doctrina y Culto de la Sagrada Eucaristía (Mysterium Fidei). 3 de septiembre de 1965.

Carta Encíclica sobre la Regulación de la Natalidad (Humanae Vitae). 25 de julio de 1968.

Exhortación Apostólica acerca de la Evangelización en el Mundo Contemporáneo (Evangelii Nuntiandi). 8 de diciembre de 1975.

Papa Juan Pablo II

Exhortación Apostólica sobre la Misión de la Familia Cristiana en el Mundo Actual (Familiaris Consortio). 22 de noviembre de 1981.

Carta Apostólica sobre la Dignidad y la Vocación de la Mujer (Mulieris Dignitatem). 15 de agosto de 1988.

Exhortación Apostólica Postsinodal sobre la Formación de los Sacerdotes en la Situación Actual (Pastores Dabo Vobis). 25 de marzo de 1992.

Carta Apostólica sobre la Ordenación Sacerdotal Reservada Sólo a los Hombres (Ordinatio Sacerdotalis). 22 de mayo de 1994.

Carta Apostólica como Preparación del Jubileo del Año 2000 (Tertio Millennio Adveniente). 10 de noviembre de 1994.

Encíclica sobre el Valor y el Carácter Inviolable de la Vida Humana (Evangelium Vitae). 25 de marzo de 1995.

Encíclica sobre el Empeño Ecuménico (Ut Unum Sint). 25 de mayo de 1995.

Carta Apostólica sobre la Santificación del Domingo (Dies Domini). 31 de mayo de 1998.

Exhortación Apostólica Postsinodal sobre la Iglesia en América (Ecclesia in America). 22 de enero de 1999.

Carta Apostólica al Concluir el Gran Jubileo del Año 2000 (Novo Millennio Ineunte). 6 de enero de 2001.

Carta Apostólica sobre el Santo Rosario (Rosarium Virginis Mariae). 16 de octubre de 2002.

Encíclica sobre la Eucaristía en su Relación con la Iglesia (Ecclesia de Eucharistia). 17 de abril de 2003.

Documentos del Concilio Vaticano II

Existen diferentes traducciones de los documentos del Concilio Vaticano II. Este libro ha consultado, salvo que se indique lo contrario, las traducciones disponibles en diferentes idiomas en la página de Internet del Vaticano: *www.vatican.va.*

Constitución sobre la Sagrada Liturgia (Sacrosanctum Concilium). 4 de diciembre de 1963.

Constitución Dogmática sobre la Iglesia (Lumen Gentium). 21 de noviembre de 1964.

Decreto sobre el Ecumenismo (Unitatis Redintegratio). 21 de noviembre de 1964.

Declaración sobre las Relaciones de la Iglesia con las Religiones No Cristianas (Nostra Aetate). 28 de octubre de 1965.
Constitución Dogmática sobre la Divina Revelación (Dei Verbum). 18 de noviembre de 1965.
Constitución Pastoral sobre la Iglesia en el Mundo Actual (Gaudium et Spes). 7 de diciembre de 1965.
Declaración sobre la Libertad Religiosa (Dignitatis Humanae). 7 de diciembre de 1965.
Decreto sobre el Ministerio y la Vida de los Presbíteros (Presbyterorum Ordinis). 7 de diciembre de 1965.
Decreto sobre la Actividad Misionera de la Iglesia (Ad Gentes Divinitus). 7 de diciembre de 1965.

Documentos de la Santa Sede

Los siguientes y otros documentos de la Santa Sede se pueden encontrar, en diferentes idiomas, en la página de Internet del Vaticano: *www.vatican.va*.

Declaración acerca de la Cuestión de la Admisión de las Mujeres al Sacerdocio Ministerial (Inter Insigniores). 1976. De la Congregación para la Doctrina de la Fe.
Instrucción sobre la Libertad Cristiana y la Liberación (Libertatis Conscientia). 1986. De la Congregación para la Doctrina de la Fe.
Instrucción sobre el Respeto de la Vida Humana Naciente y la Dignidad de la Procreación (Donum Vitae). 1987. De la Congregación para la Doctrina de la Fe.

Cartas y Declaraciones de la Conferencia de Obispos Católicos de los Estados Unidos (USCCB)

Las cartas y las declaraciones de los obispos de Estados Unidos, hasta 1997, se pueden encontrar en *Pastoral Letters of the United States Catholic Bishops*, 6 vols.: 1792-1997 (Washington, DC: USCCB, 1984-1998). Muchas de las declaraciones emitidas después de 1997 se pueden encontrar en la página de Internet de la Conferencia de Obispos Católicos de los Estados Unidos (USCCB): *www.usccb.org*.

RECONOCIMIENTOS

Imágenes reproducidas con autorización.

El Icono de Cristo, imagen de la portada y p. 325: Teófanos de Creta (1546), Stavronikita Monastery, Monte Athos.

Santa Elizabeth Seton, p. 3; San Pedro el Apóstol, p. 121; San Juan Diego, p. 151; Santa Katharine Drexel, p. 161; Santa Francisca Cabrini, p. 213; San John Neumann, p. 277, y Santo Tomás Moro, p. 293: © Monastery Icons—*www.monasteryicons.com*

Moisés, p. 13: Gustave Dore, Moses Coming Down from Mount Sinai (Moisés Descendiendo del Monte Sinaí), The Dore Bible Illustrations (New York, 1974), 40.

Papa Juan XXIII, p. 23 © 1986; Beata Kateri Tekakwitha, p. 109 © 1986, y Beato Junípero Serra, p. 135 © 1988: Hermano Robert Lentz, cortesía de Trinity Stores, *www.trinitystores.com*, teléfono: 800.699.4482.

Padre Isaac Hecker, p. 37: Cortesía de la oficina de Paulist History/Archives.

Orestes Brownson, p. 53: National Portrait Gallery, Smithsonian Institution/Art Resource, NY.

Rose Hawthorne Lathrop, p. 71: Cortesía de los archivos de las Hermanas Dominicas de Hawthorne.

Venerable Pierre Toussaint, p. 83: Cortesía de Christina Miller, *iconfusion@ earthlink.net.*

Hermana Thea Bowman, p. 95: Artista: Tony Bryant; cortesía de la FSPA Thea Collection.

Monseñor Martin Hellriegel, p. 177: Cortesía de Notre Dame Archives.

John Boyle O'Reilly, p. 193: Thomas Larcom, fotógrafo.

Beato Carlos Manuel Rodríguez, p. 225: *en.wikipedia.org/-wiki/-Carlos_Rodriguez.*

San Agustín (de *Las Confesiones*), p. 247: Scala/Art Resource.

Cardenal Joseph Bernardin, p. 265: The Archives of Chicago y Bachrat Portraits.

Padre Patrick Peyton, p. 311: Cortesía de Holy Cross Family Ministries.

César Chávez, p. 343: The César Chávez Foundation y CNS.

Catherine de Hueck Doherty, p. 361: Madonna House Archives, Combermere ON Canada KOJ IL0, teléfono: 613-756-1766, correo electrónico: *archives@ madonnahouse.org.*

Job, p. 373: Scala/Art Resource, NY.

Padre Demetrius Gallitzin, p. 383: *en.wikipedia.org/wiki/Image:DAGallitzin.jpg*.

Padre James Fitton, p. 384: Cortesía de College of the Holy Cross Archives.

Beato Luigi y Beata María Quattrocchi, p. 395; Papa Pablo VI, p. 427; Henriette Delille, p. 477: Cortesía de Catholic News Service.

Dorothy Day, p. 409: Cortesía de Marquette University Archives.

Madre Joseph, p. 443: Cortesía de Providence Archives, Seattle, Washington.

Padre John Francis Noll, p. 457: Cortesía de Our Sunday Visitor Archives.

Santa María Goretti, p. 469: Padre William Hart McNichols.

Arzobispo Fulton J. Sheen, p. 493: W. F. Hardin, Peoria, Illinois.

Manos Orantes, p. 515: Design Pics.

❦

Citas del *Leccionario* © 1976, 1985, 1987, 1992, 1993, Conferencia Episcopal Mexicana; *Misal Romano* © 1983, Conferencia Episcopal Mexicana. *Ritual de Matrimonio* © 1969, Conferencia Episcopal Mexicana. *Liturgia de las Horas* © 1979, Conferencia Episcopal Mexicana.

Las citas del *Catecismo de la Iglesia Católica*, segunda edición © 2001, Libreria Editrice Vaticana–United States Conference of Catholic Bishops. Utilizados con permiso. Todos los derechos reservados.

Las citas de los documentos del Concilio Vaticano II y del *Código de Derecho Canónico* han sido extraídas de la página web oficial del Vaticano. Todos los derechos reservados.

Citas del *Bendicional*, Comisión Episcopal de Liturgia, DELC © 1986, Coeditores Litúrgicos. Todos los derechos reservados.

Biografía de Henriette Delille adaptada en parte, con autorización, de Ann Ball, *Modern Saints—Book One* (Rockford, IL: TAN, 1983).

Extracto de Archbishop Fulton J. Sheen, *Treasure in Clay* © 1993, Ignatius Press, San Francisco, CA. Reproducido con autorización de Doubleday Books.

Extracto de *The Gift of Peace* del Cardenal Joseph Bernardin (Loyola Press, 1997) reproducido con autorización de Loyola Press. Para solicitar copias de este libro, sírvase llamar al 800-621-1008 o visite *www.loyolabooks.org*.

ÍNDICE BÍBLICO

Los números que siguen a cada cita se refieren al número de las páginas en el texto. Un asterisco indica que la cita ha sido parafraseada.

Génesis

1-2:4	59*
1-2	60*
1:1	57, 63
1:27	73, 425*
1:31	58
2:16-17	75
2:18	295
2:18-24	425*
2:24	295
3:4-5	75
3:5	76
3:8	8*
3:15	15*
9:16	20*
14:18	227*
14:18-20	280*
49:24	56

Éxodo

3:1-6	16*
3:1-15	13-14*
3:5	368
3:14	375
4:10-16	13-14*
11-13	179*
19:3-6	345*
20:2-3	361, 370
20:7	373
20:8-11	385*
20:16	459, 465
23:7	413
28:1ss.	280*
31:17	390

Levítico

11:45	150, 357

Deuteronomio

4:16	366
5:12	385*
5:12-14	392
5:21	474
6:4	56, 66
6:5	370
30:19	426

1 Samuel

2:1, 7-8	497

2 Samuel

7:28	67

Tobías

1:16-18	170*, 172*

Judit

16:1, 13-14	498

Ester

C:14	497
7:3	497

Job

1:21	373, 379
2:9	373
2:10	373
19:25-27	374
38:2-5	374
42:2-5	374-375
42:8	375

Salmos

8:2	378*
18:2	5, 60
22	274-276*
22:1	275
22:2	275
22:4	275
22:5	275
22:6	275
25:4	467
41:2	1
41:2-3	514
41:2-7a	11-12
50	249*
50:12	263
76:14	372
94:1-4, 6	394
95:8	394
102:1	379, 382
109:4	280, 292
118:89-90; 105	22
120	514
138:14	6
149:1-2, 5-6	192

Proverbios

15:27	489
23:22	399, 405

Eclesiastés (Qohelet)

3:2	163
12:7	163

Cantar

8:6	441
8:6-7	295*

Sabiduría

7:16-17	466*

Eclesiástico (Sirácida)

7:27-28	399

Isaías

1:24ss.	56
6:3	368
6:5	17
6:8	286
11:1-2	113*, 116*
11:1-3	217*, 546*
21:11-12	476*
44:6	63
53:5	103, 105
58:14	385
61	279*
61:1-2	113

Ezequiel

16:59-63	295*

Oseas

2:21	309
3	295*

Joel

3:1	215*

Amós

5:24	455

Zacarías

1:3	341

Mateo

1:18-25	154*
1:21	89, 551*
3:17	67, 92
4:1-11	523*
5:3-12	326
5:7	522
5:8	476
5:17	348
5:17-19	86*, 105*
5:23	86*
5:24	254
5:28	473, 474

5:31-32	435*	26:17-29	228*
5:37	460-461	28:6	100
5:48	208	28:17	101
6:5-13	515-516	28:18-20	147*
6:5-15	499*	28:19	90
6:9	515	28:19-20	31*, 210
6:19-21	479	28:20	231
6:21	479, 486		
6:25-34	480*	**Marcos**	
6:43-48	105*	1:25	314
7:7	500*	2:1-12	267*
7:7-11	499*	2:5	267
7:9-13	530*	2:9-11	267
7:12	344	8:31	105
8:8	235*	10:9	299, 435*, 550
9:3-9	435*	10:14	204
11:27	56*, 518	12:29	56*, 66*
14:23	515	14:12-25	228*
15:19	471	16:2	191
16:16	121	16:9	191
16:16-18	41*	16:15	23, 31*
16:17	121	16:16	41, 140*, 195
16:18	121, 132*		
16:21	97	**Lucas**	
16:23	97	1:25-56	484*, 503*
17:5	67, 92	1:26-38	153*, 154*
17:22-23	97*	1:29	317*
18:20	379	1:31	551*
19:3-6	296-297	1:38	158
19:8	295*, 440*	1:42	317*, 503*
19:12	287	1:43	503
19:16-22	325-326	1:45	39, 159
20:19	105	1:46-55	159-160*
20:28	103, 105, 128, 291	1:49	379
22:21	403	1:73	372*
22:37	365	2:49	499
22:37-39	327	2:51	407
25:31-32	167	3:11	451
25:31-46	171*, 449*	3:21	515
25:36	276	4:1-12	523*
25:40	167	4:18-19	279
		4:20	279

4:21	279	6:56	237, 425*
5:8	17	6:67-68	41
5:17-26	249*	8:34	82*
6:36	208	8:44	461*
7:16	267	8:46	86*
7:36-50	249*	8:58	376*
9:23	97	10:10	162, 274
9:29	515	10:14	274
10:16	350, 357	10:17-18	103
11:1	515	10:33	105*
11:9-13	516	11:17-27	170*
11:28	556	11:25	166
15:11-32	249-250*,	12:24	97
261-262*		12:31	82*
15:24	262	13-17	56*
16:18	435*	13:1	98
18:8	396	13:1-20	229*
18:10-14	516-517	13:14-15	229
18:13	500	14	519*
22:7-20	228*	14:1-17:26	229*
22:19	388	14:6	31*, 459*,
22:42	521		465*, 526
22:54-62	251*	14:23	526
23:34	522*	15:12	93, 208
24:1	191	15:13	97
24:11	102	16	113*
24:13-35	101*	16:12-15	222*
		16:13	119
Juan		17:15	523*
1:3	58*	17:21	23, 244
1:37-39	288	18:38	459
1:41-42	288-289	19:27	155*
1:42	289	20:1	191
2:5	504	20:8	100, 106
3:5	140*, 195, 199-200	20:19-23	101*, 191*
3:16	93	20:21-23	250
3:17	332	20:22	109, 215
3:19ss.	8*	20:22-23	259-260
4:4-42	284*	20:28	100-101
5:16-18	105*	20:31	85
5:24	256	21:15-17	122, 132*
6:51, 53	228	21:15-19	251*
6:53	234		

Hechos

1:2	102
1:8	110, 117
1:9	102
1:11	102*
2	215*
2:1-4	111
2:1-47	222*
2:17	215
2:36	117
2:42	499*
4:12	90, 92, 379
9:1-31	251*
9:3-6	101*
10:38	216
16:31	39
17:26	80
17:26-28	7*
17:28	58, 258

Romanos

1:3-4	103
1:5	48*
1:19-20	58*
1:20	5
5:5	112, 529*
5:12, 19, 20b	76
5:20	79, 81, 332
6:3-4	195
6:4	166*
6:22	359
7:15, 19	79
7:19	80
7:24	79
7:24, 25	474
8:11	166, 166*
8:19-23	169*
8:28	484
8:31	523
9:4-5	142
12:1	239
13:13-14	248

13:26	48
16:26	39

1 Corintios

2:9	164
3:16-17	133*
7:10-11	297, 435*
10:11	30
11:17-34	237*
11:23-26	228*, 228-229
11:27	234
11:27-29	242*
12:3	502
12:9, 28, 30	268-269*
12:28	132*
13:1-13	132*
15:3	105
15:3-8	100*, 101*
15:12-14	102
15:14	191*
15:35-37, 42, 52, 53	166
15:42-44	101-102*
15:54-55	425

2 Corintios

1:21-22	219
4:4	336*
5:20	254
6:2	168
6:16	133
10:5-6	48*
12:2	79*
12:9	350

Gálatas

4:4	158
4:6	519
5:22	116*, 222*, 430*
5:24	480, 487

Efesios

1:3	318
2:14	321-322

2:21	133*
4:5	149
4:25	461
5:25-26	133
5:31-32	297
5:32	441*

Filipenses
| 2:9-10 | 379 |
| 3:8 | 501 |

Colosenses
1:15	336
1:18	106, 166
1:24	268
2:3	36*
2:12	196, 212
3:9	461
3:12-13	209

1 Tesalonicenses
1:5	41
2:13	27*
5:17	501, 509, 513

2 Tesalonicenses
| 2:15 | 36 |

1 Timoteo
2:4	31, 200*
2:5	157
3:15	45, 352
3:16	15
6:10	479
6:16	55

Tito
| 2:1-6 | 430* |

Hebreos
1:1-2	15, 21
7:25-26	279
8:8,10	351
9:14	233
9:15	86*

11:1	41-43, 51
13:8	46
13:20-21	341

Santiago
2:15-16	451
3:2-12	381
5:14-15	269, 274

1 Pedro
1:15-16	150, 357
2:4-5	188, 230*
2:9	134, 205, 230
2:9-10	133
3:15-16	462
4:10	480

2 Pedro
| 1:4 | 93 |
| 1:5 | 22 |

1 Juan
1:8-9	257
3:3	430*
4:8	55, 67, 112
4:9	93
4:10	105
4:16	112
5:17	332

Judas
| 3 | 27*, 45 |

Apocalipsis
1:17	526
5:12-13	530
7:9	126
7:14	199
19:7	295
19:9	295, 301
19:16	191
21:4	425
21:10	169*
22:20	528

ÍNDICE GENERAL

Números en cursiva indican paginas del glosario.

Aborto: 258, 302, 396, 413-14, 424, *537*
  aquellos que ayudan a obtener: 414
  preceptos morales y: 424
  respeto a la vida y: 411, 414, 448
Abrahán: 123-24, 227, 280, 496
  la alianza de Dios con: 16, 20, 123, 142, *537*
  la llamada de: 15, 142
  como padre "en la fe": 43
  promesas de esperanza: 39
Absolución: 253, 254-55, 260, *537*
Abstinencia: 354-55, 434
  véase también Castidad
Abuso
  del alcohol y las drogas: 425
  el Quinto Mandamiento y: 425
Abuso doméstico: 435
Abuso emocional: 425
Abuso físico: 425
Abuso sexual: 431
Acción de Gracias: 63, 228, 231-32, 393
  Bendición de la Mesa antes de Comer: 572
  Bendición de la Mesa después de Comer: 572
  Eucaristía como acto de: 228, 231-32, 241
  como forma de oración: 500-501, 512, 556
  véase también Gratitud
Acedia **(una depresión espiritual)**
  remedio para: 509
  surgiendo de un comportamiento ascético relajado: 509
Aceite: véase Crisma (*Myron*); Óleo
Adán y Eva: 57
  la Caída: 75-76, 77, *540*
  creados a imagen de Dios: 73-74

  creados con la misma dignidad: 74, 295
  creados en santidad y justicia originales: 74
  creados para complementar al otro en una comunión de personas: 74
  como diferentes y superiores a todas las demás criaturas de la tierra: 73-74
  el libre voluntad de: 75-76
  como los padres primeros: 74
  su pecado y sus consecuencias: 75-76, 81 (véase también Pecado Original)
Administración: como un don del espíritu: 132
Adolescentes: véase Hijos; Juventud, gente joven
Adopción
  por Dios mediante el Bautismo: 205, 210, *537*
  de niños: 404, 414
Adopción divina: 189, 210, *537*
Adoración: 236, 240, 380, 500, 512
  arte sacro y: 366
  de Cristo: 238
  culto de: 156
  del Dios: 60, 367, 387, 392, 497
  nombre de Cristo y: 524
  del Santísimo Sacramento: 494, 510
  véase también Culto
Adulterio: 473, 474
  definición de: 439
  y el divorcio: 435
  como una injusticia: 435
  como un insulto contra la dignidad del matrimonio: 435
  y el Mandamiento de Dios: 435, 473

Adviento: 253, *537*
  tiempo litúrgico: 185
  véase también Ano Litúrgico
Agnosticismo: 368, *537*
Agua
  agua y el Espíritu: 195, 197,
    200, 215
  simbolismo del: 115, 124, 195-96
  transformada en vino: 228, 504
  véase también Bautismo
Agua Bautismal: 430
  bendición del: 197
Agua bendita: 313, 314, 321, 539
  véase también Bendiciones
Agustín, San: xxi, 5, 6, 11, 12, 36, 76,
  130, 134, 192, 221, 247-48,
  331, 369, 418, 471, 495, 517
Alabanza: 257-59, 501, 512
  véase también Culto; Oración
Alabanzas de Desagravio: 382, 572
Alcohol, abuso del: 425
Alegría
  y el amor perfecto: 308
  bienaventuranza: 326
  del cielo: 164
  Cristo como secreto de la: 476
  y desprenderse de los bienes
    materiales: 485
  el domingo como día de: 386, 389
  como un fruto del Espíritu
    Santo: 487
  fuentes de: 484
  en el matrimonio: 433, 440
  ofrecer las alegrías personales a
    Dios: 501
  relación íntima con Dios como
    fuente de alegría eterna: 9
  de la salvación: 164
  virtudes y: 335
  véase también Felicidad; Frutos del
    Espíritu Santo
**Alfonsa, Madre (Rose Hawthorne
  Lathrop):** 71-73, 82, 294
Alianza matrimonial: véase
  Matrimonio
Alianzas: 16, 17, 20, *537*
  Alianza Nueva (véase también
    Ley Nueva)

Bienaventuranzas como
  resumen de: xxii
Cristo como Sumo Sacerdote de:
  228-29
culto dominical y: 385
la Eucaristía y: 228-29, 231
la Iglesia y: 231
Ley Antigua y: 295, 341,
  345-46
oración en: 495, 497, 526
profetas y expectativas de: *537*
el Pueblo de Dios como unido
  por: 519, *537*
sacramentos y: 182
Antigua Alianza: 16
  Abrahán y: 16, 20, 123, 142
  Decálogo y: 348
  Dios y la Alianza con Su gente:
    16, 20, 56, 142, 249, 295,
    345-46
  formado mediante la revelación
    de Dios: 16
  Moisés y: 20
  Noé y: 20
  preparación de Cristo en el:
    21, 133
  sábado (Sabat) como un signo
    de: *561*
  valor permanente de: 16
  con Dios, la que se inicia primero,
    y Mandamientos como la forma
    en que se vive esto: xxii, 337
  nuestro compromiso de vivir los
    Mandamientos como fluyendo
    de nuestra respuesta a la
    Alianza establecida con
    Dios: xxii
  véase también Mandamientos
Alma: *537*
  Bautismo y Confirmación imparten
    un carácter al: 207-8, 210, 219,
    220, 222, 290, *540*
  como creada directamente por
    Dios: 74, 80
  cuerpo y: 74, 80
  como fuente de vida física de
    nuestros cuerpos: 74

y gracia santificante: 357
inmortalidad de: 65, 80, 104, 163,
    172, 328, 338, *537, 551*
Jesucristo como médico de: 249,
    268, 275
de Jesús: 88, 99, 105, 238
como lugar donde habita
    Cristo: 111
como núcleo de nuestros poderes
    espirituales de saber y amar:
    74, 80
Oración por las Almas del
    Purgatorio: 173, 573
oración y: 495, 507, 511, 514
Pecado Original y: 438
respeto por las almas de los
    demás: 424
salvación de: 106, 352, 447
separada del cuerpo tras la muerte:
    99, 168, *551*
seres humanos dotados con: 74, 80
se unirá al cuerpo el día de la
    Resurrección de los muertos: *551*
teorías evolutivas y: 65
unidad del alma y el cuerpo en la
    persona humana: 74, 80, 439
virtudes y (véase Virtudes)
véase también *temas específicos,*
    ej., Purgatorio
Alma de Cristo *(Anima Christi):* 243,
    572-73
Altar: 106, 233, 283, 286, 501
sacramento del: 238
Ambrosio, San: xxi, 247, 248
Amén: *537*
en la liturgia Eucarística: 232, 240
significado de: 240, 525, 529
América: 358-59
véase también Estados Unidos
Amistad: 335, 430
castidad como desarrollada y
    expresada en: 430
entre Cristo y el hombre: 235, 2
    37, 476
entre Dios y el hombre: 15, 73, 80,
    164, 172, 255, 258
en el matrimonio: 404

principio de solidaridad: 358, *564*
con el prójimo: 430
Amor: 337-38
y el cielo, entrar al: 163-64
de Cristo: 9, 91, 139
    Bautismo de Deseo y: 204
    Cristo, la Encarnación, como
        amando con un corazón
        humano: 93
    dando testimonio del amor de
        Jesús de de las verdades de la
        fe: 19
    uniendo a la Iglesia, el Cuerpo
        de Cristo: 91
    uniendo el amor personal
        y el amor de Cristo en el
        matrimonio: 302
deberes diarios realizados con: 111
a Dios: 67
    abrazar el celibato para: 438
    como causa de una contrición
        perfecta: *542*
    creciendo en santidad: 139, 143
    dar a luz y criar hijos
        cooperando en el: 433
    los fieles para dar testimonio
        del: 19, 26
    impartido a los pecadores
        en el sacramento de la
        Reconciliación (véase
        Penitencia y Reconciliación,
        Sacramento de)
    e implicaciones de haber sido
        creados a imagen de Dios: 77
    llamada a amar a Dios: 7, 9, 62,
        74, 80
    la orientación moral protege
        los valores que promueven el:
        337-38
    el primero de los dos grandes
        Mandamientos: 365, 367
    con todo el corazón: 67, 327,
        363, 364, 365, 370
de Dios: 12, 41, 93
    y amistad hacia nosotros: 15
    como causa de la creación: 58
    como cimiento de nuestra
        esperanza: 529

la creación como un testigo del:
58, 61-62
derramado en nuestros
corazones por el Espíritu
Santo: 302
"Dios es amor": 55, 56, 67, 112
por Israel: 55
la justificación como la obra
más excelente del: 357
y los Mandamientos: 367
más fuerte que la muerte: 168
nuestros salvación que provine
del: 62
poder del amor de Dios para
transformar la sociedad: 534
Revelación y: 14-18, 39
revelado en Jesucristo,
en la Encarnación
(véase Encarnación)
Dios como fuente de todo: 74
a los enemigos: 340
como la esencia de toda ley: 327
el Espíritu Santo como: 111-12
como fruto del Espíritu Santo
(véase Frutos del Espíritu Santo)
como fuente y fin de
la oración: 502
de los hijos por sus padres:
399-400
mandamiento de Cristo de amar
como una puerta a todo el orden
supernatural: 303
del marido y de la mujer: 302,
432-34
como el mayor don del Espíritu
Santo: 126, 132, 137
como no existe sin sacrificio: 337,
340, 525
oración como respuesta a: 511-12
de los padres por sus hijos:
400-401
a los pobres: 451-52, 453
al prójimo: xxii, 127, 150, 188-89,
325-26, 327, 340, 345, 346-47,
358, 449
incluye amar a los
enemigos: 340

el segundo de los dos grandes
Mandamientos: 340
solidaridad con la comunidad
humana y un compromiso a la
justicia social: 345
suicidio como una ofensa
contra: 421
romantizar el: 337
y sentimentalismo: 337
el vínculo de la fertilidad y el:
433-34
como Virtud Teológica 335 (véase
también Virtudes Teológicas)
véase también Caridad; *temas y
descripciones específicos*, ej.,
Hijos: el amor de los padres
por los
Amor conyugal: véase Matrimonio
Amor fiel unitivo: 432-33, 440
Amor filial: 399, 402, 537
Amor paternal: 402
Amor preferencial por los pobres:
447, 480
Amor procreador: 433
Anámnesis (el Memorial): 232, 233,
537-38
Ancianos
la abogacía de la Iglesia a favor de
los: 46
ayuda proporcionada por: 400, 401
cuidado de los padres mayores:
397, 399-400, 405
derechos de los: 399-400, 403
discriminación y: 358-59
véase también *temas específicos*
Ángel de la Guardia: 573
Ángeles: 59, 538
ángel del Señor: 13
ángeles caídos (ángeles rebeldes
que fueron expulsados al
infierno): 59, 68, 314, 544
creados como resultado del amor
de Dios: 59
como criaturas inteligentes y libres
59, 62
como criaturas personales e
inmortales: 59

demonios: 59, 68
devoción a: 370
existencia de los ángeles como
   verdad de la fe: 59
identidad y deberes de los: 68
imágenes en el arte: 366, 370
como seres espirituales: 59, 68
como trabajando por nuestra
   salvación 59
véase también *temas y
   acontecimientos específicos*
Ángelus: 570-71
Año Litúrgico: 185, 190, 538
   véase también Tiempo Ordinario
Anticoncepción: 414, 434
   véase también Planificación
   familiar natural
Anticoncepción artificial: 302,
   428, 434
Antiguo Testamento: xiv, 26, 35, 56,
   60, 66, 538
alianzas como preparándose para
   la Iglesia: 16, 133, 249, 537
amor de Dios y amor del prójimo
   con bases en la Ley: 340
Canon de las Sagradas Escrituras
   y el: 26
comunicado a Moisés: 13-14
culto en: 385
los Diez Mandamientos
   (véase Mandamientos)
Dios Padre en: 56-57, 133, 518
Dios se revela a sí mismo: 14
la familia de Dios como formada
   en: 123-24
el Hijo proclamado obscuramente
   en el: 112-13
Jesús mostrando el significado
   pleno de todo lo que se ha
   revelado en: 98, 553
lectura de la Iglesia del: 112-13
ley revelada en el: 348-49, 357, 553
libros del: 26
no rechazado por Jesús: 328
oración en: 496-98
pecado y misericordia de Dios
   en: 249

preparación para el Evangelio:
   348, 357
preparación para la Iglesia:
   123-24, 133
la presencia de Cristo en: 112-13
la presencia del Espíritu Santo en:
   112-13
profecías del Mesías: 21
el Pueblo de Dios en: 130
"Regla de oro" como resumen de
   (véase Regla de Oro)
revela a Dios como uno, único y
   sin igual: 56, 66
rituales en: 227
sacerdocio en el: 280
significado pleno revelado en el
   Sermón de la Montaña: 348-49
unidad con el Nuevo Testamento:
   26, 35
venerado como santo pero
   necesitado de la gracia de Dios
   para su plenitud: 349-50
véase también Sagradas Escrituras;
   temas específicos
Antonio de Padua, San: xxi
Anunciación: véase María, Santísima
   Virgen: Anunciación de
Apostasía: 365, 538
Apostolado: 185
Apóstoles: 16, 25-29, 473, 538
aceptación de las enseñanzas de:
   42-43
Credo de los Apóstoles: 48, 49-50,
   57, 99, 542
eligiendo y llamando a: 284,
   287, 515
encomendados por Jesucristo para
   predicar el Evangelio: 25-29, 34
el Espíritu Santo y: 26-27, 34,
   110-11, 117
y la Eucaristía, institución de:
   227-28
y la Iglesia: 143-44
imposición de las manos y:
   215-16, 283
obispos elegidos para suceder a:
   27, 31, 149, 357-58

poder de perdonar los pecados:
250, 260
los sacramentos y: 215-16
Símbolo de los Apóstoles:
48-49, 567
sucesores de: 27, 31, 149, 357-58
véase también Sucesión
Apostólica; *temas y
acontecimientos específicos*
Argumentos: 7
Armas
carrera de armamentos: 418
condición para recurrir a: 418-19
rechazo a levantar: 419
véase también Guerra
Armas nucleares: 419-20
Armonía
en la creación: 4, 73
en Cristo: 88, 91
como dañada por la Caída: 75, 98
entre cristianos: 138
vivir en armonía con el designio de
Dios: 74, 319, 329
véase también Paz; Santidad y
justicia originales
Armonía familiar: 397, 401, 402
Armonía interna: 73
Arquitectura: 184
Arrepentimiento: 165, 249, 254, 257,
261, 417, 500, *558*
véase también Penitencia y
Reconciliación, Sacramento de la
Arrianismo: 88, *538*
Arte: 461, 466
Arte religioso: 366, 370
Asamblea
la Iglesia como una asamblea de
gente: 40, 47, 123, 129-31
oración y: 48-49, 232, *547*
participación de la: 123, 180, 183,
184, 187, 190, 232, 239, *547*
Asamblea dominical: 187, 389
Ascensión: 102, *538*
Asentimiento
a las definiciones del Magisterio:
365, 370-71
a las enseñanzas del
Magisterio: 114

obediencia de la fe y: 39, 40,
42-43, 47, 370-71
véase también Fe
Asesinato: véase Homicidio; Matar
Astrología: 366, 367
Asunción: véase María, Santísima
Virgen: Asunción de
Atanasio, San: xxi
Ateismo: 367-68, 370, *539*
Atributos de la Iglesia: 135-50, *539*
véase también Iglesia: cuatro
atributos de
Auto-ayuda: 78-79
Autocontrol: 335, 438
véase también Frutos del
Espíritu Santo
Autodisciplina: 335
Autoestima excesiva: véase Orgullo
Autonomía: 337
véase también Individualismo
Autonomía personal: véase Autonomía
Autoridad; autoridades: 405, 446-47
de los Apóstoles: 49
el bien común y: 346, 447
consideraciones para tomar de
decisiones: 405-6
de Cristo: 350
deberes de: 346, 401, 402, 417
de Dios: xx, 29, 35
familia y: 401, 402, 405
de la Iglesia: 315, 321, 354, *548*
del Magisterio de la Iglesia: xvii,
27, 34
necesaria para la sociedad
humana: 417
de los obispos: 32, 34, 183, 282,
389, *541*
participación católica en: 402-3
rechazo a obedecer: 402
responsabilidades para sus
ciudadanos: 402, *560*
la separación del estado y la
Iglesia: 18, 45-46
para servir al pueblo: 417
del Sumo Pontífice: 34, 282,
365, *541*
véase también Ley civil;
temas específicos

Autoridades civiles: 402
Autoridad política: 346
Autoridad pública: 402, 405
Avaricia (codicia): 337, 479, 480, 485,
    486, 487, *539*
    como Pecado Capital: *558*
    véase también Envidia
Ave María: 318-19, 502-4, 567
    véase también María, Santísima
    Virgen; Oración
Ayuda para el desarrollo: véase
    Justicia social
Ayunar: 354-55
    Cuaresma: 203, 253, *543*

Basilio, San: xxi
Bautismo: 78, 181, 195-96, 210, *539*
    de adultos: 9, 198, 199, 200-201,
        202-3, 206
    los Apóstoles y la misión de
        bautizar: 210, 215
    carácter sacramental de: 207-8,
        210, 220, 223, 290, *540*
    catecúmenos: 200, 202, 210-11,
        540, *546*
    de deseo: 204
    efectos del Bautismo: 204-8, 210
    adoptado de Dios: 205, 210
    carácter imborrable: 207-8, 210,
        220, 290, *540*
    comunión con la Iglesia:
        200-201, 202
    derechos y deberes que se
        derivan de: 208-9
    dones del Espíritu Santo: 205
    lo incorpora a uno en
        Cristo: 210
    lo inicia a uno dentro de la
        Iglesia: 205, 210
    nueva criatura nacida en el
        Espíritu: 210
    perdón de los pecados: 78,
        204-5, 209, 210, 260
    sacerdote, profeta y rey: 210
    salvación y: 199, 210-11
    santificación y: 205
    Santísima Trinidad, participación
        en la vida de: 210

Templo del Espíritu Santo: 210
    une a uno a otros
        cristianos: 207
    unión en el Bautismo con Cristo
        que ha muerto: 78, 196
    como encomendado por Jesús:
        195-96, 200
    el Espíritu Santo y: 11, 110, 111
    la fe y: 206
    formula de: 211
    la gracia y Virtudes Teológicas:
        207, 471
    la Iglesia y: 123, 127, 129,
        133, 205
    incapacidad de ser repetido:
        207, 223
    inclinación a pecar continúa
        después: 204-5, 206
    de Jesús: 113, 280
    como librándonos de la mancha
        del Pecado Original: 78, 81
    la liturgia del: 196-99
    ministro de: 200, 211
    en la muerte y Resurrección de
        Cristo: 78
    nacer de nuevo: 204, 207
    necesidad del: 199-200
    de niños pequeños: 198,
        201-4, 211
    el nombre de pila, el nombre que
        recibimos en nuestro bautismo:
        377, 380
    padrinos de: 201, 206
    la palabra 195
    y la profesión de fe: 197, 201
    promesas bautismales: 199
    como renuncia al diablo: 315
    rito de Bautismo: 206, 210
    el sacerdocio común de los
        fieles: 289
    como Sacramento de la Iniciación:
        181, 195-96, 210
    de sangre: 204
    véase también Catecumenado;
        Iniciación Cristiana
Bayley, Elizabeth: véase Elizabeth Ann
    Seton, Santa (Madre Seton)

Beatificación: xix, 396, *539*
"Beato": xix, *539*
Bebés: véase Niños, infancia
Belleza: 19, 38, 61, 68
  la fe y: 364
  en la Liturgia: 187
  del mundo: 4, 6, 75
  de la naturaleza: 482
  de la persona humana: 438
  de la tierra: 6
  la verdad y: 461, 466
Bendicion de la Mesa antes de Comer:
  322, 572
Bendicion de la Mesa después de
  Comer: 322, 572
Bendiciones
  adoración y: 500
  compartir con otros: 485-86
  culto público como expresión de
    gratitud por: 387
  de la Familia: 309
  de Locales Destinados a los
    Medios de Comunicación
    Social: 567
  Padre como fuente de todas las:
    179, 189
  de los Padres a sus Hijos: 407
  véase también Acción de Gracias
Bendiciones (sacramentales): 314, 318,
  321, *539*
  véase también Sacramentales
Benignidad: 116
Bernardin, Cardenal Joseph: 265-67
Biblia: 26, 66
  véase también Sagradas Escrituras
Bien; bondad
  amistad y: 430
  apertura al: 10
  conciencia y lo que es bueno:
    332-33
  defender el bien de cada ser
    humano: 401-2
  deseo humano por la bondad: 4
  Dios como autor de: 407
  "Dios dispone todas las cosas para
    el bien de los que aman": 484
  como un fruto del Espíritu Santo:
    116, 222, 548

  gracia y: 363
  los hijos y el bien de la familia: 299
  ley moral ayuda a determinar
    el: 339
  y mal: 58-59, 75, 412
  medios inmorales para llegar a un
    fin bueno: 415
  en nuestra cultura: 18-19
  pecado apuesto al: 351
  el universo destinado al bien de la
    familia humana: 58
  la verdad y: 466
  véase también Bien común; Bondad
    de Dios; Bondad humana;
    Frutos del Espíritu Santo; *temas*
    específicos, ej., Matrimonio
"Bienaventuranza" (la palabra): 326
Bienaventuranzas: 326-27, *539*
  como bases para una vida de
    auténtica discipulado cristiano:
    326-27
  y el deseo de la felicidad: 351, 479
  Dios como nuestra: 252, 422
  pecado como volver la espalda a
    Dios y a su: 252
  de los pobres: 480, 485, 487
  relación con los Diez
    Mandamientos: xxii, 479
  véase también Visión beatífica
Bien común: 145, 344, 346,
  448-51, *539*
  acción, justicia social, y el: 346
  autoridad civil legítima y: 346
  el bien de cada individuo y: 347
  comunidad política, el estado,
    y: 346
  condiciones de: 346, 417, 419, 450
  deberes personales hacia: 346, 452
  discreción y: 462, 466
  guerra justa y: 419
  de la Iglesia: 350
  la Iglesia y: 145, 446-47
  la ley y: 347
  libertad religiosa y: 44-46
  los medios de comunicación y:
    462, 463, 466
  los medios y fin de: 346
  obligación de promover: 344, 452

propiedad privada y: 452
respeto por el entorno y: 450, 452
la solidaridad y: 346-47, 358
véase también Justicia social;
Solidaridad; *temas específicos*
Bienes
y el bien común: 452
codiciar: 469, 474
corresponsabilidad de: 344
distribución de: 326, 446, 451
fin universal de: 452
de la tierra: 344, 452
véase también
Materialismo; Propiedad
Bienes materiales: 326, 445,
479-80, 485
Bien moral: 6, 10, 332, 334
Bien supremo: 501
Blasfemia: 376-77, 378, 380, *540*
Boda: véase Matrimonio
Bondad véase Bien; bondad
Bondad de Dios: 347
la creación y: 58, 61, 68, 391
Dios como autor de la bondad: 407
véase también Evangelio
Bondad humana
actos bondadosos: 329
actos humanos: 329, 334, 335
de cada persona: 303
defender la bondad de cada ser
humano: 401
libertad y crecimiento en: 329,
336, 338, 339
virtud como una manera de
madurar en: 205, 334-37
véase también Frutos del
Espíritu Santo
Bowman, Thea: 95-97, 106
Brownson, Orestes: 53-54, 294
Brujería: 366, 378
Bryan, William Jennings: 65
Budistas: 142
Buena Nueva: 75, 83-93
Buen Pastor: 162, 274-76
Búsqueda de Dios: 4-12

Cabrini, Francisca (Madre): 213-14
la Caída: 75-76, 81, *540*
causa de: 75-76
Dios, quien no nos abandonó
tras: 77
efectos en nuestra relación con
Dios, con los demás y con
nosotros mismos: 76
libro del Génesis, narración de:
75-76, 81
véase también Pecado Original
Calumnia (difamación): 459, 460
Canon: 26
Canonización: xix, 269, *540*
véase también Beatificación; Santos
Cántico de Judit: 498
Cántico del Hermano Sol: 488-89
Capitalismo: 450, 453
Carácter: 219, 223
Carácter bautismal: 207-8, 210, 220,
290, *540*
Carácter imborrable: 207-8, 210, 220,
290, *540*
**Carácter sacramental del Bautismo, la
Confirmación y el Orden:** 207-
8, 210, 219, 220, 222, 290, *540*
Caridad: 222, 436, *540*
Acto de Caridad: 371, 569
Acto de Caridad (tradición
española): 359, 372, 569
como amar a Dios: *540*
como amar al prójimo: 337, *540*
como enfatizando la unidad de la
raza humana: 80
evangelización a través de: 454-55
como forma de todas las
virtudes: 436
como un fruto del Espíritu
Santo: 116
información y: 461, 462
la ley interior de la: 351
llamada a: 454-55
la Nueva Ley y: 351
obras hacia los probres: 451-52
como opuesto a indiferencia,
ingratitud, indiferencia, pereza
espiritual, y odio a Dios: 365

pecado mortal y: 252
pecado venial y: 252
el Primer Mandamiento y: 365
los sacramentos y: 238
el significado del ayuda a los
    pobres: 484-86
como una Virtud Teológica: 335,
    336, 340, *540*, 566
véase también Amor; Frutos del
    Espíritu Santo; Generosidad;
    Justicia social
Caridad fraterna: 453
véase también Fraternidad
Caridad social: 358
véase también Solidaridad
Carisma: 268-69
de curación: 268-69
el Espíritu Santo y: 115, 268-69
de infalibilidad: 144
significado y propósito de: 350
Carlos Manuel Rodríguez, Beato:
    225-26
Carne: véase Cuerpo; *temas
    específicos,* ej., Matrimonio
    (dos convirtiéndose en un
    solo cuerpo)
**Carroll, John (primer obispo
    estadounidense):** ix-x, xii, 4
**Casarse, volver a/segundas
    nupcias:** 304
Castidad: 429-32, 436, 439, *540*
control de uno mismo: 429-32
corazones puros y: 471
y etapas de la vida: 399, 423
como florecimiento en
    amistad: 430
como un fruto del Espíritu Santo:
    116, 222
como una gracia: 430
y homosexualidad: 432
Jesús como el modelo de: 439
leyes de crecimiento: 430
llamada a: 429-32
pecados contra: 430-32, 439
como presuponer respeto por los
    derechos de la persona: 430
la vida consagrada y: 149

voto de (consejos evangélicos):
    149, *542*
véase también Celibato;
    Frutos del Espíritu Santo;
    Modestia; Pureza; Virginidad;
    Virtudes Cardinales
Castigo; pena
y defensa del orden público: 421
fin "medicinal": 421
infierno (véase Infierno)
pena capital (véase Pena de muerte)
pena de muerte: 417-18, 421
pena temporal: 259
y la protección de la seguridad
    pública: 421
en el Purgatorio (véase Purgatorio)
Catalina de Siena, Santa: xxi, 62
Catecismo: xv, 45, *540*
véase también *temas específicos*
*Catecismo Católico de los Estados
    Unidos para los Adultos:*
    xviii-xxiv
Catecismo de Baltimore: xv
Catecismo de la Iglesia Católica: xv,
    xvii-xviii
Catecismo Romano: xvi
Catecumenado; Catecúmenos: 200,
    202, 210-11, *540*, 546
la Iglesia y: 200
instrucciones de: 200, 203
óleo de: 197, 217, *556*
y la profesión de fe: 197, 200
véase también Bautismo
Catequesis: 203, 352, 358, 536,
    540-41
de la Confirmación: 217, 220, 223
y la Iniciación Cristiana: 202
Catequesis moral: 256
Catequistas: 145, 314, 512
"Católica," la palabra: 141
Catolicidad: 184-85
Católicos
españoles, franceses y nativos
    americanos: xi
véase también *temas específicos,*
    ej., Iglesia
Católicos intelectuales: 53-54

Celibato: 155, 438
  Orden sacerdotal y: 287, 290
  la vida consagrada y: 149, 155, 438
  véase también Castidad; Orden,
    Sacramento del; Virginidad
Celos: *541*
  en el matrimonio: 303
  véase también Envidia
Células madre, investigación con:
  414-16
  embriónicas: 258, 415
  importancia moral: 414-16
  posibilidades terapéuticas: 414-16
la Cena del Señor: véase
  Eucaristía, Sagrada
la Cena de Pascua: 227-28
Ciclo de los Santos: 185-86
Cielo
  abierto para nosotros por la
    muerte y Resurrección de
    Jesús: 164
  como algo más allá de nuestra
    imaginación: 164
  la Asunción de la Virgen María
    (véase María, Santísima Virgen:
    Asunción de)
  como la casa del Padre: 164
  comunión perfecta con la
    Santísima Trinidad y los
    santos: 164
  Cristo y su Ascensión al: 49, 102,
    555, 575
  Cristo y su descenso del: 50
  como la culminación de nuestra
    relación con el Padre, y el Hijo,
    y el Espíritu Santo, la cual
    comenzó en el Bautismo: 519
  Dios como Creador del cielo y de
    la tierra: 57-59
  entrar en él requiere un amor
    perfecto: 164, 337
  como el fin absoluto y plenitud de
    nuestros más profundos deseos
    humanos: 164
  como el fin de una vida de fe: 164
  y el juicio inmediato tras la muerte:
    167, 172
  "las últimas cosas": 172

  nuestra verdadera patria: 519, 528
  el nuevo cielo y la nueva tierra: 169
  la Oración del Señor (el
    Padrenuestro) y: 519
  Reino del Cielo: 163, 287, 326, 487
  Satanás y los ángeles caídos
    expulsados de: 59, 68, 314
  tesoro en: 326, 479
  véase también Creación; Mundo;
    Vida eterna
Ciencia: 7
  como un don del Espíritu Santo:
    116, 217
  y la fe: 62-66
  y los leyes morales: 64
  y la religión, no existe un conflicto
    intrínseco entre: 64-65
  teorías evolutivas: 64-66
  véase también Células madre,
    investigación con
Ciencias naturales: véase Ciencia
Cinco Mandamientos de la Iglesia:
  véase Mandamientos de
  la Iglesia
Cisma: 365
  véase también Error
Ciudadanos
  la autoridad y: 346
  el bien común y: 346
  deberes de: 397-98
  derechos de (véase Derechos;
    temas específicos)
  la libertad de: 346
  la libertad religiosa y: 44-45
  véase también *temas específicos*,
    ej., Guerra
Clarividentes: 366
Clonación: 415
Codicia: 469, 474, 486
  véase también Avaricia; Envidia
Cohabitación: 296, 302, 435
Colegio de los Obispos (colegialidad):
  véase Colegio Episcopal
Colegio Episcopal: 143, 149, 282, *541*
  autoridad y: 143, 282
  función de enseñar (véase
    Magisterio de la Iglesia)
  la Iglesia y: 143

infalibilidad del: 144
Obispo de Roma y: 143, 282
los obispos y: 143, 282
"el Combate de la oración": 509
Comida
Bendicion de la Mesa antes de
Comer: 572
Bendicion de la Mesa después de
Comer: 572
la comida de la Pascua judía como
un signo: 227
una necesidad esencial para
mantener a la familia: 358, 552
Comida sagrada: 554
Compasión: 335, 432
de Cristo: 86, 147, 224, 267-68
de Dios: 257, 262, 417
del doctor hacia el paciente: 422
hacia los enfermos: 267-68
para las familias: 399
de la Iglesia: 188, 416, 451
obispos como quienes requieren: 432
perdón y: 257
la santidad y: 209
para transformar la sociedad: 534
la vida moral y: 335
véase también Misericordia;
situaciones específicas
Compromiso: véase temas específicos,
ej., Matrimonio
Computadoras, Ordenadores
Internet: 431, 533
piratear programas de
computación: 445
y robo: 445
Comunicación
de la bondad de Dios
(véase Evangelización;
Testimonio cristiano)
medios de comunicación: 461,
463-64
verdad y: 461
véase también temas específicos
Comunidad
de amor 131-32
de creyentes: 27, 125, 131
la liturgia como una comunidad
organizada: 179

los Sacramentos al Servicio de la:
278-79
véase también Bien común;
comunidades específicas,
ej., Familia
Comunidades eclesiales: 139
Comunidad humana: 91, 345-52
Comunión
el término: 562
véase también temas específicos,
ej., Iglesia: como comunión
Comunión, Sacramentos al Servicio de
la: 181, 562
véase también Matrimonio; Órden,
Sacramento del
Comunión de los Santos: 163, 172, 541
incluye a los fieles en la tierra,
las almas del Purgatorio, y los
Santos del Cielo: 172, 261
intercesión como expresión de: 232
Comunión Espiritual: 238, 430
Un Acto de Comunión Espiritual: 569
Comunión plena, incorporación a
la: 541
Concepción
de Cristo: 153-54, 279
y el derecho a la vida: 413-14
y el respeto de la vida humana: 46,
223-24, 415, 424
de la unión sexual: 434
véase también María,
Santísima Virgen: Inmaculada
Concepción de
Conciencia: 14, 140, 542
conducta, elecciones, y: 332-34
conversión y (véase Conversión)
debilitamiento de la conciencia en
la sociedad moderna: 412
definición y significado de:
332-34, 339
y los Diez Mandamientos: 412
dignidad humana y moral: 412
y los dones del Espíritu Santo: 332
examen de: 256, 333 (véase
también Conversión; Penitencia y
Reconciliación, Sacramento de la)
para recibir los Sacramentos:
234, 253

y la fe: 332-34, 364-65
la formación de la: 221, 332-34, 339
juicio cierto de: 340
juicio erróneo y: 333-34
la ley divina y: 333
obedecer el juicio cierto do: 340
objeción de: 419-20
de otros, respeto: 140
pecado, confesión, y: 244, 257, 260
pecado y ofensa contra una
  conciencia recta: 331
perdón de los pecados y: 257
reglas a seguir al obedecerla: 334
voz de: 6
Conciencia moral: 332-34, 339
Conciencia social: 9
Conciencia solidaria: 345-47
Concilios Ecuménicos: 23, 542
presencia del Espíritu Santo: 113
primeros Concilios, enseñanzas
  cristológicas de los: 88
véase también Concilio Vaticano
  II; temas específicos
Concilio Vaticano I: 26, 144
véase también temas específicos,
  ej., Infalibilidad papal
Concilio Vaticano II: 23-25, 26, 35
buscando la unidad dentro de la
  Iglesia: 24
descubrir maneras de enseñar más
  eficazmente la fe: 24
influenciado por el pasado
  inmediato: 24-25
profundizar en el entendimiento de
  la doctrina: 24
usando la "medicina de la
  misericordia": 24
véase también temas específicos
Concupiscencia: 78, 81, 475, 541
de la carne 473 (véase
  también Lujuria)
lucha contra: 257, 471, 473
los Mandamientos y: 473
Pecado Original y: 78, 81, 328
pecado y: 204-5, 206
significado y tipos de: 475, 541
Condenación: 24, 40-41, 332

miedo a: 252
véase también Infierno
Condenación eterna: 252
Confesión
el sigilo sacramental de la: 256
véase también Penitencia
  y Reconciliación, Sacramento
  de la
Confianza: 28
desconfianza, como raíz de la
  guerra: 421
en Dios: 43, 44, 47, 249, 275,
  331-32
la fe y: 43, 44
de Job: 374
la oración y: 499, 513
y pobreza de espíritu: 480, 485
esperanza y: 365
en la fidelidad de Dios: 496
en la misericordia de Dios: 331-32
en el perdón de Dios: 249
rezar con: 319
de la Virgen María: 153
véase también Verdad
Confianza filial: 508
Confidencialidad
"Nadie está obligado a revelar una
  verdad a quien no tiene derecho
  a conocerla": 462, 466
respetar al: 462
y el secreto sacramental (el
  secreto de confesión, sigilo de
  confesión): 256
Configuración
Bautismo y la configuración del
  Misterio Pascual de Cristo:
  207-8
de Cristo en las Órdenes Sagradas:
  281, 286
Unción de los Enfermos y
  configuración de la pasión de
  Cristo: 269-70, 274
Confirmación/Crismación: 213-24,
  541-42
carácter sacramental de la: 219,
  222, 223, 290, 540
cuándo se administra: 198

efectos: 219, 222
carácter permanente: 219, 222, 223, 290, *540*
nos ayuda a llevar testimonio: 219
nos une más firmemente a Cristo: 219
perfección de la gracia del Bautismo: 222
proporciona fuerza especial al Espíritu Santo para difundir y defender la fe: 219
recepción de dones del Espíritu Santo: 217, 222
Espíritu Santo como confiriendo: 215-16
estado necesario para recibirlo: 223
como fortalecedor para proseguir la misión de Cristo en el mundo: 222
preparación para: 220, 223
como la promesa cumplida de Jesús de enviar al Espíritu Santo: 222
quién puede recibir el Sacramento: 220
recipiente/receptor de: 220, 223
Rito de: 216, 217-18, 223
celebración separada de la del Bautismo: 223
en las Iglesias Orientales: 218, 219, 222
imposición de las manos: 215-16, 217, 223
ministro de: 218-19
santo crisma: 216-17
a ser otorgado sólo una vez: 220, 223
signos y ritos de: 216, 217-18
unción con el santo crisma: 216-17, 217-18
como Sacramento de la Iniciación: 181, 195-96, 210, 215, 222, *541* (véase también Iniciación Cristiana)
testimonio de los confirmados: 220-22
véase también Iniciación Cristiana

Conflicto
en el matrimonio: 303
resolución de (véase Perdonar)
véase también *temas específicos,* ej., Guerra
Conflictos armados: 419
Conflictos interiores: 73, 79
Conocimiento: 221
el alma como en el núcleo de nuestros poderes espirituales de conocer: 74, 80
del bien y del mal: 75
como un don del Espíritu Santo: 114
llegar a conocer a Cristo: 31, 35, 88, 92
llegar a conocer a Dios: 7, 10, 14, 62, 77, 78, 114
reconocimiento: 254, 258, 350, 402, 405
de uno mismo: 74, 221
de la verdad: 31, 461, 465
véase también Espíritu Santo: Dones del Espíritu Santo; Intelecto humano; Razón; *temas específicos*
Consagración
en la Misa: 238, 527
y Ordenes Sagradas: 277-92, *577*
y la vida consagrada (véase Vida Consagrada)
de las vírgenes (véase Concilios Ecuménicos)
Consejería
preparación para el Matrimonio: 300, 301-3
véase también *temas y situaciones específicos*
Consejería matrimonial: 303-4
Consejo (buen juicio/juicio correcto): 116, 217
Consejos Evangélicos: 147, *542*
véase también Castidad; Obediencia; Pobreza; Vida consagrada; Virginidad
Consumidorismo: 390-91
véase también Materialismo

Contemplación: 542
  descanso de Dios al séptimo
    día: 385
  de Dios: 168, 221
  escucha silenciosa y amor: 507-9
  la Iglesia y: 122, 521
  de imágenes sagradas: 366, 370
  de Jesús: 507
  oración contemplativa: 507-9
  práctica de: 507, 542
  como prestar atención al Mundo
    de Dios: 507-9
Continencia: 116
  véase también Pureza
Contratos: 445
Contrición: 251-52, 260, 542
  Acto de Contrición: 254, 263,
    571, 572
  Acto de Contrición (tradición
    española): 262-63, 571
  véase también Penitencia y
    Reconciliación, Sacramento de
    la: actos del penitente
Contrición imperfecta: 252, 260
Contrición perfecta: 252, 260, 542
Conversión: xvii, 251
  Bautismo y: 200, 354
  del corazón: 209, 250, 251, 332,
    481, 509
  Espíritu Santo y: 252
  gracia y: 260, 357
  llamada a la: 17, 165, 168,
    257, 356
  "nacido de nuevo": 204, 207
  oración y: 509
  penitencia y: 249, 250-51, 252
  sacramento de conversión: 254
  de por vida 209
  véase también Contrición;
    Penitencia y Reconciliación,
    Sacramento de la
Cooperación
  cooperación de la Virgen María
    con Dios: 68, 502, 512
  véase también *temas específicos,*
    ej., Aborto: aquellos que ayudan
Copyright, violación de: 445

Corazón
  como un altar de adoración y
    alabanza: 501
  amar a Dios con todo nuestro
    corazón: 67, 327, 363, 364,
    365, 370
  celebración de la Eucaristía
    como aspecto central del
    domingo: 388
  conexión con la oración en las
    Sagradas Escrituras: 495
  conversión del: 209, 250, 251, 332,
    481, 509
  Dios hablando a nuestros: 513
  el domingo en el corazón de todo
    el culto: 387
  donde nuestra más seria dedicación
    tiene lugar: 495
  la dureza del: 295, 440
  como fuente de oración: 495
  humilde y confiado: 528
  más allá de lo que puede
    comprender la razón y más
    profundo que nuestros impulsos
    psicológicos: 526, 527
  la moralidad del: 471
  el núcleo de la fe como nuestro
    asentimiento de mente y
    voluntad a todo lo que Dios
    revela: 370-71
  Oración del Corazón: 371
  Oración para la Pureza de Cuerpo
    y Corazon: 476
  la pureza de corazón/limpios de
    corazón: 222, 337, 469-76
  el Sagrado Corazón de Jesús: 316
  como el santuario de la Palabra y
    del Amor: 526
  solidaridad abriendo el corazón
    para identificarnos con toda la
    familia humana: 445
  véase también *temas específicos,*
    ej., Matrimonio
Corazón generoso: 484-86
Corazón humano: 4, 5, 8, 173, 387
  el designio de Dios inscrito en el:
    4, 332-33

dureza de: 295
Jesús amó con un: 87, 92
Corazón íntegro: 149, 157, 287, 503
Cordero; corderos
"Apacienta mis corderos'": 122
banquete de bodas del Cordero: 301
bodas del Cordero: 295
el Buen Pastor: 162, 274-76
Cordero de Dios: 232, 502
el libro del Apocalipsis y el: 199
como miembros de la Iglesia: 122
parábola de las ovejas y las
cabras: 167
sacrificio del: 228
Coronilla de la Divina Misericordia: 510
Corresponsabilidad
de la creación: 453, 481-82
de la Iglesia: 483
de la naturaleza: 481-82
obstáculos a la: 483-84
protegiendo los recursos humanos
y naturales: 452, 481
cómo ser un cristiano
corresponsable: 480-84
de la vida humana: 482
de la vocación: 482
Corresponsabilidad cristiana: 480-84
Corresponsabilidad ecológica: 482
Cosmos: véase Creación; Mundo
Creación: 58, 63, 67, 68, 542
de ángeles: 59
la bondad de: 58, 61, 68, 391
causas secundarias: 61
ciencia y (véase Ciencia)
conocer a Dios a través de: 5-6
corresponsables para la: 481-82
como "creada de la nada": 58, 67
Dios Creador como punto focal de
todo el trabajo de la creación: 59
y evolución: 64-66
del mundo visible: 5-6, 57, 59-60
como no "parte de" Dios: 58
como no resultado del destino
ciego o por azar: 58
la nueva creación en Cristo: 60, 63,
388-89, 392, 542
plan de Dios y: 63

preocupación por la: 449-51
principio de la historia de: 63
propósitos y razones de: 67
la Providencia de Dios, la creación
como sustentada por: 58
razón y (véase Razón)
relación de Cristo con la: 63, 73-74,
388-89, 392, 542
respeto por: 449-50
como revelación de la sabiduría y
bondad de Dios: 58
seres humanos como cumbre de:
73-74
como sostenido por la Providencia
de Dios: 58
trabajo humano como
colaboración en: 482
Trinidad y: 63, 67
véase también Dios: como
Creador; Mundo
Creacionismo: 66
Creación visible: 57
Crecimiento; desarrollo
de amor: 190
de la fe: 43, 206, 315
de la Iglesia: xvii, 124-25, 446
leyes de crecimiento: 430
en libertad: 329
en santidad: 433
de la vida en Cristo: 221
de las virtudes: 205, 335, 346,
430, 474, 475
véase también *temas específicos,*
ej., Matrimonio
Crecimiento económico: 454
Crecimiento espiritual: 221, 254, 391
Crecimiento moral: 254, 333
Credos/Símbolos de la fe: 47, 48, 60, 542
Credo de los Apóstoles: 48, 49-50,
57, 99, 542
Credo Niceno: 48, 50-51, 57,
542, 568
"fórmulas" de fe: 45
véase también Fe: profesión de
Cremación: 170-71, 542-43
Creyentes
Abrahán como "padre en la fe":
39, 43

crecer en la fe: 39-43, 47, 137
deber de: 45
Espíritu Santo y: 41-42
la Iglesia y: 116, 131, 281
unidad de los creyentes en Cristo:
    171-72
vida de fe: 44
véase también Cristianos; Fe;
    temas específicos
Crisma (*Myron*): 543
Confirmación y: 111, 115, 216, 222
consagración de: 216
unción con el: 111, 115, 199,
    216-17, 223
"Crismación": 543
la Confirmación en las Iglesias
    Orientales: 115, 181, 198, 199,
    218, 222, 281
"Cristiano," la palabra: 216
Cristianos
armonía entre: 134
Bautismo y la nueva vida de:
    193-212
llamado a ser santo: 357
muerte y: 163-65, 169-70
pecados de, como minando la
    credibilidad de la fe: 378
como templos del Espíritu Santo:
    170, 172, 205, 210
véase también Creyentes; Hijos
    de Dios; Pueblo de Dios;
    Vida moral cristiana ; *temas
    específicos,* ej., Oración
Cristianos corresponsables
los discípulos: 481
cómo ser un cristiano
    corresponsable: 480-84
Cristianos no Católicos: 137, 146, 207
véase también Ecumenismo
Cristo: 89, 543
véase también Jesucristo
Cruz: 97-99
aceptación de la propia: 96-97,
    97-99, 272, 410, 432
efectos del sacrificio de la: 91-92,
    124, 229, 268, 548

la Eucaristía como el sacrificio
    siempre presente de la: 233-34
Señal de la Cruz: 196-97, 314, 318,
    321, 506, 567
las Cruzadas: 378
Cuaresma: 203, 253, 543
Cuatro atributos de la Iglesia: véase
    Iglesia: cuatro atributos de
Cuerpo, resurrección del: véase
    Resurrección del cuerpo
Cuerpo de Cristo (en la Santa
    Comunión): 237, 240, 241,
    543, 559
véase también Eucaristía
Cuerpo de Cristo (la Iglesia): 47, 129,
    130, 133, 543
convertirse: 126
Cristianos como: 126
diversidad de: 126, 137
divisiones entre: 137
unidad y comunión de: 40, 47,
    129, 133, 393
véase también Iglesia;
    temas específicos
Cuerpo humano
amor conyugal y: 295, 297, 299,
    432-34
descanso del, Domingo (véase
    Domingo, descanso dominical)
heridas a la dignidad de: 431
el Juicio Final y: 167-68
modestia y: 471-75
muerte y: 163-65, 169-70
Oración para la Pureza de Cuerpo
    y Corazon: 476
pecado y: 431
redención del: 438
respeto por: 169-70, 172
resurrección del cuerpo: 165-67
sexualidad de (véase Sexualidad)
el significado nupcial del: 437-38
como Templo del Espíritu Santo:
    111, 126, 130, 133, 550, 565
teología del: 436-38
unidad de la alma y: 438

Cuerpo Místico de Cristo: *543*
   véase también Cuerpo de Cristo
   (la Iglesia)
Cuidado de hospicio: 268-69
Cuidado extraordinario de los
   pacientes: 416-17
Cuidado ordinario de los pacientes
   enfermos: 416
Cuidado paliativo: 422-23
Cuidado pastoral
   para apoyar el matrimonio: 301-3
   el divorcio y el: 303-4
   de la familia: 416
   los obispos nombran sacerdotes
      para el cuidado pastoral de las
      parroquias: 282
   para las posesiones
      demoníacas: 315
   véase también *temas adicionales,*
      ej., Exorcismo
Cuidadores: 268
   de los moribundos: 169, 172
   véase también *temas específicos,*
      ej., Enfermedad
Culto: 364
   y la adoración de Dios: 238
   la comunidad que ofrece culto: 230
   de Cristo en el Santísimo
      Sacramento: 236, 238
   como un deber: 364, 446
   el domingo como día de: 385,
      389, 392
   de la eucaristía (véase
      Eucaristía, Sagrada)
   la familia y: 363-71, 391
   hacer accesible la gracia necesaria
      para conformar la vida propia a
      Cristo: 188
   la Iglesia en su culto transmite a
      cada generación lo que ella es y
      lo que cree: 45
   y la libertad religiosa: 446
   de la liturgia dirigida al Padre por
      el Hijo en la unidad del Espíritu
      Santo: 179
   lugares para: 184, 187-88
   observar el domingo: 385, 386
   ofrecer el cuerpo como culto
      espiritual: 239

   del Padre, del Hijo, y del Espíritu
      Santo: 115
   presencia de Dios en: 178
   el Primer Mandamiento y: 370
   como respuesta a la Revelación de
      Dios: xvii
   el sacerdocio común de los fieles
      y: 289
   el sacerdocio ministerial y: 281
   los Sacramentos y: 182, 236
   la Santísima Virgen María y
      los santos senos unen en
      ofrecer: 234
   veneración de las imágenes
      sagradas: 366, 370
   véase también Adoración;
      Eucaristía; Liturgia
Culto idólatra: véase Idolatría
Culto religioso: 123
Cultura
   y cambio cultural: 18-19, 44-46
   crecimiento cultural: 454
   desarrollo cultural y social: 392
   enculturación: 141
   enseñanzas de la Iglesia
      versus: xxiii
   el Evangelio y la: 18-19
   evangelización de la: 18-19, 38,
      454-56
   la Iglesia proclama la salvación
      a: xxiii
   individualismo, secularismo, y
      materialismo en: 18, 58-59, 366
   libertad y: 44-46
   llevar el Evangelio a la: 18-19
   participación en la vida
      cultural: 453
   presiones sociales para restringir la
      fe a la esfera privada: 18
   progreso cultural: 392, 453
   responsabilidades de los Católicos:
      18-19
   y separación de la Iglesia y el
      estado: 18, 45-46
   véase también Medios de
      comunicación; *temas específicos,*
      ej., Evangelio: y la cultura

Cultura de la muerte
trabajar contra la: 411-12
véase también Aborto; Células
madre, investigación con:
embriónicas; Eutanasia; Guerra;
Pena de muerte; Suicidio
asistido; Terrorismo
Cultura de la vida: 411-12
"Cultura del incredulidad": 18
Cultura egocéntrica: 234
Cultura permisiva: 337, 472
Curación
carisma de: 268-69
exorcismos como actos de:
314-15, 321
la Iglesia y: 268-69
milagros como parte del proceso
de canonización: 269
el ministerio de curación de Cristo:
268-69
Sacramentos de la Curación: 181,
269-70, 562 (véase también
Penitencia y Reconciliación,
Sacramento de la; Unción de los
Enfermos)
Curación espiritual: 270

Chávez, César: 294, 343-44
Chismorrear: 462
véase también Rumores

Darrow, Clarence: 64
**Darse de sí mismo; Sacrificio personal,
sacrificarse a sí mismo:** 74, 340
de Cristo: 233
en el matrimonio: 433, 437, 440
Darwinismo: 65
David: 124
Day, Dorothy: 409-11
Deber/es: 335
de adoración hacia Cristo: 238
de la autoridades civiles
(véase Autoridad)
para el bien común: 448
de los católicos (véase
Mandamientos de la Iglesia)
de criticar lo que sea dañino a la
dignidad de las personas y el
bien común: 402-3

de dar culto a Dios y de servirle:
364, 446
Decálogo como una luz que
revela deberes esenciales (véase
Mandamientos: Decálogo)
de escuchar la conciencia propia:
334, 339
de evitar el escándalo: 424-25
de examinar el comportamiento
propio: 367-68
la ley natural como cimiento de
los: 348
de obedecer a la autoridad: 401-3
de participar en la sociedad: 448
la pereza en respecto al: 559
de proclamar el Evangelio: 473-74
realizados con amor: 111
véase también *temas y
descripciones específicos,* ej.,
Hijos: deberes de los padres
hacia sus
Deberes diarios: 111
Deberes humanos básicos: 348
Deber/es personales: 448
Debilidad
en los ministros ordenados: 281
y nuestra continua necesidad de la
gracia de Dios: 350
de las otras personas, está mal
explotarla: 445
pecado y: 78, 79
los que permanecen en las personas
tras el Bautismo: 206, 249
(véase también Concupiscencia)
el poder de Dios perfeccionado en
nuestra: 350
Decálogo: véase Mandamientos:
Decálogo
Decencia: véase Modestia
Decisión, tomando una:
véase Conciencia
Defensa
de la bondad de cada ser humano:
401-2
de la fe: 219, 521
de la Iglesia (función del
obispo): 288
del propio país: 419, 424

de la vida humana: 223-24,
413-14, 535
véase también *temas específicos*,
ej., Familia
Defensa legítima: 424
Defensa propia: 419, 424
Deísmo: 46, *543-44*
Dios como Creador desinteresado:
44, 58
como la fundación de los Estados
Unidos: 44
la Ilustración: 44
como incompatible con la
Revelación Cristiana: 58
Delille, Madre Henriette: 477-78
Demonios; diablos: 59, 68, *544*
ángeles caídos (ángeles rebeldes
conducidos al infierno): 59, 68,
314, *544*
Bautismo como renuncia al
diablo: 315
exorcismos para expulsarlos:
314-15, 321
fuego eterno para: 167
Jesús y las tentaciones del Diablo:
92, 370, 523
Jesús y su poder sobre los: 523
lucha del ser humano contra el
poder de la oscuridad: 82
origen del mal: 523
Satanás como líder: 59, 68
como tentando a los seres humanos
al mal: 59
véase también Satanás
Depósito de Fe: 24, 27-29, *544*
véase también Tradición
Derecho-a-morir, movimiento del:
véase Suicidio
Derecho canónico: véase
Mandamientos de la Iglesia;
temas específicos
Derechos
de los ancianos: 403
del autor: 445
de las bautizadas: 146, 200-201,
208-9

castidad como presuponiendo el
respeto a: 430
de los católicos: 403
civil: 403
deberes y responsabilidades que
corresponden a los: 449
a la defensa legítima: 424
al ejercicio de la libertad: 336
de los enfermos: 403
y la enseñanza social de la Iglesia:
446-51
a evangelizar a todos los pueblos y
gentes (véase Evangelización)
de la familia: 403, 441
a una información fundada en la
verdad, la libertad, la justicia y
la solidaridad: 461, 463
a la integridad moral y física:
431-32
de la justicia social (véase
Justicia social)
justicia y: 445
la ley natural como cimiento
de los: 348 (véase también
Ley natural)
a la libertad religiosa: 446
de los moribundos a vivir: 421-23
a las necesidades básicas (véase
Necesidades esenciales)
de padres con respecto a sus
hijos: 400
a participar en la sociedad: 449
de la persona, y responsabilidad
de la autoridad política hacia
los: 445
a la privacidad: 466
del prójimo: 445
a la propiedad privada: 445, 449
al respeto: 417, 431-32, 437
a saber la verdad: 462, 466
a la seguridad física, social,
política y económica: 403
de los trabajadores: 449
a la vida: 449
Derechos civiles: 403
véase también Justicia social

Derechos humanos: 418
  y la dignidad humana: 449
  protección de: 449
  véase también Justicia social;
    Necesidades esenciales
Derecho/s humanos básicos: 348, 449
Derecho/s no auténticos: 416-17, 424
Desánimo: 396-97
Desarrollo/crecimiento espiritual: 221,
  254, 391
Desarrollo cultural y social: 392
Desarrollo ecónomico: 454
Descanso dominical: véase Domingo,
  descanso dominical
Desconfianza
  como causa de la guerra: 421
  véase también Confianza
Deseo: 487
  Bautismo de Deseo: 204
  deseo humano por Dios: 4-5
  del Espíritu Santo: 508
  de la felicidad: 10, 339, 351, 485
  meditación y: 507
  la Oración del Señor y: 519, 524, 528
  véase también Avaricia (codicia);
    Envidia; Lujuria
Deseo espiritual: 471
Deseo físico: 471
Deseos desordenados: 486
  véase también Concupiscencia
Deseos sexuales: 429-30
Desesperación: 365
Desobediencia civil: 402-3
  y obligación moral de oponerse a
    leyes contrarias al orden moral:
    402-3
  véase también Obediencia;
    Responsabilidad cívica
Destino
  del mundo y de la creación: 191
  véase también Divina Providencia
Destino humano: 62, 161-73, 356, 411,
  423, 536
Detracción: 460-62
Deuda: 445

Devociones populares: 315-16
  ejercicios devocionales populares:
    319-20
  véase también Piedad: devociones y
    piedad popular; Sacramentales
Diablo (Satanás): véase Satanás
Diablos: 59
  véase también Demonios
Diáconos; diaconado: 280-81,
  290, 544
  asistencia al obispo o
    sacerdote: 290
  asistencia en y bendición de
    matrimonios: 290
  bautizar: 283, 290
  como un estado permanente en
    la Iglesia Latina después del
    Vaticano II: 283
  como un grado del Sacramento del
    Orden: 290
  como no receptor del sacerdocio
    ministerial: 290
  ordenación de: 282-83
  ordenado por el obispo para el
    ministerio del servicio: 282,
    287, 290
  predicación: 290
  presidiendo funerales: 290
  proclamando la Evangelio: 290
  responsabilidad pública de liderar
    a la gente en oracion con un
    respeto genuina: 505
  sirviendo a la comunidad mediante
    trabajos de caridad: 290
  véase también Orden,
    Sacramento del
Día del Señor: 185, 187, 383-94, 544
  santificación del: 386-87
  véase también Domingo;
    Sábado (Sabat)
Diálogo interreligioso: véase
  Ecumenismo
Días de Precepto: 392, 544
  véase también Días festivos
Días festivos: 315-16, 354
  en el Año Litúrgico: 185, 513
  y la Eucaristía: 354, 513

memoriales de la Madre de Dios y de los santos: 186, 191 (véase también *los nombres de santos específicos*) véase también Días de Precepto; *días específicos*, ej., Domingo

Diez Mandamientos: véase Mandamientos

Difamación (calumnia): 459, 460

los Difuntos: véase Muerte: los difuntos/fallecidos

Dignidad humana
actos contrarios a: 346-47, 412
y el amor matrimonial: 284
de cada persona: 63, 91, 344, 346, 358, 447, 449
y la comunidad humana: 91
y los derechos humanos: 449
y la fe: 46, 47
como el fundamento de una visión moral para la sociedad: 448
y el gobierno: 346
de haber sido creada a imagen de Dios: 328, 338
el homicidio como gravemente contrario a la: 412-13, 424
inherente: 448
y la justicia social: 448
y la ley natural: 356
y la libertad religiosa: 44-45, 336
del matrimonio: 434-35
y los medios de comunicación: 463, 466
la misma dignidad para hombre y mujer: 74, 80, 295, 429, 435, 436
y nombres: 376, 379
y la organización de nuestra sociedad: 448
origen de la: 446
pecado como herida: 260
protección de la: 412, 449
el Quinto Mandamiento: 412
y el Séptimo Mandamiento: 444, 445, 448
del trabajo: 447, 449
de la vida humana: 328
véase también *temas y situaciones específicos*, ej., Muriendo

Dignidad sacerdotal: 282

Diluvio: 16

Dinero
amor al: 211, 479-80
el culto al: 386
deuda: 445
el gobierno debe proteger la propiedad legítima de: 445
prácticas injustas usadas para conseguirlo: 445
tesoros en la tierra *vs.* tesoros en el cielo: 479
véase también Avaricia (codicia); Consumidorismo; Envidia; Materialismo; Pobreza; Propiedad privada

Dinero falso: 445

Diócesis: 123, 125, 141, 146, 290
véase también Iglesia

Dios: 544
acción humana hacia Dios
amar a (véase Amor: a Dios)
buscar a: 4-12, 129, 471
consagración al servicio de (véase Consagración)
conversión (véase Conversión)
creer en (véase Fe)
entrar en comunión con: 43, 112, 117, 129, 131, 500
hacer la voluntad de Dios: 140, 196, 204, 407, 471, 521
obedecer (obediencia de la fe): 39, 48, 556
reconciliarse con: 78, 81, 93, 98, 196, 250-51, 255, 258, 260, 349
tentar a: 370
ver a: 164, 363, 473, 485, 487
adoración, oración, y culto de: 367 (véase también Oración)
la creación como una ventana a Dios: 387
el Domingo como el Día del Señor (véase Domingo)
Eucaristía como acción de gracias y alabanza a (véase Eucaristía)
en la liturgia: 179, 189

el mandamiento de adorarle y
  servirle: 363-64, 370
el tabernáculo como lugar
  favorable para: 564
alianza con Abrahán: 16, 20, 123
como bienaventuranza y destino
  final del hombre: 252, 422
bondad de (véase Bondad de Dios)
como Creador: 5-6, 60 (véase
  también Creación)
causa, razón, y fin de la
  creación: 67
del cielo y la tierra: 57-59
y la ley natural: 356
el mundo creado por la
  sabiduría y amor de Dios: 57
posibilidad de conocer la
  existencia del Creador: 7
respeto por el creador:
  449-50, 453
seres humanos creados a su
  imagen: 73-74, 79, 80, 328,
  336, 338
de todas las cosas: 60
el universo creado de la nada:
  58, 67
el universo destinado para la
  familia humana: 58
como deseando una relación
  íntima con todas las personas:
  16, 19
Designio de Dios: 14-18, 114,
  122, 123-24 (véase también
  Revelación; temas específicos,
  ej., Matrimonio)
actos contrarios al: 75-76
la Caída y: 75-76
compartir su vida divina con
  todas las personas: 14-15
cooperación humana con: 405-6
decidir actuar según el: 329
fin del: 90
y la Iglesia: 123-24, 125, 133,
  138, 139, 142
ley natural y: 347, 348
para el matrimonio: 295, 297,
  299, 301, 302, 303, 429, 430,
  434, 435, 436, 439, 550

obediencia de Jesús al: 90-91,
  97-99
Providencia (véase
  Divina Providencia)
para la Virgen María: 153,
  156, 158
dones de (véase Amor; Autoridad;
  Espíritu Santo; Fe; Felicidad:
  deseo humano de; Gracia;
  Israel: liberación de; Jesucristo;
  Mandamientos; Misericordia;
  Oración; Paz; Perdón de los
  pecados; Salvación; Vida eterna;
  Virtud Teológicas; Vocación)
Espíritu de (véase Espíritu Santo;
  Trinidad, Santísima)
existencia de: 7
grandeza de: 60, 63
como habitando en
  la Iglesia: 122-23
Hijo de (véase Jesucristo;
  Trinidad, Santísima)
la Iglesia como existiendo por la
  voluntad de: 125
imagen de, seres humanos como
  creados a (véase Imagen
  de Dios)
y la ley moral (véase Ley moral)
misterio de (Dios como misterio
  sagrado): 55
nombres, títulos y atributos
  de Dios
  Adonai: 375
  Creador: 78
  Dios es amor: 55, 56, 67, 112
  Dios todopoderoso: 67
  Dios vivo: 11, 18, 20, 55, 121,
    133, 169, 172, 233, 370, 421,
    514, 535, 566
  Fuerte de Jacob: 56
  Juez: 78
  justicia de Dios: 168, 172, 332,
    349, 357
  el mal uso del Nombre de Dios:
    376-78, 380
  misericordioso: 255, 262
  Padre: 56-58, 133, 518,
    520, 527

Pastor de Israel: 520
Redentor: 78
Rey: 520
la santidad del Nombre de Dios: 375-76
"Santificado sea tu nombre": 520
Señor: 56, 520
Señor de los Ejércitos: 56
"Yo soy": 13, 14, 15
como Padre (véase Padre, Dios como)
Palabra de (véase Palabra de Dios)
Providencia de (véase Divina Providencia)
pruebas de la existencia de Dios: 7, 223-24
Reino de (véase Reino de Dios)
respetar al nombre de (véase Nombre de Dios)
revelado definitivamente por Jesús como Padre: 67
sabiduría de: 57, 58, 347, 356
como la Santísima Trinidad: 56-57, 131
trascendencia de: 101-2
véase también Trinidad, Santísima; *temas específicos*, ej., Misericordia: de Dios
Dios, Reino de: véase Reino de Dios
Directivas avanzadas: 423
Discapacidades, personas con: 423
Discípulos de Cristo; discipulado: 9, 89, 147-48, 186, 521
corresponsabilidad y: 481, 482
experiencia de la conversión: 481
formados por la Iglesia: 9
y la Iniciación Cristiana: 200
llamada a: 521
requisitos y deberes esenciales de: 92, 209, 481, 511, 521
lo que significa convertirse en discípulo: 9, 481, 485
Discípulos de Jesús de Nazaret: *545*
Apóstoles como elegidos de: 85
Espíritu Santo enviado por Jesús a: 111, 116, 124

María como la primera entre ellos: 153, 155, 158
oración enseñada a: 139, 499, 506-7, 512
testigos de la Resurrección: 100-101, 106
véase también Apóstoles; *temas y situaciones específicos*, ej., la Gran Comisión
Discreción: 472, 475
la modestia y: 473, 475
"Nadie está obligado a revelar una verdad a quien no tiene derecho a conocerla": 462, 466
y pureza de corazón: 475
y la verdad: 462
Discriminación; prejuicio: 28, 296, 346, 347, 432, 450, 465, 559
protegiendo a otros de: 347, 422
Discriminación racial: 347, 358
Diversidad: 141, 505
Divina Providencia: 24, 61, *545*
como actuando mediante causas secundarias: 61
la creación sostenida por: 58
definición de: 61, *545*
Dios guiando la creación hacia su plenitud o perfección: 61, 68
expresando la soberanía de Dios sobre la creación: 61
rendirse a la Providencia de Dios: 480
Divina Revelación: véase Revelación
Divorcio: 435
en el Antiguo Testamento: 295, 435
consecuencias del divorcio entre cónyuges católicos: 307
y el cuidado pastoral: 303-4
indisolubilidad del matrimonio y: 435
Jesús respecto al: 435
y la separación: 435
y volverse a casar: 304
Divorcio civil: 304, 435
Doce Apóstoles: véase Apóstoles
Doctores: véase Médicos
Doctores de la Iglesia: xxi, *545*

Doctrina: xxiii, 34, *545*
   y nuestra unión con Dios: 526
   de religiones no cristianas: 138
   véase también Doctrina social de
   la Iglesia; *temas específicos*, ej.,
   Trinidad Santísima
Doctrina cristiana: 23-24
   enseñanza: x, xv, xvi, xx, 23-24
   y oración: xxii, xxiv, *525*
Doctrina social de la Iglesia: xxii,
   446-47, 453, *545*
   practica la: 446-51
   temas principales: 448-51
   véase también Doctrina; *temas*
   específicos, ej., Pobreza
Dogma: *545*
   véase también Doctrina;
   temas específicos
Doherty, Catherine de Hueck: 361-63
Dolor: véase Enfermedad;
   Eutanasia; Sufrimiento
Domingo, descanso dominical: *545*
   y la celebración de la Resurrección
   de Jesús: 185, 187, 190,
   354, 392
   día de descanso y culto a Dios:
   385, 386
   día del Señor: 185, 187, 383-94
   obligación: 386, 392
   participación en la Eucaristía: 229,
   388-89
   preparación para la Misa
   dominical: 393
   recuerda la creación del mundo y
   la nueva creación: 392
   sábado (Sabat): 59, 385, 386-87,
   392, *561*
   el Tercer Mandamiento: 185
   "trabajo" o "tarea" de
   contemplación: 386
Dones del Espíritu Santo: véase
   Espíritu Santo: Dones del
   Espíritu Santo
Doxología: 232, 504, 524, *546, 567*
Drogas
   abuso de las: 425
   véase también Tratamiento médico
Dualismo: 58
Duda: 8, 101, 102-4, 364

Economía
   el centro de la vida económica: 446
   el crecimiento ecónomico: 454
   el derecho a la iniciativa
   económica: 449
   el derecho a la seguridad
   económica: 403, 449
   el desarrollo ecónomico: 454
   desigualdades e injusticias en
   la economía y sus
   consecuencias: 421
   la doctrina social de la Iglesia y:
   446, 448, 449
   la justicia social y la actividad
   económica: 449
   los objetivos de la: 446, 454
   la regulación de la: 449
   y la religión: 353-55
   y el respeto de la dignidad
   humana: 449
   solidaridad y justicia en: 358,
   449, *564*
   véase también Trabajo
"Economía de la salvación": 168
Ecuménicos, Concilios: véase Concilios
   Ecuménicos
Ecumenismo: 138, *546*
   buscar la unidad dentro de la
   Iglesia, con los cristianos no
   católicos, con aquellos que
   profesan religiones no cristianas
   y con todos los hombres y
   mujeres de buena voluntad: 24
   desde el Concilio Vaticano II:
   24-25
   diálogo interreligioso: 138, 142-43
   en servicio a la unidad de la
   Iglesia: 138, 142-43
   servicios religiosos ecuménicos e
   interreligiosos: 353
   véase también Cristianos no
   católicos; *religiones específicas*
Edad de la Razón (la Ilustración): véase
   La Ilustración
Edad de la razón (para la
   confirmación): 217, 223
Edad madura: véase Ancianos;
   temas específicos

Educación
ayudas para la enseñando de la fe
(véase Abrahán (como ejemplo);
Catecumenado; Espíritu
Santo; Evangelización; Iconos;
Iniciación Cristiana; Liturgia;
Magisterio de la Iglesia;
Obispos (como maestros de);
Palabra de Dios; Sacramentos;
Testimonio; Virgen María
(como ejemplo))
cooperación de los padres con el
amor de Dios como Creador:
433, 440
el derecho de una educación
morale y espirituale: 430
los derechos y los deberes de los
padres de educar a sus hijos:
400, 402
y la dignidad humana: 485
efectos y frutos de: 96
elecciones sobre la vida basadas
en los dones y la educación:
400-401
las escuelas católicas: 400
la fe y la ciencia en: 66
formación religiosa (véase
Formación)
grupos de estudios bíblicos: 87
de los hijos: 299-301, 397, 399,
400-401, 402, 405, 432
los padres como educadores de sus
hijos: 399, 400-401, 402, 405
los programas parroquiales: 400
para reestablecer la paz y el orden:
355-56
véase también *temas específicos*,
ej., Conciencia
Educación católica religiosa: 8, 400
véase también Educación
Educación religiosa: 368, 505
véase también Educación; Formación
Egoísmo: 73, 79
véase también Avaricia (codicia)
Ejemplo
el buen ejemplo dado por otros:
333, 335, 339, 380
de fe: 39, 110

de los hombres y mujeres
religiosos: 505
de Jesús: 27, 89, 92, 172, 234, 521,
523, 534
padres como ejemplos para sus
hijos: 400-401
de los profetas: 128
de los santos: 114, 186, 505
Sucesión apostólica y: 27
de la Virgen María: 112
el Ejército: véase Armas; Guerra
Elección libre: véase Libre voluntad
**Elección o Registro de Nombres, Rito
de la (RICA):** 202
Elegidos: *546*
**Elizabeth Ann Seton, Santa (Madre
Seton):** xii, 3-4, 294
Embriónes humanos
como persona humana desde la
concepción: 424
véase también Células madre,
investigación con; Matrimonio
Empleo: véase Trabajo
Empresas de negocios
obligaciones de: 450
véase también Trabajo
Encarnación: 60, 87-90, 90-91,
92, *546*
afirmada por los Concilios
Ecuménicos: 88
alma humana asumida por el Hijo
de Dios: 88
el conocimiento de Jesús siempre
unido a la sabiduría divina: 88
Dios verdadero y hombre
verdadero: 87-90, 92
dotado de verdadero conocimiento
humano: 88
fe en la encarnación de Cristo: 87
función de la Santísima Virgen
María en la: 87, 89, 158
función del Espíritu Santo en la: 87
como fundación de las imágenes
artísticas cristianas: 366, 370
herejías que niegan la humanidad
de Cristo: 87, 88-89
el Hijo de Dios se ha unido en
cierto modo a cada hombre: 454

importancia de la: 90-91
misterio de la: 90
los Misterios Gozosos: 317
Segunda Persona de la Santísima
Trinidad tomando naturaleza
humana: 87
una señal del amor de Dios por
nosotros: 88
una verdadera voluntad humana,
que siempre cooperó con su
voluntad divina: 87
Enculturación: 141
Enemigos
amor por: 340
guerra y: 378
intercesión por: 500
perdonar a: 522, 528-29
y el Reino de Cristo: 520
véase también Enfado; Odio
Enfado; ira: 337, *551*
como Pecado Capital *558*
Enfermedad: 249
la compasión de Cristo hacia los
enfermos: 267-68
como consecuencia de pecado: 206
cuidado extraordinario: 416-17
cuidado ordinario: 416
cuidado paliativo: 422-23
cuidadores: 268
cuidado y servicio de: 167
derechos de los enfermos: 403
los enfermos sanados: 520
experiencia humana con: 206
Jesús y la curación de: 267-68
no deberíamos afrontar la
enfermedad en soledad: 272-73
óleo de los enfermos: 217, *556*
Reino de Dios y: 520
unción de los enfermos: 249,
265-76, 565-66
véase también Curación; Unción de
los Enfermos
Enfermedad psicológica: 315
Engaño: véase Mentir
Enmienda: 421
la Primera Enmienda: 18
véase también Castigo
Enseñanzas sociales de la Iglesia: véase

Doctrina social de la Iglesia
Entendimiento
del amor de Dios y de su
destino: 534
de los Apóstoles: 28
de la doctrina: 24
como un don del Espíritu Santo:
111, 116, 217, 221, 500, 512
y la fe: xvi, 40, 62, 125
de las realidades creadas: 62
religión como: 18
y la Revelación: 16, 18, 40, 48
de las Sagradas Escrituras: 30, 32
véase también Espíritu Santo:
Dones del Espíritu Santo;
temas específicos
Envidia: 77, 337, 421, 485, *546*
el Décimo Mandamiento: 479,
485, 486, 487
que domina al amor: 485
como Pecado Capital 486,
546, 558
tristeza al saber de la prosperidad
de otra persona: 480, 486, 487
venciendo: 487
Eparquías: 141
Epíclesis (Invocación): 218, 223,
232, *546*
segunda epíclesis: 232
véase también Invocación
Episcopado: *546*
véase también Obispos
Época de la Razón véase La Ilustración
Error
conciencia y: 333-34, 340
historia de la iglesia respecto al: 24
usando la "medicina de la
misericordia" para: 24
véase también Cisma;
Herejía; Pecado
Escándalo: 420
causado por leyes e instituciones
que legitimizan acciones
pecaminosas: 420
comportamiento escandaloso de
algunos creyentes ahuyenta de
Dios a quienes buscan algo
con sinceridad: 8

deber de evitar: 424-25
gravedad de: 424-25
Escatología: véase Cielo; Infierno;
Juicio; Muerte; Paraíso;
Vida eterna
Escepticismo: 8, 464-65
véase también Duda
Esclavitud: 347, 420
de la corrupción: 169
del dinero y de las posesiones
materiales 479-80
Dios salvando a Israel de: 39,
123-24, 179, 227-28, 496
del pecado: 82, 329
Escrituras Sagradas: véase Sagradas
Escrituras
Escrutinios: 203, 546
Escuelas: véase Educación
Escuelas católicas: véase Educación
Escuelas de espiritualidad: 505, 510
Escuelas parroquiales: véase Educación
Españoles: xi
Espera
de la segunda venida de Cristo:
185, 191
véase también Esperanza; temas
específicos, ej., Oración
Esperanza: 355-56, 546
Acto de Esperanza: 359, 569
Acto de Esperanza (tradición
española): 359, 569
amor y: 529
para la comunidad humana: 91
definición de: 546
evangelización y: 147
fe y: 44, 67
la fuente de: 529, 533-36
el motivo más grande de: 425
oración y: 502, 504, 510, 512
el Primer Mandamiento como
fuente de: 363-64, 365
razones para tener: 393
rebosar de: 24
de la redención: 84-85
para reestablecer la paz y el orden:
355-56
de la resurrección: 170, 172, 226

de la salvación: 15, 20
de la vida eterna: 102, 106,
266, 270
como una Virtud Teológica: 335,
336, 340, 370, 566
Esperanza fundada: 203
Espiritualidad
escuelas de: 505, 510
del Sacerdote: 288-89
tipos contemporáneos de: 510
Espiritualidad franciscana: 507
Espiritualidad "New Age": 366-67
Espíritu/s
ángeles como: 59, 68
pobreza del: 336-37, 477-4789
seres humanos como cuerpo y: 60,
181, 272
significado de la palabra: 113
Espíritu Santo: 109-19, 546-47
agua y el Espíritu: 195, 197,
200, 215
como Amor: 111-12
amor como el mayor don del: 126,
132, 137
en el Antiguo Testamento:
112-13, 215
ayudándonos a ser creyentes: 27
durante los Concilios
Ecuménicos: 113
consubstancial con el Padre y el
Hijo: 113
cristianos como templos del: 170,
172, 205, 210
derramado sobre los Apóstoles y la
Iglesia: 110-11, 117
el día de los Pentecostés: 116
divinidad de: 113
Dones del Espíritu Santo: 114-15,
116, 545-46
amor: 111-12, 126, 132, 137
en el Bautismo: 11, 110,
111, 205
carisma: 115, 268-69
carisma de curación: 268-69
castidad: 222
en la Confirmación: 215-16,
217, 221-22

entendimiento: 500, 512
los frutos del Espíritu
   Santo: 116
gracia: 349-50, 357
infalibilidad: 144, *551*
en el Matrimonio: 302
en el Sacramento del Orden:
   280, 283, 286
santidad: 149
los siete dones del Espíritu
   Santo: 114-15, 221-22
temor de Dios: 116, 221, 222
en la Unción de los
   Enfermos: 270
el Espíritu Santo derramado:
   112, 215
efectos de: 112
imposición de manos para
   recibir: 283, 286
la intercesión de Jesús se nos
   asegura la efusión: 102, 106
la noche de Pascua: 250, 283
en el Sacramento de
   Confirmación: 215-16
en el Sacramento del Orden: 283
el Espíritu Santo y Cristo: 279
la concepción de Jesús: 117, 154
construir la Iglesia: 115
Cristo ungido por el Espíritu
   Santo: 279
enviado con el Hijo: 117
enviado por el Padre y el
   Hijo: 57
Espíritu Santo como
   ayudándonos a acercarnos a
   Jesús: 502
instruyendo a los Apóstoles por
   el Espíritu Santo: 102
la intercesión de Jesús nos
   asegura la efusión constante
   del Espíritu Santo: 102, 106
la misma misión que la del
   Hijo: 117
en la Resurrección: 101-2, 105
revela a Jesucristo: 102
revela al Padre y al Hijo: 67

el Espíritu Santo y la Economía de
   la Salvación
como el abogado y
   consolador: 111
en la conversión: 252, 349
guía a los fieles: 19, 43
interpreta las Sagradas
   Escrituras: 29, 33
otorga dones (véase Espíritu
   Santo: Dones del
   Espíritu Santo)
el Espíritu Santo y la Iglesia: 9, 27,
   130, 131, 133, 137
acción en los Sacramentos: 114,
   180, 182
actúa dentro de la Iglesia para
   mantener a sus miembros
   fieles al Evangelio: 139
crea vínculos de fe y amor: 125
fuente de vida y santidad de la
   Iglesia: 149
función del Espíritu Santo en la
   fundación de la Iglesia:
   115, 123
función del Espíritu Santo en
   los esfuerzos misionero y
   apostólico de la Iglesia: 114
guía al Magisterio de la Iglesia:
   27, 357-58, *553*
la Iglesia como el Templo del
   Espíritu Santo: 130, 133
Ley Nueva: 351
en la liturgia: 180, *553*
mantiene la estabilidad,
   durabilidad y
   continuidad: 125
mantiene la Tradición de la
   Iglesia: 115
mantiene unidos en una sola
   comunión por el don de amor
   del Espíritu Santo: 137
obras del Espíritu Santo en los
   Hechos de los Apóstoles:
   111, 117
santifica a la Iglesia: 114-15,
   548

transforma el pan y el vino: 111,
228-29
unidad sustentada por el
Espíritu Santo: 137, 149
y la evangelización: 27
los frutos del: 116, *548*
como fuente de inspiración, vida,
y movimiento: 27-28, 33, 61,
67, 111
como fuente de toda santidad: 149
como guiando a todo el cuerpo
de los fieles a creer en lo que
verdaderamente pertenece a la
fe: 27
imágenes del: 115
la justificación como obra del: 357
Ley Nueva del: 351
maestro de la oración: xxiv, 494,
505, 508, 512
en el Nuevo Testamento: 215
en la oración: xxiv, 494, 505,
508, 512
Oración al Espíritu Santo: 570
promesa del Espíritu Santo
llevada a su plenitud el día de
Pentecostés: 57, 67, 222
profecías del Antiguo
Testamento sobre el Mesías y
su Espíritu: 113, 215
realzada por Jesús: 57, 67, 113,
215, 222
la revelación del: 57, 67, 112-13
en los Sacramentos: 115, 116, 181
como el Santificador: 117
símbolos del Espíritu Santo: 115
el Templo del: 111, 126, 130, 133,
205, *550*, *565*
la Tercera Persona de la Santísima
Trinidad: 57, 113
títulos del Espíritu Santo
abogado: 111
consolador: 111
dador de vida: 50-51, 68,
534, 568
Espíritu de verdad: 119
guía: 19, 57
maestro: 19, *57*
Paráclito: 111, *557*

la última de las Tres Personas en
ser revelada: 57, 112
y la Virgen María: 112, 117
véase también Trinidad, Santísima;
temas específicos
Estado
separación del estado y la Iglesia
18, 45-46
véase también Autoridad
Estados Unidos: xx, 358-59
11 de septiembre: 352-56
Esterilización: 434
Eternidad: 6, 17, 24, 46, 89, 153, 173
el domingo como simbolizando
la: 388
felicidad eterna: 331-32, *558*
nuestro destino eterno: 161-73
véase también Reino de Dios;
Vida eterna
Ética: véase Vida moral; *temas
específicos*, ej., Educación
Eucaristía, Sagrada; Comunión;
celebración de la Misa:
225-45, *547*
como acción de gracias: 228,
231-32, 241
la celebración eucarística (véase
también Liturgia: Liturgia de la
Eucaristía)
Acción de gracias: 231-32, 241
Aclamación: 232
Anámnesis (el Memorial):
232, 233
los domingos 229, 387, 388
Doxología: 232
elementos de la Misa: 227-28,
229-33
encomendada por Jesús: 227
epíclesis: 232
homilía: 229
intercesiones, peticiones: 229-
30, 232
lecturas de las Sagradas
Escrituras: 229
Liturgia de la Eucaristía: 227-
28, 230, 241
Liturgia de la Palabra: 230, 241

Liturgia de las Horas como una
  prolongación de: 186, 498
narrativa de la institución y
  consagración: 238
Plegaria Eucarística: 230, 231-
  32, 239, 241
la preparación de los dones:
  227-28
la presentación de las ofrendas:
  231, 241
la proclamación del Evangelio:
  19, 28, 190
Profesión de Fe: 230
Rito de la comunión: 232
segunda epíclesis: 232
como comida sagrada: 554
como contiene todo el tesoro de la
  Iglesia: 236
como cumbre y fuente de la vida
  Cristiana: 225-45
los efectos de la Eucaristía: 238,
  239-40
como alimento espiritual:
  241-42
comunica el misterio de la
  Santísima Trinidad: 129
desarrollo en la vida cristiana:
  238, 241-42
establece la comunidad de
  creyentes: 234, 238, 241-42
forma más fielmente en Cristo a
  los que la reciben: 238, 242
hace presente el Misterio
  Pascual: 238, 241-42
nos comunica la gracia salvífica
  del acontecimiento de la
  muerte y Resurrección de
  Cristo: 227
nos limpia y aleja del
  pecado: 238
nos une a Cristo: 238
participamos en el sacrificio de
  Cristo: 239
une a los cristianos: 242
une el cielo y la tierra: 234
epíclesis: 232
"Hagan esto en memoria mía":
  228-29

la historia de la Eucaristía
acontecimientos del Nuevo
  Testamento anticipan la
  Eucaristía: 227
celebración del Día del Señor:
  387, 388
orígenes en la Última Cena:
  227-28
la práctica ha continuado
  ininterrumpidamente durante
  2000 años: 229
prefigurada en el Antiguo
  Testamento: 227
se da un nuevo significado a la
  Pascua judía: 227-28
identidad de la Eucaristía: 241
  (véase también Iniciación
  Cristiana; Redención;
  Sacramentos)
acto de acción de gracias y de
  alabanza al Padre: 228, 231-
  32, 241, 257-59
comunión del cuerpo y la sangre
  del Señor: 229-33, 233-34,
  234-35
fuente y cumbre de la vida
  cristiana: 241
memorial del sacrificio de
  Cristo: 227, 233, 241
presencia de Cristo: 235-36
institución de la Eucaristía: 228-
  29, 241
la Liturgia de las Horas como una
  prolongación de la Eucaristía:
  186, 498
como memorial: 227-28, 233, 241
nombres de la Eucaristía: 227
la Asamblea Eucarística: 227
la Cena del Señor: 227
el Memorial de la Pasión,
  Muerte y Resurrección de
  Cristo: 227
nuestro pan de cada día: 521-
  22, 528
Sagrada Comunión: 227
Santa Misa: 227
la Santa y Divina Liturgia: 227
Santo Sacrificio de la Misa: 227

como el núcleo de la contemplación
de la Iglesia: 521-22
como el núcleo del misterio de la
Iglesia: 231
participación en el Sacrificio
Eucarístico: 237-38, 547
función del Espíritu Santo: 232,
235-36, 240, 242
uso del pan y el vino: 111, 227,
228-29, 232, 235-36, 241-42
preparación para la Misa
dominical 393
la presencia de Cristo en la
Eucaristía: 235-36
la adoración eucarística: 236,
238, 240
en la asamblea Eucarística:
235-36
en las especies Eucarísticas:
235-36
fe en Cristo: 236
importancia de: 235-36
en la Liturgia de la Palabra: 184
presencia eucarística duradera
de Cristo: 235-36
en el sacerdote: 235-36, 241
transubstanciación: 235-36, 565
verdadera, real y substancial:
238, 240
para la reparación de los pecados
de los vivos y los muertos: 238
los sacramentos al servicio de: 223,
225-26, 541, 547
como sacrificio: 228, 233-34, 554
transformación del pan y el vino en
el Cuerpo y la Sangre del Señor:
111, 227, 228-29
véase también Iniciación Cristiana
Eutanasia: 411, 416-17, 424, 547
derechos de los moribundos a
vivir: 422-23
Eva
la Virgen María como la "Nueva
Eva": 156, 159
véase también Adán y Eva
Evangélicos, Consejos: véase Consejos
Evangélicos

Evangelio: 23-36, 547
Antiguo Testamento como
preparando al mundo para:
348, 357
autores de los: 28, 35, 100
la Buena Nueva: 75, 83-93
y la catequesis: 203, 256, 536
el corazón del: 129
y los cristianos: 139
y la cultura: 18-19, 454-56
deber de proclamar la: 473-74
formación de: 28
y la Iglesia: 124, 132-33
como ley de amor: 357
Ley evangélica (Ley Nueva): 351
lugar de honor en las Sagradas
Escrituras: 28
el núcleo del: 129
como núcleo de la familia: 428
Oración del Señor (el Padrenuestro)
como resumen de: 524
la primera comunicación por
media de la predicación y el
testimonio: 27
proclamando: 19, 25 (véase
también Evangelización;
Testimonio cristiano)
retratos de Jesús en: 85-87
en las Sagradas Escrituras: 28
transmisión de: 25, 34
véase también La Gran Comisión;
Nuevo Testamento; Sucesión
Apostólica; Tradición; temas y
acontecimientos específicos
Evangelización: 19, 25, 547
actividad misionera: 114, 128,
142-43, 149, 194, 208, 535
de la cultura: 18-19, 38, 454-56
deber de la: 473-74
el diálogo: 142-43
hacer discípulos: 147-48
por los laicos: 144-45
llamándonos mutuamente a
una relación intima con
Jesucristo: 19
llevando el Evangelio a la cultura:
454-56
nueva: 536

"Prediquen siempre. Algunas veces usen palabras": 128
la proclamación del Evangelio: 19, 28, 90-91, 143, 165, 190
véase también La Gran Comisión; Testimonio cristiano
Evolución: 64-66
cada alma humana como inmortal y creada por Dios: 65
"creacionistas": 66
y el origen del cuerpo humano: 64-65
Evolución materialista: 64-66
Examen de conciencia: 256
véase también Conciencia
Excomunicación: 413, 547-48
Exégesis: 30, 548
Éxodo: 14, 179, 227-28
Exorcismo: 314-15, 321, 548
en la celebración del Bautismo: 197, 315
importancia y fines: 314-15, 321
Experiencia humana: 76
véase también *temas específicos,* ej., Muerte
Expiación: 98, 548
Explotación
de las debilidades o vulnerabilidades de los demás como un mal: 436, 437, 445, 463
la modestia para evitarlo: 472
de las mujeres: 431
de los niños: 389-90, 431
proteger a los pobres y a las minorías de ser explotados: 162, 420, 422, 463, 472
de la sexualidad: 436, *540*
de los trabajadores: 389-90
Extrema Unción: véase Unción de los Enfermos
Extremistas religiosas: 353-54
Extremistas religiosos: 378

Fallecidos: véase Muerte: los difuntos/fallecidos
Falsos juramentos: 381
Falso Testimonio, dar: 459-60, 460-62, 463, 465

Faltas
de los cónyuges, aceptando: 433
véase también Pecado; Penitencia y Reconciliación, Sacramento de la; Perdonar
Familia: 395-407, *548*
amor filial: 399, 402
apertura a la fertilidad: 299-301, 301-3, 307, 404, 427-41
armonía en la: 397, 401, 402
basada en la unión permanente y exclusiva de un hombre y una mujer en matrimonio: 427-41
Bendición de la Familia: 309
como centro del Evangelio: 428
creada por Dios: 398-99, 439
el Cuarto Mandamiento: 395-407
el deber de ayudar y defender: 397-98
los deberes entre hermanos: 397, 399
dedicación dominical a la familia propia: 391
derecho a fundar: 403
derechos de la: 403
de Dios: 123-24
Dios como autor de la: 439
educación de la familia propia: 299-301, 397, 399, 400-401, 402, 405, 432
como Iglesia doméstica: 300, 301, 302, 307, 398-99
como imagen de la Santísima Trinidad: 399, 433
llamada a ser una comunidad de amor: 398
número de hijos: 434, 440
oración en: 398
pastoral de la: 440-41
respetar a los padres: 397, 399, 402
respetar la vocación de los hijos adultos: 401
responsabilidades de los hijos obediencia mientras se viva en el hogar de los padres: 399
preocupación de y apoyo a los padres mayores: 397, 399-400, 405

responsabilidades de los padres
asegurar la participación en los
Sacramentos: 400-401
formación en la oración y la fe:
400-401, 403
para los hijos adultos: 399-400
primeros y principales
educadores: 399, 400-401,
402, 403, 405
sacerdocio por el Bautismo:
149, 205
solidaridad familiar: 399
como la unidad básica de la
sociedad: 401, 405, 448
véase también Hijos; Padres; *temas
y situaciones específicos*, ej.,
Muriendo: obligaciones de los
parientes cuando un ser amado
está muriendo
Familia cristiana: 397-98, 399
Fariseos: 166, 249, 296-97
el fariseo y el publicano: 500,
516-17
Fe: 53-69, *548*
Abrahán como padre en la fe:
39, 43
como un acto de creer: 39-43, 47,
53-69
y el Bautismo: 206
ciencia y: 62-66
y la Confirmación: 219, 222
Dios y las cosas ordenadas por
Dios como objetos de: 44
Eucaristía como unidad y
resumen de (véase Eucaristía)
importancia de: 63
musulmanes y fe en el Dios
Único: 142
"oración de": 48-51
pecados contra: 257
sentido supernatural de: 32
tentación y duda: 508, 513
Acto de Fe: 39, 69, 568-69
Acto de Fe (tradición española): 569
como un acto humano y libre: 41, 47
apreciar como Dios actúa en la
historia: 16

conocimiento de Dios (véase
Conocimiento: llegar a
conocer a Dios)
fuente de oración y auxilio: 512
perteneciendo al Pueblo de Dios
(véase Pueblo de Dios)
ser concientes de la dignidad
propia: 47
unión personal y de amor con la
Santísima Trinidad: *525*
aquello por lo que creemos en
todo lo que la Iglesia ofrece
para ser creído como revelado
divinamente: 48
y la ciencia: 62-66
como comunitario: 40, 47, 364
y confianza en Dios: 42-43
credos y fórmulas de: 45, 48, *542*
Credo de los Apóstoles: 48, 49-
50, 57, 99, *542*
Credo Niceno: 48, 50-51, 57,
542, 568
importancia del Credo: 47, 260
lenguaje de la fe: 56
profesión bautismal: 197, 201
cualidades de la fe: 39-43
un acto humano y libre: 41, 47
busca comprender y es amiga de
la razón: 40
comenzar la vida eterna: 41
cree con convicción en un
mensaje: 41-43
necesaria para la salvación:
40-41
como una relación personal y
comunitaria: 40
respuesta al don de Dios: 45
sólo una: 137-39, 149
total asentimiento a Dios: 39
dar testimonio de (véase
Testimonio cristiano)
definición de: 63, *548*
Depósito de Fe: 24, 27-29, *544*
y la dignidad humana: 485
como don de Dios: 39, 47
como don de la gracia: 41
los efectos de la fe

acceso al misterio de la Iglesia:
122-23, 133-34, 231
aceptando y entendiendo la
Revelación: 35, 39, 41, 48
enseñar de la (véase Educación)
el Espíritu Santo y: 27, 115
la familia como una comunidad
de: 398-99
como forma de saber: 47
como fuente de la vida moral
(véase Vida moral)
misterios centrales de: 57, 67
el núcleo de la fe como nuestro
asentimiento de mente y
voluntad a todo lo que Dios
revela: 47, 58, 61, 370-71
obediencia de la: 27, 39, 40, 42-43,
47, 48, 370-71, 556
el objetivo final de una vida de
fe: 44
perseverancia en la fe y su
defensa: 19
el Primer Mandamiento y: 364-65
profesar la fe como un deber y una
tarea: 521
y la razón: 40, 41, 47
como una relación personal y
comunitaria: 40
como respuesto a la Revelación: 17,
35, 39
retos a la: 44-46
"Reza para poder creer, cree para
poder rezar": 525-27
Santísima Virgen María como
modelo perfecto: 39
el sumisión como requerida por:
42-43
suplementándola con la buena
conducta: 22
y la verdad: 40, 41, 43, 44, 45,
46, 47
la verdad de la Resurrección como
el dato originario sobre el que se
apoya la fe cristiana: 191
como una Virtud Teológica: 335,
336, 340, 566
otorgada en el Bautismo: 335

virtud relacionada directamente
con Dios: 335
y vitalidad en la oración: 502, 525
véase también *temas específicos,*
ej., Educación
Fe cristiana: 65-66
Felicidad: 10, 351
y amistad con Dios: 80
las Bienaventuranzas como
los caminos que llevan a la
auténtica felicidad: 327,
351, 479
y el cielo: 164
y Cristo: 339
deseo de la: 10, 339, 351, 485
Dios como dador de: 10, 329
y la pureza de corazón: 479
y la vida moral: 339, 351
véase también Alegría
Felicidad eterna: 331-32, *558*
Felicidad terrenal: 309
Fenwick, Benedict Joseph: 193, 384
Fertilidad e infertilidad, temas
relacionados con: 414, 434
apertura a la fertilidad: 299-301,
301-3, 307, 404, 427-41
parejas sin hijos: 301, 400
el vínculo de la fertilidad y el
amor: 433-34
véase también *temas específicos,*
ej., Planificación
familiar natural
Fertilización *in vitro:* 414, 434
Festividades
fiestas y memoriales de la Madre
de Dios y de los santos: 186, 191
véase también *los nombres de*
santos específicos
Fidelidad: 116, 222, *548*
a Cristo: 304, 305
a Dios: 295
de Dios hacia nosotros: 295,
436, 534
a la doctrina católica: xv
a la enseñanza moral de
la Iglesia: 334
al Evangelio: 397

de la Iglesia: 304
a laz enseñanzas de Cristo: 304
en el matrimonio: 295, 298,
299-301, 302, 404, 427-41
a la oración: 496, 509
véase también Frutos del Espíritu
Santo; Verdad
Fieles: véase Creyentes; Cristianos;
Pueblo de Dios
Fiestas
fiestas y memoriales de la Madre
de Dios y de los santos: 186,
191, 354
véase también *los nombres de
santos específicos*
Fiestas marianas: 186, 354
Filiación Divina: véase Adopción
divina
Filosofía: 58-59
Fin
de los tiempos: 165, 169, 172
de la vida en la tierra: 163, 164,
169-70
véase también Juicio Final
Fitton, Padre James: 384-85
Formación
de los catecúmenos: 200
de la conciencia: 221, 332-34, 339
formación espiritual de los niños:
198, 201-3
Fornicación: 431, 439
Fortaleza: 337, *548*
como un don del Espíritu Santo:
116, 217
como una Virtud Cardinal: 335
Fracción del Pan: 227, 229
Franceses: xi
Francisco de Asís, San: 128, 147
Francis Seelos, Beato: 278
Fraternidad: 401
caridad fraterna: 453
Fraude: 445, 479, 486
Frutos del Espíritu Santo: 116, *548*
Fuego: 60
imagénes del Espíritu Santo: 115
imagénes del infierno: 165
lenguas de fuego el día de
Pentecostés: 111

Fuego eterno: 167
véase también Infierno
Fuego purificador: 164-65
Fuerza: véase Violencia
Fuerzas armadas véase Armas; Guerra
Fundamentalismo: 32, 66
"nacido de nuevo": 204, 207
Funerales: 170-71, 283, 288, 290
y los cementerios católicos: 170
y la cremación: 170-71
la Iglesia como prefiriendo el
enterramiento del cuerpo:
170-71
la presencia de Jesús en: 170
véase también Muerte
Funerales Católicos: 170-71
Funerales cristianos: 170-71

Galileo: 64
Gallitzin, Padre Demetrius: 383-84
Generosidad: 336-37, 479, 484-86
véase también Frutos del
Espíritu Santo
Genocidio: 419-20
Gentileza: 336-37
Genuflexión: 236, 507
Gestos (signos y símbolos litúrgicos):
181, 183-84, 206, 229, 507
Gestos corporales: 183-84, 236, 507
Gloria: 230
de los ángeles: 59
el cielo proclama la gloria de Dios:
5, 60
la creación y: 63
de Cristo: 15, 34, 63, 86, 102,
117, 139
de Dios: 16, 73
Dios como revelando su: 63
naturaleza y arte glorifican a Dios:
68, 73
Gloria al Padre (Doxología): 567
Gloria eterna: 179
Gnosticismo: 87, *549*
Gobierno
separación de la Iglesia y el estado:
18, 45-46
véase también Autoridad; Ley

Gracia: 337-38, 349-50, *549*
    amor y: 337-38, 349
    del Bautismo: 207, 237, 291, 471
    y los cambios culturales: 19
    carismas como gracias especiales:
        268-69
    castidad como una: 430
    cooperar con la gracia divina: 183
    corresponsabilidad de: 480
    como un don de Dios: 180
    don gratuito de Dios que hace
        posible nuestra respuesta de
        fe: 180
    efectos de
        adopción como hijos de Dios:
            349-50, *549*
        castidad: 430
        construir la Iglesia: 115
        contrición (véase Contrición)
        conversión: 260, 357
        dones de las Virtudes
            Teológicas: 207, 294, 335,
            336, 340, 471, *540, 566*
        dones del Espíritu Santo: 349-
            50, 357
        fe: 41
        justificación: 349-50
        perdón de los pecados: 248-49,
            260, 335
        salvación y vida eterna: 139,
            140, 156
        santidad: 150
    estado de: 172, 234, *547*
    la fe como un don de: 41, 294
    fuente de: 110-11, 301
    Ley Nueva: 349-50
    y la libertad: 165, 302, 349-50
    y los mandamientos de Dios: 367
    necesaria para la santificación: 223
    de las Órdenes Sagradas: 286, 287,
        288, 291
    y el pecado mortal: 332, 335
    y el Pecado Original: 76-77, 79
    perfecciona la libertad humana:
        349-50
    de la perseverancia final: 522, 529
    el poder de: 104
    recibir: 180, 182, 234, 237, 272, 299
    la relación con el Padre, el Hijo, y el
        Espíritu Santo: 349-50
    y los sacramentos: 180, 181,
        182, 190, 286, 298, 301
        (véase también *los
        sacramentos específicos*)
    Virgen María "llena de gracia":
        112, 153, 156, 158, 503
    véase también *temas específicos,*
        ej., Oración
Gracia actual: 357
Gracia habitual: 357
Gracia santificante: 205, 357
La Gran Comisión: 25, 26, 100, 147,
    149, 188-89
Gratitud
    en el matrimonio: 433, 440
    mostrar a Dios: 227, 285, 387
    a los padres: 397, 402
    véase también Acción de Gracias
Gregorio Nacianceno, San: 112, 196
Grupos de estudios bíblicos: 87
Grupos de oración: 315-16, 505
Guadalupe, Nuestra Señora de: 152,
    153, 510
Guerra: 418-20
    carrera de armamentos: 418
    defensa legitíma: 424
    la enseñanza de la Iglesia sobre la
        paz y: 355
    ley moral, permanente valida
        durante un conflicto
        armado: 419
    nombre de Dios no se puede usar
        para justificar actos inmorales
        de: 378
    raíces de la: 421
    rechazo a levantar: 419
    véase también Armas; Paz
Guerra injusta: 378
Guerra justa
    condiciones de la: 418-19, 424
    criterios para una: *549*
Guerra nuclear: 419-20
Gula: 337, *549*
    como Pecado Capital: *558*

Hábitos
    gracia habitual: 357
    respetar el nombre de Dios:
      376, 379
    virtud y: 334-35, 340, *560*
    véase también Vicio; Virtudes
Hábitos buenos, desarrollar: 329
Hábitos pecaminosos: 420, 431, 462,
    472, 480
Hablar humana, el poder del: 381
Hacer discípulos: véase Evangelización;
    Testimonio cristiano
Hambre
    "Danos hoy nuestro pan de cada
      día": 521-22, 528
    de Dios implantada en cada
      corazón humano: 5, 8, 10, 118
    de justicia: 326
    del mundo: 240
    véase también Pobreza
**Hawthorne (Lathrop), Rose (Madre
    Alfonsa):** 71-73, 294
Hecker, Padre Isaac Thomas: 37-38
Hellriegel, Martin: 175-78
Henriette Delille, Madre: 477-78
Herejía: 87, 88-89, 364, *549*
    como pecado contra fe: 364
    véase también Arrianismo; Error;
      Gnosticismo; Nestorianismo
Héroes cristianos: 223-24
Hijo: véase Jesucristo; Trinidad
Hijo Pródigo, parábola del: 261-62
    véase también Parábolas
Hijos
    abuso contra: 425, 431
    adopción de: 404, 414
    el amor de los padres por sus:
      400-401, 402
    el amor por sus padres de: 399-400
    aspecto procreador del
      matrimonio: 432, *559*
    Una Bendicione de los Padres a sus
      Hijos: 407
    convertirse en un hijo de Dios:
      203, 211
    deberes de: 400, 402

    deberes de los padres hacia: 400, 402
    educar a los hijos en la fe: 400-401
    educar a los hijos en la modestia: 472
    como un fin del matrimonio y de la
      unión sexual: 432, *559*
    formación de la conciencia: 221,
      332-34, 339
    formación espiritual de: 198,
      200-203
    como fruto del unión sexual: 433
    el mejor don de los padres a: 203
    necesidades básicas de: 402
    obligación de los padres de
      atender las necesidades básicas
      para: 402
    parejas sin hijos: 301, 400
    Primera Comunión de: 349
    lo qué es necesario para el bien de:
      400, 402, 405
    quienes hacen brotar los dones de
      los padres: 402
    como regalo supremo del amor
      dentro del matrimonio: 299
    regulación de la natalidad: 434
    véase también Educación; Familia;
      Juventud; Matrimonio; Padres;
      temas específicos
Hijos adoptivos de Dios: 222,
    349-50, *549*
Hijos adultos (hijos mayores): 397,
    399-400, 405
Hijos de Dios
    acciones de Dios con respecto
      a: 222
    adoptados: 222, 349-50, *549*
    ayuda a vivir la vida de: 222
    convertirse en un hijo de dios:
      203, 211
    presencia del Espíritu Santo en:
      170, 172, 222
    como renacer en los Sacramentos:
      204, 207, 222
    véase también Cristianos;
      Iglesia; Pueblo de Dios; *temas*
      específicos, ej., Oración
Hijos mayores: 399-400

Himnos: 30, 186, 504
cantar como una manera de
participar activamente en la
liturgia: 230, 239, 393
véase también Música
Hindúes: 142
Hipocresía: 459, 461
Historia
las acciones de Dios y su relación
con las personas tienen lugar en
la: 16
la clave de nuestra historia se
encuentra en Jesús: 46
la creación como el principio de la:
58, 63
Dios como el Señor de
la historia: 498
Dios trascendiendo la: 101-2
enseñada desde un punto de vista
secular: 18
Jesús como el Señor de la historia: 46
la palabra definitiva sobre la: 168
pecado y: 76, 81
el punto de origen para
entenderla: 18
la Resurrección de Cristo
trascendiendo la: 101-2
la Revelación de Dios se desarrolla
a través de la: 15
la sabiduría y: 221
las Sagradas Escrituras y: 30
de la salvación: 55, 63, 142, 155,
190, 498, 503
visión de largo alcance de la: 221
véase también Tradición; *temas y
acontecimientos específicos*, ej.,
Ilustración, la
Hombre (la raza humana): véase Personas
humanas; *temas específicos*
Hombre y mujer: 378-79
como iguales en dignidad: 43, 74,
80, 285, 429
matrimonio de (véase Matrimonio)
el misterio y la dignidad del: 46
se complementan mutuamente en
una unión de personas: 74, 80
véase también Personas humanas;
temas específicos, ej., Sexualidad

Homicidio: 411, 412-13
eutanasia intencional o "muerte
por misericordia": 416-17,
422-23
hacer que los agresores injustos no
sean capaces de causar daño:
413, 424
como pecado grave: 412-13, 424
véase también Matar
Homilía
en la Liturgia de la Palabra: 184,
229, 230
quien puede predicar la homilía:
230, 283, 290
en el rito de la Reconciliación: 253
Homosexualidad
actos homosexuales: 432, 439
tendencias instintivas: 432
uniones de personas del mismo
sexo: 296, 302, 435
Honestidad: 335
a nuestra relación con Dios: 222
véase también Verdad
Honor/Honrar
que los cónyuges se dan
mutuamente: 298, 300
el cuerpo humano digno de:
169-70, 172
los Evangelios tienen un lugar
de honor en las Sagradas
Escrituras: 28
el hogar como un lugar de
oración: 302
honrar a los padres propios: 399
el nombre de Dios: 375, 376, 379
de los nombres de los demás: 379
promesas y los contratos: 445
de las reliquias sagradas: 315, 319
el respeto del honor de las
personas: 459
a la Santísima Virgen María y a
los santos: 154, 155-57, 158,
316, 319
tanto de las Sagradas Escrituras
como de la Tradición: 32
Horas, Liturgia de las: véase Liturgia:
Liturgia de las Horas

Horóscopos: 366, 367
Huelgas: 450
Humanistas seculares: 367-68
Humildad: 63-64, 112, 209, 518
    afrontar la envidia con: 480, 487
    y arrepentimiento: 249, 262
    y la Comunión: 235
    y la oración: 500, 508, 509, 513
    de los ordenados: 281
    y servicio: 229

Iconos: 184, 366, 550
    como apoyo en la oración: 370
    ayudan a meditar: 370
    la familia cristiana como un icono
        de la Santísima Trinidad: 399
    hacen presente el misterio de
        salvación o al santo que
        representan: 366
    imágenes sagradas: 366, 370
    el sacerdote como un "icono de
        Cristo": 284-85
    la veneración de: 366, 370
    véase también Arte religioso
Idolatría: 365-67, 370
    antiguas formas de: 365-66
    definición de: 365, 370
    nuevas maneras de: 366
    pecado de: 365-67
    perversión del sentido religioso
        innato del hombre: 366
    prohibición contra: 365-67, 370
la Iglesia: 121-34, 135, 550
    Bautismo como entrada a: 123,
        127, 129, 133, 205
    carismas y la: 115
    composición de
        los Apóstoles: 143-44
        Cristo como cabeza y origen:
            125, 130, 133
        estructura jerárquica: 125, 133
        los fieles cristianos: 144-45
        la vida consagrada: 146-47
    como comunidad de amor: 131-32
    comunidades eclesiales: 139
    como una comunión: 129-31, 133

    confesión de fe de los Apóstoles,
        como transmitir de generación
        en generación: 45
    Cristo como cabeza de la: 125,
        130, 133
    cuatro atributos de: 135-50, 539
        Apostólica: 137, 143-44, 149
        Católica: 137, 141-43, 149
        Santa: 137, 139-40, 149
        Una: 137-39, 149
    como el Cuerpo (Místico) de
        Cristo: 126, 129, 133 (véase
        también Iglesia: como (Místico)
        Cuerpo de Cristo)
    catequesis y la Iglesia: 202, 536
    construir la Iglesia: 115
    cristianos como miembros de la
        Iglesia: 139, 144-45
    el Espíritu Santo y la Iglesia: 9,
        27, 114-15, 123, 125, 130, 131,
        133, 137, 139, 149, 180, 182
    hombres y mujeres consagrados
        y la Iglesia: 139, 142-43, 146-
        47, 149, 155, 438, 512, 552
    liturgia y la Iglesia: 177-92,
        230, 501
    Sacramentos y la Iglesia:
        177-92, 230, 501
    como un cuerpo vivo: 126
    derecho a anunciar los principios
        morales: 352
    dimensión mariana de:
        151-60, 186
    diócesis (véase Diócesis)
    discípulos, como formando: 9, 124
    Espíritu Santo como revelador:
        122-23, 124-25
    Espíritu Santo y: 117, 126
    como la Esposa de Cristo: 24, 133
    la familia como la "Iglesia
        doméstica" (véase
        Iglesia doméstica)
    como formando discípulos: 9, 124
    funciones de (véase también Bien
        Común; Catequesis; Depósito de
        Fe; Evangelización; Fe; Misterio

Pascual; Pueblo de Dios;
Sucesión Apostólica; Trinidad)
perdón de los pecados: 248-49
como Pueblo de Dios:
126-27, 133
realizar la misión de la Iglesia
en el mundo: 483
santificar a personas: 127,
149, 483
funciones de enseñar
autoridad del Colegio Episcopal
y del Sumo Pontífice (véase
Colegio Episcopal; Sumo
Pontífice (Papa))
autoridad de un Concilio
Ecuménico (véase Concilios
Ecuménicos)
Magisterio de la Iglesia
(véase Magisterio de la
Iglesia)
para reestablecer la paz y el
orden: 355-56
como fundada por Cristo (el Hijo):
122, 124
la que guarda "la fe transmitida
a los santos de una vez para
siempre": 27, 45
la que guarda la memoria de las
Palabras de Cristo: 45
guíada por los obispos: 123
del hogar: 398-99
como humana y divina: 122
como institución visible: 125, 126
como jerárquica: 125, 133
llamada a existir por Dios
el Padre: 122
como madre y maestra: 350-52
Magisterio de la Iglesia (véase
Magisterio de la Iglesia)
Mandamientos (preceptos) de: 337,
354-55, 554
como la manifestación de la
Trinidad: 125
ministerio santificador de: 127,
149, 190, 483
como ministro al servicio: 125
ministro gobernante de

autoridad y gobierno de la
Iglesia: 125, 143, 315, 321,
354, 548
como ministro al servicio: 125
naturaleza colegial y
pastoral: 143
oficio del colegio Episcopal
(véase Colegio Episcopal)
oficio del Concilio
Ecuménico: 143
como misterio sagrado: 122-23,
133-34, 231
nacimiento de: 122
naturaleza misionera de: 114,
220-21, 535
del Nuevo Testamento: 499-501
obispos (véase también Obispos)
función pastoral de Pedro, los
Apóstoles, y obispos como
cimiento de la Iglesia: 142
oficio del obispo individual:
143, 281
oficio del Sumo Pontífice: 34, 143
como sucesores de los Apóstoles
cuya cabeza es el Papa: 27, 31,
149, 357-58
oficio de enseñar (véase Magisterio
de la Iglesia)
origen de la: 122-23
papel de transmisora de la fe: 45
papel maternal de: 155-56
como permanecer hasta que el
Reino se cumpla: 124
como pilar y fundamento de la
verdad: 45, 352
como presente en la Trinidad:
122-23
como el Pueblo de Dios: 126-27, 133
como un pueblo profético: 128
como un pueblo real: 128
como un pueblo sacerdotal: 127-28
como una realidad espiritual: 126
como un sacramento de la
salvación: 125-26, 133
como un santo misterio: 122-23,
133-34, 231
separación del estado y: 18, 45-46

sociedad y (véase Doctrina social de la Iglesia)

como el Templo del Espíritu Santo: 130, 133

todos los miembros unidos unos a otros: 126, 133

como trayendo al mundo la salvación de Cristo: 125-26

la vida divina nos es dispensada a través de: 181, 190

véase también Cuerpo de Cristo (la Iglesia); Iglesias Occidentales, Latinas; Iglesias Orientales; *temas específicos*

Iglesia doméstica: 300, 301, 302, 307, 398-99, 405, *550*

véase también Familia

"Iglesia," la palabra: 123, 132-33, 139

Iglesias locales y particulares: 141, 146

Iglesias Occidentales, Latinas: xviii, 141, 198, 223, *550*

Iglesias orientales: xviii, 99, 141, 181, 186, 198, 218, 219, 222, 287, *550*

como iguales a la Iglesia latina en dignidad y derechos: *550*

como teniendo ritos litúrgicos, disciplinas, espiritualidad y leyes específicas: *550*

véase también *temas específicos,* ej., Matrimonio

Iglesias Ortodoxas: 245

Ignacio de Loyola, San: 507

Ignorancia

como consecuencia del Pecado Original: 78, 81 (véase también Pecado Original)

y las decisiones morales: 334, 340

y la formación de la conciencia propia: 334, 340

sobre la religión: 8

y la responsabilidad: 329, 339

Ignorancia involuntaria: 334

Igualdad

Dios como uno, único, sin igual: 56, 66

de los hombres y las mujeres: 43, 74, 80, 285, 429

de las Personas Divinas: 113

de las Sagradas Escrituras y la Tradición: 32

de los seres humanos: 347

Illig, Padre Alvin: 147-48

Iluminación, etapa de (RICA): 203

La Ilustración

efectos en las relaciones entre la Iglesia y el estado: 44-46

en la historia de los Estados Unidos: 44-46

negación de la compatibilidad entre la fe y la razón: 44-46

el siglo XVIII y la Época de la Razón: 44

Imagen de Dios: 73-74, 77, *550*

cada ser humano creado al imagen de Dios: 73-74, 79, 80, 328, 336, 338

cualidades específicas: 77

capacidad de conocerse a si mismo: 74

capacidad de entrar en comunión con otras personas al darse uno a si mismo: 74

fuente dinámica de energía interior espiritual que mueve nuestras mentes y corazones hacia la vedad y el amor, hacia Dios mismo: 74

véase también Semejanza de Dios

Imágenes del Espíritu Santo: 115

Imágenes sagradas: 366, 370

véase también Arte religioso; Iconos

Imposición de las manos: 215-16, 217, 223, 270, 283, 286, 290

Impuestos

parábola del fariseo y el publicano: 500, 516-17

sirviendo a Dios y sirviendo al estado: 417

Impureza: véase Pureza

Imputabilidad: 329, 339

Incesto: 431

Incienso: 184, 375

Incredulidad: xxiii, 104

cultura de incredulidad: 18

véase también No-creyentes

Indefectibilidad: 550
Indiferencia: 365, 378-79
    hacia la religión: 8
    de la sociedad: 422
Indisolubilidad del matrimonio: véase
    Matrimonio: indisolubilidad del
Individualismo: 18, 345
    auto-ayuda: 78-79
    véase también Autonomía
Indulgencias: 259, 261, 550-51
Inerrancia: 551
Infalibilidad: 154, 551
    don del Espíritu Santo a la Iglesia:
        144, 551
    de la Iglesia: 144, 551
    en materia de fe y moral: 144, 551
    de los Pastores de la Iglesia: 551
    véase también Sumo Pontífice
        (Papa): infalibilidad de
Infalibilidad papal: 144
Infertilidad: véase Fertilidad e infertilidad,
    temas relacionados con
Infierno
    Cristo descendió a los infiernos:
        49, 99
    dolor y aislamiento como resultado
        de rechazar el amor de Dios:
        165, 172
    como elección libre: 165, 172
    y el juicio inmediato tras la muerte:
        167-68, 172
    como morada de Satanás y de los
        ángeles caídos: 59, 68, 167, 314
    nadie predestinado al infierno: 165
    el pecado mortal como la causa de
        la pena eterna: 331-32, 558
    la pena principal en la separación
        eterna de Dios: 165, 172
Información
    y confidencialidad o privacidad:
        462, 466
    derecho a una información
        fundada en la verdad, la
        libertad, la justicia y la
        solidaridad: 461, 463
    respeto por la verdad: 461
    véase también Educación;
    temas específicos

Ingratitud a Dios: 365
Iniciación Cristiana: xxi, 181, 193,
    200, 202, 218, 562
    para adultos (véase Rito de
        Iniciación Cristiana de Adultos)
    para niños pequeños: 198
    en los ritos orientales: 198, 218
    Sacramentos de la: xxi, 181,
        195-96, 203, 210, 215, 218,
        562 (véase también Bautismo;
        Catecumenado; Confirmación/
        Crismación; Eucaristía)
    unidad de: 193, 215, 218
Iniciativa económica, derecho a la: 449
Injusticia: 420
    avaricia y: 479, 533
    como causa de la guerra: 413, 418,
        421, 424
    causas de: 345, 447, 453
    corrigiendo: 255, 345
    eliminación de la injusticia como
        foco central de la enseñanza
        social de la Iglesia: 19, 447, 453
    el Juicio Final y: 167-68
    hacia los pobres: 390
    reparando la: 255, 445, 447, 451-52
    salarios injustos: 445
    síntomas de la: 345, 420, 447,
        451-52
    véase también Justicia
Inmaculada Concepción: 153-54, 551
    festividad de la (véase Días
        de Precepto)
    véase también María, Santísima
        Virgen
Inmigrantes: 148
    la abogacía de la Iglesia a favor de
        los: 46
    acceso al trabajo: 450
    contribuciones a la vida de la
        Iglesia: 510
Inmortalidad: 551
    del alma: 65, 80, 104, 163, 172,
        328, 338, 537, 551
    de los ángeles: 59, 538
    en el Reino de Cielo: 163

Inquietudes, personas que tienen: 8-9
  y comportamiento de los
    cristianos: 7
Inseminación artificial: 414
Inspiración: 35, *551*
  de Dios: 29
  del Espíritu Santo: 27-28, 33, 111
  en las Sagradas Escrituras: 27-28,
    29, 33, 35
Institutos seculares: véase
  Consejos Evangélicos
Integridad: 460
  véase también Verdad
Integridad física y moral: 431-32
Intelecto humano
  la fe como requiriendo la
    sumisión del intelecto y de la
    voluntad: 42-43
  y la libertad: 336
  y la libre elección: 62
  percibir a Dios mediante el: 58
  responsabilidades de los padres
    para el desarrollo del intelecto
    humano de sus hijos: 400, 402
  la sumisión del intelecto y la
    voluntad a Dios: 42-43
  y la teoría de la evolución: 64-66
  y uso que hace Dios de él como
    una causa secundaria del
    desarrollo de su designio: 61
  y la verdad: 65
  las virtudes humanas como
    disposiciones estables del: 336
  véase también
    Conocimiento; Razón
Intención
  algunos actos siempre malos
    dejando aparte la intención:
    330, 339
  una buena intención no puede
    hacer buena una acción mala:
    330, 339
  como constitutivo de los actos
    morales: 330, 339
  y el Décimo Mandamiento: 479, 486
  definición de: 330
  el elemento subjetivo del acto
    moral: 330, 339

"el fin no justifica los medios": 330
  las malas intenciones corrompen
    lo que, de otra forma, serían
    buenos actos: 330, 339
  necesita ser buena para que un
    acto sea moralmente bueno:
    330, 339
  nunca debemos hacer el mal a
    nadie deliberadamente para
    conseguir el objetivo sea este
    cual sea: 339
  de la persona que administra el
    Bautismo: 200, 211
  pureza de: 473, 475
  se requiere una intención correcta
    de parte del ministro para la
    validez de los Sacramentos de la
    Iglesia: 200, 211
Intenciones malas: 471
Intercesión
  de los ángeles: 59, 68
  de Cristo: 102, 279, 495-96
  a favor de los difuntos: 164,
    171-72, 261
  a favor de los enemigos: 500
  de la Iglesia: 313, 318, 321
  oraciones de: xxii, 232, 499,
    500, 512
  de la Santísima Virgen María: 156,
    157, 185-86, 312, 504-5
  de los santos: xix, 185-86, 232,
    495-96
Intercesiones Generales: 229-30
"Intercomunión": véase Eucaristía,
    Sagrada: la celebración eucaristica
Internet: 431, 533
  véase también Computadoras
**Interpretación de las Sagradas
  Escrituras:** véase Sagradas
    Escrituras: interpretando
Intimidad: véase *temas específicos,*
    ej., Matrimonio
Intolerancia: 425
  véase también Discriminación
Investigación con células madre: véase
    Células madre, investigación con

Invocación
en el Bautismo: 198, 211
a cada una de las Divinas
Personas: 198
Epíclesis: 218, 223, 232, *546*
del Espíritu Santo: 115
letanías: 316, 552
Segunda Epíclesis: 232
Ira: 417, *551*
véase también Enfado
Isaac: 496
Isabel (Madre de Juan el Bautista):
159, 317, 503
Isaías: 16-17
Islam: 142
Israel; Israelitas
alianza de Dios con: 16, 142
amor de Dios por: 55
y Dios como Padre: 519, 520
y Dios como Pastor de Israel: 520
y fe en Dios: 498
la Iglesia como prefigurada y
preparada por: 123-24, 133
importancia del pecado para: 76
y Jesús: 85, 98-99, 105
los judíos no responsables
colectivamente de la muerte de
Jesús: 99
y la Ley Antigua (véase Ley Antigua)
liberación de: 16, 39, 123-24, 179,
227-28, 496, 557
llamado a ser santo: 150, 357
y la Nueva Alianza: 345-46
y observar el sábado como día
santo: 385, *561*
y la Pascua (véase Pascua)
como pueblo elegido: 13, 16
a quien se le prohibió hacer
imágenes de Dios: 366
la revelación del nombre de Dios a:
14, 15, 375
véase también *temas específicos*,
ej., Matrimonio

Jacob: *56*, 496
Jactancia: véase Soberbia
Jagerstatter, Franz: 462

Jerarquía
de las criaturas en la creación: 59
de la Iglesia: 125, 133
Jerusalén: 105
Jerusalén celestial: 169, 425, 499
Jesucristo: 83-93, 95-107
Alma de Cristo *(Anima Christi)*:
243, 572-73
Cristo y la Iglesia (véase Iglesia:
como Cuerpo Místico de Cristo)
Cuerpo de Cristo (véase también
Cuerpo de Cristo)
muerte y resurrección de Cristo:
95-107
Esposa de Cristo, la Iglesia como:
24, 133
imágenes en arte sacro: 366, 370
como el maestro: 325-27
el misterio de Cristo hecho realidad
comunión con Cristo: 112
conversión a Cristo
(véase Conversión)
Creyendo en Cristo (véase Fe)
dando testimonio de Cristo
(véase Testimonio cristiano)
morir y resucitar con Cristo
(véase Misterio Pascual)
Nueva Alianza de Cristo (véase
Alianzas: Alianza Nueva)
al ser miembros de Cristo (véase
Iglesia: como Cuerpo Místico
de Cristo)
siguiendo a Cristo: 97
Misterio de la unidad de Cristo
(véase Trinidad, Santísima)
Misterio Pascual de Cristo: 177-92
Misterios de la vida de Cristo
92 (véase también Ascensión;
Encarnación; Pasión de Cristo;
Resurrección de Jesucristo)
infancia: 92
muerte: 98, 103
y oración: 499, 515-30
predicación y sus principales
sujetos: 92
sumisión de Cristo: 91-92
venida de Cristo: 87
vida pública: 92

naturaleza de Cristo (véase
  también Encarnación;
  Resurrección de Jesucristo)
conocimiento humano: 92
cuerpo: 87, 92
naturaleza divina: 113
sumisión al Padre: 91-92
verdadero Dios y verdadero
  hombre 87-90, 92 (véase
  también Encarnación)
voluntad humana: 87, 92
Oración de Jesús: 571
las oraciónes de: 499
retratos evangélicos de: 85-87
títulos y atributos (véase
  también Mesías)
  Cabeza de la Iglesia: 125, 130,
    133, 286
  Cordero de Dios: 232, 502
  Cristo: 89, 92, *543*
  ejemplos: 92, 502
  Hijo de Dios: 21, 25, 85, 88, 89,
    92, 112, 121, 502
  Hijo de la Virgen: 502
  Hijo del hombre: 167, 228,
    234, 267
  Jesús: 89, 92, *551*
  Luz del Mundo: 19
  Maestro de la Verdad: 286
  Mediador: 102, 106, 140,
    280, 387
  médico del cuerpo y el alma:
    248-49
  Palabra: 184
  Palabra de Dios: 502
  Pan de Vida: 228, 275, 517-18
  Pastor de su rebaño:
    274-75, 286
  profeta: 127
  Redentor: 61, 179
  Revelación de Dios: 18, 25
  Rey de Reyes: 191
  Salvador: 61, 79, 105
  Señor: 92
  Señor de Señores: 191
  El Señor Resucitado: 279-80
  Señor y Salvador: 92, 502

  Siervo: 103, 105, 325
  Sumo Sacerdote: 228-29,
    279-80
  el Ungido: 89, 92
  véase también *temas y*
    acontecimientos específicos
Jesuitas: ix, xi, 109
Job: 373-75, 379
John Neumann, San: 277-78
Jornada Mundial de la Juventud:
  240, 463
José, San: 173, 499
  y los "hermanos y hermanas" de
    Jesús en los Evangelios: 154
  Jesús obediente a: 92, 407
  marido de la Santísima Virgen
    María: 85, 382
  padre adoptivo de Jesús: 85
Joseph, Madre (Esther Pariseau):
  443-44
Jóvenes: véase Juventud, gente joven
Juan Crisóstomo, San: xxi, 55, 66
Juan de la Cruz, San: xxi, 21, 163
Juan Diego, San: 151-53
Juan el Bautista: 196
Juan Fisher, San: 462
Juan Pablo II, Papa: xv, xix, 25, 64,
  65, 68, 285
  véase también *temas específicos*
Juan XXIII, Beato: xvi, 23-24
Judíos: véase Israel
Juicio
  anticipación del juicio
    en el sacramento de la
    Reconciliación: 256
  apresurado: 460
  sobre el bien y mal: 256
  de la conciencia: 340
  las cuatro "últimas cosas": 172
  Dios como Juez: 78
  de la Iglesia: 447
  juzgar a otros: 332
  el realismo bíblico y: 257
  véase también Juicio
    Final; Prejuicio
Juicio (consejo): 116, 217
Juicio erróneo: 333-34

Juicio Final: 167-68, 172, *551-52*
y llamada a la conversión: 168
Juicio general: 172
Juicio individual: 161, 172
Juicio particular: 161, 163, 167
Junípero Serra, Beato: 135-36, 147
Juramento Hipocrático: 422
Juramentos
falsos: 381
perjurio: 381
y el uso del nombre de Dios: 377-
78, 381
véase también Nombre de Dios
Jurar: véase Juramentos
Justicia: *552*
actuar con: 443-55
Bienaventurados los perseguidos a
causa de la justicia: 326
Bienaventurados los que tienen
hambre y sed de justicia: 326
condiciones de la guerra justa:
418-19
definición de: *552*
derecho a una información
fundada en la verdad, la
libertad, la justicia y la
solidaridad: 461, 463
de Dios: 168, 172, 332, 349, 357
como el enfoque central de la
enseñanza social de la Iglesia:
446-47, 453
entre las naciones: 346-47
la guerra y: 418-20
y juzgar a los demás: 332
llamada a dar testimonio de la: 511
en nuestro trato a los demás: 445
persecución a causa de
la justicia: 326
en el Reino de Dios: 9, *552*
santidad y justicia originales: 73,
74, 80, 81, *563*
como una Virtud Cardinal: 205,
335, 336, 340 (véase también
Virtudes Cardinales)
virtud de: 188, 399
véase también Guerra justa;
Justicia social
Justicia conmutativa: 452

Justicia social: 46, 138, 345-47, 358,
444, *552*
como una actitud: 346
y el bien común: 346
comida, ropa, hogar, y un salario
para mantener a la familia:
358, *552*
y dignidad del trabajo: 358
y dignidad humana: 358
efectos de la Redención
(véase Redención)
efectos del Pecado Original (véase
Pecado Original)
y la ley natural (véase Ley natural)
y las necesidades esenciales de la
gente: 358, *552*
y proveer las condiciones que
permitan a las asociaciones e
individuos obtener lo que les
corresponde: 358, *552*
quitar los síntomas y causas de la
pobreza y la injusticia: 358, 447,
453, *552*
salarios justos: 358, 445, 449
el Séptimo Mandamiento: 443-55
vivir juntos en comunidad
respetando la dignidad de cada
persona: 358, *552*
véase también Bien común;
Solidaridad
Justificación: 349-50, 357, *552*
conformarse a la justicia de
Dios: 357
fin de la: 350
la gracia en: 349-50
hacerse amigos de Dios: 349, 357
merecida por la Pasión de Cristo:
349, 357
nuestra aceptación de la santidad
de Dios: 349
como obra del Espíritu Santo:
349, 357
como obra más excelente del amor
de Dios: 357
otorgada a nosotros en el
Bautismo: 349, 357
Justino Mártir, San: 388

los Justos
Jesús y: 99, 105
la presencia de Dios en los
corazones de: 519, 528
la vida eterna de los justos tras la
muerte: 99, 105
Juventud, gente joven
como buscan una conexión a una
comunidad eclesial: 139
la educación e instrucción de:
18, 300
Jornada Mundial de la Juventud:
240, 463
el Papa Juan Pablo II reflexionó
sobre sus encuentros con
los: 475
los presiones e influencias culturales
que afectan a la: 18, 391
véase también Hijos; *temas específicos*

Kateri Tekakwitha, Beata: 109-19
Katharine Drexel, Santa: 161-63

Labor: véase Trabajo
Laicado/laicos: 144-45, *552*
evangelización, papel en la: 147-48
función en la Iglesia: 144-45
participación en la función de
Cristo como sacerdote, profeta
y rey: 149
vocación del: 146
Lathrop, Rose Hawthorne (Madre
Alfonsa): 71-73, 294
Lealtad: 335
Leccionario: *552*
Lectio Divina: 506, 510, *552*
como buscando un significado más
profundo de lo que Dios quiere
comunicar al lector: 507
como dependiendo del Espíritu
Santo que nos guía en el
corazón: 507
meditación y: 507
Lectura de manos: 366
Lenguaje
diversidad del, en la Iglesia: 141
de la fe: 56

Lenguaje blasfemo: 376-77, 378,
380, *540*
Lenguaje discreto: 462, 466
Lenguaje figurativo y simbólico: 30,
59-60, 76, 81
Lenguaje humano: 10
Letanías: 316, *552*
Ley: *552*
el amor como la esencia de toda
ley: 327
del Antiguo Testamento: 348-49
de Dios, como nuestra guía:
347-49
de gracia: 349-50
de la Iglesia/derecho canónico
(véase Mandamientos de la
Iglesia; *temas específicos*)
de solidaridad y caridad: 80
véase también Autoridad;
Mandamientos
Ley Antigua: 357, 435, *552-53*
la leye de solidaridad humana y de
caridad: 80
las leyes físicas, químicas y
biológicas como causas
secundarias del desarrollo del
designio de Dios: 61
ley revelada: 348-49, 357, *553*
véase también Antiguo
Testamento; Mandamientos
Ley civil: *552*
ley natural debería reflejarse en
la: 356
la misión y obligación de la Iglesia
de criticar y retar aquellas
leyes que ofendan los derechos
fundamentales: 402-3
obligación moral de oponerse
a leyes que atentan contra el
orden moral: 402-3
para promover justicia social: 347
para reflejar y proteger el orden
moral apropiador: 402-3
y la responsabilidad cívica: *560*
véase también Autoridad
Ley eterna: 331
como sabiduría que ordena todas
las cosas correctamente: 347

Ley evangélica: 351
Ley moral: 339, 453, *552*
   actos gravemente contrarios a la:
     412, 413, 414, 416
   amor como la esencia de la: 327
   ayuda a distinguir entre el bien y el
     mal: 339
   crímenes contra la vida y: 412,
     413, 414, 416
   cumplirla con el auxilio
     divino: 349
   información y: 461, 463
   investigación científica y: 64
   libertad y: 329
   como no arbitrario: 329
   como otorgada para nuestra
     felicidad: 329
   pecado como un acto contrario a
     la: 331-32
   según la razón y la ley divina: 347
   reproducción y: 414, 434
   salvación que nos lleva hacia
     la: 349
   validez durante un conflicto
     armado: 419
   véase también *temas específicos*
Ley natural: 347-49, *553*
   actos contrarios a la: 296, 432, 435
   como asentado en cada uno de
     nosotros: 472
   como causas secundarias del
     desarrollo del designio de Dios: 61
   confirmada en la Revelación
     Divina: 347
   conocerla mediante la razón
     humana: 347
   consecuencia de ser creados a
     imagen de Dios: 74
   definición de la: 356
   detectable porque estamos creados
     a imagen de Dios: 356, 463
   los Diez Mandamientos como
     expresión de: 348
   en la doctrina social de la Iglesia:
     446-47
   como expresando el sentido moral
     original que permite al hombre
     discernir el bien y el mal
     mediante la razón: 347

   como expresando nuestra dignidad
     humana: 348, 356
   como fundación de nuestros
     derechos y deberes humanos
     básicos: 347, 356
   fundada en el designio de Dios que
     se encuentra en la naturaleza
     humana: 347
   como inmutable: 347-48
   las leyes físicas, químicas y
     biológicas: 61, 347
   como el núcleo de lo que nos hace
     humanos: 347
   nuestra aprensión racional del
     orden moral creado: 347, 356
   permanentemente válida: 347-48
   como reflejo de la ley divina: 356
   como reflejo en la ley civil: 356
   requisitos de la: 465
   como se aplica a todas las gentes
     de todos los tiempos: 347
   universalidad de: 347
   véase también *temas específicos,*
     ej., Matrimonio
Ley Nueva: 351, *553*
   ley de gracia: 349-50
   como Ley del Evangelio: 351
   como obra del Espíritu Santo:
     349, 351
   como realizando y perfeccionando
     la Ley Antigua: 346
   Sacramentos instituidos por
     Cristo: 181
   véase también Mandamientos;
     Nuevo Testamento
Ley revelada: 348-49, 357, *553*
Liberación de Israel: 16, 123-24, 179,
   227-28, 496
Liberación humana: 353-55
   véase también Justicia social
Libertad: 6, 328, 336
   auto control y: 335, 438
   las condiciones para
     garantizarla: 346
   crecimiento en: 329
   en la decisión de decir "sí" a
     Dios: 329
   definición de: 336
   derecho a la: 431-32

derecho al ejercicio de la: 336
derecho a una información
   fundada en la verdad, la
   libertad, la justicia y la
   solidaridad: 461, 463
Dios como dador de: 328
el ejercicio responsable de la: 329
elegir entre el bien y el mal:
   329, 339
falsos conceptos de: 329
la familia y: 401
la fe como un acto humano y
   libre: 41
fundamentos de la: 401
la Iglesia y: 131
de la información y la
   comunicación: 462, 463, 466
más que la capacidad para
   elegir: 329
y la moralidad: 329
en la obra de salvación: 158, 329
   Cristo como el secreto de: 476
   el don de: 76
   de la fe: 41
   la gracia como protegiendo
      nuestra libertad: 349-50
   la gracia no es rival de la
      libertad humana: 349-50
   límites de: 336, 339
   y el pecado: 329, 331, 339
   y el Pecado Original: 76-78
   el respeto de Dios por la libertad
      humana: 62
   de la Santísima Virgen María:
      156, 158, 503
el principio de subsidiaridad: 346
protección por parte del estado de
   la libertad personal: 346
puede ser limitada pero sigue
   siendo real: 329
responsabilidad cívica y: 560
responsabilidad de la: 329
la vida moral y: 329, 335, 339
la voluntad y: 334-35
véase también Libre voluntad;
   temas específicos, ej.,
   Matrimonio: libre asentimiento
Libertad interna: 429-30

Libertad personal: 346, 447, 453
Libertad religiosa: x, 44, 536
   el derecho a la 446
Libre voluntad: 75-76, 206
   conciencia, según la
      (véase Conciencia)
   como consecuencia de haber sido
      creados a imagen de Dios:
      75-76, 328
   intelecto y: 62
   papel en el pecado: 81, 205, 328
   tentación y: 76
   véase también Libertad
Liderazgo de servicio: 336
Limosna, dar: 259, 453, *543*
   Cuaresma: 203, 253, *543*
"Limpieza Étnica": 419-20
Literalismo bíblico: 32-33, 64
Liturgia: 177-92, *553*
   acción de Cristo, el Sumo
      Sacerdote y de su Cuerpo, la
      Iglesia: 228-29, 279-80
   acto público de culto: 183
   Año Litúrgico: 185, 190, *538*
   del Bautismo: 196-99
   celebración de: 183-85
   como celebración del Misterio
      Pascual: 179-80
   como centrada en la Santísima
      Trinidad: 179
      Cristo como el centro, núcleo: 183
      Cristo en: 183, 189
      dirigida al Padre: 179
      el Espíritu Santo en: 179, 190
   como obra de la Santísima
      Trinidad: 179
      Sacerdotes de: 183
   del cielo: 523
   de la Confirmación: 216-19
   Constitución sobre la Sagrada
      Liturgia: 122, 178, 226
   Cuerpo de Cristo en oración:
      182-88
   domingos y la celebración de: 185,
      187, 190
   dones salvadores de Cristo en: xxi
   funerales: 170

la Iglesia como el lugar apropiada
para la celebración litúrgica:
184, 187-88
de las Iglesias Orientales: 198
Jesús activo y presente en: 183,
184, 187
leyendo los Evangelios en: 182
Liturgia de la Eucaristía
(véase Eucaristía)
Liturgia de la Palabra: 184, 185, 230
homilía: 184, 229, 230
Intercesiones Generales: 229-30
lecturas de las Sagradas
Escrituras: 229
profesión de la fe: 229, 230
Liturgia de las Horas: 114, 186,
191, 495, 500, 510, 513, 553
una prolongación de la
celebración eucarística:
186, 498
del Matrimonio: 297-98
el matrimonio como un acto
litúrgico: 297-98
Mediator Dei: 177, 320
oración litúrgica: 274, 495-96,
506, 526
participación de los fieles en: 183
de la Penitencia: 251-55
la piedad popular y: 318
reforma y renovación de: 428
del Sacramento de la Penitencia:
251-55
del Sacramento del Orden: 283-84
de San Juan Crisóstomo: 55, 66
todas las oraciones públicas de la
Iglesia: 183
uso de los signos, símbolos, y
rituales: 183-84, 190
vínculo entre la liturgia y la vida:
188-89
la Virgen María en la: 186, 190, 191
Liturgia (la palabra): 179, 180
Longanimidad: 116
Luigi Quattrocchi, Beato: 294, 395-97
Lujuria: 303, 337, 430, *553*, *558*
la castidad excluye: *540*
concupiscencia de la carne: 473

definición y consecuencias de:
430, *553*
el Noveno Mandamiento y: 473
oscurece el significado nupcial del
cuerpo y su capacidad de dar
testimonio de la divina
imagen: 437
como Pecado Capital: 337, *553*, *558*
pureza de corazón y la templanza
como antídotos contra: 473
véase también Concupiscencia;
Pecados Capitales
Luz
de Cristo: 19, 121-34, 199, 208
de Dios: 55, 60, 205
de la Escritura: 319
del Espíritu Santo: 115, 119,
197, 205
del Evangelio: 209, 396
de la fe: xvii, 483
"Iluminación": 203
y oscuridad: 44
de la Palabra de Dios: 256
de la razón humana: 7-8, 10, *566*
de la verdad revelada: 197
Luz del Mundo: 19
Luz eterna: 164

Llamada
a amar a Dios: 7, 9, 62, 74, 80
a la caridad: 454-55
a la castidad: 429-32
a la conversión: 17, 165, 168,
257, 356
a dar testimonio de la justicia: 511
de Dios: 153, 495-96
a la familia Cristiana: 398
a la oración: 495-96
al Orden sacerdotal: 286-87
a la santidad: 208-9, 357
véase también Vocación

Madre; Maternidad (humana): 56, 434
Dios y: 56
la Iglesia como madre y maestra:
350-52
véase también Familia; Padres

"Madre de alquiler": 434
Madre de Dios: véase María,
Santísima Virgen
Madre de la Iglesia: véase María,
Santísima Virgen
Magia: 366
Magisterio de la Iglesia: xvii-xviii, 27,
34, 143-44, 358, *553*
autoridad de: xvii, 27, 34, 143-44,
350-51, 357-58
compuesto por el Papa y los
obispos en comunión con él: 27,
34, 143-44, 350, 357-58, *553*
Espíritu Santo es quien guía el: 27,
114, 350-51, 357-58, *553*
como guía a los fieles a preservar la
verdad del Evangelio: 27-29
como guiado por el Espíritu Santo:
27, 114, 350-51, 357-58, *553*
infalibilidad de: 144
interpretación auténtica de la
Palabra de Dios: 27, 29-30, 34
como maestro moral: 350-51, 352,
357-58
obediencia a las enseñanzas de: 27,
114, 143-44
oficio de enseñanza de la Iglesia: 27,
143-44 (véase también Colegio
Episcopal; Doctrina; Sucesión
Apostólica; *temas específicos*)
responsabilidad de enseñar con
autoridad transmitida por los
Apóstoles a sus sucesores: 357-58
la Magníficat: 159-60
Mal
intenciones malas: 471
las leyes moral como ayudándonos
a determinar los que es bueno y
lo que es malo: 339
la ley natural como asistiéndonos a
discernir lo que son el bien y el
mal: 347
la problema del (la realidad de):
61-62
Satanás como el mal que
afrontamos: 523
soportarlo: 211
véase también Pecado

Malas tendencias: véase Pecado
Mal físico: 61-62
Malicia: 79
véase también Enfado; Odio
Maligno: véase Satanás
Mal moral (pecado): 62
como consecuencia del don de la
libertad otorgado a las seres
creados: 62
respuesta de Dios al: 62
Malversación de fondos: 445
Mandamientos: xxii, 357
Alianza con Dios, la que se inicia
primero, y los Mandamientos
como formas en las que
podemos vivirla: xxii, 345-46
amor de Dios y: 367
la Antigua Alianza y: xxii, 345-46
Bienaventuranzas y: xxii, 479
Cinco Mandamientos de la Iglesia
(véase Mandamientos de
la Iglesia)
conciencia y: 412
Decálogo: 256, *543*
desobediencia: 76, 412
los Diez Mandamientos: 336-37,
363, 412, *544*
Cuarto: 395-407
Décimo: 477-89
Noveno: 469-76
Octavo: 457-67
Primero: 363-65, 365-68,
369, 370
Quinto: 409-26
Segundo: 373-82
Séptimo: 443-55
Sexto: 427-41
Tercero: 185, 383-94
como don de Dios: 345-46
como fuente de santidad para la
Iglesia: 140
función de los: 363
como ley natural: 348
como ley revelada: 357
Mandamiento de amor: 93,
303, 340, 345-46 (véase
también Caridad)
amor a Dios: 327, 340

amor al prójimo: 327, 340
Ley Antigua y: 340, *543*
pecado y: 78
nuestro compromiso de vivirlos
como fluyendo de nuestra
respuesta a la Alianza que
tenemos con Dios: xxii
preceptos de la Iglesia (véase
Mandamientos de la Iglesia)
como preparación del mundo para
la Evangelio: 357
la vida diaria y: 188-89
la vida moral y: 188-89, 256,
326-27, 336-37
las virtudes y: 336-37, 364, 370
véase también Ley; Mandamientos
de la Iglesia; *temas específicos*
Mandamientos de la Iglesia: 337,
354-55, *554*
Maniqueísmo: 247
Manos
imposición de las: 215-16, 217,
223, 270, 283, 286, 290
lectura de: 366
Mansedumbre; los mansos: 116, 222
**Maravilla y asombre ante la presencia
de Dios:** véase Temor de Dios
Marcas
Bautismal: 207-8, 210, 220, 290, *540*
carácter: 219, 223
carácter bautismal: 207-8, 210,
220, 290, *540*
carácter sacramental: 290, *540*
de la Confirmación: 219, 222,
223, *540*
del Espíritu Santo: 218, 219,
223, 287
del ordenación: 290, *540*
del Padre sobre la obra de su
Hijo: 102
en el sacramento del Orden:
290, *540*
sello: 102, 115, 207-8, 210, 218, 219
sello del don que es el Espíritu
Santo: 218, 222, 287
el sigilo sacramental de la
confesión: 256
véase también Carácter sacramental

María, Santísima Virgen: 39, 151-60,
484, 503-4
amistad agraciada con Dios: 503
Anunciación de: 39, 158, 317
Asunción de: 155, 158, 317, *538-
39, 544*
Ave María: 318-19, 502-4, 567
la Concepción Inmaculada de:
153-54
creencias acerca de María como se
fundan en lo que la Iglesia cree
sobre Cristo: 158
la devoción a: 401, 510
como elegida por Dios: 153, 503
la Iglesia como prefigurada por:
155-57
imágenes en el arte sacro: 366, 370
intercede en nuestro nombre:
156, 157
libre (cooperando libremente con
Dios): 158, 503
libre de todo pecado: 153, 503
"Llena eres de gracia": 112, 153,
156, 158, 503
como Madre de Cristo por el poder
del Espíritu Santo: 112, 117
como Madre de Dios, *Theotokos:*
88, 89, 153-54, 156, 158, 503-
4, *553*
como Madre de la Iglesia:
155-57, *553*
nacimiento virgen de Jesucristo: 158
Nuestra Señora de Guadalupe:
152, 153, 510
como "Nueva Eva": 156, 159
oraciones a la: 504-5
en el plan de salvación: 155-57, 158
y Plegaria Eucarística: 234
posición más alta en la Iglesia
después de Cristo, y sin
embargo cercana a nosotros:
153, 503
prefigurando a la Iglesia: 155-57
como el primero y el más grande
de los discípulos de Cristo:
153, 503
rezar en comunión con: 502-5
el Rosario: 316-19, 321-22, 574-75

como siempre Virgen: 154, 158, 566
Theotokos: 88, 89, 153-54, 156,
158, 503-4, *553*
veneración de: 156, 186, 316,
366, 370
venerada por la Iglesia: 156
la virginidad perpetua de: 154,
158, 566
visiones de: 151-53
Maria Goretti, Santa: 469-70
Maria (Corpecadoi) Quattrocchi,
Beata: 294, 395-97
Mártires; martirio: 101, 122, 223-24,
285, 462, *554*
canonización de: *554,* xix
fiestas y memoriales de los:
185-86 (véase también *los*
mártires individuales)
hechos de los: 101, 223-24,
285, 462
veneración de: 185-86, 370
Masturbación: 431, 439
Matar
a los agresores: 411-12
Jesús perdonando a los que lo
estaban matando: 250
de modo directo a los inocentes
como algo siempre malo:
330, 411
prohibición de matar en las
Sagradas Escrituras: 325-26
véase también Aborto; Eutanasia;
Homicidio; Pena de
muerte; Suicidio
Materialismo: 58-59, 366, 479-80
véase también Consumidorismo
Matrimonio: 293-309
abuso domestico: 435
aceptación de y apertura a tener
hijos: 299-301, 301-3, 307, 404,
427-41
aceptar las faltas de los
cónyuges: 433
actitudes que contradicen la ley
natural: 296
acto litúrgico: 297-98
la alianza matrimonial: 297-98,
306, 436

amenazas al: 434-35
el amor del marido y de la mujer:
302, 432-34
el amor fiel unitivo del: 432-33
el amor procreador del: 433
aspecto y finalidad procreativos
del: *559*
aspecto y finalidad unitivos del: *559*
la castidad y: 300, 429-30
la celebración del: 298, 307
como cimiento de la Iglesia
domestica: 302, 307
como comunión del hombre y la
mujer: 436
consecuencias negativas de los
cambios culturales: 302
consentimiento libre al: 298,
300, 307
crecimiento de la relación
matrimonial en el: 303
la declaración de nulidad: 304, 305
el designio divino para el: 436
Dios como autor del: 295, 306, 439
disparidad de culto en: 305-6
el divorcio y el cuidado pastoral:
303-4, 307
elevado por Cristo a la dignidad de
sacramento: 297
enseñanzas de Cristo sobre:
296-97
enseñanzas de San Pablo sobre: 287
Exhortación antes del Sacramento
del 307-9
fidelidad matrimonial: 295, 298,
299-301, 302, 404, 427-41
los fines del: 299-301, *559*
fortalecerlo 301-3
impacto del pecado en el: 303
indisolubilidad del: 296-97, *550*
y madurez de juicio: 305
ministros del sacramento: 298
nulidad: 304, 305, *555-56*
ordenado para el bien de los
cónyuges y para la procreación
y educación de los hijos: *559*
origen y finalidad del matrimonio
como aparecen en las Sagradas
Escrituras: 295

parejas sin hijos: 301, 400
perdón en: 301
poligamia y divorcio en el Antiguo
Testamento: 295
preparación para el: 300, 301-3
propósito procreador del: *559*
propósito unitivo del: *559-60*
como un reflejo de la fidelidad de
Dios a nosotros: 429, 439
como un reflejo del amor entre
Cristo y la Iglesia: 297, 299
Rito del Matrimonio: 297-98, 307
como un sacramento al Servicio la
Comunidad 278-79
el Sacramento del: 293-309, *554*
y el sacrificio personal: 307-9
el segundo matrimonio: 304
separación: 303-4, 307, 435
el Sexto Mandamiento: 427-41
en la sociedad contemporánea: 296
unión exclusiva y permanente: 295,
297-98, 306
véase también Familia; *temas
específicos,* ej., Planificación
familiar natural
Matrimonio mixto: 305-6
Medalla Milagrosa, Súplica de la: 322
Mediator Dei: 177, 320
Medicina de la misericordia: 24, 416-17
Medicina preventiva: 522
Médicos
compasión por los pacientes: 422
Cristo como "el médico divino":
248-49, 268, 275
el Juramento Hipocrático: 422
protegiendo la confidencialidad de
los pacientes: 462
suicidio médico asistido: 416-17,
424, *564*
tratamiento médico
extraordinarios: 416-17
tratamiento médico ordinario: 416
véase también Enfermedad
Medioambiente: 450, 453
la protección y la preservación
del: 482
respetarla, y el bien común: 450
véase también Creación

Medios de comunicación: 463-64
Bendición de Locales Destinados
a los Medios de Comunicación
Social: 567
cultura y: 436, 463, 472, 533
derecho de la sociedad a una
información fundada en la
verdad, la libertad, la justicia:
461, 463
derechos de la dignidad humana:
463, 466
y la evangelización: 128
la información en servicio del bien
común: 463, 466
Medios de comunicación social: véase
Medios de comunicación
Meditación; oración meditativa:
507, *554*
ayudas para: 370, 507
buscando convertir nuestros
corazones: 507
buscando fortalecernos para hacer
la voluntad de Dios: 507
buscando profundizar nuestra fe
en Cristo: 507
definición de la: 370, 507, *554*
en los ejercicios espirituales de San
Ignacio de Loyola: 507
espiritualidad franciscana: 507
interviene al pensamiento, la
imaginación, la emoción y el
deseo: 507
en la *Lectio Divina:* 506, 507
como tipo de oración: 507
Médiums: 366
Melquisedec: 227, 280, 292
Memorare (**Acordaos**): 160, 570
el Memorial (Anámnesis): 232, 233
Memoriales
de la Madre de Dios y de los
santos: 191
de los mártires y otros santos: 186
véase también *los nombres de
santos específicos*
Mentir
calumnia (difamación): 459, 460
definición y consecuencias de: 460
efectos devastadores: 463

y el escepticismo: 464-65
y el Octavo Mandamiento: 457-67
la ofensa más directa contra la
verdad: 460
perjurio: 381
véase también Verdad
Mentiras: véase Mentir; Verdad
Mérito
Cristo como la fuente de nuestro:
98, 349, 357
gracia y: 350
Mesías: 170
la confesión de Pedro que Jesús es
el: 41, 117, 121
expectación de los cristianos por
la segunda venida del Mesías:
227-28
Jesús proclamado como: 85
profecías del Antiguo Testamento
respecto al: 21, 113, 215
el Ungido, Cristo: 89, 92, 117, 543
véase también Jesucristo
Miedos véase Temor
Milagros: 33, 312
en el amor conyugal: 437
canonización y: xix, 269
de Cristo: 85, 86, 91-92, 166,
228, 296
Nuestra Señora de Guadalupe: 152
Súplica de la Medalla
Milagrosa: 322
Ministerial Sacerdocio: véase
Sacerdocio ministerial
Ministerio
curación: 249, 268-69, 416
a los enfermos y los moribundos:
236, 249
de la Iglesia: 250, 254-55,
258-59, 416
del perdón de los pecados: 250
de Reconciliación: 254-55
sacramental (véase
sacramentos específicos)
sanación: 268-69
de servicio: 125, 290
véase también Evangelización;
Sacerdocio ministerial
Ministerio catequético: 128

Ministerio laico: 14, 145
Ministerio ordenado: 145
véase también Orden,
Sacramento del
Ministerio público de Jesús: 190-91,
196, 249-50, 268-69
Minorías: 193-94, 422
Misa (celebración Eucarística): 229-33,
238, 354
véase también Eucaristía, Sagrada:
celebración Eucarística
Misericordia
Bienaventurados los
misericordiosos: 326, 522
la Buena Nueva que termina en
amor, justicia, y misericordia
para todo el mundo: 86
Concilio Vaticano II y: 24
Coronilla de la Divina
Misericordia: 510
dar testimonio de y trabajar por la:
125, 128, 185, 188, 510
de Dios: 204, 211, 249, 257-59,
345, 522, 535
y admisión del pecado: 331-32
y conversión: 248-49, 332
desesperación como la pérdida
de esperanza en: 365
hace posible el arrepentimiento
del pecador y el perdón del
pecado: 248-49
Jesús revela: 98, 258, 332
la justificación como una obra
de la: 349-50
más grande que el pecado: 332
la muerte y la Resurrección de
Jesucristo revelan: 76-77,
98, 520
y pecado: 248, 249, 331-32
como reflejo cuando vemos un
crucifijo: 258
el sacramento de la
Reconciliación como
sacramento de: 257-59
el sacramento de la Unción de
los Enfermos: 249
y los sacramentos: 258-59
la Iglesia como otorgándola: 535

de Jesús: 9, 24, 345, 520
y juzgar a otros: 332
"medicina de la misericordia": 24,
    416-17
"muerte por misericordia": 416-17
la muerte y la Resurrección de
    Jesucristo revelan: 76-77, 98, 520
obras corporales de: 556
obras espirituales de: 556
Oración del Señor (el
    Padrenuestro), petición por la
    misericordia en: 522, 528-29
como parte del Reino de Dios: 520
pecadores necesitan la misericordia
    de Dios: 331-32
y perdón de los demás: 331-32,
    520, 528-29
hacia el pobre y el que sufre:
    454-55
véase también Compasión;
    Perdonar; Perdón de los pecados
Misioneros de la Iglesia: 90-91, 114,
    136, 143, 383, 535
discípulos como misioneros: 111
Misioneros franciscanos: 135, 136
Misioneros jesuitas: xi, 109
Misioneros Paulinos: 38
Mismo sexo, uniones de personas del:
    296, 302, 435
Mistagogía: 198, 203
Misterio: 179, 554
de la Asunción: 155
la celebración del misterio
    cristiano: xvii, xxi, 183, 190
de la creación: 59-60
de Cristo: 63, 97, 112, 185, 190
de Dios: 55, 184
de la Encarnación: 90
Eucarístico: 35, 227, 230
de la fe: 57, 67
de la fe y la vida cristiana: 56
del hombre y la mujer: 46
de la Iglesia: 122-23, 133-34, 231
de mal: 54, 67
más allá de nuestra comprensión e
    imaginación: 527
de nuestra vida interior: 5
la palabra: 55, 85

de la persona, modestia como
    protegiendo el: 472, 474
de la Resurrección: 99
del Rosario: 317, 574-75
de salvación: 133
de la Santísima Trinidad: 56, 57,
    67, 129
de la Transfiguración: 86
véase también Revelación
Misterio cristiano: xvii, xxi, 183, 190
Misterio Pascual: 26, 95, 99-100,
    177-92, 241-42, 554
el acontecimiento salvífico de la
    Pasión, muerte y Resurrección
    de Jesús: 86
como celebrado en la Liturgia:
    179-80
formas de participar en: 237-38
liturgia como celebrando: 179-80
Misa como sacrificio: 554
morir y resucitar con Cristo:
    195-96
como núcleo del Reino de Dios: 86
Sagrada Comunión como el signo
    efectivo de: 270
como signo: 554
Misterios Dolorosos: 317
Misterios Gloriosos: 317
Misterios Gozosos: 317
Misterios Luminosos: 317
Moderación: 335
en cuento a nuestras posesiones: 445
en la relacion amorosa: 472-74,
    474-75
en el uso de los medios de
    comunicación social: 461
véase también Templanza
Modestia: 222, 471-74, 555
en la elección de la vestimenta:
    471-72
como un fruto del Espíritu
    Santo: 116
como paciencia y entendimiento
    en la relación amorosa: 472,
    474-75
protegiendo el misterio de la
    persona: 472, 474, 475
recuperando la: 472-74

respetando los límites de la
intimidad: 472, 473, 475
ropa y: 471-72
templanza, castidad y control de sí
mismo: 471
véase también Frutos del
Espíritu Santo
Moisés: 13-14, 15, 16-17, 20, 39, 295,
496, *537*
Monaguillos: 230
Moralidad: *555*
del corazón 471
Moralidad cristiana
actos morales: 330-31, 339
los cimientos de la: 327-28
elementos fundamentales de la:
328-38, 345-52
Moribundos
el alivio del dolor de los: 422-23
cuidado de los 169-70
derechos a vivir: 421-23
ministerio a los enfermos y los
moribundos: 236, 249
Viaticum (la Comunión para los
moribundos): 236, 242, 270,
566 (véase también Unción de
los Enfermos)
Motivo: véase Intención
Movimientos espirituales: 505, 510
Muerte: 163
una buena muerte: 270
como consecuencia del pecado: 206
cristianos en peligro de muerte
(véase Unción de los Enfermos)
cuerpos de los muertos a ser tratados
con respeto: 169-70, 172
después de la muerte
alma y cuerpo: 99, 168, *551*
destino de los justos: 99, 105
infierno (véase Infierno)
el Juicio Final (véase Juicio Final)
juicio particular: 161, 163, 167
llamada a compartir la vida de
la Santísima Trinidad: 164
no arrepentimiento: 165
no reencarnación: *560*
purificación final o Purgatorio: 164

la resurrección de la carne:
165-67
vivir en el cielo como "estar con
Cristo": 165
los difuntos/fallecidos
celebración de funerales (véase
Funerales)
intercesión a favor de los: 164,
171-72, 261
respeto por los cuerpos de los
muertos: 169-70, 172
como fin de la vida en la tierra: 163
como fin del tiempo que tenemos
para aceptar o rechazar la
gracia de Cristo: 163
e infierno (véase Infierno)
de Jesús: 95-107 (véase también
Misterio Pascual)
aceptación de Jesús de la: 97
descenso de Cristo a los
infiernos: 49, 99
efectos de: 163-65
responsabilidad por: 98, 99
ocasionar la muerte de otros
(véase Matar)
como parte de la experiencia
humana: 76
pena de muerte: 417-18, 421
y resurrección (véase Resurrección
del cuerpo)
véase también Cultura de la
muerte; Funerales; Moribundos;
Unción de los Enfermos
Muerte cristiana: 163-65, 169-70
Muerte eterna: véase Infierno
"Muerte por misericordia": 416
véase también Eutanasia
Muertos, Resurrección de los: véase
Resurrección del cuerpo
Mujer
la actitud de Jesús hacia las
mujeres: 284
logros incomparables de las: 285
se complementan mutuamente en
una comunión de personas, el
hombre y la mujer: 74, 80

vocación de: 284-85
véase también Hombre y mujer;
temas específicos, ej., Vida
consagrada
Mundo
la belleza del: 482
la creación del (véase Creación)
Cristo, Salvador del (véase
Salvador, Jesús como el)
cuidar y cultivarlo: 482
destino del: 191
felicidad terrenal: 309
fin del: 163, 164, 165, 169-70, 172
un futuro pacífico de nuestro
planeta: 463
el mundo visible: 57, 59-60
la Providencia obrando en (véase
Divina Providencia)
véase también Creación;
temas específicos
Muriendo
el alivio del dolor de los
moribundos: 422-23
cuidado de hospicio: 268-69
cuidado de los moribundos:
169, 172
derechos de los moribundos a
vivir: 421-23
obligaciones de los parientes
cuando un ser amado está
muriendo: 169, 172, 421-23
tratamiento ordinario y
extraordinario: 416-17
Viaticum (la Comunión para los
moribundos): 236, 242, 270,
566 (véase también Unción de
los Enfermos)
y la vida eterna: 173, 426, 573
véase también Muerte
Muriendo y resucitando con Cristo:
véase Misterio Pascual
Música: 148, 177-78, 183, 190, 387
piratear de: 445
véase también Himnos;
Música litúrgica
Música litúrgica: 177-78, 183
criterios para: 187
véase también Música

Música sacra: 178, 190
véase también Himnos; Música
Musulmanes: 142
Myron: 218, 223, *555*
véase también Crisma

Nacido de nuevo: 204, 207
Naciones
solidaridad entre las: 347, 447
véase también *temas específicos,*
ej., Paz
Natalidad, regulación de: 434
véase también Planificación
familiar natural
Nativos americanos: 136, xi
Naturaleza
aprecio por: 390-91
belleza de la: 482
corresponsabilidad de la: 481-82
leyes físicas de la: 347
véase también Medioambiente
Naturaleza Divina
hombres y mujeres como partícipes
en la: 93
de Jesús: 87, 88
unidad de tres personas en una: 57
Naturaleza humana: 73, 390, 429
como cimiento de la autoridad en
la sociedad: 346
Cristo asumiendo o tomando: 98,
320, 366
el designio de Dios escrita en:
347, 348
como herida o dañada: 81
la ley natural y: 348
el "sí" de la Virgen María durante
la encarnación, como dicho en
nombre de toda la: 156, 158
véase también Personas humanas;
temas específicos, ej., Pecado
Naturaleza misionera de la Iglesia:
114, 220-21, 535
discípulos como misioneros: 111
misioneros; actividad misionera:
xi, 90-91, 109, 111, 114, 135,
136, 143, 383, 535
véase también Evangelización
Naturaleza sacramental: 284

Naturaleza secular: 116
Navidades: *555*
Nazaret: 406-7
Necesidad: véase Salvación; *temas específicos*, ej., Bautismo
Necesidades esenciales: 358, *552*
    comida, ropa, hogar, y un salario para mantener a la familia: 358, *552*
    de niños: 400, 402, 405
    véase también Dignidad humana; Justicia social
Neófitos: *555*
Nestorianismo: 88-89, *555*
Newman, Cardenal John Henry: 42
Nicea-Constantinopla, Credo de: véase Credos/Símbolos de la fe: Credo Niceno
Niños; infancia
    la abogacía de la Iglesia a favor de los: 46
    Bautismo de: 198, 201-4, 211
    y edad para recibir la Confirmación: 217, 223
    de Jesús: 92
    y la recepción de la eucaristía: 198
    véase también Hijos
No-creyentes: 44, 111, 142
    véase también Duda; Inquietudes, personas que tienen
No-cristianos: 24, 142, 245
    véase también Duda; Ecumenismo; Inquietudes, personas que tienen
Noé: 16, 20, *537*
    véase también Alianzas
Noll, Padre John Francis: 457-59
Nombre de Dios
    respetar el: 373-82 (véase también Piedad)
    el mal uso del: 376-78, 380
    para preserva la diferencia entre el Creador y la Criatura: 375-76
    prohibido invocar el nombre de Dios como testigo de un perjurio o un falso juramento: 377-78, 381
    el Segundo Mandamiento: 373-82

la santidad del: 375-76, 379, 520
    véase también Dios: nombres, títulos, y atributos de Dios
Nombre de pila: 377, 380
Nombres de los candidatos (RICA): 202
Normas: 337-38
Novenas: 316, 319, *555*
No-violencia: 353-55
    véase también Paz
Novísimos: véase Juicio: las cuatro "últimas cosas"
Nuestra Señora de Guadalupe: 152, 153, 510
Nuevo Testamento: xiv, 26, 35, *555*
    los Evangelios tienen un lugar de honor en las Sagradas Escrituras: 28
    los libros del: xiv, 26
    y el mandamiento de Cristo de amar: 303
    la oración en: 499-501
    la presencia del Espíritu Santo en: 215
    unidad del Antiguo y: 26, 35
    véase también Evangelio; Sagradas Escrituras; *temas específicos*
Nulidad: *555-56*
    la declaración de: 304, 305

Obediencia
    autoridad y: 402
    de la conciencia: 340
    de Cristo: 92, 407
    a las enseñanzas del Magisterio de la Iglesia: 27, 114, 143-44
    de la fe: 27, 39, 40, 42-43, 47, 48, 370-71, *556*
    a los padres: 399
    del sacerdotes: 282
    de la Santísima Virgen María: 158, 503
    voto de (consejos evangélicos): 149, *542*
Obispo de Roma: 123, 143
    véase también Sumo Pontífice (Papa)

Obispos; Episcopado: 280-81, 556
  colaboradores de: 128-29
  colegio de (véase Colegio Episcopal)
  como defensor de la Iglesia: 288
  en los Estados Unidos: xx
  como gobernando la Iglesia: 128-
    29, 288
  como guiando la Iglesia:
    128-29, 288
  como heredan la responsabilidad
    de la enseñanza autorizada: 27,
    31, 128-29
  como maestro sacerdotal de su
    diócesis: 143, 290
  oficio de
    autoridad de: 27, 128-29
    consagra el santo crisma: 216
    gobierna: 128-29, 288
    ministro de la Confirmación:
      218-19
    ministro del Penitencia y la
      Reconciliación: 250, 254
    ministro del sacramento del
      Orden: 280-81
    preside la celebración de la
      Eucaristía: 143
  ordenación de: 281, 282
  Papa como cabeza de: 143
  como pastor principal de su
    diócesis: 143, 290
  sacerdocio y: 143, 288
  como un signo de la unidad de la
    Iglesia: 288
  como sucesores elegidos de los
    Apóstoles: 27, 31, 143, 149,
    357-58
  véase también Orden, Sacramento
    del; temas específicos
Objeción de conciencia: 419-20
Obligaciones: véase Deber/es;
  Mandamientos de la Iglesia;
  Responsabilidad; temas
  específicos, ej., Matrimonio
Obras, Ofrecimiento de (u Oración de
  la Mañana): 568
Obras de Misericordia Corporales: 556
Obras de Misericordia Espirituales: 556
Ocultismo: 366

Odio: 418
  conquistarlo: 325, 418
  a Dios: 365
  discusiones que terminan en: 464
  Jesús estaba sujeto al odio de
    otras personas: 98
  que lleva a la guerra: 418
  el mal uso de la fe para justificar la
    violencia y el: 353, 378
  como pecado contra la llamada a
    amar: 377
  el Quinto Mandamiento y: 425
  véase también Discriminación;
    Enfado; Persecución
Oficio de enseñar de la Iglesia:
  véase Magisterio
Ofrecimiento
  de la Eucaristía: 239
  de Obras (u Oración de la
    Mañana): 568
  de los sacramentos: 561, 562
  de uno mismo: 114
  véase también Culto;
    Oración; Sacrificio
Ofrecimiento de Obras (u Oración de
  la Mañana): 568
Óleo
  de los catecúmenos: 197, 217,
    548, 556
  de los enfermos: 217, 270, 271,
    274, 275, 556
  importancia y uso de la unción
    con: 216, 217, 218, 223
  véase también Crisma (Myron)
Omisión: 424-25
11 de Septiembre: 352-56
Opción preferencial por los pobres:
  454, 487
Oración: 491-530, 556
  acción de gracias: 500-501, 512, 556
  como un acto por el cual uno
    es consciente de estar en una
    comunión de amor con Dios :
    511-12
  adoración: 500, 512
  alabanza: 501, 512
  antes y después de la comida: 572
  en el Antiguo Testamento: 496-98

Ave María: 318-19, 502-4, 567
la celebración de la eucaristía:
500-501, 512
sin cesar: 509-11, 513
los cimientos de la 493-514
el "combate de la oración": 509
en comunión con la Virgen María:
502-5
comunitaria: 505, 506, 518
con confianza: 319
consejos sobre: 516
contemplación (véase
Contemplación)
a y por Cristo: 502, 512
definición clásica de la: 495
como demandar algo de
nosotros: 509
dificultades en: 509
como dirigida hacia el Padre: 502,
511-12
distracciones durante: 509
la eficacia de la: 509
ejemplos de la: 497-98
elevando el corazón y el alma a
Dios: 495, 511-12
enseñanzas de Jesús sobre: 515-30
escuelas de espiritualidad: 505, 510
el Espíritu Santo y: 512
expresiones de la oración: 495,
506-9
formas básicas de: xxii, 500, 512
acción de gracias: xxii, 500-501
adoración: xxii, 500
alabanza: xxii, 501
intercesión: xxii, 500, 512
petición: xxii, 500
formas de rezar: 501-5
fuentes de la: 501-5, 512
gestos corporales: Señal de la Cruz,
genuflexión, arrodillarse e inclinar
la cabeza: 183-84, 236, 507
grupos de: 315-16, 505
guías para: 505
en la Iglesia del Nuevo Testamento:
499-501
inseparable de la vida cristiana: 508
intercesión: xxii, 232, 499, 500,
504, 512

intercesión de la Santísima Virgen
María: 156, 157, 185-86, 312,
504-5
como interiorizando la liturgia
tanto durante como después de
su celebración: 501
intersección de la llamada que Dios
nos hace y de nuestros deseos de
Él: 496, 512
de Jesús: 499
Lectio Divina (véase Lectio
Divina)
Liturgia de las Horas (véase
Liturgia: Liturgia de las Horas)
llamada universal de Dios a la:
495-96
lugares para rezar: 513
maestros de la: 505, 512
de la Mañana (u Ofrecimiento de
Obras): 568
meditación (véase Meditación)
"no contestada," "sin respuesta": 508
en el Nuevo Testamento: 499-501
la oración cristiana siempre
Trinitaria: 502, 512
padres como primeros maestros de
oración: 400
el papal de la fe en la: 496-97
petición: 500, 512
petición de bienes a Dio: 495,
511-12
piedad popular: 318
para poder creer: 525-27
requiere humildad, confianza y
perseverancia: 513
respuesta de fe a la promesa
gratuita de la salvación: 511-12
"Reza para poder creer, cree para
poder rezar ": 525-27
rezar con confianza: 319
rezar en comunión con la Virgen
María: 502-5
Rosario (véase Rosario)
Salmos: 274-76, 498
del Señor (el Padrenuestro) (véase
Oración del Señor)
siempre: 509-11

tiempo/hora para: 493-95
a la Virgen María: 504-5
con la Virgen María: 502-5
Oración al Ángel de la Guardia: 573
Oración al Espíritu Santo: 570
Oración contemplativa: 507-9
Oración de Jesús: 317, 571
Oración del Corazón: 371
Oración del Penitente: 263, 572
Oración del Señor; el Padrenuestro:
xxii, 515-30, 557, 567
el contexto en el que debería ser
entendido y orado: 517
dirigida a Dios Padre: 518-19
y la Eucaristía: 517-18
implorando el Espíritu de
discernimiento y de fuerza: 522
implorando para nuestras ofensas
la misericordia de Dios: 522,
528-29
la más perfecta de las
oraciones: 517
y nuestras necesidades materiales:
521-22
la oración central en las Sagradas
Escrituras: 496-98
oración de la Iglesia: 523
oración para las cosas que
debemos desear en el orden en el
que las debemos desear: 521-22
oración para mostrar la victoria
ya ganada de Cristo sobre
el "gobernante del mundo,"
Satanás: 523
como parte integral de las liturgias
sacramentales: 517-18, 527
pidiendo a Dios que nos proteja del
camino del pecado: 522-23
pidiendo la gracia de la vigilancia y
de la perseverancia final: 522-23
pidiendo la misericordia de Dios
por nuestras ofensas: 522,
528-29
como resumen de todo el
Evangelio: 524
para ser rezada confiando en que
Dios la escucha y responderá: 525

siete peticiones de: 517, 519-23,
524, 528
uniendo nuestras voluntades a
la de Jesús para así llevar a la
plenitud la obra de salvación en
el mundo: 523
y la venida del Reino: 520
Oración devocional: 557
Oración diarias: 513
Oración litúrgica: 274, 495-96, 506, 526
Oración meditativa: véase Meditación
Oración para el Vía Crucis: 570-71
**Oracion para la Pureza de Cuerpo y
Corazon:** 476
Oración personal: 191, 498, 511
Oración personalizada: 557
**Oración por la Paz ("Hazme
instrumento de tu paz"):** 573
**Oración por las Almas del
Purgatorio:** 573
Oración regulada: 513
Oración vocal: 506-7
Orden, Sacramento del: 277-92, 557
Antiguo Testamento prefigurando
el: 280
carácter espirituale e indeleble de:
223, 540
carácter sacramental de: 223, 540
celibato y Ordenes Sagradas:
287, 290
compartir en el sacerdocio
ministerial de Jesucristo: 279-80,
282, 286
construye el sacerdocio común de
los fieles: 289
efectos de: 287-88
capacidad de actuar en nombre
de la Iglesia: 288
capacidad para actuar como
representante de Cristo: 288
confiere el sacerdocio ministerial
de Jesucristo: 287, 288,
289, 291
confiere un don del Espíritu
Santo que permite el ejercicio
de un "poder sagrado": 281,
289-90

el Espíritu Santo garantiza que el pecado del ministro no impida la efectividad del sacramento y sus gracias: 288

fin e importancia de: 287-88

llamada a la santidad y actitud de humildad que conforma al que lo recibe en Cristo: 286

llamada de Dios al ministerio ordenado: 278, 286

como no preserva al ordenado libre de la debilidad y del pecado: 281

obispo como ministro de: 280, 281, 282-83, 283-84, 287

poder para perdonar los pecados: 250

presencia de Cristo como cabeza de la Iglesia hecha visible en la comunidad de creyentes: 281

reservado para varones bautizados católicos: 287, 290

rito esencial del: 283-84, 286, 290

ritos de las celebraciones de los tres grados: 283-84, 286

como un Sacramento al Servicio la Comunidad 278-79

tres grados de 290 (véase también Diáconos; Obispo; Presbítero; Sacerdote/Sacerdocio)

como uno de los siete sacramentos: 181

Orden Benedictina: 505, 510

Orden Carmelita: 510

Orden Dominica: 317

Ordenes Sagradas: véase Orden, Sacramento del

Orden Franciscana: 507

Orden Ignaciana: 507

"Orden," la palabra: 280

O'Reilly, John Boyle: 193-94, 294

Orgullo: 98, 421, 487

véase también Soberbia

Oro, la regla de: 461, 466

Ovejas y cabras, parábola de las: 167

Pablo, San: 39, 79, 100, 155

plan práctico para la santidad 209

véase también *temas específicos,* ej., Santidad

Pablo VI, Papa: 18, 25, 406-7, 427-28

véase también *temas específicos*

Paciencia

como un fruto del Espíritu Santo: 116, 222

y la pureza del corazón: 472-74, 474-75

requerida para transmitir el Evangelio en un mundo hostil: 18

santidad y: 209

véase también Frutos del Espíritu Santo; Modestia

Padre, Dios como: 56-57, 67

Abba: 219, 499, 518-19

acciones de Dios Padre

Dios misericordioso: 255, 262

como fuente y fin de la liturgia: 189

la Iglesia llamada a existir por: 122

Providencia y amor de Dios Padre: 24, 58, 480

relación entre Dios Padre y Jesucristo: 21, 50-51

relación entre el Espíritu Santo y: 50-51, 57, 67, 112-13

Revelación de: 67, 520, 527

acciones humanas hacia

dar gracias y alabanza a: 231-32, 257-59

orando a Dios Padre: 231-32, 393, 502, 512, 518, 528

adopción por (véase Adopción: filiación divina)

primera persona de la Santísima Trinidad: 67

sacramentales y: 318

véase también Dios; Oración del Señor; Trinidad, Santísima

Padre; paternidad (humana): 56, 433, 434, 440, 518

véase también Familia; Padres

Padrenuestro: véase Oración del Señor
Padres
    Adán y Eva como los padres
       primeros: 74
    el amor de los hijos por: 399-400
    el amor paternal: 402
    el amor por sus hijos de los: 400-
       401, 402
    Una Bendicione de los Padres a sus
       Hijos: 407
    cuidado de los ancianos: 399-400
    deber de honrar a: 399
    deberes de: 400
    deberes de los hijos para: 399,
       400, 402
    como ejemplo para sus hijos:
       400-401
    y los hijos mayores: 399-400
    honrar: 399
    lenguaje de la fe y: 56
    el mejor don que los padres pueden
       dar a sus hijos: 203
    respeto como algo que se aprende
       de: 221
    véase también Familia; Hijos;
       Madre; Padre; *temas específicos*
Padres de la Iglesia: xxi, 557
Padres Paulist: 38
Padrinos
    de Bautismo: 201, 206
    responsabilidades de: 206
Países: véase Naciones
Palabra, Liturgia de la: véase Liturgia:
    Liturgia de la Palabra
Palabra de Dios
    Cristo como: xx, 104, 502
    como la fuente de oración: xxiv
    hecha carne: xx, 93
    importancia en la liturgia: 187,
       190, 203
    Interpretando la (véase
       Sagradas Escrituras)
    liturgia de: 187, 190
    como verdad: 67
    véase también Catequesis;
       Sagradas Escrituras

**Paloma, como símbolo del Espíritu
    Santo:** 113, 115
Pan
    Cristo como Pan de Vida: 517-18
    "Danos hoy nuestro pan de cada
       día": 521-22, 528
    diario: 521-22
    fracción o partición del pan:
       227, 229
    multiplicación de los panes: 228
    el pan y el vino en la Eucaristía:
       227, 228-29, 241-42
    signos del pan y vino: 227
    transformación del pan en el
       Cuerpo de Cristo: 111,
       228-29, 240
Pan ácimo: 241
Panteísmo: 58
Papa: 557
    véase también Sumo Pontífice
Parábolas: 30, 86
    el fariseo y el publicano: 500,
       516-17
    el hijo pródigo: 261-62
    Lázaro y el hombre rico: 451
    las ovejas y las cabras: 167
Paráclito: 111, 557
    véase también Espíritu Santo
Paraíso (Adán y Eva en el): véase Adán
    y Eva
Paraíso (cielo): véase Cielo
Parientes: véase Familia
Paro: véase Trabajo
Parroquia: 116, 125, 129, 144-45, 191,
    203, 273, 389
    escuelas parroquiales
       (véase Educación)
    la fe comunitaria: 40, 47, 364
    la Iglesia domestica y: 398
    los obispos: 282, 290
    la oración comunitaria: 505,
       506, 518
    los sacerdotes: 282, 290
    véase también Iglesia; *temas
       específicos*
Partición del Pan: 227, 229

Participación: véase *temas específicos,*
ej., Eucaristía
Pascua: 354, *557*
Misterio Pascual de Cristo: 26, 95,
99-100, 175-322, *554*
noche de Pascua: 215, 250, 259-60
poder de perdonar los pecados
impartido a los Apóstoles por
Cristo resucitado el día de
Pascua 250, 260
el Triduo Pascual: 185, *565*
Vigilia Pascual: 190, 197, 199,
203, 226
Pascua de Cristo: 113
Eucaristía como el memorial de la
Pascua de Cristo: 227-28
los fieles cristianos unidos a la
Pascua de Cristo: 191
la plenitud de la Pascua de
Cristo: 113
Pascua Judía: 227-28, *557*
Pasión de Cristo: 67, 86, 97, 515, 520
como mereciendo la justificación:
349, 357
y la Unción de los Enfermos: 271,
272, 274
véase también Misterio Pascual
Pasiones: 334-35, 336, 340, 475,
480, 487
véase también Deseo; Virtudes
Pastoral de la familia: 440-41
Pastor/es
el Buen Pastor: 162, 274-76
imágenes bíblicas de: 167
Pastores de la Iglesia
Cristo guía como un pastor: 149, 162
los laicos como ofreciendo ayuda
a: 144-45
los obispos como: 143, 234, 282,
290, *551*
el Papa como principal pastor:
234, *551*
los sacerdotes como: 250, 278,
286, 288
San Pedro y the Apóstoles: 121-22

Patriarcas: 127
del Antiguo Testamento: 16,
295, 496
véase también *nombres individuales*
Paulistas: 38
Paz: 10, 250, 353, 421
amenazas contra: 77
búsqueda auténtica por la: 266, 463
Cristo Resucitado llevó a los
Apóstoles el don de: 191, 259-60
como don de Dios: 10, 125,
321-22, 418
como don del Espíritu Santo:
270-71
como efecto del sacramento de la
Unción de los Enfermos: 270-72
la enseñanza de la Iglesia sobre la
guerra y: 355
la esperanza y: 355-56
como fruto del Espíritu Santo: 116,
222, *548*
un futuro pacífico de nuestro
planeta: 463
llamada a dar testimonio de la paz
en el mundo: 480
y el matrimonio: 404
oración por la paz: 245, 316,
510, 573
como otorgado al penitente
en el sacramento de la
Reconciliación: 254-55,
260-61, 271
la paz y la dignidad para los
moribundos: 169, 172
protegiendo: 418
en el Reino de Dios: xvii, *560*
el Rosario como una oración por:
321-22
se encuentra en Dios: 266
los que trabajan por la paz: 326,
355-56, 428
véase también Frutos del
Espíritu Santo
Pecado: 78, *557-58*
como abuso de la libertad que Dios
ha dado: 81

de ángeles: 59, 68, 314
Bautismo como liberándonos de:
78, 81
contra la castidad: 430-32, 439
cisma, herejía, apostasía: 87, 88-89
conciencia y (véase Conciencia)
como una condición de la que
debemos ser rescatados: 79
confesión nos libera del: 257, 260
cooperación en: 413-14
de los cristianos, como minando la
credibilidad de la fe: 378
los cristianos permanecen sujetos
al: 139
Cristo trae el perdón de: 78
definición de: 557-58
después del Bautismo: 204-5, 206
distinguiendo los pecados: 252,
331-32
egoísmo: 73, 79
y esfuerzo personal, intentos para
vencerlo mediante: 78-79
y el estado de gracia: 234
"estructuras de pecado": 351
excomunicación: 413
como hiriendo nuestra relación
con Dios, con los demás y con
nosotros mismos: 78
homicidio y otros actos de violencia
(véase Homicidio; Violencia)
liberación de: 78, 209
luchando contra: 82, 257, 471, 473
mentir (véase Mentir)
muerte como una consecuencia
de: 206
y odio: 377
orgullo: 98, 421, 487
penas temporal: 259
perdón de (véase Perdón de
los pecados)
como presente en los ministros
ordenados: 281
realidad de: 331-32
y rechazo de Dios: 165, 172
Sacramento de Penitencia
y Reconciliación, como
perdonados mediante (véase

Penitencia y Reconciliación,
Sacramento de la)
sacrilegio: 370
y salvación, necesidad de: 79
"siete pecados mortales" (véase
Pecados Capitales)
y superación personal: 78-79
unción de los enfermos y perdón de
(véase Unción de los Enfermos)
contra la verdad: 460-62
vicio: 336-37, 471, 566
véase también Conciencia;
Penitencia y Reconciliación,
Sacramento de la; Perdón de
los pecados
Pecado mortal: 242, 252, 260-61,
354, 558
condiciones de: 331
confesión de todo: 260
como destruyendo nuestra relación
de amor con Dios: 252,
331-32, 558
la distinción entre mortal y venial:
252, 332
como excluyendo a uno del Reino
de Dios: 252, 332, 558
pena eterna reservado para
aquellos que han muerte en:
260-61, 331-32, 558
véase también Pecado
Pecado Original: 75, 76-77, 81, 558
como abuso de la libertad que nos
ha dado Dios: 81
el Bautismo lava: 78, 81, 204, 209
como contraído, no cometido: 77
la doctrina del: 75
efectos del: 76-78
concupiscencia, efectos
duraderos de: 78, 81, 338
efectos continuos de una
armonía quebrantada en la
creación: 75-76
hiere nuestros poderes naturales
de conocer y amar: 78
la naturaleza humana ahora sujeta
a la ignorancia, al sufrimiento,
la muerte y la inclinación al
pecado: 78, 81

pérdida de la santidad y la justicia originales: 76-78, 81
posible separación eterna de Dios: 76
ruptura en la unión del cuerpo y el alma: 438
semilla de egoísmo y malicia: 79
como resultado de la Caída: 75, 338
Santísima Virgen María concebida sin: 153-54, 551
todas las personas heredan: 75-76, 77, 81
Pecados Capitales: 337, 558
véase también Avaricia (codicia); Enfado; Envidia; Gula; Lujuria; Orgullo; Pereza
Pecado social: 351, 558
Pecados sexuales: 430-32, 439
Pecados varios
contra la caridad: 365
contra la esperanza: 365
contra la fe: 364-65
no participar en la Misa los domigos y días de precepto: 392
véase también Aborto; Blasfemia; Enfado; Envidia; Ira
Pecado venial: 238, 252, 260, 332, 558
véase también Pecado
Pedro: 17, 121-22, 150, 258
como cabeza de los Doce Apóstoles: 122, 124, 132, 143
y las llaves del Reino del cielo: 121
como mártir en Roma: 122
el Papa como sucesor de: 143, 282, 557
como pastor de rebaño de Cristo: 122
como la roca sobre la que Jesús construirá su Iglesia: 97, 121-22, 132
Pedro Canisio, San: xvi
Pena capital: véase Pena de muerte
Pena de muerte: 417-18
principios que gobiernan su uso: 421
Pena temporal: 259
Penitencia y Reconciliación, Sacramento de la: 247-63, 558-59

absolución: 254-55, 260
absolución general: 253
Acto de Contrición: 254, 263, 571, 572
Acto de Contrición (tradición española): 262-63, 571
Acto Penitencial: 230
los actos de Cristo: 251
los actos del penitente: 251
confesión: 251, 252-53, 256, 260, 354
confesión individual y celebración comunitaria: 260
contrición: 251-52, 260
contrición imperfecta: 252, 260
contrición perfecta: 252, 260, 542
examen de conciencia: 234, 253, 256, 333
satisfacción: 255, 260
y el Bautismo: 201
conversión: 251
Cristo perdonando pecados en los Evangelios: 249-51
Cuaresma: 203, 253, 543
edad para confesar los pecados: 253
efectos del Sacramento: 255-57
anticipando nuestro juicio ante Dios: 256
la confesión habitual ayuda al progreso espiritual en la vida del Espíritu: 354
perdón de nuestras ofensas: 251
reconciliarse con Dios: 255, 260
reconciliarse con la Iglesia: 257, 260
recuperar la gracia: 255
encuentro con la misericordia y el perdón de Cristo: 249-51, 257
la Eucaristía y el perdón de los pecados: 244
intención de evitar el pecado en el futuro es requerida: 251-52
Jesús quiso que la Iglesia fuese su instrumento de perdón en la tierra: 250
necesidad del Sacramento: 250-51

obligación de confesar los pecados
mortales: 354
el perdón de los pecados tras el
Bautismo: 250-51, 258, 260
poder de perdonar los pecados
impartido a los Apóstoles por
Cristo Resucitado el día de
Pascua (de Resurrección)
254, 260
preparación para el
Sacramento: 256
recibiendo la absolución en el
Sacramento antes de recibir la
comunión en la Eucaristía: 244
ritos de la Reconciliación: 253
sacerdote actúa en la persona de
Cristo: 252
el sigilo o sello de Confesión: 256
sólo Dios puede perdonar los
pecados: 250
Penitente, Oración del: 263, 572
Pentateuco: 26
Pentecostés: 559
celebrando el día de: 116
envío del Espíritu Santo a los
Apóstoles: 215, 222
perpetuación de la gracia de
Pentecostés en el Sacramento de
la Confirmación: 217
poder transformado del Espíritu
Santo: 116
revelación de la Iglesia el día de:
122-23, 124-25
revelación de la Santísima Trinidad
el día de: 122-23
Perdonar
y compasión por los demás: 257
cuantas veces debe perdonar una
persona: 258
a los enemigos: 522, 528-29
en la familia: 398
en el matrimonio: 301
a los que nos ofenden: 139,
516, 522
la santidad y: 209
"Ve primero a reconciliarte con tu
hermano": 254

véase también Penitencia y
Reconciliación, Sacramento de
la; Perdón de los pecados
Perdón de los pecados: 248-49, 260
y Bautismo: 204-5, 260
y compasión por los demás: 257
cristianos como quienes todavía
necesitan: 139
Cristo como por quien merecemos
la justificación: 349, 357
Eucaristía y: 237
formas de penitencia y maneras
de obtener (véase Penitencia y
Reconciliación, Sacramento de la)
como una manifestación de Jesús
como Salvador: 105
y la misericordia de Dios: 249
misión de Cristo: 249-50
obispos y sacerdotes como
instrumentos para perdonar los
pecados: 250
ofrecimiento de Cristo al Padre por
nuestros pecados: 250
pidiendo el perdón en la oración:
522-23, 528-29
el poder de la Iglesia para perdonar
los pecados: 250, 254
poder de perdonar los pecados
impartido a los Apóstoles por
Cristo Resucitado el día de
Pascua (de Resurrección) 250,
259-60
y el Reino de Cristo: 516, 520
sólo Dios es capaz de perdonar: 250
todos los pecados, posibilidad de
perdonar: 204, 209
y Unción de los Enfermos (véase
Unción de los Enfermos)
véase también Penitencia y
Reconciliación, Sacramento de la
Peregrinaje/s de fe: 43, 315-16, 504
Pereza: 337, 559
como Pecado Capital: 558
véase también Acedia
Perfección
del amor: 164
amor como vínculo de: 209

de los ángeles: 59
de la creación: 61-62
de Dios Padre: 520, 528
véase también Purgatorio; Santidad
Perfección absoluta: 61-62
Periódicos: 464
Perjurio: 381
Persecución; los perseguidos
Bienaventurados los que son
perseguidos: 326
discipulado y: 89, 497
la Iglesia deplora la persecución: 142
proteger a los perseguidos: 126, 133
todos los miembros de la
Iglesia unidos a los que son
perseguidos: 126, 133
valentía y coraje en tiempos de
persecución (véase Fortaleza)
Perseverancia final: 522, 529
véase también Fortaleza
Personas Divinas: 57, *545*
véase también Trinidad, Santísima
Personas humanas
capacidad de saber y amar: 74
consecuencias del pecado de Adán
en la (véase Pecado Original)
como creadas a imagen de Dios:
73-74
como cuerpo y alma: 74, 80
como cumbre de la creación de
Dios: 73-74
defensa de la bondad de cada ser
humano: 402
deseo de Dios: 4-5, 73
deseo de la felicidad: 10, 339,
351, 485
dignidad de las (véase Dignidad
humana)
imagen de Dios, creada a (véase
Imagen de Dios)
Jesucristo como Persona divina con
naturaleza tanto divina como
humana (véase Encarnación)
y libre voluntad (véase
Libre voluntad)
Pecado Original, como sufriendo
los efectos de (véase
Pecado Original)

como quien busca saber la verdad y
experimentar la bondad: 73-74
como redimida por Cristo en el
Misterio Pascual: 177-92
como seres religiosos: 7
tratamiento de los demás
(véase Prójimo)
unidad, la raza humana como
formando una: 80
como unidad de cuerpo y alma:
74, 80
véase también Hombre y
mujer; Vida humana; *temas
específicos*, ej., Intelecto
Petición: 500, 512
las siete peticiones de la Oración
del Señor (el Padrenuestro): 517,
519-23, 524, 528
véase también Oración
Peyton, Padre Patrick: 311-13
Piedad
devoción a la Santísima Virgen
María: 401, 510
devociones populares: 315-16
como un don del Espíritu Santo:
116, 217, 221
y la liturgia 318
reverencia, respeto: 217, 221
véase también Espíritu Santo:
Dones del Espíritu Santo
Piedad popular: véase Piedad
Pila, nombre de: 377, 380
Pío XII, Papa: 64-65
**Piratear de música o programas de
computación:** 445
Placer
desordenado: 430, 486, *553*
véase también Alegría; Felicidad
Plan de Dios: véase Dios: designio
de Dios
Planificación familiar natural: 434, *559*
Plenitud de los tiempos: 158
Pluralismo: 91
Pobreza; los pobres: 449, 451-52
la abogacía de la Iglesia a favor de
los: 46
amor preferencial por los pobres:
447, 480

ayudar a los pobres: 484-86
bienaventuranza de los: 485, 487
la carrera armamentística como
    algo dañino para los pobres: 418
causas de: 451
de corazón: 480
cuidar de los pobres: 237, 241
deber de las naciones ricas para
    con los pobres: 451
derechos de los pobres: 403
desprenderse de las riquezas y el
    Décimo Mandamiento: 477-89
y el domingo, eliminación del
    trabajo innecesario: 390
enseñanza social de la Iglesia
    y: 449
del espíritu: 336-37, 477-89
Eucaristía y los pobres: 231, 237,
    241, 242
Jesús como una persona pobre: 89,
    141, 146, 326
Jesús y los pobres: 91-92, 279,
    325-26
como lo que lleva a la guerra: 420
opción preferencial por los pobres:
    454, 487
preocupación, cuidado de, y amor
    por los pobres: 237, 241
proteger a los pobres de ser
    explotados: 422
remover los síntomas y causas de:
    345, 358, 447, 453, 552
solidaridad y: 347
todos los miembros de la Iglesia
    unidos a los pobres: 126, 133
y la vida familiar: 403
voto de (consejos evangélicos): 147,
    149, 542
véase también Caridad;
    Justicia social
Pobreza voluntaria: 409
Polígamia: 296
en la Ley Antigua: 295
como ofensa contra la dignidad del
    matrimonio: 435
Pornografía: 431, 439

Posesiones
respete a la gente y sus
    posesiones: 445
véase también Propiedad privada
Positivo, ser: 147
Prácticas ocultas: 367
Pragmatismo: 559
Precepto, Días de: 392, 544
véase también Días festivos
Preceptos morales: 424
Predecir el futuro: 366
Predicación
y animando a la adoración: 380
comunicando el Evangelio
    mediante: 27, 34
la Iglesia y: 483
de Jesús: 86, 92, 124
el Magisterio de los Pastores en
    materia moral como llevado a
    cabo ordinariamente mediante:
    352, 358
"Prediquen siempre. Algunas veces
    usen palabras": 128
véase también Evangelización
Predicación Apostólica: 25-29, 34,
    41, 565
Prejuicio: 28, 346, 347, 422, 465, 559
véase también Discriminación
Presbítero: 290, 559
véase también
    Sacerdote/Sacerdocio
Presencia
de Cristo: 185, 559
en la Iglesia: 123
en la liturgia: 177-78, 184
en los ministros ordenados: 281
en los pobres: 454
Presencia Real de Cristo en la
    eucaristía: 235-36
en la Unción de los
    Enfermos: 267
en las vidas de los cónyuges:
    296, 302
de Dios: 114, 116
en el alma humana: 368
atención a la presencia de Dios
    en la oración: 412, 509, 511

en los corazones de los justos:
519, 528
en la creación: 368
en el culto cristiano: 178
signos de: 184
del Espíritu Santo: 118
en el alma: 338
fortaleciéndola con la
Confirmación: 215-16, 534
en la Iglesia: 113, 123, 124-25
Presencia Real de Cristo: 235-36, 559
Presunción: 365
Primera Enmienda: 18
Privacidad
confidencialidad: 256, 462, 466
modestia (véase Modestia)
Proclamación del Evangelio: 90-91
deber de la: 473-74
véase también Evangelización;
Testimonio cristiano
Proclamadores: 230, 314
Procreación
fertilización *in vitro* como algo
contrario a la dignidad del ser
humano: 414, 434
matrimonio como ordenado a:
433, 559
métodos para regular la natalidad
(véase Natalidad, regulación de)
sexualidad y: 429
Profanar: véase Nombre de Dios
Profesión de fe: 47
Comunión Plena y: *541*
renunciación al: 197
véase también Credos/Símbolos de
la fe; Eucaristía; *sacramentos*
específicos, ej., Bautismo
Profesiones (trabajo): véase
Trabajo; Vocación
Profetas; profecías: 128, 497
compartiendo la misión de Cristo
como: 127, 144
Dios hablando mediante: 55, 60
el Espíritu Santo hablando por
los: 113
como instrumentos para preparar
el pueblo de la alianza para la
venida del Mesías: 21

libros de los Profetas: 26, 497
obispos, función profética de: 128
pensaron que Jesús fue uno: 121
realización en Jesucristo de
las profecías del Antiguo
Testamento: 21, 25, 26
reflexionado sobre las obras de
Dios, dejando más clara la
naturaleza de Dios: 15
Programas Pre-Caná: 302
Prójimo
amistad con el: 430
amor al: xxii, 127, 150, 188-89,
325-26, 327, 340, 345,
346-47, 449
como una demanda de la
justicia social: 449
incluye amar a los enemigos: 340
el segundo de los dos grandes
Mandamientos: 340
solidaridad con la comunidad
humana y un compromiso a la
justicia social: 345
solidaridad y: 449
suicidio como una ofensa
contra: 421
dar falso testimonio contra:
459-60, 465
evangelización y: 147
pecado como ofensa contra: 165
perdón y: 522
la regla de oro: 461, 466
respetar a la gente y sus
posesiones: 445
Promesas
cumplir: 435
véase también *descripciones*
específicas, ej.,
Bienaventuranzas; Votos
Prometidos: 302
véase también Matrimonio
Propiedad privada; posesiones:
445, 485
derechos a la: 445, 447, 449, 452
desprenderse de *vs.* una
dependencia exagerada en los
bienes materiales: 326, 445,
479-80, 485

el fin universal de todos los
bienes de la tierra para el bien
común: 452
respeto a la gente y sus posesiones:
445, 452
el Séptimo Mandamiento: 443-55
véase también Consumidorismo;
Dinero; Materialismo
Prosperidad: 480
véase también Avaricia (codicia);
Dinero; Envidia; Propiedad
Prostitución: 431
Providencia: véase Divina Providencia
Proyecto Raquel: 414
Prudencia: 335, *560*
véase también Virtudes Cardinales
Prueba de la existencia de Dios: 7,
223-24
Psicología: 366-67
enfermedades psicológicas 315
Pudor: véase Modestia
Pueblo de Dios: 127-28, 130, *560*
destino o fin de: 128
la Iglesia como: 126-27, 128, 133
incorporación mediante el
Bautismo: 127, 208-9
misión de: 128
pertenecer a: 127-28
como unido por la Nueva Alianza:
519, *537*
véase también Creyentes;
Cristianos; Hijos de Dios;
Iglesia; *temas específicos*
Pueblo Elegido, Israel como el: 13, 16
véase también Israel
Pureza de corazón: 337
un don del Espíritu Santo: 222
función de la castidad: 471
necesita de modestia: 471-74
el Noveno Mandamiento: 469-76
Oración para la Pureza de Cuerpo
y Corazon: 476
véase también Castidad; Virginidad
Purgatorio: 161, 164, 167, 172
los que están en el Purgatorio son
auxiliados por las oraciones de
la Iglesia: 164-65, 172, 261
fuego purificador: 164-65

lugar para desprenderse del
egoísmo y el egocentrismo:
164-65
Oración por las Almas del
Purgatorio: 173, 573
purificación final de los
elegidos: 164
Purificación
del corazón: 471, 473, 475
demanda oración, castidad, pureza
de intención y de visión:
473, 475
de los Elegidos durante la
Cuaresma: 203
oración y: *509*
perfección del amor y la santidad
necesario para entrar al cielo:
163-64
Purgatorio (véase Purgatorio)

Quattrocchi, Luigi y Maria, Beatos:
294, 395-97

Racismo: 347
véase también Discriminación
Razón: 347
conciencia como juicio de 332-33,
339, 340 (véase
también Conciencia)
y el conocimiento de Dios: 7-8, 40,
47, 347
el corazón y: 526
edad de (para la Confirmación):
217, 223
Época de la Razón (véase
La Ilustración)
la fe como amiga de: 40
la fe y: 40, 47
la ley natural y: 347
el pecado como contrario a: 331
virtudes y (véase Virtudes)
véase también Intelecto
Rebaño; pastor
el Buen Pastor: 162, 274-76
la Iglesia como: 124, 130, 286
imágenes bíblicas de: 130, 167
véase también Cordero

Reconciliación: véase Penitencia y
Reconciliación, Sacramento de la
Redención: 446, 520, *560*
y la corresponsabilidad de los
dones de Dios: 483
del cuerpo: 438
la muerte de Cristo como un
sacrificio de: 98, 105, 128, 197,
258, 291
la obra de Redención llevada a
cabo en la celebración de la
eucaristía: 233
la plenitud de la redención
obtenida por Cristo para
nosotros y las indulgencias: 259
prometida tras la Caída: 84-85
las Tres Personas de la Santísima
Trinidad actuando juntas para
la: 67
Redentoristas: 37, 38
Reduccionismo histórico: 33
Reencarnación: *560*
la Reforma: ix, 378
la Reforma protestante: 138
Regina Caeli: 571
Regla de Oro: 461, 466
Regulación de la natalidad: véase
Natalidad, regulación de
Reino de Dios: 85, 86, *560*
el Bautismo como puerta al: 86,
195, 204, 208
las Bienaventuranzas y el Reino de
cielo: 326-27
la Buena Nueva que termina en
amor, justicia, y misericordia
para todo el mundo: 86, 124
celibato por el Reino de los
cielos: 287
compartir la vida divina: 14-15
las condiciones para entrar en el:
86, 167, 195, 199-200, 204
los enemigos se reconcilian: 520
los enfermos son sanados: 520
la exclusión del Reino de Dios y
sus causas: 167, 332
la Iglesia y: 86, 124, 127, 128
Jesús nos precede en el: 124
los laicos llamados a buscar el

Reino de Dios en las realidades
terrenales y temporales: 146
la Ley y el: 86
las necesidades de los pobres son
atendidas: 520
en nuestros corazones: 529
y la opción preferencial por los
pobres: 44, 487
el parábola de las ovejas y
cabras: 167
el perdón de los pecadores: 529
plenamente presente en la pasión,
muerte y Resurrección de
Cristo: 86
la pobreza del espíritu ns permitirá
heredarlo: 479
los prisioneros son liberados: 520
la proclamación del: 85, 86, 98
realizado parcialmente en la tierra
y permanentemente en el
cielo: 86
salvación del pecado: 86
señales de la llegada del: 86, 268
el trabajo y: 482
la transformación final que llevará
a cabo Cristo de individuos y
de la sociedad todavía no una
realidad: 169
"Venga a nosotros tu Reino":
520, 528
ya presente en Jesús, en el
Evangelio, y en la Eucaristía: 9
Relativismo: 412, 459, *560*
Religión
catolicismo como una religión
revelada: xx
críticos de: 378
extremistas religiosos: 353-55, 378
función de la: 353-55
la Iglesia y religiones no
cristianas (véase Ecumenismo;
religiones específicas)
la ignorancia sobre: 8
la libertad religiosa: x, 44,
446, 536
la marginación en la sociedad
moderna: 18

no conflicto intrinseco entre la
ciencia y: 64-65
como operando en una cultura
determinada en un momento
determinado del tiempo: 18
la virtud de la: 364, 370, 375, 377,
380, *560*
véase también Fe; *temas
específicos*, ej., Terrorismo
Reliquias sagradas: 315, 319
Renacer: 204, 207
véase también Bautismo;
Vida nueva
Rencores: véase Enfado; Odio; Perdonar
Renovación
de los compromisos bautismales:
218, 223
de la fe: 19
de la Iglesia: 427-28
de la liturgia: 226, 428
la misión renovadora de la
Iglesia: 54
del universo en Cristo: 169
Renovación Carismática: 116, 148,
316, 510
Renovación espiritual diaria: 148
Renovación pastoral: 23
Reparación 98
definición de: 98
las injusticias la requieren: 98, 445,
452, 466
Reproducción: véase Procreación
Respetar/respeto
a las almas de los demás: 424
al bien común: 450, 452, 462, 466
al carácter único de los demás: 91
al Creador: 449-50, 453
a los cristianos no católicos: 146
a los derechos básicos de los
trabajadores: 449
a los derechos de la persona
demostrados en la castidad: 430
a los derechos de nuestro
prójimo: 445
a los derechos humanos: 449
en el diálogo interreligioso: 138,
142-43, 464
a los difuntos: 169-70, 172

por la dignidad humana: 358, 379,
437, 445, 463, 466
al don de libertad: 76
a la familia: 404
a la gente y sus posesiones: 445
a la ley moral: 434, 440, 466
a la libertad religiosa: 44, 446
a los límites de la intimidad: 472,
473, 475
los medios de comunicación y:
463, 464
a las necesidades de los demás 358
(véase también Justicia social)
al nombre de Dios: 373-82, 528
a los nombres de los demás: 379
a los padres: 397, 399, 402
piedad (reverencia) como acto de
respeto hacia el Padre: 217, 221
a la privacidad: 466
a la propiedad privada: 445
a la reputación y honor de los
demás: 445, 459
sacrilegio: 370
que se debe a Dios: 221
a la sexualidad humana: 429
y la solidaridad: 445
a su identidad sexual: 429
a todo ser humano: 416
la tradición de la Iglesia al: 418
a la verdad: 461
a la vida humana: 411-12, 482
el vínculo de la fertilidad y el
amor: 433-34
Responsabilidad: 335
por las acciones: 8, 329, 336
por el bien común: 324
de cada católico: 18-19
de los hijos (véase Familia:
responsabilidades de los hijos)
libertad y: 329, 336
de liderazgo de servicio: 128
por la muerte de Jesús: 99
por nuestros pecados (véase
Penitencia y Reconciliación,
Sacramento de la)
de los padres (véase Familia:
responsabilidades de los padres)

de la sociedad: 346
véase también Corresponsabilidad;
Deber/es; Medios de
comunicación; *temas y
descripciones específicos,*
ej., Padrinos
Responsabilidad cívica: *560*
Resurrección de Jesucristo: 99-100,
104, 105, *560-61*
el centro del misterio del
tiempo: 191
el domingo como día de: 185, 190
la muerte y Resurrección del Señor
como acontecimientos centrales
de la salvación: 95-107
prefiguran el último día cuando
Cristo regrese con gloria: 34
la verdad de la Resurrección como
hecho histórico sobre el que se
basa la fe cristiana: 100-101
véase también Misterio Pascual
Resurrección del cuerpo: 165-67
el alma se unirá al cuerpo
transformado: 168
y cremación: 170-71, *542-43*
fariseos y creencia en: 166
fe en la resurrección de los muertos
como esencial de la fe cristiana:
165-67
como obra de la Santísima
Trinidad: 103
en el último día: 100, 165
Revelación: xvii, 14-18, 20-21, *561*
auto revelación de Dios en
Jesucristo: 15-16, 21
capacidad humana de aceptar: 16
como completa: 17-18
creando la alianza: 16
cómo crece el entendimiento: 17-18
desarrollo al entender su
importancia: 16
de Dios como Padre: 67, 557
el Dios vivo dándose a conocer
a si mismo y a designio para
salvarnos: 14-15
diversos y parciales maneras en el
pasado: 15

la fe como una respuesta a: 17,
35, 39
haciendo de puente entre Dios y el
hombre: 16
en la Historia de Salvación
a Abrahán: 16, 20
durante el Éxodo de Egipto:
227-28
a Moisés: 13-14, 16, 20
a Noé: 16, 20
a nuestros primeros padres:
15, 20
plenitud en la vida, muerte y
Resurrección de Jesucristo: 1,
15-16
a los profetas: 15, 16-17, 21
importancia de: 17
incluyendo tanto el Antiguo como
el Nuevo Testamento: 15
Jesucristo como plenitud de: 15-16
como punto inicial a partir del cual
se conoce: 19
por qué se debe transmitirla: 31
respuesta a la revelación: 17, 35, 39
revelada gradualmente: 15, 20
transmisión mediante la Tradición
Apostólica junto con las
Sagradas Escrituras: 21, 25,
31, 34
vida en Cristo y en el Espíritu
Santo recibida mediante: 16
de la vida interior de Dios, lo que
hace que seamos capaces de
saber de ella: 14-15
Revelación divina: 14
la Iglesia recibe enseñanzas
por: 173
Revelaciones privadas: 17-18, *561*
Revelación pública: 17-18, *561*
Reverenciar el nombre de Dios: véase
Nombre de Dios: respetar
Rezar: 499, 515-30
véase también Oración
RICA: véase Rito de Iniciación
Cristiana de Adultos
Riqueza: véase Dinero; Pobreza

**Rito de Iniciación Cristiana de Adultos
(RICA):** 9, 200-201, *561*
etapas de: 202-3
véase también Iniciación Cristiana
Ritos de los Sacramentos véase
sacramentos específicos
Ritos Orientales: 198
Robar: véase Robo
Roberto Bellarmino, San: xvi, xxi
Robo; robar
definición de: 445, 452
fraude: 445, 479, 486
malversación de fondos: 445
raíz de: 479, 486
reparación por: 445, 452
salarios injustos: 445
el Séptimo Mandamiento: 443-55
Rosario: 316-19, 504
atribuido a Santo Domingo y a la
Orden Dominica: 317
basados en las Sagradas
Escrituras: 317
los Misterios del Rosario: 317,
574-75
como una oración por la paz:
321-22
cómo rezarlo: 574
Rumores: 460-62

Sábado (Sabat)
el "descanso" de Dios: 59, 385,
386-87, 392, *561*
santificación del: 386-87
como on signo del Antigua
Alianza: *561*
véase también Domingo,
descanso dominical
Sabiduría de Dios
conciencia y: 333, 340
la creación refleja: 58
y la Divina Providencia: 68
el Hijo como: 61
Jesús tenía sabiduría humana junto
con sabiduría divina: 88
leyes y: 356
la ley eterna como: 347
participación en: 347, 448

Sabiduría humana
arte como forma de: 461, 466
ayudar a los niños a crecer en: 302
como un don del Espíritu Santo:
116, 217, 221
y la evangelización: 19
y vivir una vida da fe: 44
Sacerdocio común de los bautizados:
véase Sacerdocio de los fieles
Sacerdocio de los fieles: 127, 143,
280-81, *561*
Sacerdocio ministerial: 127, *561*
asegura la continuidad del
ministerio Cristo encomendado
a los Apóstoles: 284
conferido por el sacramento del
Orden, las Ordenes Sagradas: 280
de Cristo: 279-80
dos grados del: 282
como esencialmente diferente del
sacerdocio común de los fieles:
281, 289-90
una llamada y un don de Dios:
286-87
una naturaleza sacramental: 284
obispos como poseyendo la
plenitud del: 290
reservado para varones bautizados
católicos: 284-85
al servicio del sacerdocio
común: 291
Sacerdote/Sacerdocio: 280-81, *562*
actúa en nombre de la Iglesia
cuando presenta a Dios la
oración de la Iglesia: 281
en el Antiguo Testamento: 280
en común de los bautizados: 127,
280-81, 289-90
espiritualidad del: 288-89
identidad del ministerio del
sacerdote: 282
actúa en la persona de Cristo,
Cabeza de la Iglesia: 281, 286
como un "icono de Cristo":
284-85

el sacerdocio ministerial en
servicio al sacerdocio
común: 290
unido al sacerdocio de Cristo:
282, 290
de Jesucristo: 280
como maestro de la oración: 505
ministerio del sacerdote
ministro de los Sacramentos:
280-81, 288 (véase también
Bautismo; Confirmación/
Crismación; Eucaristía;
Penitencia; Unción de
los Enfermos)
promueve la dignidad de los
seglares y la suya propia: 291
recibe los votos de los cónyuges
en la celebración del
matrimonio: 298
representa al obispo en la
parroquia: 282
trabaja junto con el obispo:
282, 290
nombrado por el obispo para
el cuidado pastoral de las
parroquias: 282
ofrece el sacrificio Eucarístico:
183, 231
ordenación de: 282, 286-87
participación en el sacerdocio de
Cristo: 291
como pastor a la gente a él
encomendada: 288
promete obediencia al obispo en
servicio al pueblo de Dios: 282
sacerdocio ministerial en servicio
al sacerdocio común (véase
Sacerdocio ministerial)
unido a los obispos en la dignidad
sacerdotal y dependiente de ellos
en el ejercicio de su funciones
pastorales: 290
véase también Orden,
Sacramento del
Sacramentales: 313-14, 318, *562*
bendiciones 314, 318, 321
devociones populares: 315-16

disponen a los creyentes a recibir
los efectos principales de los
sacramentos: 304
ejercicios devocionales populares:
319-20
exorcismos 314-15, 321
novenas: 316, 319, *555*
signos sagrados: 321
Sacramentos: 180-82, *562*
celebraciones específicas de la obra
salvífica de Cristo: 180
a construir la Iglesia: 182
de Cristo: 180
de la Curación: 181, 269-70, *562*
(véase también Penitencia y
Reconciliación, Sacramento de
la; Unción de los Enfermos)
definición e importancia de:
180-82
efectos de
ayudan en la curación (véase
Sacramentos: de la Curación)
cada sacramento otorga gracias
particulares: 181
carácter sacramental: 223,
290, *540*
comunican la gracia que estos
significan: 181
comunican una parte de la vida
divina de Cristo a los que los
reciben: 181
imparten el Espíritu Santo a los
miembros de la Iglesia: 182
nos unen a Cristo: 182
otorgan gracias
sacramentales: 182
el Sacramento del Orden y del
Matrimonio están dirigidos
hacia la salvación de los
demás (véase Sacramentos: al
Servicio de la Comunidad)
transmiten la vida divina:
181, 190
eficaces: 181, 190
encomendados a la Iglesia para la
Iglesia: 182
el Espíritu Santo obrando: 182

fines de: 182
la Iglesia como Sacramento de la
    Salvación: 125-26, 133, *562*
la Iglesia no posee el poder de los
    aspectos esenciales establecidos
    por el Señor: 284
de la Iniciación: 181, 195-96,
    562 (véase también Bautismo;
    Confirmación/Crismación;
    Eucaristía; Iniciación Cristiana)
instituidos por Cristo: 181
ministros de: 143, 149
naturaleza sacramental: 284
como necesario para
    la salvación: 182
número de: 181
la palabra: 180
la Palabra de Dios y: 190
las palabras y obras salvíficas de
    Jesucristo como sus
    cimientos: 181
participación en: 129, 190, 364
poder de Iglesia de determinar de
    que forma se han de celebrar: 284
como "poder que proviene" del
    cuerpo de Cristo: 189
la presencia de Cristo en: 184,
    187-88
de la salvación: 125-26, 133, *562*
al Servicio de la Comunidad:
    278-79
al Servicio de la Comunión: 181,
    562 (véase también Matrimonio;
    Órden, Sacramento del)
signos eficaces de la gracia: 181, 190
uno realidad tanto visible como
    oculta: 179-80
véase también
    sacramentos específicos
Sacrificio: *563*
amor no existe sin: 337
en el Antiguo Testamento:
    227-28, 280
ayuno y abstinencia: 354-55, 434
de Cristo: 98
    como acto de expiación: 98
    acto de satisfacción o
        reparación: 98

en la Cruz para la redención del
    mundo: 97-99
hace méritos para nuestra
    salvación: 98
Jesús se ofreció libremente en la
    Cruz: 98
ofrecimiento perfecto al
    Padre: 280
uniendo nuestras obras al: 127
Misa como un sacrificio de la
    Iglesia: 233-34
ofrecer sacrificios a Dios: 7, 227, 280
Pascua: 354, 557
Sacrificio Eucarístico: 180, 228,
    233-34, *554*
Cristo ofrece: 228, 241
fuente y cumbre de vida: 241
importancia de: 180, 236
institución de: 241
miembros de el asamblea están
    llamado a ofrecer sus cuerpos
    como un sacrificio vivo: 239
nuestra participación en el
    sacrificio de Cristo: 145
el pan y el vino se transforman en
    el cuerpo y la sangre de Cristo:
    111, 227, 228-29
la presencia de Cristo en: 235-36
el sacrificio de Cristo en la Cruz de
    hace presente en: 235-36,
    237, 241
el sacrificio de Cristo se convierte
    en el sacrificio de todos los
    miembros de la Iglesia: 236
un sacrificio que nunca cesa: 162
Sacrificios espirituales: 286
Sacrilegio: 370
Sagrada Comunión: *541*
normas para la recepción de al: 244
véase también Eucaristía
Sagradas Escrituras: 26, 29, 32, *563*
los autores (humanos) de: 29 (véase
    también Inerrancia; Inspiración)
ayudas para la meditación de
    las: 370
el canon de: 26
Cristo como plenitud de las: 50-51
Dios como autor: 29, 35

"enseñan firmemente, con fidelidad y sin error, la verdad que Dios quiso consignar en las sagradas letras para nuestra salvación": 32-33
"eruditos bíblicos": 29
los Evangelios
  formación de: 28
  un lugar de honor: 28
como fuente de constante alimento y fortaleza para la Iglesia: 31
fuentes de oración: 501
la Iglesia las venera: 31
imágenes del Espíritu Santo en las: 115
bajo la inspiración del Espíritu Santo: 27-28, 33
inspiración en: 29, 35
como insuficientes, enseñanzas autorizadas también son necesarias: 33
interpretando: 29-30, 31-33
  exégesis de: 29
  interpretación autorizada encomendada al Magisterio: 29-30
  necesidad de estar atentos a lo que Dios quiso revelarnos para nuestra salvación: 29
  sentido literal: 32, *563-64*
  sentidos espirituales: alegórico, moral y analógico: 30, *563-64*
  una sola unidad con Jesús como centro: 28
  suposiciones falsas en distintos tipos de interpretación bíblica: 33
lecturas de las: 197, 229
lecturas reduccionistas de las: 33
literalismo bíblico: 32-33, 64
la oración central de las: 517-25
oración en las: 496-98
como la Palabra de Dios: 29, 32, 33
reduccionismo histórico: 32
Revelación, como transmitiendo: 20, 21

revela la relación entre Dios y su pueblo como un diálogo de oración: 20
revela lo que Dios quiere comunicarnos para nuestra salvación: 30
sentidos de las: 30, 32, *563-64*
y Tradición: 20, 25
como una unidad, con Jescristo en el centro: 29-30
como unidad del Antiguo y Nuevo Testamento: 35
el uso de formas literarias: 30
la veneración de: 31
como la verdad divina y salvadora enseñando: 35
véase también Antiguo Testamento; Evangelio; Nuevo Testamento
Sagrada Tradición: 27-29
véase también Tradición
Salarios injustos: 445
véase también Trabajo
Salarios justos: 449
véase también Trabajo
Salmos: 239, 498
el Buen Pastor: 162, 274-76
definición/descripción e importancia de: 498
lugar en el culto: 498
Salud física
cuidado de la salud
  acceso al: 416
  y la dignidad humana: 412, 485
cuidado de la salud física propia: 425
cuidado extraordinario: 416-17
cuidado ordinario: 416
el Quinto Mandamiento y: 425
Salvación
de Abrahán y su familia: 15
los ángeles caídos desean prevenir la nuestra: 523, 529
los ángeles trabajando por nuestra: 59
el Antiguo Testamento apuntan hacia la salvación mediante el Mesías: 21

los Apóstoles proclamando las
gracias de: 27
aquellos en el Purgatorio
asegurados que recibirán:
164-65, 172
el Bautismo como necesario para:
204, 210-11
brota del amor que Dios nos
tiene: 105
creer en Jesucristo y en quien lo
envió como necesario para:
40-41
el desarrollo gradual de: 15
como destinada para todas las
gentes: 21
Dios abre el camino para nuestra: 15
Dios revela todo lo que es
necesario para nuestra salvación
en Cristo: xx, 29-30
la "economía de la salvación": 168
la Encarnación y (véase
Encarnación)
el esfuerzo humano en sí no es
suficiente: 79
la esperanza de: 15, 20
el Espíritu Santo nos la
comunica: 126
la fe como necesaria para:
40-41, 48
"fuera de la Iglesia no hay
salvación": 140
la humanidad de Cristo como el
instrumento perfecto de: 97
la Iglesia como el instrumento y
sacramento universal de:
125-26, 133, 562
la Iglesia la proclama a
la cultura: xxiii
Jesucristo como Salvador:
90-91, 103
la mensaje de salvación preservado
en el Depósito de Fe (véase
Depósito de Fe)
Mesías traerá: 21
el misterio de: 133
la muerte y Resurrección del Señor
como acontecimientos centrales

de: 95-107
como necesaria: 75
no hay salvación mediante nadie
más: 140
ofrecida a todos gracias a
Cristo: 75
Reino de: 86
Sacramento del Orden y del
Matrimonio dirigidos a la
salvación de los demás (véase
Sacramentos: al Servicio de la
Comunidad)
los sacramentos: 125-26, 133,
182, 562
el sacrificio de Jesús nos mereció la
salvación: 98
las Sagradas Escrituras conservan
sin error el mensaje de
salvación: 29
la Santísima Virgen María cooperó
mediante su libre fe y obediencia
en la salvación humana: 155-57,
158, 503
el Señor desea que todos lleguemos
a: 79
los suicidios y la posibilidad de: 416
"todo está ordenado para la
salvación del hombre": 62
todos los medios para la salvación
se encuentran en la Iglesia:
138-39, 140
Salvación eterna: 140, 156, 164, 172
Salvación sobrenatural: 15
Salvador, Jesús como el: 61, 75, 91, 102,
105, 157, 379, 388, 393
véase también Jesucristo
Salve Regina: 570
Sanación: véase Curación
Sanctus: 232, 376
Sangre de Cristo: 425
Santidad: 563
Adán y Eva creados en un estado
de: 74
crecimiento en: 139, 279, 355, 429
la Cruz como camino que lleva a
la: 149

los cuatro atributos de la Iglesia y
la búsqueda de: 148
el deseo de apoyar y animar a
aquellos que comparten la fe: 209
de Dios: 368-69
un don: 149, 150
el Espíritu Santo impartiendo: 149
el Espíritu Santo llamándonos a: 123
el estado de santidad y justicia
original: 73, 74, 80, 81
expresada en las parábolas de
Jesús, en el Sermón de la
Montaña, en sus diálogos y en el
discurso de la Última Cena: 86
fuentes de santidad para la Iglesia:
139, 140
de la Iglesia: 123, 132, 136, 139,
140, 143, 148, 149, 182
Jesús como modelo de: 93, 139
la llamada a la: 123, 149, 208-9, 357
en el Bautismo: 149, 208
en el estudio orante de las
Sagradas Escrituras: 31-32
la llamada de Israel a la: 150, 357
del nombre de Dios: 375-76, 379
oración y: xxiv
Pecado Original como pérdida de
la santidad original: 76-78, 81
plan práctico para la
(San Pablo): 209
purificación en el Purgatorio para
alcanzar la: 164-65
Sacramentos como una forma de
compartir en la santidad de
Dios: xxi
santidad y justicia originales: 73,
74, 80, 81, 563
La Santísima Trinidad como fuente
de la santidad de la Iglesia:
122-23
tanto personal como
comunitaria: 182
la vida de santidad empezando en
el Bautismo: 149, 208
las vidas de los santos nos motivan
a vivir vidas de: 114, 149
de la Virgen María: 149

Santidad personal: 182
Santidad y justicia originales: 73, 74,
80, 81, 563
Santificación: 357, 528
acción de gracias por: 231-32
actos de santificación recibidos en
el Bautismo: 209
ciertos elementos de la
santificación fuera de
la Iglesia: 140
las gracias actuales nos ayudan en
el transcurso de la obra de: 350
gracia santificante: 205, 357
la justificación y: 349
del nombre de Dios: 376, 520
nuestra aceptación de la santidad
de Dios: 349, 357
de las personas y de la liturgia:
127, 149, 483
del sábado: 386-87
los sacerdotes del Antiguo
Testamento no eran capaces
de ofrecer la santificación
definitiva: 280
sacerdotes sirviendo al Pueblo de
Dios en la obra de: 280, 562
las Tres Personas de la Santísima
Trinidad obrando juntas en
la: 350
Santo crisma
unción con el: 199, 216-17, 223
véase también Crisma (Myron)
Santos: 114, 563
blasfemia: 380
Comunión de los: 163, 172, 232,
261, 541
devoción a los: 400
herencia de oración: 498
imágenes en arte sacro: 366, 370
imágenes sagradas de los: 366, 370
intercesión de los: xix, 185-86,
232, 495-96
memoriales de los santos: 186, 191
veneración de los: 316, 366, 370
véase también Canonización;
Días de Precepto; los santos
individuales; Santidad

Santos patrones: 376
Satanás: 59, 68, 197, 314, 373
  como el mal que afrontamos: 523
  como "padre de las mentiras": 461
  como "Príncipe de este mundo":
    523, 529
  véase también Demonios; *temas
    específicos,* ej., Adán y Eva
Satanismo: 366
Satisfacción: 98, 255, *563*
Sectas: 366
Secularismo; cultura secular: 18, 116,
  367-68
  efectos sobre corresponsabilidad:
    483-84
  influencia sobre la sociedad
    moderna: 46
  la respuesta de la fe: 46
  retos que le presenta a
    la Iglesia: 18
  véase también *temas específicos,*
    ej., Matrimonio
Secularismo ideológico: 46
Seguir a Cristo: 97, 188
  mediante la vida consagrada:
    146-47
Sello: 102, 115, 207-8, 210, 218, 219
  del don que es el Espíritu Santo:
    218, 222, 287
Semejanza de Dios
  y arte: 461, 466
  seres humanos creados a: 336
  véase también Imagen de Dios
Señal de la Cruz: 196-97, 314, 567
Señor
  invocar el nombre del Señor: 269,
    273, 274
  el titulo: 56, 92, 520
  véase también Dios; Jesucristo
Señor de los Ejércitos: 56
Señor de Señores: 191
Sentido de la fe *(sensus fidei):* 27
Sermón de la Montaña: 86, 256, 337
  enseñanzas y Mandamientos in
    the: 326, 344-45, 460-61,
    479, *539*
  la Ley Nueva en: 349, 351

  el significado completo de la Ley
    del Antiguo Testamento: 348-49
  véase también Bienaventuranzas
Ser positivo: 147
Serra, Padre Junípero (Beato Junípero
  Serra): 383
Servicio de la Comunidad, los
  Sacramentos al: 278-79
Servicio divino: véase Liturgia
Servitud; servicio: 229, 293-94
  Cristo como siervo: 103, 105, 325
  diácono como siervo de todos:
    282, 287
  el liderazgo de servicio como una
    responsabilidad de todo el
    pueblo de Dios: 128
  ministros de la Iglesia y: 281, 290
  oración y: 511
  "Siervo de Dios": xix
  véase también Corresponsabilidad
Seton, Madre: véase Elizabeth Ann
  Seton, Santa
Sexos/géneros: véase Hombre y mujer;
  temas específicos
Sexualidad: 429, 439
  como afecta a toda la persona: 429
  como afectando a todos los
    aspectos de la persona humana
    en la unidad del cuerpo y el
    alma: 439
  como buena: 429
  y la capacidad de amar: 429
  y la castidad: 429-30, 439
  complementariedad de los sexos/
    géneros: 437-38
  desordenado: 430, 486, *553*
  Dios como quien transciende: 56
  la explotación de la sexualidad
    para obtener ganancias
    comerciales: 436
  la fertilidad y: 434
  la igualdad de dignidad entre
    hombres y mujeres: 43, 74, 80,
    285, 429
  la lujuria (véase Lujuria)
  los mandamientos referentes a: 439
  modestia (véase Modestia)

teología del cuerpo: 436-38
vergüenza y: 437-38
véase también *temas específicos*,
  ej., Matrimonio
Sheen, Padre Fulton J.: 493-95
"Siete pecados mortales": véase
  Pecados Capitales
Sigilo sacramental: 256
Signo/s: 183-84, 190
  agua como: 115, 124, 195-96
  celibato como: 287
  la comida de la Pascua Judía como
    un: 227
  de la conversión del corazón: 332
  la curación que realiza Cristo
    como: 268-69
  la Eucaristía como: 241-42
  expresarnos nosotros mismos
    mediante signos y símbolos
    visibles: 181
  genuflexión como una signo de
    adoración: 236
  la Iglesia como: 30, 114, 126, 133
  interpretar los signos de los
    tiempos: 291
  la llamada de Dios al sacramento
    del Orden: 287
  el matrimonio como: 296
  milagros y otras obras de Jesús: 228
  Misterio Pascual como: *554*
  el obispo como un signo de la
    unidad de la Iglesia: 288
  del pan y vino: 227
  el paso del Mar Rojo como un: 30
  el sacerdote como: 250, 284
  en sacramentales: 321
  en los Sacramentos: 181, 216
    de Bautismo: 195
    de Confirmación: 216, 220
    de la Eucaristía: 235, 241
  los sacramentos como signos
    eficaces de la gracia: 181, 190
  signos naturales conllevan un
    significado divino: 284
  de las Sagradas Escrituras y: 30
  la sangre de Cristo como: 425
  Señal de la Cruz: 196-97, 314, 318,
    321, 506, 567

la unción como: 216
uso litúrgico de: 216
de la victoria sobre el pecado: 425
véase también Gestos;
  Sacramentales; Símbolo/s
Silencio: 91-92, 230, 319, 375, 406,
  462, 472, 475, 513, 526
Símbolo de los Apóstoles: 48-49, 567
Símbolo/s: 60
  lenguaje simbólico: 60
  litúrgico: 183-84, 190, 216
  la necesidad humana de: 181
  los sacramentos como: 196
  Símbolos de Fe (véase Credos)
  véase también Gestos; *sacramentos*
    específicos; Signo/s
Símbolos materiales: 60
Simonía: 370
Simplicidad: 84, 501, 507
Sindicatos: 343-44
  derecho de asociación: 449
Sínodos diocesanos: 129
Soberbia: 347, 421, 487, *564*
  consecuencias de: 98
  como Pecado Capital: 337, *558*
Soberbia excesiva: *564*
Sociedad
  el centro de la vida social: 446
  el centro y el fin de: 446
  de consumo: 390-91
  deberes de los católicos en respecto
    a: 402-3, 448, 449
  derecho a ayudar a formar la:
    402-3
  la familia y la: 401-3, 405, 428
  el matrimonio en la sociedad
    contemporánea: 296
  la responsabilidad de: 346
  y las virtudes: 346
  véase también Bien común; Justicia
    social; *temas específicos*
Soldados: véase Armas; Guerra
Solidaridad: 347, 449, *564*
  como abrir nuestros corazones
    para identificarnos con toda la
    familia humana: 445
  conciencia solidaria: 345-47

de Cristo con nosotros: 196
definición de: *564*
derecho a una información
fundada en la verdad, la
libertad, la justicia y la
solidaridad: 461, 463
entre las naciones: 346-47, 447
como una exigencia directa de
la fraternidad humana y
cristiana: 358
formas de: 347
como herido por el pecado: 331
como manera de amar al
prójimo: 345
medios de comunicación y
solidaridad humana: 461,
463, 464
moderación en lo que posemos
como una manera de
mejorar: 445
el principio de: 358, *564*
Solidaridad familiar: 399
Solidaridad humana: 461
Subjetivismo: véase Relativismo
Subsidiaridad: 346, *564*
Sucesión Apostólica: 27-29, 31, 143,
149, 357-58, *564*
como garantía de la comunión de
la fe: 146
como el vínculo de la unión de la
Iglesia: 149
véase también Obispos
Sueldo: véase Salarios
Sufrimiento; dolor: xix, 7-8
aislamiento en el infierno
(véase Infierno)
el alivio del: 266, 422-23
el alivio del dolor de los
moribundos: 422-23
el alivio médico: 422-23
como ausente del Paraíso: 73
como consecuencia del pecado: 206
de Cristo: 105, 266
desprenderse del sufrimiento en el
purgatorio (véase Purgatorio)
después del Bautismo: 206
de los fieles: 233-34

y el infierno (véase Infierno)
Jesús dio un nuevo significado
al: 268
de Job: 375, 379
Misterios Dolorosos: 317
Pecado Original y: 77, 78, 81
rebelión contra Dios y: 7-8
como temor básico humano: 148
la unidad de la Iglesia y: 127
unido a la pasión redentiva de
Cristo: 266, 270, 272
la Virgen María y: 152
véase también Enfermedad;
Eutanasia; Pecado Original;
Unción de los Enfermos
Sufrimiento, dolor humano: xix, 7-8
unido al de Cristo: 266, 270, 272
Suicidio: 421, 422, 424
el movimiento del derecho a morir:
416, 421-22, 424
Suicidio asistido: 258
Suicidio médico asistido: 416-17,
424, *564*
derechos de los moribundos a
vivir: 422
y respeto a la vida: 448
Sumisión
la fe como requiriendo la
sumisión del intelecto y de la
voluntad: 42-43, 47, 144
sumisión humana a Dios: 47
Sumo Pontífice (Papa): 138, *557*
como cabeza de Episcopado: 123
el colegio de obispos y: 143, 202
función, poder, y autoridad de: 34,
143, 282, 365, *541*
infalibilidad del: 144, *551*
Obispo de Roma: 123, 143
como principal pastor de la Iglesia:
234, *551*
sucesor de San Pedro: 143, 282, *557*
unidad de Iglesia con: 138
véase también Concilios
Ecuménicos; Magisterio de la
Iglesia; Sucesión Apostólica

Supernatural
la gracia santificante como una
disposición sobrenatural: 357, *549*
mandamiento de Cristo de amar es
la puerta a: 303
la salvación sobrenatural: 15
sentido de fe: 27
Superstición: 366
Súplica de la Medalla Milagrosa: 322
Sustancia
Dios, tres personas, una sola
sustancia: 56-57
el Hijo, una misma sustancia con
el Padre: 88
el pan y el vino se transforman en
la sustancia del Cuerpo y Sangre
de Cristo: 111, 227, 228-29,
235-36
la verdad subyacente: 235-36
véase también Transubstanciación;
Trinidad, Santísima

Tabernáculo: 236, 242, *564*
Talentos: 149, 205, 355, 481, 486
véase también Espíritu Santo:
Dones del Espíritu Santo
Tecnología: 454
Televisión: 464
Temor
como causa de la injusticia: 347
y la condenación eterna: 252
como lo que disminuye o anula la
imputabilidad o responsabilidad
de una acción: 329, 339, 416
fortaleza y: *548*
Jesús como quien hace desaparecer
el: 275
temores básicos: 148
transformado en valentía (de los
Apóstoles): 111
Temor de Dios: 116, 217, 221, 222
Templanza: 337, 399, *565*
modestia brota de: 471
como una Virtud Cardinal: 335
Templo
los creyentes como templos del
Espíritu Santo: 170, 172, 205, 210
de Dios vivo 133

del Espíritu Santo: 130, 133,
205, 565
el Espíritu Santo transforma nuestros
cuerpos en templos de Dios: 111,
126, 130, 133, *550, 565*
la Iglesia como el Templo del
Espíritu Santo: 126, 130, 133
de Jerusalén: 105
Jesús y el: 105
Templo espiritual: 188
Tendencias malas: véase Pecado
Tentación: 205
acto de tentar a Dios: 370
de Adán y Eva: 76, 81
y concupiscencia: 205
demonios nos tientan al mal: 59,
68, 272
y fortaleza: *548*
de Jesús: 92, 370, 523
y libre voluntad: 76
y modestia: 472
"No nos dejes caer en la tentación":
522-23, 529, 530, 567
en oración: 508, 509, 513
y pecado: 272
y el peregrinaje de fe: 43, 139
resistirla: 205, 259, 272, 363
y santidad: *563*
Tentación mal: 59, 68, 272
Teología: *565*
del cuerpo: 436-38
Teólogos: 352, 358
Teresa de Ávila, Santa: xxi
Teresa de Calcuta, Beata: 68
**Teresa del Niño Jesús (de Lisieux),
Santa:** xxi
Terrorismo: 352-56, 378, 420
véase también Guerra
Testimonio cristiano: 190, 353-55
deber de dar: 188, 412
el Espíritu Santo y: 111, 190,
221, 222
evangelización de la cultura y:
18-19, 38, 454-56
la fe y: 364
la Iglesia y: 124, 125, 128, 131, 145
martirio como el mayor: 223-24, 285

la oración y: 506-7, 511, 520, 525, 528
"Prediquen siempre. Algunas veces usen palabras": 128
véase también Evangelización; La Gran Comisión
Testimonio falso: 459-60, 460-62, 463, 465
Tiempo Ordinario: 185, 565
Tiempos
el fin de los: 165, 169, 172
la plenitud de los: 158
Tierra: véase Creación; Mundo
Tomás de Aquino, Santo: xxi, 30
Tomás Moro, Santo: 293-94, 460, 462
Tortura: 98, 330, 416
Toussaint, Pierre: 83-85, 294
Trabajo: 482
acceso al: 450
derecho al: 449
derechos de los trabajadores: 449
la dignidad del: 449
y la dignidad humana: 485
los domingos: 386
huelgas laborales: 450
necesidad de los trabajadores de poder presentar sus necesidades y quejas: 447
participación en la creación de Dios: 482
salario justo: 445, 449
sindicatos: 449
véase también Vocación
Tradición: 25-29, 565
depósito de fe contenido en las Sagradas Escrituras y en la Sagrada Tradición: 27-29
la palabra: 34, 565
los sacramentos nos conectan a: 181
y las Sagradas Escrituras: 20, 25, 27-29 (véase también Depósito de Fe)
transmisión viva del mensaje del Evangelio en la Iglesia: 27
véase también temas específicos
Tradición Apostólica: xviii, 32, 565
relacionada con la Sucesión Apostólica: 27, 31

transmitiendo la Revelación a todas las generaciones: 21, 27-29
Tradición Cristiana: 98
Tradición oral: 28, 32
Tradición Sagrada: véase Tradición
Tranquilidad: véase Silencio
Transfiguración: 86, 92, 97
Transubstanciación: 235-36, 565
véase también Eucaristía
Trascendencia de Dios: 101-2
Trascendentalismo: 53
Tratamiento médico
directivas avanzadas: 423
véase también Médicos
Tratamiento médico extraordinarios: 416-17
Tratamiento médico ordinario: 416
Tratamiento médico preventivo: 522
Triduo: 185, 565
Trinidad, Santísima: xvii, 67, 565
bendiciones que invocan: 314, 321, 539
cielo y: 164
como una comunión: 129, 133, 164
una comunión de oración y amor con: 525
la creación como obra de: 63, 67
designio del amor por nosotros: 129
Dios como: 56-57, 131
Dios como amor: 129
las Divinas Personas: 565
distintas una de la otra: 56-57, 67
Divinas Personas no son modos o apariencias: 56-57
en relación mutua: 56-57
unidad en una sola naturaleza divina: 56
Doxología: 546
expresada en el Bautismo: 210
la familia como una imagen de: 399, 433
gracia y: 349-50
la Iglesia la manifiesta: 125
la liturgia centrada en: 179
como misterio central de la fe cristiana: 57, 67, 129
y nuestro salvación: 123

obrando juntas en
la santificación: 350
la oración cristiana es siempre:
519, 525
origen de la Iglesia: 122-23, 139
reside en la Iglesia: 122-23
Resurrección como una obra
de: 103
Revelación de Dios como Trinidad:
67, 557
el Espíritu Santo: 57, 67, 112-13
el Hijo: 56, 57, 67
el Padre: 56-57, 67
de la Santísima Trinidad:
56-57, 67
los sacramentos y: 182
unidad reflejada en una sola
Iglesia: 91, 125
como Uno: 56
Virtudes Teológicas nos
predisponen a vivir en relación
a: 335, 336, 340, 370
véase también Dios; Espíritu
Santo; Jesucristo
Tristeza: 480, 486, 487
Túnica Bautismal: 199

Última Cena: 56, 228-29, 515
el discurso de Jesús durante la: 86,
113, 229, 349
"Hagan esto en memoria mía,"
como un mandamiento a los
Apóstoles y sus sucesores: 229
institución del Sacrificio
Eucarístico: 227, 232, 241
Jesús como el Sumo Sacerdote de
la Nueva Alianza y el perfecto
sacrificio al Padre: 228-29
Jesús transformó el pan y el vino
en su Cuerpo y Sangre (la Misa
como un banquete sagrado):
227, 228-29, 234-35, 554
el pan y el vino: 227, 228-29,
234-35, 554
vinculada al sacrificio de Cristo en
la Cruz: 234

Unción
en el Bautismo: 197, 216, 217
en la Confirmación: 199, 216-17,
217-18, 223
"Cristo," significado de la palabra:
89, 92
Cristo ungido por el Espíritu
Santo: 279
efectos de la unción del Espíritu
Santo para los fieles cristianos:
217, 223
en el Sacramento del Orden:
216, 223
con el santo crisma: 216-17, 223
significado de: 115, 217
Unción de los Enfermos: 249, 265-76,
565-66
cuando recibirlo: 271, 274
dimensión comunitaria de: 272-73
efectos de: 270-72, 274
como instituido por Jesucristo:
267-68
el ministerio de curación de Cristo,
como continuando: 268-69
ministros del sacramento de la:
270, 271, 274
objetivo de: 269-70, 272-73
como preparación para nuestro
viaje final: 270
para quien es el sacramento: 269,
272-73, 274
recepción de: 271
rito de la: 218, 274
uniendo el sufrimiento con la
pasión redentora de Cristo: 271
véase también Curación;
Enfermedad; Muriendo
Unidad cristiana: véase Ecumenismo
Unitarianismo: 53
Universidades católicas: véase Educación
Universo
visto como evidencia de la
existencia de Dios: 6
véase también Creación; Mundo

Valor: véase Fortaleza
Varones: véase Hombre y mujer
Vaticano I: véase *temas específicos,* ej.,
    Infalibilidad papal
Vaticano II: véase Concilio Vaticano II;
    temas específicos
Vecinos véase Prójimo
"Venerable": xix
    véase también Beatificación
Veneración
    de los ángeles: 370
    de los imágenes sagradas: 366, 370
    de los mártires: 185-86, 370
    de la Palabra de Dios: 31, 35
    de las reliquias sagradas: 315, 319
    de los santos: 316, 366, 370
    de la Virgen María: 156, 186, 316,
        366, 370
Venganza: 417, 419
    véase también Enfado
Verdad: 10, *566*
    apertura a la: 6, 10
    el arte y la belleza: 461
    cada ser humano busca la: 6, 44
    ciencia y: 64-65
    y la columna de opinión y del
        editor 464-65
    confidencialidad y: 462, 466
    "Conocer la verdad, Amar la
        verdad. Vivir la verdad": 465
    construir una sociedad de (véase
        Responsabilidad cívica)
    el Credo como un resumen de
        los grandes misterios de la fe
        católica: 317
    cuando es apropiado revelar:
        461, 466
    culto en: 387
    dar testimonio de: 19, 459, 462
    derecho a comunicar la: 460-62
    el derecho a saber la: 462, 466
    derecho a una información
        fundada en la verdad, la
        libertad, la justicia y la
        solidaridad: 461, 463
    de Dios, compartir en la verdad:
        65-66

Dios como: 7, 10, 11, 50, 67,
    459, 465
    el ecumenismo y: 138, 142-43
    entendiendo, proclamando y
        defendiendo: 521
    entendiendo y transmitiendo: 25
    el escepticismo: 8, 464-65
    el Espíritu Santo y: 27
    el Evangelio como fuente de: 25
    de la fe: 19, 40, 41, 43, 44, 45, 46,
        47, 57, 59, 191 (véase también
        temas específicos)
    la filosofía y: 62
    la Iglesia como pilar y fundamento
        de la: 45, 352
    la Iglesia y: 9, 45, 352
    ignorancia y: 78
    Jesucristo como: 19, 67, 461, 465
    jurar (véase Juramentos)
    de la Ley Antigua, revelación de:
        348-49, 357
    la ley natural y: 347-48, 465
    los libros de la Biblia inspirados
        enseñan la: 28, 32-33, 35
    el Magisterio de la Iglesia en
        servicio a la: 27-29
    del misterio de Dios: 55
    "Nadie está obligado a revelar una
        verdad a quien no tiene derecho
        a conocerla": 462, 466
    el Octavo Mandamiento: 457-67
    oración como alma de: 495, 526
    pecados contra la: 460-62
    principios para revelarla: 461
    pruebas de la existencia de Dios: 7,
        223-24
    relativismo: 412, 459, *560*
    ser sincero, conciencia y: 332-34
Verdades eternas: 320
Verdad histórica: 33
Verdad objetiva: 459-60, 464
Verdad revelada: 27
Vergüenza: 437-38
Vestimenta/Ropa
    modestia y la elección de: 471-72
    como necesidad básica: 358, *552*
    Túnica Bautismal: 199

Vía Crucis: 315-16
Oración para el Vía Crucis: 570-71
Viaticum: 236, 242, 270, 566
véase también Unción de
los Enfermos
Vicio: 336-37, 471, 566
véase también Pecado
Vida
agua como fuente de vida y que
produce frutos: 124 (véase
también Bautismo)
cambiar la vida de uno mediante la
conversión (véase Conversión)
del cristiano corresponsable: 484
cultura de la: 44-45
derecho a la: 449
la muerte como fin de la vida
terrenal: 163
el orígen de: 481
posición de la Iglesia a favor de la:
45-46, 448
el Quinto Mandamiento: 411-12
sólo Dios como el Señor de
la Vida: 411
transmisión de la
y el acto conyugal: 433-34
regulación de la natalidad (véase
Natalidad, regulación de)
vínculo entre la liturgia y la:
188-89
"Yo soy la Resurrección y
la Vida": 166
Vida consagrada: 146-47, 149, 566
profesando un compromiso de
oración: 505
servir como guías espirituales:
146-47
Vida cristiana: 508
y asistencia a Misa: 354
cimientos de (véase
Iniciación Cristiana)
la Eucaristía como fuente y cumbre
de: 225-45 (véase también
Eucaristía)
y lo sagrado del hogar (véase
Iglesia doméstica)
véase también Devociones;

Formación; Oración; Padrinos;
Sacramentos; Trinidad;
Vida moral
Vida diaria: 188-89
Vida divina: participación en: 14-15,
181, 190
Vida económica: 446
Vida eremítica: véase
Consejos Evangélicos
Vida eterna: 163, 165, 167, 170, 325
Bautismo y fe como garantía de
nuestra participación en: 41
Dios mandando a su único Hijo
para que tengamos: 93
un entendimiento complete tendrá
lugar sólo en: 67
la esperanza y: 365
la gracia y: 139, 140, 156, 349
la redención y: 560
los sacramentos de la nueva
ley ofrecidos para que todos
tengamos: 208
un santo como alguien a quien se
le ha otorgado: 563
todos llamados a la santidad y: xvii
Unción de los Enfermos como
preparación para: 270, 271, 274
vocación y: 566
véase también Cielo; Resurrección
del cuerpo
Vida humana
amenazada por el relativismo
moral: 412
defensa de la: 223-24, 413-14, 535
derecho a la: 415, 424
desde el momento de la concepción
hasta la muerte natural: 413-14
el destino final de: 411, 423
dignidad de (véase
Dignidad humana)
las dimensiones sociales como
un principio de la moralidad
cristiana: 345
como una lucha contra mal: 82,
257, 471, 473
respetar la: 411-12, 482

santidad, sacralidad de la: 328,
411, 423
unidad de la vida humana se
encuentra en la adoración del
Dios Único: 367
Vida humana embriónica: 415, 424
Vida moral cristiana: 325-41
actos morales: 330-31
amor y: 337
como basada en la Santísima
Trinidad: xxii
cimientos de la: 327-28
conciencia y: 332-34, 339
cultura y: 19
los Diez Mandamientos y: 336-37
la enseñanza social de la Iglesia
y: xxii
Eucaristía como cumbre y fuente
de: 354
felicidad como motivación para:
339, 351
la gracia y: 338, 350
la Iglesia y: 339
imagen de Dios y: 336
la libertad: 328, 329, 331
moralidad: 330-31, 555
la necesidad de la misericordia de
Dios y: 331-32
la oración y: 508
principios de: 328, 343-59
la realidad de pecado y: 331-32
reglas morales: 337
la virtud y: 334-37
véase también Justicia social;
Solidaridad; *temas específicos,*
ej., Responsabilidad
Vida nueva
amenazada por el pecado: 249
Bautismo como origen de: 195,
199, 205, 207, 210
con el Dios Triuno: 111, 250
y la Resurrección de Cristo: 99-
100, 106, 165-66, 328
Vida política: 535
Vida religiosa: véase Consejos
evangélicos; Vida consagrada
Vida social: 446
Vigilia Pascual: 190, 197, 199, 203, 226

Vino
agua transformada en: 228, 504
véase también Pan: el pan y el vino
en la Eucaristía
Violación: 330, 431-32
Violencia; fuerza
"el antídoto para la violencia no es
más violencia": 418
el mal de usar la religión para
justificar: 353-54
pecado causando la: 351
personas unidas en caridad para
derrotar a: 421
el Quinto Mandamiento y: 425
y respeto a la vida: 535
véase también *temas específicos,*
ej., Terrorismo
Virginidad
practicada por algunos de los
discípulos de Cristo: 155
de la Virgen María (véase María,
Santísima Virgen: virginidad
perpetua de)
véase también Castidad; Consejos
Evangélicos; Pureza; Virtudes
Virginidad consagrada: 155, 438
Virtudes: 336, 566
castidad como una virtud moral: 430
los Diez Mandamientos: 336-37
una disposición habitual y firme a
hacer el bien: 334
la excelencia de las 334-37
la familia cristiana y: 397-98, 399
requeridas para una vida moral
efectiva: 334, 336, 339
sociedad y: 345
véase también Bienaventuranzas
Virtudes Cardinales: 335, 336, 340
véase también Fortaleza; Justicia;
Prudencia; Templanza
Virtudes humanas: 335, 336, 340
disposiciones estables del intelecto
y de la voluntad: 336
Virtudes Teológicas: 335, 336, 340,
370, 566
véase también Caridad;
Esperanza; Fe

Visión beatífica: 164, 168
  véase también
    Bienaventuranzas; Santos
Vocación: 566
  de Abrahán (véase Abrahán)
  al amor: 425
  cada uno de nosotros tiene una
    vocación personal: 482
  de convertirnos en hijos adoptivos
    de Dios: 349-50
  corresponsabilidad de la: 482, 484
  discerniendo una: 287, 482
  el don sincero de sí mismo: 425
  la Gran Comisión de Cristo de
    evangelizar como: 147
  de los laicos: 146
  una llamada: 287, 482
  al matrimonio: 295
  de las mujeres: 284-85
  en nuestros compromisos
    bautismales: 199, 218, 223
  Ordenes Sagradas: 287, 289
  promoverla: 290
  la sangre de Cristo revela la más
    grande de nuestras: 425
  trabajo como una vocación
    humana: 482

  a la vida consagrada: 566
  a la vida eterna: 566
  a la vida religiosa: 566
Vocación cristiana: 482, 484
Vocación humana: 482, 484
Vocación personal: 482
Vocación religiosa: 401
Vocación sacerdotal: 136, 287, 289
Voluntad de Dios
  cooperar con: 196, 200, 209
  véase también Dios: designio
    de Dios
Voluntad humana
  la fe como requiriendo la
    sumisión del intelecto y de la
    voluntad: 42-43
  intelecto y: 62
  Jesús poseía voluntad humana,
    la cual siempre cooperó con su
    voluntad divina: 88
Votar, derecho a: 403
Votos: 445
  a Dios: 362, 364, 370
  promesas matrimoniales: 435
  véase también Consejos
    Evangélicos; Promesas